ZU DIESEM BUCH

Der Band beginnt im Jahre 814 mit dem Tod des später heiliggesprochenen Länderfressers und Massenschlächters Karl, genannt: «der Große». Schon in der Regierungszeit seines Sohnes Ludwig, genannt: «der Fromme», geht im karolingischen Familienkreis das Gezerre um die Macht los. Das Imperium zerbricht. Nach knapp hundert Jahren stirbt mit dem erst achtzehnjährigen Kaiser Ludwig, genannt: «das Kind», die ostfränkische Karolingerdynastie aus.

Die kulturell glanzvolle, aber politisch bluttriefende Zeit der Ottonen dauert nach damaligen Begriffen nur zwei Menschenleben, etwas über sechzig Jahre, und endet mit Kaiser Otto III. im Jahre 1002, mit dem auch dieser 5. Band schließt.

Im hier dargestellten 9. und 10. Jahrhundert kommt es zu einer innigen Verfilzung kirchlicher und weltlicher Macht. Der Kaiser schafft sich ein Gegengewicht zu den stets neidischen Herzögen, indem er Bischöfe und Reichsäbte mit riesigen Ländereien aus dem Königsgut beschenkt und ihnen königliche Hoheitsrechte überträgt: hohe Gerichtsbarkeit sowie die hochprofitablen Markt-, Zoll- und Münzregalien. Geistliche Fürstentümer entstehen. Dafür werden die geweihten Herrschaften mit ihren ritterlichen Gefolgsleuten zur Hoffahrt und Heerfahrt verpflichtet.

Üppiger als je zuvor blüht der Kriegsdienst des hohen Klerus. Unter den Ottonen ist die Reichskirche völlig militarisiert; Bistümer und Abteien gebieten über ein bedeutendes militärisches Potential.

Auch Päpste ziehen in den Krieg: 849 etwa Leo IV., der den katholischen Kämpfern erstmals für den Todesfall das Himmelreich verspricht; 877 Johann VIII.; 915 Johann X.

Oft hat ein Papst den anderen exkommuniziert, verschiedene Heilige Väter werden ins Kloster, nicht wenige in den Kerker gesteckt, verstümmelt, erstickt, erwürgt, vergiftet. Papst Sergius III. (904–911) läßt gleich zwei seiner Vorgänger, Papst Leo V. und Papst Christophorus, umbringen. Besonders sicher wollte man beim ersten Papstmord der Geschichte sein: Bei einer Palastrevolte hat ein frommer Verwandter Johanns VIII. den Papst vergiftet, dann «so lange mit einem Hammer geschlagen, bis dieser im Gehirn steckenblieb».

DER AUTOR

Karlheinz Deschner, geb. 1924 in Bamberg, im Krieg Soldat, studierte Jura, Theologie, Philosophie, Literaturwissenschaft und Geschichte. Seit 1958 veröffentlicht Deschner seine entlarvenden und provozierenden Geschichtswerke zur Religions- und Kirchenkritik. Der forschende Schriftsteller lebt in dem durchaus katholisch geprägten Frankenstädtchen Haßfurt am Main. 1988 wurde er mit dem Arno-Schmidt-Preis ausgezeichnet.

Weitere im Rowohlt Taschenbuch Verlag erschienene Bände der «Kriminalgeschichte des Christentums»: Band 1 «Die Frühzeit» (rosach 19969), Band 2 «Die Spätantike» (rosach 60142), Band 3 «Die Alte Kirche» (rosach 60244), Band 4 «Frühmittelalter» (rosach 60344).

KARLHEINZ DESCHNER

Kriminalgeschichte des Christentums

FÜNFTER BAND
9. UND 10. JAHRHUNDERT

Von Ludwig dem Frommen (814)
bis zum Tode Ottos III. (1002)

ROWOHLT

3. Auflage April 2013

Veröffentlicht im Rowohlt Taschenbuch Verlag,
Reinbek bei Hamburg, August 1998
Unveränderter, fotomechanischer Nachdruck
Copyright © 1997 by Rowohlt Verlag GmbH, Reinbek bei Hamburg
Umschlaggestaltung Werner Rebhuhn
(Die deutsche Kaiserkrone; entstanden um 962 auf der Reichenau,
später ergänzt. Wien, Kunsthistorisches Museum, weltliche Schatzkammer)
Archiv für Kunst und Geschichte, Berlin
Gesamtherstellung CPI – Clausen & Bosse, Leck
Printed in Germany
ISBN 978 3 499 60556 7

Gewidmet besonders meinen Freunden Alfred Schwarz und Herbert Steffen sowie allen, deren selbstlosen Beistand ich, nach dem steten meiner Eltern, dankbar erfuhr:

Wilhelm Adler
Prof. Dr. Hans Albert
Lore Albert
Klaus Antes
Else Arnold
Josef Becker
Karl Beerscht
Dr. Wolfgang Beutin
Dr. Otto Bickel
Prof. Dr. Dieter Birnbacher
Dr. Eleonore Kottje-Birnbacher
Kurt Birr
Dr. Otmar Einwag
Dieter Feldmann
Dr. Karl Finke
Franz Fischer
Kläre Fischer-Vogel
Henry Gelhausen
Dr. Helmut Häußler
Prof. Dr. Dr. Norbert Hoerster
Prof. Dr. Walter Hofmann
Dr. Stefan Kager und Frau Lena
Hans Kalveram
Karl Kaminski und Frau
Dr. Hedwig Katzenberger
Dr. Klaus Katzenberger
Hilde und Lothar Kayser
Prof. Dr. Christof Kellmann
Prof. Dr. Hartmut Kliemt
Dr. Fritz Köble
Hans Koch
Hans Kreil
Ine und Ernst Kreuder
Eduard Küsters
Robert Mächler
Jürgen Mack
Volker Mack
Dr. Jörg Mager

Prof. Dr. H. M.
Nelly Moia
Fritz Moser
Regine Paulus
Jean-Marc Pochon
Arthur und Gisela Reeg
Hildegunde Rehle
M. Renard
Gabriele Röwer
German Rüdel
Dr. K. Rügheimer u. Frau Johanna
Heinz Ruppel und Frau Renate
Martha Sachse
Hedwig und Willy Schaaf
Friedrich Scheibe
Else und Sepp Schmidt
Dr. Werner Schmitz
Norbert Schneider
Alfred Schwarz
Dr. Gustav Seehuber
Dr. Michael Stahl-Baumeister
Herbert Steffen
Prof. Dr. Dr. Dr. h. c.
Wolfgang Stegmüller
Almut und Walter Stumpf
Artur Uecker
Dr. Bernd Umlauf
Helmut Weiland
Klaus Wessely
Richard Wild
Lothar Willius
Dr. Elsbeth Wolffheim
Prof. Dr. Hans Wolffheim
Franz Zitzlsperger
Dr. Ludwig Zollitsch

INHALT

REPLIK   Seite eins
EDITORIAL   Seite drei
WES BROT ICH ESS'
oder «Vor jeder Form von Macht auf dem Bauch»   Seite sieben

1. KAPITEL: Kaiser Ludwig I. der Fromme (814–840) 13

Töten und beten 16 · «Neuer Anlauf zur Reform . . .» – bis zu fünf Liter Wein und vier Liter Bier pro Tag und Kanoniker 22 · Kampf um das «Kirchengut» und gegen die Eigenkirche 23 · Ehereform und Mondfinsternisse oder Vom Aberglauben des Kaisers 25 · «. . . jenes Mörderspiel, die Jagd» 28 · Säuberung Aachens von «Hochverrätern» und Huren 32 · Der Kaiser, der Klerus und die Reichseinheit 34 · Die Ordinatio imperii (817) und die Ironie der Geschichte 38 · Ludwig der Fromme läßt Verwandte schinden, scheren und legt ein öffentliches Schuldbekenntnis ab 40 · Die Habgier der Großen und die Habenichtse 43 · Außenpolitik oder «des Sommers liebliche Reize . . .» 45 · Krieg gegen Dänen, Sorben und Basken 46 · Krieg gegen die Bretonen 47 · Krieg gegen Abodriten und Basken 49 · Krieg gegen die Kroaten 50 · Krieg in Spanien und gegen die Bretonen 52 · Krieg gegen die Bulgaren 56 · Römische Zustände: Warum man Mörderpapst Leo III. kanonisierte 57 · Schwindel mit Kaiserkrone und -krönung: Stephan IV. (816–817) und Paschalis I. (817–824) 59 · Papst Paschalis blendet und köpft, wird heilig und im Kalender wieder gestrichen 63 · Mitkaiser Lothar I. und die «Constitutio Romana» 64 · Die fränkischen Bischöfe demütigen den Kaiser und wollen selbst von niemandem gerichtet werden 67 · Katholiken unter sich: Der erste Aufstand 69 · Katholiken unter sich: Der zweite Aufstand 76 · Viel schlimmer als Canossa – und alles «nach dem Urteil der Priester» 80 · Das gewissenlose Bischofspack wechselt abermals die Front 85 · Die «Causa Ebonis» 89 · Des Kaisers Kampf für Karl (den Kahlen) und gegen die Enkel oder Für «Ordnung» und wider die «Pest» 92 · Des Kaisers Tod 96 · Fränkisches und Kosmisches 98 · Die Männer des Nordwinds 100

2. KAPITEL: Die Söhne und Enkel 105

Man war christlich geworden – und vornehm 107 · Stets wechselnde Fronten oder Treueide, wohlfeil «wie Brombeeren» 110 · Die Schlacht von Fontenoy oder «Wohin Gottes Fügung die Sache lenken würde...» 113 · Kaiser Lothar verbündet sich mit Heiden und raubt Kirchen aus – Ludwig der Deutsche köpft 116 · Die Straßburger Eide (842) sowie Gottes und der Pfaffen Wille 118 · Von einer merkwürdigen Meinung alter und neuer Historiker 120 · Die Verträge von Verdun (843) und Meersen (870) 122 · Ludwig, von Gottes Gnaden König der Bayern 125 · Karl der Kahle und der Westen 132 · Mord und Totschlag in der Bretagne 134 · Karl der Kahle liquidiert seine Neffen 136 · Ludwig der Deutsche attackiert das westfränkische Reich 139 · Die Slawen sickern ein... 144 ·... und vom «Recht der Kulturvölker wider die Barbarei» 146 · Slawisches Wurmzeug und fränkisches Gottesvolk 148 · In 400 Jahren 170 Kriege gegen die Slawen 152 · Großmähren 156 · Die Ludwig-Sippe: Milde Arbeit unterm Kreuz und «des Schwertes blutiges Schaffen» 157 ·... und wieder katholische Söhne gegen den katholischen Vater... 164 · Prinz Karl (Kaiser Karl III. der Dicke) im Kampf mit bösen Geistern 167

3. KAPITEL: Das Papsttum in der Mitte des 9. Jahrhunderts 171

Sergius II. oder «... so gut wir können» 173 · Der Vatikan wird zum Kastell – ein hl. Papst als Festungsbaumeister 175 · Erstmals garantiert ein Papst für das Krepieren im Krieg das Himmelreich 177 · Kaiser Ludwig II. (850–875) scheitert an der Nachfolgerfrage 179 · Die Pseudoisidorischen Dekretalen – «die folgenreichsten Fälschungen, die jemals gewagt wurden...» 181 · a) Umfang und Art 184 · b) Zweck 186 · Anastasius Bibliothecarius oder Ein Gegenpapst debütiert 189 · Nikolaus I. – ein päpstliches Pfauenrad, «... als ob er der Herr des Erdkreises wäre» 191 · Lothars II. Ehestreit: Kaiser Lothar I. teilt sein Reich 198 · Abt Hucbert – «Huren, Hunde und Jagdfalken» und 6600 Märtyrer 199 · Erzbischof Gunthar von Köln verrät ein erlogenes Beichtgeheimnis 201 · Nikolaus I. im Kampf mit dem ostfränkischen Episkopat und dem Kaiser 203 · «Höre, Herr Papst Nikolaus...» – Gekrönte Aasgeier und päpstlicher Frontwechsel 207 · Vom Familienidyll unter Papst Hadrian bis zum uneigennützigen Tod Kaiser Ludwigs II. «für die Sache Christi» 210 · Ab- und Wiederaufstieg des Anastasius: Tod Lothars II. – ein «Gottesgericht» 211 · Heil und Sieg für Karl den Kahlen – und «Siegheil» der Bischöfe 213 · Kaiser Ludwig II. stirbt erschöpft für Christus, und die Kirche beerbt ihn 217 · Rom verliert Bulgarien 219 · Sex, Seelsorge, kleine Bestechungen und Abstechungen am Hof von Byzanz 221 · Päpstlicher Rat für Bulgarien: nicht mit dem Pferdeschwanz, sondern mit dem Kreuz in die Schlacht! 223 · Rom gewinnt Böhmen und Mähren – Die «Slawenapostel» kommen 225 · Herzog Ratislaw wird geblendet, Erzbischof Method vom Passauer Bischof mit der Reitpeitsche traktiert 227 · Einfälle im Osten oder «Keiner entrann von dort außer Bischof Embricho...» 229 · Endgültiges Verbot der slawischen Liturgie und Aufstieg der «Slawenapostel» zu Landespatronen und «Modeheiligen» 231

4. KAPITEL: Johann VIII. (872–882): Ein Papst, wie er im Buch steht 235

Frische Initiative oder Der erste Papst-Admiral 237 · Johanns Geschäfte mit Karl dem Kahlen, dem «Retter der Welt» 238 · Ludwig der Deutsche stirbt:

Abt Reginos Nachruf 242 · Karls des Kahlen Beileid und erste Schlacht der «Erbfeinde» um den Rhein 243 · Johann umwirbt Karl, dessen «Vorzüge die menschliche Zunge nicht auszusprechen vermag...» 246 · Tod nach 37jähriger Herrschaft «an Durchfall in großem Jammer...» 248 · Johann preist Karlmann und krönt Ludwig den Stammler 250 · Pfaffenkönig Boso tritt ins Rampenlicht 253 · Den Kaiser will «zuerst und allermeist» Papst Johann berufen 256 · Letzter Appell an Boso: «... jetzt ist der Tag des Heils» oder Johanns «vierfaches Spiel» 257 · Fränkische Verwandtenkontakte 259 · Gegen Überlassung von Kriegsschiffen u. a. will Johann den zweimal abgesetzten und verfluchten Patriarchen Photios anerkennen 261 · Von Karlmann zu Karl III. dem Dicken 262 · Papst Johann jagt Sarazenen – die Katholiken kollaborieren mit ihnen 264 · Tötung gefangener Moslemführer: päpstliche Bedingung für Wiederaufnahme in die Kirche 267 · Johanneische Spießgesellen und erster Papstmord 269

5. KAPITEL: Normannennot und Kaiser Karl III. der Dicke 273

Töten «mit Gottes Hilfe» und Besiegtwerden ohne sie 275 · Fürstensterben in Ost- und Westfranken 277 · Karl der Dicke, dem alles zufällt und alles mißlingt 278 · Wenn Christen ertragen müssen, was sie sonst anderen antun 280 · De bellis Parisiacis oder «Nichts was kaiserlicher Majestät würdig gewesen wäre» 281 · Die göttliche Vorsehung operiert meuchlings: Ende der Normannenherrschaft in Friesland 283 · Innenpolitisches – bis zum Abschneiden der Geschlechtsteile, «daß auch keine Spur davon blieb...» 285 · Bischof Liutward von Vercelli – gefeiert und gefeuert 287 · 25 Jahre Josephsehe – Feuerprobe bestanden 289 · Arnulfs «Staatsstreich» und Karls schnelles Lebensende 291

6. KAPITEL: Arnulf von Kärnten, ostfränkischer König und Kaiser (887–899) 295

1. Arnulf von Kärnten: Ostfranken und der Osten 297 · «Heil Arnolf, dem großen König» 297 · Der hl. Emmeram oder: «Gott loben ohne Zung, / Macht ja Verwunderung» 300 · «... ein Schlachtgeschrei bis zum Himmel» 303 · Der (deutsche) Drang nach Osten 305 · Verheerende Kriege mit Mähren 306 · Die politische «Schlüsselfigur» der Zeit, Erzbischof Fulco von Reims, dreht sich wie ein Wetterhahn 311 · König Zwentibolds (heiliges) Ende oder So war das Leben nun mal in den gehobenen christlichen Kreisen 316 · 2. Arnulf von Kärnten: Papsttum und Italien 321 · Luxus und Verbrechen 321 · Wido und Berengar – Bürgerkrieg in Italien und päpstliche Schaukelpolitik 323 · Papst Formosus krönt die «Tyrannen» Italiens und ruft Arnulf auf, sie zu bekämpfen 326 · Die Einnahme Bergamos oder Eine Morgenmesse gibt allemal Kraft 327 · Arnulf belagert Rom, köpft dort und wird erster fränkisch-deutscher Gegenkaiser 329 · Kaiser Arnulf und Papst Formosus sterben 330 · Die Leichensynode – ein makabres Schmierenstück papalen Ranges 332 · Formosianer und Antiformosianer 334 · Kaiser Lambert und Kaiser Arnulf sterben, die Ungarn überfluten Norditalien 336 · Wie aus Ludwig III. durch den Bischof von Verona Ludwig der Blinde wurde 338

7. KAPITEL: König Ludwig IV., das Kind (900–911) 341

Ludwig IV., das Kind, die Marionette des Klerus 343 · Der Ungarnsturm beginnt 348 · «Deutsche christliche Aufbauarbeit im Osten» und «der garstigste Hund» 350 · Von «unsteten Räubern und der europäischen Völkerfamilie» 352 · Die Babenberger-Fehde (897–906) 354

8. KAPITEL: König Konrad I. (911–918) 359

Die Rückgewinnung Lotharingiens mißlingt 361 · Wie aus «Arnulf von Gottes Gnaden», «dem Gerechten», Arnulf «der Böse» wurde 364 · Mörderbischof Salomo triumphiert 366

9. KAPITEL: Heinrich I., der erste deutsche König 373

So sorgt man für die Seinen 375 · Profiteure der Sachsenabschlachtung 377 · Der ungesalbte König tritt an 378 · Lukrative Bräute und ein gefügiger Bischof 380 · «Verbrüderungsbewegungen» und Pfaffennähe 382 · Die «Heilige Lanze» 384 · Vom Höllenfrieden der Christen und von ihren «Grundwerten» 386 · Historiker gestern ... 387 · ... und Historiker heute 389 · Heinrichs «Grenzsicherung» oder «... kam keiner davon» 391 · «... weil der Soldat nach Verwesung stinkt» – Bischof Thietmar «auf der Höhe der Bildung seiner Zeit» 395 · «... jahrelange Erziehungsarbeit» 399 · «Bewährungsprobe» 402 · Der hl. Wenzel, die hl. Ludmila und zwei fromme christliche Verwandtenmörder 403 · Der hl. Kollaborateur und Märtyrer wird antideutscher Kriegsheld, Heinrich I. «Gründer und Retter des Deutschen Reiches» 408

10. KAPITEL: Otto I., «der Große» (936–973) 411

Zuerst das Schwert ... 413 · Schutz der Kirche, Krieg den Heiden 415 · Die Bischöfe – ein profitables Herrschaftsinstrument 417 · Katholische Fürsten- und Familienbande – Bayern und die Königsbrüder rebellieren 420 · «Verwandtenfürsorge» und die Folgen: der Liudolfinische Aufstand 425 · «Christi bonus odor» (Christi angenehmer Wohlgeruch) oder «ein königliches Priestertum» 430 · «Liebliche Perlen» und dreißigjähriger Machtkampf 433 · Die Lechfeldschlacht 955 – eine «große Gabe der göttlichen Liebe» 435 · Bischof Pilgrim von Passau (971–991), ein großer Fälscher vor dem Herrn, setzt sich ein literarisches Denkmal 441 · Ein Sklavenhalter und Krieger wird als erster Katholik feierlich und förmlich kanonisiert 444 · «Patron gegen Ratten und Mäuse», «die Gefahr aus dem Osten» und die 29 Nummern der «heiligen Gebeine» 447 · Begründung der deutschen «Ostkolonisation» oder Die «guten Werke» der Markgrafen Hermann Billung und Gero 450 · Otto eröffnet die Christianisierung der Wenden und macht «hier reinen Tisch» 453 · Otto «der Große» läßt 700 slawische Kriegsgefangene köpfen und befiehlt die Ausrottung der Redarier 455 · Gunsterweise über Gunsterweise für die «Hauptstadt des deutschen Ostens ...» 458 · Polen vertraut dem Wolf die Schafe an 461 · Die hl. Olga (gest. 969) 464 · Der hl. Vladimir, der «Große und

Apostelgleiche» 466 · Skandinavienpolitik – Krieg und Geschäft um Gottes willen? 470 · Das «finstere Zeitalter» zieht herauf 475 · Papst Sergius III. – Mörder zweier Päpste 478 · Auftakt des «Römischen Hurenregiments» – Papst Johann X.: im Bett und auf dem Schlachtfeld 481 · Anarchische Zustände in Italien 485 · König Hugo greift durch und bereichert die Seinen 487 · Päpste von Marozias Gnade und König Hugos Hochzeitsnacht 489 · Berengar II. wird König von Italien 492 · Johann XII. macht die Liebe zum Mittelpunkt seines Pontifikats 496 · Johann XII. krönt Otto I. zum Kaiser, und dieser stellt das Privilegium Ottonianum aus 498 · Der Papst konspiriert mit allen Reichsfeinden 501 · Ein «Monstrum» wird vom Papstthron gestürzt und stirbt durch einen «Schlaganfall» 503 · Tumulte und Greuel in Rom und in der Geschichtsschreibung 507 · Hauptstütze und Nutznießer auch in Italien: der Klerus 510 · Der Kaiser erringt «eines der wichtigsten Lebensziele in seinen letzten Regierungsjahren» 514

11. KAPITEL: Kaiser Otto II. (973–983) 519

Kleriker in Herrschernähe 521 · Kriege um Bayern und Böhmen 523 · Krieg um Lotharingien 526 · Krieg im Norden 531 · Capo di Colonne – die erste große Niederlage der ottonischen Dynastie 536

12. KAPITEL: Kaiser Otto III. (983–1002) 541

Thronkonflikt durch Heinrich den Zänker und die Bischöfe 544 · In der Hand frommer Frauen und des Klerus 546 · Zwischen zwei Heiligen und einem künftigen Papst 550 · «Unser bist du ...» 552 · Szenen um den Heiligen Stuhl 554 · Erzbischof Giselher besticht, fälscht und kassiert 561 · Vierzehn Jahre Dauerkrieg gegen die Elbslawen 563 · «... die Legionen zu sammeln» – Konzertierte Aktion in Gnesen zum Vorteil Roms 568 · Der Gandersheimer Streit 574

ANHANG 581
Anmerkungen 583 · Benutzte Sekundärliteratur 623 · Abkürzungen 647
Register 651 · Über den Autor 673 · Das literarische Werk Karlheinz Deschners 674

REPLIK

EDITORIAL

Nach rund dreißig Jahren der Vorbereitung erschien im September 1986 der erste Band von Karlheinz Deschners auf zehn Bände angelegter *Kriminalgeschichte des Christentums*. Es folgten im Oktober 1988 der zweite und im Oktober 1990 der dritte Band. Damit war die erste Epoche, das Altertum, abgeschlossen.

Drei stattliche Bände – was da auf etwa 1600 Seiten dargestellt und auf rund 350 Seiten wissenschaftlich belegt wird, umfaßt rund anderthalbtausend Personen- und fast ebenso viele Ortsnamen, zitiert Tausende von Primär- und Sekundärquellen – alles in allem eine wahre Milchstraße von Namen, Daten, Dogmen, Titeln, Fakten.

Eine so fundierte und so fundamentale Anklage gegen das Christentum (nicht etwa nur die Kirche) hatte es noch nicht gegeben. Gleichwohl hielt sich die angegriffene Seite zunächst an die Oggersheimer Regel: aussitzen.

Als den berufenen und beruflichen Christen das Totschweigen nicht gelang, als Zehntausende von Lesern alle zwei Jahre einen neuen Band von Deschners historischem «Krimi» verschlangen, als die Zahl der jährlichen Kirchenaustritte rapide auf sechs Stellen anschwoll und viele Austrittswillige für ihren Entschluß historische Gründe nannten, eben die Greueltaten, die Deschner anprangert – da wurde es den attackierten Amtsträgern des organisierten Christentums dann doch zu bunt. 1992 bliesen sie zum Gegenangriff.

Hans Reinhard Seeliger, Professor für Historische Theologie an der Universität-Gesamthochschule Siegen, organisierte unter der Überschrift *Kriminalisierung des Christentums? Karlheinz Deschners Kirchengeschichte auf dem Prüfstand* ein dreitägiges Symposium in der Katholischen Akademie Schwerte am Nordrand des Sauerlandes.

Vom 1. bis zum 3. Oktober 1992 wurden dort Vorträge gehalten, die sich im allgemeinen oder im einzelnen mit den bis dato erschienenen 23 Kapiteln der ersten drei Bände befaßten. Die meisten Referenten waren Professoren aus Deutschland und Österreich: ordentliche, außerordentliche, außerplanmäßige, emeritierte; dazu ein Titular- und ein Honorarprofessor. Zwei gehören dem Dominikaner-, einer dem Franziskanerorden an. Das Fächerspektrum reicht von Alter und Älterer Kirchengeschichte, Patrologie, Christlicher Archäologie, Alter Geschichte, Altphilologie über Judaistik bis zur Historischen und Systematischen Theologie. Hinzu kamen ein Hochschullehrer für Strafrecht, Strafprozeßrecht und Kriminologie (weil es sich ja um eine *Kriminal*geschichte handelt!) sowie ein frisch promovierter Dr. med. aus Freiburg.

Auch Karlheinz Deschner war – eine ritterliche Geste – eingeladen worden, «die Grund- und Gesamtkonzeption seines Werkes» vorzutragen. Einer allein gegen zweiundzwanzig – für einen kämpferischen Geist wie Deschner eine durchaus reizvolle Herausforderung. Trotzdem hat er abgelehnt. Zu dem angebotenen Thema hatte er bereits in der Einleitung zum Gesamtwerk ausführlich geschrieben: *Über den Themenkreis, die Methode, das Objektivitätsproblem und die Problematik aller Geschichtsschreibung* (60 Druckseiten). Dem habe er, schrieb Deschner an die Veranstalter, nichts hinzuzufügen.

Sämtliche Referate erschienen 1993 als Buch in dem katholischen Traditionsverlag Herder in Freiburg, herausgegeben vom Initiator Hans Reinhard Seeliger. Umfang: 320 Seiten. Auf dem Umschlag: «Die Verbrennung des Dominikaners Savonarola als Ketzer in Florenz» von Fra Bartolommeo. Ein Scherz? Wunschdenken? Immerhin schreibt der Herausgeber in seiner Einleitung, daß «ein ‹Dahinschlachten› des Autors ... leicht zu bewerkstelligen gewesen wäre» (11).

Das bei Herder erschienene, recht teure Buch (58 DM) wurde, natürlich, kein Bestseller. Doch auch in kleiner Stückzahl erfüllte es seine Alibifunktion, wenn man fortan mit dem so gelehrt wirkenden Hinweis auf diesen Sammelband das Verdikt verquickt, dort sei von über zwanzig Experten bewiesen worden, Deschner arbeite unwissenschaftlich und schreibe parteiisch. Wenn jetzt jemand mit Verweis auf Deschner peinliche Fragen an die Kirche richtet, braucht der Eingeweihte nur noch mitleidig zu lächeln und auf diesen – natürlich ungelesenen – Band zu zeigen, und schon löst sich durch diesen autoritären Zaubertrick das ganze histori-

Seite fünf

sche Mosaik der *Kriminalgeschichte* in Wohlgefallen auf, und die von Deschner verführte Seele darf weiter glauben, das Christentum und seine Kirche(n) hätten nie eine Kriminalgeschichte gehabt, sondern immer nur eine Sakralgeschichte.

Der Dortmunder Philosoph Prof. Hermann Josef Schmidt hat Seeligers Herder-Band gründlich untersucht und seinen katastrophalen Befund unter dem Titel *Das «einhellige» oder scheinheilige «Urteil der Wissenschaft»? Nachdenkliches zur katholischen Kritik an Karlheinz Deschners «Kriminalgeschichte des Christentums»* veröffentlicht.*

Deschner ging davon aus, daß der interessierte Leser selbst beurteilen könne, welcher Standpunkt überzeugender, welcher Autor kritischer und der geschichtlichen «Wahrheit» näher sei. Er, der seinem Publikum stets empfiehlt, zu prüfen, was er sagt, ihm nicht zu «glauben» – er glaubt seinerseits: an den Sog der Vernunft.

Doch Schweigen wäre in diesem Falle selbstschädigend und weltfremd. Calumniare audacter, semper aliquid haeret: Beim Anschwärzen nur nicht schüchtern! Etwas bleibt immer hängen! An diesen alten (und wahren) Zynismus erinnerte besonders nachdrücklich ein ausländischer Wissenschaftler: Deschner müsse unbedingt, unverzüglich und öffentlich Stellung nehmen zu seinen Schwerter Kritikern.

Eine böse Grippe im Winter 1996 erschwerte Deschner das Schreiben des fünften Bandes der *Kriminalgeschichte*. Da nahm er sich, gleichsam als geistige Krankengymnastik, erneut den Herder-Band vor und suchte nach einem Modus operandi. Den ganzen dreihundert Seiten langen Text kritisch analysieren? Unmöglich. Also konnte man nur exemplarisch vorgehen: einen Aufsatz herausgreifen und den gründlich durchmustern.

Deschner entschied sich für das Referat *Kaiser Konstantin: ein Großer der Geschichte?* von Maria R.-Alföldi (der einzigen Frau in der Korona von Schwerte). Dieser Aufsatz entspricht, alles in allem, dem durchschnittlichen Pegelstand des Bandes. Etliche Texte

---

* In: Clara und Paul Reinsdorf (Hg.): *Drahtzieher Gottes. Die Kirchen auf dem Marsch ins 21. Jahrhundert*. Aschaffenburg: Alibri 1995. Darin auch die Studie von Oliver Benjamin Hemmerle: *Klerikale Kontinuitäten: Wer sie lehrte, was sie lehren. Biographisch-bibliographische Annotationen zu ausgewählten Deschner-Kritikern, ihren Lehrern und Vorbildern*

darin sind unter aller Kritik. Einige wenige enthalten sich wenigstens der persönlichen Verunglimpfung und versuchen, Deschners Eigenart und Leistung gerecht zu werden.* Maria R.-Alföldi liegt im Mittelfeld, ist also repräsentativ.

Maria Radnóti-Alföldi, geboren 1926 in Budapest, wurde 1949 promoviert, 1961 in München habilitiert, arbeitete seit 1965 als Wissenschaftlicher Rat, später als Professorin am Seminar für Griechische und Römische Geschichte der Universität Frankfurt am Main in den Fächern Hilfswissenschaften der Altertumskunde sowie Geschichte und Kultur der römischen Provinzen. Zu den historischen Hilfswissenschaften zählen Disziplinen wie Epigraphik, Papyrologie, Glyptographie, Sphragistik. Maria Radnóti-Alföldi hat vor allem über Numismatik (Münzkunde) publiziert, unter anderem *Die constantinische Goldprägung: Untersuchungen zu ihrer Bedeutung für Kaiserpolitik und Hofkunst* (1963) oder *Antike Numismatik: Theorie, Praxis, Bibliographie* (1978).

Frau Prof. em. Radnóti-Alföldi ist korrespondierendes Mitglied der Akademie der Wissenschaften und der Literatur in Mainz. Der Schwerte-Initiator Seeliger stellt sie als «international angesehene Konstantinforscherin» (148) vor. Ihr Referat wurde in Schwerte besonders beifällig aufgenommen, schien hier doch eine Koryphäe Deschners Zuverlässigkeit als Historiker zu torpedieren. Wie viele Treffer landete sie denn nun wirklich? Dies untersucht Karlheinz Deschner in der folgenden Replik.

Reinbek, 23. August 1996 Hermann Gieselbusch
Sachbuchlektorat
Rowohlt Verlag

---

* Aus Gesprächen mit Karlheinz Deschner weiß ich, daß er besonders vier Referenten für ihre Fairneß dankt: Professor Ulrich Faust O.S.B., Dekan der Historischen Sektion der Bayerischen Benediktinerakademie, Professor Theofried Baumeister O.F.M., Universität Mainz, Professor Erich Feldmann, Universität Münster, und zumal Professor Gert Haendler, Universität Rostock.

WES BROT ICH ESS'
oder «Vor jeder Form von Macht auf dem Bauch»

von Karlheinz Deschner

Maria R.-Alföldi rezensiert und zensiert auf knapp 12 Seiten (148–159) unter dem Titel *Kaiser Konstantin: ein Großer der Geschichte?* die 72 Seiten (213–285) des Kapitels «Der Hl. Konstantin, der erste christliche Kaiser. ‹Signatur von siebzehn Jahrhunderten Kirchengeschichte›» in Band I meiner *Kriminalgeschichte des Christentums*. Gleich eingangs findet sie es «schwer, auch annähernd den Inhalt der Ausführungen Deschners anzugeben» (149). Warum? Wohl weil der Inhalt selbst, in zehn Zwischenüberschriften doch präzisiert und dementsprechend genau referiert, ihr mißfällt, ebenso die unakademische Direktheit der Darstellung, die sie «populär» nennt, «sogar populistisch» (159), von «starker Tendenziösität geprägt» (149), zu der ich mich in meiner «Einleitung zum Gesamtwerk» bereits nachdrücklich bekannte (Band I, 36 ff.). Und mahnt sie zum Abschluß ihres Berichts zu einem vorsichtigen Umgang mit der Geschichtsschreibung, kann ich nur energisch beipflichten!

Maria R.-Alföldis Versuch steht im Dritten Teil, den der Herausgeber «Exemplarische Einzelkritik» tituliert. Exemplarisch, pars pro toto, unterziehe ich diesen Aufsatz jetzt, dicht am Text bleibend, einer Einzelheitenkritik. Notwendig muß solche Kritik der Kritik Kleinigkeiten aufgreifen, muß daraus fast zwangsläufig eine etwas mühselige Lektüre werden. Manches mag krittelsüchtig, pedantisch, spröd wirken. Anders aber geht es kaum, soll die Entgegnung überzeugend sein. Viele Steinchen ergeben so immerhin ein klar konturiertes aussagefähiges Mosaik, an dem die Geister sich scheiden mögen.

Seite acht

«Man liest, daß Konstantin seine Abstammung gefälscht hat...» (149). Man liest's. Na und? Ist's falsch? Das sagt die Autorin nicht. Sie suggeriert es nur – ein Nadelstich, Bestandteil der Taktik, mich unterschwellig unglaubhaft zu machen, zu disqualifizieren. Daß Konstantin, um die Mitherrscher als Usurpatoren abzustempeln, seinem Vater Konstantius Chlorus eine viel edlere Aszendenz andichten, daß er den Heiden und, nach Kirchenvater Laktanz, sogar Kirchenzerstörer, als Christen ausgeben ließ, verhehlt sie und bagatellisiert die gefälschte Abstammung als «zeitweiliges Propagandamanöver» (149). Man liest, er habe, fügt sie hinzu, «seine Vorfahren kompromittierend gefunden». Na und? Ist's falsch? (Siehe oben)

«Seine Mutter Helena wird mit allem Klatsch bedacht, die [!] eine mißgünstige Meinung je zutage förderte; sie war seinerzeit situationsabhängig und natürlich standesbedingt. Deschner kriecht ihr unbesehen auf den Leim» (149).

Erneut ignoriert Frau Alföldi die Gründe für diese «mißgünstige Meinung». Sie nennt sie «situationsabhängig» (was Meinung meistens ist) und, was sie hier ja nicht abschwächt, «standesbedingt». Wobei sie abermals verschweigt, daß auch prominente Prälaten den «Klatsch» kolportierten, daß deswegen Konstantin Bischof Eustathius von Antiochien auf Nimmerwiedersehen exiliert, daß Kirchenlehrer Ambrosius gar von Helena sagt, Christus habe sie «von der Miste auf den Thron erhoben».

«Die ersten Regierungsjahre des jungen Kaisers im Westen sind nichts als schreckliche Kriege gegen armselige Germanen, die dann, gefangengenommen, erbarmungslos abgeschlachtet werden.» Alles scheint da von mir grausig übertrieben, nicht wahr, wird aber wieder nicht gesagt. Denn alte Quellen wie neue Untersuchungen bestätigen, Konstantins Barbarei war schon seinerzeit ungewohnt, furchtbar. Doch liebt die Kritikerin diskrete Andeutungen, tadelnde Beiklänge, die mich als historischen Obskuranten hinstellen, ohne daß sie, dezente Tücke, dies ausspricht; obwohl sie auch davor, unter dem Druck ihrer Beweislast, nicht zurückschreckt (vgl. S. 154, 156), ja meinen Text einfach fälscht (S. 150).

Konstantins Opfer Maxentius, meint sie, werde «trotz nachgewiesener Willkürherrschaft stets entschuldigt» (149). Stets? Als schriebe ich nicht auch von Maxentius, daß er «die Landbewohner schröpfte», daß er «den bisherigen Steuerlasten neue hinzu»fügte – freilich «sein Geld in erster Linie eben dort» holte, «wo es fast unbegrenzt vorhanden war»; letzteres doch ein löbliches Unterfangen. Im übrigen: nicht ich entschuldige. Ich führe einen Forscher an, der im 28. Halbband der *Realencyclopädie* von Pauly-Wissowa so extensiv wie intensiv begründet, warum er Maxentius verteidigt – dessen Lage der «eines umstellten Wildes» glich (Groag).

Die christliche Seite allerdings schmäht den «gottlosen Tyrannen» beinah bis heute und verfälscht systematisch seine Biographie (vgl. S. 220 f.). Bereits der «Vater der Kirchengeschichte», Bischof Euseb, den Jacob Burckhardt «den ersten durch und durch unredlichen Geschichtsschreiber des Altertums» nennt, behauptet zum Beispiel von «der blutigen Rohheit des Tyrannen» Maxentius: «Die Zahl der Senatoren, die er hinrichten ließ ..., kann gar nicht berechnet werden. In Massen ließ er sie ... ermorden.» Tatsächlich aber ist kein von ihm getöteter Senator bekannt. Auch kennt die Überlieferung für die ihm unterstellte Grausamkeit «keinen einzigen konkreten Beleg». Ebensowenig stimmt, weder für Rom noch für Afrika, die ihm kirchlicherseits angeschwindelte Christenfeindschaft. Manche seiner Wohltaten für den Klerus hat man später auf Konstantin übertragen. Selbst christliche Quellen bestätigen die Toleranz des Maxentius. Bischof Optatus von Milewe nennt ihn korrekt den Befreier der Kirche.

Von alldem erwähnt die Autorin nichts. Vielmehr rügt sie, und wieder ohne es zu bestreiten, «Konstantin gilt als Aggressor» (149). Als erklärte nicht Konstantin den Krieg, sondern Maxentius! Als stürmte nicht Konstantin vom Rhein nach Rom, sondern Maxentius von Rom an den Rhein! Als habe nicht Konstantin bald auch die anderen Mitregenten niedergerungen bzw. niederringen und töten lassen! Und als brächte nicht Konstantin bald auch den Vater des Maxentius um!

Konstantins «Kriegsführung, die Schlachten, triefen vor Blut, vor allem die eben noch bedauerten Germanen, nunmehr dienstverpflichtet, strotzen vor Grausamkeit» (149). Nun schreibe ich zwar, überlieferungsgemäß, Konstantin habe die Aufstände seiner germanischen Gegner in Blut erstickt, ihre Könige in der Trierer Arena von Bären zerfleischen lassen und derartige Darbietungen als «Fränkische Spiele» zu einer Dauereinrichtung, dem jährlichen (14. bis 20. Juli) Höhepunkt der Saison erhoben. Doch äußere ich – sosehr ich es empfinde – weder Bedauern, noch strotzen da «die eben noch bedauerten Germanen... vor Grausamkeit». Was ja auch kein Widerspruch wäre.

Unmittelbar darauf zitiert Frau Alföldi mich: «Am Ende wird ‹der Sohn des Besiegten samt seinen politischen Anhängern über die Klinge gejagt› (I/223)», und fährt fort: «doch der Maxentius-Sohn Romulus lebt damals seit Jahren nicht mehr. Ob ein zweiter Sohn brutal beseitigt wird, ist nicht bekannt». Daß Romulus Valerius «seit Jahren» nicht mehr lebte, mag stimmen. Wir kennen aber sein genaues Todesjahr so wenig sicher wie das genaue Jahr seiner Geburt. Und ich nenne gar nicht Romulus Valerius. Wäre freilich auch kein anderer Maxentius-Sohn seinerzeit umgekommen, hätte ich mich geirrt. Ich gebe jedoch zu bedenken, daß beispielsweise Karl Hönn in seiner Biographie *Konstantin der Große. Leben einer Zeitenwende* auf S. 107 von Maxentius schreibt: »Seine Kinder [!] wurden getötet«: wonach sogar mehrere Kinder des Besiegten Konstantins Opfer geworden sind. Wie denn Frau R.-Alföldi mein Zitat mitten im Satz abbricht und unterschlägt: «... das ganze Haus des Maxentius [wird] ausgerottet». Dies ist das entscheidende Faktum.

«Daß die hohen heidnischen Würdenträger in Rom mit äußerster Klugheit verschont und in Dienst genommen werden, nimmt der Autor nicht zur Kenntnis» (149 f.). O doch! «Vielmehr sehen wir die führenden römischen Aristokraten», steht bei mir auf Seite 220, «unter Konstantin wieder in Amt und Würden».

Bewußt falsch gleich weiter die Behauptung, den nächsten Bürgerkrieg gegen Maximinus Daia «führte jedoch nicht, wie Deschner suggeriert, Konstantin, sondern sein Mitkaiser Licinius» (150). Denn ich berichte (228), daß «Konstantin und [!] Licinius», daß «zwei [!] gottgeliebte Männer» den Ausbruch dieses Waffengangs betreiben, daß ihn aber «Licinius» mit «christlichen Devisen unternommen» und «Licinius» vor der Schlacht am 30. April 313 kommandiert habe: «Helm ab zum Gebet...» Von Konstantin ist in diesem ganzen Konflikt keine Rede.

Während Frau Alföldi jedoch, wie so oft, mir ankreidet, den Leser hinters Licht zu führen, tut sie es selbst. Und während sie erklärt, ich suggeriere, Konstantin habe den Krieg geführt, suggeriert sie, erneut unwahrhaftig, schon mit dem nächsten Satz – «Man liest wieder extrem emotionale Schilderungen von Atrozitäten aller Art» (150) –, diese Schilderungen seien von mir, obwohl sie sämtlich, wie klar vermerkt, von den Kirchenvätern Euseb und Laktanz stammen. Indes muß ich um so eher als Verfasser erscheinen, als sie mich unmittelbar darauf auch noch zitiert: «Licinius' Soldaten heißen schlicht ‹Schlächter›» (150). (Nebenbei: also plötzlich doch Licinius! Und nicht Konstantin, wie sie mir zwei Zeilen vorher untergeschoben hatte!)

Soldaten sind Schlächter bei mir: Wie unseriös! Die Professorin für Hilfswissenschaften der Altertumskunde etc. schaudert's. Schlachterfahren, Schlachtenlenker, Schlachtenglück, Schlachtenruhm, Schlachtentod, das darf man sagen und schreiben, es klingt gut, ist aller Ehren wert, wie die Schlacht selbst! Doch Schlächter ist schlicht unfein.

Mit «hämischer Schärfe» (150) – so wird mir vorgeworfen – kommentiere ich dann die Alleinherrschaft dessen, den sogar sie des «Byzantinismus» zeiht. «Er zwingt die Kirche unter seine Fuchtel; diese wiederum beugt sich Deschner zufolge gerne und opportunistisch, um zu Geld und Macht zu kommen.» Das aber sei nur «eine bestimmte klar abgrenzbare Gruppe am Hofe...»

Nein. Denn die Kirche gelangte durch Konstantin (und sei-

Seite zwölf

ne nächsten Nachfolger) *als ganze* zu eminentem Einfluß, zu Prestige, was unbestritten ist. Überall im Reich jubelten dem Diktator die Bischöfe zu. Ergossen sich seine Gunstbezeigungen doch über die Hierarchen auch ferner Länder, ja kamen dem katholischen Klerus, der nun anerkannten, privilegierten Kaste, insgesamt zugute durch Geld, Ehren, Titel, durch Basiliken und andere Bauten, durch Auflagen-, Steuererlaß, Befreiung von Eidesleistung, Zeugnisabgabe, durch die Erlaubnis zur Benutzung der Staatspost, durch das Recht, letztwillige Verfügungen, Vermächtnisse anzunehmen, ja, der Herrscher trat – wie so viele künftige noch! – den Prälaten staatliche Macht ab, und er entschied freilich auch Fragen des Glaubens. Nicht wenige Oberhirten ahmten an ihren Amtssitzen schon das Gepräge und Zeremoniell der Kaiserresidenz nach. Immer wieder heißt es in den Quellen, «er machte sie geehrt und beneidenswert in aller Augen», «verschaffte ihnen durch seine Befehle und Gesetze noch mehr Ansehen», «öffnete mit kaiserlicher Großherzigkeit alle Schatzkammern...» Und so preisen Konstantin – der sich nicht nur Mit-Bischof, «Bischof für die äußeren Belange» (epískopos tōn ektós), sondern, bescheiden, «Unsere Gottheit» (nostrum numen) nannte – bald noch und gerade die größten Kirchenlichter, Ambrosius, Chrysostomos, Hieronymus, Kyrill von Alexandrien.

Meine Kritikerin aber tadelt, daß «andere in Opposition gehen, wird nicht gesagt» – weil nicht relevant; der ungleich bedeutendere Widerstand der Schismatiker und Häretiker wird seitenlang erörtert. Was hilft's! «Daß die Kirchengeschichtsschreibung als erste ihrem Helden den Beinamen eines ‹Großen› gegeben hat, ist wieder falsch: Es war der Athener Praxagoras...» (150). Was heißt hier «wieder» falsch? Und was heißt da «falsch»? Steht bei mir doch korrekt: «die Kirchengeschichte gibt Konstantin den Beinamen ‹der Große›». Um dies freilich erst falsch zu machen, um mich eines weiteren «Fehlerchens» überführen zu können, schmuggelt Frau Professor R.-Alföldi ebenso unauffällig wie infam die beiden Wörtchen «als erste» ein, die bei mir fehlen!

Nun spricht nicht alles für mich, was bei mir fehlt: «Offenbar fehlende Forschungstechnik» zum Beispiel, die mir der Herausgeber nachsagt. Frau R.-Alföldi hat sicher jede Menge «Forschungstechnik». Nicht zuletzt deshalb mißfällt ihr auch meine Polemik. Und besonders polemisch findet sie mich gegenüber Kirche, Militär und Krieg. Indes weder polemisch noch populistisch, nein, fachlich elegant hebt sie an: «Er sieht in dieser Form des Mittragens des Staates schlicht den Verrat an Christus selbst. Seine Tendenziösität gipfelt in der eigens herausgehobenen Wendung: ‹Genau dies aber, die Größe des Wütens, die das Verbrechen straflos macht, wurde die Moral der Kirche und blieb es» (150 f.).

Nun ist die stets obszöne Liaison von Thron und Altar, zumal in ungezählten Gemetzeln vom 4. Jahrhundert bis heute, ja nicht ein Produkt meiner «Tendenziösität» (149), sondern grauenhaft genug. Doch wie bei sehr vielen Konformisten vom Fach fließt auch bei ihr kaum Blut, in Wahrheit: kein Tropfen, während sie mir, so scheint's, mit allem Abscheu zuruft: «die Schlachten triefen von Blut» (149) – als würde ich es vergießen!

Dagegen ignoriert sie, zweifellos mit dem Gros der Historiker-Zunft, die geschichtsnotorische Perversität, die Epoche um Epoche moralisch ad absurdum führt, ethisch gänzlich diskreditiert: die überaus peinliche Praxis, kleine Gangster hängen, große glorifizieren zu lassen. Nichts spezifisch Christliches, gewiß. Schon der afrikanische Bischof, Märtyrer und Heilige Cyprian geißelt dies am Heidentum. Werde Blut im einzelnen vergossen, klagt er, nenne man es Untat, wenn öffentlich, Tapferkeit. «Die Größe des Wütens ist es, die das Verbrechen straflos macht...» (251 f.).

Meine «Tendenziösität», so Maria R.-Alföldi, gipfele in dieser Wendung, wobei sie völlig verschweigt, daß sie vom hl. Cyprian stammt! Ich dagegen werde, heißt es gleich danach, «immer undifferenzierter und gefühliger...» (151). Denn während sie, nur in einem Nebensatz, forschungskühl, summarisch vom «tragischen Ende» der Konstantin-Verwandten spricht, zähle ich offenbar «immer undifferenzierter und gefühliger» auf, daß der große Heilige und heilige Große seinen Schwiegervater Kaiser Maximian 310 in Marseille erhängen, dann seine Schwäger Licinius und Bassianus erwürgen, den Sohn des Licinius, Licinianus, in Karthago totschlagen, seinen eigenen Sohn Krispus vergiften (dazu auch zahlreiche Freunde massakrieren) und seine Gattin Fausta, Mutter von fünf Kindern, im Bad ersticken ließ – indes er selber andere Verwandtenmörder durch das längst abgeschaffte fürchterliche Säcken (poena cullei, besonders langsames Ersäufen in einem Ledersack) zur Hölle schickte.

Nicht genug des immer Gefühligeren: ich untersuche auch «die Veränderungen in der Strafgesetzgebung», bemängelt die Professorin indigniert, «stets mit negativem Vorzeichen» (151). Und ist damit wieder unwahrhaftig, falls sie meine Arbeit nicht bloß überflogen und einfach geschlampt hat. Denn ich räume – durchaus nicht stets negativ – sehr wohl ein, daß die Rechtsentwicklung «oft humanisierenden Tendenzen des älteren (heidnischen) Rechts oder der (heidnischen) Philosophie folgte, sie manchmal, zugegeben, unter christlichem Einfluß verstärkte». Und betone vom ersten christlichen Kaiser überdies, «gewiß hat auch Konstantin manche Strafbestimmung gemildert, vielleicht sogar, im einzelnen oft schwer zu ermitteln, unter christlichem Einfluß. So wurde die einseitige Ehescheidung erschwert (nicht abgeschafft!), der Schuldner besser vor seinen Gläubigern geschützt, die Todesstrafe durch Kreuzigung und Beinbrechen (320 gesetzlich noch bezeugt) durch Erdrosseln am Galgen ersetzt. Auch verbot Konstantin das Brandmarken im Gesicht (der zu Gladiatorenkampf und Bergwerksarbeiten Verurteilten), ›weil der Mensch nach dem Ebenbilde Gottes geschaffen ist...›» – wobei ich nicht den Nachsatz verbergen will: «und man ja auch Hände und Waden brandmarken könne!» So steht es bei mir auf Seite 266.

Die Kritikerin aber macht nicht einmal den Versuch, das von mir «stets» negativ Behandelte richtigzustellen, ihre Rüge zu begründen. Denn natürlich paßt es gar nicht in ihr apologetisches Konzept, daß der von Theologen und Historikern bis heute hoch gefeierte Despot (der «unter dem Einfluß christlicher Vorstellungen», wie ihm das *Handbuch der Kirchengeschichte* nachrühmt, «eine steigende Achtung vor der Würde der menschlichen Person» bekunde, die «christliche Achtung vor dem Menschenleben»: Katholik Baus), daß dieser heilige Halsabschneider zum Beispiel Denunzianten vor ihrer Hinrichtung noch die Zunge herausreißen, daß er bei Brautraub noch das beteiligte Hauspersonal töten, Sklaven verbrennen, Ammen durch flüssiges Blei in den Mund sterben ließ; daß er überhaupt jeden Sklaven und Domestiken, der seinen Herrn nur anklagte (ausgenommen, bezeichnenderweise, Fälle von Ehebruch, Hochverrat und Steuerbetrug!) ohne Untersuchung oder Zulassung von Zeugen sofort zu töten befahl; daß er, selber der Astrologie ergeben, selber gesetzlich Heil-, Wetterzauber, Sympathiekuren erlaubend, schon das bloße Verabreichen von «Liebesbechern» mit Exil und Güterkonfiskation, bei Todesfolge aber mit Zerreißen durch Raubzeug oder Kreuzigung bestrafte.

Zu alldem und mehr kein Wort der Konstantinexpertin. Vielmehr fährt sie unmittelbar nach der Falschmeldung, ich bespräche die konstantinische Strafgesetzgebung stets negativ, fort, ich zeihe «den Kaiser sogar des Antisemitismus», und dies «trotz der bekannten Tatsache, daß die Juden zu jener Zeit ihren Glauben noch frei ausüben können» (151).

Als widerspreche die freie Glaubensausübung der Juden dem Antisemitismus des Kaisers – eines Herrschers, der die Juden geistig blind schimpft, ein «verhaßtes Volk», dem er «angeborenen Wahnsinn» attestiert; der ihnen das Betreten Jerusalems nur an einem Tag im Jahr gestattet, ihnen die christliche Sklavenhaltung ganz untersagt, womit ihre folgenschwere Verdrängung aus der Landwirtschaft beginnt; ja, dessen erstes judenfeindliches Gesetz aus dem Herbst 315 für Bekehrung zum Judentum dem bekehrenden Juden und dem bekehrten Christen bereits mit Verbrennung droht!

Daß ich Konstantins Zurückhaltung gegenüber den Heiden nur «zögerlich» einräume (151), trifft ebenfalls nicht zu. Gegenüber den Heiden, konzediere ich auf Seite 278, wahre der Regent «zunächst deutlich Reserve». Ich hebe seine lebenslange Stellung als Pontifex maximus hervor, als Präsident des heidnischen Priesterkollegiums, betone, daß sein Oberpontifikat, der die Verbundenheit mit der paganen Religion bezeugt, in den offiziellen Texten immer an der Spitze seiner Ämter stand u. a.

Dagegen verschweigt die Kennerin des Kaisers, daß ihr Heros mit wachsender Macht und Bewegungsfreiheit stets rigoroser auch die Heiden attackierte, am deutlichsten in seinen letzten Regierungsjahren, wenn es auch nicht in seinem Interesse lag, die große Mehrheit des Reiches frontal anzugehn. Immerhin, er verbot die Wiederherstellung baufälliger Tempel, befahl auch bereits das Schließen von Tempeln. In allen Provinzen wurden sie außerdem für ihn, seine Günstlinge, für die Kirchen bestohlen, «rücksichtslos ausgeplündert» (Tinnefeld), ja es kam zu einem «Kunstraub noch nie dagewesener Art» (Kornemann). Und dann verfügte Konstantin auch schon ihre Vernichtung; «er zerstörte von Grund aus gerade diejenigen, die bei den Götzendienern in höchster Ehre standen». «Auf einen Wink», triumphiert Bischof Euseb, lagen ganze Tempel «am Boden». Nicht zuletzt ließ der Potentat die fünfzehn Bücher des Porphyrios *Gegen die Christen* verbrennen, womit dieser der «gesamten Bibelkritik der Neuzeit» vorgreift (Poulsen) und «auch heute», so der Theologe Harnack, «nicht widerlegt» ist.

Von alldem verlautet bei Maria R.-Alföldi wieder absolut nichts. Hingegen vermerkt sie die «nicht zu leugnende Zurückhaltung Konstantins gegenüber den Heiden», die ich angeblich nur «zögerlich» zugebe, und tischt gleich die weitere Unwahrheit auf, von mir werde «wieder kaum gesehen», daß seine «Strenge» gegen Häretiker aus dem Wunsch resultiere, «den inneren Frieden zu sichern» (151).

Denn in Wirklichkeit, so steht bei mir auf Seite 277 f., ging der Kampf des Kaisers gegen die «Ketzer» weniger um Religion «als um die Einheit der Kirche... und damit um die Einheit des Reiches... zur Stärkung des Staates erstrebte der Herrscher die Einheit der Kirche, haßte er den ‹Brand der Zwietracht›». Ich mache deutlich, daß Konstantin, wie er selbst sagt, «unter allen Dienern Gottes Einigkeit» wünschte, auf daß auch der Staat «von deren Früchten genießen könnte»; ich unterstreiche, daß der Regent deshalb «staatliche Einheit suchte wie nichts sonst», daß er in Briefen an Bischöfe, Synoden, Gemeinden «unermüdlich die Einigkeit, Concordia» beschwor, «Frieden und Einklang», «Zusammenklang und Einheit», daß er immer wieder «eine einheitliche Ordnung» postulierte, immer wieder forderte, daß bei «der katholischen Kirche ein einziger Glaube», «daß die allgemeine Kirche *eine* sei» – und bekomme nachgesagt, dies werde «wieder kaum gesehen...»

Dagegen konkretisiert die Autorin die knapp gestreifte kaiserliche «Strenge» gegenüber Häretikern wieder nicht im geringsten. Der erste christliche Imperator im Kampf gegen Christen, das paßt nicht gut ins Bild. Kein Wort also dazu, daß Konstantin in einem scharfen «Ketzer»-Edikt (falls es Bischof Euseb, der Überlieferer, nicht gefälscht hat) alle Häretiker «Lügen» zeiht, der «Torheit», sie «Feinde der Wahrheit» schimpft, «Verführer zum Untergang»; daß er jahrelang die afrikanischen Donatisten bekriegt, ihnen die Kirchen wegnimmt, das Vermögen, daß er Soldaten gegen sie schickt, wobei es, noch ehe man die Heiden massakriert, zur ersten, im Namen der Kirche geführten Christenverfolgung kommt, zum Sturm auf Basiliken, zur Ermordung von Männern, Frauen, zur Tötung von zwei donatistischen Bischöfen, zu einem blutigen Bauernkrieg auch, da sich die Verfolgten mit den schwer drangsalierten Landsklaven verbinden. Und ebenfalls nichts natürlich über die Bekämpfung der markionitischen Kirche, die vielleicht größer, jedenfalls älter war als die katholische. Er verbot ihre Gottesdienste, konfiszierte ihre Grundstücke, zerstörte ihre Bethäuser. So kann die Expertin, alles Abträgliche im einzelnen weitgehend aussparend, zuletzt nicht nur einem vieltausendfachen Mörder, sondern auch einem unumschränkten Autokraten, dem ersten Kaiser, der seinen persönlichen Willen als «unmittelbare Rechtsquelle» (Schwartz) aufstellte, das Attribut «der Große... nicht ohne Grund» zuerkennen (159).

Alles Bisherige betraf bloß etwas mehr als zwei Seiten Text der Historikerin.

Nun offeriert sie im Kleindruck einige «besonders störende Fehler und Entstellungen». Doch da sie schon im Großdruck wenig, vor allem wenig Wesentliches zu sagen wußte, vielerlei Unrichtiges aber, Richtigstellungen, die Falschstellungen waren, euphemistische Verdrehungen, unredliche Suggestionen, Unterschlagungen, vom Entscheidenden – typisch für den nach der Kirchen- oder Staatsmacht schielenden Geschichtsdarsteller – meist Ablenkendes, ahnt man wohl, welche Bedeutsamkeiten sie im Kleindruck bietet.

Ich will damit nicht langweilen. Doch pars pro toto ein paar Beispiele (von insgesamt zehn).

Da werde der Name eines Senators der Konstantinzeit «stets ‹Anylinus› geschrieben» (152). Nun, der Name kommt zweimal vor. Wieso also «stets»? Und die Schreibung «Anylinus» ist durchaus nicht falsch. Denn so schreibt u. a. stets auch der «Vater der Kirchengeschichte», Bischof Euseb. Und selbstverständlich kann man ungezählte Namen griechisch oder lateinisch schreiben, ohne im geringsten einen Lapsus zu begehen. Sie aber behauptet: «er heißt in Wirklichkeit Annulinus...»

Zu Seite 223 notiert sie «‹Doch noch in seinen letzten Lebensjahren läßt Konstantin sich in einer Porphyrstatue wie Helios abbilden (....)› – was bei Deschner für seine eminente Falschheit steht» (152). Davon aber ist in meinem Kontext überhaupt nicht die Rede. Denn es geht hier gar nicht um den Kaiser, sondern um die Kirchenväter, die dessen Sieg über Maxentius mit Hilfe einander widersprechender Legendenlügen zu einem Sieg des Christentums über das Heidentum machen und damit eine bis in den Ersten und Zweiten Weltkrieg fatal fortwirkende politisch-militante «Religiosität», die «Kaisertheologie», begründen. Demgegenüber, berichte ich auf Seite 223, erscheint auf Konstantins Münzen noch lange Juppiter Conservator, auch Mars, am längsten jedoch der unbesiegte Sonnengott, Sol Invictus. Dann folgt der von ihr gebrachte Satz, und ich zitiere den Abschnitt zu Ende: «Doch noch in seinen letzten Lebensjahren läßt Konstantin sich in einer Porphyrstatue wie Helios abbilden, ja, noch einen Tag vor seinem Tod schärft ein Gesetz ein, ‹daß die heidnischen Priester für immer von allen niederen Lasten frei sein sollen›. Wie er denn selber der Meinung war, den Gott, zu dem er betete, nie gewechselt zu haben.»

Wo hätte ich hier Konstantins «eminente Falschheit» auch nur angedeutet? Die Forscherin erfindet es.

Auf derselben Seite (152) greift sie meine Bemerkung auf und an, der Kopf des Licinius erscheine zunächst, «wie der Konstantins, auf Münzen mit einem ‹nimbus›, einem Heiligenschein: Symbol ihrer inneren göttlichen Erleuchtung» (233).

Worum geht es? Solange Konstantin den Licinius zur Vernichtung seiner Gegner braucht, loben und preisen die Kirchenväter auch den Licinius. Sobald aber Konstantin sich gegen Licinius wendet, verteufeln die krassen Opportunisten den bisher «Gottgeliebten» und krempeln ihn zu einem Scheusal ohnegleichen um; nun plötzlich ist er grausam und verrückt! Alles, was der Kritikerin dazu einfällt: «Die Gleichsetzung von Nimbus und Heiligenschein stimmt für die Spätantike nicht» (152). Sie lenkt vom Wesentlichen ab. Sie geht auch hier wieder auf meine größeren und großen Anschuldigungen, auf die eigentliche Sache, gar nicht ein und präsentiert stattdessen irgendwelche Nebensächlichkeiten wie «stimmt für die Spätantike nicht...» Als ob das mein Thema wäre! Doch trifft der Einwand überhaupt für sich genommen? Denn was heißt hier Spätantike? Wie lange dauert sie? Bis 313? Bis 375? Bis 476? Oder bis gegen die Mitte des 7. Jahrhunderts? Darüber gibt es keine communis opinio. Und jeder weiß, solchem Epocheneinteilen, zeitlichem Abgrenzen, Zuordnen haftet immer etwas

Seite zwanzig

Willkürliches an – stets nur scheinbare, weil in Wirklichkeit ungewisse Fixpunkte.

Fest steht dagegen, daß der Nimbus, der in Form einer verhüllenden oder leuchtenden Wolke göttliche Erscheinungen signalisiert, sich bereits bei Homer zeigt, daß er Götter, Heroen, Könige auszeichnet, Venus etwa, Neptun, Mithras, Alexander, schließlich, im 4. Jahrhundert, von Konstantin auf Christus übertragen wird und seit dem beginnenden 5. Jahrhundert regelmäßig und allgemein bei Engeln, Aposteln, Heiligen vorkommt. (Findige katholische Theologen entdecken den nimbus, die gloria, den Heiligenschein schon im Neuen Testament!) Wie auch immer: die inkriminierte «Gleichsetzung von Nimbus und Heiligenschein» spielt erstens in meinem Textzusammenhang keine Rolle, zweitens ist sie sachlich richtig, und drittens stimmt sie auch zeitlich für die Spätantike.

Zu meiner Seite 243 f. passim merkt Maria R.-Alföldi an, «*divus*» werde «als Titel der Kaiser apostrophiert, *sacer* und *sanctus* im kaiserlichen Umfeld als höchste Anmaßung gescholten» (153). Aber bei mir heißt es erstens klar, daß «man Konstantin nicht mehr, wie noch Diokletian samt Mitregenten, Divus nennen» durfte; und zweitens werden die Termini *sacer* und *sanctus* von mir nirgends gescholten, weder als höchste Anmaßung noch überhaupt.

Ein letztes Beispiel für das kritische Ingenium Maria R.-Alföldis aus ihrem kleingedruckten Einschub über «besonders störende Fehler und Einstellungen» (151). Sie zitiert mich: «Auf Münzen aus den Prägestätten seiner christlichen Söhne fährt er zum Himmel auf, wie schon sein Vater», und findet hier «einmal mehr, wie wenig sich Deschner unter Kontrolle halten kann, wenn er seine Kritik formuliert: Es ist ihm offenbar unbekannt geblieben, wie gerade auf Münzen die klassisch-heidnische *consecratio* mit dem aus dem brennenden Scheiterhaufen aufsteigenden Adler von Constantius Chlorus überliefert ist» (153).

Danach fehlt mir also nicht nur die «Forschungstechnik», nein, es fehlt mir auch an Wissen. Dessen bin ich mir übrigens selbst sehr bewußt. Wem fehlte es nicht an Wissen? Keinesfalls «offenbar unbekannt» aber blieb mir, womit sie meine vermeintliche Wissenslücke stopft. Zitiert sie mich ja selbst, Konstantin fuhr «zum Himmel auf, wie schon sein Vater...» Und vor fast vierzig Jahren bereits, in *Abermals krähte der Hahn*, nachzulesen, waren mir zahlreiche weitere Himmelfahrten heidnischer und jüdischer Herrschaften bekannt, die von Kybele, Herakles, Attis, Mithras, von Caesar und Homer, von Henoch, Moses, Elias... Freilich: «Das ‹Himmelfahrt› zu nennen, ist zumindest mißverständlich» (153). Doch warum denn? Soll etwa nur Herr Jesus ganz wirklich und wahrhaftig aufgefahren sein?

Maria R.-Alföldi, die es schon «schwer» fand, «auch annähernd den Inhalt» meines Konstantin-Kapitels anzugeben, hatte, wie sie eingangs ihres II. Textteils bekennt, bereits Probleme beim Lesen der «als Motto vorangestellten Zitate»; war ihr die Auswahl doch wieder «nicht eben einsichtig», zugleich aber «charakteristischer noch als die eben angedeuteten Einzelheiten», nämlich: «Tendenz und Stimmungsmache also schon als Auftakt» (153 f.). Doch tendenziös ist jede Geschichtsschreibung, ausnahmslos; die ehrliche gibt es zu! Denn jede hat eine gewisse Neigung, Richtung, jede tritt für oder gegen etwas ein, «stimmt» also für oder gegen etwas. Jeder Historiker ist selbstverständlich vorgeprägt, gebunden, subjektiv. Jeder hat seine Determinanten, Prämissen, Prädilektionen; jeder seine Wertesysteme, Hypothesen, Auswahlmechanismen, Projektionen, Egoismen, seine Deutungsmuster und Typisierungen, seine Interpretationsmodelle. Jeder beleuchtet, erforscht, erklärt die Welt und die Geschichte im Sinne seiner Weltanschauung. Und am gefährlichsten allemal: wer dies leugnet, wer unparteiisch tut, Wertneutralität vortäuscht, wissenschaftstheoretische Unschuld, kurz, wer Objektivität mimt, die es vermutlich nicht gibt, am wenigsten wohl in der Theologie und in der Geschichtsschreibung (man lese dazu meine «Einleitung zum Gesamtwerk» im Ersten Band, Seite 37 ff.).

Seite zweiundzwanzig

«Objektiv», sagt Johann Gustav Droysen, «ist nur der Gedankenlose!»

Es geht um sechs Zitate. Das erste, von Augustin, preist in aller Kürze Konstantins Kriege und Siege; das zweite, von Kirchenhistoriker Bischof Euseb, bejubelt des Herrschers Ausrottung aller Arten von «Götzendiensten». In drei weiteren Zitaten von Theologen aus dem späteren 20. Jahrhundert ist der erste Christenkaiser für Peter Stockmeier ein «leuchtendes Vorbild», für Kurt Aland «Christ, und zwar Christ dem Herzen, nicht nur der äußeren Handlung nach». Und Karl Baus nennt seine Seelenhaltung «die eines wirklichen Gläubigen». Den Beschluß bildet ein Text Percy Bysshe Shelleys, «des frühvollendeten großartigen Lyrikers vom Anfang des 19. Jhs., der für Deschner offenbar das einzig Wahre gesagt hat» (154): «... dieses Ungeheuer Konstantin ... dieser kaltblütige und scheinheilige Rohling durchschnitt seinem Sohn die Kehle, erdrosselte seine Frau, ermordete seinen Schwiegervater und seinen Schwager und unterhielt an seinem Hofe eine Clique blutdürstiger und bigotter christlicher Priester, von denen ein einziger genügt hätte, die eine Hälfte der Menschheit zur Abschlachtung der anderen aufzureizen.»

Nun ist Shelleys Statement für mich keinesfalls «das einzig Wahre». Wohl aber kommt diese Sicht der Dinge dem Geschehen sicher näher als die der vor ihm zitierten antiken und modernen Pfaffen.

Bevor ich gleich zum III. und letzten Hauptteil der Alföldi-Kritik übergehe, noch einige Vorwürfe aus ihrer Nummer II.

Zum Beispiel belehrt sie mich über Termini technici, die ich schon vor Jahrzehnten bei der Darstellung des Herrscherkultes und seiner Beeinflussung des Neuen Testaments beschrieb, und suggeriert – ein so beliebter wie plumper Trick –, ein «Spötteln» über Titel wie «Heiland und Wohltäter» renne offene Türen ein; es «lohnt sich nicht». Als wüßte nicht auch sie: das Gros der Gläubigen hat von diesen (und hundert anderen) religionshistorischen Hintergründen, hat von der Tatsache, daß *nichts* im Christentum ursprünglich ist – vom Weihnachtsfest zur Himmelfahrt lauter Plagiate –, noch heute keine Ahnung. Davon leben ja die Kirchen! Im übrigen erschöpft sich mein «Spötteln» in dem Satz – von mir angeblich «eigens höhnisch hervorgehoben» –: «Der ‹Heiland und Wohltäter› hatte den Entscheidungskampf mit religionspolitischen Aktionen vorbereitet...»

Sie hat nichts Entscheidendes vorzubringen, also kann sie immer wieder nur andeutend, weil unbegründet, sticheln, muß sie verzerrend übertreiben, glatt unterschlagen oder einfach unwahrhaftig sein. Doch zeigt die mir häufig zugedachte, nicht nur in Anbetracht des zur Debatte Stehenden geradezu lächerliche Schulmeisterei mehr als vieles, wie wenig stichhaltig dies alles ist. Etwa wenn sie (S. 154 f.) moniert, der Gebrauch moderner, der Antike unbekannter Ausdrücke wie «Aggressor» (sic) und «Angriffskrieg» sei nicht «sachgerecht» und führe den Leser «in die Irre». Doch wie viele neuere Historiker verwenden neue Vokabeln für alte Epochen; in meinem Konstantin-Kapitel zitiere ich Altmeister Otto Seeck mit dem Wort «Angriffskrieg».

Aus eklatantem Mangel an handfesten Einwänden bemäkelt sie sogar, bei mir seien «Aufsätze verglichen mit den Monographien relativ unterrepräsentiert» (155). Nun, das genügt doch. Auch hier gibt es keine Norm. Zwar wird gewiß «gerade in Aufsatzform sehr viel Neues geschrieben»; viel zuviel. Doch «sehr viel Neues» muß ja nicht, worauf es mir ankommt, schon sehr viel Gutes sein. Und nach dem Guten frage ich bestimmt nicht sie.

«Unkenntnis» kreidet mir Frau R.-Alföldi auch über die stammesmäßige Zusammensetzung der Franken an.

Der junge Kaiser Konstantin, schreibe ich auf Seite 217, habe als Herr über Britannien und Gallien die Franken besiegt und darauf «deren Könige Ascaricus und Merogaisus zur allgemeinen Augenweide von hungrigen Bären zerfleischen» lassen. Etwas später ergänze ich, diese «fränkischen» Könige seien möglicherweise Brukterer oder Tubanten gewesen. Dies aber, kontert sie, offenbare nicht, «wie vielleicht beabsichtigt,

Seite vierundzwanzig

Gelehrsamkeit und Wissen, sondern die Unkenntnis der historischen Tatsache, daß ‹die Franken› ein Stammesverband sind, in denen [sic] sehr wohl auch die Brukterer und die Tubanten ihren Platz haben» (156)

Doch schließt mein Text das aus? «Möglicherweise», sage ich, waren die beiden Könige der Franken «in Wirklichkeit Brukterer oder Tubanten». Konstantin hatte seinerzeit den germanischen Stamm der «bructeri» am Rhein besiegt. Es gab aber auch «Boruktuarier», wie Beda berichtet, die erst sehr viel später, gegen Ende des 7. Jahrhunderts, zwischen Lippe und Ruhr unter sächsische Herrschaft kamen. Als Missionsbischof Suitbert (gest. 713) diese westfälischen Brukterer zu «bekehren» suchte, mußte er vor den Sachsen fliehen. Somit gingen die Brukterer zunächst keinesfalls (ganz) in den Franken auf. Und gehörte auch zur Zeit Konstantins ein Teil jener zu diesen, waren sie doch Brukterer – so wie die Sachsen auch unter den Franken Sachsen blieben.

Ich zitiere nie sinnwidrig. Und führe ich Zitate an, so geschieht es mit aller Sorgfalt. Natürlich zitiere ich regelmäßig aus dem «Zusammenhang gerissen» (154); das habe ich mit allen Zitierenden der Welt gemein. Erstaunlich aber die Verleumdung, ich böte «Zitate aus antiker und moderner (Fach-)Literatur meist verstümmelt» (154). Dies wäre, selbst wenn ich nicht auf der besonders infamen Vokabel «meist» insistiere, durch eine Fülle von Belegen zu untermauern gewesen. Wo sind sie?

Einen Treffer freilich kann Maria R.-Alföldi wirklich verbuchen (156): meine Verwechslung der Lateranbasilika mit der Basilika am Forum Romanum. Triumph!

Ich fasse meine Darstellung des Kaisers zusammen, beziehe auch bereits Erörtertes, das mir besonders triftig scheint, ein und konfrontiere damit abschließend, ebenfalls nur kurz, das von der Kritikerin skizzierte «Gegenbild Konstantins».

Konstantin I. hat um seiner Karriere willen die Religion seines Vaters Konstantius Chlorus, eines einstigen kaiserlichen

Leibwächters, gefälscht, hat illegal zum Kaiser sich erheben und in einer Machtsucht ohnegleichen das diokletianische System der Tetrarchie zerschlagen, drei Mitkaiser ermorden lassen. Konstantin führte sein Leben lang Krieg. Er ist aggressiv «von Anfang an» (Stallknecht); vor Augen stets «nur dieses Ziel einer größeren Herrschaft» (Vogt); dabei immer wieder «furchtbare Härte» (Kornemann) praktizierend: 306 gegen die Brukterer, 310 gegen die Brukterer, 312 gegen Mitkaiser Maxentius, 313 gegen die Franken, 314 gegen die Sarmaten, 315 gegen die Goten, ungefähr um diese Zeit auch gegen Mitkaiser Licinius, wobei Konstantin mehr als 20 000 seiner Feinde vernichtet haben soll. 320 gegen die Alemannen, 322 gegen die Sarmaten, 323 gegen die Goten, wobei er jeden, der ihnen beisteht, lebendig zu verbrennen befiehlt. 324 gegen Mitkaiser Licinius, ein «Religionskrieg», vor dem Konstantin, der schon mit Feldbischöfen ausrückt, «heilig und rein», mit seiner Soldateska betet und schließlich 40 000 Leichen das Schlachtfeld bedecken; 130 Schiffe und 5000 Matrosen versinken vor der Steilküste bei Kallipolis.

Dem Licinius verspricht Konstantin eidlich das Leben und läßt ihn ein Jahr später erwürgen, auch viele seiner prominenten Parteigänger in allen Städten des Ostens liquidieren. «Diesem großen Vorbild nachzueifern bemühte sich jeder christliche Kaiser», versichert der katholische Theologe Stockmeier; «beliebig ließ sich darauf verweisen, um ein Ideal [!] vor die Augen der Fürsten zu stellen». Ja, er wurde zur «Idealfigur... christlichen Herrschertums überhaupt« (Löwe).

All dies, hier nur aufgezählt, spiegelt sich bei R.-Alföldi (148) in dem Satz: «Er behauptet sich zunächst, gewinnt dann Schritt für Schritt die Gebiete seiner Mitregenten hinzu, um schließlich 324 das ganze römische Reich unter seinem Zepter zu vereinen.» So gesehen wird Geschichte gewiß eine saubere, aseptische Sache. Blut fließt da kaum, selbst wenn sie noch hinzusetzt: «Er muß wiederholt an den Grenzen kämpfen, um das Reichsgebiet zu sichern».

328 zieht Konstantin gegen die Goten, 329 gegen die Ale-

mannen, 332 gegen die Goten, deren Verluste, auch durch Hunger und Frost, auf hunderttausend berechnet worden sind. Und noch in seinem Todesjahr 337 wollte der «Schöpfer des *christlichen* Weltreiches» (Dölger) mit vielen Militärbischöfen zu einem Kreuzzug gegen die Perser ausrücken.

Von alldem aber, womit Konstantin das christliche Abendland begründete, was Konstantin ja erst – wie mutatis mutandis dann Karl I. – zu «dem Großen» macht, steht bei Maria R.-Alföldi sehr wenig, und dies mehr zwangsläufig in der Polemik gegen mich. Auch von der persönlichen Grausamkeit des Kaisers, für den Menschenleben «keinen Wert» hatten (Seeck), von den durch ihn initiierten «Fränkischen Spielen» (14.–20. Juli), von den «ludi Gothici» (4.–9. Februar), wobei er Gefangene massenweise in der Arena wilden Tieren vorwerfen ließ, findet sich schlechthin nichts; ähnlich von der Meuchelung seiner nächsten Verwandten. Wahrscheinlich gilt diesem brutalen Hinmorden (das sein Sohn Konstantius II. noch im Todesjahr seines Vaters fortsetzt, wie überhaupt Verwandtenmassaker in christlichen Dynastien die Regel bleiben), wahrscheinlich gilt diesem schlimmen Wesenszug des heiligen Großen Maria R.-Alföldis damenhafter Satz, der grotesker kaum sein könnte: «Er scheint sogar zu Jähzorn zu neigen» (158).

Die vom christlichen Idealfürsten Konstantin gewünschte Beibehaltung der Folter auch vor Gericht – «und die dafür vorgesehenen Methoden waren grausam» (Grant) – wird von der «international angesehenen Konstantinforscherin» (148) mit keinem Wort erwähnt. Ebenso die jämmerliche Sklavenschinderei. Wann immer Sklaven durch Schläge ihrer Herren sterben, verfügt Konstantin am 18. April 326, so sind die Totschläger «von Schuld frei (culpa nudi sunt)... mögen die Herren keine Untersuchung (quaestionem) befürchten...» Und seine Majestät verbietet in einem weiteren Dekret sogar ausdrücklich nachzuforschen, ob absichtlich getötet wurde oder nicht! Derlei verschweigt die Verteidigerin des «Großen» gänzlich. Auch nahezu jedes Detail aus dem besonders wichtigen und deshalb mit Abstand längsten Unterkapitel «Von der Kirche der Pazifisten zur Kirche der Feldpfaffen». Es thematisiert die fundamentale, die Catholica bis heute desavouierende Tatsache, daß ihre Theologen der ersten *drei Jahrhunderte* nirgends in Ost und West den Kriegsdienst erlauben; daß sie sogar jede Notwehr und die Todesstrafe, das Todesurteil ebenso wie die Hinrichtung oder auch nur die Anzeige, die dazu führt, verbieten (daß nach der Kirchenordnung des römischen Bischofs und Heiligen Hippolyt aus dem 3. Jahrhundert selbst Jäger nicht Christen sein können). Da macht Konstantin das Christentum 313 zu einer erlaubten Religion mit einer Fülle von Vorteilen zumal für die Hierarchen – und sofort liefern die bisherigen Pazifisten dem plötzlich prochristlichen Staat die Schäfchen ans Messer. Wer jetzt im Krieg die Waffen wegwarf, wurde ausgeschlossen, und die Soldatenmärtyrer von einst flogen aus den Kirchenkalendern!

In diesem Zusammenhang kämpfe ich gegen alte und neue Verteidiger solch ungeheuren Verrates, unter anderem auch gegen Hans von Campenhausen – worauf Maria R.-Alföldi mit dem ihr eigenen Gespür fürs Wesentliche nichts zu sagen weiß als den Satz: «Einen Höhepunkt stellt die Zitierweise ‹der freiherrliche Theologe› ... dar» (156).

Und wie sieht nun ihr «Gegenbild Konstantins in wenigen Zügen skizzenhaft» (157) aus? Ich muß es hier noch einmal, wo möglich *in wörtlicher Anlehnung*, verknappen: Der geschwächte Limes wird vom Herrscher wieder ausgebaut, ein effektiveres Steuersystem eingeführt, das Reichsgebiet zur Mehrung der Erträge neu durchstrukturiert, die Bürokratie gewaltig vermehrt. Berufe und Aufgaben werden – das ist nicht mein Deutsch – zwangsweise erblich gemacht, Mängel tunlichst beseitigt, ein mächtiger Generalstab entsteht, gegründet wird die neue Residenz Konstantinopel an strategisch entscheidender Stelle.

Konstantin selbst hat demnach nicht zu bezweifelnde militärische Gaben und weiß seine enormen Möglichkeiten als Kaiser souverän zu nutzen. Er kann mild sein, greift aber, kommt seine Position in Gefahr, hart durch, bleibt indes anfangs ein vorsichtiger Realpolitiker. Mit Macht versucht er die Gräben zwischen dem alten und dem neuen Glauben einzuebnen, bevorzugt freilich die Christen, doch handelt er auch hierbei meist vorsichtig-realistisch, wenngleich das Problem des gerechten Krieges der Angegriffenen gute Christen stark belastet. Kurz, ein unerschrockener Neuerer, sein Wirken hat erstaunlich lange Bestand und dient der Zukunft als brauchbare Basis – «auch das Christentum ist in diesem Sinne neu, es führte und führt bis heute historisch weiter» (159).

Klingt das nicht gut, nicht sehr vertraut akademisch, wie sie, so der Herausgeber im Vorspann, «den Wissensstand zu Kaiser Konstantin zusammen»faßt? Fließt da Blut? Krepieren da Stämme und Völker im Dreck? Nein, der Dreck staut sich bei mir! Mein «übermäßiger, mehr noch, gefühlsgeladener Eifer befremdet», wirkt «unglaubwürdig», macht «echte Diskussionsbeiträge» unmöglich. Und so gilt für mein Unternehmen «ohne Einschränkung das nachdenkliche Wort des französischen Dichters Paul Valéry, wenn er sagt: ‹Die Geschichtsschreibung stellt das gefährlichste Produkt dar, das in der Giftküche des menschlichen Intellekts je gebraucht wurde.›» (Nebenbei: «wenn er sagt...», etwas linkisch, dämlich, völlig überflüssig. Nicht nebenbei: Die Professorin für Hilfswissenschaften der Altertumskunde liefert in einer Fußnote die Originalfassung des Satzes. Den Tippfehler «dangeureux» übergehe ich. Aber von der «Giftküche des menschlichen Intellekts», in der «je» etwas «gebraut» wurde, findet sich bei Valéry keine Silbe. Hätte *ich* mir irgendwo derartige Übersetzerfreiheiten herausgenommen, wären mir von der Hilfswissenschaftlerin garantiert «traduttore, traditore», «Tendenziösität», ja «Fälschung» nachgesagt worden.)

Im übrigen: von der Trefflichkeit des Valéry-Bonmots, seiner Signifikanz, bin auch ich überzeugt, von der Bedeutung dieses Wortes im Hinblick auf die übliche, von machtpolitischen Kategorien beherrschte Geschichtsschreibung, auf eine Geschichtsschreibung, die zwar stets alles kleine Gangstertum beflissen verteufelt, oft auch bloß vermeintliches, gar erst dazu gemachtes, die großen Geschichtsverbrecher aber devot durch die Zeiten hofiert. Fort und fort stellt diese Geschichtsschreibung die verderblichsten Leitbilder auf. Fort und fort korrumpieren ihre perversen, bösartigen Pseudoideale die Menschheit. Fort und fort hat sie deren aus zutiefst unethischem, menschenverachtendem, aus nur machthörigem, nur erfolgsberauschtem Denken resultierendes Elend kaum weniger mitverschuldet als die glorifizierten Bluthunde selbst. Und als das Christentum. Jenes Christentum, von dem es bei R.-Alföldi (159) im unmittelbaren Anschluß an Konstantins «Wirken» heißt: «auch das Christentum ist in diesem Sinne neu». Es klingt unziemlich zynisch angesichts seines damaligen ungeheuren Verrats, doch auch unbestreitbar wahr.

Und nichts wurde so fatal für die Völker, zumal für die christlichen, nichts spricht diesem Christentum selbst so vernichtend das Verdikt wie gerade das gerühmte Faktum, daß es «bis heute historisch weiter» führte und führt.

Folgte aber der herkömmlichen, nur die Sieger bekränzenden, nur eine andere Art von Hagiographie pflegenden Historiographie eine herrschaftskritische, eine wirklich ethische Geschichtsbetrachtung und -beurteilung, was wäre wünschenswerter, was den Völkern, diesen immer und immer wieder unterdrückten und verheizten Völkern, nützlicher? Und so erinnere auch ich zum Schluß an ein Dichter- und Denkerwort, an eine Sentenz des Literaturnobelpreisträgers Elias Canetti, die dem ersten Band der *Kriminalgeschichte des Christentums* voransteht: «Den Historikern sind die Kriege wie heilig, diese brechen, heilsame oder unvermeidliche Gewitter, aus der Sphäre des Übernatürlichen in den selbstverständlichen und erklärten Lauf der Welt ein. Ich hasse den Respekt der Historiker vor irgendwas, bloß weil es geschehen ist, ihre gefälschten, nachträglichen Maßstäbe, ihre Ohnmacht, die vor jeder Form von Macht auf dem Bauche liegt.»

1. KAPITEL

KAISER LUDWIG I. DER FROMME
(814–840)

«Ludwigs Reich sollte ja ein Reich des Friedens sein ... Das
schloß jedoch Kriege gegen die Heiden nicht aus, sondern
verlangte sie geradezu, da sie als Verbündete Satans galten.»
Heinrich Fichtenau[1]

«Wie verhielt sich die Kirche während dieser ganzen traurigen
Zeit? Es ist interessant zu beobachten, wie es der Kirche
gelingt, in dem Augenblick die Oberhand zu gewinnen, als
die Kaisermacht zu verfallen beginnt. Es ist sicher, daß die
fränkischen Bischöfe dabei eine entscheidende Rolle spielten ...
Allem Anschein nach hielten Männer wie Agobard und Wala,
Paschasius Radbert, Bernhart von Vienne und Ebbo von
Reims die Fäden dieser verwickelten Intrigen in der Hand
und nützten die Habgier und den Ehrgeiz der Laien in der
ehrlichsten und selbstlosesten Absicht für die größere Ehre
Gottes aus.» H. Daniel-Rops[2]

«Mit dem Reich aber ging es, da jeder von seinen bösen
Leidenschaften getrieben, nur seinen Vorteil suchte, von Tag
zu Tag schlimmer.» Nithardi historiarum[3]

«... und das Elend der Menschen wuchs vielfach mit jedem
Tag.» Annales Xantenses (834)[4]

Karl «der Große», der Heilige, war nicht nur auf dem Schlachtfeld aktiv. Soweit bekannt, hatte er auch neunzehn Kinder gezeugt, acht Söhne, elf Töchter, und dies mit immerhin neun verschiedenen Frauen – (freilich noch eine fast bescheidene Schar angesichts der 61 Kinder des Bischofs Heinrich von Lüttich, diesem emsigen Arbeiter im Weinberg des Herrn, dem Papst Gregor X. im 13. Jahrhundert allein «innerhalb 22 Monaten 14 Söhne» attestiert).

Trotz des karolingischen Kindersegens aber gab es keine Probleme in der Nachfolgefrage.

Für den Todesfall hatte Karl in der sogenannten Divisio regnorum das Reich unter seine drei Söhne geteilt. Jeder sollte dabei die Defensio sankti Petri übernehmen, den Schutz der römischen Kirche. Doch die beiden Älteren sah der Vater völlig unerwartet ins Grab sinken: Pippin 810, Karl, dem als Haupterbe offenbar lange Zeit die Kaiserkrone zugedacht war, schon im Jahr darauf. Es traf den Herrscher so, daß er daran dachte, Mönch zu werden. Nur der jüngste und, wie er wußte, am wenigsten für den Thron taugliche, 778 in Chasseneuil bei Poitiers geborene Ludwig blieb von seinen «legitimen» Söhnen übrig, um schließlich, bereits sechsunddreißig Jahre alt, als Kaiser eingesetzt, dann abgesetzt, wieder eingesetzt, noch einmal gestürzt und noch einmal zurückgeholt zu werden.

Ende gut, alles gut? Nun, jedenfalls hatte der fromme Ludwig, was ja mehr zählt als alles, schon von kleinauf «immer Gott fürchten und lieben gelernt», wie der eine seiner zeitgenössischen Biographen um 837 überliefert, der vornehme Franke Thegan, Chorbischof des Trierer Bistums, Propst des St. Cassius-Stifts in

Bonn. Seit 781 war Ludwig Unterkönig in Aquitanien und von Papst Hadrian I. gesalbt. Und am Sonntag den 11. September 813 ließ ihn der Vater in Aachen zum Nachfolger proklamieren, auch zum Mitkaiser krönen, dabei freilich auf jede Beteiligung des Papstes verzichtend, ja, auf die jedes Geistlichen.

Doch geschah das Ganze vor einem Altar, geschah «zu Ehren unseres Herrn Jesus Christus» nach langen Gebeten der beiden Potentaten. Karl ermahnte den Sohn und Nachfolger, besonders den Allmächtigen zu lieben, zu fürchten, seine Gebote in allem zu befolgen, seine Kirchen zu leiten, die Priester zu ehren wie Väter, das Volk zu lieben wie Söhne. Hochmütige und üble Menschen sollte er auf den Weg des Heils zwingen, die Klöster trösten und gottesfürchtige Diener anstellen. Er fand kaum ein Ende in seiner Beschwörung des Herrn, krönte Ludwig dann aber, nachdem dieser eidlich alles zu halten gelobt hatte, zum Mitkaiser, worauf das Volk schrie: «Es lebe Kaiser Ludwig!», und beide Monarchen die Messe hörten.

Seit dieser Krönung hat Karl, schon recht hinfällig, auf einem Fuß auch lahm, nur noch, falls wir Bischof Thegan trauen dürfen, gebetet, Almosen gespendet – und die vier Evangelien, das unfehlbare Gotteswort, «verbessert» oder, wie Thegan auch sagt, «aufs Beste korrigiert» (optime correxerat), bevor er am 28. Januar 814 starb. Er hinterließ dem Sohn ein riesiges, von ihm sowie den hochgeschätzten Ahnen und Vorgängern *fast ganz zusammengeraubtes*, aus vier mächtigen Einheiten bestehendes Reich: die Francia, das Zentrum des Staates, mit den Königshöfen, den großen Abteien, ferner die Germania, Aquitania und Italia.[5]

TÖTEN UND BETEN

Zwei Bereiche, die jeden christlichen Herrscher seit langem und noch durch viele Jahrhunderte entscheidend bestimmten, prägten auch das Leben des jungen Ludwig: der Krieg und die Kirche.

Alle edlen Christen hatten das sogenannte Kriegshandwerk

von früher Kindheit an zu lernen. In der Regel mußten sie bereits bis zur Pubertät im Reiterkampf ausgebildet und mit 14 oder 15 Jahren, manchmal noch früher, zum Waffenführen fähig sein. Und natürlich «brannten die Adeligen darauf, in den Kampf zu ziehen» (Riché). (Dagegen kannte man kaum einen Großen unter ihnen, der Lesen oder gar Schreiben konnte. «Drei Finger schreiben, aber der ganze Körper arbeitet», lautete ein vielzitiertes Wort. Es verderbe die Augen, hieß es, krümme den Rücken, verletze Rippen und Bauch, die Nieren schmerzen, der ganze Körper nährt den Überdruß.)

Auch Ludwig, der einen kräftigen Körper, starke Arme, der im Reiten, Bogenschießen, Lanzenwerfen «nicht seinesgleichen» hatte, doch nach Auskunft der Forschung friedfertig war, begleitete den Vater auf dessen Verlangen schon bei seiner Awarenvernichtung (IV 485 ff.), jedenfalls bis zum Wiener Wald. Bald darauf, 793, unterstützt er, wieder auf väterlichen Befehl, einen Rachefeldzug seines Bruders Pippin in Süditalien. Erst feiert der katholische Jüngling «das Geburtsfest Christi zu Ravenna», wie der Verfasser der zweiten zeitgenössischen (allein vollständigen) Biographie Ludwigs schreibt – ein nach eigener Angabe seit 814 am Kaiserhof lebender und wegen seiner sternkundlichen Kenntnisse Astronomus genannter unbekannter Geistlicher der Hofkapelle –, dann «fallen sie mit vereinten Kräften in die Provinz Benevent ein, verwüsten alles, wohin sie kommen...»

Dabei war Ludwig ein besonders guter Christ, noch besser als der hl. Vater. Eine Fülle zeitgenössischer Zeugnisse, darunter allein 28 Fuldaer Urkunden aus den Jahren 819 bis 838, nennt ihn «pius», «piissimus»; ein allerdings längst zur Floskel erstarrtes Herrscherprädikat. Doch schwärmt man oft von Ludwigs «Frömmigkeit»; ja, der fränkische Kleriker Ermoldus Nigellus meint in dem panegyrischen Epos «in honorem Hludowici Christianissimi Caesaris Augusti» (von dem er freilich die Aufhebung seines Verbannungsurteils erhofft), Ludwig regiere geradezu «mit Hilfe seiner pietas». Übrigens bekam der Kaiser den in alle europäischen Sprachen eingegangenen Beinamen «pius» (der Fromme, le Pieux, il Pio, the Pious, auch Louis le Débonnaire, der

Gutmütige, eine neuzeitliche Abwertung französischer Historiker) keinesfalls zu seinen Lebzeiten, wo man ihn gewöhnlich Hludovicus imperator nannte, sondern frühestens wohl im ausgehenden 9. Jahrhundert.

Bereits als Kind aber hatte Ludwig das Unterkönigtum Aquitanien samt einem Regentschaftsrat erhalten, und dorthin kehrte er nach dem Beneventer Kriegszug im Frühjahr 794 zurück, begleitet von «comites» seines Vaters. So konnte er nicht nur die Macht des einheimischen Adels beschneiden, sondern auch häufig in das südliche Nachbarland vorstoßen, gewiß nur auf höhere Weisung hin, was für alle außenpolitischen und zumal militärischen Aktionen des Unterkönigs galt.

Auf Karls Befehl überfiel der fromme friedfertige Sohn also immer wieder Spanien. Er unterwarf und zerstörte Lerida. «Hierauf», schreibt der Astronomus, «und nachdem die übrigen Städte verwüstet und verbrannt waren, ging er bis Huesca vor. Das an Fruchtfeldern reiche Gebiet der Stadt wurde von dem Kriegsvolk abgemäht, verwüstet, verbrannt und alles was sich außerhalb der Stadt fand, durch die Verheerung des Feuers vernichtet.»

Wie fast immer seinerzeit, hinderte den jungen Ludwig bloß der Winter an weiteren Taten christlicher Kultur. Im übrigen verfeuerte der katholische Heros außer Städten gelegentlich auch Menschen, wenn auch nur «nach dem Recht der Wiedervergeltung» (Anonymi vita Hludowici); ganz biblisch: Auge um Auge, Zahn um Zahn. Und kaum war «dies erledigt», so dieselbe Quelle, «schien es dem König und seinen Ratgebern nötig, zum Angriff auf Barcelona zu schreiten». Und als die Eingeschlossenen vor Hunger schon wochenlang altes, als Türbehang dienendes Leder verschlungen, andere sich aus Verzweiflung über das Elend des Krieges kopfüber von den Mauern gestürzt hatten, ergab sich der böse Feind, und Ludwig feierte dies «mit einem Gottes würdigen Dankfeste», zog mit den Priestern, «welche ihm und dem Heere vorangingen, in feierlichem Aufzug, unter Lobgesängen in das Tor der Stadt ein und begab sich nach der Kirche des heiligen und siegreichen Kreuzes...»

Natürlich kam König Ludwig stets wieder zu den schlimmen

spanischen Nachbarn, nichts lag ja näher. Der Astronomus meldet solche Attacken aus immer neuen Jahren. «Im nächsten Sommer aber zog er mit so großer Kriegsmacht, als ihm nötig schien, nach Spanien, über Barcelona bis nach Tarragona, nahm dort, wen er fand, gefangen, jagte andere in die Flucht, und alle Ortschaften, Kastelle und Städte bis Tortosa zerstörte das Heer und verzehrte die gierige Flamme.» Dann wieder fielen sie aus dem Hinterhalt dem ganz unvorbereiteten Gegner in den Rücken, «verwüsteten sie weit und breit das Land der Feinde..., kämpften heftig und zwangen sie mit Christi Hilfe die Flucht zu ergreifen. Wen sie ergriffen, töteten sie, und holten sich fröhlich die Beute... König Ludwig aber kehrte nach Hause zurück, nachdem er die Seinigen fröhlich empfangen und das feindlich Land überall verwüstet hatte.»

Ein fideles Christentum.

Dabei liest man in einem alten katholischen Standardwerk von Ludwig: «Er meinte es überall gut», sein Gemüt sei «edel», sein Herz «mit allen guten Sitten ausgeschmückt» gewesen (Wetzer/Welte). Ein blutiges Schwert und ein goldnes Gemüt, das paßt zu dieser Religion durchaus; war's nicht ein ferner, bescheidner Abglanz geradezu des lieben Gottes selbst und seiner Höllenfeuerpraxis?

Denn, so mit messerscharfer Theo-Logik Kirchenlehrer Papst Gregor I. «der Große»: «Der allmächtige Gott hat, insofern er gütig ist, kein Wohlgefallen an der Qual der Unglücklichen; aber insofern er gerecht ist, wird er durch die Strafe der Bösen in Ewigkeit nicht milde gestimmt.»

Eine kommode Religion. Etwas für alle Fälle.

Mit eben diesem Gott, gütig, doch gegen Böse – und alle Feinde sind böse – «in Ewigkeit nicht mild», geschah jedwedes Rauben und Morden, wie schon zu Zeiten der seligen Merowinger und Pippiniden, stets von neuem im christlichen Abendland. So liest man wieder: «Doch mit Vertrauen auf Gottes Hilfe zwangen die Unsern, obgleich ungleich und an Zahl weit schwächer als jene, die Feinde dennoch zur Flucht und erfüllten den Weg der Fliehenden mit vielen Toten: und nicht eher ließen sie ab vom Morden (et eo usque manus ab eorum caede non continuerunt), als bis, da die Sonne und mit ihr das Tageslicht geschwunden war und Schatten die Erde deckte, die leuchtenden Sterne erschienen um die Nacht zu erhellen. Hierauf zogen sie unter Christi Beistand mit großer Freude und vielen Schätzen zu den Ihrigen zurück.»

Fast romantisch, so ein kleiner Aderlaß. Und immer eben mit Gott, mit seiner Hilfe, seinem Segen, seinem Schutz. Als man etwa gerade jemand aufhing, «den übrigen fast allen nahm man die Weiber oder die Söhne», heißt es gleich danach: «Hierauf zogen der König und sein Volk unter Gottes Schutz nach Hause.»

Zuweilen darf Ludwig einen Feldzug nicht «in eigener Person» leiten und begleiten. Doch im nächsten Jahr zieht er wieder gegen Tortosa, «bedrängte und schädigte er die Stadt so durch Mauerböcke, Steinschleudern, Schutzdächer und andere Belagerungsmaschinen, daß ihre Bürger die Hoffnung aufgaben...» Oder es geht wider die Wasken. Nur auf das «Gerücht» hin, daß sie sich erheben wollten, beschließt der König für «das öffentliche Wohl» einen neuen Kriegszug, überläßt er «alle ihre Besitzungen dem Heere zur Plünderung. Endlich als alles, was ihnen zu gehören schien, zugrunde gerichtet war, kamen sie um Gnade zu flehen und mußten es zuletzt, nachdem sie alles verloren hatten, als ein großes Geschenk betrachten, daß sie Verzeihung erhielten» (Anonymi vita Hludowici).

So erzieht man die Seinen. Kurz, von Mal zu Mal bestätigt sich, daß bei Ludwig dem Frommen, mit Forscher Fichtenau zu sprechen, «die christliche Lehre tiefere Schichten erfaßte...»

Denn damit das Blut all der barbarisch Hingemetzelten nicht gar zu dick sprudelt, damit es diese Chronik des Grauens nicht ganz und gar ersäuft, wird das Geistliche, Göttliche stets noch stärker aufgetragen und mit dem Blut würdevoll verschmiert. Wie Ludwig so «niemand im Bogenschießen oder Lanzenwerfen gleichkam», im Gebrauch von Waffentechniken, von Mordinstrumenten, so besaß er, der im strengen Mönchsgeist Aquitaniens Aufgewachsene, der «Adjutor Dei», der Adjutant, der Helfershelfer sozusagen Gottes, das heißt immer der Kirche, auch eine bemerkenswerte priesterliche Würde, ja gleichsam geistlich begabte Kniee. Chorbischof Thegan sagt deshalb im selben Zusammenhang von ihm: «Niemals erhob er seine Stimme zum Gelächter.» Und: «Wenn er sich täglich morgens zum Gebet in die Kirche begab, beugte er immer die Kniee und berührte mit der Stirn den Fußboden, lange demütig betend, manchmal unter Tränen ...» Kurz, so der bischöfliche Biograph unmittelbar anschließend: «und immer zierten ihn alle guten Sitten.» Ja, «von heiliger Frömmigkeit getrieben», beteuert auch der Anonymus, ließ er «nichts ungeschehen, wovon er meinte, daß es zur Ehre der heiligen Kirche Gottes gereichen könnte.»

Ludwig der Fromme stand seit seiner Kindheit unter dem Einfluß des Klerus. Er war deshalb von früh an so kirchenhörig, daß ihn nur der Vater gehindert hatte, Mönch zu werden. Wie ihm denn auch der Astronomus nachrühmt, er sei derart «für den göttlichen Dienst und die Erhöhung der heiligen Kirche besorgt, so daß man ihn nach seinen Werken eher einen Priester als einen König nennen möchte». Ludwig, pietistisch, hyperklerikal, auch der von seinem Vater gepflegten Bildung eher feindlich, ersetzte in Aachen nicht nur genußsüchtige Höflinge durch Kleriker, sondern vertrieb auch alle Prostituierten und steckte seine Schwestern ins Kloster (S. 33).

Dementsprechend sind seine Regierungsmaßnahmen von kirchlichen Vorstellungen geprägt oder durch Prälaten mit-, wenn nicht oft allein bestimmt. Auch als es seit 819 personelle Änderungen unter seinen Beratern gibt, als Erzbischof Hildebald von Köln stirbt, Abt Helisachar sich zurückzieht, stehen die neuen Räte, allen voran der Erzkapellan und Leiter der Hofkapelle, Abt Hilduin von St-Denis, Abt auch von St-Germaine-des-Prés, von St-Médard bei Soissons, St-Ouen in Rouen und Salonne, natürlich nicht nur der Kirche nahe, sondern sind wieder meist Geistliche, ja, vertreten in Kirchenfragen eine eher «noch radikalere Richtung als ihre Vorgänger» (Konecny) – und werden später die hauptsächlichsten Gegner seiner zweiten Frau Judith.[6]

«Neuer Anlauf zur Reform...» – bis zu fünf Liter Wein und vier Liter Bier pro Tag und Kanoniker

Besonders in den ersten Jahren nach seiner Gesamtregierungsübernahme ließ Ludwig eine Reihe von Synoden nach Aachen einberufen, ließ er schon bald den hohen Klerus zusammentreten, um Details einer großen Kirchenreform zu beraten. War doch für sein Programm der «Renovatio regni Francorum» die Einheit der Kirche die Voraussetzung für die Einheit des Reiches.

So wurde etwa auf dem Tag zu Aachen im Spätsommer 816 in den «Institutiones Aquisgranenses» eine Regel für Kanonissen kreiert, vor allem aber die Kanonikerregel Chrodegangs von Metz erneuert, die dieser hl. Bischof aus einer der «allerersten» Familien «fränkischen Adels» im Sinne der «vita communis» um 755 geschaffen hatte. Gegenüber seiner «Reform» in lokalem Rahmen wurde nun allgemeinverbindlich weiter reformiert, wurde insbesondere «jetzt eine viel stärkere Ausrichtung auch der Kanoniker am mönchischen Ideal angestrebt» (W. Hartmann).

Einen gewissen Begriff davon vermitteln etwa die Speise- und Getränkevorschriften der großen Synode von Aachen 816. Jeder Kanoniker sollte – so «gleich» war man in dieser hochfeudalen Ära bereits – dieselbe Menge an Speisen und Getränken bekommen, jeder nicht nur täglich vier «Pfund» Brot, sondern auch, je nach Gegend, zwischen einem und fünf Liter Wein. Und zusätzlich noch bis zu vier Liter Bier, ebenfalls am Tag! Freilich sieht die Forschung das mönchische «Ideal» erst «angestrebt». (Oder wie Wilfried Hartmann diesbezüglich titelt: «a) Neuer Anlauf zur Reform». – Im 12. Jahrhundert bestand das Sonntagsessen des Bamberger Domkapitels aus acht Gängen, im 18. Jahrhundert das Geburtstagsmahl des Ebracher Abtes aus 28.)[7]

Was für den hohen Klerus damals (wie heute) im Zentrum des Interesses steht, spiegeln die Dokumente ziemlich getreu, nämlich daß sein Reich «von dieser Welt» ist.

Kampf um das «Kirchengut» und gegen die Eigenkirche

Schon 813 hatte eine Fülle von Kanones der fünf fränkischen «concilia» (in Arles, Reims, Mainz, Chalon und Tours) an das Kirchengut, die Kirchengebäude, Kirchenschenkungen erinnert, ja, jede der fünf Synoden den Zehnt thematisiert. Es beleuchtet übrigens die geistliche Geldgier, wenn (nicht nur seinerzeit) verboten werden mußte, daß in der Kirche Märkte stattfinden! Doch schließlich wurde schon in biblischen Tagen das Haus des Herrn «zu einer Räuberhöhle» gemacht. Nicht verwunderlich, wenn nach Weihnachten 818 ein «conventus» in Aachen «viel über den Zustand der Kirche und Klöster verhandelt»; wenn schon Kapitel 1 der Reichsversammlung 818/819 dem Schutz des Kirchengutes gilt; Kapitel 7 die Schenkungen an die Kirche betrifft, ebenso Kapitel 8; wenn Kapitel 12 die Zehnten neu gegründeter Dörfer, Kapitel 14 noch einmal die Kirchenzehnten, auch die Kirchenneunten erörtert; und wenn das abschließende Kapitel 29 sich abermals den Kirchengütern zuwendet sowie dem Problem der Eigenkirchen, das bereits die Kapitel 6 bis 14 behandelt hatten.

Eine Eigenkirche (ecclesia propria) war ein sogenanntes Gotteshaus (Kloster), das unter privatem Eigentumsrecht, das auf dem Eigentum eines weltlichen oder geistlichen Grundherrn stand und diesem in jeder Hinsicht, in wirtschaftlicher und geistlicher, auch absolut unterstand. Wie jeder Landkirche schon im 9. Jahrhundert ihre eigenen Einnahmen und Grundstücke voll und ganz gehörten, so gebot auch der Grundherr einer Eigenkirche über das Kirchengebäude wie über seinen übrigen privaten Besitz. Er verfügte über die ungeschmälerte Nutzung des gesamten Gutes einer solchen Kirche samt ihrer Einkünfte, über Vermögen, Baulichkeiten, Ertrag, über alle Arten von Abgaben, die Zehnten zumal, die Regalien, Spolien etc., wie auch über die Ein- und Absetzung der Kleriker oder (bei Eigenklöstern) der Äbte.

Das Eigenkirchenwesen, bereits in der Antike auf römischem Boden angebahnt, war schließlich in ganz Europa verbreitet und hatte seinen Höhepunkt in den germanischen Staaten des 9. und

10. Jahrhunderts. Seit der Durchsetzung des allgemeinen Zehntgebotes lohnte es sich also, eine Kirche zu bauen und ihr Besitzer zu sein, wurden die Eigenkirchen immer lukrativer, wurden zu begehrten Objekten ökonomischer Spekulation, von Kauf, Tausch, Leihe, Schenkung, Erbschaft u. ä., kurz die «Gotteshäuser» wurden zu «einer rentablen Kapitalanlage» (Schieffer), einem «gewinnbringenden Unternehmen» (Nylander).

Damit hängt sicher entscheidend zusammen, daß die Kirche das von ihr zunächst lange geduldete, schon seit karolingischer Zeit faktisch wie rechtlich anerkannte Eigenkirchenwesen allmählich im Hochmittelalter bekämpft. Dabei, bemerkenswert, bestreitet sie zuerst, um den Schein zu wahren, als offenbar besonders schlimm, die Verfügung von Laien über geistliche Ämter an den Eigenkirchen, dann aber die ihr gewiß weit wichtigere private Nutzung durch Laien bis zur Androhung der Exkommunikation und schließlich zum grundsätzlichen Verbot – während davon die Eigenkirchenherrschaft der Bischöfe und Klöster unberührt bleibt![8]

So hat Ludwig der Fromme, stark unter kirchlichem Einfluß stehend, auch gewisse radikale agrarpolitische Neuerungen hinsichtlich des Kirchengutes intendiert, sollten die grundbesitzenden Laien doch um wesentliche Einnahmequellen gebracht werden, überhaupt jeden Einfluß auf die Besetzung von Kirchenämtern verlieren, wodurch der Kaiser in schroffen Gegensatz zum Adel geriet.

Immer wieder indes erinnern die Bischöfe an das für Staatszwecke verwendete «Kirchengut», an das an diesem Gut begangene «Unrecht» und an seine Rückgabe. So auf dem Reichstag von Attingny 822, ein Jahr später schon wieder auf dem Reichstag vom Compiègne. Und in weiteren Erklärungen davor und danach.

In einer Rede vor der Synode 822 macht sich für das Kirchengut auch der berüchtigte Erzbischof Agobard von Lyon stark, dessen große Lebensaufgabe die «Verchristlichung der Welt» war (Boshof) und die – vom Kaiser offenbar nicht gebilligte – Bekämpfung der Juden (die Agobard in fünf Traktaten attackiert, wobei schon er den Nazislogan «Kauft bei keinem Juden» vorwegnimmt!). Das Kirchengut aber sollte so sakrosankt wie möglich sein. Folglich erklärt der Erzbischof alle Kanones für unverletzlich, da sie auf den Konzilien in Übereinstimmung mit der Heiligen Schrift und unter Mitwirkung des Heiligen Geistes entstanden. Ergo sei jeder Verstoß ein Widerspruch gegen Gott, jede Säkularisation von Kirchengut eine Verletzung göttlicher Rechte.

So macht man das: alles, was der Klerus haben, an sich raffen, behalten will, gehört Gott. Und Gott darf man auf keinen Fall prellen! (Gott freilich, das muß die gläubige Welt lernen, ist in praxi stets der geld- und machtgeile Prälatenhaufen.)

Ludwig der Fromme hat auch die Ausnahmestellung der Klöster in der Volkswirtschaft gefestigt und gefördert durch Erteilung zahlreicher Zollfreiheiten, Münzrechte, Gebührenbefreiungen, durch Verzicht auf Heerespflichtleistungen, was sich unter seinen Nachfolgern fortsetzt, wo vor allem Markt- und Münzverleihungen immer häufiger vorkommen.[9]

EHEREFORM UND MONDFINSTERNISSE
ODER VOM ABERGLAUBEN DES KAISERS

Daß sich ferner unter dem pfaffenhörigen Herrscher der Tugend- und Moralkodex der Kirche noch mehr verbreitete, wenn auch, wie üblich, oft nur auf dem Papier, wird kaum wundernehmen. Besonders gilt dies für Ludwigs Eherecht und seine Ehepolitik. Er identifizierte sich, hier nicht gerade zum Vorteil des Staates, voll mit den Wünschen des Klerus. Hatten nämlich die christlichen Merowinger noch kräftig der Polygamie gefrönt (s. etwa IV 99), ähnlich die frühen Karolinger, ja stand die Konkubine noch lange fast gleichrangig neben der Ehefrau, so daß sie selbst die Kirche zeitweise tolerierte, wie etwa die Synode von Mainz (852 c. 15) bezeugt, so duldete Ludwig der Fromme sogar das monogame Konkubinat nicht mehr.

Zunächst zwar hatte er offenbar selbst im Konkubinat gelebt.

Schon 794, ungefähr sechzehnjährig, war er mit Ermengard, der Tochter des Grafen Ingram aus der Familie der Robertiner, verbunden worden, wohl um ihn vor Ausschweifungen, vor – so sein anonymer Biograph – «den natürlich hitzigen Trieben seines Fleisches» zu bewahren. Ja, anscheinend hatte er bereits vorher Beziehungen zu Frauen, denen Alpais und Arnulf entstammten. Doch seit seiner Alleinregierung lebte er in erster wie in zweiter Ehe ganz gemäß dem kanonischen Recht, nahm weder eine Kebse noch löste er eine Ehe eigenmächtig auf, wie er denn auch seine Kinder in Vollehen verheiratete, zumindest die ihm von Ermengard geborenen Söhne, Lothar (795), Pippin (um 797) und Ludwig (806), während die eine oder andere seiner Töchter, Rotrud und Hildegard, vielleicht erst nachträglich Vollehen führten.

Freilich scheiterte der Monarch mit seiner rein kirchlich inspirierten Reform des Eherechts. Denn der Verzicht auf die frühere Vielfalt der Eheformen sowie auf herrscherliche Sonderformen der Ehe gefährdete die von ihm erstrebte Reichseinheit und führte eine beträchtliche Rechtsunsicherheit herbei. Und nach ihm kehrte man zu den alten Rechtsvorstellungen zurück, stellte man im Reich Ludwigs des Deutschen wie Karls des Kahlen den eigenen Vorteil weitgehend über die Kirchenlehre, an die man sich meist nur erinnerte, um politische Rivalen oder mißliebige Partner auszuschalten.[10]

Auch den christlichen Aberglauben förderte der Kaiser, wie allerdings schon eine lange Reihe seiner Vorfahren.

So hat man immer wieder heilige Leichen aus Rom geholt, auch entführt, den hl. Marcellinus, den hl. Petrus (durch Einhards Schreiber Ratleik über Michelstadt im Odenwald), woraufhin sie, die Leichen, versichern die Reichsannalen, «durch viele Zeichen und Wunderkräfte berühmt wurden». Auch «die Gebeine des seligen Märtyrers Sebastian» kamen – «Heeresheiliger», Patron der Soldaten, der Schützenvereine, gut ferner gegen Viehseuchen, Pest. Und auch «die Überreste des heiligen Streiters Christi» bewirkten bald «eine so große Fülle von Segnungen, daß ihre Menge jede Zahl übersteigt. Und ihre Beschaffenheit machte sie fast unglaublich...» Doch sei, fügt der geistliche Anonymus hinzu –

und dies, wie so oft, noch nicht mal aus eignem Ingenium, sondern die Reichsannalen plagiierend –, für den, welcher glaubt, alles möglich» (omnia possibilia esse credenti).[11]

Sofort reagierte der Herrscher aller Franken auch, wenn «Zeichen» sein Gemüt beunruhigten, Dinge, mit denen er «sich viel ... beschäftigte», Gestirnsbewegungen, furchtbare Kometen, Erdbeben, Mondfinsternisse, vom Himmel gefallenes Getreide, «unerhörte Töne ... zur Nachtzeit», «häufige und ungewöhnliche Blitze, das Herabfallen von Steinen mit dem Hagel, Seuchen von Menschen und Vieh». Nicht minder bewegte ihn das Fasten eines Mädchens von etwa zwölf Jahren aus dem Dorf Commercy bei Toul, das, natürlich «nach dem Genuß des heiligen Abendmahls» aus Priesterhand, weder trank noch aß, es vielmehr «soweit im Fasten brachte, daß es gar keine leibliche Nahrung zu sich nahm und ohne jedes Verlangen nach Speise drei volle Jahre zubrachte», übermitteln die Reichsannalen. Derartiges raubte dem aufmerksamen Kaiser mitunter den Schlaf. Es geschah, daß er deshalb eine ganze Nacht kaum ein Auge zudrückte, sondern «unter Lobgesängen und Gebeten zu Gott» den Morgen abwartete, war es ihm doch klar, «daß diese Wunderzeichen schweres Unheil für das menschliche Geschlecht anzeigten». Somit befahl er dagegen Fasten und anhaltendes Beten und reiche Almosen zur Versöhnung der durch die reuelosen unbußfertigen Sünder erzürnten Gottheit. Almosen für die Armen nicht nur, sondern auch, selbstverständlich, für die Diener Gottes, Weltpriester und Mönche, «und ließ durch jeden, der das konnte, Messen lesen; nicht so sehr aus Furcht für sein Wohl, als aus Besorgnis für die ihm anvertraute Kirche» – obwohl auch manch Zeichen, wie er wußte, «auf Veränderung des Reichs und Tod des Fürsten deutet ...» Ja, und dann «begab er sich zur Jagd nach den Ardennen» (Anonymi vita Hludowici).[12]

Jahr um Jahr Krieg, Mord, Totschlag, Versklavung. Und Tag für Tag Kirchgang, langes demütiges Gebet. Doch all das ergänzt sich hier – und nicht nur hier – wie die natürlichste Sache der Welt, «zur Ehre der heiligen Kirche».

Wozu noch die Jagd kam.

«... JENES MÖRDERSPIEL, DIE JAGD»

Die Jagd hat bei Ludwig dem Frommen alljährlich monatelang sogar Krieg und Diplomatie verdrängt, war übrigens auch selbst eine Möglichkeit, auf den Krieg vorzubereiten. Dabei sind die riesigen Forste des Frühmittelalters wildarm gewesen, «zum Verhungern leer», so daß ein altsächsischer Dichter geradezu vom «Grab des Waldes» (waldes hlêo) sprechen kann. Gleichwohl: «Im Monat August aber, wenn die Hirsche am fettesten sind, lag er der Jagd ob, bis die Zeit der Eber kam.» Dies geschah einfach «nach Sitte der fränkischen Könige». Auch von Ludwigs Sohn Pippin, dem König von Aquitanien, wird dieselbe Leidenschaft berichtet. Selbst der am aquitanischen Hof lebende Kleriker Ermoldus Nigellus ermahnt Pippin, über seiner unmäßigen Passion für Jagd und Hunde nicht die Pflichten seines hohen Berufes zu versäumen.

Und die Jagd blieb feudaler, fürstlicher Brauch (um die angebliche Sünde des historischen «Anachronismus» zu begehen) durch die Jahrhunderte. Denn, wie Christian Weiße sagt: «Von allen ritterlichen Lustbarkeiten ist keine, die so sehr den großen Herrn behagt, wie jenes Mörderspiel, die Jagd.» Und Friedrich Heer, der den engen Zusammenhang von Jagd und Krieg, Tierjagd und Menschenjagd besonders im adeligen Leben seit Karls «des Großen» Tagen betont, fordert, die «mörderische Jagdlust dieser hohen Herren» einmal tiefenpsychologisch und metapolitisch zu untersuchen.[13]

Der Jagd frönte und frönt man zwar vor allem des «Vergnügens», doch auch des Profites wegen, weshalb beispielsweise im Frühmittelalter ein gewisser Othere an zwei Tagen mit nur sechs Gehilfen («Speeren») 60 Walrösser umbringt. «Die Abendländer vernichten Wälder, zerstören ‹Biotope›, rotten halbe Tierpopulationen aus», schreibt Johannes Fried in seinem sehr lesenswerten Werk «Die Formierung Europas».

Auch den frommen Ludwig hielt da nichts ab, kein Wunder, kein Zeichen, keine Seuche. Sogar als 820 eine besonders heftige Epidemie unter Mensch und Tier ausbrach, die im ganzen Frankenreich «kaum einen Strich Landes» verschonte, verzichtete der passionierte Nimrod nicht auf «seine gewohnte Herbstjagd». «Herbstjagd» – eine historiographische Untertreibung. Denn das Verfolgen, Verwunden, das Töten der Tiere in dem – selbst gegenüber Mönchen – eifersüchtig gehüteten Jagdrevier (brolium, foresta, forêt, Forst) genoß man vom Spätsommer bis (zuletzt besonders mit Falkenjagd auf Federwild) oft in den Winter hinein, bevorzugt in Aachen, in den Vogesen, Ardennen, der Eifel, in Franken, dem Hofgut Frankfurt etwa, in Kreuznach. Doch war auch die Gegend um Paris von den Merowingern der ausgedehnten Forste wegen zum Aufenthalt gewählt worden, und Jahrhunderte später noch gab es dort nicht weniger Wald.

Dazu kamen spezielle Mordgehege in nächster Nähe der Pfalzen – die Karolinger hatten ihre eigenen «Jagdpfalzen» (später gab es auch besondere Jagdtraktate) – zwecks Jagd mit kleinem Gefolge, gelegentlich mit Staatsgästen und Staatsschmäusen. So lud Ludwig den Dänenkönig Harald bei seinem Besuch in Ingelheim zur Jagd auf einer Rheininsel ein, mit anschließendem Hirsch-, Reh-, Eberbratenessen, mit erlegten Bärenteilen – «und auch der Klerus erhält manches treffliche Stück», alles mitten im Forst unter einem luftigen Zelt. Ja, erst «Herbstjagd», dann, «nach hergebrachter und ihm stets teurer Sitte», schon wieder «Geburtstag des Herrn und das Osterfest» samt folgendem Sommerkrieg. Darauf die feisten Hirsche. Dann die geilen Eber – der Kaiser «vergnügte sich wie gewöhnlich im Herbst mit Jagen»; «vergnügte sich bis zur Winterzeit in den ... Wäldern mit der Jagd»; «jagte hier solange es ihm gefiel und die nahe Kälte des Winters zuließ»; trieb «so lange es ihm beliebte Fischen und Jagen». Danach schon wieder, «würdig, wie es sich gehörte», diverse Feste, besonders «das Geburtsfest des Herrn und die übrigen», vor allem auch das seiner Auferstehung. Und nun erneut ein frisch-fröhlicher kleiner Krieg. «Im Monat August aber, wenn die Hirsche ...»

Das liest sich wie Satire, ist aber nicht meine Regie, ist die der Herren selbst. Es sind die Höhepunkte des kaiserlichen Christenjahres. Und manchmal dominiert die Jagd das ganze Jahr. Anno 825 beispielsweise. Kaum war zu Aachen «das heilige Osterfest» gefeiert, Anfang April, «bei lachendem Frühlingswetter, begab er sich zur Jagd nach Nymwegen». Mitte Mai Rückkehr zu einem Reichstag nach Aachen, dann ab «in den Wasgenwald nach Remiremont zur Jagd»; «nach dem Schluß der Jagd nach Aachen», im August ein weiterer Reichstag, darauf wieder nach Nymwegen und «kehrte nach dem Schluß der Herbstjagd zu Anfang des Winters nach Aachen zurück».

Regieren ist anstrengend. Man braucht Entspannung. Nicht nur durch Töten von Hirschen, Damwild, Hindinnen, Sauen, auch durch das von Wölfen, Bären, Büffeln (bubalus), Auerochsen (urus) u. a. Es gab mancherlei Tiere im deutschen Wald. Und sie warteten nur darauf, für den Kaiser ihr Blut zu vergießen. Und für die Aristokratie natürlich, die ja auch das «Wild» zu Tode hetzte, vom Pferd aus darauf einstach, es erstach, es schoß und erschoß, auf der Pirsch, bei der Hetze, mit speziellen vierbeinigen Verfolgungs-, Greif-, Zerreißrudeln.

Hatten die edlen Weidmänner doch allem Anschein nach schon im frühen Mittelalter «eine formgerechte Hetzjagdtechnik» (Schwenk) entwickelt mit vielen Arten von Hunden, Leithunden, Meutehunden, Spürhunden, Windhunden, Hirtenhunden, Vorstehhunden, Stöberhunden, Laufhunden, Vogelhunden, Biberhunden. Von den Terrier, den Spitzern und Pintschern, die zu den ältesten Jagdhunden gehören, über Pointer, Setter, Wachtel, Spaniels bis zu den Doggen, all das wurde zur Befriedigung hochgeborener Mordlust gezüchtet, scharf gemacht, auch in Klöstern, im Ardennenkloster St. Hubert zum Beispiel, und es erschien, liebevoll abgebildet, in den Mönchshandschriften, auf Altarbildern in Kirchen. (Jagdhunde und Reliquien zählt Ingrid Voss – unmittelbar hintereinander und in dieser Reihenfolge – als Präsente mittelalterlicher Fürsten an Fürsten auf.) Hielt ja auch – trotz der Konzilienverbote – der geistliche Adel hier kräftig mit. Leisteten sich doch Bischöfe, Äbte, simple Priester kostspielige Meuten und zogen das große Halali noch allemal der Sonntagsmesse vor – da sie «die Hymnen der Engel weniger als das Gebell der Hunde schätzten» (Bischof Jonas von Orléans).

Schon die Kinder der Edlen wurden zur Jagd erzogen. Auch

Ludwigs eigener Sohn Karl begleitete dabei den Vater, zusammen mit Mutter Judith, bereits als Dreijähriger, wie 826 bei Ingelheim. Und sobald der kleine Karl das Wild erspähte, erzählt Ermoldus Nigellus, der fränkische Kleriker, vielleicht Mönch, wollte er es «unbedingt nach dem Vorbild seines Vaters verfolgen». Er flehte um ein Pferd, um Waffen. «Aber andere junge Leute fangen das flüchtige Jungwild und bringen es unversehrt zu Karl. Sofort greift er nach seinen Spielzeugwaffen und schlägt das zitternde Tier.»

Früh übt sich. So wuchs man im christlichen Abendland auf. So «gehörte» es sich...

Töten, Mensch und Tier. Und Beten. Auf beides hin war Ludwig der Fromme eben von kleinauf dressiert. Eines so selbstverständlich wie das andere. «Des Königs frommer Sinn war schon von früher Jugend an», schreibt der sogenannte Astronomus wieder, «für den göttlichen Dienst und die Erhöhung der heiligen Kirche besorgt, so daß man ihn nach seinen Werken eher einen Priester als einen König nennen möchte.» Ja, er brachte es dahin, daß «die ganze Geistlichkeit Aquitaniens», die sich bisher «mehr dem Reiten, dem Kriegsdienst, dem Lanzenschwingen als dem göttlichen Dienst» gewidmet, es dann geradezu umgekehrt hielt. Jetzt nämlich blühte dank Ludwig – der doch sogar in der Fastenzeit (!) das Reiten nicht ganz unterließ – der göttliche Dienst samt der weltlichen Wissenschaft «schneller auf als man es glauben konnte». Ja, dieser Klerus, vor Ludwig «ganz verfallen» (conlapsus erat), florierte durch den jungen König, der auch viele Klöster – bis 814 angeblich 25 – in seinem Machtbereich reformierte, wiederherstellte oder erst neu erbaute, nun derart, «daß er selbst das denkwürdige Beispiel seines Großoheims Karlmann» (vgl. IV 370 f. u. 385!) «nachzuahmen wünschte und daran dachte, den Gipfel des gottseligen Lebens zu erreichen».[14]

Nun, daraus wurde nichts. Die Macht schmeckte besser. Denn da seine älteren Brüder Pippin und Karl schon gestorben waren, «erwachte in ihm die Hoffnung auf die Herrschaft des ganzen Reichs» (Anonymi vita Hludowici). Und so titulierte sich der fromme Potentat nicht mehr schlicht «rex Francorum», sondern von allem Anfang an «imperator Augustus».[15]

SÄUBERUNG AACHENS VON «HOCHVERRÄTERN» UND HUREN

Ludwig der Fromme, beim Tod seines Vaters sechsunddreißig Jahre alt, weilte damals gerade in der Pfalz zu Doué-la-Fontaine (bei Saumur) in Aquitanien, jenem weiten, erst nach langen schweren Kämpfen 768 endgültig unterworfenen Land zwischen Atlantik und Rhone, zwischen Loire und der Pyrenäenkette. Zunächst ordnete er eine kirchliche Totenfeier, Gebete, Hymnen, Meßgesang an. Dann zog er über Orléans – wo ihn Ortsbischof Theodulf, der erfahrene Höfling, in einer ad hoc fabrizierten Ode so schwülstig wie überschwenglich verhimmelte – und Paris nach Aachen, allerorts zuerst Christentempel und Klöster besuchend, S. Aignan, S. Mesmin, S. Genevièv, S. Germain-des-Prés, S. Denis, die Grabstätte seines Großvaters Pippin. Und überall eilte ihm der hohe Adel, sagt der Astronom, «um die Wette in großer Menge» zu. Selbst Wala, Karls I. Vetter und einer seiner einflußreichsten Berater, ein Mann, von dem man es vielleicht am wenigsten erwartet hatte, leistete Ludwig sogleich den Treueid.

Noch von unterwegs befahl der neue Herr, die Aachener Pfalz, wo der amtierende Klerus nebst Prostituierten unter dem hl. Karl einem wohl zu unbeherrschten Genuß gefrönt (IV 502 f.), von unwürdigen Elementen zu säubern und einige, «welche sich durch besonders greuliche Unzucht und hochmütige Hoffart des Majestätsverbrechens schuldig gemacht hätten, sorgsam bis zu seiner Ankunft in Gewahrsam zu halten».

Angeblich befand sich ein Gesindel von «Huren, Dieben, Todtschlägern und anderen Verbrechern» (Simson) am Hof und in den umliegenden Dörfern. Ein Bote Ludwigs, Graf Warnar, wurde bei dieser Hygienemaßnahme in Aachen getötet, sein Neffe Lambert schwer verletzt; ihr Gegner Hoduin kam um. Der fromme, gelegentlich jedoch jähzornige Monarch, der «gegen andere stets gütige Kaiser», ließ darauf seinerseits einem schon «beinah» Begnadigten, Tullius, in seiner «Mildherzigkeit» (clementia), so beteuert der Astronomus, bloß die Augen ausreißen.[16]

Und noch bevor Ludwig in Aachen einzog, räumte man dort

einige Personen als «Hochverräter» aus dem Weg. Gerade solche, die an Karls Hof zuletzt bedeutenden Einfluß hatten, verschwanden schnell, wie die Kinder Bernhards, eines Bruders von König Pippin. Karls Stiefvetter Adalhard, Abt von Corbie an der Somme (IV 499), seinerzeit schon ein Greis, landete, ohne Verhör und Gericht abgesetzt und seiner Güter beraubt, im Kloster St-Filibert auf der abgelegenen Atlantikinsel Heri an der aquitanischen Küste, seine Schwester Gundrada, die Freundin Alkuins, seinerseits Abt von einem halben Dutzend Klöstern, in einem Nonnenhaus in Poitiers. Gleich von selbst eilte ihr Bruder, Graf Wala, Ludwigs Zorn zuvorkommend, ins Kloster Corbie, aus dem der Kaiser den dritten, dort als einfacher Mönch lebenden jüngsten Bruder Bernar in das Kloster Lérins auf einer Insel an der Küste der Provence verwies.

Auch Karls I. heißbegehrte Töchter, Ludwigs vielumschwärmte leibliche Schwestern Bertha und Gisla, deren lockeres Liebesleben, «der einzige Flecken» am kaiserlichen Hof, den Frommen «schon lang» genervt, wurden nun in diverse Klöster gesteckt – strikt entgegen der väterlichen Verfügung, sie zwischen Ehe und Schleier wählen zu lassen; strikt auch wider Ludwigs eidliches Gelöbnis von 813, gegenüber Schwestern und Brüdern, den Neffen sowie allen übrigen Verwandten «immer unwandelbare Barmherzigkeit zu üben». Doch die Entfernung der (später kaum noch erwähnten) Schwestern aus der Pfalz – wohin ist unbekannt – gehörte zu Ludwigs ersten Regierungsmaßnahmen. Und vermutlich diente ihr «unmoralischer» Lebenswandel dem Neuling in Aachen überhaupt nur als Vorwand. In Wirklichkeit fürchtete er wohl mehr ihre Einmischung, Aufsässigkeit, die Vertrautheit mit den seit langem die Staatsgeschäfte führenden Beamten, fürchtete er, sie könnten besser mit der Macht umgehen als er selbst.

Während aber der Kaiser so im Familienkreis nicht immer schonend verfuhr, auch nicht mit näheren Verwandten – die Halbbrüder Drogo, Hugo, Theoderich, seines hl. Vaters «Bastarde» von dessen Kebsen Regina und Adallindis zunächst einmal beiseite –, nahm er sich der eigenen Nachkommen doch recht fürsorglich an. Die schon erwachsenen Söhne Lothar und Pippin machte er zu Unterkönigen in Bayern und Aquitanien, seinen illegitimen Sprößling Arnulf zum Grafen von Sens, seinen Schwiegersohn aus der Familie der Gerhardiner, den seit etwa 806 mit der gleichfalls vorehelichen Tochter Alpais verbundenen Bego von Toulouse, zum Grafen von Paris.

Bevorzugt wurden später auch die Welfen, die Verwandten der ehrgeizigen Kaiserin Judith, seiner zweiten Gattin. Ihre Mutter Heilwig bekam die vornehme Königsabtei Chelles geschenkt, ihr Bruder Rudolf die Klöster Saint-Riquier und Jumièges, ihr Bruder Konrad, der als Magnat in Alemannien aufstieg, erhielt Sankt Gallen und zudem als Ehefrau Adelheid, die Tochter des Grafen Hugo von Tours, Ludwigs Schwiegervater.[17]

Kaum war der Monarch in der Aachener Pfalz, da übernahm er nicht nur «alle Reiche, welche Gott seinem Vater gegeben» – schön gesagt von einem Großräuber der Weltgeschichte –, sondern er ließ sich, wie verständlich, so Chorbischof Thegan, «vor allem mit großer Eile alle Schätze des Vaters in Gold und Silber, wertvollen Edelsteinen» etc. zeigen – und schickte «den größten Teil des Schatzes» natürlich «nach Rom zur Zeit des seligen Papstes Leo...» Herrscht dort doch immer Not wie nirgends. Und hatte ja auch Ludwigs Vater dem «Heiligen Stuhl» schon großzügig massenhaft geraubtes Gut gesandt (IV 488). Denn wie Goethes «Faust» weiß:

«Die Kirche hat einen guten Magen,
Hat ganze Länder aufgefressen
Und doch noch nie sich übergessen...»[18]

DER KAISER, DER KLERUS UND DIE REICHSEINHEIT

Ludwig der Fromme kam überhaupt der Geistlichkeit noch mehr entgegen als der Vater, und die zahlreichen Historiker, die ihn gottergeben, klerushörig, bigott nennen, haben durchaus recht.

Schon zu Beginn seiner Regierung erneuerte der junge Monarch «alle Verordnungen, welche zu Zeiten seiner Voreltern für die Kirche Gottes erlassen waren». Dabei stützte er sich fast ausschließlich auf Geistliche, zumeist «Aquitanier», Leute, von denen selbst der dem Kaiser wohlgesonnene Bischof Thegan wieder meint, er habe «seinen Ratgebern mehr vertraut als nötig war».[19]

Mit Ausnahme des Erzkapellans Hildebald von Köln ließ Ludwig keinen der bisher führenden Männer des Staates im Amt; er besetzte so gut wie alle maßgebenden Hofstellen neu, zumal mit Leuten eben, die schon in Aquitanien leitenden Einfluß besessen.

Darunter war der Priester Helisachar, der seit 808 bereits der aquitanischen Kanzlei vorgestanden und nun in Aachen die Reichskanzlei übernahm, bald generös beschenkt mit der Abtei St-Aubin, dann mit der Abtei St-Riquier und wahrscheinlich auch noch mit dem besonders reichen St-Jumièges samt seinem weit gestreuten Besitz vom Loire- bis zum Schelderaum. Zum Dank dafür ging der Priester und Abt beim Aufstand 930 zu Ludwigs Feinden über.[20]

Der vermutlich wichtigste Berater des Kaisers aber wurde der von ihm hoch verehrte Westgote Witiza, mit dem programmatischen Mönchsnamen Benedikt, ein Sohn des Grafen von Maguelonne, eines gefürchteten Haudegen. Wie denn auch der an den Höfen Pippins III. und Karls I. aufgewachsene Benedikt (Fest: 11. Februar) als guter Christ an den Kriegszügen Pippins – ja gleichfalls ein «guter Christ» und «großer Soldat» (IV 371 ff.) – wie Karls teilgenommen, ehe ihn der tragische Tod seines Bruders in die Mönchskutte trieb. Doch scheiterte er in seiner Asketen-Laufbahn wiederholt. Das Kloster St. Seine bei Dijon verließ er, weil es ihm zu lax erschien. Dann stieß er auf dem väterlichen Erbgut zu Aniane bei Montpellier seine ersten Jünger durch Rigorismus ab. Nun bekannte er sich zu den Mönchsregeln von Pachomius (I 163) und Basilius; denn die Regel Benedikts von Nursia fand er «nur für Schwächlinge und Anfänger» tauglich. Doch als er erneut in eine «Berufungs»-Krise geriet, erhob er – «kompromißlos» (Lexikon für Theologie und Kirche) – eben diese verworfene Regel für «Schwächlinge und Anfänger» zur einzig gültigen Regel klösterlicher Existenz und wurde der «zweite Benedikt».

Allzu schwächlich ging es aber unter Benedikt kaum zu. Tadelte seine Mönche ein Vorgesetzter, mußten sie sich zu dessen Füßen legen, bis er ihnen das Aufstehen erlaubte. Und als ein Mönch flüchtete, befahl Benedikt, ihn mit gefesselten Beinen zurückzuschleppen und auszupeitschen. Auch ließ der Heilige in jedem Kloster ein Gefängnis einrichten – und die mittelalterlichen Klosterkerker waren barbarisch, die Vollzugsbedingungen darin «äußerst hart», da die Haft «in den Auswirkungen einer Leibesstrafe gleichkam» (Schild). Zudem enthielt diese Klosterreform «stets eine gegen menschliche Wissenschaft und Bildung gerichtete Spitze» (Fried).[21]

Abt Benedikt von Aniane, dem Ludwig zuerst im Elsaß das Kloster Maursmünster anvertraute, dann, nächst Aachen, das Kloster Inden (Kornelimünster), eine reich mit Krongut ausgestattete Neugründung, eine Art «Musterkloster» im Gesamtreich, weilte häufiger am Hof als in seinem Kloster, das der Herrscher gleichwohl oft besuchte, was diesem den Beinamen «der Mönch» eintrug. Benedikt, der über alle fränkischen Klöster gebot, blieb bis zu seinem Tod (821) wohl auch der maßgebende Mann am Hof, wo er sich um Kleines, um Bittschriften, Beschwerden ebenso kümmerte wie um Großes und nicht zuletzt den Kaiser bei der 816 begonnenen umfassenden weltlich-kirchlichen Reform beriet.

Die Reformbewegung des Abts gemäß der Regel des Benedikt von Nursia suchte aus den vielen Völkern des Reiches – und dies entsprach genau der staatlichen Politik – ein einziges Christenvolk, das Christentum überhaupt zur Grundlage des gesamten öffentlichen Lebens zu machen, ja, die «Civitas Dei» auf Erden herzustellen: Ein Gott, eine Kirche, ein Kaiser, dessen Amt immer mehr als ein von Gott verliehenes Amt innerhalb der Kirche galt.

Die Prälaten waren deshalb stark an der Einheit des Reiches interessiert, und gerade ihre Führer verfochten den Gedanken dieser Einheit leidenschaftlich. Dabei ging es ihnen keinesfalls in erster Linie um das Reich, sondern um die Kirche, hatten sie nicht dessen, sondern deren Vorteil im Auge. Denn das Teilungsprinzip, in der Staats- und Rechtsanschauung tief verwurzelt, führte bei konsequenter Anwendung zu immer mehr Teilreichen, je mehr erbberechtigte Söhne ein Herrscher hinterließ, und folglich auch zu immer kleineren Teilreichen, das heißt zu immer größerer Zersplitterung. Mit der Zerreißung des staatlichen Verbands aber zerriß auch der kirchliche, kamen die zahlreichen, oft weit zerstreuten Ländereien von Kirchen und Klöstern unter die verschiedensten Herren, wurde das Kirchengut schwerer verwaltbar, schwerer kontrollierbar, und es konnte leichter und schneller, zumal in Krisenzeiten, konfisziert werden. Kurz, für niemand waren die Nachteile der Zersplitterung und die Vorteile der Einheit des Reiches größer als für die Bischöfe.

Betraf ja auch Benedikts Klosterreform, sein «Prinzip der una regula», nicht nur das Mönchsleben, sogenannte geistliche Dinge. Mindestens ebenso wichtig, wenn nicht wichtiger, war das Kirchengut. Der Kaiser wollte es weder teilen noch mindern lassen, auch unter seinen Nachfolgern nicht. Allerdings verbot er auch die schon längst florierende Seelenfängerei, das Locken von Kindern, von Männer und Frauen ins Kloster, um an ihr Vermögen zu kommen; verbot somit ein seit der Antike (vgl. III 475 ff. bes. 502 ff.) und soweit möglich noch heute hochbeliebtes Geschäft, Verwandte zugunsten von Kirchen zu enterben.[22]

Wohl den größten Einfluß auf den Kaiser bekam neben dem bisherigen aquitanischen Kanzler, dem Presbyter und Abt Helisachar, und neben Abt Benedikt von Aniane, zumal seit 819, Hilduin, Abt von St-Denis, St-Médard in Soissons, St-Germain-des-Prés in Paris (einem Kloster, dem damals allein in der näheren und weiteren Umgebung mehr als 75 000 Hektar Land gehörten!). Abt Hilduin leitete nach dem Tod des Erzkapellans und Erzbischofs Hildebald von Köln die Hofkapelle, die Hofgeistlichkeit und setzte allmählich den Titel «Erzkapellan» (archicapellanus) durch. Beim ersten Aufstand gegen Ludwig 830 freilich wechselte Abt Hilduin, wie Abt Helisachar, ins Lager der kaiserlichen Feinde, wo sich u. a. auch der Führer des gallischen Episkopats, Erzbischof Agobard von Lyon, einfand, der große Judenfeind, der gerade unter Ludwig besonders hervorgetreten war.[23]

Die Ordinatio imperii (817) und die Ironie der Geschichte

Die grundlegende, auf der von weltlichen und geistlichen Großen stark besuchten Aachener Reichsversammlung im Juli 817 vorgenommene und durch dreitägiges Fasten, Beten, Messelesen eingeleitete Verfassungsänderung verfügte die unteilbare Einheit der Herrschaft im Frankenreich. Das neue Thronfolgegesetz, die Ordinatio imperii, ersetzte die Divisio regnorum, das Reichsteilungsgesetz und die Nachfolgeordnung Karls I. vom 6. Februar 806 (die – gemäß dem fränkischen Erbrecht – die Teilung des Reichs unter alle Kaisersöhne vorsah) und ordnete, neu in der fränkischen Geschichte und entgegen dem bisherigen Brauch der Reichsteilungen, dem traditionell gleichen Erbrecht aller legitimen Königssöhne, ordnete jetzt der Unitas ecclesiae die Unitas imperii zu und verdammte jede Spaltung als Verbrechen am Corpus Christi. Uralte Thronfolgeordnungen, Rechtsprinzipien wurden damit umgestoßen, nicht zuletzt im Interesse der Kirche, ja «vornehmlich von Kreisen der hohen Geistlichkeit» (Schieffer).

Die ganze Sache hatte man natürlich im engsten Zirkel genau beredet. Doch da das alles tiefeingewurzelten Rechtsanschauungen widersprach, da es neu war, war es auch, «wie stets in solchen Fällen», sagt Bernhard Simson, notwendig, «das neue Recht, welches man schaffen wollte, mit einer religiösen Weihe, mit dem Schein göttlicher Eingebung und Vorsehung, zu umkleiden». In wohlgeübter Heuchelei gab man also vor, durch drei Tage lange allgemeine Fasten, durch Beten, Messelesen etc. den Willen des Allerhöchsten zu erforschen, und anschließend verkündete der fromme Fürst, was längst beschlossene Sache und hauptsächlich «das heilige Interesse der Kirche» war, als plötzliche göttliche Eingebung. So durfte jetzt nicht aus Ludwigs Liebe zu den Söhnen das Reich zerrissen, vielmehr mußte der älteste Sohn, Lothar, aus Gehorsam zu «Gott» Alleinherrscher werden. Und so wurde er denn auch «auf göttliche Eingebung hin» zum Mitkaiser gewählt und unmittelbar danach gekrönt, wobei ihm nun Ludwig, wie diesem einst dessen Vater, den Schutz der Kirche und besonders des Apostolischen Stuhles ans Herz gelegt hat. Allerdings bekam Lothar die Krone aus eigener Hand, also ohne päpstliche oder bischöfliche Vermittlung; er bekam auch den größten Reichsteil.

Die jüngeren Söhne, Pippin und Ludwig, erhielten den Königstitel sowie verhältnismäßig kleine, wenn auch nicht unbedeutende Gebiete: Pippin Aquitanien, Waskonien, die Mark Toulouse nebst einigen weiteren Grafschaften, Ludwig den größeren Teil Bayerns, die Ostmark, Pannonien und Kärnten. Beide wurden, um nach Ludwigs Tod dem Zerfall des Reiches in Teilreiche vorzubeugen, Lothar nachdrücklich untergeordnet, in den wichtigsten Herrscherrechten erheblich entmachtet, auf die Innenpolitik beschränkt und als Unterkönige dem Kaiser zum jährlichen Rapport verpflichtet; auch durften sie nur mit seiner Bewilligung heiraten und hatten zudem der Reichsversammlung zu gehorchen. Kurz, die jüngeren Brüder wurden von jeder gleichberechtigten Teilnahme an der Regentschaft ausgeschlossen.

Andererseits haben die Unterkönige das Recht, alle Ämter in ihren Reichen zu vergeben, nicht nur die weltlichen, wie die Grafschaften, sondern auch die geistlichen, die Bischofssitze und Abteien. Und selbstverständlich behalten die fränkischen Bistümer und Klöster (St-Denis, St-Germain-des-Prés, Reims, Trier, Fulda u. a.) ihre eher mehr als weniger ausgedehnten Besitzungen in Aquitanien, Italien sowie anderen abhängigen Gebieten.

Auf der Reichsversammlung von Aachen 817 wurden also die Teilreiche zu Reichsteilen. Sie sollten keine selbständigen Staaten, sondern Lothar, dem Beherrscher des Gesamtreiches, unterstellt und jede weitere Teilung, etwa infolge weiterer gesetzlicher Erben der Brüder, ausgeschlossen sein. Alle schworen, die vom Kaiser eigenhändig unterzeichneten Verfügungen zu halten.[24]

Die Ironie der Geschichte: *Karls I*. Divisio regnorum von 806 sah die Reichs*teilung* unter seine drei Söhne vor. Da aber die beiden älteren Söhne starben, wurde Ludwig Alleinherrscher und das Reich blieb ungeteilt. *Ludwigs* Ordinatio imperii von 817 suchte die Reichs*einheit* unter allen Umständen zu sichern. Doch das Unterfangen mißlang – trotz göttlicher Eingebung –, und das

Reich wurde geteilt. Nicht zuletzt deshalb, weil König Bernhard von Italien, ein Neffe des Kaisers, in der Ordinatio imperii sang- und klanglos übergangen worden, aber auch keiner der jüngeren Kaisersöhne damit einverstanden war. Die neue Ordnung führte – wie so oft, ja, wie gewöhnlich – zu neuem Streit, zu fortgesetzten Rivalitäten innerhalb des Kaiserhauses und damit zur beginnenden großen Krise des karolingischen Imperiums.

Ludwig der Fromme lässt Verwandte schinden, scheren und legt ein öffentliches Schuldbekenntnis ab

Das erste Aufbegehren gegen Ludwigs neue Regelung, welche die Einheit von Reich und Kirche, Thron und Altar sichern sollte, ging von Bernhard von Italien aus. Der einzige Sohn König Pippins, des Awarenschatz-Räubers (IV 487 f.), nach dem Tod seines Vaters (810) im Kloster Fulda erzogen, amtierte seit dem Aachener Reichstag vom September 813 offiziell als «König der Langobarden». Er hatte beim Regierungswechsel dem neuen Kaiser gehuldigt, war «wieder unversehrt», wie Chorbischof Thegan sagt, nach Italien gelassen, aber zum Reichsteilungsgesetz weder hinzugezogen noch darin auch nur erwähnt worden. Doch als er kraft der Ordinatio imperii Ludwigs Sohn Lothar I. so unterstehen sollte wie bisher Karl «dem Großen», seinem Großvater, und Kaiser Ludwig, empörte er sich mit zahlreichen Magnaten seines Reiches. Allerdings ging die Initiative dazu, wie die Quellen übereinstimmend berichten, nicht von dem jungen, etwa 20jährigen König aus, sondern von seinen Beratern.

Wenige Monate nach Veröffentlichung der Ordinatio imperii von 817 hat also der darin gänzlich übergangene Bernhard – zusammen mit «einigen schlechten Menschen» (Annales regni Francorum), ihn aufstachelnden Großen, darunter Bischof Theodulf von Orléans, der Hofpoet, die Bischöfe Anselm von Mailand und Wolfold von Cremona sowie, nach einer alten Quelle, auch

Äbte – einen zwar weit verzweigten, aber schlecht vorbereiteten «Aufstand» inszeniert. Ludwig sollte angeblich entthront und Bernhard an seine Stelle gesetzt werden. Doch spricht alles dafür, daß es hier um keinen Thronsturz ging, sondern um die Sicherung von Bernhards Teilkönigtum.

Der Kaiser mobilisierte umfangreiche Truppenverbände, forderte noch von Äbten und Äbtissinnen, «den Kriegsdienst zu leisten», weil «durch Satans List der König Bernhard sich zur Empörung» anschicke, rückte in Eilmärschen gen Süden und ließ die Alpenpässe nach Italien besetzen. Aber noch bevor die Erhebung recht begann, ja, ohne einen Schwertstreich stellte sich Bernhard mit seinen Getreuen in Chalon-sur-Saône anscheinend freiwillig. Er tat seine Waffe ab und warf sich dem Kaiser zu Füßen. Ähnlich Bernhards nächste Große, die «auch gleich bei dem ersten Verhör aus freien Stücken den ganzen Verlauf der Sache offen darlegten». Vergeblich. Ludwig ließ sie festnehmen, nach Aachen schaffen und dort im Frühjahr 818 auf der Reichsversammlung, zartfühlender Weise, wie der Reichsannalist wieder meldet, erst nachdem «die vierzigtägige Fastenzeit vorbei war», zum Tod verurteilen, jedenfalls alle sogenannten Weltlichen, dann zur grausameren Strafe der Blendung «begnadigen». Sie wurden «bloß des Augenlichts beraubt» – «juristisch einwandfrei» (Boshof).

Als Henker des «gegen andere stets gütigen Königs», eines Monarchen, der «immer Milde zu üben pflegte», «von Natur barmherzigen Sinnes», waltete Graf Bertmund von Lyon. König Bernhard, von Ludwig früher sein Sohn genannt und selber soeben Vater eines Sohnes mit dem Namen (des Großvaters) Pippin geworden, sah sich, wohl mit Recht, zu schwer bestraft. Er wehrte sich und starb mit leeren Augenhöhlen «trotz der gnädigen Handlungsweise des Kaisers» zwei Tage später, am 17. April 818. Auch sein Kämmerer und Berater Reginhard sowie Reginhar, der Sohn des Grafen Meginhar, dessen Großvater Hadrad 785 die Verschwörung der Thüringer gegen Kaiser Karl angezettelt, wehrte sich und erlag der fürchterlichen Prozedur; beide, weil sie «die Blendung nicht geduldig genug ertrugen» (Anonymi vita Hludowici).

Die anderen überstanden sie. Und die beteiligten Bischöfe, Äbte und sonstige Priester kamen wie immer viel glimpflicher davon, da sie nur von der Synode, von ihresgleichen, gerichtet wurden und der geistliche Stand – was ja zur Kriminalität geradezu animieren mußte – stets vor dem Schlimmsten schützte; leider nicht die «Laien» vor dem Schlimmsten der Geistlichkeit. Deren Rebellen wurden am 17. April 818 in Klöster gebracht, weitere weltliche Teilnehmer entweder verbannt oder zu Mönchen geschoren, ihre Güter konfisziert.[25]

Seine Grausamkeit, besonders gegen den jungen und freundlichen, von seiner Umgebung verleiteten König Bernhard, wurde dem frommen Ludwig allgemein verdacht. Er aber ließ jetzt, mißtrauisch geworden, sogar seine kleinen Stiefbrüder, die nicht «vollbürtigen» Söhne Karls I., scheren, Drogo nach Luxeuil, Hugo nach Charroux, Theuderich an einen unbekannten Ort stecken, sowohl wider ihren Willen als auch erneut entgegen seinem eidlichen Versprechen, zu seinen Schwestern, Brüdern und allen übrigen Verwandten immer unwandelbar barmherzig zu sein (S. 33). Doch so unterband er einen eventuellen Anspruch auf das Reich, eine Teilhabe an der Regierung. Später söhnte er sich mit den beiden aus und erkaufte sich durch die Vergabe von geistlichen Posten und Pfründen ihre dauernde Treue. Stiefbruder Drogo wurde schon mit 20 Jahren Bischof von Metz, Stiefbruder Hugo Abt des reichen Klosters S. Quentin, Abt auch von S. Omer (Sithiu) und Lobbes; Theuderich scheint früh gestorben zu sein.[26]

Vermutlich trug zu dem brutalen Vorgehen des Kaisers sein einflußreicher Freund Abt Benedikt von Aniane bei. Auffallend jedenfalls: kaum war der Heilige 821 gestorben, so begnadigte Ludwig noch im Herbst auf der Diedenhofener Reichsversammlung die überlebenden Rebellen, ja, die Brüder Adalhard und Wala, die in jahrelanger Verbannung geschmachtet, holte er an den Hof zurück und machte sie zu wichtigen Beratern.

Im August 822 legte Ludwig auf dem Reichstag von Attigny an der Aisne gar ein öffentliches Schuldbekenntnis ab. Er beklagte sein Verbrechen an dem entsetzlich umgekommenen jungen Neffen Bernhard, beklagte die Hartherzigkeit gegenüber seinen ge-

schorenen kleinen Stiefbrüdern sowie gegenüber Adalhard und
Wala, den Vettern seines Vaters: ein einmaliger Vorgang in der
fränkischen Geschichte, eine vom Klerus ausgehende Erniedrigung des Kaisers, hinter der vielleicht besonders die einst tief
gedemütigten Karlsvettern standen. Jedenfalls minderte der von
den Prälaten verhängte Bußakt vor allem Volk das Ansehen des
Herrschers, während er das der Bischöfe hob, auch wenn sie
beiläufig ihre Nachlässigkeit in Lehre wie Amt bekannten «an
mehreren Orten, die aufzuzählen nicht gut möglich sei».[27]

Nein, da ist man diskret.

DIE HABGIER DER GROSSEN UND DIE HABENICHTSE

Bei dieser Entwicklung der Dinge verbesserten sich nicht die Zustände im Staat, es trat eine Verschlimmerung ein. Wachsender
Egoismus machte sich breit, Unzufriedenheit, Ungehorsam. Die
Kriegszüge brachten immer häufiger keinen Erfolg, die Ränke am
Hof, die Rechtsbrüche eskalierten, die Ausbeutung durch Bedienstete wuchs, die Bestechlichkeit des Adels, die Brutalität.

Die fortwährenden Fehden im Innern und Kriege nach außen
(S. 45 ff.) hatten zwar die Reichen oft reicher gemacht, die Armen
aber blieben arm oder verarmten noch mehr. Sie wurden überdies
durch die Habsucht der Magnaten, der Priester weiter geschröpft,
belastet, unterjocht. Weltliche wie geistliche Herren diktierten die
Preise, schindeten ihre Hörigen, ließen sie hungern. Selbst nach
einem Biographen Ludwigs fanden seine Königsboten «eine unzählbare Menge Unterdrückter», die die Ungerechtigkeit der
Beamten um Erbe oder Freiheit gebracht. Die Intrigen der Großen
aber, ihre Konkurrenzkämpfe, ihre Sucht, einander zu übervorteilen, sich immer fettere Pfründen zuzuschanzen, die in der
Kirche grassierende Korruption, die Simonie, die am schlimmsten in Rom war, all das vermehrte das Elend der Massen noch.
Und während viele Mächtige, Reiche der Jagd frönten, dem Spiel,
der Trunksucht, Völlerei, während sie der Blutrache nachgingen

und allen Arten geschlechtlicher Exzesse, während sie manchmal mit Dieben und Verbrechern unter einer Decke steckten, bestachen, sich bestechen ließen, prügelten sie die von ihnen Abhängigen, fast Rechtlosen, peitschten, verstümmelten, töteten sie. Und während die Bischöfe in Üppigkeit schwelgten, Luxus, in Machtrausch, während auch Priester und Mönche ihre Häuser verließen, Klöster, während sie sich herumtrieben, dem Vergnügen nacheilten, Wuchergeschäften, während sie das Kirchengut verschleuderten, sie soffen, hurten und predigten, daß «die Knechte den Herren von Natur gleich sind», stießen sie die Masse des Volkes in stets größere Armut, betrogen sie durch falsche Maße, Gewichte, durch blutsaugerische Preise. Nicht wenige der Geschundenen wanderten aus oder rotteten sich zu Banden zusammen.

Karl Kupisch schreibt in seiner Kirchengeschichte des Mittelalters, daß es auch mit den verschiedenen, von Ludwig dem Frommen begrüßten Anläufen zu einer Kirchenreform «schlecht stand», denn: «In der Kirche hatten diese Bemühungen wenig Erfolg, weil der hohe Episkopat nach dem Tode Karls des Großen nach Unabhängigkeit und Vermehrung des Reichtums strebte. Aber auch in den Klöstern waren die Erfolge nur gering.»

Es war eine Zeit, klagt Paschasius Radbertus, der Abt von Corbie und Augenzeuge, die «die Bande der Brüderlichkeit und des Blutes auflöste, überall Feindschaften entstehen ließ, Landsleute trennte, Glaube und Liebe aufhören ließ, selbst den Kirchen Gewalt antat und überall Verderbnis hervorrief...» Kurz, es war eine christliche Zeit, eine Zeit, wie wir sie im wesentlichen ja auch aus früheren Jahrhunderten kennen. Und, im wesentlichen wieder, doch auch aus allen späteren. Es war eine Zeit, wie der Franke Nithard, einer der wenigen Laienschriftsteller des Frühmittelalters, meldet, in der es mit dem Reich ständig schlechter ging, weil jeder, von seinen bösen Leidenschaften getrieben, nur den eigenen Vorteil suchte. Und letzteres dürfte freilich wieder für viele Zeiten gelten – bis heute.

Zu den herrschenden Übelständen stießen Naturkatastrophen, schier endlose Regengüsse, Hochwasser, Großbrände – anno 823 wurden allein in Sachsen 23 Dörfer «bei Tage und heiterem Himmel» vom Blitz angezündet. Erdbeben erschütterten die Welt, Seuchen brachen über alle Kreatur herein und verschonten manchmal «kaum ein Stück Landes». Rauhe, langanhaltende, schneereiche Winter tobten, in denen Mensch und Tier zugrundegingen, mitunter selbst die größten Ströme, Rhein, Donau, Elbe, viele Wochen lang so zugefroren waren, daß sie Wagen voller Fracht «wie auf einer Brücke» überqueren konnten, gefolgt im Frühjahr von verheerendem Eisgang. Ungewöhnlich dürre, heiße Sommer kamen, Hungersnöte, zeigt doch die landwirtschaftliche Produktion des Frühmittelalters überhaupt «alles andere als einen hohen Grad der Naturbeherrschung», vielmehr «ein niedriges Kulturniveau» (Bentzien). Die Sterblichkeit ging um. Das Elend wuchs fortwährend in diesen frühen zwanziger Jahren.[28]

Dazu, wie stets, die Außenpolitik.

AUSSENPOLITIK ODER «DES SOMMERS LIEBLICHE REIZE...»

Ludwig der Fromme führte, wie sich das für einen christgläubigen Herrscher ziemte, fast Jahr für Jahr Krieg, vor allem dynastischer Konflikte, innenpolitischer Probleme wegen. Immer wieder aber überschritt er auch die Grenzen oder ließ sie überschreiten, nahm er als Gesamtherrscher doch beinah nie persönlich an Feldzügen teil, sondern ließ andere für sich kämpfen – ja nun längst Methode aller Herrschenden in inzwischen freilich viel größeren Gemetzeln.

Um Verträge kümmerte man sich kaum.

Kurz nach Regierungsantritt des Kaisers suchte zum Beispiel der Sarazenenkönig Abulaz, der Vater des ʿAbdarraḥmān, Emir von Cordoba (796–822), um einen dreijährigen Frieden nach. «Dieser wurde auch zuerst gewährt», berichtet Ludwigs anonymer Biograph, «später aber als unvorteilhaft wieder verworfen und den Sarazenen Krieg angekündigt.» «Nach Aufhebung des Scheinfriedens», wie er ein anderes Mal notiert, wurde «der Krieg erklärt.» Frieden konnten weder die Merowinger noch die Karolinger brauchen. So geschah das Schlachten unter diesen christlichen Fürsten fast so regelmäßig wie das Beten, jedenfalls sobald die Pferde Futter fanden, sobald, so sagt dieselbe Quelle kurz darauf, «des Sommers liebliche Reize folgten ...» Ja, dann ließ man kaum einen dieser Reize vergehn, ohne in irgendeiner Himmelsrichtung, in mehreren, mitunter auch in allen zuzuschlagen, natürlich – «mit Christi Hilfe ...»[29]

Schließlich war Krieg gegen Heiden und Feinde der heiligen Kirche heilige Pflicht. Und wie schon die erste christliche Majestät Feldpfaffen begleiteten (I 247 ff.), so auch die karolingischen Regenten. «Jeder Bischof soll drei Messen mit drei Psalmen feiern, eine für den König, eine für das Heer der Franken, die dritte für die augenblickliche Bedrängnis.» Dabei plünderten die fränkischen Haudegen im Feindesland hemmungslos; vorher zu plündern war verboten. Dann aber wandte man «eine Politik der verbrannten Erde an ...; und wer immer dem Aufgebot in die Hände fiel, wurde umgebracht. Aquitanien, die Bretagne, Sachsen, Septimanien und viele andere Gegenden wurden derart verwüstet, daß die Folgen jahrhundertelang spürbar blieben» (Riché).[30]

Krieg gegen Dänen, Sorben und Basken

Die neueste Forschung attestiert Ludwig dem Frommen zwar den «Versuch einer durchgängigen ethischen Fundierung seiner Politik» (R. Schneider). Beiseite aber, daß der Versuch noch keine Realität ist, die Politik wird nicht nur vom Kaiser und vom Kaiserhof gemacht. Und als Ludwig zu Beginn seiner Regierung in allen Teilen seines Reiches nachforschen ließ, wie Chorbischof Thegan geradezu rührend unschuldig schreibt, «ob irgend jemand ein Unrecht zugefügt wäre», da fanden seine Männer «eine unzählige Menge von Unterdrückten, sei's daß ihnen das väterliche Erbe entzogen oder die Freiheit geraubt war: was ungerechte Beamte, Grafen und Stellvertreter arglistiger Weise zu tun pflegten ...» Doch sprang man schon mit den eigenen Untertanen so um, wie dann erst mit Feinden!

815 suchte ein sächsisch-abodritisches Heer die Dänen heim, kehrte aber, nach Verwüstungen «rings umher», mit vierzig Geiseln ohne Erfolg zurück. 816 schickte Ludwig sein Kriegsvolk gegen die Sorben. Es kam diesmal dem kaiserlichen Befehl «kräftig nach» (strenue compleverunt: Reichsannalen), und attackierte sie, so die Quellen, «ebenso schnell als leicht mit Christi Hilfe» und trug «mit Gottes Hilfe den Sieg davon»; der Kaiser aber «begab sich zur Jagd nach dem Wasgenwald». Ferner wurden damals am anderen Ende des Reiches, an den Nordhängen der Pyrenäen, die gleichfalls aufsässigen Basken überwältigt, wenn auch erst nach zwei Feldzügen, dafür aber «vollständig» (Annales regni Francorum), worauf sie, so der Anonymus, «sehr nach der Unterwerfung verlangten», die sie doch gerade abzuschütteln suchten.[31]

KRIEG GEGEN DIE BRETONEN

Wiederholt führte Ludwig verheerende Unternehmen gegen die aufständischen Bretonen durch, deren Fürsten manchmal den Königstitel selbst beanspruchten. Mehrmals griff er «das lügenhafte, hochmütige und rebellische» Volk an, das nicht einmal sein Vater ganz niedergerungen hatte, das vor Karl und Pippin schon die Merowinger stets von neuem bezwingen wollten.

Im Sommer 818 rückte er in persona – beinah sein einziger Kriegszug als Kaiser — mit Franken, Burgundern, Alemannen, Sachsen und Thüringern gegen die «ungehorsamen Bretonen, welche soweit in ihrer Frechheit gingen, daß sie einen der Ihrigen, Marmanus, zum König zu ernennen wagten und jeglichen Gehorsam verweigerten» (Anonymus). Die herrischen Christen freilich, die auf die ihnen so fremden Menschen – wie ihr König Morman doch gleichfalls Christen – herabsahen, forderten die «Oberhoheit», Unterordnung, Zins. Die Versagung der Huldigung, des Tributs (fünfzig Pfund Silber «von altersher») reichte ihnen gewiß als Kriegsgrund. Doch mochten Ludwig auch klerikale Motive bewegen. Die bretonische Kirche war noch ziemlich selbständig, das heißt mehr durch die schottische, von den benediktinischen Regeln abweichende Kirche bestimmt, dem Einfluß Roms merklich entzogen. Der fränkische Klerus verabscheute vor allem die größere Freiheit des bretonischen Eherechts, die Gestattung der Ehen unter nahen Verwandten.

Schon auf dem Anmarsch wallfahrtete Ludwig in Paris erst wieder von Kirche zu Kirche. Und unterwegs besuchte er Kloster um Kloster, wurde er von den Äbten Hilduin von S. Denis, Durandus von S. Aignan, einem eifrigen Beamten seiner Kanzlei, von Abt Fridugis von S. Martin in Tours u. a., wie das so Brauch war, reich beschenkt. Dann verwüstete er weithin das Land; doch alles, so der Reichsannalist, «ohne große Anstrengung». Der fromme Herrscher, von dem seinerzeit Bischof Thegan vorsichtig rühmt: «Er nahm von Tag zu Tag zu an heiligen Tugenden, was aber aufzuzählen zu weit führen würde», erdrückte die Bretonen durch seine Übermacht. Er äscherte sämtliche Gebäude, mit Ausnahme der Kirchen, ein und ließ sich während all der Mordbrennereien von dem Abt Matmonocus von Landevennec ausführlich über das Mönchswesen des Landes unterrichten.

Töten und beten, beten und töten, dann war alles gut, alles, zumindest im Krieg, erlaubt – vorausgesetzt es geschah auf der «rechtgläubigen» Seite. König Morman, der einen Teil des fränkischen Trosses niedergemacht, fiel durch einen Aufseher der kaiserlichen Pferde, Choslus, der ihm den Speer durch die Schläfen rammte, mit dem Schwert dann den Kopf abschlug, bevor er selbst durch einen Bretonen umkam, den wieder der Knappe des Choslus niederstreckte, worauf ihn noch, bereits sterbend, der Bretone abstach: Innenansichten des Krieges, ein Schnappschuß sozusagen vom süßehrenvollen Tod fürs Vaterland ... Eine Menge Gefangene, viel Vieh wurde weggeführt, und die Bretonen unterwarfen sich – «auf welche Bedingungen immer der Kaiser wollte ... Und Geiseln, wen und wieviel er befahl, wurden gestellt und angenommen, und das ganze Land nach seinem Willen eingerichtet», schreibt der Astronomus.[32]

Krieg gegen Abodriten und Basken

819 warf Ludwig ein Heer über die Elbe geben die Abodriten. Man schleppte ihren abtrünnigen Fürsten Sclaomir (809–819) nach Aachen, nahm sein Land und verbannte ihn; wenig später jagte man ihn wieder zurück, aber noch in Sachsen erlag er einer Krankheit, immerhin inzwischen mit dem Sakrament der hl. Taufe versehen; war das Slawenvolk an der Elbe doch durchaus noch heidnisch und Ludwigs Oberhoheit noch 838 und 839 schweren Aufständen ausgesetzt (S. 95).

Auch wider die aufmüpfigen Basken oder die mit ihnen verwandten Waskonen errang der Fürst, ja so oft als friedfertig gepriesen, 819 einen blutigen Sieg.

Seit dem Fiasko von Roncevaux war die Gascogne für die Franken eine Art Niemandsland, vom Grafen von Toulouse nur mühsam überwacht. Ludwig selbst besuchte als Kaiser zwar nie mehr das Land seiner frühen Schlachterfahrung, setzte aber das Grenzgebiet zum islamischen Spanien 816 der verstärkten Kontrolle eines Grafen von Bordeaux und Herzogs der Waskonen aus. Und 819 stellte sein Sohn Pippin durch einen Kriegszug in die Gascogne, im Frühmittelalter ein eigenes Herzogtum, «die Ruhe in dieser Provinz so vollständig her, daß man keinen Empörer oder Ungehorsamen mehr darin fand»; indes der Regent – wie wieder Reichsannalist und Astronomus melden – «in der üblichen Weise» sich «der Jagd in den Ardennen» zuwandte. – Mit den Mauren freilich gab es in den zwanziger Jahren stets erneute Zusammenstöße.[33]

KRIEG GEGEN DIE KROATEN

Einen dreijährigen Krieg mit großem Aufgebot führte der Kaiser gegen die Kroaten.

Die Kroaten waren Slawen, die in den ersten nachchristlichen Jahrhunderten als Nomaden oder Halbnomaden durch das Schwarzmeergebiet in den Karpatenraum, im 7. Jahrundert nach Dalmatien und Pannonien zogen. Doch ist über ihre Geschichte in dieser und der nächstfolgenden Zeit fast nichts bekannt. Um 800 wurden sie während der Awarengemetzel (IV 485 ff.), wenn auch noch nicht endgültig, unterworfen, auch Christen, und Pannonisch- wie Dalmatinisch-Kroatien dem Patriarchen von Aquileja kirchlich unterstellt.

819 erhob sich der zwischen Drau und Save regierende Herzog von Niederpannonien, Ljudevit Posavski (gest. 823), gegen das Reich, aufgestachelt übrigens von dem Patriarchen Fortunatus von Grado, der Ljudevit sogar die zum Festungsbau benötigten Handwerker, die Baumeister und Maurer, stellte.

Einst hatte der Patriarch es zwar sehr mit dem mächtigen Karl gehalten, war wiederholt im Norden erschienen, das erstemal mit reichen Geschenken bereits im Sommer 803 in der Pfalz Salz (heute Bad Neustadt) an der Saale, vom Herrscher selbst auch mit umfassenden Privilegien beglückt, u.a. mit einem Benefizium im Frankenreich. Jetzt aber glaubte der wendige, seiner Hab- und Machtsucht frönende Kirchenfürst an die stärkere Potenz der slawischen Stämme, an die Zukunft des Slawenreiches in seiner Nachbarschaft, witterte dort seinen Vorteil und kollaborierte entsprechend. (Solche Wendungen nach Osten gibt es im Lauf der Jahrhunderte unter erfolgsgierigen Prälaten immer wieder, natürlich auch und gerade in Rom – bis hin, beispielsweise, zu Leo XIII., der vor dem Ersten Weltkrieg vollen Kurs nicht nur auf Frankreich, sondern mehr noch auf Rußland nahm.)

den superdummen Satz unterjubeln, mit dem man gar ergiebig im Trüben fischt: die Geschichte wiederholt sich nicht. Doch alles Geschichtstypische, -notorische, Verrat, Unterdrücken, Verdummen, Ausbeuten, Wirtschaftskrisen, Währungsschwindel, staatlich verordneter Mord und Totschlag, all das wiederholt sich unablässig (vgl. I 30 ff.). Was tut's, wer jeweils den Tanz ums Goldene Kalb an- und die Tanzenden an der Nase herumführt – in der Hauptsache: semper idem.

Bei seiner Erhebung gegen die fränkische Zentralgewalt 819 behauptete sich Ljudevit zwar zunächst gegen den Markgrafen Cadolah von Friaul, wurde dann aber an der Drau von dem Nachfolger Cadolahs (der selbst seinen glanzlosen Rückzug nicht überlebte), dem Markgrafen Balderich von Friaul, geschlagen und aus dem Land gejagt. Doch konnte Ljudevit noch Borna, den Herrscher über Küstenkroatien, mit dem er 818 zum Hoftag in Aachen anreiste, an der Kulpa besiegen; wobei Ljudevits eigener Schwiegervater, Dragamosus, als Mitstreiter Bornas umkam, dieser aber dank seiner Leibwache zu fliehen vermochte. Der Kroatenfürst suchte auch weiter seinen Vorteil bei den Franken und leistete dem in Dalmatien eingedrungenen Rivalen von den festen Küstenplätzen aus erfolgreich Widerstand; griff ihn bald im Rücken, bald von der Seite an, angeblich Tag und Nacht, und zwang ihn zuletzt zu einem verlustreichen Abzug, «denn dreitausend seiner Leute waren gefallen, über dreihundert Rosse gefangen», behauptet der Reichsannalist, während sich der Herrscher wieder einmal im königlichen Jagdrevier in der Eifel von den Regierungsstrapazen erholte. 820 erschien Borna erneut in Aachen, um dort einen gemeinsamen Krieg gegen Ljudevit vorzuschlagen, starb freilich bereits im folgenden Jahr, wahrscheinlich eines gewaltsamen Todes.

820, sobald die Pferde draußen Futter fanden, brachen drei Heere Ludwigs von drei Seiten zugleich, aus Italien, Kärnten sowie aus Bayern und Oberpannonien, in Ljudevits, «des Tyrannen (Anonymi vita Hludowici), Gebiet ein und brandschatzten «fast das ganze Land» (Annales regni Francorum), blieben im übrigen aber erfolglos. Ja, ein beträchtlicher Teil der (durch Pannonien gezogenen) Truppe ging an einer Seuche zugrunde, während sich

Ludwig der Fromme jetzt «in der üblichen Weise der Jagd» in den Ardennen widmete. Und bereits im nächsten Jahr, 821, machten wieder drei seiner Schlachthaufen «das ganze Gebiet» des Ljudevit zuschanden, indes Majestät nun «den Rest des Sommers und den halben Herbst auf der Jagd im abgelegenen Wasgenwald zubrachte» (Reichsannalen).

822 focht man fast in allen Himmelsrichtungen.

Im Südosten warf man aus Italien Militär nach Pannonien. Der Kroate mußte diesmal nach Serbien ausweichen, wo er Schutz und Gastfreundschaft eines Serbenführers genoß, den er heimtückisch ermordete, um sich seiner Burg und Stadt zu bemächtigen. Doch erst als man Ljudevit selbst 823 in der Burg Srb an der Una beseitigte, als er «von jemand durch List getötet wurde», übrigens als Gast eines Onkels des Kroatenfürsten Borna, kam der ganze Raum zwischen Drau und Save wieder unter fränkische Oberhoheit.[34]

Im Norden, wo die Sachsen auf Ludwigs Befehl in Delbende jenseits der Elbe eine Feste erbaut hatten, legte man eine Besatzung in den Ort und vertrieb «die bisherigen slavischen Bewohner aus der Gegend» (Annales regni Francorum).[35]

Und auch im Südwesten, im Nordwesten: Raub und Mord.

Krieg in Spanien und gegen die Bretonen

Die Grafen der spanischen Mark fielen über den Segre «in das Innere von Spanien» ein und kehrten «mit großer Beute von dort glücklich zurück», nachdem «sie alles verwüstet und verbrannt», wie der Astronomus schreibt. Ebenso registriert der Reichsannalist die Verheerung der Felder, das Verbrennen der Dörfer sowie «nicht geringe Beute» und fügt unmittelbar darauf hinzu: «In gleicher Weise wurde nach der Tag- und Nachtgleiche, im Herbste, von den Grafen der bretonischen Mark in das Besitztum eines aufrührerischen Bretonen namens Wihomarkus ein Einfall gemacht und alles mit Feuer und Schwert verwüstet.» Und warum nicht – schließlich galt das Kaisertum «als göttlicher Auftrag und wie ein kirchliches Amt» (Schieffer). Ludwig aber begab sich danach «auf die Jagd in die Ardennen» und dann zu einem Reichstag in Frankfurt, wo er «von allen Ostslaven ... Gesandtschaften mit Geschenken zu empfangen» hatte: von Abodriten also, Sorben, Wiltzen, Böhmen, Mährern, Prädenecentern (einer östlichen Abodriten-Gruppe im Gau Branitschewo) sowie von den Awaren Pannoniens – dieses Volk verschwindet danach für immer aus der Geschichte.[36]

Denn natürlich ließ man sich bei Hof nicht lumpen und seine Furchtbarkeit honorieren. Noch den fernen Fürsten Grimoald von Benevent verpflichtete der Kaiser von seinem Regierungsantritt an, «durch Vertrag und Eide (pacto et sacramentis), jährlich 7000 Solidi Gold in den königlichen Schatz zu zahlen» (Anonymi Vita Hludowici).[37]

824 zog der Monarch mit drei Heeresgruppen – eine führte er selbst – wieder gegen die Bretonen und ihren Fürsten Wihomarch, den Nachfolger Mormans. Die beiden anderen Armeen kommandierten die kaiserlichen Söhne Pippin und Ludwig, wobei sich offenbar besonders die Führer der angrenzenden Gaue, die Grafen von Tours, Orléans und Nantes, engagierten.

Wie im Herbst Drossel und andere Vögel in dichten Schwärmen in die Weinberge einfallen, um die Trauben zu holen, so kamen die Franken sofort bei Erntebeginn und plünderten den reichen Ertrag des Landes. Dies erzählt im vierten Gesang seines Heldenepos der fränkische Priester Ermoldus Nigellus, der, bewaffnet mit Schild und Schwert, den Feldzug gegen die Bretonen (nicht ohne Selbstironie) begleitet und als große Leistung Ludwigs besungen hat. «Sie suchten nach den in Wäldern, Sümpfen und Gräben versteckten Reichtümern. Sie nahmen unglückselige Menschen, Schafe und Rinder mit. Die Franken verwüsteten alles. Die Kirchen wurden, wie es der Kaiser befohlen hatte, geschont, aber alles andere wurde in Brand gesteckt.»

Über vierzig Tage, melden die fränkischen Quellen, verödete Ludwig der Fromme «das ganze Land mit Feuer und Schwert», suchte er es «mit großer Verheerung» (magna plaga) heim – er, der doch «der frömmste der Kaiser ist», wie ihn Chorbischof Thegan preist, «da er schon früher seine Feinde schonte, das Wort des Evangelisten erfüllend, wo gesagt ist: ‹Vergebet und es wird euch vergeben werden›». Ludwig zerstörte Felder und Wälder, ruinierte weithin den Viehbestand, tötete viele Bretonen, schleppte viele gefangen fort und kehrte mit Geiseln von «dem treulosen Volk» zurück. (König Wihomarch wurde bald darauf von den Leuten des Grafen Lambert von Nantes in seinem eigenen Haus umzingelt und erschlagen.)

Weniger «glücklich» endete im gleichen Jahr eine militärische Expedition nach Pamplona, wo auf dem Rückweg durch die Pyrenäen die Franken im selben Engpaß von Roncevalles ihr Schicksal ereilt haben soll, in dem, wie die Sage weiß, 778 die Nachhut Karls «des Großen» nach seiner Zerstörung der Baskenstadt Pamplona zugrundeging (IV 466 ff.). Jetzt, ein knappes halbes Jahrhundert später, wurden in der finsteren Gebirgsschlucht die Truppen der Grafen Aeblus und Asenarius «von den treulosen Bergbewohnern ... fast bis auf den letzten Mann aufgerieben». Die beiden Grafen überlebten – «nach Verlust ihres ganzen Heeres» (Astronomus).[38]

In seiner Gesetzgebung begann sich der Kaiser damals wieder deutlich an die Kirche zu klammern, mit deren Repräsentanten er inzwischen so schmerzliche Erfahrungen hatte machen müssen (S. 42 f.), ohne daraus zu lernen oder lernen zu können. Jedenfalls trat er nun ausdrücklich für die Ehre, den Schutz dieser Kirche ein, für ihre Erhöhung, natürlich auch für die Würde ihrer Diener, denen man Ehrfurcht zu erweisen, deren Predigt man zu hören habe. Er verlangte Fasten, Sonntagsheiligung, das Errichten von Schulen zur Heranbildung des Klerus, sah sich allerdings auch genötigt, die Bischöfe zu mahnen, «ihre Hirtenpflichten in vollem Umfang zu erfüllen».[39]

Überhaupt konnte man sich auf Gott und die Kirche nicht allein verlassen. Wann immer deshalb Ludwig in den ja stets schwereren Zeiten des Himmels Segen auf seine Maßnahmen herabflehte, vergaß er keineswegs, was diesen erst die Durchschlagskraft gab. Als er so nur wenige Jahre später allen ein dreitägiges Fasten auferlegte und allerhöchste Unterstützung erbat, befahl er doch zugleich angesichts der Feinde der Christen ringsum sämtlichen Heerespflichtigen, mit Roß und Waffen, mit Kleidung, Karren, Proviant bereitzustehen, um gegebenenfalls unverzüglich ausrücken zu können. Ja – wer Gott vertraut, brav um sich haut...[40]

Als er freilich 826 auf dem Königshof Salz an der Saale von dem Abfall des vornehmen Westgoten Aizo erfuhr und von dem Aufruhr, den jener in der spanischen Mark verursachte, wo er Kastelle in seinen Besitz, Grafen auf flüchtige Beine und die enorm ausgebeutete, oft von ihren Höfen vertriebene oder verknechtete Bevölkerung auf seine Seite brachte, da beschloß der Monarch alsbald die böse Sache reiflich zu bedenken und vor allem seinen Zorn erst mal auf der Herbstjagd («autumnali venatione») verrauchen zu lassen.

Aizo warf inzwischen Besatzungen in die genommenen Kastelle, eroberte weitere, fühlte bei den Mauren vor, die auf der Halbinsel über einen gut funktionierenden Staat verfügten, und mit denen die Bevölkerung, Goten und spanische Ansiedler – die sich schon unter Karl I. bitter über die Bedrückung durch christliche Grafen und deren Büttel beklagt hatten – besser auskamen, als man meinen könnte. Tag für Tag wandelte und handelte man miteinander, mit fränkischem Silbergeld, mit arabischen Goldmünzen, und Aizo, der offenbar die spanische Mark den Franken zu entreißen suchte, versäumte auch nicht, mit ʿAbdarraḥmān II. (822–852), dem Emir von Cordoba, zu kontaktieren, und zwar durchaus erfolgreich.

Ludwig der Fromme seinerseits schickte 827 zunächst den Abt Helisachar, seinen einstigen Kanzler, dann seinen Sohn Pippin, den König von Aquitanien, «mit zahllosen fränkischen Truppen» in den Süden. Doch konnten die Mauren, die den Ebro überschritten, das Gebiet um Barcelona und Gerona brandschatzten, die auch Kirchen eingeäschert, Priester grausam ermordet, viele Christen fortgeschleppt haben sollen, sich wieder nach Saragossa zurückziehen, ohne daß das – aus welchen Gründen immer zu spät kommende – fränkische Aufgebot sie auch nur gesehen hätte; was freilich schon gar «schreckliche Schlachtbilder bei nächtlicher Zeit» hatten ahnen lassen, wie der Astronom weiß. Folglich beeilte sich der so gott- wie abergläubische Monarch, als er von den grauenhaften Zeichen vernahm, sandte «Hilfstruppen zum Schutz der genannten Markgrafschaft und vergnügte sich bis zur Winterszeit in den um Compiegne und Quierzy liegenden Wäldern mit der Jagd». 828 blieb auch ein Zug seines Sohnes Lothar «mit einem zahlreichen fränkischen Heer» ohne Ergebnis. Und Aizo verschwindet spurlos aus der Geschichte.[41]

KRIEG GEGEN DIE BULGAREN

Zum Konflikt kam es auch mit den Bulgaren.

Ihr Khan Omurtag (815 – ca. 831), der als erster bulgarischer Herrscher direkt mit den Franken konferierte, hatte seit 824 immer wieder Gesandtschaften – auch mit Geschenken – an Ludwig geschickt und um Grenzklärungen sowie Herstellung eines friedlichen Verhältnisses ersucht. Immer wieder aber ließ Ludwig die Gesandten ungebührlich lange warten und den Khan hinhalten. Schließlich drang dieser nach dem Scheitern aller Versuche 827 zu Schiff von der Drau aus in Unterpannonien ein, verwüstete das Land und bestellte dort sogar bulgarische Beamte. Da Pannonien verloren ging, unternahm im folgenden Jahr der jüngere Ludwig eine Heerfahrt gegen die Bulgaren, offensichtlich aber erneut ohne Erfolg, obwohl die Mönche von Fulda sich rühmten, in der Fastenzeit (19. Februar bis 4. April) tausend Messen und ebensoviel Psalter für die Truppe gesungen zu haben. Schon im nächsten Jahr fuhren die Bulgaren wieder die Drau herauf und «verbrannten einige Dörfer der Unsern nahe am Flusse» (Annales Fuldenses). Der kaiserliche Hof bezeichnete «die Einfälle und Verheerungen der Ungläubigen» – auch die Sarazenen wüteten in der spanischen Mark – sowie andere Kalamitäten als «gerechte Strafen Gottes».[42]

Etwas mehr «Glück» hatte seinerzeit offenbar der Markgraf

von Tuscien, Bonifacius, dem vom Kaiser der Schutz Korsikas anvertraut war. Bei der «Jagd» auf ungläubige Seeräuber stieß der eifrige Insel-Verteidiger gleich bis Afrika vor! Zwischen Utika und Karthago ging er an Land, griff ganze Massen von Eingeborenen an, «schlug sie fünfmal oder noch öfter in die Flucht und machte eine große Menge Afrikaner nieder»; verlor aber auch «eine beträchtliche Zahl seiner eigenen Leute». Immerhin hinterließ er «durch diese Tat große Furcht» (Annales regni Francorum).[43]

Besonders im letzten Jahrzehnt von Ludwigs Regiment gingen die auswärtigen Konflikte stark zurück. Das katholische Herrscherhaus hatte durch Palastrevolutionen nun genug mit sich selbst zu tun. Das war indes auch an anderen Höfen des christlichen Abendlandes schon länger, schon seit Beginn dieser Gesamtherrschaft so.

Zum Beispiel in Rom.

RÖMISCHE ZUSTÄNDE:
WARUM MAN MÖRDERPAPST LEO III. KANONISIERTE

Am Tiber hatte man beim Tod des alten Kaisers Karl alsbald Morgenluft gewittert. Kaum war dieser am 28. Januar 814 zweiundsiebzigjährig gestorben und ihm Ludwig in der Regierung gefolgt, da spürte der hohe Klerus jenseits der Alpen gleich, daß er gegenüber dem Sohn anders auftreten konnte. Man erstrebte nun wieder mehr Selbständigkeit, Macht, wollte «Handlungsfreiheit» zumal innerhalb des Kirchenstaates, und erhielt sie auch.

Als noch im gleichen Jahr die Ewige Stadt den arg verhaßten, der Unzucht und des Meineids angeklagten Papst Leo III. bekämpfte – diesen (kraft seiner wunderbar geheilten Augen und Zunge nach einer, laut den Quellen, nur versuchten, doch unterbliebenen Verstümmelung!) 1673 kanonisierten hundertfachen Schreibtischmörder (IV 446 ... ff.) –, ließ der die «Majestätsverbrecher» schnurstracks haufenweise baumeln. Es bestürzte sogar den frommen Ludwig, «daß von dem ersten Priester der Welt so strenge Strafen verhängt worden seien» (Anonymus). Hatte doch einst selbst sein Vater Karl die offenbar zahlreichen Todesurteile gegen Leos stadtadelige Widersacher in Verbannung umgewandelt. Und anno 815, als Leo, nachdem er mehr als zwei Jahrzehnte den von Petrus nie besetzten Stuhl gedrückt, schon todkrank lag, erschütterte eine neue Rebellion, eine Adelsrevolte und ein Bauernaufstand, das Regiment des Heiligen, der Güter gewaltsam für die «apostolische Kammer» einziehen, enteignete Eigentümer köpfen ließ, Todesurteile gleich reihenweise fällte, und dem man natürlich auch selber ans kostbare Leben wollte.

Die Römer sammelten sich zu Hauf, schreibt der Reichsannalist, «und plünderten zuerst die Landgüter aus, die der Papst in der letzten Zeit in dem Gebiet der einzelnen Städte angelegt hatte, und brannten sie dann nieder. Hierauf beschlossen sie, nach Rom zu ziehen und sich das mit Gewalt zu nehmen, was ihnen, wie sie sich beschwerten, entrissen worden war.» Auf die Stadt vorrükkend, wurden sie jedoch von dem fränkischen Herzog Winigis, obwohl altersmüde schon und schwach wie der Papst, niedergeworfen. Zum Trost in seiner Trübsal (nicht für seine Untertanen) pflegte der Geplagte schließlich mehrmals am Tag die Messe zu lesen. Und Herzog Winigis wurde wenige Jahre später Mönch und starb gleichfalls bald darauf.

Warum aber kam Leo III. im 17. Jahrhundert in das römische Martyrologium? Warum sprach man dieses Mörderscheusal heilig? (Einen Papst, nebenbei, während dessen 21jährigem Pontifikat auch nicht eine Synode auf seine Initiative tagte, die Kanones zur Festigung der Kirchendisziplin erlassen hätte!) Nicht wegen seiner Brutalität kanonisierte man ihn, nicht wegen seiner Liquidierungen, erst recht nicht wegen seines Kniefalls vor Karl «dem Großen» – es war, wenn nicht die erste, so doch die letzte Proskynesis eines Papstes vor einem westlichen Kaiser –, dem allein er sein Überleben (mehr im Amt als in der Würde) verdankte. Nein, man kanonisierte ihn, weil er Karl an Weihnachten 800 die Krone auf den Kopf gesetzt (IV 449 f.); weil er derart die Herrschsucht, das nimmersatte Suprematiestreben der Päpste eindrucksvoll forciert, weil er mit diesem die Zeiten durchstrahlendem Signal, diesem «Geniestreich» (de Rosa) ihren absoluten Führungsanspruch gleichsam für immer ins triste Buch der Geschichte geschrieben hat. Nur darum sieht auch Franz Xaver Seppelt, der katholische Papsthistoriker, Leos III. Namen im «Katalog der Heiligen» prangen – ungeachtet aller Fatalitäten seines langen Terrors, aller Leichen, die seinen Weg säumen – heilig, heilig heilig! (Fest: 12. Juni)[44]

SCHWINDEL MIT KAISERKRONE UND -KRÖNUNG: STEPHAN IV. (816–817) UND PASCHALIS I. (817–824)

Leo war am 12. Juni 816 gestorben.

Sein Nachfolger Stephan IV., ein von Kind an im Lateran herangedrillter adeliger Römer, den man binnen zehn Tagen erhob, ohne den Kaiser zu fragen, regierte nur wenige Monate, doch stellte seine vornehme Familie im Lauf des Jahrhunderts zwei weitere Päpste. Stephan selbst brach noch im August von Rom auf, um, begleitet von König Bernhard, «mit größter Eile» über die Alpen nach Reims zu reisen, wo sich in den ersten Oktobertagen Ludwig, von Gold und Edelsteinen strotzend, unter den Lobgesängen des Klerus, dem byzantinischen Zeremoniell gemäß, dreimal vor dem Papst niederwarf und darauf diesen mit dem Psalmwort begrüßte: «Gebenedeit sei, der da kommt im Namen des Herrn». Umarmung, Küsse, Kirchgang, Tedeum, neue Lobgesänge – und am nächsten und folgenden Tag «gegenseitig viele Geschenke» und «herrliche Gastereien» (Reichsannalen). Der Imperator opferte dem Kirchenfürsten Silber, edelsteingeschmückte Pokale, Tafelgeschirr aus Gold, mit Gold beladene Pferde u. a. Stephan spendierte sparsam, etwas Gold auch, Gewänder, wobei er freilich «hundertfach zurückhielt, was er an Geschenken aus Rom mitgebracht» (Ermoldus Nigellus). Ja, so macht Schenken Freude. So gibt gerne selbst der Papst.

Und Heiligkeit, die nicht vergaß, Ludwig «einen zweiten König

David» (Thegan) zu nennen, war nur so erpicht darauf, bei einer Festmesse in der Reimser Marienkirche, wo Chlodwig getauft worden sein sollte, den Kaiser zum Kaiser zu krönen: obwohl der schon drei Jahre vorher, 813, doch in Aachen zum Kaiser gekrönt und auch nach dessen Tod noch einmal in Aachen feierlich als Kaiser akklamiert worden, sogar nach kurialer Ansicht «schon unbestritten ‹Kaiser› war» (Eichmann). Dennoch – das durfte, konnte nicht genügen. Roms Mitwirkung sollte, mußte zur vollen Geltung cäsarischer Würde notwendig sein. Kaiserkronen wollten die Päpste vergeben, mochten sie Kaisern gegenüber sonst noch so knauserig sein. Eine Krone aber hatte Stephan bereits im Reisegepäck, «eine goldene Krone von wunderbarer Schönheit mit den wertvollsten Edelsteinen geschmückt» (Thegan), eine, die der Papst auch noch als Krone Kaiser Konstantins ausgab! (Das katholische Handbuch der Kirchengeschichte präsentiert diese «Krone Konstantins» dezent in Gänsefüßchen.)

Der Schwindel, rechtlich zwar belanglos, konnte und sollte selbstverständlich auch an die römische Herkunft des Kaisertums erinnern sowie an die Beziehung der beiden Potentaten, an die «Achse» Aachen–Rom gleichsam. Vor allem aber: es war eine Anknüpfung an den Coup seines Vorgängers, eine Fortsetzung und ein neuer Vorstoß somit zugunsten der römischen Ansicht der Dinge, der höchsten Aspekte der Historie; gewissermaßen der papalen Auffassung nämlich «von der Kaiserwürde, ... vom Recht des Papstes auf die Kaiserkrönung und von der päpstlichen Übertragung des Kaisertums» (Seppelt). Das Reich wurde nun als das «Heilige Reich» feierlich bestätigt.

Stephan IV. salbte seinerzeit auch den jungen Monarchen und dessen Gemahlin Irmingard, wobei er erstmals die Krönung eines Kaisers mit der Salbung verband. Bezeichnenderweise kam die Personensalbung in der abendländischen Kirche auf, in der orientalischen, in der man, viel früher als im Westen, nur Altar und Gotteshaus salbte, war sie unbekannt und wurde erst später aus dem Westen übernommen.

Nach der Segnung betete Papst Stephan beziehungsreich: «O Christus, Herrscher über die Welt und alle Zeitalter, der Du ge-

wünscht hast, Rom als Haupt des Erdkreises zu sehen...»
Ludwig seinerseits leistete offenbar einen Schutzeid für die römische Kirche, der bald unter dem Namen Pactum Hludowicianum bekannt geworden ist, an ältere generöse Freundschaftsdienste der Franken anknüpfte und Rom eine interne Bischofswahl, reguläre Gerichtsbarkeit gewährte, auch den ganzen Territorialbesitz des Papstes aufzählte, kurz, diesem großzügig bemessene Privilegien gab, sowohl seine Kirchengüter als auch Hoheitsrechte garantierte, freilich auch den fränkischen Suprematieanspruch zu sichern suchte.

Das Streben nach Macht und Besitz stand wie stets im Vordergrund, während die von Ludwig so geförderte kirchliche Reformpolitik «bezeichnenderweise ohne erkennbare Beteiligung der Päpste» blieb (Schieffer). Doch: «So lange der Papst anwesend war, pflogen sie jeden Tag Unterhaltung über das Beste der heiligen Kirche Gottes (de utilitate sanctae Dei aecclesiae). Nachdem aber der Kaiser ihn mit großen und unzähligen Geschenken überhäuft hatte, mehr denn dreimal so vielen, als er selbst von jenem empfangen hatte, wie er es denn immer zu tun pflegte, mehr zu geben als zu nehmen, ließ er ihn wieder nach Rom ziehen...» (Thegan); «...kehrte der Papst, der alles erreicht hatte, was er wünschte, nach Rom zurück» (Astronomus). Tatsächlich traf er dort reich beladen mit Gold und Silber ein, vor allem aber mit Besitz-Garantien, Bestätigungen von Privilegien, Immunitäten; auch hatte er eine zusätzliche kaiserliche Schenkung erhalten, das fränkische Krongut Vendeuvre (bei Bar-sur-Aube), verschied jedoch schon im folgenden Winter, am 24. Januar 817, und wirkte nach dem Tod noch ein paar Wunder.[45]

Stephans Nachfolger Paschalis I. (817–824) ließ sich das mit seinem Vorgänger ausgehandelte Pactum Hludowicianum alsbald vom Kaiser bestätigen, d. h. den ganzen Umfang der von Pippin und Karl, Ludwigs Großvater und Vater, gemachten Schenkungsversprechen und Schenkungen, die Autonomie des Kirchenstaates also, die päpstlichen Herrschaftsrechte und nicht zuletzt die freie Papstwahl. Die Urkunde, ein vielumstrittenes, nicht einmal im offiziellen Papstbuch erwähntes, nur als Abschrift (nicht im Original) in den kirchlichen Rechtssammlungen des 11./12. Jahrhunderts überliefertes Dokument, wurde wegen ihrer eigenartigen, von den üblichen Diplomen abweichenden Formeln lange als Fälschung angesehen. Sie gilt inzwischen aber, formell wie sachlich, meist als echt – bis auf diverse Verunechtungen, Interpolationen, die Einschiebung Sardiniens etwa, Korsikas, Siziliens, die man in alter Raffsucht offenbar dazugeschwindelt hat.[46]

Der Akt von Reims 816 erfuhr an Ostern 823 noch eine bedeutsame Wiederholung und Ergänzung in Rom.

Damals nämlich weilte Ludwigs Sohn Lothar I. in Italien, wo er, beraten von Wala, seit 822 die Herrschaft Pippins und Bernhards fortzusetzen hatte. Zu Ostern bat ihn Stephans Nachfolger Paschalis I. zu sich, ein harter, viel böses Blut machender Papst, der wiederum ohne Befragung des Kaisers, wofür er sich allerdings entschuldigte, konsekriert worden war. Und in der Peterskirche zelebrierte er am Ostertag (5. April 823) mit Lothar, doch bereits 817 vom Vater in Aachen zum Kaiser gekrönt, dasselbe Ritual wie eben sein Vorgänger mit diesem Vater einst in Reims. Und wieder hatte die Krönung, die Lothar umso eher zustatten kam, als man gerade die Schwangerschaft der Kaiserin erfahren, denselben Zweck: das Kaiserreich an Rom zu binden, die Salbung und Krönung durch den Papst als unerläßlich auch für bereits von weltlichen Instanzen ernannte und gekrönte Kaiser erscheinen zu lassen. Und tatsächlich hat man das «Recht» der Päpste zur Kaiserkrönung ebenso wie das «Recht» Roms und Sankt Peters, wofür man hier ein Präjudiz geschaffen, Krönungsstätte zu sein, «immer mehr anerkannt» (Kelly). Bemerkenswerterweise wurde diese Zweitkrönung Lothars erstmalig auch mit der Übergabe eines Schwertes verbunden; wie man denn jetzt auch die Kooperation bei der Mission des Nordens intensivierte (S. 70, 470). Das Schwert aber, das der Papst außer der Krone Lothar überreichte, war Symbol des Schutzes wie der Gewalt, Zeichen der Verpflichtung zur Ausrottung des «Bösen».[47]

Papst Paschalis blendet und köpft, wird heilig und im Kalender wieder gestrichen

Das Böse aber erkannte stets niemand besser als die Päpste.

Paschalis, zum Beispiel, erkannte es selbst in den eigenen Ministern, und zwar, interessanterweise, in den führenden Köpfen der profränkischen Partei. Deshalb wurden zwei der höchsten päpstlichen Beamten, der hochadelige Primicerius Theodor (noch 821 Nuntius am fränkischen Hof) und sein Schwiegersohn, der Nomenclator Leo, 823, nach Lothars Abzug, «wegen ihrer Treue gegen Lothar» (Astronomus), weil sie, berichten auch die Reichsannalen, «in allen Stücken treu zu dem jungen Kaiser Lothar gehalten», durch päpstliche Bedienstete im Lateranpalast geblendet und geköpft – ohne jedes Rechtsverfahren. Dabei schrieb man dem Papst oder doch «seiner Zustimmung alles zu», sagt der Astronom.

Die ganze Sache erinnert etwas an die blutige Prozedur des hl. Leo III. im Jahr 815 (S. 57 f.). Der Monarch aber sandte auch 823 seine Richter nach Rom und zog sich für den Rest des Sommers sowie für den Herbst in den Wormsgau und zur Jagd in die Eifel zurück. Doch Paschalis (bei den Römern so beliebt, daß es noch bei seinem Leichenbegängnis zu Tumulten kam) stritt jede Mitschuld ab und entzog sich, Grund genug dafür mochte er haben, dem Verfahren, indem er – ein schon durch den hl. Leo III. im Dezember 800 erprobtes (IV 449), besonders bei den kirchlichen Offizialaten häufiges «Beweismittel» – unter Beihilfe von 34 Bischöfen sowie fünf Presbytern und Diakonen öffentlich den Reinigungseid schwor. Zugleich verfluchte er die Ermordeten als Hochverräter, nannte ihren Tod einen Akt der Gerechtigkeit, hätten sie doch als Majestätsverbrecher ihr Schicksal verdient, und nahm die Mörder als Dienstleute des hl. Petrus (de familia sancti Petri) «aufs entschiedenste in Schutz» (Annales regni Francorum).[48]

Kaiser Ludwig resignierte. Und Papst Paschalis I. starb 824 inmitten der familia sancti Petri. Der Mann war schlau, Ludwig unverkennbar überlegen, und hart. Fuldaer Mönche, die ihm eine unliebsame Nachricht brachten, ließ er kurzweg in den Kerker werfen und bedrohte ihren Abt Rhabanus Maurus mit Exkommunikation. In Rom selbst war sein rigoroses, den Staat völlig zerrüttendes Regiment verhaßt. Und da nicht nur seine beabsichtigte Beisetzung, sondern auch die folgende Papstwahl im Zeichen schwerer Krawalle stand, blieb Paschalis' Leiche längere Zeit unbestattet, bis sie sein Nachfolger unter die Erde bringen konnte, allerdings nicht in St. Peter.

Dafür gelangte jedoch Paschalis' Name, etwas später, Ende des 16. Jahrhunderts, durch den Kirchenhistoriker Cäsar Baronius – er mußte zur Annahme der Kardinalswürde durch Exkommunikationandrohung gezwungen werden – in den Heiligenkalender der katholischen Kirche (Fest 14. Mai), noch einmal etwas später freilich (Roms Mühlen mahlen langsam), 1963, auch wieder hinaus; sein Festtag wurde gestrichen.[49]

MITKAISER LOTHAR I. UND DIE «CONSTITUTIO ROMANA»

Als nach Paschalis' Hingang erbitterte Kämpfe zwischen Volk und Adel ausbrachen, wobei dieser den Erzpriester Eugen von Santa Sabina zum Pontifex maximus machte, kam der energische Junior-Kaiser Lothar I., der durchaus politisches Talent entwickelte, ein zweites Mal nach Rom. Er protestierte gegen die Ermordung seiner Anhänger, «die dem Kaiser, ihm und den Franken getreu gewesen», protestierte gegen «die Unwissenheit und Schwäche einiger Päpste», gegen die Habgier ihrer Richter, die widerrechtliche Enteignung von Gütern im Namen der Päpste sowie wider die ganze Unfähigkeit des geistlichen Regiments. Und sein Vorgehen wurde von der römischen Bevölkerung dankbar begrüßt.

Kapitularien Kaiser Ludwigs hatten bereits die Simonie und Profitgier der Bischöfe in Italien gebrandmarkt, die ihre Pfarreien oft finanziell ausbeuteten, die Kirchen verfallen ließen und die den Priestern auf einer Synode 826 in Rom unter Eugen II. einschärften, daß sie nicht spielen, wuchern, auf die Jagd oder den Vogelfang gehen, daß sie die Kirchenausstattungen nicht verschleudern, nicht herumhuren dürfen etc. (Es ist übrigens die einzige römische Synode aus der ganzen ersten Hälfte des 9. Jahrhunderts, von der Akten vorliegen. Und im ersten Jahrhundertviertel gab es in Rom offenbar gar keine Kirchenversammlungen!) Jetzt nahm sich Lothar in einer scharfen Untersuchung viele Verbrechen und Mißbräuche vor: die «schon längere Zeit durch das verkehrte Benehmen mehrerer Päpste in große Verwirrung geratenen römischen Zustände», wie der Reichsannalist sagt. «Immer erschreckender stellte sich der Umfang der vorgekommenen unrechtmäßigen Güterconfiskationen, die Willkür und Habsucht, mit welcher die päpstlichen Beamten gewirtschaftet hatten, heraus» (Simson).

Selbstverständlich machten die Hohenpriester dabei auch vor Klöstern nicht halt, vergriffen sie sich auch an diesen, zumal an besonders ergiebigen.

Zum Beispiel an Farfa.

Das um 700 gegründete Benediktinerkloster gehörte zu den reichsten Abteien Italiens im Mittelalter. Zwischen Rom und Rieti gelegen, hatte es den Schutz der Langobardenkönige genossen, verdankte aber vor allem den spoletinischen Herzögen, doch auch vielen privaten Stiftern einen umfangreichen Grundbesitz in und außerhalb der Sabina. Mit fränkischer Immunität, Abtswahlrecht und Exemtion durch Karl I. schon seit 775 ausgestattet und durch die nachfolgenden Kaiser in seinem Besitz wie seiner Rechtsstellung bestätigt, konnte es zudem Bestätigungsbullen der Päpste vorweisen. Noch wenige Tage vor seinem Tod erkannte Stephan IV. all dies an, wenn auch gegen einen jährlichen Zins von 10 Goldsolidi.

Gleichwohl hatten andere Päpste immer wieder kraft ihrer Landesherrschaft über die Sabina die Reichsunmittelbarkeit Farfas zu ignorieren und die reiche Abtei sich zu unterwerfen gesucht. Hatte ihr Hadrian Güter weggenommen, ebenso der hl. Leo III.; hatte schließlich der hl. Paschalis mit der Behauptung,

Farfa stehe «zu Recht und Herrschaft der römischen Kirche», vor dem kaiserlichen Gericht einen Prozeß gegen den Abt Ingoald angestrengt und verloren. (Doch schon wenige Jahre später, 829 – Päpste können einfach kaum nachgeben, da sie stets im Recht sind, es immer um Gott geht –, führte Gregor IV. einen neuen Rechtsstreit um Farfa.)

Nach einem förmlichen Verfahren verurteilte Lothar Papst Eugen II. (824–827) zur Herausgabe aller konfiszierten Güter der Römer, verbannte unter dem Jubel des Volkes die päpstlichen Richter ins Frankenreich und veranlaßte die Rückkehr der unter Paschalis I. Verfolgten. Und am 11. November 824 stellte er durch eine Neuregelung der fränkisch-päpstlichen Beziehungen, die (das Pactum Hludowicianum von 817 wieder einschränkende) sogenannte «Constitutio Romana»[50], die höchste Gewalt des Kaisers im Kirchenstaat sowie die Abhängigkeit des Papstes wieder her, stellte er die Verwaltung des Kirchenstaates unter Kontrolle eines ständigen päpstlichen und kaiserlichen Missus, vor dem schließlich jeder «electus», jeder zu weihende Papst, erst den Treueid auf den Kaiser leisten mußte «pro conservatione omnium». Somit war wieder, wie von Justinian bis zur Lossagung Italiens von Konstantinopel, die Bestätigung der Papstwahl durch den Kaiser erforderlich, war das Pactum Hludowicianum teilweise aufgehoben und eine Kulmination kaiserlicher Macht über die Kurie erreicht – freilich ohne langen Erfolg. Immerhin hat sie Johann IX. auf einer römischen Synode 898 ausdrücklich sanktioniert, um die fast üblichen Unruhen bei den Papstwahlen zu verhindern. Ja, Lothars Konstitution kam noch in die kanonistischen Sammlungen der Zeit Gregors VII., wenn auch, wen wundert's (vgl. S. 181 ff.) – «verstümmelt und zurecht gerichtet» (Mühlbacher).[51]

DIE FRÄNKISCHEN BISCHÖFE DEMÜTIGEN DEN KAISER UND WOLLEN SELBST VON NIEMANDEM GERICHTET WERDEN

Wie die Hirten in Rom, wurden allmählich auch die im Reich immer aufsässiger. Das lag gewiß nicht an ihnen allein, lag ebenso an ihren weltlichen Mit- und gelegentlichen Gegenspielern. Denn Priester wissen stets recht gut, wann sie zu kuschen haben, wann sie bellen, zupacken, wann sie beißen können.

Ludwig der Fromme, viel weicher als der «große» Vater, viel weniger energisch, brutal, hatte dementsprechend auch viel geringere «Erfolge» – in der Außenpolitik, gegen Dänen, Bulgaren, Mauren, aber auch im Reich und, bei allem Reformeifer, vielleicht deshalb, in der Kirche.

Die Bischöfe waren zwar bereit, die Könige zu salben, zu krönen, sie über alle Laien zu erheben, doch dafür wollten sie auch selbst über allen Fürsten stehn. Sie erstrebten einen theokratischen Staat und machten Ludwig zu einem König «von ihrer Gnade» (Halphen). Und verzichtete dieser gegenüber Rom schon bald auf die Bestätigung der Papstwahl, auf die Inspektion im Kirchenstaat, unterlag er innenpolitisch dem Episkopat zeitweise noch viel mehr.

Im August 822 erschien der Kaiser auf der Reichsversammlung von Attingny in der dortigen Kirche im Büßergewand und legte ein öffentliches Reuebekenntnis ab. Es geschah auf den Rat der Prälaten. Er gestand die Mitschuld am Tod seines Neffen Bernhard, sein Unrecht gegenüber den Stiefbrüdern, Vettern und anderen. Er demütigte sich, wie dies sein Vater nie getan hat und hätte; er unterwarf sich dem Urteil der Priester. Damals verlangte Agobard von Lyon die Rückerstattung aller Güter, die frühere Fürsten der Kirche genommen!

Ludwig trug es zerknirscht, jagte Truppen nach allen Richtungen, schickte ein Heer nach Pannonien, ein zweites in die spanische, ein drittes in die bretonische Mark – und lag selber «nach der Sitte der fränkischen Könige während der Herbstzeit der Jagd ob...» All das, immer wieder zu bedenken, ist Teil christlichabendländischer Kultur, kein akzidenteller, sondern ein essentieller Teil.

Ebenso dies.

Bemüht nämlich, sich den Staat unterzuordnen, forderten die Bischöfe 829 in Paris, im Rückgriff auf die ungewöhnlich hochfahrenden Lehren von Papst Gelasius I. (II 324 ff.), daß sie niemand richten dürfe, daß sie selber nur Gott verantwortlich seien, die übrigen Großen aber ihnen, den Bischöfen. Ja, ihre «auctoritas» stehe auch über der «potestas» des Königs, des Kaisers, der andernfalls zum Tyrannen werde und jedes moralische Recht auf seine Herrschaft verliere.

Ihre Anmaßung, mitunter in Floskeln scheinbarer Bescheidenheit, in Pseudo-Ehrerbietung gekleidet – die notorische Pfaffenheuchelei –, konnte kaum größer sein. Sie lobten, hierin sogar aufrichtig, die Demut der Kaiser, denn Demut bei andern finden sie stets sehr verdienstvoll. Sie aber traten als jene auf, denen der Herr Gewalt gab, zu binden und zu lösen, und erinnerten selbstgefällig an das angebliche Kaiser-Konstantin-Wort zu den Bischöfen (aus Rufins ominöser Kirchengeschichte): «Gott hat euch zu Priestern eingesetzt und euch die Macht gegeben, auch über uns zu richten. Deshalb werden wir von euch mit Recht gerichtet; ihr jedoch könnt von Menschen nicht gerichtet werden.» Zu wohlerfunden, um wahr zu sein. Dagegen glaubt man ihnen gern, plädieren sie mit allem Nachdruck für das Kirchengut – das sie selber nicht zusammenhielten, mit dem sie oft umsprangen wie mit Privatbesitz. Nur Neidern, so erklären sie, erscheine es zuviel; tatsächlich könne es, «recht» verwendet, «nie zu viel sein».[51]

Nun, das verfolgen wir. (Vgl. jedoch schon: III 435 ff., bes. 465 ff.!)

Verriet all dies bereits eine kaum zu überbietende episkopale Arroganz, Herrschgier, trieben sie es bald noch widerlicher beim Streit Ludwigs mit seinen Söhnen.

Aber hatte den der Regent nicht selbst durch seine Ergebenheit provoziert? Hatte er nicht selber bei den Beratungen in Aachen Mitte Dezember 828, als man alles Unheil, Hungersnot – grassierend freilich «während des ganzen Mittelalters» (Goetz), eine «wilde Welt, eine Welt in den Fängen des Hungers» (Duby) –, als man Armut, Seuchen, Mißernte, greulichen Aberglauben, Auflehnung der Magnaten, Habgier der Beamten, der Grafen, Bestechlichkeit, Simonie, sittliche Verwilderung des Klerus, Hurerei, Päderastie, Sodomie, Raubzüge der Heiden etc. etc., kurz, als man alles Übel nach bewährtem Brauch auf den göttlichen Zorn über die Sünden der Christenheit zurückführte, für die Priester jedoch Befreiung von Abgaben forderte, Verzicht des Kaisers auf jede Einmischung in kirchliche Angelegenheiten, hatte er es da nicht als Aufgabe der Bischöfe bezeichnet zu erforschen, welch spezielle Sünden das Elend verschuldet, damit man sie gehörig sühnen könne? Und auch 829, auf der Pariser Synode, sprachen die Prälaten der geistlichen Gewalt ausdrücklich den Vorrang vor der königlichen zu.[52]

In die schlimmsten innenpolitischen Bedrängnisse mit zweifellos weltgeschichtlichen Folgen aber glitt Ludwig durch ein Ereignis, das normalerweise als freudiges gilt: durch die Geburt eines Kindes, eines nachgeborenen Sohnes.

Katholiken unter sich: Der erste Aufstand

Kaiserin Ermengard hatte dem Herrscher drei Söhne zur Welt gebracht: Lothar (795), Pippin (797) und Ludwig (806). Als sie nach etwa zwanzigjähriger Ehe am 3. Oktober 818 in Angers starb, fürchtete man, den frommen Witwer im Kloster verschwinden zu sehen. Und natürlich galt dem Klerus «mönchische Gesinnung auf dem Thron mehr... als ein Kaiser im Mönchsgewande zwischen Klostermauern» (Luden). So präsentierte man ihm auf einer Art Schönheitskonkurrenz, einer «Besichtigung», wie der nüchterne Reichsannalist etwas undelikat formuliert, eine Auswahl des Hochadels. Und der für Frauen keinesfalls unempfängliche Karolinger entschied sich für die Tochter des Grafen Welf, Judith, die sich nicht nur durch ihre Abkunft empfahl – das ursprünglich fränkische, dann vor allem in Alemannien und

Bayern begüterte ältere Welfengeschlecht –, sondern die angeblich alle Vorzüge in sich vereinigte, ungewöhnlich «süß und verführerisch» war (Erzbischof Agobard), doch auch reich, geistvoll, gebildet. Schon wenige Monate nach dem Tod seiner ersten Frau heiratete sie der Kaiser Anfang 819, und nach einer Tochter Gisela gebar sie am 13. Juni 823 in der neuen Pfalz zu Frankfurt einen Sohn, der nach dem Großvater den Namen Karl und später den Beinamen «der Kahle» bekam.[53]

Denn kraft der Bemühungen der Mutter, dem kleinen Nachzügler ebenfalls ein Erbe wie seinen Stiefbrüdern zu sichern, durch diese nun unentwegten Einmischungen der so anziehenden wie willensstarken jugendlichen Welfin, nahm die Geschichte einen anderen Verlauf; wurde Ludwigs eigene Ordinatio imperii, die doch so feierlich beschworene, auf «Gottes Eingebung» hin geschaffene Erbfolgeordnung von 817 (S. 38 ff.), die das Reich bereits unter seine Söhne aus erster Ehe aufgeteilt hatte, völlig umgestoßen und statt der Dreiteilung eine Vierteilung vorgenommen.

Prinz Karl war 829 erst sechs Jahre alt, als ihn Ludwig auf dem Wormser Reichstag zum König von Alemannien bestimmte, dem Stammland seiner Mutter, ihm dazu das Elsaß, Rätien sowie Teile von Burgund verlieh. Und infolge der jetzt einsetzenden, wohl meist von der Kaiserin ausgehenden Kabalen wurde Ludwig mit seinen älteren Söhnen verfeindet, wurde Lothar gegen die Brüder, die Brüder gegen Lothar, doch auch ein Bruder gegen den anderen ausgespielt, kurz, Demoralisation, Korruption, Bestechung, Verrat zu Hauf. Und, weißgott, nicht zufällig gingen all dem Zeichen voraus, verfinsterte sich der Mond am 1. Juli in der Dämmerung und noch einmal am 25. Dezember 828 um Mitternacht. Ja, während der kommenden «heiligen vierzigtägigen Fastenzeit», vor dem «heiligen Osterfest», räumte ein nächtliches Erdbeben samt heftigem Sturmwind zu Aachen selbst die mit Bleiplatten gedeckte «Kirche der heiligen Mutter Gottes zu einem nicht geringen Teil ab» (Reichsannalen). Ergo ging es bald mit dem Reich «von Tag zu Tag schlimmer».[54]

Die erste Empörung 830 gegen den Senior leitete in dem frommen und doch so familienfreundlichen Abendland ein Jahrzehnt fortgesetzter Palastrebellionen und Bürgerkriege ein.

Die älteren Söhne des Kaisers waren über die Entwicklung begreiflicherweise erbittert. Zumal Lothar, dessen Reich man kräftig zugunsten Karls geschmälert, sah außerdem seine künftige Vorherrschaft gefährdet. Doch auch das jüngere Brüderpaar Pippin und Ludwig bedrohte weiterer Gebietsverlust. Ebenso bangte die auf die Reichseinheit bedachte kirchliche Hierarchie um ihr Konzept. Die Situation spitzte sich noch zu, als Lothar, seit Ende 825 formell gleichberechtigter Regent an Ludwigs Hof, im Herbst nach Italien, Wala in sein Kloster Corbie abgeschoben wurde. Statt ihrer aber kam als Kämmerer, als «Zweiter in der Herrschaft», der den bisher führenden Magnaten verhaßte Graf Bernhard von Barcelona, ein anscheinend besonders hochmütiger Ehrgeizling, der durch Preisgabe des Krongutes neue Anhänger zusammensuchte.

Ludwig selbst zog, nachdem er noch den Staat «in Ordnung gebracht», natürlich «auf sein Hofgut Frankfurt zur Herbstjagd» «und jagte hier so lang es ihm gefiel», notieren die Biographen. Erst gegen Winter feierte er wieder in Aachen die Feste, wie sie fielen, Martinsmesse, Andreastag, das heilige Weihnachtsspektakel, und alles, versichert der Reichsannalist, «mit Freude und Jubel».

Die sollten ihm allerdings vergehn.

Bernhard, Abkömmling fränkischen Hochadels, Sohn Wilhelms – des unter Karl I. sehr geachteten Grafen von Toulouse, zuletzt durch seinen Freund Benedikt von Aniane Mönch mit strengster Askese –, Bernhard verspürte zu derlei wenig Neigung. Das Bett der jungen Kaiserin, so böse Zungen, zumal bischöfliche, habe ihm viel näher gelegen. Und Ludwig der Fromme hatte den Mann von kleinauf gefördert, ihn bereits aus der Taufe gehoben, dann zum Grafen von Barcelona ernannt und an die Spitze der spanischen Mark gestellt, wo er den Gotenaufstand unter Aizo (S. 55 f.) erfolgreich bekämpfte.

Als Parteigänger der Kaiserin holte man Bernhard 829 an den Hof und suchte mit seiner Hilfe die «Reichseinheitspartei» zu zerschlagen. Doch gerade das Gegenteil geschah. Bernhards Berufung war ein Schritt, schreibt selbst Ludwigs Lobredner, der

Astronom, der «die Saat der Zwietracht nicht erstickte, sondern vielmehr mehrte». Und auch Nithard, Karls «des Großen» Enkel, der sich im Bruderzwist an Karl (den Kahlen) anschloß, in dessen Auftrag er die Zeitgeschichte dokumentierte, meint von Bernhard: «Statt den schwankenden Staat zu befestigen, richtete er diesen durch den unbesonnenen Mißbrauch der Gewalt gänzlich zugrunde.»[55]

Dem eigenen Anhang soll der Kämmerer rasch zu Macht und Würden verholfen haben. Doch die Gruppe war verhältnismäßig klein, bestand vor allem aus seinem Bruder Heribert, Vetter Odo, den Brüdern der Kaiserin, Konrad und Rudolf, und natürlich zählte auch Judith selbst dazu, angeblich des Kaisers böser Geist. Der Kreis seiner Widersacher aber war groß und einflußreich. Denn rundum sammelten sich die Mißvergnügten, Gedemütigten, alle, die durch einen Umsturz oder doch eine Änderung der Verhältnisse zu profitieren hofften, die Meute derer, die, «wie Hunde und Raubvögel, anderen Schaden zuzufügen suchte, um selbst daraus Gewinn zu ziehen» (Astronomus). Gerüchte kursierten, vielleicht Verleumdungen, regelrechte Kampagnen, die zumal von den darin versierten Prälaten ausgingen, die der Kaiserin alles Mögliche unterstellten, einschließlich Ehebruch mit dem Kämmerer Bernhard und anderen.

«Die geringeren Leute machten sich darüber lustig», kolportiert Erzbischof Agobard, «die vornehmen und großen litten darunter, daß das kaiserliche Lager beschmutzt, der Palast entehrt und der Ruf der Franken verdunkelt wurde, weil die Herrin frivole Spiele sogar in der Gegenwart von Geistlichen trieb». Abt Regino von Prüm spricht gleich von ihrer «vielfältigen Hurerei» (multimodam fornicationem), was zumindest unsicher ist.

Man bezichtigte Judith auch teuflischer Künste, heimtückischer Zauberei. Amulette aber, Magie, Weissagen, Wahrsagen, Zukunfts- und Traumdeuten sowie ähnlich «verderbliche Übel» hatte ja gerade erst 829 die Synode von Paris verdammt, und alle, die derart «dem ruchlosen Teufel dienen», wollte sie selbstverständlich «besonders streng» bestraft sehen.

Kaum weniger schlimm aber erscheint Bernhard. Der im Nonnenkloster von Soissons erzogene hl. Abt Paschasius Radbertus, Walas Biograph, sieht den schurkischen Kämmerer in allen Schmutzsuhlen sich wälzen, wie ein wilder Eber die Pfalz verwüsten, gar das Bett der Kaiserin besetzen. «Der Palast wurde zum Freudenhaus, in dem die Ehebrecherin herrscht und der Ehebrecher regiert, in dem sich Verbrechen häufen, in dem besonders ruchlose und hexerische Zaubereien aller Art gebraucht werden.» Dagegen geht der «große und sanftmütige Kaiser» getäuscht «wie ein unschuldiges Lamm zur Schlachtbank...»

Bernhard hatte seine Frau Dhuoda – Verfasserin des «Liber manualis», der eindringlichen Anleitung zu einem christlichen Leben – nicht bei Hofe, sondern sie nach Uzès verwiesen. Ob die Unterstellungen des Heiligen etwas Wahres enthielten, war bis heute nicht nachweisbar, die Kampagne freilich erfolgreich. Calumniare audacter...

Um von den desolaten inneren Verhältnissen abzulenken, wollte der Kaiser wieder einmal gegen die Bretagne ziehen, mit dem gesamten Heerbann des Reiches, und ausgerechnet auch noch am 14. April, Gründonnerstag! Angeblich erbitterte dies «das ganze Volk» (Annales Bertiniani). Tatsächlich erregten sich nur die Mächtigen über die Neuregelung zugunsten des nachgeborenen Karl, der nun eben nach dem fränkischen Gewohnheitsrecht einen Teil des Gesamterbes bekommen sollte, was die drei Söhne aus Ludwigs erster Ehe, Karls Stiefbrüder, Pippin I. von Aquitanien, Ludwig von Bayern, besonders jedoch Lothar, benachteiligte. Dieser eilte schnell aus Italien über die Alpen, um gemäß der Entscheidung von 817 sein Recht zu verfechten. Dabei traten ihm weltliche wie geistliche Fürsten zur Seite, die alle nach außen für die Einheit des Reiches, in Wirklichkeit freilich mehr für ihr eigenes Interesse streiten wollten.

An der Spitze der Verschwörung standen frühere Kaiseranhänger, einige seiner ersten Ratgeber, der einstige Kanzler Helisachar, der Erzkanzler und Abt Hilduin von St. Denis, der Bischof Jesse von Amiens, vor allem aber der damals 56jährige Abt Wala, der geistige Kopf der Erhebung und gefährlichste Gegner Ludwigs, der die Parole prägte «pro principe contra principem» und dessen Kloster Corbie geradezu «das Zentrum» und «Hauptquartier» (Weinrich) der Rebellen wurde. (Durch die Jahrhunderte dienen katholische Klöster als Verschwörerzentralen, wie noch während des Zweiten Weltkriegs bei der Vorbereitung und Auflösung des klerofaschistischen Mörderparadieses «Großkroatien».)[56]

Die Aufständischen, die sich, Ludwigs Zug gegen die Bretonen nutzend, im Kloster Corbie sammelten, warfen dem Kaiser vor, daß er «gegen die christliche Religion . . ., ohne irgeneinen Nutzen für den Staat und ohne bestimmte Notwendigkeit für die Fastenzeit eine allgemeine Heerfahrt anbefohlen und den Heertag an der äußersten Reichsgrenze für den Tag des Abendmahls des Herrn bestimmt habe».

Die Rebellen wollten nicht nur Bernhard und die junge Kaiserin samt Anhang, sondern auch den alten Kaiser entfernen und womöglich Lothar an seine Stelle setzen.

Judith wurde nach verschiedenen Peinigungen sogar mit dem Tod bedroht und zu dem Versprechen gezwungen, den Kaiser zu nötigen, sich das Haar scheren zu lassen und ins Kloster zu gehn. Sie selbst mußte den Schleier nehmen und bei den Nonnen des hl. Kreuzes (St-Croix) in Poitiers verschwinden. Ihre Brüder, die Welfen Konrad und Rudolf, wurden, um sie politisch auszuschalten, zu Mönchen geschoren und, in König Pippins Gewahrsam, in aquitanische Klöster gesteckt. Der hochverhaßte Kaiserberater Graf Bernhard von Barcelona und Herzog von Septimanien, der «Schänder des väterlichen Ehebettes» (Astronomus), rettete sich mit Ludwigs Zustimmung nach Spanien. (Karl der Kahle ließ 844 den einstigen Günstling seiner Mutter als Hochverräter köpfen.) Bernhards Bruder Heribert, angeblich mitschuldig, wurde «mit dem Verlust der Augen bestraft» und nach Italien in Haft geschleppt, sein Vetter Odo exiliert.

Ludwig und den kleinen Karl nahm Lothar «in freie Haft». Von ihm beauftragte Mönche des Médardklosters bei Soissons suchten den Kaiser mit dem Asketenleben bekannt zu machen und zum freiwilligen Eintritt in ihren Stand zu bewegen. Doch der fromme Ludwig war jetzt weit davon entfernt.

Lothar, der zwar den Anhang der eingesperrten Fürstin hartnäckig verfolgte, vermied es immerhin auf der Reichsversammlung zu Compiègne im Mai 830, den Vater selbst ganz zu entmachten. Er begnügte sich damit, dessen Verfügungen aus dem letzten Jahr zu annullieren, und mochte im übrigen glauben, das Heft in der Hand zu haben. Doch während die Großen sich immer mehr verfeindeten, jeder nur seinen Nutzen suchte, die Lage sich nicht besserte und der Mißmut über die neue Regierung wuchs, gelang des dem Kaiser, seine beiden jüngeren Söhne gegen den Älteren aufzustacheln. Durch einen gewissen Guntbald, einen Mönch, bot er Ludwig und Pippin eine Vergrößerung ihrer Reichsteile an, womit er sie schnell auf seine Seite und die bisher Verbündeten auseinander brachte, zumal den Brüdern Lothars Oberherrschaft nicht weniger drückend erschien als die des Vaters.

So mißlang der Staatsstreich völlig. Auf dem Reichstag zu Nymwegen im Oktober 830 gewann der Monarch wieder die Freiheit, Lothar unterwarf sich, seine führenden Parteigänger wurden eingesperrt und im Februar auf dem Reichstag zu Aachen abgeurteilt. Abt Wala von Corbie, der zunächst in sein Kloster – 774 schon Haftort des Langobardenkönigs Desiderius (IV 420 ff.) – verschwinden mußte, kam in ein schwer zugängliches Felsennest am Genfer See, wo er nur den Schnee der Alpen und den Himmel sah. Bischof Jesse von Amiens wurde durch die Prälaten seiner Würde entsetzt, Abt Hilduin als Erzkaplan durch den Abt Fulco abgelöst und in das Kloster Korvei in Sachsen gegeben, auch Abt Helisachar verbannt. Härter ging man, wie üblich, gegen die sogenannten Laien vor, die man um Ämter und Güter brachte. Und Lothar selbst fand sich, als Mitregent entthront, schließlich in Italien wieder, nachdem er versprochen, «niemals mehr solches zu begehen».

Die Kaiserin kehrte mit ausdrücklicher Dispens Gregors IV. und der fränkischen Bischöfe alsbald aus dem Kloster zurück und leistete, ihre Verwandtschaft als Mitschwörer (sacramentales) benutzend, einen Reinigungseid, der von jeder weiteren «Beweisführung» entband, und den dann auch der wieder auftauchende

Graf Bernhard schwor. Judith wurde rehabilitiert und mächtiger als zuvor. Und natürlich waren auch ihre beiden geschorenen Brüder längst wieder die Mönchskutte los.[57]

Katholiken unter sich: Der zweite Aufstand

Indes Lothar nun auf Italien beschränkt blieb, teilte der Kaiser den übrigen Söhnen Pippin, Ludwig und Karl im Februar 831 etwa gleich große regna zu. Doch trotz deren beträchtlicher Erweiterung schwelte der Konflikt fort, wollten die einen die Reichseinheit, die anderen mehr Einfluß oder mehr Land – alles aber von nacktem Egoismus diktiert, nicht zuletzt von den nimmer ruhenden Bemühungen der Kaiserin für ihren Sprößling, den Nachzügler Karl. Kaisersohn Pippin revoltierte in Aquitanien und verlor es, Judiths Sohn bekam es. Und der Adel des Landes, der Pippin treulos verließ, leistete dem neuen Herrn den Eid. Ist dieser Adel doch kaum minder opportunistisch wie der Episkopat, läuft doch auch er gewöhnlich von einem zum andern über und gewöhnlich natürlich dorthin, wo er mehr Geld und Gut zu ergattern hofft, mehr Macht – das alles ergibt dann mehr Ehre und Edelhaftigkeit: sozusagen höheren Adel...

An Ostern 832 rebellierte der Bayernherzog Ludwig (der Deutsche).

Mit allen bayerischen und sogar slawischen Truppen, ja mit Hörigen (liberis et servis, et sclavis) unternahm er einen Kriegszug zur Rückgewinnung Alemanniens, das inzwischen seinem Stiefbruder Karl (dem Kahlen) gehörte. Allmählich bis Worms vordringend, hatte Ludwig zwar «alles schrecklich verwüstet», mußte sich aber, in Ermangelung erhoffter Zuzüge von Franken und Sachsen, im Mai 832 bei Augsburg ergeben und wurde in sein Land zurückgeschickt. Eidlich gelobte er, «nie wieder dergleichen zu begehen oder anderen dazu seine Zustimmung zu geben» (Annales Bertiniani) – und brach schon im nächsten Jahr seinen Schwur.

Da der kleine Karl Aquitanien bekommen sollte, wurde Pippin noch im Oktober bei Limoges unterworfen, abgesetzt und «zur Besserung seiner schlechten Sitten» mit Frau und Kind nach Trier verbannt. Er entkam jedoch bereits auf dem Transport, erreichte Aquitanien, vom Vater alsbald verfolgt, der aber nach schweren Verlusten retirieren mußte.

Und schon Anfang nächsten Jahres, 833, verbündeten sich die drei älteren Brüder, um den Vater, ungeachtet ihrer Vasalleneide wie Kindespflicht, mit großer Heeresmacht anzugreifen. Sie appellierten an das Volk, «eine gerechte Regierung zu schaffen». Denn auch Ludwig der Deutsche (der bereits 838 und 839 wieder revoltierte) und Pippin I. von Aquitanien sahen sich benachteiligt, bedroht. Lothar zog mit einem eilig mobilisierten Heer samt Papst Gregor IV. (827–844), der noch von Italien aus versucht hatte, den fränkischen Klerus zu gewinnen, in Burgund ein. Die dortigen Erzbischöfe liefen sofort über, Bernhard von Vienne und Agobard von Lyon, der Geiferer gegen die Juden (580), der jetzt auch, dem Vierten Gebot zum Trotz, ein Manifest verfaßte für das Recht der Söhne wider den Vater.

Lothar stieß zu den Brüdern und trat erneut an die Spitze der Empörer. Doch stand die Mehrzahl der fränkischen Kirchenoberen zunächst noch zum alten Herrn und erinnerte brieflich den «Bruder Papst» an seinen Treueid, den er Ludwig geschworen, ja, drohte bei feindseligen Maßregeln mit Exkommunikation. Eine kleinere Prälatengruppe, darunter Abt Wala und Agobard, hielt aber zum Papst, der Gehorsam forderte, auch wenn seinem Befehl einer Ludwigs entgegenstehe, weil das geistliche Amt bedeutsamer sei als das weltliche, die Leitung der Seelen wichtiger als alles Zeitliche und überhaupt das Papsttum dem Kaisertum übergeordnet – eine Behauptung, die spätere Päpste unablässig den Kaisern entgegenschleudern. Doch hatte Gregor ganz recht, schmähte er die Bischöfe (freilich nur seine Gegner), unbeständig wie der Wind und das schwankende Rohr, charakterlose Schwächlinge und egoistische Kriecher vor der weltlichen Gewalt.[58]

Da Ludwig zu unterliegen drohte, harrten immer weniger Prälaten bei ihm aus. Der Papst schimpfte deren Schreiben hochmütig, dumm und bestritt heftig den ihm von den Kaiserlichen allseits gemachten Vorwurf, er sei bloß als Werkzeug der Söhne gekommen, um über deren Gegner den Bann zu verhängen.

Zwischen Straßburg und Basel, in der weiten Ebene auf dem Rotfeld bei Colmar – vom Volksmund angeblich schon bald das «Lügenfeld» (Campus-mentitus), von schwäbischen Annalisten «die Schande der Franken» (Francorum dedecus) genannt – lag man einander im Juni 833 tagelang nahe in Kampfordnung gegenüber. Und während Gregor IV., alte Pfaffen-Taktik, stets nur das eine Ziel betonte, Frieden zwischen den streitenden Parteien zu stiften, während er auch, doch nur kurz (non diu), sagt Thegan, im Auftrag der Söhne mit ihrem Vater verhandelte, übernahm er «die führende Rolle» in den Verfahren, «die in der Absetzung des Kaisers gipfelten» (Dawson), und ließ sich zu einem «bedauerlichen Schuldspruch ... verleiten» (Grotz S. J.).

Es ist klar, daß der Papst die Erhebung für die Masse rechtfertigen, den zaudernden Rest auf die Seite der Rebellen ziehen sollte. Just nach seiner Rückkehr zu den Brüdern ging auch fast Ludwigs ganzes Heer (trotz dessen zusätzlichen Treueides, wider seine Söhne wie gegen Feinde sich zu schlagen), verräterisch zu diesen über – «wie ein Wildbach», schreibt der Astronom, «teils durch Geschenke verführt, teils durch Drohungen erschreckt», worin der Klerus auf Lothars Seite ein göttliches Wunder erkannte. Und nun wechselten auch die meisten Bischöfe, die vordem Gregor IV. mit der Absetzung gedroht, die Fronten, so daß dieser, der seine Schuldigkeit getan, nach Rom zurückkehren konnte – mit Lothars Zustimmung.[59]

Der alte Kaiser aber mußte in jenem Sommer sich auf Gnade und Ungnade ergeben. Er galt jetzt als durch Gottes Hand gestürzt, als «Unkönig», zweiter Saul, und die Bischöfe und andere taten ihm, so Chorbischof Thegan, «viel Leids an». Lothar hatte den Vater zunächst mit durch die Vogesen geführt, über Metz, Verdun nach Soissons, wo Ludwig im Kloster St.-Médard eingekerkert, der erst zehnjährige Karl ihm weggenommen und in das Eifelkloster Prüm gesteckt wurde, in strenge Haft – wie ein

Katholiken unter sich: Der zweite Aufstand ⎯⎯⎯⎯⎯⎯⎯⎯ 79

Schwerverbrecher, meint Karl später, doch machte man ihn nicht zum Mönch. Die Brüder Judiths aber kamen geschoren nach Aquitanien in Pippins Gewalt, während sie selbst gleich mit Gregor nach Italien befördert und dort nach Tortona verbannt worden war.

Mit päpstlicher Billigung dekretierte man den Übergang des Reiches vom alten Kaiser – von den Bischöfen nur noch der «ehemalige Kaiser», der «ehrwürdige Mann» oder auch «Herr Ludwig» genannt – auf Lothar. Er kassierte den größten Teil der Beute, das dem kleinen Stiefbruder zugedachte Erbe mit Ausnahme Alemanniens (das Ludwig der Deutsche mit fast dem ganzen östlichen Reichsteil bekam).

Der Sieger datierte nun seine Urkunden nach «der Regierung Kaiser Lothars in Francien». Und auch aus den Diplomen Ludwigs (des Deutschen) schwand die Oberherrlichkeit des Seniors. Ludwig urkundete nicht mehr als rex Baioariorum, sondern als rex und datierte nach seinen Regierungsjahren «in orientali Francia» (erstmals am 19. Oktober 833). Nur Pippin von Aquitanien datierte noch nach dem Kaiser. Im übrigen wurde das Reich zwischen den drei Brüdern von neuem geteilt. Und wenn Lothar auch an die Stelle des Vaters trat und der Hauptgewinner war, so gewannen doch auch die beiden anderen Brüder dazu; und aller drei Länder standen selbständig nebeneinander. Stiefbruder Karl freilich hatte man ganz übergangen, enterbt.[60]

Seinerzeit ergriff Hrabanus Maurus, der Abt von Fulda, ein Verfechter der Reichseinheit, für Ludwig den Frommen Partei und schrieb in einem für diesen verfaßten Traktat, es sei «völlig unzulässig, daß Söhne gegen den Vater und Untertanen gegen ihren Herrscher rebellieren». Hraban zeigte die Ungerechtigkeit des Komplotts wider Ludwig auf. Weder sei Lothar berechtigt, den Vater zu entthronen, noch der Episkopat befugt, ihn zu verdammen, zu exkommunizieren. (Nach 840 ergriff der «Praeceptor Germaniae» für Lothar, einige Jahre später für Ludwig den Deutschen Partei, worauf er 847 Erzbischof von Mainz werden konnte.)[61]

Dagegen stützte sich, angeführt von Agobard von Lyon, Ebo

von Reims, Jesse von Amiens, zumindest ein Teil des hohen Klerus auf die bereits 829 beschlossenen Leitsätze: «Ein Herrscher, der seine Amtspflichten verletzt hat, ist nicht mehr König, sondern Tyrann und darf abgesetzt werden. Wer die Abmachungen von 817 gebrochen hat und durch das ‹Gottesurteil› des Zusammentreffens im Elsaß seiner Macht beraubt wurde, der müsse seine Schuld öffentlich bekennen und Kirchenbuße tun.»[62]

Viel schlimmer als Canossa –
und alles «nach dem Urteil der Priester»

Als am 1. Oktober 833 in Compiègne unter Lothars Vorsitz eine allgemeine Reichsversammlung zu dieser christlichen Tragödie zusammentrat, forderte der einst von Ludwig besonders begünstigte, ihm viel verdankende Erzbischof Agobard in einer eigenen Schrift Kirchenbuße für den abgesetzten, den «gewesenen Kaiser» (domnus dudum imperator) und öffentlichen Sünder. Nicht nur diesmal freilich hatte er gegen den Herrscher gehetzt, hatte er seine Gattin Judith vom Teufel besessen und jeder Untat fähig, seinen Hof vom «Schmutz der Verbrechen» verseucht erklärt und vorbehaltlos, geradezu leidenschaftlich die Rebellion der Söhne gerechtfertigt.

War Agobard doch, wie die meisten seiner Zunft, überhaupt ein großer Hasser, auch der Heiden, «Ketzer», nicht zuletzt der Juden. Fünf rabiate Bücher schmetterte er gegen sie, darin bereits der berüchtigte Nazislogan «Kauft bei keinem Juden»! So konnte man das hochgeschätzte Kirchenlicht (freilich schon in vornazistischer Zeit) «den brutalsten Judenfeinden aller Zeiten» an die Seite stellen, konnte Jesuit Rahner 1934 Agobard – nebst anderen kirchenväterlichen Judenfeinden – prompt für die katholische Kirche ausspielen. Kaiser Ludwig dagegen hatte den Juden zahlreiche Schutzbriefe gewährt.[63]

Wie aber deuteten die in Compiègne versammelten Oberhirten, die mit allen Großen Lothar ein Treueversprechen leisteten, Ludwigs Niederlage? Selbstverständlich als Folge seines Ungehorsams gegenüber den Ermahnungen der Priester. Gott und den Menschen habe er viel Mißfälliges getan und seine Untertanen an den Rand des Verderbens gebracht. Ergo erklärte man ihn zum «Tyrannen», seinen siegreichen Sohn und Nachfolger aber zum «Freund des Herrn Christus». Sie, die «Stellvertreter Christi», die «Schlüsselträger des Himmelreiches», fordern von dem alten Fürsten ein umfassendes Sündengeständnis, fordern ihn zur Weltentsagung auf und präsentieren ihm ein Schriftstück über seine Vergehen, damit er «wie in einem Spiegel die Häßlichkeit seiner Handlungen schauen könne».

Wilfried Hartmann bemerkt dazu in einer der neuesten Konziliengeschichten: «Diese Vorgänge waren nur möglich, weil der fränkische Episkopat bereits 829 in Paris Leitsätze formuliert hatte, die eine Art Kontrolle des weltlichen Herrschers durch die Bischöfe vorsahen.» So verkündete Kanon 55: «Wenn einer fromm und gerecht und barmherzig regiert, wird er nach Verdienst König genannt; die aber, die gottlos, ungerecht und grausam regieren, heißen nicht Könige, sondern Tyrannen». Wie freilich ein König zu heißen hat, gerecht oder gottlos, das bestimmen die Prälaten.

Und wie glücklich waren sie unter Ludwigs Vater und schon lange vordem!

Allen riefen sie ins Gedächtnis, «wie dieses Reich durch die Verwaltung des vortrefflichsten Kaisers Karl seligen Andenkens und durch die Arbeit seiner Vorfahren befriedet und geeinigt und rühmlich erweitert wurde...»! Tatsächlich hatten Merowinger und Karolinger, hatte nicht zuletzt auch der «vortrefflichste» Karl einen Krieg nach dem andern geführt, waren diese Fürsten der Franken *nichts so sehr wie Räuber und Schlächter* gewesen, Ausbeuter, Versklaver, in zwei Worten: christliche Abendländer, wofür sie ja noch heute das Gros der Historiker glorifiziert!

Wie seinerzeit schon die frommen Seelenhirten. Die andererseits den Sohn verachteten, zumindest zur Zeit seiner Erniedrigung, seiner Niederlage den Besiegten, durch dessen «Kurzsichtigkeit», «Nachlässigkeit», wie sie jetzt schrieben, das Reich «zu solcher Schmach und Erbärmlichkeit herabsank, daß es nicht nur den Freunden zur Trauer, sondern auch den Feinden zum Spotte wurde, und wie derselbe Fürst das ihm anvertraute Amt nachlässig geführt und vieles, was Gott und den Menschen mißfiel, sowohl tat als zu tun veranlaßte oder geschehen ließ und in vielen verruchten Anschlägen Gott reizte und der heiligen Kirche Ärgernis gab ... und wie durch göttliches und gerechtes Urteil ihm plötzlich die kaiserliche Macht genommen wurde».

In Gruppen und gemeinsam bearbeiteten die Kirchenfürsten den Gefangenen, «schmiedeten sie viele Anklagen gegen den Kaiser», führten sie ihm «fleißig» zu Gemüte, «wodurch er Gott beleidigt und der heiligen Kirche Ärgernis gegeben ...» Und so soll er «gern ihrem Rat und ihren sehr heilsamen Ermahnungen» gehorcht haben; was aber wohl gelogen ist. Liest man ja auch: «Er jedoch weigerte sich und fügte sich ihrem Willen nicht. Alle Bischöfe aber bedrängten ihn hart und vor allem die, welche er aus dem Zustand der niedrigsten Knechtschaft zu Ehren gebracht hatte ...» (Thegan); «und so lange peinigten sie den Kaiser, bis sie ihn dahin brachten, die Waffen abzulegen und seine Kleidung zu ändern, und ihn von der Schwelle der Kirche verstießen, so daß niemand mit ihm zu sprechen wagte, außer denen, welche dazu verordnet waren» (Annales Bertiniani). Er legte, melden die Annales Fuldenses, «nach dem Urteil der Bischöfe die Waffen ab und wurde um Buße zu tun eingesperrt».

Ludwig soll sich in St-Médard, wo ihm die Prälaten noch einmal die Leviten lasen, tief gedemütigt, dreimal oder noch öfter vor den Oberhirten und einer Menge anderer Kleriker niedergeworfen, alles, was er eingestehen sollte, in ihm offenbar eingetrichterten Sprüchen – die auch heute noch praktizierte Gehirnwäsche – eingestanden und um Vergebung gebeten haben.

Zum Auskosten ihrer Häme hatten die Hierarchen dies Schauspiel in der Marienkirche des Klosters vor dem Altar inszeniert. Im Beisein eines großen Volkshaufens ließen sie den auf ein härenes Bußgewand ausgestreckten Kaiser – «mit lauter Stimme unter reichlichem Tränenstrom ...» – drei-, viermal das von ihnen verfaßte Sündenbekenntnis verlesen, worin sie ihn für fast alles Elend des Reiches, auch sofern er nur mittelbar, nur passiv daran beteiligt war, verantwortlich machten; besonders für drei Kapitalverbrechen: sacrilegium, homicidium, periurium, für Störung des öffentlichen Friedens, Verbannung, Mord, Totschlag, Tempelschändung, Kirchenraub, Konfiskation, Plünderung, Notzucht, Bürgerkrieg, überhaupt für Vergehen gegen göttliches und menschliches Recht, für Ärgernis und Eidbrüchigkeit, Unfähigkeit und willkürliche Reichsteilung etc. etc. – alles «nach dem Urteil der Priester». Er mußte dies lange Schandregister schriftlich den Seelenhirten überreichen, mußte seine Waffen vor dem Altar, «vor dem Leichnam des heiligen Bekenners Medardus und des heiligen Märtyrers Sebastian» (S. 584) niederlegen, sein Oberkleid ausziehen und unter Psalmen und Gebeten das Büßergewand empfangen, in das ihn die geistlichen Herren gleich eigenhändig steckten.[64]

Die ganze Prozedur sollte einerseits den Monarchen moralisch vernichten, ihn unfähig machen, auf den Thron zurückzukehren, ja, nur Waffen zu tragen – das kanonische Recht schloß dies, wie auch Ludwig wußte, nach einer öffentlichen Kirchenbuße aus. Andererseits sollte die ungeheuere Herabsetzung die volle Superiorität der Bischöfe demonstrieren.

In einer Denkschrift, in der sie sich selbst als «die Vertreter Christi und Schlüsselträger des Himmelreiches» feierten, «die das Recht zu binden und zu lösen auf Erden wie im Himmel besitzen», verkündeten sie auch dem gemeinen Christenhaufen: «Weil dieser Fürst das ihm anvertraute Amt nachlässig gehandhabt, in vielen verwerflichen Entschließungen Gott beleidigt und die heilige Kirche skandalisiert und jüngst erst alles Volk, das ihm untertan war, zum gänzlichen Untergang gebracht hat, so sei von ihm kraft göttlichen und gerechten Richterspruches die kaiserliche Gewalt genommen worden, nach göttlichem Beschlusse und kirchlicher Autorität.» «Es war die Rache der kirchlichen Partei» (F. Schneider). Es waren dieselben Leute, die schon die Erhebung von 830 betrieben hatten, durch neue Opportunisten vermehrt, waren vor allem, wenn auch keinesfalls allein, die Kirchenführer aus Westfrancien, Burgund, Aquitanien, die Erzbischöfe von Reims, Lyon, Vienne, Narbonne, die Bischöfe von Amiens, Auxerre, Troyes.[65]

Noch vor 33 Jahren hatte Karl I. Papst Leo III. gerichtet (IV 446 ff.). Jetzt richtete der fränkische Episkopat den Kaiser! Mit der kläglichen Zeremonie, der größten Schmach im Leben Ludwigs, einer der tiefsten Demütigungen der Fürsten überhaupt, weit schlimmer als Canossa, war Ludwig der Fromme auch von der Kirchengemeinschaft ausgeschlossen und durfte nur noch mit wenigen, ganz bestimmten Personen verkehren und sprechen. Als man deshalb Lothar die Gefangenschaft des Vaters vorhielt, konnte er mit Recht erwidern, daß ihn doch die Bischöfe dazu verurteilt hätten. «Niemand», sagte er, «habe mehr Mitgefühl mit dem Wohl und Wehe seines Vaters als er, nicht ihm dürfe man es als Schuld anrechnen, daß er die ihm angebotene Herrschaft übernommen habe, da ja sie selbst den Kaiser abgesetzt und verraten hätten, nicht einmal die Kerkerhaft könne man ihm zum Vorwurf machen, da es ja bekannt sei, daß sie durch das Urteil der Bischöfe verhängt wurde.»

Als Ludwigs Kerkermeister fungierte der Erzbischof Otgar von Mainz.[66]

Eine Hauptrolle in dieser Tragödie, die zwischen 833 und 843 eine Kette von Bürgerkriegen auslöste, hatte kein anderer als der mit Agobard von Lyon eng befreundete Erzbischof Ebo von Reims gespielt, geradezu ein Prototyp geistlicher Undankbarkeit und Verräterei – und auch ein Mann mit beachtlichen Missionserfolgen. War er doch vor Jahren «nach dem Rat des Kaisers und mit Ermächtigung des Papstes nach dem Land der Dänen gezogen, um das Evangelium zu predigen» und hatte «viele von ihnen bekehrt und getauft...»

In der Tat gilt dieser von Papst Paschalis I. zum Legaten des Nordens ernannte Prälat im Rahmen der karolingischen Skandinavienpolitik als der Initiant der nordischen Mission. Einst hatte Karl «der Große» den Nachkommen von «Ziegenhirten», den Sohn eines unfreien Bauern, in seine Hofschule aufgenommen, hatte ihn Ludwig, als König von Aquitanien von Jugend an mit ihm befreundet, zum Hofbibliothekar, als Kaiser 816 zum Erzbischof von Reims und Abt von St. Remi, aus dem Nichts also fast zu einem der ersten Männer des Reiches gemacht. Jetzt aber stieß er seinen kaiserlichen Freund und Förderer, der auch noch den Kirchenfürsten oft begünstigte, in dessen schlimmster Stunde vom Thron. «Sie suchten damals», schreibt Chorbischof Thegan, «einen frechen und grausamen Menschen aus, Bischof Ebo von Reims, aus ursprünglich unfreiem Geschlecht, daß er den Kaiser mit den Lügen der übrigen unmenschlich peinigte.» Ein Prälat war also frech und grausam, die übrigen logen auf Teufel komm raus, kurz, die ganze heilige Meute fiel über den Herrscher her. «Unerhörtes redeten sie, Unerhörtes taten sie, indem sie ihm täglich Vorwürfe machten...» Und kein anderer als Ebo verdonnerte im Oktober 833 zu St-Médard in Soissons seinen einstigen Gönner persönlich zur Kirchenbuße, wofür ihm Lothar die Abtei St-Vaast gegeben haben soll.

Von Compiègne trieb man Ludwig, «den frömmsten der Fürsten», so nennt ihn Thegan nicht nur einmal, nach Aachen. Und der ihn trieb, war auch ein katholischer Fürst, sein eigener Sohn! Und in Aachen verhielt sich der ganze katholische Klüngel «nicht nur nicht menschlicher», klagen die Jahrbücher von St. Bertin, «sondern seine Feinde wüteten noch viel grausamer gegen ihn, indem sie Tag und Nacht bemüht waren, durch so schwere Kränkungen seinen Mut zu brechen, daß er freiwillig die Welt verlasse und sich in ein Kloster begebe».[67]

DAS GEWISSENLOSE BISCHOFSPACK WECHSELT ABERMALS DIE FRONT

Nach Ludwigs Absetzung 833 folgten langjährige schwere Kämpfe nicht nur zwischen Vater und Söhnen, sondern, unter Vertauschung der Fronten, auch zwischen den Brüdern. Die Gier nach diversen Herrschaftsanteilen führte zu wechselnden Koalitionen, je nach dem Vorteil, den man sich versprach; das beständigste politische Prinzip, das punctum saliens schlechthin.

Zunächst versuchten offenbar alle drei Brüder ihre Macht zu erweitern, Pippin von Aquitanien und Ludwig der Deutsche gegen Lothar, dieser gegen jene. Auch stritten sich die führenden Magnaten, Hugo, Lambert, Matfried, «über die Frage, wer von ihnen im Reich nach Lothar die zweite Stelle einnehmen sollte». Kurz, «jeder», fährt Nithard fort, «war auf seinen eigenen Vorteil bedacht» – wie die (meisten) Politiker noch heute. («Anachronistisch» wieder?)[68]

Unter solchen Streitereien schlug die Stimmung abermals um. Man verdachte Lothar nicht nur sein habgieriges, gewalttätiges Verhalten, sondern offenbar auch die unbarmherzige Behandlung des ständig von ihm mitgeschleppten Vaters. Ludwig (der Deutsche), der bei einer neuerlichen Wende wohl am wenigsten zu riskieren und verlieren hatte, war schon im Winter 833/34 für den Vater eingetreten, dabei von Hrabanus Maurus, dem Fuldaer Abt, unterstützt (S. 79). Und auch Pippin von Aquitanien änderte offenbar seine Haltung wieder, zumal er einen Angriff Lothars auf sein Reich befürchtete, dieser überhaupt den ganzen Gewinn einzusacken entschlossen und die Herrschaft über das Reich anzustreben schien. Als dann freilich beide Brüder mit zwei Heeren auf ihn zuzogen, Ludwig von Osten, Pippin von Westen, verlor er den Mut, ergriff die Flucht und ließ den alten Kaiser in Saint-Denis zurück, ebenso den jungen Karl, den er aus Prüm geholt.

Während Lothar am 28. Februar mit seinem Anhang nach Burgund floh, kam das gewissenlose Pack der Kirchenfürsten, das Ludwig entthront hatte, nach Saint-Denis, nahm diesen schon am nächsten Tag, am Sonntag, den 1. März 834, feierlich wieder in die Kirche auf und huldigte ihm. «Kaum hatte sich Lothar entfernt, so traten die anwesenden Bischöfe zusammen, sprachen in der Kirche des heiligen Dionysius den Kaiser von aller Buße los und legten ihm seine königlichen Gewänder und Waffen an» (Annales Bertiniani) – die sie ihm vordem abgenommen – und «brachten Gott demütig Lobgesänge dar» (laudes Deo devote referunt: Nithard).

Die meisten Oberhirten wechselten sofort die Front. Natürlich hatte man vorher bei Ludwig angefragt, «ob er, wenn ihm die Herrschaft wieder zugewendet würde, das Reich und vor allem den Gottesdienst, den Wahrer und Lenker aller Ordnung, nach

DAS GEWISSENLOSE BISCHOFSPACK WECHSELT ABERMALS DIE FRONT ___ 87

Kräften aufrichten und fördern wolle». Und natürlich hatte sich der fromme Ludwig «hierzu ohne weiteres bereit erklärt». Ergo «beschloß man schnell seine Wiedereinsetzung» (Nithard). Und selbstverständlich wußte der Kaiser, was er jetzt zu tun hatte, nämlich «vieles Schlechte, was sich eingewurzelt», abzustellen, «vorzüglich aber folgendes. Er befahl seinem Sohne Pippin durch den Abt Hermold die geistlichen Güter in seinem Reiche, welche er entweder selbst den Seinigen geschenkt, oder diese sich selbst zugeeignet hatten, ohne Zögern den Kirchen wieder zurückzugeben. Auch schickte er Sendboten in den Städten und Klöstern umher, um das fast ganz verfallene Kirchenwesen wieder aufzurichten...» (Anonymi vita Hludowici).

Lothar hatte inzwischen sein Heer in den Diözesen seiner getreuesten Genossen, der Erzbischöfe von Lyon und Vienne, verstärkt. Und während Kaiser Ludwig, nachdem er «mit gewohnter Andacht das heilige Osterfest» gefeiert, sich bereits wieder weidlich mit sportlichem Tieretöten «vergnügte», erst in den Ardennen, darauf, nach Pfingsten, noch in den Vogesen jagte und fischte, siegte die Partei Lothars 834 in einem blutigen Gefecht über ein weit stärkeres kaiserliches Kontingent. Man kämpfte an der Grenze der bretonischen Mark, wobei Bischof Jonas von Orléans, Abt Boso von Fleury sowie viele andere Prälaten mitfochten und zahlreiche Große Ludwigs fielen, darunter auch sein Kanzler Abt Theoto von Marmoutier lès Tours.

Lothar fühlte sich ermutigt.

Er zog gegen Châlon sur Saône, ein wichtiges Waffenlager seiner Gegner, äscherte die ganze Umgebung ein und ließ dann die mehrere Tage lang berannte Stadt, nach einem Vergleich mit ihr, plündern und niederbrennen. Dabei wurden – gute Katholikenarbeit – «nach Art grausamer Sieger erst die Kirchen ausgeraubt und verwüstet», darauf die führenden Verteidiger, Graf Gauzhelm von Roussillon, Graf Sanila, der königliche Vasall Madahelm geköpft – Chorbischof Thegan spricht gleich von «Märtyrern», die übrigen Grafen in Gefangenschaft geschleppt. Sogar die Schwester Herzog Bernhards von Septimanien, die Nonne Gerberga, kam als «Giftmischerin» in ein Weinfaß und wurde in der Saône ertränkt. «Und er peinigte sie lange», schreibt Thegan, «schließlich ließ er sie töten nach dem Urteil der Frauen seiner nichtswürdigen Ratgeber, erfüllend die Weissagung des Psalmisten: ‹Und bei den Reinen bist du rein und bei den Verkehrten verkehrt.›»

Die Ermahnung des Vaters, «daß er von seinem schlechten Wege abkehre», schlug Lothar zunächst in den Wind, vermied aber eine Auseinandersetzung mit dem gegen Blois angeblich «zur Befreiung des Volkes» (Annales Bertiniani) anrückenden Heer der Brüder und Ludwigs, warf sich diesem dann freilich samt seinen prominentesten Gefolgsleuten zu Füßen, um ihm Treue und Gehorsam zu schwören, auch zu versprechen, Italien nie mehr ohne väterlichen Befehl zu verlassen.

Lothars Anhang stand es frei mit zu ziehen, und die meisten, auch namhaftesten, schlossen sich an, die Grafen Hugo, Lambert, Matfrid, Gottfrid u. a., die wohl all ihre fränkischen Güter, Lehen und Würden verloren. Lothar entschädigte sie jedoch, indem er ihnen, ungeachtet aller älteren, jüngeren, jüngsten Schwüre, in Italien gelegene Besitzungen fränkischer Stifter gab, ganze Klöster, San Salvatore in Brescia etwa, die berühmte Abtei Bobbio, eine Stiftung des hl. Columban (IV 193), sogar päpstliche Güter – maximeque ecclesiam sancti Petri, und dies noch auf grausamste Weise, crudelissima (Astronomus).

Auch einige Prälaten – die Erzbischöfe Agobard von Lyon, Bernhard von Vienne, Bartholomäus von Narbonne, die Bischöfe Jesse von Amiens, Elias von Troyas, Herebald von Auxerre sowie Abt Wala von Corbie – verließen vorsichtshalber, gegen jede kanonische Vorschrift, ihre Bistümer. Und fast alle folgten Lothar, hinter dem man die Alpenpässe sperrte, in den Süden, um einst nach Ludwigs Tod mit dem künftigen Kaiser zurückzukommen. Viele von ihnen aber wurden das Opfer einer 837 grassierenden Pest.[69]

DIE «CAUSA EBONIS»

Inzwischen hatte man im November 834 auf dem Reichstag in Attigny wieder einmal die schlimmen allgemeinen Verhältnisse beschworen und wieder einmal Abhilfe versprochen. Doch alles, was wirklich geschah, war der Auftrag des Kaisers, die in Aquitanien entfremdeten Kirchengüter schleunigst zurückzugeben. Das Elend des Volkes blieb unverändert.

Auf der am 2. Februar 835 in die Pfalz Diedenhofen einberufenen Reichsversammlung, die vor allem eine Kirchenversammlung war, verlangte Ludwig die Nichtigkeitserklärung seiner Absetzung und Kirchenbuße, wie man sie in St-Denis ja bereits vollzogen, noch einmal ausführlich und in würdevoller Weise zu wiederholen. Und natürlich waren jetzt auch die ehrwürdigen Oberhirten dafür; natürlich erklärte «eine große Versammlung fast aller Bischöfe und Äbte» aus dem «ganzen Reich» die Entscheidung von Compiègne – ihre eigene – als «unverdient», die Machenschaften der kaiserlichen Gegner, «die Treulosigkeit von Böswilligen und Gottesfeindlichen», für vereitelt durch ein neues «Urteil Gottes». Und «schließlich befanden und bekräftigten alle ohne Ausnahme und einmütig, daß, nachdem durch Gottes Hilfe die Umtriebe jener zu Schanden geworden und der Kaiser in die väterlichen Ehren wieder eingesetzt und zu Recht mit der königlichen Würde wieder bekleidet sei, er fortan von allen in treuestem und unbedingtestem Gehorsam und Untertänigkeit als ihr Kaiser und Herr zu achten sei» (Annales Bertiniani).

So nahmen denn diese allzeit widerlichsten Opportunisten am Jahrestag seiner Befreiung in feierlichster Form in der Reichsversammlung am 28. Februar 835 im Dom zu Metz noch einmal die Rekonziliation des Herrschers vor. Umringt von 44 Bischöfen, setzte ihm hier Halbbruder Drogo die Krone wieder auf. Mit dem Wortlaut der «Annales Bertiniani» (das heißt der westfränkischen Fortsetzung der 829 abbrechenden Reichsannalen), unserer wichtigsten, von Karl dem Kahlen bis zur Zeit Karlmanns und Ludwigs III. (882) reichenden Quelle: «und nachdem die heil. Messe gelesen und darauf der ganze Hergang der Sache dem anwesenden Volke mitgeteilt worden war, nahmen die heiligen und verehrungswürdigen Priester eine Krone, das Sinnbild der Herrschaft, von dem geweihten Altar und setzten sie ihm unter dem größten Jubel aller Anwesenden eigenhändig auf» – «denn mit den Realitäten hatte sich auch der Wille Gottes» gewandelt (Bund).

Der Oberhirte aber, der 833 an erster Stelle das schimpfliche Schauspiel der Kaiserentmachtung inszeniert hatte, der «Bannerträger» bisher der kaiserfeindlichen Partei, Erzbischof Ebo von Reims, «der schändliche Bauer Ebo» (turpissimus rusticus), so seinerzeit Chorbischof Thegan, jedoch auch «der Apostel des Nordens», hatte Lothar nicht nach Italien begleitet, sondern sich in Paris verborgen. Dort freilich war er im Frühjahr 834 von seinen Mitbrüdern, dem Ortsbischof Erchenrad und dem Bischof Rothad von Soissons, verhaftet und dann in Fulda gefangen gesetzt worden. Und nun besteigt Ebo, nicht freiwillig allerdings, sofort nach der offiziellen kirchlichen Restitution des Monarchen in der Metzer Stefansbasilika die Kanzel, verdammt «freimütig vor allem Volk» Ludwigs Ablösung, die gegen jedes Recht gewesen, «dem Gesetz und allen Geboten der Gerechtigkeit zuwider», und feiert seine nach Gebühr und Würden erfolgte Wiedereinsetzung.

Zwar wagten die Bischöfe zunächst nicht, Ebo in die Wüste zu schicken, fürchteten sie doch, «er könne gegen sie zum Verräter werden». Dann aber wurde er – wie einige der nach Italien entwichenen Prälaten – von den 44 versammelten Seelenhirten auf Antrag des Kaisers einstimmig abgesetzt. Selbst die Kaiserin soll mit allem Nachdruck, doch vergeblich zugunsten Ebos bei den Bischöfen interveniert haben. Einer nach dem anderen sprach die Formel: «Nach Deinem Bekenntnis gib Dein Amt auf!»

Dabei ist es ein Genuß besonderer Art zu verfolgen, wie Ebo nun, nachdem die «Laien» kraft bischöflichen Protestes ausgeschlossen worden waren, völlig richtig sich damit verteidigte, daß er allein zur Rechenschaft gezogen werde, alle anderen an den Vorgängen von 833 beteiligten Bischöfe aber unbehelligt blieben. Diese redeten sich durch die «Zwangslage», in der sie sich befunden, heraus; sie hätten den traurigen Akt «im Herzen keineswegs gebilligt». Doch nach außen waren sie mannhaft dafür eingetreten, sogar, wie auch jetzt, in einem doppelten Protokoll, in einer eigenhändig unterzeichneten Erklärung jedes einzelnen Bischofs und in einem ebenfalls unterschriebenen Dokument der Gesamtheit.

Ja, jetzt waren sie froh, einen Sündenbock zu haben, einen zwar einst von ihnen selbst Beauftragten, durch dessen nunmehrige Verdammung sie aber ein Exempel statuieren und die eigene schäbige Rolle vertuschen konnten – eine Rolle, die sie doch nur wenige Jahre später weiterspielten! Eine Rolle, in der Ungezählte der Ihren durch die Zeiten brillierten und brillieren. Der Schuft fand keinen einzigen Verteidiger unter all den Schuften in Christo.

Aber sieben Erzbischöfe sangen lauthals während der Messe...[70]

Die «Causa Ebonis» wurde von den sogenannten Ebo-Klerikern, darunter auch Bischöfe, noch viele Jahre in westfränkischen Synodalprozessen stets von neuem aufgegriffen und beschönigt. Ebo selbst kam wieder nach Fulda in Haft, dann in strengeren Gewahrsam zu dem Bischof Frechulf von Lisieux, endlich zu dem Abt Boso von Fleury. Er fiel später auch bei seinem Beschützer Lothar I., der ihn nur wenige Wochen nach Ludwigs Tod als Erzbischof von Reims restituierte, in Ungnade, ergatterte aber durch Ludwig den Deutschen 845 die vakante Diözese Hildesheim, wobei er den unkanonischen Übergang in ein anderes Bistum auch noch durch ein gefälschtes Schreiben Papst Gregors IV. zu rechtfertigen suchte. Hatte er doch überhaupt im Kampf um seine Wiedereinsetzung «zahlreiche Fälschungen angefertigt oder anfertigen lassen» (W. Hartmann).[71]

Der feierliche Krönungsakt in Metz beendete weder den Verwandtenzwist der Karolinger noch die Begehrlichkeit des hohen Klerus, sein Verlangen nach stets größerer Macht.

Auf einer Aachener Synode im Februar 836 betonte der Episkopat, nach Wiederholung früherer Reformvorschläge, einmal mehr den Vorrang der priesterlichen Gewalt vor der königlichen. Schon die Vorrede führt Gelasius' I. (492–496) berüchtigte Zwei-

Gewalten-Lehre an, die den Staat zum Büttel der Päpste macht (II 324 ff., bes. 329 ff.); in karolingischen Synoden erstmals 829 im Kanon 3 von Paris rezipiert. Im übrigen demonstrierten die Bischöfe in Aachen – wo sie sich selbst zu «Nüchternheit» ermahnen, Vermeidung von «Begehrlichkeit», wo sie die Nonnenklöster «zum Teil zu Bordellen verkommen» sehen, zu Stätten, «in denen das Verbrechen blüht» – natürlich ihre Kaisertreue. Und obwohl doch gerade sie «offenbar gar viel und vielfach gefehlt haben», sind selbstredend «hauptsächlich» nur die anderen schuld, besonders «der schmähliche Abfall» der Kaisersöhne sowie «die Verkehrtheit und Treulosigkeit einiger Großer». Und alles kann selbstverständlich nur dann gut enden, wenn «die Ehre der heiligen Kirche Gottes vollständig wieder hergestellt wird und die Bischöfe ihres eigenen, von Christus ihnen anvertrauten Amtes wieder walten können».[72]

DES KAISERS KAMPF FÜR KARL (DEN KAHLEN) UND GEGEN DIE ENKEL ODER FÜR «ORDNUNG» UND WIDER DIE «PEST»

Ludwigs Vertrauen freilich in die Kirchenführer mochte inzwischen etwas angeschlagen sein. Jedenfalls blieb er taub gegenüber Mahnungen und Bitten; beiseite einmal, daß Pippin immerhin das eingezogene Kirchengut zurückzugeben hatte. Doch noch die vordem mit Benedikt von Aniane so intensiv betriebene Klosterreform kümmerte den Herrscher kaum. Vielmehr duldete er jetzt das stets mehr einreißende Wohlleben in den Orden, etwa in St-Germain-des-Prés oder in St-Denis. Abt und Mönche teilten sich hier die Einkünfte, ja, die Mönche entzogen ihre Dotationen auch dem Zugriff des Abtes, der sie weder kürzen noch Leistungen daraus fordern noch den Konvent vergrößern durfte, ohne auch dessen Einnahmen entsprechend zu vergrößern – alles durch kaiserliche Urkunden förmlich verbrieft. (Um die Wende vom 13. zum 14. Jahrhundert gibt die Abtei St-Denis von 33000 Pariser

Pfund Jahreseinnahmen – nicht, wie durch mehr als ein Jahrtausend, bis ins 17. Jahrhundert, von der Kirche gefordert, vgl. III 466 ff. bes. 473!, ein Viertel, sondern – weniger als 1000 Pfund, drei Prozent des Budgets, für die Armenhilfe aus. Dies genügte den Asketen allerdings, an Feiertagen und zur Fastenzeit «spektakuläre Verteilungen zu veranstalten»: Geremek.)

Nur die junge Gattin und die Ausstattung des gemeinsamen Sohnes schien den alternden Monarchen wirklich zu bewegen.[73]

Die neue Teilung auf dem Reichstag 837 in Aachen zugunsten Karls (des Kahlen), dem Kaiser Ludwig «auf dringendes Bitten der Kaiserin» (Astronomus) ein beträchtliches Gebiet und überdies den besten Teil des Reiches verlieh, nämlich alles Land zwischen Friesland, der Maas und weit nach Burgund hin, das bald noch um Aquitanien erweitert werden sollte, auch die neue Teilung führte schließlich zu einem neuerlichen Zerwürfnis und zum Aufstand Ludwigs des Deutschen. Er fühlte sich, nicht zu Unrecht, benachteiligt, da ihm der Vater im Sommer 838 auf dem Reichstag in Nymwegen alle außerbayerischen Regionen wieder entzog, die ihm nach der Verhaftung des Kaisers auf dem «Lügenfeld» und der Reichsteilung zugefallen und, aus Dankbarkeit des Herrschers für seine Befreiung, bisher auch belassen worden waren: Alemannien, Elsaß, Ostfranken, Sachsen, Thüringen.

Aufgestachelt hatten den Monarchen einige persönliche Gegner des Bayern – darunter vermutlich Erzbischof Otgar von Mainz, des Kaisers einstiger Kerkermeister, der sich wieder in allerhöchste Gunst zu schmeicheln wußte. So galten diese Länder nun als «angemaßt». Es kam «zu einem ziemlich heftigen Streit zwischen den beiden und Ludwig mußte dem Vater alles zurückgeben» (Annales Bertiniani), worauf es denn hieß, der Bayernkönig wolle wieder «die ganze Reichshälfte jenseits des Rheins an sich reißen» (Nithardi historiarum).

Auf dem Reichstag zu Quierzy im September 838 setzte der Kaiser dem gerade fünfzehn-, doch somit volljährigen Karl eine Krone auf, was sehr ungewöhnlich und keinem seiner Stiefbrüder beim Herrschaftsantritt widerfahren war. Und Pippin von Aquitanien, seit Jahren ein treuer Parteigänger des Vaters, trat jetzt auch noch auf Karls Seite als «Bundesgenosse». Karl erhielt weitere Gebietszuweisungen, sein Besitz wuchs und wuchs. Es kam zu einem Aufmarsch des Bayernkönigs bei Mainz – «hier der fromme Vater, dort der ungeratene Sohn». Als aber die Ostfranken, Thüringer und Alemannen, die Ludwig der Deutsche zunächst gewonnen hatte, von ihm abfielen, alle ostfränkischen Stämme, außer den Bayern, ihn verließen, floh er nach Bayern zurück.

Inzwischen war im Spätherbst 838 Pippin I., der König von Aquitanien, gestorben. Er hatte sich in seinen Urkunden «rex Aquitanorum» genannt, war schon 814 durch den Vater zum Unterkönig gemacht, 832 zwar abgesetzt, infolge einer Aussöhnung jedoch erneut mit der aquitanischen Herrschaft betraut worden, freilich ohne weitergehende Hoffnungen verwirklichen zu können. Nach seinem Tod mißachtete Ludwig der Fromme, offensichtlich gedrängt von der nur auf den Machtzuwachs ihres Sohnes bedachten Gattin, das Nachfolgerecht seiner beiden Enkel Pippin und Karl, der Pippinsöhne, deren ältester, Pippin II., gerade volljährig geworden war. Er gab Aquitanien 839 dem eigenen Sohn Karl, der dort zunächst allerdings schwer Fuß fassen konnte.

Das südlich der Loire gelegene Land war besonders stark von römischer Kultur geprägt und, nach Kirchenschriftsteller Salvian, im 5. Jahrhundert der reichste Teil Galliens. Bisher weitgehend selbständig, hatte Aquitanien unter dem Zustrom heidnischer Basken u. a. mancherlei Formen von Partikularismus entwickelt; so wurden die «Romanen» von den Franken häufig verspottet, diffamiert. Während der vielen Feldzüge gegen die aquitanischen Herzöge, gegen ihren ins Kloster gesteckten Herzog Hunald (IV 484) sowie gegen dessen schlimmer als jedes Tier gejagten, dann heimtückisch ermordeten Sohn Waifar (IV 372 f.), haben die Franken Aquitanien «systematisch verwüstet, um durch Schädigung der Wirtschaft den Widerstand zu brechen» (Claude). Nach acht mörderischen Kriegen rang Pippin III. das Land nieder, doch wurde es weder von ihm noch von Karl «dem Großen» recht bezwungen.

839 nun kam es im Herbst zu einer Heerfahrt Ludwigs gegen den eigenen Enkel – eine besonders unverschämte Attacke, weil dessen Vater Pippin I. in all seinen letzten Jahren stets unverbrüchlich zu Kaiser und Reich gehalten hatte. Kaum aber war Pippin tot, gab Ludwig die Enkel kaltblütig preis und begann, «die Ordnung in Aquitanien herzustellen». Übte Pippin II. doch mit seinem Anhang, «überall umherziehend, wie es solcher Leute Art ist..., Raub und Tyrannei», behauptet jedenfalls Oberhirte Ebroin von Poitiers, das Haupt der Kaiserlichen. Daher bat der «edle Bischof» den Herrscher, «diese Krankheit nicht lange um sich greifen zu lassen, sondern bei Zeiten durch seine Gegenwart Heilung zu bringen, bevor diese Pest die Mehrzahl anstecke» (Astronomus).

Der fromme Ludwig machte sich also stark für «die Ordnung», die «Heilung» und – auch dies durch zwei Jahrtausende klerikale Schlagwörter wider alles, was priesterlicher Eigensucht nicht paßt – gegen «Krankheit», «Pest», hoffend, «mit Gottes Hilfe als Sieger aus Aquitanien» zurückzukehren. Er hatte starke Verbände aufgeboten, errang in einem strapaziösen Kleinkrieg auch Teilerfolge. Doch wurden seine Truppen durch «schwere Drangsale» dezimiert, durch einen entnervenden Guerillakrieg, zumal um die Felsennester der Auvergne, durch allerlei Streif- und Beutezüge, eine lähmende Hitzewelle, eine Seuche, «während die Übrigen unter den größten Schwierigkeiten zurückkehrten».

Auch im Norden erschütterten Aufstände Ludwigs Oberhoheit.

So zog im Herbst 839, indes Majestät selbst «den Freuden der Jagd in den Ardennen» frönte, ein ostfränkisch-thüringischer Heerbann unter den Grafen Adalgar und Egilo gegen die Sorben, ein sächsischer gegen die Obodriten und Linonen. Elf feste Plätze der Sorben wurden erobert, ihr König Czismislaw fiel im Kampf, sein Nachfolger mußte Geiseln stellen und Land abtreten.

Der Kaiser begab sich ins Winterquartier nach Poitiers, der seinerzeit reichsten Stadt Aquitaniens, feierte da die Feste der Geburt, der Erscheinung des Herrn, der Reinigung der seligen Maria, der reinen Magd, mühte sich zugleich um Unterjochung der Aquitanier und empfing eine neue Hiobsbotschaft: Sohn Ludwig beanspruchte «in seinem schon lange gewohnten Übermut die Herrschaft des Reiches bis zum Rhein» (Annales Bertiniani).

Der Vater nämlich hatte sich im Jahr zuvor auf dem Wormser Hoftag mit Lothar, dem «verlorenen Sohn» (Nithard), in einem reichlich schmählichen Handel ausgesöhnt, ausgerechnet mit dem ungetreuesten, ihn am meisten drangsalierenden seiner Söhne. Und dies – angeblich unter dem Beifall aller – auf Kosten des dabei (bis auf Bayern zwischen Lech und Donau nebst den östlichen Alpenländern) enterbten Ludwig. So suchte der Monarch den jungen Karl zu schützen, um dessentwillen er ja gerade auch den Kindern seines Sohnes Pippin ihr rechtmäßiges Erbe geraubt hatte. Jetzt vertrieb er Ludwig, indem er ihm durch Thüringen «bis an die Grenze der Barbaren» folgte, so daß dieser sich den Rückweg durch das Slawenland auch noch erkaufen mußte und nur «mit großer Mühe» (Annales Fuldenses) nach Bayern heimkehren konnte.[74]

Doch gleich darauf verschwand der Herrscher selbst vom Schauplatz seines bewegten Erdenlebens.

DES KAISERS TOD

Ludwig der Fromme, dessen Lunge verschleimt, dessen Brust geschwächt, der überhaupt vorzeitig altersgeschädigt und zudem durch ein unheilbares Geschwür, vielleicht ein Lungenemphysem, geschlagen war, begann unter häufigen Brustbeklemmungen, mit Brechreiz und bei gänzlichem Widerwillen gegen Nahrung dahinzusiechen. Nachdem er über den Königshof Salz an der fränkischen Saale zu Schiff auf dem Main nach Frankfurt gekommen war, starb Ludwig I. zweiundsechzigjährig am Sonntag, den 20. Juni 840, in einer «zeltartigen Sommerwohnung» auf einer kleinen Rheininsel unterhalb von Mainz. Sie lag gegenüber Ingelheim, jener karolingischen Prachtpfalz, in der einst sein Vater dem bayerischen Herzog Tassilo und dessen Familie den berüchtigten Prozeß gemacht (IV 481 ff.) und die dann, durch Karl IV. in ein Kloster umgewandelt, schließlich im Bauernkrieg wie im Dreißigjährigen Krieg ruiniert worden ist.

Der Kaiser starb kurz nachdem er – gerade zu Beginn der sonst so festlich von ihm begangenen (mitunter aber gar nicht gehaltenen) «heiligen Fasten» – die Kriegsvorbereitungen gegen seinen Sohn Ludwig getroffen, dessen letzten Aufstand er dann auch niedergeschlagen und dem er noch erklärt hatte, daß er «eingedenk bleiben möge, wie er seines Vaters graue Haare mit Herzeleid in die Grube gebracht und Gottes und unser aller Vater Gebote und Drohungen verachtet hat».

37 Jahre war Ludwig König von Aquitanien, 27 Jahre Kaiser gewesen. Seine Nächsten, seine Frau Judith, sein Sohn Karl, weilten weit von ihm in Aquitanien. Doch mehrere Prälaten, darunter auch sein einstiger Kerkermeister Otgar von Mainz und viele Priester, umstanden sein Sterbelager, auf dem er sich, solang er es vermochte, selbst über Stirn und Brust das Kreuzzeichen machte. Auch hatte er vorsorglich einen (vermeintlichen) Splitter vom Kreuz Christi sich auf die Brust legen lassen. Und «vierzig Tage», behauptet der Astronom, der selbst aber nicht zugegen gewesen, «war der Leib des Herrn seine einzige Speise: und er lobte deswegen die Gerechtigkeit des Herrn, indem er sagte: ‹Du bist gerecht, o Herr, daß du mich, da ich es in der Fastenzeit unterlassen habe, jetzt nötigst diese Fastenpflicht zu erfüllen.›»

Noch kurz bevor der Herrscher hinging rief er «wie im Zorn mit aller Kraft zweimal: Hutz, hutz! das heißt: Hinaus! Es ergibt sich daraus, daß er einen bösen Geist sah, dessen Gesellschaft er weder im Leben noch im Tode dulden wollte. Dann richtete er seine Augen gen Himmel, und je finsterer er dorthin geblickt hatte, desto heiterer schaute er hierhin, so daß er geradezu zu lächeln schien. So erreichte er das Ende des irdischen Lebens und ging, wie wir glauben, glücklich zur Ruhe ein, denn wahr ist gesagt vom wahren Lehrer: ‹Es kann nicht übel sterben, der gut gelebt hat›» (Anonymi vita Hludowici).

Ludwigs des Frommen Leiche wurde nach Metz überführt, dort in der alten Grabstätte der Karolinger von seinem bischöflichen Halbbruder Drogo neben seiner Mutter Hildegard – doch in Abwesenheit aller Söhne – «ehrenvoll» beigesetzt und zur Zeit der französischen Revolution aus dem Sarg geworfen.[75]

Fränkisches und Kosmisches

Der blutige, das ganze Frankenreich jahraus, jahrein in Mitleidenschaft ziehende Familienzwist wurde natürlich (oder richtiger übernatürlich) durch wunderbare Zeichen des Himmels und der Erde begleitet, schlimme Signale meist mit furchtbaren Folgen, von den Jahrbüchern, besonders den Xantener, aufmerksam registriert.

Zum Beispiel Erdstöße «in tiefer Nacht», Mond- und Sonnenfinsternisse, gewaltige Unwetter. Als Kaiser Ludwig in Lothars Gewalt gerät, übersteigt der Wasserstand der Flüsse jedes Maß, und die Windstöße machen sie unbefahrbar. «Bei seiner Freisprechung aber zeigten sich die Elemente so verschworen, daß bald die Wut der Winde sich legte und des Himmels Antlitz in der frühern, seit längerer Zeit nicht gesehenen Heiterkeit erschien.»

Immer wieder Kometen: «ein furchtbarer Komet im Sternbild des Skorpion»; «bald darauf der Tod Pippins». Oder: «ein Komet im Sternbild der Jungfrau». Er «durchschritt in fünfundzwanzig Tagen, was wunderbar zu berichten, die Zeichen des Löwen, des Krebses und der Zwillinge und legte endlich am Kopf des Stieres unter den Füßen des Fuhrmanns den feurigen Leib mit dem langen Schweif nieder» – drei Jahre danach: der Tod des Kaisers.

Die «Kirche der heiligen Gottesmutter Maria», schon erwähnt (S. 70), wird größtenteils abgedeckt, doch die kleine Kirche «zu Ehren des heiligen Märtyrers Georg» steht unzerstört inmitten einer Feuersbrunst – «ein staunenswertes Wunder». Und just als fast ganz Gallien ein starkes Erdbeben traf, «wurde der berühmte Angilbert zu Centulum feierlich erhoben, und man fand ihn, neunundzwanzig Jahre nach seinem Tode, ohne daß er einbalsamiert worden wäre, in völlig unversehrtem Zustande». Auch staunenswert, fürwahr. Aber schließlich war Angilbert stets gut beisammen (oder «drauf») und hatte als Hofkapellan und Abt von Saint-Riquier der fünfzehn- und der zwanzigjährigen Karls-Tochter Berta in wilder Ehe zwei Söhne gemacht (IV 499); einer davon der Geschichtsschreiber Nithard, der uns eben das grandiose Mirakel berichtet (in seinen – im Auftrag Karls des Kahlen verfaßten – «Historien»; zwar sehr parteiisch, doch wichtigste Quelle über die Brüderkämpfe).[76]

Fast mehr, überspitzt gesagt, eine Natur- als Staats- oder Landesgeschichte produziert partienweise der Kleriker Gerward, Pfalzbibliothekar Ludwig des Frommen, in den Annales Xantenses.

Nach Mondfinsternissen 831, 832: Empörung Ludwigs gegen den Vater. 834 stürmen im Norden «die Gewässer weit über das Land» – und «die Heiden in das hochberühmte Wyk bei Durstede». Mondfinsternis 835: erneut «Heiden in ... Friesland ... Und sie plünderten abermals Durstede». Februar 836: «bei Beginn der Nacht wunderbare Lichter», und wieder fallen «die Heiden über die Christen her». 837 gewaltige Wirbelwinde, ein Komet «mit einem großen Schweif im Osten ...: und die Heiden verwüsteten Walcheren und führten viele Weiber von dort gefangen fort samt unermeßlichem Vermögen verschiedener Art».

Im nächsten Jahr «Donner», «Sonnenhitze», «Erdbeben», «Feuer in der Form eines Drachen in der Luft»: «eine ketzerische Irrlehre» beginnt. Im Jahr darauf wildester Wirbelwind, meerüberflutete Ufer, Häuser, Höfe, Menschen sinken haufenweise weg und ganze Flotten draußen. Man meint, der Teufel samt allen höllischen Heerscharen müsse erscheinen. Aber: «In diesem Jahr kamen die Leiber der Heiligen Felicissimus und Agapitus und der heiligen Felicitas nach Vreden.» Ist's nicht wunderbar? Dagegen künden Lichtphänomene und eine Sonnenfinsternis anno 840 offenbar des Kaisers Tod an, wahrhaftig bengalische Himmelsbeleuchtungen 841 das Wüten der Christen «mit großem Blutbad gegeneinander», auch «viel Unverantwortliches» der Stellinga in Sachsen. Und so weiter und so fort.[77]

Den vom Klerus geschürten Familienstreit hatten vor allem

Episkopat und Hochadel genutzt. Sie bekamen, zumal in Ludwigs späterer Regierungszeit, ein größeres politisches «Eigengewicht». Doch auch die äußeren Reichsfeinde profitierten davon, besonders die Normannen.

Die Männer des Nordwinds

Die Normannen, auch Wikinger, Nordleute genannt, im Mittelalter als «Männer des Nordwinds» gedeutet, waren Skandinavier. Sie suchten vom endenden 8. bis ins 11. Jahrhundert, zunächst noch als Heiden, aus Abenteurer- und Beutelust, aus Mißmut mit den heimischen Verhältnissen, andere Länder heim, in denen sie da und dort, in Friesland, an der Loiremündung und sonstigen Stützpunkten, schließlich auch seßhaft wurden.

Ihre Taktik, sehr beweglich, als teuflisch verschrien, war voller Listen, besonders beliebt der Blitzangriff. Plötzlich standen ihre Segel am Horizont – und noch bevor eine Küstenwache einschreiten konnte, hatten sie ihre Beute schon weggeschleppt. Auf christlicher Seite stoben übrigens die weltlichen und geistlichen Anführer «oft als erste» davon (Riché). Hinkmar von Reims, der berühmte Erzbischof, hatte zwar den Rückzug von Priestern, «die weder Frau noch Kinder zu unterhalten haben», verpönt, floh aber selbst 882 vor den Invasoren Hals über Kopf.

Nicht alle Prälaten waren indes Hasenfüße. Als die Eindringlinge 885 bei der Belagerung von Paris (S. 281 ff.) jeden massakrierten, der sich nicht auf der Ile de Paris in Sicherheit gebracht, während die Franken ihrerseits «den Feind mit kochendem Öl, Wachs und Pech» bedienten, erwies sich auch der Abt von Saint-Germain nicht aus Pappe. Gelang es ihm doch, «mit einem einzigen Pfeilschuß sieben Menschen zu durchbohren» – freilich wohl mehr ein katholischer Wunschtraum –, «und scherzend befahl er, sie in die Küche zu tragen».

Die Plünderungen der Normannen begannen 793 mit dem Überfall auf das (von iro-schottischen Mönchen im 7. Jahrhundert gegründete) Kloster der Insel Lindisfarne (später als Holy Island bekannt) vor der nordenglischen Küste von Northumberland, eine anscheinend besonders reiche Abtei. Sie bestand indes fort, erwarb immer weiteren Landbesitz auf dem Festland, wurde aber 850 erneut verlassen. Norwegische Wikinger, wie üblich wochenlang auf hoher See, hatten seinerzeit Proviant benötigt, das Klostervieh geschlachtet und an Bord ihrer Drachenschiffe gebracht, auch alle Schätze geraubt und Mönche niedergeschlagen.

Die Nordleute suchten Irland heim, über das 820 die Katastrophe kam. «Das Meer spie Fluten von Fremden über Erin aus, und es gab keinen Hafen, keinen Landeplatz, keine Befestigung, keine Burg, keine Wehr ohne Flotten von Wikingern und Seeräubern», melden die Ulsterannalen. Die Nordleute überfielen England und dann, immer mehr, auch von England aus, das Frankenreich, besonders Westfranken mit seinen verlockend langen Küsten, doch seit 799 auch das friesische Gebiet. Sie schnappten sich die Wertsachen, schleppten Geiseln zur Erpressung von Lösegeld fort, plünderten aber nicht nur die Küstenorte. Sie fuhren mit ihren wendigen Seglern die Flüsse hinauf und brandschatzten selbst Städte wie York, Canterbury, Chartres, Nantes, Paris, Tours, Bordeaux, Hamburg, wo sie den Bischofssitz einäscherten. Gerne stürzten sie sich auf Klöster, auf Jumièges etwa, Saint-Wandrille. An der Atlantikküste mußten die Mönche das seit 820 heimgesuchte Noirmoutier 836 preisgeben.

Es ist kaum von ungefähr, daß die Normannenattacken gerade während der heftigsten karolingischen Familienfehden, als die Schlagkraft des Reiches nach außen geschwächt war, also Mitte der 830er Jahre, sich erschreckend zu häufen begannen; daß die nordischen Piraten, damals die furchtbarsten Feinde, vor allem Dänen, Jahr für Jahr wiederkamen. Ein durch das ganze Jahrhundert andauernder Normannensturm brach seitdem über die christliche Welt herein.

834 und 835 überfielen dänische Wikinger den reichsten Handelsplatz im Norden, «das hochberühmte Wyk bei Durstede und verwüsteten es mit ungeheuerer Grausamkeit». Von «den Hei-

den», Menschen, die noch mit Inbrunst an ihren alten Göttern, den Asen, hingen, wird dabei «eine nicht geringe Menge erschlagen» (Annales Xantenses). Gleichwohl, Dorestad (Dorestate, Duristate), der bedeutende, wüst gewordene Handelsplatz in den Niederlanden, südlich von Utrecht (nahe der Rheinmündung und dem heutigen Wijk-bij-Duurstede), auch ein wichtiges kirchlich-missionarisches Zentrum und der zeitweilige oder dauernde Sitz des Bischofs von Utrecht, wurde zwischen 834 und 837 viermal ausgeraubt und zum Teil eingeäschert.

836 werden Antwerpen verbrannt und die Hafenstadt Witla an der Mündung der Maas. 837 attackierten die Normannen unvermutet die Insel Walcheren, «töteten viele und plünderten eine noch größere Anzahl der Bewohner völlig aus; nachdem sie dort einige Zeit gehaust und nach Belieben von den Einwohnern Tribut erhoben hatten, zogen sie auf ihrem Raubzug weiter nach Dorestad und trieben hier in gleicher Weise Tribute ein» (Annales Bertiniani). 838 verhinderte ein Seesturm einen neuen Angriff, doch schon 839 verheerten sie Friesland abermals. Auch suchten sie die Loiregegenden bis hinauf nach Nantes heim – eine «Gottesgeißel», über die die Mönchsschreiber – vielleicht auch übertreibend – ein Vierteljahrtausend klagten: «Piraten, Mörder, Räuber, Schänder, Plünderer, Barbaren, Wüteriche, Teufel – eben Heiden ...»[78]

Ach, wieviel besser waren doch die Christen auf ihren Kriegszügen!

Warum aber wüteten auch die Wikinger so? Wielant Hopfner schreibt: «Sie hatten ihre ersten Erfahrungen mit dem Christentum gemacht. Ihr Zeitgenosse Karl der ‹Große› hatte die ‹Sachsengesetze› zur Zwangsbekehrung der Sachsen erlassen. Die häufigsten Redewendungen darinnen lauten: ‹Wird mit dem Tode bestraft..., soll getötet werden..., ist bei Todesstrafe verboten..., verfällt dem Eigentum der Kirche..., soll hingerichtet werden.›» Tatsächlich bedrohten Karls Blutgesetze, ein Seitenarm sozusagen der Frohen Botschaft, alles was man bei den Sachsen ausrotten wollte, mit einem stereotypen «morte moriatur», betrafen von seinen vierzehn den Tod verhängenden Bestimmungen der Capitulatio zehn allein Vergehen gegen das Christentum (IV 478 ff.).

Selbstverständlich wußten die Normannen, daß die Karolinger «die Kirche über jedes Maß hinaus bereichert hatten», wobei «in erster Linie» diese Schätze aus den beraubten «heidnischen Verehrungsstätten» stammten. «Die christlichen Chronisten verraten ja, daß Klöster und Kirchen ‹herrlich erbaut› oder ‹wunderbar eingerichtet› waren. Woher sollte denn der Reichtum kommen, wenn nicht vom Eigentum und der Fronarbeit der germanischen Bevölkerung?»

Diese Menschen aber wurden von ihren christlichen Führern ja schon im Rahmen des Üblichen geschröpft. Nun jedoch hatten sie auch an die Normannen enorme Zahlungen zu erbringen; 845 zum Beispiel 7000 Pfund, 861 5000 Pfund, im nächsten Jahr 6000 Pfund, 866 4000 Pfund. Dabei forderten die Herrschenden, um sich «Reserven» zu schaffen, manchmal mehr als die Normannen verlangten. Überhaupt darf man vermuten, daß auch von diesen Geldern nicht wenig in christliche Taschen floß.

Und folgendes ist hier bemerkenswert.

Nicht nur riefen Heerführer und Fürsten Normannen gegen lästige Rivalen selbst ins Land. Nicht nur hetzten sie natürlich auch Normannen gegen Normannen. Nein, als diese Landplage allmählich immer schlimmer wurde und, besonders auf westfränkischer Seite, zuwenig dagegen geschah, da organisierte das Volk den Widerstand, ergriff es wider die stets tiefer vorpreschenden Piraten selbst die Waffen. Und die entwand ihm nicht der Landesfeind, sondern die eigene Aristokratie! Sie nämlich befürchtete, ihre Bauern, die fränkischen «Verschwörer», könnten sich auch gegen sie erheben «als nicht minder arge Bedränger» (Mühlbacher), könnten Gelegenheit finden, «sich von ihren Herrn zu befreien» (Riché).

Der Klerus allerdings verstand auch hier, das wilde Wasser noch auf seine Mühlen zu lenken. So verkündeten die 845 in Meaux versammelten Prälaten: «Die Angreifer sind zwar grausam, aber dies ist nur gerecht, denn die Christen waren ungehorsam gegen die Anweisungen Gottes und der Kirche.»[79]

Auch im Süden wuchs die Not durch auswärtige Feinde. Stürmten dort doch die Araber heran – «sarazenische Seeräuberflotten» (Saracenorum pyraticae). Nur die Christen raubten nicht! Und töteten nicht! Die ungläubigen Sarazenenhunde aber griffen die Balearen, Korsika, Sardinien an. Sie begannen seit 827 sich auf Sizilien festzusetzen. Sie überfielen 838 Marseille und «führten alle Nonnen, deren sich eine nicht geringe Zahl daselbst befand, so wie alle Geistlichen und Laien männlichen Geschlechts gefangen mit sich fort, verwüsteten die Stadt und nahmen auch die Schätze der christlichen Kirchen insgesamt mit» (Annales Bertiniani). Die Slawen aber bedrohten die Ostgrenze. Und die Not fraß die eigenen Leute auf. «Zu dieser Zeit wurde das Reich der Franken in sich selber gar sehr verödet und das Elend der Menschen wuchs vielfach mit jedem Tag» (Annales Xantenses).[80]

Und wuchs weiter nach Ludwigs Tod.

2. KAPITEL

DIE SÖHNE UND ENKEL

Über Ludwig II. den Deutschen: «Er war ein sehr christlicher
Fürst, von Glauben katholisch ... der eifrigste Vollstrecker
dessen, was die Religion, der Frieden, die Gerechtigkeit
erforderte. Von Geist war er sehr verschlagen (callidissimus)
... in den Schlachten war er überaus siegreich und eifriger
in der Zurüstung der Waffen als der Gastmähler, da die
Werkzeuge des Krieges sein größter Schatz waren.»
Reginonis chronica[1]

Zu Karl II. dem Kahlen: «Karl machte seinen Zug nach Aquitanien in der Fastenzeit und blieb dort bis nach dem Osterfest;
sein Heer aber tat nichts als plündern, brennen und Menschen
gefangen wegführen, und selbst die Kirchen und Altäre Gottes
blieben von ihrer Gier und Frechheit nicht verschont.»
Annales Bertiniani[2]

Zu Karl III. dem Dicken (Ludwigs II. jüngstem Sohn): «Und
als man schon aufbrechen mußte, erkrankte er und sah sich
daher gezwungen, den jüngsten seiner Söhne Karl über dieses
Heer zu setzen, den Ausgang der Sache dem Herrn empfehlend ... brannte er auf Gottes Hilfe vertrauend alle Häuser
jener Gegend nieder; was in den Wäldern versteckt oder auf
den Feldern vergraben war, fand er mit den Seinigen und
raubte es, und verjagte oder tötete alle, die mit ihm zusammenstießen. Ebenso verwüstete Karlmann mit Feuer und
Schwert das Reich des Zwentibald.» Annales Fuldenses[3]

Über Karlmann (Ludwigs II. ältesten Sohn): «Es war aber
dieser sehr vortreffliche König in den Wissenschaften wohlunterrichtet, der christlichen Religion ergeben, gerecht, friedliebend und mit aller Ehrbarkeit der Sitten geziert ... sehr
viele Kriege führte er zusammen mit seinem Vater und noch
mehr ohne ihn in den Reichen der Slaven und stets trug er
den Triumph des Sieges davon; die Grenzen seines Reiches
mehrte und erweiterte er mit dem Schwert.»
Reginonis chronica[4]

Man war christlich geworden – und vornehm

Kaum war Ludwig der Fromme 840 verschieden, beanspruchte sein ältester Sohn das Recht auf Gesamtherrschaft und drohte Gegnern mit dem Tod. Und nun brechen zwischen Lothar I. (gest. 855), Ludwig II. dem Deutschen (gest. 876) und Karl II. dem Kahlen (gest. 877) blutige Kriege aus. Alle drei sind Brüder, sind Christen, Katholiken. Alle sind voller Mißtrauen. Alle voller Neid. Alle leisten Falscheide. Alle operieren «mit Schenkungen, Versprechungen, Drohungen» (Tellenbach). «Jeder lauert nur auf ein Zeichen von Schwäche bei den andern, um über seiner Brüder oder nach deren Tod seiner Neffen Erbteil herzufallen» (Fried). Dazwischen rüsten sie, schwören einander «Frieden», «Freundschaft», bekunden «Sehnsucht und Liebe» – rund hundert Königstreffen gibt es bis Ende des Jahrhunderts.

Vieles erinnert an die Merowinger-Ära, die Gemetzel nach Chlodwigs Tod, die Fehden seiner Söhne, Enkel (IV 3., 5., 8. Kap.). Auch die extreme Verrohung ähnelt jener grauenhaften Zeit, wobei im christlichen Byzanz die Dinge sich sehr analog entwickeln. Pierre Riché findet unter den Karolingern einen kompletten Katalog aller Arten physischer Gewaltanwendung, findet jeden Fall detailliert geschildert und zwecks Abbuße strafrechtlich genau taxiert, u. a. für «abgeschnittene Ohren mit oder ohne Taubheit als Folge, abgerissene Lider, herausgerissene Augen, ganz oder teilweise abgeschnittene Nasen, ausgerissene Zungen, eingeschlagene Zähne, ausgeraufte Bärte, zerquetschte Finger, abgehackte Hände und Füße, abgeschnittene Hoden.»[5]

Man war christlich geworden.

Gelehrte Konformisten wollen das alles aus dem Geist der Zeit heraus verstehen. Ganz recht. Der Geist der Zeit aber war christlich. Oder war er noch nicht christlich genug? Das sagen doch immer die Apologeten. Also wann war er christlich, katholisch genug? Etwa im 20. Jahrhundert, als die katholischen Kroaten genau das gleiche machten, massenhaft?! Und, so der Würzburger Jurist und Historiker Ferenc Majoros, «mit unbeschreiblicher Bestialität...»

Man war christlich geworden. Und die «Ordnungshüter» vergalten solche Untaten – nach dem altbewährten Bibelprinzip: Schaden um Schaden, Auge um Auge, Zahn um Zahn (3. Mos. 24,20; 5. Mos. 19,21) – nicht minder brutal. Das Strafregister reicht von der Verstümmelung, der Blendung etwa, Kastration, bis zum lebendig Verbrennen oder Ertränken. Und protestierten auch vereinzelte Kleriker, im allgemeinen, schreibt Riché, verhängten «selbst Geistliche gegen ihresgleichen schreckliche Strafen» – nicht gegen Kirchenfürsten selbstverständlich.

Auch zwischen den diversen Adelsgruppen ruht der Positionskampf keinen Augenblick. Wie bei den Merowingern ist auch jetzt Verrat, wechseln die politischen Konstellationen, an der Tagesordnung; leistet man Treueschwüre, bricht sie, schwört erneut. Alles kreist um Besitz-, um Herrschaftsakkumulation, um Macht- und Ruhmsucht. All diese potentes, priores, primores, maiores, optimates, nobiles, viri optimi und wie die sogenannten Vornehmen (d. s.: die zuerst, die «vor» den andern nehmen, ihnen viel wegnehmen) damals heißen, wollen stets mehr, immer noch reicher, noch «vornehmer» werden, wollen immer noch größere Lehen, wobei ihnen jedes Unrecht recht ist, wenn sie auch der nackten Gewalt, der Fehde, dem Krieg gern die Tücke, jederlei Hinterfotzigkeit vorziehen. Und das alles unter christlichen, unter katholischen Fürsten, leiblichen Brüdern!

Die Könige sind von unersättlicher Gier, gewiß. Doch sie denken dabei nicht an sich allein. Das Volk, die «Masse» zwar spielt noch lange keine Rolle – die völlig abhängigen Arbeitssklaven, die servi, noch seinerzeit «Sklaven im antiken Sinn» (Werner), ganz beiseite. Dieser Stand scheint damals sogar noch zugenommen zu haben, vor allem auch durch ungezählte Flüchtlinge, die sich als Lohnarbeiter verdingten, von ihren Grundherren aber zu Leibeigenen gemacht oder einfach einem Magnaten geschenkt worden sind. Und diese ärmste und weitaus größte Schicht, in der es seinerzeit verschiedene Grade der Freiheitsbeschränkung, der Unfreiheit, gibt, die jedoch von den allermeisten Rechten der «Freien», des Adels ausgeschlossen bleibt, diese Schicht, die ja immerhin alles, restlos alles trägt, kommt in den Quellen so gut wie nicht vor. Es ist eine seltene Ausnahme, dringt aus einem Text des englischen Abtes Ælfric von Eynsham um die Jahrtausendwende einmal der Jammer eines Bauern: «Ach! Ach! Eine große Plage ist es, denn ich bin nicht frei.»

Zwar klagt selbst Karl I. darüber, «daß viele, die bekanntermaßen Freie sind, von den Großen gewaltsam unterdrückt werden»; kennt auch Ludwig der Fromme «eine unzählige Menge von Unterdrückten, denen das väterliche Erbe entzogen oder die Freiheit geraubt war». Doch beide Male handelt es sich um Freie, die ihre Freiheit verloren hatten, nicht um Unfreie, die, wie die meisten, schon immer unfrei waren. Ist darum im Frühmittelalter vom «Volk» die Rede, hat man sich in aller Regel keine anonymen Haufen mehr oder weniger Unfreier, Unadliger vorzustellen. Nein, die existierten, die gab es sozusagen gar nicht für die Herrschenden. «Gewöhnlich», betont Karl J. Leyser, «bestand *populus*, das Volk, das Rechtsstreitigkeiten führte, Bischöfe wählte, Könige erhob oder von ihnen abfiel, aus Adligen und ihrer Gefolgschaft, kleinen Hierarchien, in denen wiederum die Vornehmeren und die von besserer Herkunft den ersten Rang einnahmen.»

An die untersten Klassen zu denken, hatten die Könige kaum Zeit. Dafür dachten sie an ihre Helfer und Helfershelfer um so mehr, besonders an den hohen Adel, der nicht der Ehre, der des Lohnes wegen zu ihnen stand, der mit Königsgütern, Königslehen abgefunden werden wollte, zumal er selber wieder seine Gefolgschaft zu versorgen hatte. So herrschte auf allen Seiten ein fortgesetztes Konkurrieren und Rivalisieren, das auf nichts mehr Rücksicht nahm als auf das eigene Interesse, den eigenen Landhunger. Grund und Boden aber waren seit den riesigen Raubzügen des «großen» Karl knapp geworden.⁶

Stets wechselnde Fronten
oder Treueide, wohlfeil «wie Brombeeren»

Lothar erbte als einziger die Kaiserwürde, freilich mit der Auflage, das Erbrecht der Brüder zu sichern. Doch forderte Lothar, der aus Italien heranrückte, wo er seinen Sohn Ludwig II. zurückließ, das ganze Reich, «sein» Reich, für sich. Der hohe Klerus ging auch großenteils zu dem «Nachfolger des Vaters im Frankenreich» über: die Erzbischöfe Hetti von Trier, Amalwin von Bisanz, Otgar von Mainz, ein Todfeind Ludwigs des Deutschen, die Bischöfe von Metz, Toul, Lüttich, Lausanne, Worms, Paderborn, Chur, der Abt von Fulda und spätere Erzbischof von Mainz Rhabanus Maurus u. a. Auch wurde der vertriebene, inzwischen jahrelang in Haft gehaltene Parteigänger Lothars, Erzbischof Ebo von Reims, wieder in aller Form restituiert, mußte aber vor Karl bald erneut zu Lothar flüchten, der ihm die Klöster Stavelot und Bobbio gab, bis er auch bei Lothar in Ungnade fiel, die Abteien verlor, doch dafür durch Ludwig den Deutschen Bischof von Hildesheim wurde.⁷

Indes gingen nicht nur die Kombattanten früherer Kämpfe zu Lothar über, sondern selbst Prälaten aus der nächsten Umgebung des alten Kaisers, allen voran Karlssohn Drogo, Bischof von Metz, Ludwig des Frommen Erzkapellan, der Lothar Krone, Schwert und Szepter des verstorbenen Vaters überbrachte.

Da die Großen, «von allen Seiten von Hoffnung oder Furcht getrieben», nun zu Lothar strömten, Ludwig und Karl aber viele Vasallen verließen, überspannte Lothar den Bogen, indem er erwog, «durch welche Mittel er ungehindert das gesamte Reich an sich reißen könnte», wobei er beschloß, sich zuerst auf Ludwig «zu stürzen» und «dessen Macht zu vernichten» (Nithard). Als ihm dieser freilich die Zähne zeigte, vereinbarte er mit ihm ein

Stillhalteabkommen und beabsichtigte jetzt, sich auf Karl zu werfen und ihn mit einem gewaltigen Heer «bis zur Vernichtung zu verfolgen», wie Graf Nithard, der «illegitime» Karlsenkel, der für Karls des Kahlen Sache mit Feder und Schwert streitende und 845 fallende Historiker der Bruderkriege schreibt, einer der wenigen Laienschriftsteller des Frühmittelalters.[8]

Dank der unentwegten Machenschaften seiner nun allerdings entmachteten Mutter besaß Karl der Kahle beim Tod Ludwigs des Frommen die Anwartschaft auf die Hälfte des Reiches. Lothar aber rückte zuerst zur Seine, dann gegen die Loire vor und trieb Karl im Herbst 840 in die Enge. Denn Karl hatte nicht nur diesen Bruder zum Feind, auch Pippin von Aquitanien und die noch selbstbewußteren Bretonen standen gegen ihn in Waffen. Zudem ging man dort, wo Lothar vorrückte, gern zu ihm über; nichts als der übliche Opportunismus von Klerus und Adel. So ließ sich eine Tochter Karls «des Großen», die Äbtissin Rothild von Faremoutier, klösterlichen Besitz von Lothar bestätigen. So eilten u. a. «Abt Hilduin von St. Denis und Graf Gerard von Paris, von Karl abfallend, eidbrüchig zu ihm». Und wie sie, zogen es auch andere vor, «lieber nach Sklavenart ihre Treue zu brechen und ihrer Eide sich zu entschlagen, als für einige Zeit ihr Hab und Gut zu verlassen» (Nithard).

Karl aber wollte «das ihm von Gott übertragene Reich» nicht preisgeben, zumal es ja «Gott und sein Vater ihm mit seiner, Lothars, eigener Zustimmung, übertragen hatte». Mehrmals eilten deshalb Gesandte hin und her, darunter auch Nithard, den Lothar freilich, weil er sich ihm versagte, gleich seiner Güter und Rechte beraubte. War der neue Kaiser ja überhaupt ein Mann, der nur suchte, so Karls Parteigänger, «durch welche Künste er ohne Schlacht Karl betrügen und überwinden könnte»; während Nithards eigener Dienstherr natürlich «aus reiner Gerechtigkeit Frieden» forderte. Jedenfalls standen beide vom Kampf vorläufig ab.

Kaum war es jedoch zu der einstweiligen Einigung mit Karl gekommen, bereitete Lothar jetzt wieder den Krieg gegen Ludwig vor «mit ganzer Seele darauf bedacht, Ludwig durch List oder

Gewalt zu unterwerfen, oder was er noch mehr wünschte, ganz zu vernichten». Ludwig aber, von vielen seines Anhangs verlassen und verraten, mußte nach Bayern zurück, worauf es zu einem Bündnis zwischen ihm und Karl kam. Dieser hatte mittlerweile die Zeit zu kleinen Gemetzeln und großen Gebeten genutzt (in St-Denis, zum Beispiel, in St-Germain), zuletzt in Aachen, wo ihm am Vorabend des «heiligen Osterfestes» 841 aus Aquitanien Gesandte wunderbarerweise «eine Krone und allen königlichen Schmuck sowie gottesdienstliche Geräte» überbrachten und, ein weiteres Wunder, «soviel Pfund Gold und solche ungeheuere Menge von Edelsteinen unversehrt», obwohl doch «da überall Beraubung drohte»(!), ohne Zweifel «eine besondere Gnade», «ein besonderer Fingerzeig Gottes» (Nithard).

Wer von beiden, Karl oder Ludwig, wen zu Hilfe rief, weiß man nicht, da sich die Quellen widersprechen. Doch waren beide endlich «vereint wie in brüderlicher Liebe so durch ihre Heerlager» (Annales Bertiniani) – eine gloriose christliche Verschmelzung. Auch hatte jeder der drei in diesem steten Hinundher mit wechselnden Fronten, Huldigungen, Schwüren die schwankenden Großen durch Gewalt, Geschenke, durch Versprechungen und Drohungen weichzumachen, in Pflicht zu nehmen, aufzuwiegeln gesucht, wobei unter diesen hochadeligen Katholiken Treueide bereits wohlfeil waren «wie Brombeeren» (Mühlbacher).

Dann aber schlug Ludwig der Deutsche am 13. Mai 841 auf dem Ries die schwäbischen Parteigänger Lothars schwer. Der größere Teil der Besiegten kam auf der Flucht um (– nein, wie das alles so «papieren» klingt! So floskelhaft geläufig! Man muß das Schreien, Stöhnen, Flennen hören, das furchtbare Verstummen, muß das Krepieren sehen, das letzte tödliche Entsetzen...) Und schon am 25. Juni 841 die noch viel blutigere und auch schon deshalb wohl als Gottesgericht aufgefaßte Schlacht von Fontenoy (Fontanetum) bei Auxerre (vorwiegend, wie seit langem freilich bei den Franken, eine Reiterschlacht). Katholiken stachen Katholiken, Franken Franken ab, Verwandte Verwandte; wobei in Lothars Gefolge mit «ungeheuren Schätzen» und drei Gesandten von Papst Gregor IV. der Ravennater Erzbischof Georg sich befand, der Karl den Kahlen in sein Bistum schleppen, ihm die Zwangstonsur verpassen wollte (auf der Flucht aber gefangen genommen und angeblich übel traktiert worden ist).⁹

DIE SCHLACHT VON FONTENOY ODER «WOHIN GOTTES FÜGUNG DIE SACHE LENKEN WÜRDE...»

Vor dem Gemetzel hatte Gesandtschaft um Gesandtschaft die jeweils andere Seite aufgesucht, hatte man den Herrn, die Kirche, die Christenheit beschworen, auch, wie längst üblich, «Gutachten» des Klerus eingeholt, «um willig da zur Hand zu sein, wohin Gottes Fügung die Sache lenken würde».

Wir besitzen einen ausführlichen Bericht über das von allen Parteien gut bezeugte christ-katholische Bruder-Treffen (eine der sehr seltenen offenen Feldschlachten der frühmittelalterlichen Geschichte) durch Nithard, im zweiten Buch seiner Historiae. Er hat selbst auf Karls des Kahlen Seite mitgeschlachtet, ja, «mit Gottes Beistand nicht geringe Hilfe geleistet...»

Gleich nach Vereinigung ihrer Streitmacht hatten Ludwig und Karl einander «alle die Leiden», «diese trostlosen Zustände» durch Lothar geklagt und diesem dann durch Boten eindringlich vorgestellt, «daß er des allmächtigen Gottes eingedenk seinen Brüdern und der gesamten Kirche Gottes Frieden gewähre..., andernfalls könnten sie ohne Zweifel aus Gottes Hand Beistand erhoffen»; was Lothar, von Aachen nach Aquitanien eilend, allerdings als «wertlos» abtat. Unter mancherlei Botschaften, frommen wie forschen, bewegte man sich aufeinander zu, allenthalben strapaziert durch Weglänge, Pferdemangel und Kämpfe. Doch wollte man «lieber jedes Elend», sogar «den Tod» ertragen, als seinen «ruhmvollen Namen» verlieren.

So ging's gleichwohl mit «Hochsinn» und «in Eilmärschen fröhlich vorwärts», bis man bei Auxerre auf einander stieß. Wieder wechselten Gesandte die Fronten, und die Verbündeten bestanden darauf, wenn man einander schon absteche, so ja recht christlich. Ergo: «zuerst unter Fasten und Beten Gott anrufen, dann aber ... ohne alle Täuschung und Hinterlist zum offenen Kampf zusammentreffen ...» Eine saubere Sache.

Beide Heere änderten noch einmal die Position und sandten sich bei Fontenoy en Puisaye neue Gruß- und Beschwichtigungsworte. Ludwig und Karl erinnerten Lothar an «ihre Stellung als Brüder», an «die Kirche Gottes und das ganze christliche Volk». Und auch Lothar ersuchte um «Waffenruhe», wobei er mehrere seiner Großen eidlich versichern ließ, er wolle dadurch bloß – das übliche christliche Geschwätz – «das allgemeine Beste, das Wohl der Brüder sowie des gesamten Volkes, wie es die Gerechtigkeit unter Brüdern und Christi Volk fordere». Tatsächlich erwartete er nur noch Pippins II. Heerhaufen aus Aquitanien. Am 24. Juni treffen sie ein, am 25. geht es «zum Gerichte des allmächtigen Gottes».

Ein «Gottesgericht» versprach von vornherein einiges. So sollen auf Lothars, des Besiegten Seite, gewiß sehr übertrieben, 40 000 Mann gefallen sein. Doch kostete auch die verlustreiche Überraschungsattacke seiner Gegner am frühen Morgen mit Tausenden von Reitern enorme Opfer. Und dies in einem Waffengang, der ohne unmittelbare Wirkung blieb. Allerdings: die Reichseinheit war unwiederbringlich verloren; ebenso für lange jede Hegemonie im Abendland. Denn das Kaisertum dominiert nun nicht mehr die Könige; Kaiser und König sind gänzlich gleichrangig.

Es ist sozusagen die Geburtsstunde des «Nationalstaates». Und bekanntlich führten die Nationalstaaten eher häufiger Krieg, zumindest in meist viel größeren Dimensionen – bis heute. Bereits Fontenoy, ihr grandioser Geburtstag, brachte allen furchtbare Verluste, zumal auch der fränkischen Führungsschicht. Die «Jahrbücher von Fulda» sprechen von «einem Blutbad auf beiden Seiten, wie sich niemals unsere Zeit bisher solcher Verluste beim fränkischen Volk erinnert». Und Jahrzehnte später sieht Regino von Prüm in dieser Metzelei die Ursache für die Schwäche des spätkarolingischen Imperiums, sieht er der Franken «glorreiches

Heldentum» nicht mehr recht fähig zur Verteidigung, «geschweige zu einer Erweiterung des Reiches».

Das war das Schlimmste: nicht andere zerfleischen, Slawen, Heiden, Sarazenen! So stört einen Zeitgenossen die «für alle Christen bejammernswerte Bürgerschlacht» (omnibus christianis lamentabile bellum), weil das Schwert der Franken, «einst allen anderen Nationen furchtbar, in seinen eigenen Wunden» gewütet. Das war's. Und sollte doch, echt christlich, evangelisch, in den Wunden anderer wüten! Tatsächlich aber massakriert man Nichtchristen wie Christen, besonders freilich diese, fort und fort – bis heute. Bereits seinerzeit indes bekennt ein Mitkämpfer im Heer Lothars, der in vorderster Schlachtreihe kämpfende Angilbert: «Niemals war ein böseres Morden, nie selbst auf dem Feld des Mars, / Nie ward je der Christen Satzung durch ein Blutbad so verletzt.» In Wirklichkeit jedoch war das bereits jahrhundertelang so, *im Wesentlichen*, und blieb es.

Auch die Heuchelei.

Denn am Ende der Abschlachtung blühten sogleich die erbaulichsten christkatholischen Gefühle hervor. «Überall wurden die Flüchtenden niedergehauen, bis Ludwig und Karl, von heißer Frömmigkeit getrieben, dem Blutvergießen Einhalt geboten» (Annales Bertiniani). Und nun feierten die Sieger den Tag des Herrn, die hl. Messe, und «die Könige selbst hatten Erbarmen mit dem Bruder», von dem sie freilich keine «ungerechten Absichten» erhofften! Vielmehr Verbundenheit «in wahrer Gerechtigkeit», «in wahrer Treue». Und selbstverständlich stellten die Bischöfe noch auf dem Schlachtfeld einmütig fest: «die Verbündeten hätten allein für Recht und Billigkeit gekämpft und dieses sei durch Gottes Gericht klar bewiesen; daher müsse man jeden in diesem Zusammenhang, den Berater wie den Vollstrecker, für Gottes schuldloses Werkzeug halten.» Womit sie sich selbst, wie immer durch die Zeiten, schönste Schuldlosigkeit attestierten, göttliche Schuldlosigkeit, sozusagen – sonst aber jeden in der Beichte «nach dem Maß seiner Schuld» richten wollten (Nithard).[10]

Kaiser Lothar verbündet sich mit Heiden und raubt Kirchen aus – Ludwig der Deutsche köpft

Die Geistlichkeit auf Lothars Seite sah dagegen in dem Blutvergießen überhaupt kein «Gottesgericht». Man bemäntelte seine Niederlage durch allerlei unwahre Gerüchte: Karl sei in der Schlacht gefallen, Ludwig verwundet und flüchtig. Lothar jedenfalls, zwar besiegt, doch weder völlig geschlagen noch zum Aufgeben bereit, soll jetzt dänische Normannen, die gerade erst Rouen und die Seinegegend gebrandschatzt, zu Hilfe gerufen und «ihnen einen Teil der Christen unterstellt», ja ihnen zugestanden haben, «die übrigen christlichen Völker zu berauben» (Nithard).

Tatsächlich belehnte er den Wikingerkönig Harald Klak mit der Insel Walcheren und mit weiteren friesischen Gebieten, entzog sie anscheinend aber später den Dänen wieder – und verlieh sie ihnen erneut. Zudem nutzte er Klassendifferenzen, die Feudalisierung Sachsens (vgl. IV 455 f.), und entfesselte den Stellinga-Aufstand, eine Erhebung der dortigen Unter- und Mittelschicht, der Halbfreien und Freien des Stammes, der fränkischer Fremdherrschaft am längsten, härtesten widerstrebt hatte. Nach Hans K. Schulze, «mit einiger Phantasie» gesehen, «die erste revolutionäre Volksbewegung auf deutschem Boden».

Der Kaiser verhieß den Empörern wider die Aristokratie sogar die Rückkehr zum Heidentum. Sollten sie doch, folgten sie ihm, ihr Recht wiederbekommen, «wie sie es zur Zeit, als sie noch Götzendiener waren, hatten» (Nithard).

Ludwig der Deutsche aber befürchtete nicht nur eine Ausrottung des christlichen Glaubens, sondern auch eine Kooperation von Normannen und sächsischen Rebellen. Also ließ er – der gegen Lothar vornehme sächsische Anhänger ebenso in den Kampf schickte wie dieser gegen ihn – «die übermütig aufgeblasenen Knechte» (Annales Xantenses) blutig zusammenschlagen, ließ er die Stellinga «mit Strenge dämpfen», wie die Jahrbücher von Fulda formulieren, oder, wie eine andere Quelle so schön sagt, «auf eine für ihn ehrenvolle Weise, aber nicht ohne gerechtes Blutvergießen, in einem furchtbaren Blutbad» vernichten: ließ er

14 seiner Gegner am Galgen aufhängen und 140 Rädelsführer köpfen, «eine ungeheuere Menge verstümmeln und keinen am Leben, der sich noch irgendwie gegen ihn auflehnte».[11]

Während Ludwig der Deutsche derart seinen Herrschaftsbereich ehrenvoll und gerecht nach Norden erweiterte, rüstete Lothar, sammelte in Diedenhofen ein stattliches Heer gegen Karl und rückte rasch auf Paris vor, so daß Karl nun Ludwig beschwor, ihm sobald wie möglich militärisch zu helfen. Da jetzt jedoch Lothar durch seinen Zweifrontenkrieg und diverse Umstände in die Klemme geriet, übermittelte er dem Stiefbruder, mit ihm zu paktieren, wenn «Karl das Bündnis, welches er mit seinem Bruder Ludwig eingegangen war und eidlich bekräftigt hatte, aufgebe, wohingegen er von dem Bündnis, welches er mit seinem Neffen Pippin abgeschlossen und gleichfalls eidlich bekräftigt hatte, sich lossagen wolle» (Nithard).

Karl aber wollte nicht, und so vereinigte sich Lothar in Sens mit Pippin von Aquitanien, den er doch gerade erst noch dessen Todfeind hatte opfern wollen. Und zog weiter nach Le Mans, «überall», nach den westfränkischen Jahrbüchern von St. Bertin, «mit Plünderung, Feuer, Schändung, Kirchenraub und Eideszwang wütend, so daß er selbst die heiligen Räume nicht verschonte; denn er nahm unbedenklich alles mit, was er von Schätzen finden konnte, mochten sie auch, um sie zu retten, in den Kirchen oder in ihren Schatzkammern niedergelegt sein, indem er selbst die Priester und Geistlichen der anderen Rangstufen zu eidlichen Aussagen nötigte; auch die dem Dienste Gottes ergebenen heiligen Nonnen zwang er ihm Eide zu leisten».

Dagegen begab sich Karl von Paris nach Châlons, «um hier das Fest der Geburt des Herrn zu begehen». So fromm war man auf dieser Seite.[12]

Die Strassburger Eide (842)
sowie Gottes und der Pfaffen Wille

Da und dort bröckelte Lothars Anhang ab. Er wurde gewaltsam unterworfen, gab auf oder floh, wie Erzbischof Otgar von Mainz, der mit seiner Soldateska u. a. die Vereinigung von Ludwig und Karl bei Koblenz hatte verhindern sollen. Und bald ging auch Karls «des Großen» Sohn Drogo, der Bischof von Metz, der sich Lothar angeschlossen und dessen Hofkapelle geleitet, zum Feind über.

Die verbündeten Könige trafen sich in Straßburg (einst Argentoratum genannt) und leisteten dort die berühmten, von Nithard wörtlich tradierten Eide. Sie schworen einander «Aus Liebe zu Gott und zu des christlichen Volkes und unser beider Heil» am 14. Februar 842 in feierlicher Form einen Beistandspakt, Ludwig in romanischer, Karl in deutscher (fränkischer) Sprache – das älteste altfranzösische Sprachdenkmal und eines der ältesten Zeugnisse des Althochdeutschen (die offizielle Sprache, die Sprache für Staat, Kirche, Literatur war im ganzen christlichen Abendland das Lateinische; die deutsche Sprache, «Thiudisca», galt als «barbarisch»).

Altfranzösisch hört sich das so an: «Pro Deo amur et pro Christian poblo et nostro commun saluament...» Und deutsch oder althochdeutsch (die Quellen nennen das aus verschiedenen Dialekten bestehende Germanische lingua theotisca, daher das Wort «deutsch»): «In Godes minna ind in thes Christianes folches ind unser bedhero gealtnissi...» Zuvor hatten beide Könige zu den versammelten Kriegern viel von brüderlicher Liebe geredet, christlicher Gesinnung, «Erbarmen mit dem christlichen Volke», überhaupt vom gemeinsamen Besten, natürlich auch von Gottes Barmherzigkeit, dem Gericht des Allmächtigen etc. Und dazwischen, schön in Salbungsvolles gehüllt, wurde vor den beiderseitigen Heergenossen der böse Bruder bezichtigt, «unsere Völker mit Brand, Raub und Mord zugrunde» zu richten.[13]

Immer mehr Große verließen Lothar. Ludwig und Karl zogen von Straßburg getrennt nach Worms, trafen sich hier knappe zehn

Tage später und marschierten, nachdem sie alle beide «den Gau Wormsfeld geplündert» (Annales Xantenses), nach Mainz, wo sie Ludwigs ältester Sohn Karlmann noch mit bayerischen und alemannischen Haufen verstärkte. Darauf wandten sie sich wieder getrennt rheinabwärts und vereinigten ihre Streitmacht in Koblenz. Dort hörten sie in der Kirche des hl. Kastor eine hl. Messe und setzten dann rasch über die Mosel, indes Erzbischof Otgar von Mainz floh, Lothar über Aachen – wo er den ganzen kaiserlichen Schatz zusammenraffte, auch «den von St. Marien» mitgehen ließ (Annales Bertiniani) – und Châlons nach Troyes, wo er am 2. April 842 das heilige Osterfest feierte, ehe er nach Lyon weiterzog.

Das Land Lothars brandschatzend, rückten Ludwig und Karl nach Aachen vor. Und dort ließen sie sich von dem zahlreich versammelten Klerus gleichsam «wie durch Gottes Wink» bescheinigen, wie selbstsüchtig, meineidig, korrupt ihr katholisches Bruderherz Lothar war. Wie er – nicht sie zusammen! – «seinen Vater vom Reich vertrieben, wie oft er durch seine Herrschsucht das christliche Volk eidbrüchig gemacht, wie oft dieser selbe die dem Vater und den Brüdern geleisteten Eide gebrochen, wie oft er nach des Vaters Tod seine Brüder zu enterben und zu verderben gesucht habe, wie viel Mord, Ehebruch, Brand und Schandtaten jeder Art die gesamte Kirche durch seine ruchlose Habgier erduldet habe, auch behaupteten sie, er besitze weder die Fähigkeit den Staat zu regieren, noch könne man eine Spur von Wohlwollen in seiner Regierung entdecken. Aus diesen Gründen, erklärten sie, habe er nicht unverdient, sondern nach dem gerechten Urteil des allmächtigen Gottes, zuerst vom Schlachtfeld und dann aus seinem Reich weichen müssen. Und sie waren alle einmütig der Ansicht und stimmten darin überein, daß Gottes Strafe ihn wegen seiner Sünden ausgestoßen und daß sich sein Reich in rechtmäßiger Weise seinen Brüdern als den Besseren zur Herrschaft ausgeliefert habe» (Nithard).

Doch wären sie keine Pfaffen gewesen, hätten sie damit den Königen gleich eine «Regierungsvollmacht» gegeben. Hätten sie ihnen alles zur Herrschaft ausgeliefert, ohne sie erst öffentlich zu fragen, «ob sie das Reich nach Art des verjagten Bruders oder nach dem Willen Gottes regieren wollten.»[14]

Gottes Wille aber ist ihr Wille! Immer und überall. Nichts sonst. (Oder hörte man je etwas anderes von Gott als von Päpsten und Bischöfen?!)

VON EINER MERKWÜRDIGEN MEINUNG ALTER UND NEUER HISTORIKER

Lothar geriet noch mehr in Bedrängnis. Man fiel massenweise von ihm ab, brach alte Treueide, schwur neuen Herren neue und verschaffte sich so neue Vorteile gegenüber den stets unsichereren alten – der ewig gleiche Zug der Geschichte. Im übrigen wurde durch den dauernden Machtwechsel, die ständigen Positionskämpfe der hohe Adel immer stärker, gerieten die Könige unter seinen Druck und gewannen und behielten bloß durch ihn ihre Macht.

In unserer wichtigsten Quelle über diese ständigen dynastischen Zwiste, in den vier Büchern «Historien» des Nithard, bedauert dieser die innere Zerrissenheit, den Zerfall des Einheitsstaates, und erblickt das eigentliche Ideal in der Regierung seines «großen» Ahnen. So beklagt er am Ende des Werks die «wahnwitzige Vernachlässigung des öffentlichen Wohls», «das selbstsüchtige Streben nach dem eigenen Vorteil», hadert er, weil «von beiden Seiten Raub und Übel sich überall verbreiten», und erinnert wehmütig an die Zeit «des großen Karl, glücklichen Andenkens». Herrschte doch da «überall Friede und Eintracht ... nun aber ist überall Uneinigkeit und Streit zu sehen, weil jeder, wie er will, einen besonderen Weg geht. Und damals war allerorts Überfluß und Freude, jetzt aber ist nur Mangel und Trauer ... »[15]

Diese Sätze, der noch heute herrschenden Historikeransicht konform, die Karls I. Staat als Einheitsstaat, aufstrebende Weltmacht, christliches Universalreich, als eine Art Weiterentwicklung der römischen Kaiseridee bejubelt, diese Sätze sind deshalb so bezeichnend, weil sie – «überall Friede» behaupten. Tatsächlich jedoch hatte Karls 46jähriges Regiment fast unentwegt Krieg, nahezu fünfzig Feldzüge gebracht, hatte er allein die Sachsen, die «Erzheiden», dreiunddreißig Jahre mörderisch bekämpft! Was indes am Rand des immer weiter expandierenden Groß-Raub-Reiches geschah, betraf ja nicht den «Frieden» im Innern. Im Gegenteil. Je mehr «Ruhe und Ordnung» da, desto besser funktionierte das Töten, Versklaven, Annektieren dort, außerhalb der Grenzen. Doch «überall Überfluß und Fröhlichkeit» gab's nicht einmal hier, im Inland. Das genoß bloß die lächerlich kleine Schicht der Besitzenden, Adel und Klerus, die im fremden, im blutig geraubten Reichtum schwamm, während im schamlos geschröpften eigenen Volk chronische Unterernährung herrschte, Elend und Hungersnöte grassierten, die 784 in Gallien und Germanien ein Drittel der Menschen dahinrafften (IV 490).

Unter Karls Enkel trat lediglich anstelle des auswärtigen Kriegs der Krieg im Innern, der sogenannte Bürgerkrieg – freilich ein Pleonasmus, denn jeder Krieg ist Bürgerkrieg!

Natürlich war Nithards Sicht nicht exzeptionell.

Der Zeitgenosse Florus von Lyon, der dichtende Diakon, ein emsiger Kirchendiener, sieht das nicht anders. Auch er bedauert das dreifach gespaltene Imperium, die Herrschaft von Königlein statt eines Königs. Auch er glorifiziert «das Reich im Glanz der erhabenen Krone, / Herr war einer und eins auch das Volk, das dem Herren gehorchte ... / Friedlichkeit waltete drin und Tapferkeit schreckte die Feinde.» Und nachdem Florus noch den eignen, den «geheiligten Stand», ganz christlich demütig gehörig herausgestrichen, preist er beredt das Verknechten im Osten, das Werfen der «Zügel des Heils um Besiegte». «Hier bog heidnisches Volk sich dem Joche der Kirche, indessen / Dort der ketz'rische Wahn, mit Füßen getreten, dahinsank.»[16]

Ja, das gefiel Christen immer: die Heiden im Joch, ihr Glaube mit Füßen getreten!

Die Verträge von Verdun (843) und Meersen (870)

Doch war man allgemein kriegsmüde. Das heißt: die Nachteile des Krieges wurden für die Mächtigen größer als die Vorteile; was nicht zuletzt auch für den hohen Klerus galt, dessen gewaltiger Besitz mit Vorliebe gebrandschatzt worden ist. Nach langen, schwierigen, von Mißtrauen gezeichneten Verhandlungen – gemischte Kommissionen, 120 Beauftragte hatten zuvor die Grenzen bereist und ermittelt –, nach Vorgesprächen im Juni 842 auf einer Saône-Insel bei Mâcon, im Oktober in Koblenz, im November in Diedenhofen, kam es im nächsten Jahr zu einer neuen Teilung.

Das Reich Ludwigs des Frommen wurde im Vertrag von Verdun, dessen Text unbekannt ist, im August 843 nach dem dynastischen Erbrecht, dem alten Grundsatz brüderlicher Gleichberechtigung, nach Ausscheiden allerdings von Bayern, Aquitanien und Italien, im Beisein der Magnaten, in West-, Ost- und Mittelreich gegliedert, in drei gleich große Länder – «ob die Könige wollten oder nicht wollten».

Ludwig der Deutsche erhielt sein Stammland und das gesamte Ostreich, die Francia orientalis, manchmal auch noch mit ihrem früheren Namen Austria, Austrasien (deutsch «Ostarrichi» im «Heliand») genannt (IV 117). Er bekam also zu Bayern die Gebiete östlich von Rhein und Aare, die der Sachsen, Thüringer, Ostfranken, Alemannen (ohne Elsässer) sowie Speyer, Worms und Mainz links des Rheins; womit sich, über das ostfränkische Reich, die «deutsche Geschichte» sozusagen verselbständigt, von den beiden anderen Teilreichen abzweigt.

Karl der Kahle erbte das westliche Frankenreich, die Francia occidentalis, die von nördlich der Loire bis zu Maas und Schelde reichte, dazu Aquitanien und die spanische Mark, was die Voraussetzung schuf für das Entstehen des französischen Volkes, wenn auch seinerzeit Sprache, Volkstums-, Stammesgrenzen keinesfalls den Ausschlag gaben, die Grenzziehung vielmehr reichlich willkürlich geschah, ohne Rücksicht sogar auf zusammengehörige Volksgruppen oder Bistumsverbände. Auch hatte Karl, eher unkriegerisch, persönlich jedenfalls feig, viele der ihm zuerkannten Länder mehr oder weniger gegen sich: Aquitanien, die Bretagne, Septimanien, die spanische Mark.

Das geschichtlich wirkungslos bleibende, geographisch und bevölkerungspolitisch unorganische, zwischen die beiden anderen regna gezwängte Mittelstück, das Regnum der Francia Media, wurde sowohl von Romanen (Burgundern, Provençalen) wie Germanen (Alemannen, Rheinfranken, Friesen) bewohnt. Es war ein langgestreckter Länderstreifen, der immerhin von Italien bis Friesland reichte, also das Mittelmeergebiet von Benevent über die wichtigen Westalpenpässe, über die Provence, Burgund nebst der mittleren Francia, das spätere Lotharingien, den Maas-, Mosel-, Niederrheinraum mit dem Nord-Ostseebereich verband. Dieses Gebiet hatte Lothar I. gewählt, der mit den Kaiserstädten Rom und Aachen zugleich den Kaisertitel behielt. Doch partizipierten auch die beiden anderen Königreiche an den fränkischen Kernlandschaften: Ludwig der Deutsche bekam das fränkisch besiedelte Rhein-Main-Gebiet, Karl der Kahle das fränkische Neustrien zwischen Seine und Schelde.

Pippin II. aber, der Sohn Pippins I., des inzwischen verstorbenen Sohnes Ludwig des Frommen, der den Thron von Aquitanien beanspruchte und lang Karl dem Kahlen widerstand, der seinerseits das Land «durch zahlreiche Einfälle heimsuchte» (Annales Fuldenses), wurde 864 gefangengenommen und in ein Kloster gesteckt (S. 138 f.).

Lotharingien, das Mittelreich, währte nicht lang (855–900). Es wurde nach dem Tod Lothars I. (855) unter seine drei Söhne, Ludwig II., Lothar II. und Karl geteilt. Dieser starb früh, und nach dem Ableben auch von Lothar II. (869) rissen seine Onkel, Karl der Kahle und Ludwig der Deutsche, das Mittelreich im Vertrag von Meersen (870), unter Übergehung der Ansprüche Ludwigs II., an sich. Als aber der ostfränkische Karolinger Arnulf von Kärnten 895 Lotharingien wiederherstellte und dort seinen Sohn Zwentibold als König einsetzte, fand dieser anno 900 im Kampf mit der örtlichen Aristokratie den Tod und das eigenständige lotharingische Königtum sein Ende (S. 318 f.).

So halbwegs ausgewogen Ludwigs des Frommen Reich den jeweiligen Anteilen gemäß gedrittelt worden war, qualitativ, sozial- und kulturhistorisch, auch organisatorisch gesehen, waren die Unterschiede beträchtlich.

Der Westen und Italien repräsentierten alte, noch von der Antike imprägnierte Kulturlandschaften. Man war anspruchsvoller, vergleichsweise. Wenigstens da und dort gab es dichter gestreute Stadtregionen. Es gab eine wie auch immer geartete Literalität, gab Bücher, Schulen. Wir begegnen hier auch ökonomischem Engagement, Handel- und Gewerbetreibenden sowie mehr und mächtigeren Aristokratenclans. Demgegenüber wirken weite Gebiete des Ostreichs «unterentwickelt», «waldüberzogen, menschenleer, ‹kulturlos› und ohne geistige Zentren» (Fried). Freilich lebten auch hier einige Vertreter der «karolingischen Renaissance»: Hrabanus Maurus, erst in der Neuzeit zum «praeceptor Germaniae» aufgestiegen; Walafrid Strabo, als Gesandter Ludwigs 849 in der Loire ertrunken; Notker Balbulus, der Mönch von Sankt Gallen.

Vielleicht war der Vertrag von Verdun noch nicht, wie namhafte ältere Historiker (Waitz, Droysen, Giesebrecht) glaubten, eine Art «Geburtsstunde» der deutschen und französischen Nationalität, zweier Völker, in deren Interesse man ihn gewiß nicht schloß. Doch eine deutsche, eine französische Geschichte bahnt sich an, Nationen beginnen aus älteren Völkerschaften, aus den Bewohnern bestimmter Länder hervorzuwachsen, das pränationale Stammesbewußtsein wird schließlich – besonders, bezeichnenderweise, durch das «gemeinschaftsbildende», alle Waffenpflichtigen verschiedener Stämme und Regionen einigende Heer – zum Nationalbewußtsein. Wie denn das Aufkommen auch anderer nationaler Königreiche, in England etwa, Spanien, Skandinavien, Polen, Böhmen, Ungarn, politisch das Frühmittelalter prägt. Freilich, im ganzen 9. Jahrhundert denkt man noch nicht in völkischen Kategorien, fühlt sich noch kein Volk als «nationale Einheit», noch kein Mensch als «Deutscher», «Franzose», vielleicht noch nicht einmal im 10. Jahrhundert, wenn es auch die unmittelbare Übergangsphase ist.

Diese Aufteilung des karolingischen Reiches, der während des 9. Jahrhunderts weitere Teilungen, doch auch neue Vereinigungen folgten, war ein durch die Verhältnisse erzwungener Kompromiß. Sie beendet zunächst zwar das gegenseitige Übereinanderherfallen, führt aber auch dazu, daß das Kaisertum seine Vormachtstellung gegenüber dem Papsttum allmählich verliert, daß die Dreiteilung in Deutschland, Frankreich, Italien sich vorbereitet, und daß die frühere Einheit – die Episode unter Karl dem Dicken (S. 278 ff.) beiseite – nie mehr zurückkehrt.[17]

Ludwig von Gottes Gnaden König der Bayern

Ludwig II. der Deutsche (843–876) wird zwar in zeitgenössischen (westfränkischen) Quellen wiederholt «rex Germanorum» und «rex Germaniae», sein Herrschaftsgebiet – von der eigenen Kanzlei als «orientalis Francia» bezeichnet – bei den Autoren schon seinerzeit nicht selten «Germania» genannt, sein Beiname «der Deutsche» jedoch erst seit dem 19. Jahrhundert üblich.

Als dritter Sohn Ludwigs I. des Frommen um 805 geboren, hatte der zweite Ludwig seine Jugend am Hof verbracht und 817 in der Ordinatio imperii unter der Oberhoheit des Kaisers als Teilkönigtum Bayern erhalten; dazu, wie der Vater seinerzeit bestimmte, «die Karantanen, Böhmen, Avaren und Slaven, die im Osten Bayerns wohnen ...» Da der etwa Zwölfjährige zu jung ist, selbst zu regieren, tut er dies tatsächlich erst knapp zehn Jahre danach. Doch spätestens seit 830 urkundet er als «Ludwig von Gottes Gnaden König der Bayern». Hauptsächliche Ziele seiner Politik: die Ostexpansion und die Ausdehnung im Karolingerreich.

Während des Winters bevorzugt er Regensburg als Residenz, wo er gern Hoftage und Reichsversammlungen abhält, während des Sommers Frankfurt, wo er auch das Salvator-Stift einrichtet. Außer dem Kernland, der eigentlichen Machtbasis und ihm durch seinen «Heerführer», den Grafen Ernst, gesichert – bis zu dessen Sturz 861 «unter des Königs Freunden der erste» (Annales

Fuldenses) –, beherrscht der Monarch auch Schwaben, Rhein- und Mainfranken, Thüringen und Sachsen, also die meisten germanischen Reichsvölker.

Ludwig II. der Deutsche war keiner der «bedeutenden» Regenten, doch der bedeutendste unter seinen Brüdern.

Schon durch seine lange Regierungszeit wirkt er gleichsam stabilisierend auf das ostfränkische Reich, indem er, in den blutigen Spuren seines «großen» Ahnen Karls I. wandelnd, fast unentwegt Krieg gegen die Slawen in Böhmen und Mähren sowie im Nordosten führt. Dabei kooperiert er eng mit dem Episkopat, wie freilich auch die andren Karolingerfürsten, die alle den hohen Klerus an der Erfüllung ihrer Interessen, dem Verwirklichen ihrer Ziele beteiligen, wodurch sie ihn verstärkt abhängig machen, aber auch selber abhängig werden, immer mehr verkirchlichen, mehr als je etwa die Merowinger.

Ludwig der Deutsche galt geradezu als Lenker und Verteidiger der Kirche. Er kümmerte sich um die Mission in Mähren, Böhmen, im Norden, von Bremen und Hamburg bis Schweden, wo man das Christenidol allerdings nur beim Versagen der älteren Götter angerufen, sozusagen bloß als Aushilfsgott, als eventuellen Nothelfer anerkannt hat. Ludwig berief Synoden ein, nahm daran teil, und erst seine Bestätigung machte ihre Beschlüsse rechtskräftig; übrigens die einzige Gesetzgebung des ostfränkischen Reiches, aus dem zu seiner Zeit sonst nur von einem staatlichen Gesetz berichtet wird.

Bis zuletzt übt der Bayer den entscheidenden Einfluß auf die Besetzung der Bischofsstühle aus, die er bevorzugt selbstverständlich seinen Günstlingen gibt. So macht er 842 den (reich mit römischen Märtyrerknochen gesegneten) Abt Gozbald von Niederaltaich zum Bischof von Würzburg; zu Gozbalds Nachfolger den Bayern Arn, der insgesamt vier Fürsten dient und (mit Reliquien auf der Heroenbrust) mindestens in vier Feldzügen als Heerführer kämpft (bis er 892 – alles für Christus – gegen die Slawen fällt). 845 ernennt Ludwig den vertriebenen Ebo von Reims (S. 91) zum Oberhirten von Hildesheim, 847 den gelehrten Fuldaer Abt Hrabanus Maurus zum Erzbischof von Mainz.

Die Prälaten dominierten auch in seinem «consilium»: etwa Abt Ratleik von Seligenstadt, der Abt von Herrieden, Liutbert, auf Betreiben des Königs seit 863 Erzbischof in Mainz, der Konstanzer Bischof Salomo I., der Hildesheimer Bischof Altfrid, der als Regentenberater sich weit mehr mit Politik als mit seiner Diözese befaßte, in manchen Quellen aber als Heiliger figuriert und an seinem Grab beziehungsweise in der Hildesheimer Chronik viele wunderbare Heilungen vollbringt.

Den König umgaben also ständig hohe Kleriker. Und ganz beiseite, daß die Karolinger ausschließlich Geistliche als Notare beschäftigten, daß sie überhaupt, im Unterschied zur Merowingerära, die gesamte schriftliche Verwaltung am Hof in Priesterhände legten: auch Ludwigs Kanzleivorstände (Kanzler) oder Erzkapellane – die Zusammenfügung beider Ämter erfolgte unter ihm – also Leute, die in seinem Rat die Spitzenstellungen einnahmen, waren selbstverständlich Prälaten: Abt Gozbald von Niederaltaich, Abt Grimald von Weißenburg und Sankt Gallen, ein Verwandter der Trierer Erzbischöfe Hetti und Thietgaud, Ludwigs wichtigster Konsulent. Endlich als neuer Leiter der Kanzlei wie Kapelle Erzkapellan und Erzbischof Liutbert von Mainz, der noch unter zwei Söhnen Ludwigs das Amt verwaltet, das die Mainzer Erzbischöfe seit dem 10. Jahrhundert, seit Kaiser Ottos I. Sohn Wilhelm (ab 965), dauernd behalten.

Die Hofkapelle aber, jahrhundertelang ein Herrschaftsinstrument europäischer Fürsten, in der Karolingerzeit «ein typisches Produkt des Gottesgnadentums» (Fleckenstein), bildet nicht nur damals in Ostfranken «die dichteste Kontaktstelle zwischen karolingischer Politik und bayerischem Episkopat» (Glaser). Auch unter Ludwigs Söhnen blieb so der entscheidende Einfluß der Kirche auf die Politik gewahrt. Die Bischöfe agierten weiter in der Kanzlei und beteiligten sich an der Regierung.[18]

Ludwig der Deutsche war auch persönlich fromm. Er las geistliche Schriften. Bei öffentlichen Bittgängen folgte er barfuß dem Kreuz. In seiner Pfalz Frankfurt ließ er 852 eine Kapelle bauen, an der zwölf Geistliche dienten. Er gründete das Frauenkloster St. Felix und Regula in Zürich. Und alle seine Töchter wurden Nonnen: Irmingard Äbtissin des schwäbischen Klosters Buchau, Hildegard Äbtissin des Frauenklosters Schwarzach bei Würzburg, Bertha Äbtissin von St. Felix und Regula in Zürich.

Im Oktober 847 tagten im Mainzer Albankloster Bischöfe, Äbte und andere Geistliche Ostfrankens. Zum Wohl des Königs, seiner Familie sowie für die Sicherheit des Reichs ließ die Synode in allen Diözesen, so teilte sie dem Herrscher mit, 3500 Messen und 1700 Psalter lesen – und bat ihn dann, nach dem Brauch seiner Ahnen die Diener der Kirche und ihren Besitz zu schützen und nicht jenen sein Ohr zu leihen, die ihm raten, sich weniger um das Kirchengut als um sein Eigengut zu kümmern.

Nicht beiläufig: zwei Kanones befaßten sich damals mit den Armen, drei mit dem Glauben und sechs mit dem Kirchengut und den Zehnten.

Und dieselbe Mainzer Synode war es, die gegen eine Frau Thiota aus der Konstanzer Gegend – eine derart suspekte Predigerin (pseudoprophetissa), daß ihr selbst, so die Fuldaer Annalen, «Männer des heiligen Standes ... wie einer vom Himmel bestimmten Meisterin» folgten – die öffentliche Auspeitschung verhängte, worauf sie in geistige Umnachtung verfallen sein soll.

Und dieselbe Mainzer Synode hat auch – nach einer Reihe von Handschriften – gegenüber der Mainzer Synode von 813 die jurisdiktionellen Befugnisse des Episkopats kaltblütig erweitert. Hießen nämlich 813 die Bischöfe noch die Helfer der Grafen und Richter bei der Rechtswahrung, so machte die Mainzer Synode von 847 daraus, daß «die Grafen und Richter ihren Bischöfen bei der Rechtswahrung beistehen sollten, wie es das göttliche Recht verordnet hat ...»![19]

Die Klerisei beteiligte sich somit intensiv an der Politik Ludwigs des Deutschen. Es bestand vollendete Einheit von Thron und Altar – «immer stehen die Bischöfe hinter ihrem König und der König hinter seinem Episkopat». Der hohe Klerus führt politische Verhandlungen, schließt Verträge, sehr viel häufiger als die Grafen. Prälaten wirken als Königsboten, als Gesandte an auswärtige Mächte. Und noch im Krieg ziehn sie mit ganzen Scharen von Hintersassen zum König oder gar in seinem Auftrag «selbst an der Spitze eines Heeres allein oder zusammen mit Grafen zu Felde» (Schur). Anno 845 mußte die Synode von Meaux abgebrochen (und im nächsten Jahr in Paris fortgesetzt) werden, weil man die Bischöfe inzwischen beim Kampf gegen den Bretonenfürsten Nominoë benötigte, der dann im November in Ballon, nahe bei Le Mans, Karl den Kahlen schwer schlug.

Nichts klarer, als daß sich die ständig wachsende Macht des Klerus und sein immer größeres Selbstbewußtsein zumal seit den Tagen Ludwigs des Frommen mit entsprechenden Ansprüchen verbindet. «Mit großem Nachdruck wird Unterordnung und Gehorsam auch der Fürsten den Bischöfen gegenüber gefordert, das Übergreifen von Laien auf das geistliche Gebiet abgelehnt» (Voigt).

Ludwig II., seit 827 mit der jüngeren Schwester der Kaiserin Judith, der zweiten Frau seines Vaters, der Welfin Hemma, verheiratet, hatte anscheinend keinerlei Aufsehen erregende Frauenaffären. Jedenfalls werden seine geschlechtlichen Verhältnisse niemals beanstandet. Desto intensiver aber widmete er sich, ein im christlichen Abendland gewöhnlich über jeden Tadel erhabenes Geschäft, dem Krieg – von der Forschung meist seriös umschrieben, etwa: «seine aktive und zielstrebige Politik im Osten» (Reindel). Die ausgedehnte Nord- und die noch längere Ostgrenze seines Reiches, die über eineinhalbtausend Kilometer von der westlichen Ostsee bis zum Adriatischen Meer sich erstreckten, bis zu den Marken Istrien und Friaul, provozierten fast dazu. Und dies um so mehr, als es, verglichen mit Westfranken oder Italien, einerseits mit der wirtschaftlichen Entwicklung seines Landes nicht so weit her, andererseits mit dessen politisch-militärischer Stabilität sowie der Autorität seines Königs in Kreisen des Adels und der Kirche deutlich besser bestellt war. Nicht unwesentlich trug dazu die geschickte Heiratspolitik Ludwigs bei, der seine Söhne, den ältesten Karlmann, Ludwig den Jüngeren sowie den Jüngsten, Karl III., mit Frauen des fränkischen Hochadels vermählte; Karlmann mit einer Tochter des Grafen Ernst.

Die Ostgrenzen des Reiches, schreibt Johannes Fried, seien

«zwar nie völlig befriedet, aber weithin ungefährdet» gewesen, weil es keine kraftvollen politischen Zentren der Slawen gab. Erst mit der Bildung des «Mährischen Großreiches» habe sich dies allmählich geändert, und nicht zuletzt deshalb, weil «die Mission gerade von Bayern aus vorangetrieben wird». Auch nach Wilhelm Störmer hat Ludwig in den östlichen Grenzzonen anscheinend «sehr entschieden durchgegriffen», wobei ein «wichtiges Aufbauelement» für ihn «die Kirchen (Bistümer und Abteien)» waren, «die Grundherrschaften vor allem in der Donauzone, dem Aufmarschgebiet der Heere, erhielten. Auch die Slavenmissionierung durch bayerische Kirchen scheint Ludwig sehr geschickt delegiert zu haben.»

Die Slawen aber verteidigten natürlich ihren Glauben. Sie vergalten «Angriffe», schreibt Gerd Tellenbach, «von denen sie selbst heimgesucht worden waren». Und die Christen kannten angeblich kein hehreres Ziel, als ihre Frohe Botschaft zu verbreiten mit Feuer und Schwert. «Völlig hemmungslos konnten sich die Franken austoben, wenn sie sich mit Heiden schlugen» (Riché). Womit der erste ostfränkische König allerdings nur an der «Praxis der Vorgänger» festhielt, wie das in der beschönigenden Art zumal deutscher Historiographie heißt, um «durch wiederholte einschüchternde Vorstöße dem Status quo Respekt zu verschaffen» (Schieffer). – Die deutsche Forschung liebt diesbezüglich über Jahrhunderte hin Termini wie «Ostbewegung», «Landesausbau», «besitzmäßiges ‹Festwachsen›». Und selbst wenn sie freiweg von «Angliederung» oder «Einverleibung» spricht, klingt es wie ein fast harmlos-natürliches Hineingleiten in den Reichskörper, es ist schlicht «Verschmelzung».

Ludwig der Deutsche operierte vor allem im böhmisch-mährischen Raum, führte aber auch gegen die weiter im Norden sitzenden Obodriten und Sorben Krieg: gegen die Obodriten 844, deren Volk, formulieren so edel wie christlich die Fuldaer Jahrbücher, «ihm von Gott unterworfen» worden war, wobei König Gostemysl fiel; während die «Annales Bertiniani» lakonisch melden: «König Ludwig verheerte fast das ganze Gebiet der Slaven und unterwarf es seiner Herrschaft.» 851 zog er gegen die Sorben, wobei er sie mehr durch Vernichtung ihrer Felder und Ernten, durch Hunger, als militärisch bezwang. 856 unterjochte er die Daleminzier zwischen Elbe und Mulde. Und noch in seiner Spätzeit, nach 867, schickt er seinen Sohn Ludwig mit Sachsen und Thüringern wieder gegen die Obodriten.

Es war, so Engelbert Mühlbacher vielsagend, «eine schwierige, aber auch für die Zukunft bedeutungsvolle Aufgabe, die Aufrechthaltung und Erweiterung der Oberhoheit über die Slaven jenseits der Elbe, der Saale und des Böhmerwaldes, die nach und nach, je mehr der deutsche Machteinfluß sich festigte und ausdehnte, auch dem Vordringen deutschen Elementes und der Kultur freie Bahn brach, in den südöstlichen Alpenländern die Weiterführung der Kolonisation, Aufgaben, die zugleich der Tatenlust neue Wege eröffneten und sie aus dem Kreis innerer Unruhen bannten».

Klar, worum's ging: um Festigung, Erweiterung, Ausdehnung, um das «Vordringen deutschen Elementes und der Kultur». Deutlich gesagt: um weiteren mörderischen Raub. Szientifisch (mit Rudolf Schieffer): «Mehr politische (und missionarische) Bewegung». Klingt nobel, neutral. Tut keinem weh – auf dem Papier. Und nicht zuletzt dämpfte, paralysierte man derart die «Tatenlust» im innerstaatlichen Bereich – im Grunde die Kriminalstrategie der Großmächte doch oft noch heute. (Anachronistisch wieder?)

Und zu all den Ost-Attacken, die wir später noch genauer betrachten (S. 159 ff.), kam Ludwigs Angriff auf das Westfränkische Reich, auf das Erbe seines Stiefbruders Karl, das nicht nur andauernde Einfälle äußerer Feinde schwächten, sondern auch erhebliche «Wirren» im Innern, Kämpfe zumal in der Bretagne, in Aquitanien.[20]

KARL DER KAHLE UND DER WESTEN

Das Westfrankenreich wird jetzt durch Kriege, durch bürgerkriegsähnliche Zustände und Adelsoppositionen besonders erschüttert. Aus dem Süden, aus Spanien und Afrika, brechen die Sarazenen, aus Skandinavien fallen die Normannen ein. Ihre Züge übers Meer und an den Flußläufen herauf kosten immer mehr Menschenopfer, Geld, Tributzahlungen, Kirchenschätze. Doch blüht das Raub- und Bandenwesen, gegen das Karl das Kapitular von Servais erläßt, auch im Land selbst, wobei klerikale Würdenträger, steinreiche Aristokraten aus Beutegier oft gemeinsame Sache mit den Banditen machen oder diese auch gegen Entgelt für Mordtaten anwerben – fällt es doch zu allen Zeiten schwer, sich die Unterwelt schlimmer vorzustellen als die Etagen darüber. Auch der König ist kein so schlechtes Beispiel dafür. Karl der Kahle, am 13. Juni 823 in Frankfurt am Main aus Ludwigs des Frommen zweiter Ehe geboren, heiratete als Neunzehnjähriger 842 Irmintrud, die Tochter des einige Jahre zuvor gegen Lothar gefallenen Grafen Odo von Orléans; offenbar eine rein politische Partie, weil er so, schreibt Nithard, «den größten Teil des Volkes zu gewinnen hoffte». «In demselben Jahre», schließen die «Annales Xantenses» ihre kargen Mitteilungen, «ging in der Stadt Tours die Kaiserin Judith aus der Welt, die Mutter Karls, nachdem ihr Sohn ihr alles Vermögen geraubt hatte».[21]

Irmintrud gebar Karl, nach einer Tochter Judith, vier Söhne: Ludwig, Karl, Karlmann und Lothar. Die zwei jüngsten zwang der Vater, von Erzbischof Hinkmar dafür gelobt, in den geistlichen Stand. Der gelähmte Lothar starb noch im Knabenalter als Abt von S. Germain d'Auxerre. So blieb ihm das Schicksal Prinz Karlmanns erspart.

Familienschwierigkeiten löste Karl II. nach Art vieler Potentaten (nicht nur seiner Zeit). Zwar als Tochter Judith nach zwei Ehen an englischen Königshöfen 861 mit dem flandrischen Grafen Balduin I. durchgebrannt und (nach einer päpstlichen Intervention) 863 dessen Frau geworden war, da konnte Karl nur resignieren. Als aber seine Söhne, der von Geburt an lahme Lothar und der durch eine Verletzung geistesgestörte Karl das Kind, 865 und 866 kurz hintereinander starben, versöhnte sich der König zunächst ganz christlich mit seiner Gattin Irmintrud und ließ sie zur Königin salben. Doch ihren Bruder Wilhelm, der sich unmittelbar darauf gegen ihn verschwor, ließ Karl köpfen – Irmintrud ging ins Kloster.

Karl, gelegentlich durch den Bischof Frechulf von Lisieux mit dem Werk des Militärschriftstellers Vegetius über die Kriegskunst beschenkt (womit der Christ bereits um 400 dem Verfall des römischen Militärwesens entgegenwirken wollte!), Karl war persönlich alles andere als mutig, liebte es schon gar nicht, selbst zu kämpfen, neigte aber zur Grausamkeit.

Das veranschaulicht auch sein Vorgehen gegen Karlmann. Er hatte den Prinzen, der viele Sympathien genoß, aus politischen Rücksichten in den geistlichen Stand gesteckt, genauer, ihn, wie den gelähmten Lothar, noch sehr jung zum Mönch scheren lassen, worauf er immerhin nacheinander Abt von Saint-Médard, Saint-Germain-d'Auxerre, Saint-Amand, Saint-Riquier, Saint-Pierre de Lobbes und Saint-Aroul geworden ist.

Im Auftrag des Königs zog Abt Karlmann 868 an der Spitze eines Heeres gegen die Normannen, empörte sich aber 870/872 gegen den Vater, wurde in Senlis eingekerkert und 873, aufgrund einer Klageschrift des Regenten, durch eine dort versammelte Synode jeder geistlichen «Würde» beraubt. Es soll ihm nur willkommen gewesen sein, zumal es ihm wieder Thronaussichten eröffnete – zugleich dem Vater jedoch die Möglichkeit, den Sohn noch strenger zu bestrafen. Als darum dessen Parteigänger seine Befreiung und Erhebung zum König vorbereiteten, stellte ihn Vater Karl abermals vor Gericht und ließ ihm die Augen ausstechen, «damit die wahnwitzige Hoffnung der Friedensstörer auf ihn vereitelt werde und die Kirche Gottes und die Christenheit im Reich außer der Befeindung durch die Heiden nicht auch durch einen verruchten Aufstand in Verwirrung gebracht werden könne». Noch im selben Jahr vermochte der Blinde aus Corbie zu seinem ostfränkischen Onkel Ludwig dem Deutschen zu fliehen, der ihm das Kloster Echternach gab, als dessen Laienabt er einige Jahre später starb.[22]

Karl II. der Kahle konnte sich lange bloß schwer behaupten. Nicht nur geriet er durch die Agitationen der Mutter für seine Ausstattung in beträchtliche Krisen. Auch Mißverhältnisse im eigenen, geographisch, ethnisch und geschichtlich sehr unterschiedlichen Reich setzten ihm zu; Spannungen im Süden, mit den spanisch-septimanischen Goten, den Basken, und Schwierigkeiten mit dem fränkischen Norden. Auch gewann er anfangs viele Magnaten nicht, da sie sich lieber Lothar anschlossen. Erst nach dessen Niederlage bei Fontenoy konnte er langsam seine Position verbessern.[23]

In die gefährlichsten Konflikte aber stürzten Karl die selbstbewußten Bretonen sowie die Ansprüche seines Neffen Pippins II. auf Aquitanien.

Mord und Totschlag in der Bretagne

Die Bretagne wurde von den Franken spätestens seit Pippin III. dem Jüngeren (wohl schon 753) und seinem Sohn Karl «dem Großen» durch Einfälle 786, 799 und 811 heimgesucht; ebenso wieder durch Karls Sohn Ludwig den Frommen 818, 824 und 830. Auch dessen Sohn Ludwig der Deutsche war bei dem Bretonenfeldzug 824 dabei. Ab bove majori discit arare minor – ausnahmsweise deutsch höflicher: Wie die Alten sungen...

Gelegentlichen Unterwerfungen der Bretonen folgten stets neue Erhebungen und Abfälle. Doch als Ludwig 831 auf dem Hoftag von Ingelheim den Bretonenfürsten Nominoë (831–851) als «missus imperatoris» in der Bretagne einsetzte, wahrte dieser die Loyalität. Erst seit dort unter Karl dem Kahlen verschiedene karolingische Magnaten zu expandieren versuchten, kam es mit diesen und dann auch dem König zu militärischen Konfrontationen, wobei Nominoë sein Land indes völlig verselbständigte und sich von dem Metropoliten in Dol, den er selbst eingesetzt, wahrscheinlich 850 zum König salben ließ – der erste von den Franken faktisch nie unterworfene König der Bretagne. Zwar erkannte er die Oberherrschaft des weit entfernten Kaisers, Lothars I., an, doch Karls des Kahlen Ansprüche nicht.

Aber Nominoë starb schon im nächsten Jahr plötzlich auf einem seiner Kriegszüge. Den einzigen Sohn und Nachfolger Erispoë (851–857) glaubte Karl rasch ausschalten zu können. Doch Erispoë, der die Franken bereits 843 bei Messac geschlagen, vernichtete jetzt deren Heer – auch «unzählige Pferde gingen zu Grunde» – noch vor der Überquerung des Grenzflusses in der dreitägigen Schlacht von Jengland-Beslé (im Anjou) vom 22. bis 24. August 851. Karl selbst verließ dabei, schon am zweiten Schlachttag Hals über Kopf fliehend, seine Truppe, so daß auch diese danach «an nichts anderes mehr als an Flucht» dachte – und die Bretonen «hauen jeden, auf den sie stießen, entweder mit dem Schwerte nieder oder nehmen ihn lebend gefangen ...» (Regino von Prüm).

Erispoë versöhnte sich jedoch durch den Frieden von Angers mit Karl, kommendierte sich diesem als fidelis regis, wurde von ihm aber auch selber als König anerkannt und konnte die Territorialausdehnung seines Landes durch Überlassung der gesamten bretonischen Mark um Nantes und Rennes verdoppeln, 856 auch seine Tochter mit Karls ältestem, damals zehnjährigem Sohn Ludwig (II. dem Stammler) verloben. Die Bretagne war damit vorerst für die Franken verloren.

Erispoë suchte auch die kirchliche Krise zu bereinigen, die seit langem schwelte, seit seinem Vater. Der hatte die frankenfreundlichen Bischöfe von Dol, Vannes, Quimper und Léon mit dem Beistand des hl. Conwoion (der deshalb bis nach Rom reiste) abgesetzt und die Bretagne durch Ernennung ihm höriger Bischöfe auch kirchlich selbständig gemacht. Doch 857 wurde Erispoë von seinem Vetter Salomon ermordet, der nun das Land an sich riß, den jungen Ludwig vertrieb und als König «von Gottes Gnaden», so titulierte er sich, die höchste Unabhängigkeit der Bretonen erreichte. Notgedrungen haben ihn die Franken 863 anerkannt, 874 aber umgebracht. Auch seine Nachfolger, die beide regierten und einander bekriegten, starben in kurzer Zeit.[24]

Und als kaum minder turbulent erwies sich der aquitanische Kampfplatz.

Karl der Kahle liquidiert seine Neffen

In Aquitanien hatte Karl II. gegen seinen Neffen Pippin II. zunächst keinen Erfolg. Zwar gehörte Karl seit der Teilung von Verdun (S. 122 ff.) das Land, doch das Land wollte, zumindest mit seiner Bevölkerungsmehrheit, nicht ihm gehören. So suchte er es «durch zahlreiche Einfälle» heim, erlitt aber oft «große Verluste» (Annales Fuldenses), wie im Juni 844 bei Angoulême gegen Pippin und Wilhelm, den kaum erwachsenen Sohn des Markgrafen Bernhard. Seinerzeit fielen für Karl u. a. sein Onkel und erster Erzkanzler Hugo, ein «natürlicher» Sohn Karls «des Großen», Abt von St. Quentin und St. Bertin; und ein Enkel des hl. Karl, Abt Richbodo von St. Riquier. Unter den Gefangenen: Karls Erzkapellan, der Bischof Ebroin von Poitiers, Bischof Ragenar von Amiens, Abt Lupus von Ferrières sowie viele Grafen. Karl hatte die Hoheit über fast ganz Aquitanien verloren.[25]

Nur eine Heldentat glückte dem König damals. Er ließ den Grafen Bernhard, «der arglos war und nichts Böses von ihm vermutete» (Annales Fuldenses), freilich, so ein anderer Annalist, immer ein «öffentlicher Räuber», auch der Geliebte von Karls Mutter gewesen sei, heimtückisch in sein Lager locken und gleich töten.

Erst nach einem bescheidenen Erfolg gegen die Aquitanien bedrängenden Normannen ging der Adel, der Pippin mangelnde Verteidigung vorwarf, zum größeren Teil zu Karl über. Und nun konnte sich dieser 848 in Orléans von der geistlichen und weltlichen Aristokratie zum aquitanischen König wählen und – nicht durch den Papst – durch den Erzbischof Wenilo von Sens salben und krönen lassen; ein von Erzbischof Hinkmar übernommenes traditionsbildendes Konzept, da Hinkmar die sakrale Herrscherautorität auf Karl übertrug und die Reimser Kathedrale zur Krönungsstätte der Frankenkönige machte.[26]

Karl festigte also im Verein mit der Kirche seine Amtsgewalt durch die Idee des rex christianus, überhaupt durch die stete Sakralisierung dieser Gewalt mittels zeremonieller Weiheakte wie eben Krönung und Salbung. So, um einmal kurz vorauszublicken: bei der Ernennung Karls des Kindes, seines ältesten Sohnes, zum aquitanischen Unterkönig 855; bei der Erhebung seiner Tochter Judith zur englischen Königin anläßlich ihrer Hochzeit 856; bei der eigenen Gattin Irmintrud 866. Ließ er sich ja auch selbst nach seiner Krönung 848 in Orléans zum König von Aquitanien, noch 869 in Metz zum König von Lothringen und 875 in Rom zum Kaiser krönen. Und 859 demonstrierte er bei einem Thronsturzversuch seine Abhängigkeit vom Klerus durch die Erklärung, von niemandem abgesetzt werden zu können als von dem «Spruch und Urteil der Bischöfe, durch deren Mitwirkung ich zum König geweiht wurde; denn sie sind der Thron Gottes, auf dem Er sitzt und von dem Er herab das Urteil spricht. Ihren väterlichen Vorhaltungen und Strafen unterwerfe ich mich allzeit...» Ein Beweis mehr des stets steigenden Einflusses der Priester auf die Politik.

Selbstverständlich zog auch Karl Nutzen daraus. Denn wie die übrigen Karolinger, förderte er, der gelegentlich, wie in Saint-Denis, sogar die Abtswürde beanspruchte, den «Thron Gottes» nicht nur, sondern er kooperierte auch eng mit ihm. Kein anderer als Pippins I. einstiger Kanzler, Bischof Ebroin von Poitiers, führte als Erzkapellan Karls Hofgeistlichkeit an. Und Hugo, den illegitimen Karlssohn (von der Konkubine Regina), den Abt von St-Quentin und St-Bertin und letzten Kanzler Ludwigs des Frommen, machte Karl zu seinem ersten, bevor der Abt für ihn bei Angoulême gefallen ist.

Vor allem aber erhob Karl den adligen Mönch Hinkmar aus dem Kloster Saint-Denis 845 zum Nachfolger des Ebo von Reims. Freilich, Erzbischof Hinkmar, der wohl einflußreichste fränkische Prälat der Zeit (der auch, sehr subjektiv, ganz im Hinblick auf seine bischöflichen Ziele, von 861 bis 882 die Annales Bertiniani schrieb, wobei der versierte Fälscher natürlich nicht zögerte, auch den Text seines Vorgängers zu fälschen), unterstützte zwar Karls mißlungenen Annexionsversuch gegen das Mittelreich, widersetzte sich aber scharf seiner Kaiserpolitik und seinen Italienzügen.

Schon ein Jahr nach der Krönung des Königs in Orléans (848) fiel ihm Pippins jüngerer Bruder Karl in die Hand. Der Monarch war nicht nur sein Onkel, sondern auch sein Taufpate (patrem ex fonte sacro), dem damals etwa Zwölfjährigen somit verwandtschaftlich wie kirchlich besonders verbunden. Gleichwohl erpreßte er von dem jungen Prinzen, dem eventuellen Prätendenten, auf der Reichsversammlung in Chartres von der Kanzel herab die Aussage, er wolle, so die Jahrbücher von St. Bertin, «aus Liebe zum Dienste Gottes ohne jedwede Nötigung Kleriker werden»; worauf ihn die Prälaten sofort schoren und ins Kloster Corbie steckten. Und als er Karls Bruder Pippin II., den König, im Herbst 852 in seine Gewalt bekam, ließ er auch ihn «mit Zustimmung der Bischöfe und Großen» (Regino von Prüm) – übrigens in derselben Kirche von Soissons, in der man auch Ludwig den Frommen zu Kreuz gezwungen (S. 80 ff.) – scheren und im Kloster zum hl. Medardus inhaftieren.[27]

Ein erster Fluchtversuch Pippins mit Hilfe zweier Priester, Mönche des Hauses, mißlang; er mußte Karl auf einer Synode 853 in Soissons den Treueid leisten, mußte ein förmliches Mönchsgelübde ablegen, noch einmal in eine Kutte kriechen und wieder in Klosterhaft. Es war das Jahr, in dem fast alle Aquitanier von Karl abfielen, und im nächsten, von ihnen gerufen, Ludwig der Deutsche seinen Sohn Ludwig III. den Jüngeren schickte, der bis in den Raum von Limoges vorstieß. Karl zog gleichfalls nach Aquitanien, sogar «in der Fastenzeit» und über das «Osterfest», wie die Annales Bertiniani rügen; «sein Heer aber tat nichts als plündern, brennen und Menschen gefangen wegführen, und selbst die Kirchen und Altäre Gottes blieben von ihrer Gier und Frechheit nicht verschont».

Nun hätte Prinz Ludwig, vom Vater für kurze Zeit zum König der Aquitanier erhoben, mit seinen Thüringern, Alemannen, Bayern sich wohl gegen den ungeliebten Karl behaupten können. Doch scheiterte die ostfränkische Invasion in dem Moment, als

Ex-König Pippin, den Karl vermutlich hatte entweichen lassen, auf der Bildfläche erschien. Denn zu Pippin stand das Volk, zumindest dessen Majorität, und machte ihn abermals zum König. Er gewann einige Landstriche Aquitaniens zurück, wurde indes, nach Ludwigs Abzug, im nächsten Jahr (855) erneut von Karl angegriffen, der seinen noch minderjährigen Sohn Karl das Kind Mitte Oktober in Limoges auch zum aquitanischen Unterkönig erheben und durch die Bischöfe salben ließ. Die Aquitanier bekannten sich jedoch im Jahr darauf wieder zu Pippin, der nun bei den Bretonen und Normannen Hilfe suchte, doch 864 noch einmal in Karls Gewalt geriet. Und jetzt ließ der den «Verräter am Vaterland und am Christentum» zu «strengster Haft» ins Kloster Senlis, in das Reichsgefängnis des Westens werfen, wo er wahrscheinlich bald umgekommen ist.[28]

Unterdessen hatte Ludwig der Deutsche ein Angebot des westfränkischen Adels, Karls Reich zu regieren, nicht nur 854 akzeptiert, sondern auch noch 858/859. Und zumindest beim zweitenmal konnte sich der bereits nach Burgund geflohene König bloß dank der entschiedenen Haltung der westfränkischen Bischöfe um Hinkmar von Reims behaupten.

Ludwig der Deutsche attackiert das westfränkische Reich

Seit Aquitanien den rechtmäßigen Erben, den Königssöhnen Pippin und Karl, entzogen worden war, stand es dort besonders übel, gärte es an allen Ecken und Enden. Das Land wurde von Unruhen geschüttelt, und Karl der Kahle, einst von den Aquitaniern doch gewünscht, wurde immer unbeliebter, geradezu als Tyrann, als feig und grausam zugleich empfunden. Als er 853 den Grafen Gozbert von Maine köpfen ließ, einen ihm bisher treu ergebenen Mann, machte er sich bei dessen einflußreicher Sippe und weithin beim Adel verhaßt, der zumindest teilweise mit Ludwig dem Deutschen sympathisierte. So gingen, wie die ostfränkischen

Reichsannalen gerade seinerzeit melden, Gesandte der Aquitanier «König Ludwig häufig mit Bitten an, entweder selbst die Herrschaft über sie zu übernehmen oder seinen Sohn zu schicken, um sie von König Karls Tyrannei (a Karli regis tyrannide) zu befreien, damit sie nicht etwa bei Reichsfremden und Glaubensfeinden unter Gefahr für die Christenheit die Hilfe suchen müßten, die sie bei rechtgläubigen und rechtmäßigen Herren nicht finden könnten».[29]

Im Februar 854 vereinbarte Karl der Kahle mit Lothar in Lüttich ein wieder mal feierlich beschworenes Sonderbündnis, das sich gegen Ludwig richtete, dessen gleichnamiger Sohn, Ludwig der Jüngere, inzwischen in Aquitanien eingefallen war, bei Pippins Auftauchen aber fluchtartig das Land verlassen hatte. Doch schloß auch Ludwig der Deutsche jetzt ein Sonderbündnis mit Lothar, der gleichwohl, auf Drängen Karls, auch das Sonderbündnis mit diesem erneuerte. Und als Lothar, der als Witwer noch zwei Kebsen aus seinem Gesinde beglückte, tödlich erkrankte, koalierten, verlockt von der großen Beute und wie Aasgeier lauernd, nun die Brüder Ludwig und Karl.[30]

Kaiser Lothar I. war eine Woche vor seinem Tod in das Kloster Prüm eingetreten, als Mönch. Und bevor er dort am 29. September 855 «den sterblichen Menschen auszog» und «das ewige Leben» begann, teilte er das Mittelreich unter seine Söhne (S. 198): den Ältesten, Ludwig II., der Italien und die Kaiserkrone bekam; Lothar II., der über die dann «Lotharingia» benannten Gebiete von der Rhone bis zur Nordseeküste gebot; und den Jüngsten, Karl von der Provence – insgesamt ein gewaltiger Besitz, den schließlich Karl der Kahle, Zug um Zug, kassierte.[31]

Wie nach Teilungen die Regel, brachen bald Rivalitäten aus; ja zeitweise schien es, als sollte Karl von der Provence, ein Knabe noch, zum Geistlichen geschoren, sein Land aufgeteilt werden. Der entschlossene Widerstand der burgundischen Magnaten, die ein autonomes Land erstrebten, verhinderte dies.

Indes formierten sich bald wieder feindliche Konstellationen unter den älteren Brüdern.

Lothar II. schloß am 1. März 856 in St. Quentin ein förmliches

Bündnis mit seinem Onkel Karl dem Kahlen, der sich wachsenden Schwierigkeiten gegenüber sah: brandschatzenden Normannen, siegreichen Bretonen, aufrührerischen Aquitaniern, mit denen es sogar die eigenen Großen hielten, fast alle Grafen seines Landes, die im übrigen kaum minder plünderten und raubten als die normannischen Räuber, die 856/857 u. a. wiederholt Paris in Brand steckten und ganze Gegenden an der Loire mit Feuer und Schwert verheerten. Und nach dem Pakt Karls des Kahlen mit dem Neffen Lothar II. suchte und fand Ludwig der Deutsche einen Bundesgenossen in seinem Neffen Kaiser Ludwig von Italien.

So standen die Karolinger wieder fest geschlossen einander gegenüber. Und im Sommer 858, als Karl endlich einmal die Normannen auf der Seineinsel Oissel schon wochenlang eingeschlossen, als im Osten Ludwig der Deutsche gerade drei Heere zum Bekämpfen der Slawen vorgesehen hatte, der Mährer, der Abodriten, Lionen, Sorben, da baten ihn westfränkische Große, ein Graf Otto und der Abt Adalhard von St. Bertin, um eine bewaffnete Intervention im Reich seines Bruders, dessen Krone sie ihm offerierten. Sie verlangten die Beseitigung von Karls «Tyrannei», da er «durch sein böswilliges Wüten zu Grunde richte», was ihnen die von außen anstürmenden Heiden eben übrig ließen; «im ganzen Volk sei niemand, der seinen Versprechungen oder Eidschwüren noch Glauben schenke» (Annales Fuldenses).

Tatsächlich gehörte ein Großteil des westfränkischen Adels zu dieser mächtigen Fronde; auch Robert der Tapfere, der Ahnherr der Kapetinger, Laienabt des Klosters Marmoutier bei Tours sowie von Saint Martin in Tours. Karl hatte ihn 852 zum Grafen von Anjou und der Touraine ernannt, nun wechselte er zu Ludwig dem Deutschen über. Und dieser versprach, «gestützt auf die Reinheit seines Gewissens» (die seinesgleichen wohl oder übel immer hat), «mit Gottes Beistand zu helfen». Auf der anderen Seite warnte zwar Hinkmar von Reims den König, daß er durch den Bruderkrieg «seiner Verdammung zuschreite», und verhinderte den Abfall der Bischöfe. Doch Ludwig drang «zur Befreiung des Volkes» im Sommer über das Elsaß tief ins westfränkische

Reich ein, wo ihm der Adel, treulos wie gewöhnlich, nur so zulief, darunter der dann reich belohnte Erzbischof Wenilo von Sens; ein Jahrzehnt früher hatte er seinen westfränkischen Herrn in Orléans nach dessen Königswahl gesalbt und gekrönt!

Karl brach die Belagerung der Normannen ab, und am 12. November lagen die Heere beider Brüder bei Brienne an der Aube einander gegenüber. Erst wollte Karl mit Ludwigs «Rat und Beistand und Gottes Hilfe, was Übles geschehen sei, bessern». Dann forderte er, gleichfalls vergeblich, von seinen Bischöfen den Kirchenbann über Ludwig. Zuletzt verließ er «heimlich mit wenigen» (cum paucis latenter) seine bereits zur Schlacht aufgestellte Truppe und floh nach Burgund, worauf sein Kriegsvolk zu Ludwig überlief. Und auch Lothar ließ jetzt, unter Bruch seiner Bündnispflicht, Karl im Stich und schloß sich dem kampflosen Sieger an.

Ludwig, dem ein Großteil des westfränkischen Reiches so mühelos zufiel, verteilte an jene, die ihn gerufen, großzügig honores und Land, ganze Grafschaften, Klöster, königliche Güter und Allodien (eine rechtliche Benennung für «Vollgüter», den durchaus eigenen Besitz), und begab sich über Reims nach St. Quentin, wo er, allzeit fromm, im Kloster des hl. Märtyrers Quintinus das Fest der Geburt des Herrn beging.[32]

Der westfränkische Episkopat widersetzte sich allerdings dem Eindringling. Die Prälaten der Kirchenprovinzen Reims und Rouen – federführend Erzbischof Hinkmar selbst – redeten Ludwig ins Gewissen und beschuldigten ihn, größeres Elend verursacht zu haben als die Heiden. Sie bedauerten die Not im Gefolge des Krieges von Christen gegen Christen, während es doch des Königs erste Pflicht gewesen sei, das Schwert wider die verdammten Heiden zu schwingen! Und darüber hinaus die kirchlichen Rechte und Vorrechte zu schützen!

Und da Ludwig, zu siegessicher, sein Heer vorschnell nach Hause entlassen, auch die Meldung von einem Sorbenaufstand erhalten hatte, da zudem im Westen die «Befreiung» schon bald mißfiel, die Söhne des Welfengrafen Konrad zu Karl übergingen, ihn gegen den jetzt fast schutzlosen Bruder hetzten, floh dieser, «nachdem das ganze Reich zugrunde gerichtet und in nichts gebessert war» (Annales Xantenses), Hals über Kopf nach Worms, während Karls Sieg in scheinbar schwieriger Situation seinen Aufstieg geradezu begründete. Worauf Lothar abermals die Partei wechselte und bald nach Ludwigs Flucht wieder zu dem gerade erst verratenen Karl überlief, indem er in Warq bei Mezières erneut einen Eid auf das alte Bündnis leistete. Bis schließlich selbst Ludwig und Karl im Juni 860 in der Burg Koblenz, wo sich auch Lothar einfand, einander Frieden durch einen feierlichen Eid garantierten, sogar, wie 842, in beiden Sprachen – «nach dem Willen Gottes und zu der heiligen Kirche Bestand, Ehre und Verteidigung...», doch selbstverständlich auch «zum Wohle und Frieden des uns anvertrauten christlichen Volkes», und nicht zuletzt «zur Erhaltung von Gesetz, Gerechtigkeit und Ordnung...»[33]

Man lebte eben in gläubigen, zutiefst christlichen Zeiten – wo etwa gerade erst «an sehr vielen Orten blutroter Schnee gefallen war»; wo eben auch Liutbert von Münster, «der selige Bischof», das Kloster Freckenhorst mit «vielen Gliedmaßen» lauter heiliger Märtyrer und Bekenner füllte, ja, mit «einem Teil von der Krippe des Herrn und von seinem Grab...» Nicht genug des Wunderbaren: man hatte «zugleich auch von dem Staub seiner Füße, als er zum Himmel aufstieg...» Unmittelbar darauf lesen wir, daß die (christlichen) Könige bei Koblenz «alles im Umkreis verwüsteten». Und gleich danach, König Lothar (II.) habe «seine rechtmäßige Gemahlin» verlassen, um es «öffentlich mit dem Kebsweib» zu treiben. Und König Ludwig habe «den gottlosen Hughard zum Grafen» gemacht. Es waren eben gläubige, zutiefst christliche Zeiten. Der Chronist schließt seinen Jahresbericht: «Es wäre nur verdrießlich, die Zwietracht unserer Könige und das Unheil, das die Heiden über unsere Reiche brachten, zu erzählen.»[34]

Nun, erzählen wir einiges davon.

Die Slawen sickern ein...

Die Slawen, die einige römische Gelehrte der frühen Kaiserzeit (Plinius der Ältere, Tacitus, Ptolemaios) Venedi, die Deutschen dann Wenden nannten, bezeichneten sich selbst nie so, sondern, wie seit dem 10. Jahrhundert belegt, als Slowenen (Slověnin, Mz.Slověne). Der zuerst im frühen 6. Jahrhundert bezeugte Slawenname Sklabēnōi harrt trotz vieler Mühen etymologisch noch der Erklärung. Dagegen steht die davon abgeleitete, um Jahrhunderte jüngere Gleichsetzung von Sclavini, Sclavi (arab. ṣaqāliba) mit slawischen Kriegsgefangenen, mit Sklaven, im Zusammenhang mit dem in den (katholischen und islamischen) Mittelmeerländern, besonders in Spanien, herrschenden Sklavenhandel. Und hier gibt es (im Unterschied, wie man meint, zum «innereuropäischen Frühmittelalter») eine Kontinuität jener alten Sklaverei, die von der Antike bis in die koloniale Sklaverei der Neuzeit reicht – und vielleicht gibt es diese Kontinuität ja über die angedeutete Begrenzung hinaus.

Ist die slawische Ethnogenese bisher auch nur in Umrissen geklärt, behauptet die neueste Forschung doch einigermaßen übereinstimmend, daß die ursprüngliche Heimat der Slawen «irgendwo nördlich der Karpaten» lag (Váňa): im Gebiet des mittleren Dniepr, im Gebiet von Oder und Weichsel, zwischen Oder, Weichsel und dem mittleren Dniepr, vielleicht in der westlichen Ukraine, in der Nähe der großen Pripjetsümpfe. Später spalteten sich diese Slawen in drei Hauptströme. Die Ostslawen (Russen, Ukrainer, Weißruthenen) siedelten um den Dniepr; die Westslawen (Tschechen, Slowaken, Polen, Elb- und Ostseeslawen) um Weichsel und Oder; die Südslawen (Serben, Kroaten, Slowenen, Bulgaren) auf dem Balkan; ein Riesenraum, der sich zwischen Schwarzem Meer, Ostsee, Adria und Ägäis erstreckt.[35]

Im 5. und 6. Jahrhundert wurden Slawen von den Kut(r)iguren, dann von den Awaren beherrscht. Diese hatten das westsibirische Flachland am Irtysch erobert, 557 die oströmischen Grenzen erreicht, 561 auch schon die Elbe. Nach der Abwanderung der Langobarden unter König Alboin aus Pannonien und ihrem Einfall 568 in Italien (IV 107 ff.) besetzten die Awaren den mittleren Donauraum, nun das Zentrum ihres ausgedehnten Reiches, dem Bulgaren und zahlreiche Slawenstämme als Hilfsvölker dienten.

Seit der Mitte des 6. Jahrhunderts waren die westlichen Slawen über die Weichsel in die – von den Germanen zur Völkerwanderungszeit zwar nicht überall, doch weithin entleerten – nordost- und mitteldeutschen Räume langsam eingesickert und seit dem ausgehenden 6. Jahrhundert bis Elbe, Saale, Naab und Obermain vorgedrungen. Das heutige Oberfranken war größtenteils Slawenland. «Sie stahlen sich ein wie Diebe», schreibt der Theologe Albert Hauck; «man weiß nicht, wie und wann sie kamen ...» Schließlich siedelten sie in Ostholstein, im Hannöverschen «Wendland» oder in Thüringen ebenso wie im böhmischen Kessel, in Kärnten, Osttirol, Steiermark, Krain, wo nach und nach die Völker der Polen, Wenden, Tschechen, Slowaken, Mährern entstanden.[36]

Wie neue Grabungsfunde beweisen, geschah das Eindringen der Slawen von Südpolen über Böhmen und Mähren bis zum Balkan auf friedlichem Weg. Teilweise saßen dort noch germanische Bauern, teilweise lag da, wie zwischen mittlerer Elbe und mittlerer Oder Mitte des 6. Jahrhunderts, wüstes Gebiet. Eine byzantinische Quelle berichtet um 600, die Slawen hätten es ihren Gefangenen gewöhnlich überlassen, sich loszukaufen oder «frei und als Freunde» bei ihnen zu bleiben. Kriegsuntüchtig, wie manchmal angenommen, waren die Slawen nicht. Vielmehr verbesserten sie allmählich ihre Ausrüstung, Kampfart und Befestigungen; zumal die Grenzslawen standen darin den westeuropäischen Völkern nicht nach.

Im 8. und 9. Jahrhundert wird der gesamte ostelbische Raum von Slawen bewohnt. Sie finden sich aber auch von Ostholstein und Hamburg bis Nordostbayern in menschenreichen Landstrichen. Der Ackerbau florierte, die Vieh- und Waldbienenzucht, das Handwerk, der Handel, so daß ihnen «ein unübersehbarer Anteil an der Formierung der europäischen Zivilisation zukommt» (Fried). Sogar der Prozeß der «Volkwerdung» beginnt bei ihnen, wie bei den Germanen, früher als bei den Romanen, den Italienern, den Franzosen.

Im Norden siedelten die elbslawischen Stämme, die Obodriten von der Ostsee bis zur unteren Elbe, weiter östlich die Liutizen (Wilzen), zwischen Elbe und Saale die Sorben und die Daleminzier. Die Tschechen, erst in späteren Jahrhunderten so genannt, wohnten in den böhmischen Gebirgen, die Mährer zum Teil im Tal der March, die Slowenen (Karantanen) und Südslawen an der Donau und ihren Nebenflüssen.

Im Ostalpenraum umfaßte das Siedlungsgebiet der Alpenslawen im 8. Jahrhundert etwa das heutige Kärnten, Krain, die Steiermark, Niederösterreich mit der Donau als Nordgrenze; ihr westlichstes Wohngebiet war das heutige Osttirol, wo sie bis ins Pustertal kamen und fast bis zu den Quellen der Drau. Natürlich saßen da und dort auch bayerische Bauern, gab es somit Mischsiedelzonen und, nach Kämpfen gegen Ende des 6. Jahrhunderts, ein friedliches Nebeneinander.

Am weitesten waren die Slawen im 7. Jahrhundert in den Westen vorgedrungen, etwa bis zur Linie Elbe – Saale – Böhmerwald. Und bis zum 8. Jahrhundert bestand ein relativ friedliches Verhältnis zwischen Elbslawen und Franken. Zumindest sind die zwischen Elbe/Saale und Oder, also auf später deutschem Territorium (neuerdings auch «Germania Slavica» genannt) siedelnden Elbslawen – Sorben, Liutizen (oder Wilzen, slaw. Weletabi) und Obodriten – jahrhundertelang politisch und ökonomisch unabhängig.[37]

... UND VOM «RECHT DER KULTURVÖLKER WIDER DIE BARBAREI»

Doch schon im 8. Jahrhundert beginnt, was über ein Jahrtausend später Droysen den Kampf mit jener «Wut und Grausamkeit» nennt, jenem «Haß gegen die Deutschen, der slavisch ist bis auf den heutigen Tag»; beginnt, was für den sächsischen Generalssohn Treitschke, für den deutschen Herrenstandpunkt, das «Recht der Kulturvölker wider die Barbarei» bedeutet; für Franz Lüdke 1936 «die in der Vergangenheit gewaltige Leistung unseres

... UND VOM «RECHT DER KULTURVÖLKER WIDER DIE BARBAREI» — 147

Volkes». Kurz, es beginnt die bis ins 19. Jahrhundert dauernde deutsche «Ostkolonisation». Es ist dies ein steter Raumgewinn, der vor allem in drei mächtigen Schüben erfolgt: in der Karolingerzeit, als sich die Slawen bereits durch zahlreiche Burgen jenseits der fränkischen Grenze zu schützen suchen, besonders unter Karl «dem Großen», der 789 den ersten Kriegszug gegen die Wilzen und Havel-Spree-Stämme eröffnet sowie die westlich der Elbe sitzenden Sachsen und Thüringer unterwirft. Doch gibt es auch im folgenden Jahrhundert, zumal unter Ludwig dem Deutschen, an der Elbe-Saale-Linie mit Abodriten, Wenden, Sorben größere Kriege, u. a. 844, 846, 858, 862, 874.

Im Mittelteil der Slawengrenze stoßen, gleichfalls unter Karl I., fränkische Heere 805/806 nach Böhmen vor (IV 493 f.), das, schon seinerzeit dem fränkischen Reich tributpflichtig, zu den «vorgelagerten Tributärstaaten» gehört. Und auch hier ist es wieder Ludwig der Deutsche, der überwiegend im südöstlichen «Vorfeld» Bayerns eine fortgesetzte militärische und kirchliche Expansion betreibt, wobei er am 13. Januar 845 in Regensburg 14 böhmische duces samt Gefolgschaft (cum hominibus suis) taufen lassen konnte, weil sie «nach der christlichen Religion verlangten», schwerlich aber nach fränkischer Oberherrschaft. Böhmen, seitdem zum Bistum Regensburg gerechnet, hatte sich zeitweise Großmähren angeschlossen, war jedoch wieder dem «Deutschen Reich» unterworfen worden.[38]

Es kommt in dieser christlichen Welt kaum vor, daß man einmal irgendwo irgendwann nicht schlachtet, und wird deshalb auch eigens vermerkt, wie 847 in den «Annales Fuldenses»: «Dieses Jahr war frei von Kriegen.» Auch wenn die Christen einander nicht gegenseitig abstechen, staunen die Chronisten. So heißt es in den «Xantener Jahrbüchern» 850: «In demselben Jahr herrschte zwischen den beiden Brüdern, Kaiser Lothar und König Ludwig, ein solcher Friede, daß sie sich im Eisling» – ein Teil des Ardennengaus – «zusammen sehr viele Tage lang in geringer Begleitung der Jagd widmeten, so daß sich viele darüber wunderten (ut multi hoc facto mirarentur); und in Frieden gingen sie auseinander.[39]

Ja, Friede, er erstaunt, ist rar, höchst ungewöhnlich; nicht nur zwischen Christen und Heiden, gerade auch unter Christen. Und heute? Durch zweitausend Jahre herrscht Krieg unter Christen. Herrschten nirgends mehr Kriege auf der Welt! Und nirgends größere!

In den späteren vierziger Jahren war es zu wiederholten Revolten der Böhmen gekommen, die «in gewohnter Weise» die Treue brachen. 848 und 849 schickte Ludwig der Deutsche Heere gegen die Tschechen, wobei 849 auch mehrere Äbte mitzogen und man schwer geschlagen wurde. Die Franken mußten Geiseln stellen, um überhaupt heimkehren zu können.

Die Historiker nennen vor allem Ludwigs Kriege im Osten und Norden gern Befriedungsversuche, Grenzsicherungen, Festigungen, Konsolidierungen, Stabilisierungen, Integrierungen, Christianisierungen. Sie sprechen von einem nicht «rein» defensiven Markengürtel, einem ungemein flexiblen Grenzsicherungssystem, einer sehr bewegten Außengrenze der christlichen Welt von der Ostsee bis zur Adria, von der Behauptung und dem Ausbau des durch die strategische Weitsicht Karls I. Errungenen etc.

Doch so schön wie sich die Sache anhört, war sie nicht. Die unentwegten Heerfahrten über die Grenzen hinweg sprechen da eine ebenso deutliche Sprache wie nicht wenige fränkische Grenzkastelle, die, zumal an strategischen Schlüsselpunkten, stets auch Ausfalltore sind; im Norden gegen die Dänen etwa die Feste Esesfeld bei Itzehoe, im Osten an der Elbe Burg Höhbeck auf dem Hochufer gegenüber von Lenzen, oder Magdeburg, oder auch Halle an der Saale.[40]

SLAWISCHES WURMZEUG
UND FRÄNKISCHES GOTTESVOLK

Die Slawen waren Heiden und selbst in christlichen Ländern wie Thüringen, Hessen, den ostfränkischen Gauen länger «Ungläubige» geblieben als die sonstigen Bewohner. Ihre Kultur stand nachgewiesenermaßen höher als zeitweise und gelegentlich noch heute angenommen. Wir haben – und nicht nur hierbei – zu bedenken, daß die fränkisch-deutschen Berichte über die Slawen lange Zeit hindurch, vom 7. bis zum 11. Jahrhundert, fast ausnahmslos von christlichen Priestern stammen, die zudem oft selbst nicht Augenzeugen waren, sondern häufig aus zweiter oder dritter Hand schöpften. Und befand man sich, wie meist, mit den Slawen im Krieg, beschimpfte man sie. War man aber mit ihnen verbündet, wurden sie plötzlich gelobt, wobei man zuweilen noch betonte, daß sie dies «in bewunderswerter Weise verdienten».

Differieren auch karolingische und ottonische Historiographie in ihrer Beurteilung, herrscht doch seit langem ein gewisser Volkshaß vor, falls nicht gar Erbfeindschaft besteht, nicht zuletzt aus religiösen Gründen, aus dem Gegensatz von Heiden und Christen, und das schon seit der Merowingerzeit. Später verdammt man die Slawen gern pauschal. Je christlicher die Welt wird, desto böser werden die andern. Sind ja überhaupt alle «Bösen», das heißt von Gott abgewandten Menschen, alle «Ungläubigen» also, nach mittelalterlicher, von Augustin (I 503 u. 514 ff.) und von Papst Gregor «dem Großen» (IV 171 ff.) beeinflußter Ansicht, gentiles, infideles, pagani, kurz «Teufelsgenossen, die man mit allen Mitteln zu vernichten hat, wenn sie sich nicht zur Gottessache bekehren» (Lubenow).

Slawen schienen den Christen nur als «Sklaven» tauglich – ein ja von «slavus» abgeleitetes Wort – oder reine Mordobjekte zu sein, Leute, die von frommen Katholiken etwa als «Wurmzeug» verhöhnt und «wie das Gras auf der Wiese gemäht» worden sind, Untermenschen eben, Tiere. «Was wollt ihr mir mit diesen Kröten?», läßt Mönch Notker von St. Gallen einen christlichen Recken bramarbasieren. «Sieben oder acht und sogar neun von ihnen pflegte ich auf meine Lanze aufgespießt und irgend etwas brummend mit mir herumzuschleppen.» Die Slawen waren auch grundfalsch, heimtückisch. «Die Wenden», so nicht nur die «Jahrbücher von St. Bertin», «wurden in ihrer gewöhnlichen Treulosigkeit gegen Ludwig wortbrüchig.» Hatte sie doch schon der hl. Bonifatius, der «Apostel der Deutschen», «das abscheulichste und schlechteste Geschlecht der Menschen» (foedissimum et deterrimum genus hominum) geschimpft und sie so sehr verachtet, daß er in all seinen vom Missionierungswahn geprägten Briefen nie davon spricht, auch den Slawen zu predigen.[41]

Dagegen fühlten sich die Franken – die als Christen doch hätten «von Herzen demütig» sein sollen, wie es Mt. 11,29 und analog an ungezählten Bibelstellen heißt – als «erhabenes Volk», als etwas ganz Besonderes. Schon der Prolog der bereits auf Chlodwig I. zurückgehenden «Lex Salica» (das älteste westgermanische Volksrecht) zeigt dies drastisch: «Der berühmte Stamm der Franken, der von Gott selbst geschaffen wurde, mutig im Krieg und ausdauernd im Frieden, [...] von edler Gestalt und makellosem Glanz und außergewöhnlicher Schönheit, wagemutig, schnell und draufgängerisch, zum katholischen Glauben bekehrt und gegen jede Häresie gefeit [...]. Es lebe Christus, der die Franken liebt.»

Und nach Otfrid von Weißenburg (gest. nach 870), dem ersten namentlich bekannten deutschsprachigen Dichter, einem puer oblatus und Theologen, gelegentlich vielleicht an Ludwigs des Deutschen Hofkapelle tätig, sind die Franken ein gottesfürchtiges Volk, ist Gott überall mit ihnen; alles, was sie denken und tun, denken und tun sie mit Gott, nichts unternehmen sie ohne seinen Rat, und sie wollen sein Wort nicht nur lernen, singen, sondern auch erfüllen. Otfrids Ziel aber war es, wie er einem Mainzer Metropoliten bekennt, die mündliche heidnische Dichtung seiner Zeit zu verdrängen.[42]

Nach kirchlicher Anschauung mußte jeder christliche Fürst die Heiden bekämpfen, im Lande und an den Grenzen. Ja, nach der herrschenden augustinischen Lehre von der Ausbreitung des Reiches Gottes auf Erden hatte man den slawischen Osten überhaupt zu gewinnen, zu «bekehren». Nicht zufällig war Augustins magnum opus «Vom Gottesstaat» eine Lieblingslektüre Karls «des Großen» (vgl. I 503 ff.). Und Karl, die Karolinger, die fränkische Aristokratie nebst der übrigen grundbesitzenden Schicht, sie alle waren desto mehr an «Ausgriffen», Raub, an Tributen im Osten interessiert, als die landwirtschaftliche Produktivität kärglich und die Aussicht auf Zuwachs an Grund und Boden im Landesinnern unbeträchtlich gewesen ist. Auch bildeten die Gebiete der Slawen stets ein Reservoir für Hilfstruppen und Sklaven.

Zwar sah der christliche Adel die Slawenmission nicht immer mit ungemischter Freude, und natürlich aus einem höchst egoistischen Grund. Entfiel doch, zumal für die unmittelbar angrenzende, etwa für die benachbarte sächsische Edelklasse mit der Annahme des Christentums durch die Heiden ein Vorwand, sie zu überfallen, zu unterjochen und zu berauben. «Wenn die Christianisierung der Slawen den kriegerischen sächsischen Feudaladligen auch nicht das völlige Versiegen einer wichtigen Einnahmequelle brachte..., so wurde den Sachsen die Ausplünderung ihrer Nachbarn zumindest erschwert» (Donnert). Und selbstverständlich war deren Schröpfen den Christen allemal wichtiger als das Evangelium; ging es den katholischen Fürsten zuerst um Macht, Habsucht, um Mehrung ihres Grundbesitzes und ihrer Feudalrente – «wie denn», sagt Abt Regino, «die Herzen der Könige gierig und stets unersättlich sind». Erzbischof Wilhelm von Mainz nannte Otto «des Großen», seines Vaters Behauptung, es gehe um Ausbreitung des Christentums, eine Beschönigung. Und ganz unverblümt heißt es dann in Helmholds Slawenchronik im Hinblick auf Heinrich den Löwen: «Niemals war vom Christentum die Rede, sondern nur vom Gelde...»

Doch geht es nicht bloß darum, «daß das Christentum jenseits von Elbe und Saale zuerst im Zusammenhang mit kriegerischen Auseinandersetzungen Fuß gefaßt hat» (Fleckenstein). Nein, die christliche Kirche, und zwar natürlich die deutsche Kirche, war auch eine «treibende Kraft» für diese ganze hochaggressive Ostexpansion, eine Kraft, der gleichfalls der Glaube vor allem ein Mittel zum Zweck war, eine Kraft, schreibt Kosminski, die «auf den Zehnten, auf Güter und Leibeigene Jagd machte und in der ‹Bekehrung der Heiden› eine höchst einträgliche Beschäftigung erblickte. Dabei half ihr auf energischste Weise das Papsttum, das einer der Hauptorganisatoren der Feldzüge nach dem Osten Europas war, da es hoffte, seine Einflußsphäre ausdehnen und seine Einkünfte erhöhen zu können.»

Aber gerade das ließ sich eben hervorragend mit Hilfe der christlichen Missionspropaganda, mit dauerndem Pallaver über «das Höhere» tarnen, den «Herrn» – zumal *die* Herren, die Bischöfe, die Äbte, ja nicht minder an diesen bereits als Kreuzzüge erscheinenden Raub- und Eroberungsaktionen beteiligt waren, von den Karolingern, wenn nicht schon Merowingern an über die Heerfahrten der sächsischen, salischen Kaiser bis in die Zeit der eigentlichen Kreuzzüge hinein.[43]

Es gab zwei Formen, die Slawen zu gewinnen.

Einmal die selbständige kirchliche Mission, etwa die von Bischof Ansgar, der in Dänemark und Schweden Knaben kaufte, um christliche Geistliche aus ihnen zu machen; die Mission des Bischofs Adalbert von Prag bei den Prussen im ausgehenden 10. oder die des Günther von Magdeburg bei den Liutizen im frühen 11. Jahrhundert.

Da diese individuellen Bekehrungsversuche so gut wie erfolglos waren, zog es die Kirche vor, die Frohe Botschaft mittels der staatlichen Heere zu verbreiten, mit Feuer und Schwert oder auch durch Bestechung. Die Annahme des Christentums jedenfalls war für die Slawen «gleichbedeutend mit Sklaverei» (Herrmann) und um so eher vorauszusetzen, um so leichter möglich, je wirksamer die Waffen die Macht des Christengottes und die Ohnmacht der alten Götter erwiesen.[44]

IN 400 JAHREN 170 KRIEGE GEGEN DIE SLAWEN

Schon Pippin II. (gest. 714) hatte seine Eroberungen Westfrieslands und Thüringens im engen Bündnis mit der römisch-katholischen Kirche unternommen, ihr Land in den annektierten Gebieten übertragen und so, wie heute Papst Wojtyla sagen würde, die «Evangelisierung» ermöglicht (IV 295 ff.).

In Karls grauenhaften Sachsenkriegen war es nicht anders. Rauben und Christianisieren gehörte einfach zu seiner Politik. Immer ging es mit christlichen Fahnen nach Sachsen hinein, immer folgten der Pfaffe und sein «Segen» dem Militär und dessen Stoßlinien, immer wuchs aus dem Blut- das Taufbad hervor, aus dem Massenmord die Mission (IV 457 ff.). Und auch die Auslöschung des Awarenreiches an der Ostflanke des fränkischen Imperiums, dieses gleichfalls rein annektionistische Großverbrechen Karls, wurde als heiliger Krieg und mit Hilfe von Feldbischöfen betrieben. Überall wirkten auch hier Krieger und Kleriker zusammen, wurden die weiten, durch das Schwert gewonnenen Räume im Südosten dann besonders durch das Patriarchat von Aquileja und das Erzbistum Salzburg «bekehrt» (IV 485 ff.).

Nach der Vernichtung des awarischen Reiches folgten ungezählte weitere Züge wider die dort wohnenden slawischen Völker, einige noch in der ersten Hälfte, immer mehr aber seit der Mitte des 9. Jahrhunderts. Die Felder wurden verwüstet, die Herden vernichtet, viele Menschen getötet. Fast das ganze Leben des älteren Sohnes von Ludwig dem Deutschen, des 880 gestorbenen Karlmann, des Herrn über Bayern, Kärnten, Pannonien, Böhmen und Mähren, war von Kriegen ausgefüllt. Und alle waren mit Mission verbunden. Immer kam mit dem Schwert das Kreuz. Während man von Bayern, bevorzugt von Regensburg, der Zentralpfalz aus, Stück um Stück im Südosten an sich riß, betrieben die bayerischen Prälaten bei den unterjochten Slawen die Christianisierung. Der hohe Klerus begleitete aber auch die Truppen, ja führte diese manchmal an; so Bischof Otgar von Eichstätt, der 857 an der Spitze eines Aufgebots in Böhmen Eroberungen machte; so 871/872 Bischof Arn von Würzburg, der auch 892 dort einfiel und mit dem größten Teil seines Haufens erschlagen wurde; so 872 Bischof Liutbert von Mainz und Abt Sigehard von Fulda.[45]

Anfang des Jahres 874 weigerten sich die Sorben und Susler an der thüringischen Grenze, den ihnen aufgezwungenen üblichen Zins zu zahlen. Darauf überschritten Erzbischof Liutbert von Mainz und Ratolf, der Markgraf der Sorbenmark, mit einem Heer im Januar die Saale und schlugen durch Brand und Plünderung die Erhebung der dortigen kleinen Grenzvölker nieder. Es war der letzte Slawenzug während der Regierung Ludwigs des Deutschen. Doch schon 877 wiederholte sich unter seinem gleichnamigen Sohn eine ganz ähnliche Attacke gegen die Susler und ihre Nachbarn; der König ließ sich «einige Geiseln und nicht wenige Geschenke geben und brachte sie in die alte Dienstbarkeit zurück».[46]

Natürlich unterstützte die Kirche alle Söhne Ludwigs des Deutschen dauernd, wie ja auch diesen selbst. Die geschundene, als bloße Arbeitssklaven mißbrauchte Masse speiste man mit Sündenvorwürfen ab, mit plumpem Reliquienschwindel, sogenannten Bittprozessionen, je schlechter es ging, desto mehr; gerade etwa in den Jahren 873 und 874, als besonders großes Elend hereinbrach, wie freilich oft: Schneeschmelze, Überschwemmungen, Hungersnot, Seuchen, Heuschreckenschwärme, so daß man «kaum den Himmel wie durch ein Sieb sehen» konnte und an sehr vielen Orten «die Hirten der Kirche und die ganze Geistlichkeit ihnen mit den Reliquiarien und Kreuzen entgegenzogen, unter Anrufung von Gottes Erbarmen». Ja, «mit verschiedenen Plagen schlug der Herr beständig sein Volk und suchte heim mit der Rute ihre Ungerechtigkeiten und mit Schlägen ihre Missetaten» (Annales Xantenses).

Der Herr über den Wolken schlug zu – nicht der Herr auf dem Pferd! Der liebe Himmelvater schlug beständig zu. Und traf beständig. Auch die «Fuldaer Jahrbücher» sahen «das germanische Volk infolge seiner Sünden nicht wenig getroffen». «Sünden» und «Missetaten» waren da stets schuld – nicht die Naturalwirtschaft des Adels, sein blutsaugerisches Dauer-Ausbeuten. Es schien schicksalhaft, wie die Naturgewalten, die doch auch vor allem wieder jene ereilten, von denen der Volkskundler Jeggle schreibt: «Der eigene Körper kannte keinen Genuß, nur Arbeit, die Frau und die Kinder waren ebenfalls bloße Arbeitsmittel. Sozialisation war nichts als Eingewöhnung in diesen Arbeitsprozeß... Die Arbeit definierte den Tagesablauf, die Jahresphasen, die Lebensabschnitte... Arbeiten und Leben fiel zusammen». Fast ein Drittel der Bevölkerung des ost- und westfränkischen Reiches kam damals um. Noch im folgenden Sommer riß ein Regenhochwasser allein in Eschborn (westlich von Frankfurt) 88 Menschen in den Tod. Selbst «die Dorfkirche wurde samt ihrem Altar vernichtet, so daß sie denen, welche sie eben noch sahen, keine Spur ihrer Erbauung ließ» – und alles natürlich «als Folge unserer Sünden» (Annales Fuldenses).[47]

Wie unter den Karolingern kooperierten Staat und Kirche bei den Vorstößen der Ottonen, der Salier gegen die Elbslawen, der polnischen Herzöge gegen die Pommern, bei den Missionsunternehmen des Erzbistums Bremen-Hamburg. Immer ist da das «Ideelle und Religiöse ... sehr verschlungen ... mit weltlichen Motiven» (Bünding-Naujoks); ist die Ausweitung des christlichen Reiches jenseits der deutschen Ost- und Nordgrenzen «stets ein gemeinsames Werk der Kirche und des Staates, der Predigt und der Nötigung gewesen; die Arbeit des lehrenden und taufenden Priesters folgte der kriegerischen Eroberung oder geschah nach erfolgter Zulassung» (Bauer).

Man hat errechnet, daß die katholischen Franken und Sachsen in einem Zeitraum von nicht ganz 400 Jahren, vom Zug nämlich Karls «des Großen» zu den Liutizen 789 bis zu Friedrich Barbarossas und Heinrichs des Löwen Überfall auf Polen 1157, gegen die Slawen 170 Kriege führten! 20 davon endeten mit einem Fiasko für die kaiserlichen Truppen, kaum ein Drittel soll für sie erfolgreich gewesen sein.

In den ersten frühmittelalterlichen Jahrhunderten kannten die Slawen kaum ein gesamtslawisches, all die vielen Stämme, Kleinstämme, die «civitates» verbindendes Gemeinschaftsbewußtsein. Doch änderte sich ihre politische und soziale Struktur beträchtlich, wuchs die Macht der Stammesfürsten wie der Stammesaristokratie, kam es allmählich zur Konsolidierung von Stammesstaaten.[48]

Auch gab es im 7. und 8. Jahrhundert schon slawische Fürstentümer. Einem solchen Verband stand etwa der «Herzog» (dux) Dervanus der Sorben vor, der sich nach 632 dem fränkischen Kaufmann Samo, dem Begründer des ersten Slawenreiches (620-658) überhaupt, anschloß, nachdem dieser in der dreitägigen Schlacht bei Wogastisburg (an der Eger) den Merowingerkönig

Dagobert I. katastrophal geschlagen hatte (IV 236). Und um 740 bildete sich in den Ostalpen bei den Karantaner Slawen ein Herzogtum, dessen christenfreundlicher dux Boruth den Bayernherzog Odilo gegen die Awaren zu Hilfe rief, kurz bevor diesen selber Pippin III., sein Schwager, durch eine heimtückische nächtliche Attacke auf das schlafende Bayernheer besiegte (IV 328 f.).

Im 9. Jahrhundert aber entstand auf slawischer Seite das Großmährische Reich, und im 10. entwickelten sich zwei weitere größere Slawen-Staaten: erst Böhmen, unter dem tschechischen Fürstenhaus der Premsliden, dann Polen unter den Piasten.

GROSSMÄHREN

Eine besondere Bedeutung bekamen für die Ostfranken die «Mährer». Im frühen 9. Jahrhundert aus verschiedenen Kleinstämmen hervorgegangen, werden sie von einer fränkischen Quelle erstmals 822 genannt. Der Reichsannalist notiert damals, der Kaiser habe auf dem Tag in Frankfurt von allen Ostslaven – er nennt Abodriten, Sorben, Wiltzen, Böhmen, Awaren, Prädenecenter (eine östliche Abodritengruppe im Gau Branitschewo) und eben auch die Mährer (Marvanorum) – «Gesandtschaften mit Geschenken» (cum muneribus) empfangen. Und diese «Geschenke» waren natürlich keine Liebesgaben, sondern all den Völkerschaften aufgezwungene, von ihnen als drückend und schändlich empfundene Lasten.[49]

Seinerzeit hatten sich aus einigen slawischen Kleinstämmen zwei miteinander rivalisierende Fürstentümer gebildet, eines im Tal der March, von Mojmír I. (830–846) geführt, das andere in Nitra, der südwestlichen Slowakei, mit dem Fürsten Pribina an der Spitze. Dieser ließ, wiewohl noch Heide, 827/828 durch den Salzburger Erzbischof Adalram die erste Kirche auf seinem Gebiet zu Neutra weihen, wurde aber 833 von Mojmír, dem ersten in den Quellen erwähnten Herrscher des Großmährischen Reiches, vertrieben. Der Ahnherr der Mojmiriden-Dynastie annektierte Pribinas Territorium und gebot, zunächst noch ohne offene Auseinandersetzungen mit Ostfranken, fortan über beide Fürstentümer, während Pribina 834 in das bayerische Ostland floh und auf Befehl Ludwigs des Deutschen Christ wurde. Später fungierte er als fränkischer Vasall in Unterpannonien, im Raum um den Plattensee, wo sich bald mit Salzburger Hilfe zahlreiche Kirchen erhoben, Salzburger Missionare auftauchten, bayerische Bauern, vor allem aber bayerische Stiftskirchen und Klöster zu Grundbesitz kamen: Altaich, St. Emmeram, Freising, kurz, die Salzburger Mission wurde im Fürstentum Pribinas «besonders erfolgreich» (Prinz) – Pribina freilich wurde um 860 von den Mährern erschlagen.

Der Name «Mähren» (Moravia) kommt von der March (Morava), einem linken, bereits von Tacitus als «Marus» (mar, mor, «Sumpf») erwähnten Nebenfluß der Donau. Der Name Großmähren geht auf Constantin porphyrogenitus, De administrando imperio, zurück und bürgerte sich in der neueren Forschung ziemlich ein; manche ziehen aber die Bezeichnung «Altmähren» vor. Jedenfalls war dieser Staat, der den Kern des Samos-Reiches gebildet, auch Kontakte zu den Awaren hatte, ein im 9. Jahrhundert zwischen Böhmerwald und der Gran entstandenes Großreich, der älteste Stammesstaat der Westslawen und damals einer der größten, mächtigsten Staaten Europas, zugleich ein Mittelpunkt des zentraleuropäischen Handels; er umfaßte Böhmen, Mähren, die Slowakei, die Lausitz sowie die Gebiete der Obodriten.[50]

DIE LUDWIG-SIPPE:
MILDE ARBEIT UNTERM KREUZ UND
«DES SCHWERTES BLUTIGES SCHAFFEN»

Nur lose vom Frankenreich abhängig, war Großmähren zunächst weder frankenfreundlich noch christlich, stand jedoch immer wieder unter dem militärischen Zugriff des ostfränkischen Reiches und dem missionarischen der ostfränkischen Kirche (Passaus nach Mähren, Regensburgs nach Böhmen). Gelegentlich aber expandierte es auch auf Kosten seiner Gegner, wobei zu den heftigen kriegerischen Konflikten noch der kirchenpolitische Gegensatz kam zwischen dem römischen Bischof und dem Patriarchen von Konstantinopel, ja, kurzfristig sogar zwischen Papst und ostfränkischem Episkopat.[51]

Das Christentum war spätestens um die Wende zum 9. Jahrhundert in Mähren eingedrungen, wo es einige Jahrzehnte darauf auch Steinkirchen gab. Grabungen in Mikulčice, der Metropole des Großmährischen Reiches, haben im Innern einer gewaltigen, aus dieser Zeit stammenden Festungsanlage von 6 Hektar allein fünf Kirchen freigelegt. Und auf dem Gelände der rund 100 Hektar umfassenden Vorburg erhoben sich wenigstens fünf Kirchen innerhalb der befestigten Areale von Adelshöfen.

Selbstverständlich erwehrten sich die Slawen mit Gewalt der ihnen drohenden Religion und der feudalen Unterdrückung, wobei ihr Widerstand eher wuchs, die Kriege immer härter, grausamer wurden. Das tatsächliche Ziel war: Machterweiterung und Ausbeutung, die «Kolonisationsarbeit». Man wollte die Slawen abhängig machen und in Zinspflicht nehmen. Die «Christianisierung» diente mehr oder weniger als Vorwand, als Bemäntelung. «Die milde Arbeit unter dem Banner des Kreuzes sollte des Schwertes blutiges Schaffen veredeln. Die bayerische Kirche war zu diesem hohen Ziele besonders befähigt...» (Aufhauser).

Die entscheidende kirchliche Eskalation ging dabei von Regensburg aus, von dessen Königspfalz und Bischofssitz (wo man böhmische Prinzen und Herren als Geiseln hielt) und vom Regensburger Domkloster.

Bereits vor 833 operiert der fränkische Grenzkommandant (Präfekt) Radbod bis zum Plattensee. 852 konstatiert die Synode von Mainz noch «ein rohes Christentum beim Mährervolk» – doch wo war das Christentum, politisch gesehen, seit Konstantin «dem Großen» nicht roh? In der zweiten Hälfte des 9. Jahrhunderts wird die neue Religion schon zu einem «ideologischen Eckpfeiler» (Nový) des großmährischen Staates; was ein anonymer Hagiograph dezent so umschreibt: «Auch das mährische Reich begann immer mehr seine Gebiete zu erweitern und seine Feinde zu besiegen...» Im beginnenden 10. Jahrhundert gehört ganz Böhmen zur Diözese Regensburg; 973 wird Prag Bischofssitz und dem Erzbistum Mainz unterstellt. Bis ins Hochmittelalter hinein aber wollen viele Slawen von christlichen Priestern nichts wissen. Und noch im 14. Jahrhundert wenden sich Prager Synoden gegen die mannigfaltigsten heidnischen Bräuche.

Unter Mojmír umschloß das Großmährische Reich Mähren und die Slowakei; doch hat es anscheinend die Oberhoheit des mächtigen Nachbarn anerkannt, wenngleich in den vierziger Jahren die pagane Partei stets von neuem gegen das Christentum ihr Haupt erhob, besonders auch gegen den engen Anschluß an Bayern, wozu man Mähren zeitweise zwang. Überhaupt wurde Ludwig seit 843, seit der Vertrag von Verdun (S. 122 ff.) seine Herrschaft stärkte, im Osten wieder deutlich aktiver.

Beim Tod Mojmírs rebellierten die Mährer, die Ludwig – der schon 844/846 zumal die Wenden angegriffen, «alle Könige jener Länder durch Gewalt oder in Güte» (Annales Bertiniani) unterjocht und einen Fürsten getötet hatte – immer wieder bekämpfte. Dabei mochte es ihn ermutigen, daß damals aus dem von Mähren bedrängten Böhmen 14 duces in Regensburg erschienen und sich taufen ließen. Jedenfalls marschierte er im August 846 ein, setzte Mojmír ab und übertrug zur Festigung seiner Oberhoheit Mährens Führung Rastislav (846-870), Mojmírs Neffen. Und der, vermutlich Christ geworden, mußte nun deutsche und italienische Missionare aufnehmen.

So schuf Ludwig «Ordnung», melden die Annales Fuldenses, und «regelte die Verhältnisse, wie es ihm beliebte... Von da kehrte er durch Böhmen heim mit großer Schwierigkeit und bedeutendem Verlust seines Heeres.» Das liest sich kurz, klischee-, fast formelhaft – wer sieht da Menschen leibhaftig am Weg krepieren...?

Es folgen weitere Züge Ludwigs nach Böhmen, wobei sich erstmals sein zweiter Sohn, Ludwig der Jüngere, hervortut. Ab bove majori discit... Und bis 850 dauern die Einfälle fort: 848

etwa, als man, da der König krank lag, «nicht wenige Grafen und Äbte» samt ihren «zahlreichen» Truppen losschickte und «mit den Feinden, die sich um Frieden bemühten, Krieg anfing», indes «schmählich besiegt» worden ist, wie die eigenen Chronisten einräumen. Viele Franken fielen – die «Fuldaer Jahrbücher» sprechen von einem «beständigem Blutbad». Und die übrigen «zogen sehr gedemütigt in ihr Vaterland heim. Die Heidenschaft aber schädigte vom Norden her nach Gewohnheit die Christenheit und sie wuchs mehr und mehr an Stärke, aber das ausführlicher zu erzählen, würde Überdruß erregen» (Annales Xantenses).[52]

Die Christenheit freilich drangsalierte, wie so häufig, gerade eine schwere Hungersnot. Der einstige Fuldaer Abt, der Mainzer Metropolit Hrabanus Maurus, soll seinerzeit mehr als 300 Arme gespeist haben, behaupten jedenfalls die Fuldaer Annalen und erzählen u. a.: «Es kam auch eine fast verhungerte Frau mit einem kleinen Kind zu ihm und wollte von ihm wieder belebt werden, doch ehe sie die Türschwelle überschritt, stürzte sie vor allzu großer Schwäche zusammen und hauchte den Geist aus. Und als der Knabe die Brust der toten Mutter, als wenn sie noch lebte, aus dem Kleid zog und zu saugen versuchte, brachte er viele, die es mit ansahen, dahin zu seufzen und zu weinen.»

Dies berichtet der Annalist zum Jahr des Herrn 850. Im nächsten schreibt er, daß König Ludwig wieder einmal die Sorben «schwer bedrängte und nach Vernichtung der Feldfrüchte und Wegnahme aller Hoffnung auf Ernte mehr durch Hunger als durch das Schwert bändigte».[53]

Anno 852, als schon eine neue Hungersnot begann, insistiert eine große, vom König nach Mainz berufene, unter Hraban tagende Synode u. a. natürlich auf Kirchengut und Zehnten (gestattet jedoch das Konkubinat Unverheirateter, da es dem Monogamiegebot nicht widerspreche!). Die Mährer aber sind nach dem Konzil notdürftig zum Christentum bekehrt.

Fürst Rastislav allerdings wollte auf Dauer durchaus kein unterwürfiger Vasall, wollte nicht stets Befehlsempfänger des Frankenkönigs sein. Vielmehr suchte er dessen Oberhoheit wieder abzuschütteln. Ja, er, den Ludwig der Deutsche als Herzog eingesetzt, entpuppte sich als Hauptgegner des Bayerischen Reiches. Und so äußern die «Annales Bertiniani» zum Schluß ihres Jahresberichts 855 etwas lakonisch: «Ludwig, der König der Germanen, wurde durch häufigen Abfall der Slawen belästigt.»[54]

Und die andere Seite?

Schon im Frühjahr dieses Jahres drang man wieder dort ein. Etwa zur Zeit, als Mainz zwanzig Erdstöße erschütterten und viele Häuser verbrannten, als selbst die Kirche des hl. Märtyrers Kilian vom Blitz oder, so die Fuldaer Jahrbücher, vom «himmlischen Feuer» getroffen, in Flammen aufging (ausgerechnet «während der Klerus die Vesperlieder sang») und bald darauf ein schreckliches Unwetter sogar die Kirchenmauern «von Grund aus» zerstörte, noch im Frühjahr 855 rückt eine starke Streitmacht Ludwigs gegen Rastislav vor, wobei mehrere Bischöfe an der Spitze eines bayerischen Aufgebots fechten, allerdings vergeblich. Und im Sommer kommt Ludwig selber nach Mähren, freilich auch er «mit wenig Erfolg», «ohne Sieg». «Doch suchte sein Heer einen großen Teil der Provinz mit Raub und Brand heim und rieb eine nicht geringe Anzahl Feinde, als diese in des Königs Lager eindringen wollten, vollständig auf.» Rastislav hatte sich in eine starke Verschanzung zurückgezogen, die Ludwig nicht anzugreifen wagte, angeblich um seine Truppen zu schonen (die bekannte Feldherrn-Sensitivität!). Und als er sieglos abmarschiert, plündert Rastislav seinerseits die bayerischen Grenzgebiete.

Anno 856 aber kämpft der König bereits wieder im Osten, wobei er einen großen Teil seines Kriegsvolks verliert. Man hatte im August «mit gesammelter Heeresmacht» erst die Daleminzier blutig niedergezwungen, von da aus «das Land der Böhmen» durchstreift und eben hierbei mehrere bayerische Grafen samt zahlreichen Truppen eingebüßt. Doch schon im folgenden Jahr operiert man abermals auf böhmischem Gebiet. Es ist das Jahr, in dem ein Blitz «wie ein feuriger Drache» jetzt die Kölner Peterskirche zerreißt, dazu zwei Kleriker und einen Laien (jeden präzis neben einem Altar: des hl. Petrus, des hl. Dionysius, der hl. Maria) und sechs weitere Beter «halbtot» niederstreckt, die jedoch «kaum genasen» (Annales Fuldenses) – schon 857 überfällt Bischof Otgar von Eichstätt mit anderen Großen Böhmen erneut. Und 858 kommt Ludwigs ältester Sohn Karlmann, während gleichzeitig ein zweites Heer die Sorben angreift sowie ein drittes unter Ludwigs gleichnamigem jüngerem Sohn die Obodriten, gegen die er mit diesem auch 862 zieht, ohne etwas auszurichten, außer daß er einmal mehr «einige seiner Großen verlor» (Annales Bertiniani).[55]

Im August 864 überschritt «der Deutsche» dann wieder mal die Donau «mit starker Mannschaft», belagerte Rastislav in Dowina und erzwang von ihm und seinen Edlen Eide sowie «Geiseln nach Art und Zahl wie der König es befahl» (Annales Fuldenses). Anno domini 869 aber, nachdem die Slawen sich von der Donau bis zur mittleren Elbe gegen ihre Bedrücker erhoben und bayerisches sowie thüringisches Gebiet verwüstet hatten, da rückten die Franken gleich wieder mit drei Heeren unter den Söhnen des plötzlich erkrankten Ludwig nach Osten: der Gleichnamige mit Thüringern und Sachsen gegen die Sorben, Karlmann mit den Bayern gegen Svatopluk (Zwentibald), den Neffen des Rastislav, und der jüngste Sohn Karl mit Franken und Alemannen gegen Rastislav selbst.

Der kranke König empfahl «den Ausgang der Sache dem Herrn», und so konnte es denn an nichts fehlen. Karl attackierte mit der ihm anvertrauten Truppe den verschanzten Mährerfürsten, und dort, melden die «Fuldaer Jahrbücher», «brannte er auf Gottes Hilfe vertrauend alle Häuser jener Gegend nieder; was in den Wäldern versteckt oder auf den Feldern vergraben war, fand er mit den Seinigen und raubte es, und verjagte oder tötete alle, die mit ihm zusammenstießen. Ebenso verwüstete Karlmann mit Feuer und Schwert das Reich des Zwentibald, des Neffen des Rastiz; und nach Verwüstung des ganzen Landes kamen die Brüder Karl und Karlmann zusammen mit gegenseitigen Glückwünschen über den vom Himmel verliehenen Sieg.»

Auch der Jüngste aber, Ludwig, hatte inzwischen in zwei Schlachten die Sorben geschlagen, ihre gekauften böhmischen Hilfsvölker teils niedergemacht, teils verjagt, und so kehrte alles mit reicher Beute zurück. Ein glückliches Jahr für die Ostfranken, fürwahr, zumal eben seinerzeit auch Gundacar, ein offenbar besonders treuloser Vasall des (ja auch treulosen) Karlmann, wie gemeldet, gefallen war. So hieß denn nach der erhebenden Botschaft König Ludwig «alle gemeinsam den Herrn loben für den Untergang des vernichteten Feindes, unter dem Geläut aller Kirchenglocken in Regensburg...».[56]

Immerhin konnte Rastislav längere Zeit ostfränkische Angriffe erfolgreich abwehren, da er bereits über mächtige, quellenmäßig und archäologisch nachgewiesene Burgzentren verfügte. Diese Stabilisierung entzog Großmähren indes nicht nur dem fränkischen Reich, sondern auch der fränkischen Reichskirche, deren Bischöfe und Äbte doch häufig selbst an der Spitze ihrer Soldateska im Osten fochten: 857 Bischof Otgar von Eichstätt, 871 Bischof Arn von Würzburg, 872 Bischof Arn von Würzburg, Bischof Liutbert von Mainz und Abt Sigehard von Fulda, 892 wieder Arn von Würzburg.

Freilich war dem Mährer klar, daß militärisches Glück allein ihn auf die Dauer vor dem starken Nachbarn nicht retten konnte, da sein Land ja eben auch in den Fängen der fränkischbayerischen Kirche hing. Er erkannte, daß ihm das Abschütteln westlicher Oberhoheit nicht ohne die kirchliche Befreiung gelang. So nutzte er geschickt das geopolitische Kräftespiel im Donauraum und auf dem Balkan, wo neben Ostfranken und dem sehr hegemoniebewußten Byzanz ja auch der gleichfalls aggressive bulgarische Khanat agierte.

Während aber Ludwig der Deutsche bei seinen Attacken auf Rastislav sogar mit Bulgaren sich verband, deren Khan auch fränkische Missionare erbat (S. 221), stritt Rastislav abwechselnd im Bund mit Tschechen, Sorben, fränkischen Grafen, ja, 858 mit Ludwigs Sohn Karlmann.

Macht erstrebt offenbar meist mehr Macht, politische, wirtschaftliche, religiöse, vielleicht jede Macht. So wurden seinerzeit auch die ostfränkischen Grenzgrafen immer wieder zum Aufruhr verleitet, unter ihnen der wohl mächtigste der Ostmark, Präfekt Graf Radbod, durch zwei Jahrzehnte dort die eigentlich beherrschende Figur. Er stand gleich neben dem Grafen Ernst, der sich jedoch auch erhob, wie noch so mancher Grenzgraf seinerzeit. Und wahrscheinlich im Zusammenhang mit seiner Empörung 854 gab König Ludwig 856 die Ostmark, die «marca orientalis», jetzt erstmals so genannt, seinem Sohn Karlmann.[57]

...UND WIEDER KATHOLISCHE SÖHNE GEGEN DEN KATHOLISCHEN VATER...

Obwohl diese Söhne eines gut katholischen Vaters selbstverständlich alle gut katholisch erzogen und alle von hohen katholischen Geistlichen umgeben waren und vermutlich auch alle das Vierte Gebot kannten: Du sollst Vater und Mutter ehren, standen alle, und nicht nur einmal, gegen den Vater auf. Dynastische Kämpfe im Frankenreich hatten freilich eine große Tradition. Und gerade Ludwig der Deutsche dürfte da immer wieder an die eigene rebellische Jugend erinnert worden sein...

Zunächst erhob sich anno 861 der Älteste, der etwa dreißigjährige Karlmann (um 830–880), Herrscher über Bayern und Kärnten – wie Regino von Prüm, der etwas jüngere Zeitgenosse, ihm bescheinigt, nicht nur «sehr vortrefflich» und «der christlichen Religion ergeben», sondern auch «friedliebend»; was immer Abt Regino darunter verstanden haben mag. Denn nur zwei Zeilen später rühmt er ihn mit der ganzen Unschuld seiner Religion und seines geistlichen Standes auch: «sehr viele Kriege führte er zusammen mit seinem Vater und noch mehr ohne ihn in den Reichen der Slaven und stets trug er den Triumph des Sieges davon; die Grenzen seines Reiches mehrte und erweiterte er mit dem Schwert...» Doch wird es sich, wie meist in solchen Fällen, schlicht so verhalten: gerade weil Karlmann friedliebend war, mußte er so viele Kriege führen, mußte er mit dem Schwert des Reiches Grenzen mehren und erweitern und, wiewohl «mild» zu den Seinen, «den Feinden furchtbar» (terribilis) sein.

Wie auch immer, Karlmann, «in der Ordnung der Reichsangelegenheiten ungemein tüchtig» (Regino), hatte, gierig offenbar von Anfang an nach Macht, nicht nur wiederholt die fränkischen Grafen im Ostland bekämpft, sondern auch seinen Aufstand wohl vorbereitet, hatte, friedliebend, wie er nun einmal war, 858 mit Rastislav von Mähren, dem Landesfeind, Frieden geschlossen, um Krieg gegen den eigenen Vater zu führen. Und mit Hilfe des Mährers bemächtigte er sich «eines großen Teils des väterlichen Reiches bis zum Inn» (Annales Bertiniani).

Dabei unterstützte ihn sein Schwiegervater, der mächtige Graf Ernst, «der erste unter den Adligen», «der erste unter den Freunden des Königs», nebst seinem gesamten Anhang, etlichen weiteren Grafen und dem Abt Waldo. Auch Graf Ernst hatte früher in Böhmen gekämpft, hatte dorthin 849 einen ostfränkisch-bayerischen Heerbann geführt, und 855 wird er wieder als «ductor» der gegen die Böhmen ziehenden Krieger genannt. Jetzt aber verlor Graf Ernst wohl wegen seiner «Untreue» seine Lehen. Ebenso entsetzte Ludwig die gräflichen Brüder Uto und Berengar sowie ihren Bruder Abt Waldo, die zu Karl dem Kahlen gingen. Und dem Slawenfürsten Pribina kostete Karlmanns Bund mit Rastislav das Leben. Der Prinz opferte ihn dem Mährer; Nachfolger in Pribinas Fürstentum am Plattensee wurde sein Sohn Kozel.

Karlmann selbst aber, der mit Rastislavs Beistand dem Vater einen großen Teil seines Reiches genommen hatte, bekam nach seiner Unterwerfung diesen Reichsteil wieder, mußte jedoch dem Senior 862 in Regensburg einen Sicherheitseid leisten. Er schwur ihm, «gegen dessen rechtmäßige Gewalt fernerhin nichts in böswilliger Absicht zu unternehmen», kümmerte sich indes – der offiziöse Bericht bleibt etwas unklar – wenig darum, sodaß Ludwig 863 mit einem Heer gegen ihn zog, «um seinen Sohn zu bezwingen» (Annales Fuldenses). Dabei wurde dieser von seinen besten Truppen unter Graf Gunakar verraten. Der öffnete nämlich dem König durch die Preisgabe der Schwarzafurt am Semmering die Zugänge nach Karantanien (Kärnten), und so bekam der Verräter des Verräters diese Markgrafschaft.

Karlmann gelobte wieder eidlich Unterwerfung, blieb mehr als ein Jahr in Regensburg in «freier Haft», aus der er jedoch 864 erneut entfloh, worauf er abermals abtrünnig wurde, bis er sich endgültig mit dem Vater versöhnte. Er lieferte ihm anfangs der 870er Jahre sogar den «König der Mähren» aus, und Ludwig der Deutsche ließ den später sehr christlich blenden und in einem Kloster verschwinden (S. 228)[58]

Verrat war in diesen hochgeborenen katholischen Kreisen so macht- wie karrierefördernd und darum selbstverständlich. Man sieht das auch gleich wieder an Karlmanns höchstem politischem Würdenträger, seinem Erzkaplan und Erzkanzler, dem Erzbischof Thietmar von Salzburg (874–907). «Auf Thietmar stützte Karlmann seine politischen Pläne» (Schur). Beim Komplott aber der bayerischen Großen, einschließlich der Bischöfe, vor allem gegen Karlmanns Sohn Arnulf, ging Erzbischof Thietmar 879, noch zu Lebzeiten des schwerkranken Karlmann, zu Ludwig III. über.

Diesem zweiten Sohn Ludwigs des Deutschen, Prinz Ludwig (III. dem Jüngeren, um 835–882), unterstanden Ostfranken, Sachsen und Thüringen. Nach einem frühen Abfall hatte er sich schon 862 «mit den schwersten Eiden» (districtissimis sacramentis) verpflichtet, «seinem Vater künftig treu zu bleiben» (Annales Bertiniani), wofür er mit einer Grafschaft und der Abtei des hl. Crispin belohnt worden ist. Dann jedoch zettelte der jüngere Ludwig gleich drei Aufstände wider den Vater an: 866, 871 und 873.

Aber schließlich war Ludwigs III. Ratgeber, der Leiter seiner Hofkapelle und Hofkanzlei, kein anderer als Liutbert, «der Stadt Mainz edler Erzbischof» (863–889). Die «Fuldaer Jahrbücher» nennen diesen Edlen zwar einen «Friedliebenden», vielleicht weil er 874 die Sorben und Siusler jenseits der Saale mitten im Winter bereits «durch Plünderung und Brand, ohne Kampf ... in die alte Knechtschaft zurückbrachte. Doch konnte der Mainzer Metropolit auch ganz schön das Schwert schwingen, etwa 883 «nicht wenige» Normannen, 885 «sehr viele» niederstrecken – freilich auch wieder «Holz vom Heiligen Kreuze» tragen.

Das alles schließt sich ja nicht aus. Im Gegenteil. Und so leitete der Stadt Mainz edler Oberhirte, in den Fuldaer Annalen auch als «geduldig, demütig und gütig» gefeiert, einerseits Hofkapelle und Hofkanzlei des dreimal gegen den Vater revoltierenden Ludwig. Andererseits ließ er 866 selber eine Erhebung in Mainz, bei der etliche seiner Leute umkamen, grausam rächen. «Einige nämlich wurden an den Galgen gehängt, anderen die Spitzen der Hände und Füße abgeschnitten, auch das Augenlicht genommen, einige, die ihre ganze Habe im Stich ließen, um dem Tode zu entrinnen, wurden verbannt» (Annales Fuldenses).

Der Fürst und sein Bischof waren rohe Naturen, aber gewiß nicht über den Rahmen des christlich Üblichen hinaus. Und selbstverständlich war auch die Kirche unter Ludwig dem Jüngeren (III.), «diesem ehrgeizigen und gewaltsamen Herrscher,... an den Regierungsgeschäften beteiligt und blieb eine treue Helferin in der Politik des Königs in Krieg und Frieden» (Schur).

Anno 865 hatte Ludwig der Deutsche sich mit seinem Ältesten, Karlmann, gerade ausgesöhnt. Und schon im nächsten Jahr rebellierte Ludwig der Jüngere, «indem er zugleich den Wenden Restiz aufreizte, bis nach Baiern hin plündernd vorzudringen, damit er selbst, während der Vater oder seine Getreuen in jenen Gegenden beschäftigt seien, ungehindert sein Beginnen durchführen könnte» (Annales Bertiniani). Dabei bezog Prinz Ludwig auch die von seinem Vater abgesetzten, teilweise zu Karl dem Kahlen übergegangenen Grafen in seine Pläne ein und bedrängte vor allem Rastislav, «ohne Weigerung diese Verschwörung zu fördern» (Annales Fuldenses).[59]

Und die zweite wie dritte Rebellion Ludwigs III. erfolgte im Verein mit Ludwigs des Deutschen drittem Sohn, Prinz Karl (III.).

Prinz Karl (Kaiser Karl III. der Dicke) im Kampf mit bösen Geistern

871 besetzten die beiden Brüder zusammen mit einer «nicht geringen Menge» den Speyerer Gau, bereinigten im nächsten Jahr den Bruch mit dem Vater und wollten im folgenden, 873, sich

seiner anläßlich einer Reichsversammlung in Frankfurt bemächtigen. Dabei hatten sie gerade erst auf dem Reichstag zu Forchheim, inmitten der Fastenzeit «eidlich im Angesicht des ganzen Heeres» geschworen, dem König «Treue zu halten alle Zeit ihres Lebens». Und nun zogen sie nach Frankfurt «voll unbilliger Gedanken, der gleichnamige (Ludwig) und Karl, um eine Gewaltherrschaft aufzurichten, ihre Eidschwüre hintanzusetzen, den Vater des Reiches zu berauben und ins Gefängnis zu schicken» (Annales Xantenses).

Prinz Karl, der Jüngste, war aber anscheinend der nervlichen Belastung nicht gewachsen. Er erlitt einen epileptischen Anfall – oder in der Sprache der Zeit: es geschah öffentlich «ein großes Wunder: der böse Geist fuhr vor aller Augen in Karl und quälte ihn schrecklich, unter mißtönenden Lauten» (eumque horribiliter discrepantibus vocibus agitavit). (In Parenthese: mit bösen Geistern und ihrer Abwehr war man im Christentum – Gott sei Dank! – von Anfang an und durch die ganze Antike bestens vertraut: III 389 ff.! Und noch unlängst hatte man von Mainz aus einen solchen «bösen Geist» in einem Ort bei Bingen, dem Hof Caputmontium, «Berghaupten», mit Priestern, Reliquien, Kreuzen, mit Bittgebeten und Weihwasser wahrhaftig drei Jahre lang bekämpft und erst schachmatt gesetzt, als dieser dort «fast alle Gebäude mit Feuer vernichtet hatte»: Annales Fuldenses.)

Was nun Prinz Karl betrifft, der ja immerhin als Kaiser Karl III. der Dicke für kurze Zeit noch einmal das ganze Reich Karls «des Großen» beherrschen sollte, so konnten ihn auf dem Frankfurter Reichstag sechs der stärksten Männer kaum zähmen, und er drohte, «die ihn Haltenden mit offenem (!) Munde (aperto ore) zu beißen».

Worauf alsbald ein zweites Wunder geschah (denn ein Wunder kommt selten allein): noch am selben Tag trieben begnadete Gottesmänner den «malignus spiritus» wieder aus – mit besonderem Erfolg der fromme Erzbischof Rimbert von Hamburg-Bremen (nicht zufällig der Lieblingsschüler seines Vorgängers, des hl. Ansgar, des päpstlichen Legaten unter Dänen, Schweden, Slawen). Darauf aber brachten König, Bischöfe und sonstig Edles den Besessenen noch zu den Grüften mirakulöser Heiliger, ihn für immer allen Teufelsklauen zu entreißen; um so nötiger, als «derselbe Karl mit lauter Stimme vor vielen Hörern» bekannte – ein drittes Wunder –, «er sei ebenso oft der feindlichen Gewalt ausgeliefert worden, wie oft er gegen den König eine Verschwörung eingegangen sei» (Annales Fuldenses). Und endlich noch ein Mirakel: der ältere Bruder warf sich dem Vater, statt diesen ins Gefängnis zu werfen, zu Füßen.[60]

Katholisches Familienleben auf höchster Ebene. Wie auch immer, Lektion gut gelernt: bleibt keine andere Wahl, kriecht man zu Kreuz.

Über all den Familienzwisten des Herrscherhauses aber hatte das Morden gegen die Mährer fortgedauert, bis Zwentibald auf dem Reichstag in Forchheim (874) um Einhalt ersuchte. Er werde dem König treu bleiben alle Tage seines Lebens und auch Jahr für Jahr den festgesetzten Zins zahlen, «gönne man ihm nur ein ruhiges und friedliches Leben» (quiete agere et pacifice vivere).[61]

Ein ruhiges und friedliches Leben ... Vielleicht, wer weiß, hätten es sich ja manchmal sogar die Heiligen Väter im fernen Rom gewünscht. Doch sie gönnten es sich selber und einander nicht und niemandem.

3. KAPITEL

DAS PAPSTTUM IN DER MITTE DES 9. JAHRHUNDERTS

«Kämpft mannhaft gegen diese Feinde des heiligen Glaubens,
gegen diese Gegner aller Religionen!» Papst Leo IV. (847–855)
vor einer Schlacht gegen die Araber[1]

«Denn der Allmächtige weiß, wenn einer von euch umkommen
sollte, daß er für die Wahrheit des Glaubens, die Erlösung
seiner Seele und für die Verteidigung des christlichen Landes
gefallen ist. Darum wird er den erwähnten Lohn» – die ewige
Seligkeit – «erhalten». Papst Leo IV. in einem Aufruf «an
das fränkische Heer»[2]

Das Fälschungswerk der Pseudoisidorien (um 850) hat «die
Stellung und das Ansehen des Heiligen Stuhles in ungeahnter
Weise gehoben» (Manfred Hellmann); es war «das willkommenste Geschenk, das das Papsttum je erhalten hat» (Walter
Ullmann), die «erfolgreichste Fälschung der ganzen Kirchengeschichte» (der katholische Papsthistoriker Hans Kühner),
«die größte Gesetzesfälschung der Geschichte» (Jesuit Grotz)[3]

«Den Königen und Tyrannen gebot er und er beherrschte sie
durch sein Ansehen, als ob er der Herr des Erdkreises wäre.»
Abt Regino von Prüm über Papst Nikolaus I. (858–867)[4]

In Rom waren «durch das verkehrte Benehmen mehrerer Päpste», so melden 824 die offiziellen Reichsannalen, die römischen Zustände «in große Verwirrung geraten». Nach dem Hingang Karls I. hatte der hl. Papst Leo III. 815, ein Jahr bevor er selbst starb, Hunderte von Menschen gnadenlos zum Tod verurteilt (S. 57 f.). Sein Nachfolger Stephan IV. tauchte im nächsten Jahr mit einer gefälschten «Konstantinskrone» in Reims auf (S. 59 f.). Beim Tod seines Nachfolgers Paschalis I., eines verhaßten, harten Papstes, war es 824 zu solchen Tumulten gekommen, daß die geplante Beisetzung in St. Peter ausfallen, die Leiche zunächst unbestattet bleiben mußte (auch dieser Papst wurde gleichwohl heilig, sein Fest 1963 aber abgeschafft). Der Wahl seines Nachfolgers Eugen II. (824–827) folgten monatelange Unruhen, hatten Adel und Klerus doch zwei konkurrierende Kandidaten aufgestellt. Danach verliefen wenigstens die Wahlen der beiden nächsten Heiligen Väter glatt: Valentin (August–September 827) und Gregor IV. (827–844).[5]

Sergius II.
oder «... so gut wir können»

An den Tod Papst Gregors reihten sich erneut gewalttätige Aktionen. Noch ehe nämlich der Adel seinen Mann erheben konnte, hatte das Volk den päpstlichen Palast eingenommen und den Diakon Johannes auf den begehrten Stuhl gesetzt; ein Glück, das er freilich nur kurz genoß, anscheinend nur einen Tag. Dann fegte ihn der Adel aus dem Lateran, zerschlug die Opposition und machte einen alten, gichtgeplagten Erzpriester zum Pontifex maximus. Sergius II. (844–847), der den Rivalen in ein Kloster sperren ließ (mehr weiß man über dessen Schicksal nicht), war ein Vertreter der Oberschicht und angeblich bereits der fünfte Papst aus dem Haus Colonna, das der Heilige Geist zu bevorzugen schien. Die kaiserliche Genehmigung, laut Constitutio Romana von 824 erforderlich (S. 64 ff.), schenkte man sich in der Eile.

So schickte der verärgerte Lothar I. seinen Sohn Ludwig, kurz zuvor in Pavia als Vizekönig von Italien inthronisiert, und Erzbischof Drogo von Metz, den «natürlichen» Sohn Karls «des Großen» und Halbbruder Ludwigs des Frommen, mit einem fränkischen Heer gegen Rom. Es wütete im Kirchenstaat so gnadenlos, als führte es Krieg, und eine Strafexpedition sollte es auch sein. Aber der alte Papst wußte den jungen König zu zähmen, zu demütigen fast, wobei ihm ein Zufall vielleicht zustatten kam: der Horror über einen Ritter im königlichen Gefolge, der auf den Stufen vor St. Peter in Krämpfe fiel. Nach einer wochenlangen synodalen Untersuchung wurde Sergius' Wahl immerhin bestätigt. Allerdings mußte er anerkennen, daß der designierte Papst erst nach Anordnung des Kaisers und im Beisein seiner Gesandten konsekriert werden dürfe; er mußte Lothar einen Treueid leisten sowie den jungen Ludwig zum «König der Langobarden» krönen und salben.

Doch wollte sich Sergius nicht alles bieten lassen: wenn es um die Reichseinheit, die Geschlossenheit des Abendlandes ging, wenn einer der drei regierenden Brüder die «im Glauben an die Dreifaltigkeit geeinte Einheit» zerbreche oder einer von ihnen «lieber dem Urheber der Zwietracht» folge, dann, drohte der Papst, «werden wir uns bemühen, diesen verdientermaßen mit Gottes Hilfe und gemäß kirchenrechtlichen Grundsätzen zu züchtigen, so gut wir können.»

Nur drei Jahre regierte Sergius II. Die Simonie war so augenfällig wie der Nepotismus. Papst-Bruder Benedikt wurde Bischof von Albano: ein skrupelloser, macht- und geldgieriger Mensch, der Sergius, zwar krank, doch ausgesprochen willensstark, energisch, vermutlich die Zügel aus der Hand genommen, der durch Bestechung die Stellung eines Kaisergesandten in Rom ergaunert, Bischofsstühle gegen Höchstpreise zugeschlagen hat, ebenso andre Kirchenämter; wohl alles auch – «so gut wir können...»

Wahrscheinlich sollen solche Nachrichten aus römischen Kleruskreisen den Papst selbst entlasten. Jedenfalls: als im August 846 etwa fünfundsiebzig Sarazenenschiffe an der Tibermündung aufkreuzten, als angeblich 11000 Mann mit 500 Pferden über Rom rechts des Tibers herfielen, die außerhalb der Aurelianischen Mauer gelegene Peterskirche wie die Paulsbasilika restlos ausraubten und alles, was nicht geflohen war, in Gefangenschaft schleppten, «auch die Klosterinsassen, Männer und Weiber» (Annales Xantenses), da sahen dies die Zeitgenossen als Vergeltung der Vorsehung für die in Rom grassierende Korruption an. Freilich nahm man die Gottesstrafe keinesfalls untätig hin. Vielmehr widersetzte man sich ihr, warf man den Eindringlingen fränkische Truppen entgegen, Milizen aus Spoleto, der Campagna, Flotten aus Neapel, aus Amalfi. Und als ein Teil der Räuber auf stürmischer Heimfahrt samt Beutegut unterging, erkannte man auch darin unschwer die strafende Hand des Herrn.[6]

Der Vatikan wird zum Kastell – ein hl. Papst als Festungsbaumeister

Nach dem Überfall erregte die Gläubigen die Niederlage, das Unglück durch Sarazenen, durch Heiden. Warum wurde der «heilige Petrus» nicht besser verteidigt? Ein Kapitular weist die Schuld den Sünden der Christenheit zu und nennt als Heilmittel: das Einschreiten gegen eigene Übelstände, gegen fleischliche Vergehen und Entwendung des Kirchengutes! Außerdem ließ Lothar I. im ganzen Reich Spenden nebst einer Sondersteuer eintreiben für die Wiederherstellung der Peterskirche und ihren Schutz, wozu auch der Kaiser und seine Brüder «nicht wenige Pfunde Silber» beisteuerten.

Inzwischen war Sergius II. gestorben. Noch an seinem Todestag wurde sein Nachfolger gewählt, ein schon früh im Benediktinerkloster St. Martin erzogener Römer und «musterhafter Ordensmann» (Lexikon für Theologie und Kirche). Es war Leo IV. (847–855), den man nach einem «interpontificium» von sechs Wochen zum Papst weihte, und zwar wieder ohne die seit 824 nötige kaiserliche Zustimmung. Angeblich erlaubte die durch die arabischen Piraten ausgelöste Krise keinen Aufschub; doch holte man den Treueid nach.

Ruhm, sozusagen bis heute fortdauernden, errang dieser Heilige Vater als Festungsbaumeister. Er verwandelte nämlich, in der Tat noch für Jahrhunderte bedeutsam, Roms Vorstadt auf dem rechten Tiberufer, das ganze vatikanische Viertel, in ein Kastell; ein Plan schon Leos III., doch erst der vierte Leo führte ihn aus. In jahrelanger, wie es heißt stets von ihm selbst zu Fuß oder Pferd überwachter Arbeit verstärkte er die alten Stadtmauern, schuf neue Fortifikationen, und wurde so zum Schöpfer der civitas Leonina, der er bescheiden seinen Namen gab: Leostadt; zwischen den Jahren 848 und 852 mit einer fast vierzig Fuß hohen und entsprechend dicken Mauer sowie mit 44 Türmen bewehrt. Noch andere Orte ließ der Papst befestigen; stark das Centumcellae der Römer, das heutige Civitavecchia, und ebenfalls nach sich Leopolis nennen. (Wie er denn auch, solcher Selbstbescheidung gemäß, in seinen Bullen zuerst seinen Namen regelmäßig denen der Empfänger vorangestellt und den Fürsten auch nicht mehr den üblichen Titel dominus gegeben hat.)

Leos Aufrüstung verschlang Material und zahlreiche Arbeitssklaven, die Städte und Klöster des Kirchenstaates, Domänen und Milizen abkommandieren mußten. Nicht zuletzt aber kostete das papale Bollwerk gewaltige Summen, Gelder, die zumal, was der Papstbiograph völlig unterschlägt, aus dem fränkischen Reich auf Befehl des sehr kulanten Lothar erpreßt worden sind – mit dem Effekt, daß all dies dem Ansehen des Papstes zugute kam und seiner Position gegenüber dem Kaiser! Bei der Einweihung der Leostadt am 27. Juni 852 wurde während einer Prozession (von sieben Kardinalbischöfen) viel Weihwasser auf den Festungsgürtel des Heiligen gesprengt – und in den folgenden Jahrhunderten noch viel mehr Blut. Das hängt ohnehin eng zusammen.

Das geplünderte St. Peter selber aber stattete man verschwenderisch neu aus. Auf den Hauptaltar kamen edelsteinbesetzte Platten aus Gold; jede einzelne wog 216 Pfund; ein von Perlen und Smaragden übersätes goldenes Kreuz wog 1000, ein silbernes Ciborium über dem Altar 1606 Pfund. Da man auch St. Paul und viele Gotteshäuser sogar der Provinzen kostbar herausgeputzt, kann man erwägen, wie unermeßlich reich die Kirche war, für die man bereits damals allerwärts sammelte – ihrer Armut wegen, wie noch heute . . .[7]

ERSTMALS GARANTIERT EIN PAPST FÜR DAS KREPIEREN IM KRIEG DAS HIMMELREICH

Begreiflich, daß die «Satanssöhne» schon 849, von Sardinien aus, wieder vor der Tibermündung erschienen, längst ehe St. Leos Festung stand. Schließlich hatten sie gesehen, was in diesen Christentempeln, was allein in St. Peter steckte. «Die Vorstellung reicht nicht hin, den Reichtum der dort aufgehäuften Schätze zu fassen» (Gregorovius).

In aller Eile konnte der Heilige Vater die Armaden von Neapel, Amalfi und Gaeta mobilisieren – die erste Liga südlicher Seestädte im Mittelalter –, wozu noch die Kriegsschiffe Seiner Heiligkeit, des Stellvertreters Christi stießen. Und sogar er selber kam. Nicht um zu fechten: er las die hl. Messe, segnete die Schlachtflotte, reichte den Kriegern am Kampftag die hl. Kommunion und betete dann auf den Knien: «Gott, der du den auf den Fluten wandelnden Petrus aus dem Versinken erhobst, der du Paulus, als er zum drittenmal Schiffbruch litt, aus dem tiefen Meer gezogen, erhöre uns gnädig und verleihe um der Verdienste beider willen den Armen dieser Gläubigen Kraft, welche wider die Feinde deiner Kirche streiten, auf daß der gewonnene Sieg deinem heiligen Namen bei allen Völkern zum Ruhm gereiche.»

Eifrig trieb der Hohepriester seine Streiter an: «Kämpft mannhaft gegen diese Feinde des heiligen Glaubens, gegen diese Gegner aller Religionen!» Für Frohe Botschafter, die Prediger der Feindesliebe, schon seit Jahrhunderten ein unerläßliches Geschäft. Auf die Frage der Bulgaren wegen des Krieges in der Fastenzeit, meinte denn auch Leo, Krieg gehe zwar stets auf diabolische List zurück, und man sollte sich seiner, ohne Notwendigkeit, enthalten. «Doch wenn man ihn nicht vermeiden kann und wenn es sich um die Verteidigung des Vaterlandes und der väterlichen Gesetze handelt, kann man sich ohne Zweifel auch während der Fastenzeit zum Krieg bereiten.»

Vor der Seeschlacht bei Ostia aber hatte Leo IV. seinen Schlächtern für den Todesfall schon den «himmlischen Lohn» verheißen – die früheste Antizipation des Kreuzzugsablasses, ein Versprechen, mit dem sich noch viele Heilige Väter durch die Zeiten logen. Hier geschah's zum erstenmal, daß ein Papst generös den Himmel all jenen garantierte, die starben für «den wahren Glauben, die Rettung des Vaterlandes und für die Verteidigung der Christenheit».

So wurde die Sache denn ein voller Erfolg. Weniger durch die katholischen Seestädte Neapel, Amalfi, Gaeta samt den päpstlichen Galeeren, als durch ein Unwetter, das die größeren Schiffe der Christen überstanden, die leichteren des Feindes in den Abgrund riß. Die frommen Gläubigen aber machten die an der Küste waffenlos umherirrenden Schiffbrüchigen nieder, hingen sie in Ostia an Galgen, «damit ihre Zahl nicht zu groß erscheine», oder schleppten sie in Ketten nach Rom, wo sie als Kriegssklaven zum Aufbau der vatikanischen Festung dienten und man das Ganze als ein Wunder des Apostelfürsten feierte.[8]

Überhaupt hatte man für die eigenen Abhängigen nun geradezu ein Patentrezept. Und so sicherte denn Papst Leo auch 852 bei einem Feldzug Ludwigs II. gegen die Sarazenen in Süditalien in einem Aufruf «an das fränkische Heer» wieder kurzerhand jedem, der dabei fallen werde, den Eingang ins Himmelreich zu. «Denn der Allmächtige weiß, wenn einer von euch umkommen sollte, daß er für die Wahrheit des Glaubens, die Erlösung seiner

Seele und für die Verteidigung des christlichen Landes gefallen ist. Darum wird er den erwähnten Lohn erhalten.»

Auch der Heilige Vater erhielt seinen Lohn: er wurde heilig – und sein Festtag (17. Juli) inzwischen wieder abgeschafft. Na, der Mohr hat seine Schuldigkeit getan. Und Undank ist der Welt Lohn. Dabei hatte Leo gleich zu Beginn seines Pontifikats ein grandioses Wunder gewirkt, nämlich Rom von einem so frech wie gefährlich just neben der Kirche der hl. Lucia unterirdisch hausenden Scheusal, von einem Basilisken befreit (einer gar grauenvollen Mixtur aus Drache und Hahn, einem Fabeltier mit tödlichem Blick, dem sprichwörtlichen Basiliskenblick!). Ein andres Mal löschte er bloß durch Gebet und Kreuzzeichen eine verheerende Feuersbrunst...

Der Leo IV. der Geschichte (wozu doch auch diese Riesenüberschwemmung des Erdballs mit Legenden und Lügen gehört, die vielleicht mehr als alles sonst Geschichte machte, dieser Wahn, so Friedrich Schiller vom Christentum insgesamt, «der die ganze Welt bestach»), Leo IV. war ein selbstbewußter, resoluter Papst, der über alle Kirchen der Welt gebieten, über alle die oberste Entscheidung haben wollte. Doch trat er nicht nur herrisch gegen «Mitbrüder», einflußreiche Prälaten auf, den Patriarchen Ignatius von Konstantinopel, die Erzbischöfe Hinkmar von Reims, Johannes von Ravenna, den Kardinalpriester Anastasius, der bald Gegenpapst wurde. Nein, er legte sich auch mit den Fürsten an, zumal mit dem jungen Kaiser, Lothars I. Ältestem, dem «Schützer der römischen Kirche».

Kaiser Ludwig II. (850–875)
scheitert an der Nachfolgerfrage

Ludwig II., um 825 geboren, amtierte seit 840 als Unterkönig seines Vaters in Italien, wo ihn Papst Sergius II. am 15. Juni 844 zum König der Langobarden gekrönt, Leo IV. 850 in Rom zum Mitkaiser gesalbt hatte. Er regierte dort selbständig und vermochte das Land, in dem Räuberbanden Rompilger, Kaufleute auf offener Straße überfielen, ja, ganze Dörfer ausplünderten, umso eher zu stabilisieren, als er nach dem Tod des Vaters auf die nordalpinen Länder des Mittelreiches zugunsten seiner Brüder, Lothars II. und Karls von der Provence, verzichtete.

So konnte Ludwig II. seine Herrschaft auch über Rom und den Kirchenstaat festigen, und begreiflicherweise waren die Beziehungen zu Leo IV. oft gespannt, was noch dessen sehr spärlich tradierte Korrespondenz bezeugt. Einmal will Leo, aus Sicherheitsgründen, Gesandte des Kaisers nicht sehen, einmal wird ein päpstlicher Legat ermordet, einmal läßt er deshalb selber drei kaiserliche Bevollmächtigte zum Tod verurteilen – wurden ja unter seinem Vorgänger Paschalis I. zwei hohe fränkisch orientierte Beamte im Lateran geradezu «wie Majestätsverbrecher» hingerichtet.

Es gab natürlich antifränkische Stimmungen und Umtriebe in Rom, vielleicht gar hochverräterische Kontakte mit Byzanz. Jedenfalls bestand keinerlei Vertrauen zwischen Papst und Kaiser. Seit 855, dem Todesjahr Leos IV., war Ludwig II. Alleinherrscher. Und seit 860 – um hier sein Leben, kurz vorausschauend, zusammenzufassen – konnte der Kaiser sein Regiment auch in den lange selbständigen langobardischen Fürstentümern Benevent und Salerno zumindest zeitweise zur Geltung bringen; schließlich, nach mehrjähriger Belagerung, 871 sogar Bari einnehmen, den Sitz des arabischen Emirs (S. 217).

Freilich war Ludwig II., der vierte karolingische Kaiser, nur ein italischer Teilherrscher, der nicht einmal Unteritalien ganz zu gewinnen vermochte. Adelchis, der Fürst von Benevent (gest. 878), der es im Kampf um seine Unabhängigkeit erst mit den Franken, dann mit den Byzantinern, dann mit den Sarazenen hielt, bevor er einer Verschwörung der eignen Sippschaft zum Opfer fiel, leitete durch Ludwigs vorübergehende Gefangennahme den Niedergang imperialer Macht in Italien ein. Letztlich allerdings wurde dieser Kaiser in Süditalien weniger das Opfer der instabilen politischen als gewisser dynastischer Verhältnisse (S. 217 f.).[9]

In Leos IV. Amtszeit fällt auch ein Skandal von in seiner Art beinah beispiellosen Ausmaßen wie Folgen. Kam es doch zu einer geistlichen Fälschung, die in dem von Schwindeleien strotzendem christlichen Mittelalter und darüber hinaus so gut wie alles an Lug und Trug und Skrupellosigkeit in den Schatten stellt, ausgenommen allenfalls die «Konstantinische Schenkung» (IV 391 ff.).

DIE PSEUDOISIDORISCHEN DEKRETALEN –
«DIE FOLGENREICHSTEN FÄLSCHUNGEN, DIE JEMALS GEWAGT WURDEN...»

Mit allem Recht freilich nannte man die pseudoisidorischen Fälschungen «zwar die bedeutendste Fälschung der Karolingerzeit, aber keineswegs eine Ausnahme» (Dawson); denn der katholische Klerus fälschte schon längst auf Teufel komm raus (III 1. Kap.! IV 393 ff.). Für den protestantischen Juristen Emil Seckel (gest. 1924), den vielleicht besten Kenner der pseudoisidorischen Dekretalen, sind diese die «kühnste und großartigste Fälschung kirchlicher Rechtsquellen, die jemals unternommen worden»; für Johannes Haller «die dreistesten, die folgenreichsten Fälschungen, die jemals gewagt wurden», ja, der überragende Papsthistoriker (gest. am 24. 12. 1947) brandmarkt sie als «den größten Betrug der Weltgeschichte».

Noch im 9. Jahrhundert hat Hinkmar von Reims die Fälschung geahnt, vielleicht erkannt, doch, von einzelnen Stücken abgesehen, nicht aufgedeckt. Schließlich fälschte der ehrwürdige Reimser Erzbischof – der als einer der wichtigsten Berater der westfränkischen Könige, besonders Karls des Kahlen, nicht nur politisch eine bedeutende Rolle spielte, sondern dem wir auch ein reges literarisches Schaffen verdanken, darunter «vor allem materialreiche Rechtsgutachten» (Schieffer) –, schließlich fälschte der Kirchenfürst mit hoher Virtuosität selber fast am laufenden Band. Und dies sogar mit scheinbarer Berechtigung, wollte er doch nicht das Opfer anderer kirchlicher Fälschungen, nicht zuletzt der Pseudo-Isidorien sein.

Und gefälscht wurde rundum. Auch Hinkmars Vorgänger, Erzbischof Ebo (gest. 851), fälschte. Auch Hinkmars Neffe, der an seinem Hof erzogene und von dem Onkel zunächst geförderte Hinkmar der Jüngere, Bischof von Laon. Er hat sogar als erster pseudoisidorische Fälschungen in größerem Umfang vertreten und stand wahrscheinlich mit der Fälscherwerkstatt in Verbindung. So beschwor er einen scharfen Streit mit seinem Onkel und Karl dem Kahlen herauf und wurde 871 abgesetzt, sieben Jahre später jedoch teilweise rehabilitiert.

Trotz frühzeitiger Bezweiflung der Echtheit des kolossalen katholischen Betrugs (bereits im 9. Jahrhundert; im 14. durch den als «Ketzer» verurteilten Staatstheoretiker Marsilius von Padua), galt der Schwindel im ganzen Mittelalter als echt, gelang der früheste grundlegende Nachweis der Fälschung erst 1559 den Magdeburger Centuriatoren in deren erster, von den evangelischen Fürsten finanzierten protestantischen Kirchengeschichte (1559–1574). Endgültig entlarvte die Unechtheit der reformierte Theologe (und spätere Professor für Geschichte in Amsterdam) David Blondel 1628. Wie kein anderer vor dem 19. Jahrhundert unterschied er mit bewundernswertem Scharfsinn das Echte vom Falschen, obwohl sich auch seinerzeit noch fromme Verteidiger der Fälschung fanden.

Überhaupt taten auch nach deren Aufdeckung im 16. Jahrhundert die Katholiken häufig noch lange alles, um sie zu verharmlosen, schönzufärben, fast zu feiern. Sie sprachen von «Legende», «Dichtung» oder, wie Kardinal Bona (gest. 1674), gewohnt «den höhern Zweck der Wissenschaft im Auge zu behalten» (Mast), von «frommem Betrug». Eine «Fraus pia» war es auch noch für den berühmten katholischen Theologen Johann Adam Möhler (gest. 1838). Er pries Pseudoisidor geradezu als «sehr frommen, innig gläubigen, tugendhaften, um das Wohl der Kirche aufrichtig besorgten Mann». Und auch für Möhlers Kollegen Roßhirt ist Pseudoisidor im Jahre 1849 gar nicht im eigentlichen Sinn Fälscher, sondern «ein Liebhaber des Kirchenrechts», dessen ungeheure Täuschungen überhaupt keinen anderen Zweck hatten «als einen gelehrten, wissenschaftlich historischen, nämlich die größtmöglichste Vollständigkeit einer Sammlung von Kirchenrechtsquellen».

Katholik Luden weiß zwar, daß diese Sammlung «voll ist von Lug und Trug», doch gelte das bloß im Hinblick auf frühere Zeiten. Für das 9. Jahrhundert, in dem sie entstand, enthalte sie selbst in ihren Fälschungen «meistens eine Wahrheit». Sie habe kein neues Kirchenrecht gegründet, sondern nur ausgesprochen, «was schon in den Seelen der Menschen gegründet war», habe ihnen «eine Richtung gegeben... und den Weg zum Ziel abgekürzt. Es ist aber die vollendete päpstliche Herrschaft, wohin sie will...» Und die vollendete päpstliche Herrschaft ist natürlich immer etwas Gutes, ganz gleich, wie sie zustandekommt. Und wofür. Wilhelm Neuss meint denn auch noch 1946 von den gelehrten Gaunern, daß «deren Absichten offenbar gut waren». Wieder andere Katholiken unterschieden, in der für sie bezeichnenden Art, zwischen dem «edlen» und dem «gemeinen» Fälscher; wobei edel stets der ist, der für die Kirche, gemein der, der außerhalb von ihr oder gar gegen sie fälscht. Neuerdings freilich bezeichnet sogar Jesuit Grotz die pseudoisidorischen Dekretalen als «die größte Gesetzesfälschung der Geschichte». Denn inzwischen sprach es sich wirklich herum...[10]

Die Pseudo-Isidorien entstanden um 850 (nicht vor 847 und nicht nach 852) im Westfränkischen Reich, vielleicht in Sens oder Tours, wahrscheinlich im Erzbistum Reims. Man wollte die Macht der Bischöfe, des Papstes gegenüber dem Staat stärken, und da man keine oder doch keine ausreichenden Rechtsgrundlagen hatte, schuf man sie einfach, fälschte sie. Ihren riesigen Schwindel aber gaben die geistlichen Halunken (wohl ein Pleonasmus) als das Werk des 636 in Sevilla verstorbenen Kirchenlehrers Isidor von Sevilla aus. Er war einer der bekanntesten frühmittelalterlichen Autoren, ja seit Augustinus der angesehenste Heilige des Abendlandes. Zudem wußte man von ihm, daß er ein umfangreiches Rechtsbuch hinterlassen, und so haben diese Rechtsfälschungen während des ganzen Mittelalters als echtes Erzeugnis Isidors gegolten und kraft seiner Autorität entsprechend gewirkt.

a) Umfang und Art

Der Umfang dieses Kriminalakts ist so außerordentlich, daß die bis heute erhaltenen Manuskripte und Fragmente, auf normales Buchoktav übertragen, mehrere tausend Seiten Text umfassen würden. Wahrscheinlich handelt es sich auch nicht um die Arbeit eines einzelnen, sondern einer ganzen theologischen Fälscherzentrale, einer Gruppe wohlinformierter westfränkischer Kleriker, «Reformer» ganz offensichtlich, denen das bisherige Staatskirchenrecht im fränkischen Reich nicht paßte, die aber bis heute, trotz aller Nachforschungen, unbekannt geblieben sind. Zweifellos belesen und rechtlich wie archivalisch geschult, haben sie ein ungeheures Material mehr oder weniger geschickt zusammengeflickt, Echtes und Gefälschtes miteinander verbindend.

Der pseudoisidorische Komplex besteht aus vier großen Gruppen:

1) Die Hispana Gallica Augustodunensis, die verfälschte Bearbeitung einer Sammlung spanischer Kanones des 7. Jahrhunderts.

2) Die Capitula Angilramni, eine Kollektion von echten und unechten konziliaren, päpstlichen und kaiserlichen Gesetzen, die angeblich Papst Hadrian I. (772–795) dem Bischof Angilram von Metz am 14. September 786 übergeben hatte, einem Seelenhirten, der 791 auf einem Feldzug Karls I. gegen die Awaren starb. Der Zweck dieser Kapitel Angilrams entsprach dem Bestreben der fränkischen Prälaten, Anklagen gegen sie möglichst zu erschweren und sie nur einem geistlichen Gericht zu unterstellen, da eine Krähe bekanntlich keiner anderen die Augen aushackt. Die capitula Angilramni, die somit schlicht darauf hinauslaufen, daß Päpste und Bischöfe nicht anklagbar seien, daß sie sich, wie Katholik Hans Kühner schreibt, «alle Taten erlauben können», erweitern damit noch die großen Symmachianischen Fälschungen aus dem 6. Jahrhundert (II 341 ff.).

3) Der Benediktus Levita, eine enorme Anhäufung königlicher und kaiserlicher Dekrete von Pippin bis zu Ludwig dem Frommen, eine Kapitularienzusammenstellung in drei Büchern von

insgesamt 1721 Kapiteln, wovon gut dreiviertel gefälscht oder verunechtet sind! Kirchliche Vorschriften wurden hier, um sie durch Staatsautorität zu decken, zu fränkischen Reichsgesetzen der jüngsten Vergangenheit umfrisiert und von einem angeblichen Mainzer Diakon Benedictus Levita 847 im angeblichen Auftrag seines Erzbischofs Otgar als Fortsetzung der offiziell anerkannten Kapitulariensammlung des 833 gestorbenen Abtes Ansegis von Fontenelle (St. Wandrille) ausgegeben.

4) Die Pseudoisidorischen Dekretalen (Decretales Pseudo-Isidorianae), die umfangreichste und wichtigste Kollektion unter allen vier Gruppen, weil sie zu größtem Einfluß und Erfolg gelangte: eine Anthologie von Papstbriefen und Konzilsakten vom ausgehenden 1. bis ins 8. Jahrhundert, von etwa 90 bis 731. Unter dem durchtrieben erzeugten Anschein altertümlicher Echtheit will sie als vollständiges kirchenrechtliches Gesetzbuch der Catholica gelten. Dabei wurden die Dekretalen der Päpste der ersten Jahrhunderte vom angeblichen Klemens bis auf den hl. Miltiades (311–314) in lückenloser Folge durchweg gefälscht, die Dekretalen vom hl. Silvester I. (314–335) bis zum hl. Gregor II. (715–731) zum Teil gefälscht. Durch Einschübe verunechtet hat man eine lange Reihe von Konzilsbeschlüssen, vom hochberühmten Nicänum (325) bis zur dreizehnten Synode von Toledo (683). Besonders bemerkenswert, daß die Kleriker in ihre gewaltige Fälschung eine noch größere aufnahmen: die «Konstantinische Schenkung», aller Wahrscheinlichkeit nach das Produkt (der Kanzlei) Papst Stephans II., ein Jahrhundert früher verbrochen (ausführlich: IV 405 ff.).

Das ganze weltgeschichtliche Schurkenstück besteht aus rund zehntausend Zitaten, Exzerpten, nicht immer geschickt Wahres und Falsches mosaikartig vermischt, doch auch das Falsche nicht völlig frei erfunden, sondern aus echten Texten von Päpsten, Synoden, Kirchenschriftstellern zusammengebastelt, mit vielen Auslassungen, Zufügungen, Änderungen. Immerhin stecken darunter mehr als hundert gefälschte und verfälschte Papstbriefe, meist aus den ersten drei Jahrhunderten, in denen man römische Dekretalen gar nicht gekannt hatte. Kaisererlasse aus dem 5. Jahrhundert, etwa des Theodosius II., erscheinen als Papstverordnungen des 1. Jahrhunderts, Passagen der Synode von Paris (829) wörtlich in einem Text des fast zwei Jahrhunderte früher gestorbenen spanischen Kirchenlehrers.

«Es dürfte in der ganzen Geschichte kaum ein zweites Beispiel aufzufinden sein von einer so vollständig gelungenen und dabei doch so plump angelegten Fiction.» So urteilte einst Kirchenhistoriker Ignaz von Döllinger (der nach seiner Exkommunikation 1871 ohne formellen Beitritt die Altkatholische Kirche unterstützte). Papsthistoriker Seppelt spricht dagegen von einer mit «großer Umsicht» vorbereiteten und unterbauten, «in ihrer Art großartigen Fälschung». Papsthistoriker Kühner nennt sie geradezu die «erfolgreichste Fälschung der ganzen Kirchengeschichte».[11]

b) Zweck

Als Zweck ihres Betrugs, der alles mögliche beinhaltet, liturgische, dogmatische, moralische, erbauliche Ergüsse, nannten die Betrüger selbst die systematische Sammlung der weit verstreuten Kirchenrechtsquellen; natürlich glatt gelogen. Vielmehr war es ihre Absicht, da das alte Recht für den Klerus unbrauchbar war, neues Recht zu schaffen, durchzusetzen und dabei vor allem die Macht der Bischöfe sowohl gegenüber dem Staat als auch gegenüber dem großen Einfluß der Metropoliten enorm zu stärken.

So soll die Anklagemöglichkeit der Bischöfe stark eingeschränkt, ihre Verurteilung und Absetzung außerordentlich erschwert, praktisch unmöglich gemacht werden. Sie, die panegyrisch als «Augen des Herrn», «oberste Priester», «Heilige», «Götter» u. a. gefeiert werden, darf kein Laie, auch kein niederer Geistlicher, kein Untergebener, die man dafür mit Ehrlosigkeit und Exkommunikation bedroht, anklagen, schon gar nicht bei weltlichen Gerichten. Geschieht es doch, sind 72 Belastungszeugen nötig, was die Verurteilung eines Bischofs faktisch nahezu ausschloß. Auch sollte über ihn nur eine vom Papst genehmigte kirchliche Synode richten dürfen. Die Kompetenz weltlicher Justiz wird dabei gänzlich ausgeschaltet. Denn dem Bischof ist nicht nur das Volk, sind auch die Fürsten untergeordnet. Ihm haben sie, wie man mit großem Nachdruck fordert, zu gehorchen, da er über allen Fürsten stehe und nur von Gott und dem Papst oder von dessen Ermächtigtem zu richten sei, was häufig wiederholt wird.

Was den Bischöfen nützt, nützt natürlich besonders dem Bischof von Rom. Und tatsächlich profitiert er durch die monströse klerikale Mogelpackung am meisten. Denn ihm allein gehört die Fülle der Macht. Er ist nicht nur Priester, sondern auch König. Und steht schon die bischöfliche Würde über der königlichen, so noch viel mehr die päpstliche. Der Papst ist, wie man es Felix II. in den Mund legt, «gleichsam das Haupt der ganzen Welt». Deshalb verleihen ihm die Fälscher sogar das Recht, Staatsgesetze aufzuheben.

Ordneten sie aber dem Papst noch die Gewalt der Könige tief unter, erkannten sie ihm erst recht «die Diktatur» in der Kirche zu. Schärften sie doch jedermann ein, daß der Papst der alleinige Gesetzgeber und Richter der Kirche sei, daß ohne seine Erlaubnis weder ein Metropolit noch eine Synode etwas Gültiges beschließen, daß ohne seine Genehmigung gar keine Synode zusammentreten könne etc. Ja, nach den geistlichen Ganoven besaßen bereits die Päpste der frühesten Zeit Rechtsbefugnisse, die nicht einmal ihre viel späteren Nachfolger hatten.

Schon der hl. Leo IV. verwendete die Fälschung, die ihm Reimser Kleriker ganz oder auszugsweise präsentierten. Viel häufiger zog sie der gleichfalls hl. Nikolaus I. als Rechtskodex heran. Er benutzte sie seit dem Jahr 864, weil er ihre enormen Vorteile für den Römischen Stuhl schnell erfaßte. Ergo erklärte er die Echtheit eines Werkes, das Erzbischof Hinkmar von Reims sogleich nach seinem Erscheinen als Fälschung erkannte, was Hinkmar jedoch keinesfalls hinderte, sich dieser wiederholt selbst zu bedienen, sobald es ihm zustatten kam.[12]

Dem Papsttum am meisten nützten auf die Dauer die pseudoisidorischen Dekretalen. Von sämtlichen Pseudo-Isidorien hatten sie die stärkste historische Wirkung und waren in allen mittelalterlichen Kirchenrechtssammlungen das wohl am weitesten verbreitete Opus. Immer wieder zog man es heran, um Roms Macht zu stützen und zu mehren. Nicht zuletzt insistierten natürlich die Päpste selber darauf. Nikolaus I., Hadrian II., Gregor V., Leo IX., Gregor VII. u. a. haben es zu politischen Zwecken ausgebeutet. Der berüchtigte «Dictatus papae» Gregors fußt zum größten Teil auf diesem ungeheuerlichen Schwindel. Im Investiturstreit wurde er voll rezipiert; er spielte in den Kämpfen zwischen Kaisern und Päpsten des 11. und 12. Jahrhunderts eine außerordentliche Rolle. Das Fälschungswerk, schreibt Manfred Hellmann, hat «die Stellung und das Ansehen des Heiligen Stuhles in ungeahnter Weise gehoben». Es war «das willkommenste Geschenk», sagt Walter Ullmann, «das das Papsttum je erhalten hat». Zumal es verstand, daraus am meisten zu profitieren und die von den Betrügern vielleicht noch mehr begünstigten Bischöfe um diesen Vorteil zu bringen.

Der Einfluß der Pseudoisidorischen Dekretalen auf Kirche und Kirchenrecht, spätestens seit dem frühen Hochmittelalter enorm, ist bis ins 19. Jahrhundert groß, in dem aus dem Blendwerk etwa das Unfehlbarkeitsdogma Pius' IX. gewaltigen Nutzen zog, weshalb auch der Papst noch nach 1870, Jahrhunderte nach der definitiven Aufdeckung der grandiosen Gaunerei, Autoren, die weiter daran festhielten, ausdrücklich gelobt hat! (Verdientermaßen erfolgte zu Pius' IX. Heiligsprechung 1985 der erste Schritt mit der offiziellen Anerkennung seiner «heroischen Tugend» – einst erklärten ihn katholische Bischöfe, katholische Kirchenhistoriker und Diplomaten für dumm und verrückt: vgl. meine Politik der Päpste im 20. Jahrhundert I 23 f.).

Der sagenhafte Streich der Pseudo-Isidorien aber wirkt beinah bis heute fort, bis zum Codex Iuris Canonici von 1917, der beispielsweise dem Papst das alleinige Einberufungsrecht zu einem ökumenischen Konzil vorbehält. Als 1962 Johannes XXIII. ein solches berief, konnte er sich auf nicht weniger als sechs Belegstellen im CIC stützen – drei aus den Pseudoisidorischen Dekretalen, drei von ihnen abgeleitet.[13]

Da es aber für die Prediger des Jenseits nichts Wichtigeres als Geld und Gut im Diesseits gibt, geht es in den großen Fälschungen nicht zuletzt auch um den Zehnten, um Dienstleistungen an Sonn- und Feiertagen, den Schutz des Kirchengutes, die Unverletzbarkeit und Unveräußerbarkeit von geistlichem Besitz. Was immer der Klerus einmal bekam, Felder, Bücher, Häuser, Kleider, Flüsse etc., alles bewegliche und unbewegliche Gut, wird zu Kirchengut und jedes Antasten desselben mit Exkommunikation, Verlust aller Würden und schwersten Strafen vor dem weltlichen Gericht gesühnt.[14]

ANASTASIUS BIBLIOTHECARIUS ODER EIN GEGENPAPST DEBÜTIERT

Schon Leo IV., während dessen Amtszeit die Pseudoisidorischen Fälschungen entstanden, hatte sie benutzt. Als er am 17. Juli 855 starb, wollte man an seine Stelle den Kardinalpriester Hadrian setzen. Da dieser, ein seltener Fall in der Papstgeschichte, aber ablehnte – vielleicht weil er sich später bessere Chancen errechnete (womit er, trifft dies zu, auch recht behalten hätte) –, wählte die Mehrheit jetzt Benedikt III. (855–858), einen gebürtigen Römer.

Zwar war Kardinal Benedikt bereits in feierlicher Prozession nach dem Lateran geführt, auch das Wahldekret, von Klerus und Adel unterzeichnet, dem Kaiser mit der Bitte um Bestätigung geschickt worden. Doch gerade eine kaisertreue Gruppe hatte den hochadeligen, hochbefähigten und sogar hochgebildeten Kardinal Anastasius (Bibliothecarius) als Papst erkoren: nicht nur, so Wattenbach, «ein gelehrter Mann und schlauer Fuchs», sondern auch Sohn des reichen Bischofs Arsenius von Orte, den übrigens Anastasius selbst (in einem Brief an Erzbischof Ado) fälschlich Onkel nennt (wie noch Katholiken des 20. Jahrhunderts, Seppelt etwa; andere ignorieren das Faktum).

Kardinal Anastasius aber war in Gegensatz zum letzten Papst

getreten und offenbar aus Furcht vor Rache fünf Jahre seiner römischen Kirche ferngeblieben. Als ebenso einfluß- wie kenntnisreicher hochgescheiter Rivale wurde er von Leo IV. fast während seines ganzen Pontifikats erbittert bekämpft und auf mehreren Synoden, Ende 850 sowie im Mai, Juni und Dezember 853, exkommuniziert, gebannt und abgesetzt – eine in St. Peter durch Bild mit Kommentar verewigte Verdammung.

Anastasius hatte im Herrschaftsgebiet von Kaiser Ludwig II. Schutz gefunden und dieser mehrfach abgelehnt, den Flüchtling auszuliefern, worum der Papst sich unablässig mühte. Und als jetzt römische Gesandte Benedikts Wahldekret pflichtgemäß dem Kaiser zu überbringen suchten, wurden sie unterwegs, in Gubbio (Umbrien), durch einen der führenden Köpfe der Kaiserlichen, Bischof Arsenius von Orte, dem Vater des Anastasius, abgefangen und für diesen umgestimmt, so daß sie sich am Hof für ihn verwandten.

Nachdem Benedikts Wahl für ungültig erklärt, der offiziell aus der Kirche ausgestoßene Anastasius aber, wohl etwas außerhalb der Legalität, in Orte zum Papst gemacht worden war, kehrte er in Begleitung von kaiserlichen Gesandten nach Rom zurück, wo zunächst viele zu ihm übergingen und er neue Gesandte Benedikts III. in Ketten legen ließ. Darauf begann er sein Regiment in St. Peter mit der Beseitigung seiner an der Wand verewigten Schmach sowie dem Zertrümmern und Verbrennen von Heiligenbildern, wobei er mit der Axt (schließlich war er ein ausgezeichneter Kenner der Kirchengeschichte) sogar die Figuren Christi und Marias zusammenschlug. Dann ließ er die Türen des Laterans aufbrechen, setzte sich auf den Päpstlichen Stuhl und befahl die Vertreibung seines in der Basilika auf einem anderen Stuhl thronenden Gegners.

Diese Aufgabe löste der Bischof Romanus von Bagnorea. Mit einer von Waffen starrenden Schar drang er in die Kirche ein, stieß Benedikt vom Sessel und riß ihm, unter Mißhandlungen, die Papstgewänder herunter. Doch konnte sie der Malträtierte dank der Volksgunst und einer Umorientierung der Kaiserlichen – nach dreitägigem allgemeinen Fasten – wieder anlegen, während nun

Papst Anastasius um seine Insignien gebracht, mit Schimpf aus dem Palast getrieben, vermöge der kaiserlichen Missi aber bloß in Hausarrest überführt worden ist. Ja, Benedikt ließ zwar das Verfluchungs-Dokument in St. Peter wiederherstellen, doch den Expapst, wenn auch nur als Laie, wieder in die Kirche aufnehmen, und allmählich stieg er erneut erstaunlich auf.

Bereits Benedikts Nachfolger, Nikolaus I., machte Anastasius zum Abt. Er gab ihm gleichsam als kleine Kompensation für alle erlittene Unbill durch Mutter Kirche die Leitung und Einkünfte des Klosters der Heiligen Jungfrau in Trastevere, zog ihn aber auch schon als «eine Art Geheimsekretär», als Konsulent, besonders in byzantinischen Belangen, heran, wobei Anastasius die Gelegenheit nutzte, ihn belastendes Material im päpstlichen Archiv zu vernichten.[15]

NIKOLAUS I. – EIN PÄPSTLICHES PFAUENRAD, «... ALS OB ER DER HERR DES ERDKREISES WÄRE»

Nikolaus I. (853–867) war der Sohn eines Klerikers und wuchs sozusagen im Lateran heran. Er gewann unter drei Päpsten, Sergius II., Leo IV. und Benedikt III., dessen erster Berater er bereits war, immer größeren Einfluß. Und als Benedikt starb, der Kardinalpriester Hadrian zu kandidieren sich weigerte, trat Nikolaus an die Stelle des verstorbenen Papstes, und zwar, wie die Annales Bertiniani, die bedeutendste Fortsetzung der 829 abbrechenden Reichsannalen, melden, «mehr infolge der Anwesenheit und durch die Gunst des Königs Ludwig und seiner Großen als durch die Wahl der Geistlichkeit».[16]

Kaiser Ludwig II. nämlich war kurz vor Benedikts Tod aus Rom abgerückt, dann jedoch sofort zurückgekehrt und hatte dem Diakon Nikolaus zur Befriedigung seines Ehrgeizes verholfen. Und Nikolaus revanchierte sich sogleich auf seine Weise bei dem abermals aus Rom abgereisten Ludwig durch einen Abschiedsbesuch. Umringt von Klerus und Adel ließ er bei der Ankunft sein

Pferd ein Stück weit vom Kaiser am Zügel führen, sich darauf in dessen Zelt bewirten, reich beschenken und beim Aufbruch erneut den erniedrigenden Stratordienst leisten.

So stolz begann dieses Pontifikat.

Angeblich hatte ja schon Pippin III. im Januar 754 in seiner Pfalz Ponthion gegenüber Stephan II. nach dessen winterlicher Alpenüberquerung das demütigende Ritual zelebriert. Doch die fränkische Quelle (die Annales Mettenses Priores) weiß davon nichts. Vielmehr zeigt sie den Papst samt Gefolge in Sack und Asche flehentlich vor Pippin am Boden..., was auch andere Berichte nahelegen (IV 380).

Mittlerweile freilich hatten sich die Machtverhältnisse verändert, waren Fürstentümer und Königreiche versunken und die römischen Prälaten, nicht ohne ihr Zutun, weiter nach oben gelangt. Jede Menge Gewalt, Fehden, Kriege hatten dazu beigetragen, Versklavung, Betrug. Sogenannte Rechte wurden gewonnen, Privilegien, Immunitäten, die herrlichen Gegenden des Kirchenstaates ergaunert, von Ravenna bis Terracina, Land- und Seestreitkräfte wurden rekrutiert, die größten Fälschungen der Geschichte verbrochen, die berüchtigte Konstantinische Schenkung, die kaum minder berüchtigten Pseudo-Isidorien, deren sich gerade Papst Nikolaus bereits bedient, und die jene vermeintlichen riesigen Länderdonationen noch ausdrücklich involvieren.[17]

Nikolaus I. (858–867), den zumal Katholiken gern auch «den Großen» nennen, was immer einiges verspricht, zählt Leopold von Ranke nicht von ungefähr den Männern zu, die man «als lebendig gewordenes System» betrachten könne. Und dies verspricht fast noch mehr.

Knüpft Nikolaus doch an weitere «Große», an die papalen Ambitionen von Leo I., Gelasius I. und Gregor I. an.

An Leo, der mit der obligatorischen Bescheidenheit von seinesgleichen den Papst nahe zu Christus und Gott hin rückt, dem «ewigen Hohenpriester», ihm «ähnlich und dem Vater gleich» (II 243 ff.)! An Gelasius I., der sich, wiewohl «der Geringste aller Menschen», öffentlich immer wieder als dem «Apostel Petrus», dem «Vikar Christi» huldigen läßt; der die auctoritas des Papstes über die potestas des Kaisers stellt und fordert, auch der Kaiser habe die Befehle des päpstlichen Stuhles, des «engelhaften Stuhles», auszuführen und vor ihm «fromm den Nacken» zu beugen (II 324 ff.)! An Gregor I., der wieder demutsvoll darauf verweist, daß die Heilige Schrift «die Priester bald Götter, bald Engel» nenne, dem aber sogar sein Nachfolger, Papst Sabinianus, «Sucht nach eigenem Ruhm» vorwirft (IV 163, 189).

Nun waren die Ansprüche, die Anmaßungen seiner «großen» Vorgänger lauter Wunschträume, nicht im geringsten, besonders in Band II gezeigt, durch die Geschichte gedeckt. Nikolaus aber griff die gierig ersehnte imperiale Machtfülle keinesfalls nur gelegentlich auf – dabei bereits, ohne sie zu nennen, der Pseudo-Isidorien sich bedienend, sondern er faßte das früher Zerstreute gewichtig zusammen und steigerte es noch eindringlich diktionell, wenn auch kaum kraft eigenen Kopfes, sondern seines brillanten, seit 861/862 wieder an Einfluß gewinnenden engsten Mitstreiters Anastasius (Bibliothecarius), der offenbar viele der allerhöchsten Schreiben formulierte.

Papst Nikolaus entwickelte nun voll den erst bei Leo IV. in Ansätzen aufscheinenden päpstlichen Jurisdiktionsprimat. Er verlangte umfassende Macht. Wenn vom Herrn dem Papst «alles übergeben worden, so fehlt nichts, was er ihm nicht gegeben hätte». (Wenn ist eben nicht nur, wie Hebbel meint, das deutscheste aller Worte.) Und niemand könne, da von Gott gegeben, des «apostolischen Stuhles» Vorrechte mindern. Nikolaus erkannte den Päpsten jetzt den «Fürstenrang göttlicher Macht» zu, nannte sie demütig wieder «die Fürsten über die ganze Erde» und die ganze Erde schlicht «die Kirche», ja, titulierte seinesgleichen zum erstenmal «Stellvertreter Gottes». Der Papst kann von niemandem gerichtet werden, auch nicht vom Kaiser, er aber kann alle richten, selbstverständlich auch die Konzilien, die Staaten, die Herrscher. Denn komme diesen auch eine gewisse Eigenständigkeit zu, haben sie sich doch, außen- wie innenpolitisch, von kirchlichen Prinzipien bestimmen zu lassen, haben sie jedwedes Unheil von der Kirche fern zu halten und deren Befehle und Sühnemaßnahmen zu vollstrecken, bei Androhung irdischer und ewiger Strafen, des Kirchenbannes und der Hölle.

Nicht genug. Ist die weltliche Gewalt der Kirche nicht gehorsam, ist es der Gläubigen verdammte Pflicht und Schuldigkeit, der weltlichen Gewalt selbst ungehorsam zu sein. Denn nun gilt niemals – bis heute! – das paulinische Gebot: Seid untertan der Obrigkeit! Nein, jetzt gilt ihr alter Trick: Ihr sollt Gott mehr gehorchen als den Menschen – und Gott, stets einzuschärfen, sind – in praxi – sie! Alles muß nach ihrer Pfeife tanzen. Mit der weltlichen Obrigkeit darf man es nur halten, solange die es mit der Kirche hält, wenigstens nicht gegen sie, denn dann wird dies schweres Unrecht, das nie auf päpstlicher Seite stehen kann, weil da ja Gott steht! Beschwören sie also das Recht, meinen sie im Grunde dasselbe, wie wenn sie Gott beschwören – sich! «Sehet zu», schreibt Papst Nikolaus ins Frankenreich, «ob sie nach Recht herrschen, sonst sind sie mehr als Tyrannen wie als Könige anzusehen, denen wir mehr widerstehen und entgegentreten müssen als ihnen unterworfen sein.»

War Nikolaus I., den manche – nach rund hundert Vorgängern – den ersten Papst nennen, ein Theokrat, ein Vorläufer papaler Weltherrschaft? Unter den Interpreten ist dies kontrovers. Doch eine Art Brücke zu Gregor VII., zu Innozenz III. bildet er, mögen auch viele der einschlägigen Zitate keineswegs originell, die Briefe überdies zumeist von Anastasius geprägt worden sein, nicht formal nur, auch gedanklich; indes gleichfalls nicht unumstritten.[18]

Feststeht das herrische Gebaren dieses Papstes, sein betont monarchisch-autoritärer Stil. «Den Königen und Tyrannen gebot er», schreibt Abt Regino, «und er beherrschte sie durch sein Ansehen, als ob er der Herr des Erdkreises (dominus orbis terrarum) wäre.» Tatsächlich profitierte der prätentiöse Pontifex von der fortwährenden Aushöhlung kaiserlicher Macht, der Schwäche der Karolinger, die ihm mehr als alles das Papsttum weiter zu stärken, zu festigen erlaubte, ihm ermöglichte, wie man auf katholischer Seite schwärmt, es «auf die stolze Höhe einer Weltstellung emporzuführen, die alle anderen Gewalten weit hinter sich ließ», während für die Magdeburger Centuriatoren damit die Herrschaft des Antichrist über die Kirche beginnt.

Nikolaus, verherrlicht und gefürchtet, beansprucht kraft der Autorität der Apostelfürsten Petrus und Paulus (vgl. bes. II Kap. 2) die höchste Gewalt und die Unumstößlichkeit seiner Urteile. Nichts geht über seine Würde, nichts über seine Rechte hinaus, ja, nichts erreicht sie auch nur. Überall versucht er die Suprematie seines Amtes durchzusetzen. Alles auch bloß annähernd Einschlägige ambitionierter Vorgänger sammelt er dafür in häufiger Wiederholung, was früher nur sporadisch anklang, faßt er zum Chor zusammen, wenig originell zwar, doch imposant. Selbst das mit Imprimatur erschienene Handbuch der Kirchengeschichte aber muß zugeben, «eine zentrale Kirchenregierung, wie Nikolaus sie anstrebte, kannte das traditionelle Kirchenrecht nicht – sie wurde als System erst von Pseudo-Isidor entwickelt». Eine phantastische Fälschung also präfabriziert die Zukunft.

Indes, Nikolaus behauptet, propagiert nicht nur, er handelt auch entsprechend, drängt auf Verwirklichung. Und seine Grundsätze, Forderungen, Verweigerungen, seine Proteste gegen jede Einmischung der Kaiser, der Könige in die Kirche, seine Ablehnung alles Landes- und Staatskirchentums bedeuteten, so Katholik Seppelt, «unermüdlichen, erbitterten Kampf».[19]

Zunächst griff Nikolaus gegen die Metropoliten durch. Denn, behauptet er: «Der Papst hat das Recht, die Angelegenheiten aller Kirchen zu regeln, alle Synoden dürfen nur auf seine Anordnung hin einberufen werden, die Metropoliten unterstehen seiner Autorität; wo das Kirchenrecht schweigt, kann er neues Recht setzen.»

Die Metropoliten freilich wollten davon wenig wissen. Schon gar nicht der Erzbischof Johannes von Ravenna (850–861), einer Stadt, die als Residenz der Kaiser, der Gotenkönige, der Exarchen seit Jahrhunderten eine Rivalin Roms und nächst diesem Italiens mächtigste Metropole gewesen ist. Seine Kirchenfürsten hatten von Kaiser Konstans II. im Jahr 666 ein Autokephalieprivileg erhalten, doch wieder verloren; sie hatten dann mit karolingischer Hilfe vergeblich einen eigenen Kirchenstaat erhofft, kurz, der Streit um Einfluß, Territorialbesitz, um Unabhängigkeit von Rom riß nicht mehr ab. Er verschärfte sich vielmehr, als der kampfeslustige Erzbischof Johannes den ravennatischen Stuhl bestieg, zumal sein Bruder, der dux Georg, das weltliche Haupt im dortigen Bereich, kräftig mit ihm kooperierte. Oberhirte Johannes erstrebte Selbständigkeit, die Landesherrschaft, beanspruchte päpstliche Güter, entzog sie, erpreßte Abgaben, entließ nach Rom tendierende Kleriker, suchte den Verkehr seiner Diözesanbischöfe mit dem Papst ebenso zu verhindern wie die Geschäfte von dessen Beamten, die er beschimpfte. Schließlich wurde ihm jede Menge von Bedrückungen, Übergriffen angelastet, natürlich auch «Ketzerei», so daß Nikolaus, der den Widerstand des Bischofs «wie ein Spinngewebe verachtete», den vom Kaiser Gedeckten dreimal vorlud, dann Suspension samt Kirchenbann über ihn verhängte. Doch erst als auch der Kaiser den nunmehr Exkommunizierten mied, konnte sich Nikolaus durchsetzen, Johannes zur Unterwerfung, zu vielen Auflagen und nicht zuletzt zur Rückerstattung der «dem heiligen Petrus entrissenen Besitzungen» zwingen – ein Scheinfriede, der nicht von langer Dauer war.[20]

Und selbstverständlich stellten sich auch anderwärts die Mitbrüder wider den hl. Nikolaus, besonders scharf Hinkmar von Reims (845–882), der mächtigste Metropolit nicht nur im Frankenreich. Vergeblich hatte er davon geträumt, Vikar des Papstes zu werden, ja, mit königlicher Hilfe die westfränkische Kirche von Rom zu lösen, natürlich unter Reimser Primat.

Erzbischof Hinkmar lebte im offenen Konflikt mit seinem aufmüpfigen Suffragan, dem Bischof Rothad von Soissons. Gestützt auf die Pseudoisidorischen Fälschungen, wollte dieser gewisse Rechte oder vermeintliche, die ihm Hinkmar absprach, behalten. Altes und neues Recht, richtiger altes und neues Unrecht standen gegeneinander. Da aber Rothad, der – ganz konform wieder mit den Pseudo-Isidorien – alle Übergriffe auch der weltlichen Macht auf den kirchlichen Bereich, auf Kirchengut, Benefizien und dergleichen verwarf, auch den König gegen sich hatte, setzte Hinkmar den widersätzlichen Bischof «nach den kanonischen Gesetzen» im Herbst 862 ab und warf ihn in Klosterhaft. Es geschah «am Märtyrergrab der hl. Crispin und Crispinian bei Soissons», berichtet der Annalist von St. Bertin – es ist für diesen Zeitraum Erzbischof Hinkmar selbst (S. 137), und so wundern wir uns denn nicht, daß sein Bruder in Christo, Bischof Rothad, bei ihm «als neuer Pharao» figuriert «und als ein zum Tier verwandelter Mensch» (vgl. I 155 ff, 159 ff.). Papst Nikolaus aber erreichte nach einem Wechsel forscher Schreiben zwischen Rom und Reims Hinkmars Unterwerfung und Rothads Wiedereinsetzung 865. Das Interessanteste dabei, um wieder mit dem imprimierten Handbuch der Kirchengeschichte zu sprechen: «Das Verfahren lief ganz nach den Regeln der falschen Dekretalen...»

Tatsächlich hatte der Papst gegenüber Hinkmar nicht nur selbst auf diese angespielt, sondern sie auch als seit langem gültig bezeichnet und mit ihnen die Prozeßführung wie sein Urteil begründet. Man nimmt sogar an, daß Bischof Rothad der Überbringer der Fälschung nach Rom, vielleicht gar einer der Fälscher gewesen sei – wobei offen bleibt, ob der Papst die Dekretalen als Fälschung erkannt hatte.

Wie auch immer – gleich allen Verkündern katholischer Demut behagte es Nikolaus, wenn man vor ihm zu Kreuze kroch; wenn etwa ein schuldbewußter Prälat in der devoten Art dieser Spezies nach der Gnade Seiner Heiligkeit gierte: «Dem allmächtigen Gott und Sankt Peter und der unvergleichlichen Milde Eurer Hoheit empfehle ich meine Wenigkeit, der Ihr Gottes Vertretung führt und auf dem ehrwürdigen Stuhl des höchsten Fürsten als wahrer Apostel sitzt... Eurem Befehl will ich in allen Stücken gehorchen wie Gott, an dessen Statt und in dessen Namen Ihr alles verrichtet.»[21]

Widerlich.

War es aber schon nicht nach jedes Prälaten Geschmack, sich derart in Rom anzudienern, so sträubte sich erst recht mancher Fürst gegen unwillige Hohepriester. Dies illustriert der Streit, der größtenteils in das Pontifikat Nikolaus' I. fällt, ein Streit, hinter dessen vordergründigen moraltheologischen Implikationen wieder nichts als nackte Machtpolitik das Haupt erhebt.

Lothars II. Ehestreit:
Kaiser Lothar I. teilt sein Reich

Ludwigs des Frommen ältester Sohn, Kaiser Lothar I., war am 29. September 855 im karolingischen Hauskloster Prüm (bei Trier) mit Tonsur und unter mönchischen Übungen gestorben (S. 140) – nachdem er sich noch in seinen letzten Lebensjahren mit zwei leibeigenen Mägden in wilder Ehe verbunden, doch nur sechs Tage in die Asketenkluft gesteckt hatte. Um seine Seele sollen denn auch die Geister des Lichts und der Finsternis heftig gerungen, die guten Engel aber durch Fürbitte der Prümer Mönche, von Lothar reich mit Schätzen, mit Land beschenkt (wofür der Himmel sich erkenntlich zeigt), die Oberhand behalten haben.

Kurz vor seinem Tod hatte der Kaiser sein Reich unter seine drei Söhne geteilt, was die schon angeschlagene imperiale Macht weiter schwächte. Dem Ältesten, Ludwig II. (855–875), seit 840 bereits in Vertretung Lothars Unterkönig in Italien, war dies Land und die Kaiserkrone zugefallen. Doch blieb das Kaisertum praktisch auf Italien beschränkt und wurde, entgegen der bisherigen Anschauung, von der Krönung durch den Papst hergeleitet!

Lothars I. zweiter Sohn, Lothar II., der mittlere (855–869), bekam das karolingische Stammland, die fränkischen Kerngebiete um Aachen und Metz mit Nordburgund, das regnum Hlotharii, das, später nach ihm benannt, bis heute seinen Namen trägt, sowie das nördlich anschließende rheinische Gebiet bis Friesland. Lotharingien, für den Rest des Jahrhunderts heftig umstritten, zunächst von Lothars Brüdern Ludwig dem Deutschen und Karl dem Kahlen, dann von den anderen Potentaten aus Ost- und Westfranken, gewann schließlich 925 König Heinrich I. als festen Bestandteil des ostfränkisch-deutschen Reiches – nicht ohne einen ersten Feldzug freilich.

Der jüngste Kaisersohn Karl von der Provence, ein Epileptiker, von dem man weder Nachkommen noch ein langes Leben erwartete, erhielt die Provence, das südliche Burgund und den Dukat Lyon. Bruder Lothar wollte Karl alsbald ins Kloster stecken, aber die provencalischen Großen verhinderten es. Doch starb Karl schon mit etwa 23 Jahren im Januar 863 bei Lyon, und die beiden älteren Brüder teilten sein Erbe; ihre Beziehungen verschlechterten sich ständig, es kam zu gegenseitigen, erfolglos bleibenden Einfällen.

Lothars II. skandalöser Ehehandel, der ein Jahrzehnt lang die fränkische Geschichte prägte, ist sowohl kirchen- wie profanpolitisch von besonderer Bedeutung. Er führte einerseits zur letzten Instanz des Papsttums in Ehesachen, er verhalf andererseits dem ostfränkischen Reich/Deutschland zur Gewinnung Lothringens.[22]

ABT HUCBERT – «HUREN, HUNDE UND JAGDFALKEN» UND 6600 MÄRTYRER

Nach dem Zeugnis des Bischofs Adventius von Metz war bereits der unmündige Lothar von seinem Vater mit Waldrada förmlich verlobt worden. Er war mit ihr verbunden in germanischer Friedel-Ehe (althochdeutsch: friedila, «Geliebte», «Gattin»), die man besonders bei Standesunterschied schloß, bei Einheirat des Mannes oder Entführung der Frau. Gleich nach seines Vaters Tod jedoch hatte Lothar II. aus rein politischen Gründen Theutberga geheiratet, die Tochter des burgundischen Grafen Boso, deren einer Bruder, Graf Hucbert, als Abt von St. Maurice den Alpenübergang von Italien in das Rhonetal beherrschte, und die Kontrolle wichtiger Alpenpässe verschaffte Lothar eine Position für eventuelle Vorstöße nach Burgund. Die Ehe blieb indes kinderlos, und um die Fortdauer seines Reiches zu sichern, verstieß er nach Jahresfrist 857 Theutberga, um seine frühere Geliebte Waldrada zu heiraten. Wie Theutberga entstammte sie fränkischem Hochadel, und nach mehreren Quellen soll sie eine Schwester des Erzbischofs Gunthar von Köln gewesen sein. Schon vor Lothars Thronbesteigung (855) hatte sie ihm einen Sohn, Hugo, sowie zwei Töchter, Bertha und Gisla, geschenkt, die später auch als ebenbürtig galten.[23]

Nun waren seit Ludwig dem Frommen, offenbar unter dem Einfluß seiner geistlichen Berater, erstmals bestimmte christliche Moralvorstellungen durchgedrungen. Lothar freilich beseelte eine hitzige lebenslange Leidenschaft, die sich die frommen Christen jener Zeit nur als Produkt finsterer Hexerei denken konnten. Regino von Prüm hielt den König «vom Teufel entflammt», und selbst der hochgelehrte Erzbischof Hinkmar erörterte unter Aufbietung seines ganzen Wissens die Frage, «ob es wahr sein könne, wie viele sagen, daß es Frauen gebe, die durch Zauberkunst unauslöschlichen Haß zwischen Gatten und Gattin wecken und ebenso unsagbare Liebe zwischen Mann und Weib entzünden können, so daß der Mann nicht mehr mit seiner Gattin einen ehelichen Verkehr zu pflegen vermöge und nur nach anderen Weibern lechze». Es versteht sich von selbst, daß der Erzbischof diese Frage bejahte, ja durch eine schauerliche Geschichte samt einer ganzen Liste von Zauberern und Zauberkünsten belegte, zumal er wußte, daß es, wie für jedes Laster besondere Teufel, so auch spezielle Unzuchtsteufel gebe.

Bis zu seinem Tod, durch zwölf Jahre, ringt Lothar um seine Ehescheidung, wobei ihn die beiden Erzbischöfe von Köln und Trier unterstützten sowie die meisten lotharingischen Oberhirten. Natürlich machte er gelegentlich fromme Schenkungen, wie an das Petersloster zu Lyon, Schenkungen für alles mögliche, zum Seelenheil seines jüngsten Bruders, der dort begraben liegt, zum Heil seines Sohnes Hugo, seiner geliebten Gattin Waldrada, zur Sühne seiner Vergehen – es gibt viele Gründe, Klöster und Kirchen reich zu machen.

Um die Scheidung zu erreichen, bezichtigte jetzt Lothar – unter Ausstreuung mannigfacher Details – Theutberga der Blutschande mit ihrem eigenen Bruder Hucbert, dem Abt, auch einer künstlich herbeigeführten Fehlgeburt. Nun beging der Abt zwar ringsum Raub und Mord mit «einer Bande von Verbrechern», trieb es auch bekanntermaßen weidlich mit Weibern und gab für «Huren, Hunde und Jagdfalken» die Einkünfte einer Abtei aus, die hochberühmt war wegen der Gebeine der thebaischen Legion: 6600 Mann erlitten da unter Diokletian das Martyrium – erstmals allerdings fast eineinhalb Jahrhunderte später behauptet. (Und eine Ziffer, die allein die mutmaßliche *aller* christlichen Märtyrer in den ersten *drei Jahrhunderten* um ein Mehrfaches übersteigt!) Doch die spezielle Beschuldigung des Prälaten Schürzenjäger war wohl erlogen. Vergeblich auch unternahm Lothar zwei Feldzüge gegen den in seinen Alpenburgen sicher sitzenden Abt.

Erzbischof Gunthar von Köln verrät ein erlogenes Beichtgeheimnis

Als selbst ein «Gottesurteil», eine «Wasserprobe», bei der Theutbergas Vertreter Hand und Arm «unverbrüht» aus dem siedenden Wasser zog, zu ihren Gunsten ausging, fand man noch das «Gottesurteil» nicht ausreichend (das manche schon damals für faulen Zauber hielten, mittels dessen man andere austricksen konnte – indes die Kirche, trotz des Widerspruchs nicht weniger Theologen, die Praxis dieses iudicium Dei durchaus geduldet, noch in den Hexenprozessen praktiziert, wahrscheinlich sogar neue Formen, besonders die «Kreuzprobe», erst entwickelt hat). So tischte der königliche Erzkaplan, Erzbischof Gunthar von Köln (850–870) – der das dortige reiche Kirchengut, einschließlich der heiligen Gefäße «von Gold und Silber und vieler Art» (Annales Xantenses) zugunsten seiner zahlreichen feudalen Verwandtschaft verschleuderte, seiner Brüder, Neffen, Schwestern, Nichten –, tischte der Prälat die Lüge auf, Theutberga habe ihm ihre Sünde in der Beichte bekannt.

Darauf verurteilte sie eine von Schmerz und Schauder erfüllte, außer von Gunthar von den Erzbischöfen Teutgaud von Trier und Wenilo von Rouen angeführte Landessynode in Aachen im Februar 860, vor der sie ein erzwungenes, schriftlich aufgezeichnetes, mündlich noch einmal bestätigtes, bald aber widerrufenes Geständnis ablegte: «Ich, Theutberga, ins Verderben geführt durch weiblichen Vorwitz und Schwäche, gefoltert von Gewissensbissen, lege zur Rettung meiner Seele und aus Treue gegen meinen Herrn ein wahres Geständnis ab vor Gott und seinen h. Engeln, diesen ehrwürdigen Bischöfen und edlen Laien, und bekenne, daß mein Bruder, der Kleriker Hucbert, mich in früher Jugend verführt und mit meinem Körper widernatürliche Unzucht getrieben hat. Das bezeuge ich auf mein Gewissen hin, nicht durch eine böswillige Einflüsterung dazu bewogen, noch durch gewalttätigen Zwang dazu getrieben, sondern der einfachen Wahrheit gemäß, so wahr mir der Herr helfe, der gekommen ist, die Sünder zu retten und denen, welche die Sünden aufrichtig und wahrheitsgemäß bekennen, wahre Verzeihung versprochen hat. Ich erdichte nichts, ich bekenne die Wahrheit mit meinem Munde, ich bekräftige sie durch dieses eigenhändige Schriftstück, weil es für mich unkluges und betrogenes Weib ein geringeres Unglück ist, vor den Menschen offen meine Schuld zu bekennen, als vor dem Richterstuhl Gottes erröten zu müssen und der ewigen Verdammnis anheimzufallen.»

Nach Regino von Prüm hatte der König die Zustimmung des Kölner Kirchenfürsten, damals sein Erzkapellan, «auf jegliche Weise» zu gewinnen versucht, hatte er dem großen Verwandtenwohltäter sogar versprochen, seine Nichte zu ehelichen. Sie wurde denn auch, berichtet der Abt, 864 an den Hof geholt und, «wie man erzählt, einmal von ihm genotzüchtigt (constupratur), dann unter dem Gelächter und dem Hohne aller ihrem Oheim zurückgeschickt». Aber Seelsorge ist noch nie leicht gewesen ...

Immer mehr entwickelte sich eine Schmierenkomödie. Die ehrwürdigen Konzilsväter waren über Theutbergas Bekenntnis zutiefst schockiert. Sie wollten vom König wissen, ob «dieses Weib» von ihm erpreßt worden sei, was er mit Schwüren und Seufzern verneinte. Und ebenfalls versicherte Theutberga, sie habe alles ganz freiwillig bekannt und wolle nie dagegen klagen. Darauf verbot man ihr zwar die Führung der Ehe mit Lothar, annullierte diese selbst aber nicht. Doch verschwand die Königin sofort in Klosterhaft, um ihr Vergehen nach dem Wunsch der Synodalen zeitlebens zu büßen, zu beweinen. Noch im selben Jahr indes floh sie in das Westreich, wo auch ihr Bruderherz Hucbert, der verheiratete Priester und dann in einem Gefecht fallende Abt, aus seiner Abtei verjagt, unter Karls des Kahlen Schutz und Schirm weilte, der seinerseits bereits zu hoffen begann, das Erbe des Neffen, Lothars Land, zumindest teilweise zu gewinnen – freilich nur, falls dessen Ehe mit der kinderlosen Gattin fortbestand, wofür Karl selbstverständlich eintrat. Und ebenso sein einflußreichster Prälat, Hinkmar von Reims, Ende 860 in seiner so umfänglichen wie spitzfindigen Schrift «Über die Ehescheidung König Lothars».

Lothar, von tiefstem Gram erfüllt, hätte Theutbergas Schande am liebsten verschwiegen, doch sei alles schon zu weit verbreitet gewesen. Ja, er hätte Theutberga «aus freien Stücken bei sich behalten», wäre sie «für das Ehebett geeignet und nicht durch den verderblichen Makel der Blutschande besudelt» (Reginonis chronica). So erwies sich eine weitere Landessynode in Aachen Ende April 862 (mit den Bischöfen von Metz, Verdun, Toul, Tongern, Utrecht und Straßburg sowie den Wortführern, den Metropoliten wieder von Köln und Trier) dem König erneut nützlich. Sie erklärte die Ehe mit Theutberga für nichtig und erlaubte eine andere rechtmäßige Heirat. Noch an Weihnachten vermählte sich Lothar, «durch Zauberkünste, wie es heißt, verhext» (Annales Bertiniani), offiziell und feierlich mit der Konkubine seiner Jugend, und ein Bischof aus dem Reich Ludwigs II., Hagen von Bergamo, krönte Waldrada zur Königin.[24]

NIKOLAUS I. IM KAMPF MIT DEM OSTFRÄNKISCHEN EPISKOPAT UND DEM KAISER

Der Papst hatte bisher, trotz des offenkundigen Unrechts, das Theutberga widerfahren, jahrelang geschwiegen, ja deren wiederholte Hilferufe ignoriert – er war von Lothars Bruder Kaiser Ludwig II. (S. 179 ff.), dem Herrscher über den größten Teil Italiens, auch über Rom und den Kirchenstaat, faktisch abhängig. Erst als Lothar 863/864 mit Ludwig um das Erbe ihres Bruders Karl von der Provence in Streit geriet, ging Nikolaus (schärfer) gegen Lothar vor. Er kommandierte nun den gesamten ost- und westfränkischen Episkopat zu einer Reichssynode nach Metz, die auch im Juni 863 zusammentrat, doch nur Bischöfe Lothars versammelte. Dazu kamen zwei den Vorsitz führende römische Legaten, die der Papst seine «vertrauten Ratgeber» nannte, die Bischöfe Johann von Ficocle (heute Cervia bei Ravenna) und Radoald von Porto, letzterer schon, was eben ruchbar wurde, durch die Byzantiner bestochen. Lothar nutzte gleich die Gelegenheit und bestach beide. Die Legaten legten darauf die Schreiben ihres Herrn teils gar nicht, teils verfälscht vor «und taten nichts von dem, was ihnen gemäß dem heiligen Befehl aufgetragen war» (Annales Bertiniani). So wurde die Ehe Lothars in seiner Gegenwart durch die Bischöfe einstimmig für nichtig erklärt und die selbst nicht anwesende Theutberga erneut verurteilt, was freilich gegen das Kirchenrecht verstieß, da über Abwesende nicht gerichtet werden durfte.

Doch beschloß man – vom Papst gar nicht verlangt –, noch seine Bestätigung einzuholen. Mit den Legaten reisten die beiden Metropoliten, Gunthar von Köln, der als besonderer Kenner der Bibel und Kanones die Schriftsätze für die königliche Scheidung geliefert hatte, sowie der reichlich einfältige, aber gleichfalls sehr edelbürtige Teutgaud, zu «jenem Stuhl des seligen Petrus», wie Abt Regino kühn behauptet, «der weder je täuschte noch sich durch irgend eine Ketzerei je täuschen ließ...»[25]

In Rom hatte inzwischen der Episkopat aus dem Westreich interveniert, neue Vorwürfe gegen Lothar erhoben, ja, die Lauheit des Papstes getadelt, der erst jetzt von der Krönung Waldradas erfuhr. Und da er durch Karl den Kahlen die eigene Macht zu stärken glaubte, machte er sich nun dessen Politik zu eigen. Er trat erstmals streng gegen Lothar auf, nannte seine Ehe verbrecherisch und eröffnete gegen die eignen Legaten ein Disziplinarverfahren, wobei er einen bisherigen Vertrauten, Bischof Radoald, der neuen Politik opferte.

Die beiden Kirchenhäupter von Köln und Trier, die Nikolaus im Herbst 863 zunächst freundlich empfangen, ließ er dann drei Wochen warten und erklärte sie durch eine römische Synode, ohne Zuziehung einer Synode von Bischöfen derselben Provinz, was jedem Herkommen widersprach, für abgesetzt und exkommuniziert: gänzlich ungehört, ohne förmliches Gerichtsverfahren, ohne Anklage, Verteidigung, ohne Vernehmung und Zeugen – ein eklatanter Bruch der Rechtsordnung, doch von brausendem Beifall begleitet. Die Legaten von Metz traf die gleiche Strafe.

Den König verurteilte Nikolaus noch nicht. Die Metzer Synode aber charakterisierte er als eine «Räubersynode» und «Hurenwirtschaft», das Protokoll derselben, das «profanum libellum», wurde zerissen und verbrannt. Eine rechtliche Begründung für sein Urteil unterließ der Papst freilich. Doch sein Widerstand machte Lothars Reich noch zu dessen Lebzeiten zum Streitobjekt zwischen den Angrenzern im Osten und Westen.[26]

Als der Papst im Sommer 864 Gunthar exkommunizierte, nahm diesem Lothar, der ihm doch einiges verdankte, auch sein Erzbistum sowie die damit verbundene Würde eines lotharingischen Erzkaplans und gab den Kölner Stuhl nach eigenem Ermessen einem Welfen, dem Abt Hugo. Der aber brach nun «wie ein räuberischer Wolf in die Herde Gottes ein». Zwar vertrieb man ihn schnell wieder, doch erst «nachdem sehr viele von ihm in diesem Bistum getötet worden waren» (Annales Xantenses).

Als einziger Kirchenfürst opponierte Hinkmar, seit 845, dank der Gunst des westfränkischen Königs, Erzbischof von Reims. Wie üblich entstammte er feudalen Kreisen und war im Kloster St. Dénis erzogen worden. Er galt als einer der großen Gelehrten seiner Zeit, und während er seine erzbischöflichen Rechte gegenüber dem Papst eifrig verteidigte, erstrebte er nicht minder eifrig die eigenen Privilegien gegenüber seinen Bischöfen zu mehren, darunter Rechtstitel, «an die seine Vorgänger nicht einmal gedacht hatten» (Grotz S. J.).

Als Metropolit der lotharingischen Bistümer gehörte Hinkmar zwar ebenfalls zu den Bischöfen Lothars, sein eigener Sprengel aber lag im angrenzenden Reich Karls des Kahlen, dessen leitender Staatsmann und einflußreichster Berater er war. Doch schon um machtvoller als Metropolit schalten und walten zu können, erstrebte Hinkmar die Angliederung Lotharingiens an den Westen. Deshalb hatte gerade er an Lothars Ehestreit ein eminent politisches Interesse und machte daraus die «cause célèbre». Und erst recht war selbstverständlich König Karl II., schnell seinen Vorteil witternd, voller «Mitgefühl» für Theutbergas «Unglück» und strikt gegen Lothars, seines Neffen, Scheidung, weil dessen kinderlose Ehe ihm eine große Erbschaft garantierte.

So nahm er nicht nur die aus ihrer Klosterhaft entkommene Theutberga bei sich auf und gab ihrem vertriebenen Bruder Hucbert, dem Schürzenjäger, die berühmteste Abtei des Landes, St. Martin in Tours, sondern er versagte schließlich auch Lothar die kirchliche Gemeinschaft, ja, bezweifelte sein Königtum. Und Erzbischof Hinkmar machte sich natürlich ganz zum Sprachrohr seines Herrn, suchte seinen Vorteil immer mehr im Vorteil seines Königs, brandmarkte Lothars Vorgehen, teils entrüstet, teils voller Hohn, und wollte die Entscheidung durch eine Reichssynode fällen.[27]

Die beiden gemaßregelten Erzbischöfe aber eilten wütend nach Benevent, wo Kaiser Ludwig II. gerade mit einem Heer lag. Sein zunächst gutes Verhältnis zum Papst war längst abgekühlt. So brach er «fassungslos vor Zorn» gleich nach Rom auf und stieß mit einer Bittprozession zusammen, von Nikolaus prophylaktisch, neben anderen Prozessionen und der Verfügung allgemeinen Fastens, zur Bekehrung des kaiserlichen Sinnes angeordnet. Der Papst ging dem Fürsten nicht, wie üblich, entgegen. Und dessen Haudegen schlugen auf die Bittgänger ein, mißhandelten die Geistlichen, rissen Kirchenfahnen in den Kot, zerschmetterten Kreuze, darunter sogar das Kreuz der hl. Helena mit angeblichen Stücken vom Kreuz Jesu. Man plünderte, erbrach Kirchen, demolierte Häuser, beging Greuel gegen Männer und Frauen; Verletzte gab es, Tote. Und als sich der edle Karolinger nach wenigen Tagen von Rom absetzte, ließen seine Truppen nicht nur ausgeraubte, zerstörte Wohnstätten zurück, sondern auch geschändete Kirchen, vergewaltigte Nonnen und andere Frauen... Und die katholische Majestät «begab sich nach Ravenna und feierte daselbst das Osterfest...» (Annales Bertiniani).

Der Papst, dem dies alles wahrscheinlich sehr willkommen

war, hatte sich heimlich nach St. Peter geflüchtet und dort zwei, drei Tage strikt gefastet. Er wartete, ein wenig den Märtyrer spielend, gelassen ab. Dann gab der heißspornige Kaiser, umgestimmt durch einen Todesfall, eine eigene Erkrankung und Gewissensbisse auch schon nach.

«Höre, Herr Papst Nikolaus...» – Gekrönte Aasgeier und päpstlicher Frontwechsel

Die beiden Erzbischöfe von Köln und Trier aber verfluchten jetzt ihrerseits Nikolaus I., «der sich Papst nennt, als Apostel zu den Aposteln zählt und sich zum Kaiser der ganzen Welt machen möchte». Sie warfen ihm «Aufgeblasenheit» vor, «Verschlagenheit», «tyrannisches Wüten», «Wahnwitz», auch «bei verschlossenen Türen eine Art Räubersynode», die einen «verfluchten Urteilsspruch» hervorgebracht habe, «ein verfluchtes, nichtiges Machwerk«. Und da Nikolaus die Annahme ihres eigenen verweigerte, deponierten sie nun durch Gunthars Bruder, den vom Papst abgesetzten Bischof Hilduin von Cambray, und einen Schwarm Bewaffneter auf dem Grab St. Peters diese erstaunlich dreiste Anklageschrift, «teuflische und bisher unerhörte Kapitel» (Hinkmar), beginnend mit: «Höre, Herr Papst Nikolaus...», wobei sie einen der Grabwächter erschlugen und mit gezückten Schwertern sich den Rückzug bahnten.[28]

Später freilich wurden die zwei Aufmüpfigen sehr viel kleinlauter und starben, sich wieder und wieder vergeblich um ihre Restitution bemühend, als Verbannte in Italien, Thietgaud 868, Gunthar 871.

Papst Nikolaus aber, dem die beiden Bischöfe ja gar nicht so falsch angekreidet, er spiele sich als Kaiser der ganzen Welt auf, stachelte – unbeeindruckt durch Römer 13 – die fränkischen Prälaten zum Ungehorsam gegen ihren König auf. Er proklamierte, worauf das katholische Mittelalter noch gern zurückkam, das

Widerstandsrecht gegen unbequeme Herrscher, gegen Lasterhafte und Tyrannen. Er exkommunizierte 866 Waldrada «in göttlichem Eifer», so die Fuldaer Jahrbücher, «samt allen ihren Mitschuldigen, Teilnehmern und Gönnern», drohte Lothar gleichfalls mit dem Bann und lehnte das Scheidungsersuchen der aufs äußerste eingeschüchterten Theutberga ebenso wie ihren ersehnten Klostereintritt ab – es sei denn, der König verpflichte sich gleichfalls zum Zölibat! «Weil du deinen leiblichen Trieben nachgabst und der Wollust die Zügel schießen ließest», schrieb ihm der Papst einmal, «bist du in einen See von Armseligkeit geraten und liegst in einem Unflat von Kot.» Dies spiegelt beiläufig ziemlich genau jene von der Kirche durch die Jahrhunderte gepredigte Sexualmoral, die Roberto Zapperi auf die kurze Formel brachte: «Alles, was mit der Sexualität zusammenhängt, ist schmutzig».

Da die Dinge für Lothar sich stets schlechter gestalteten, griffen seine Onkel jetzt nach der längst belauerten Beute. Zwar war der allein berechtigte Erbe Lothars Bruder, Kaiser Ludwig – von Lothar noch kurz vor seinem Tod in Benevent besucht. Doch Karl der Kahle und Ludwig der Deutsche schlossen im Mai 867 an der Grabstätte Ludwigs des Frommen, dem Kloster St. Arnulf von Metz, einen ungewöhnlich schamlosen «Teilungsvertrag» über Lothars Land. Im Beisein mehrerer Erzbischöfe und Bischöfe aus dem West- wie Ostreich erkannten sie sich – übrigens auf dem Territorium des Opfers – den zu erwartenden Zuwachs «in wahrer Brüderlichkeit» zu gleichen Teilen zu; und natürlich versprachen sie auch der römischen Kirche Schutz und Schirm. Lothar aber, dessen Reich seinen beiden Onkeln zuzufallen drohte, erneuerte darauf sogleich mit Ludwig dem Deutschen in Frankfurt ein älteres Sonderbündnis, das sich für Ludwig auszuzahlen schien, denn er suchte sofort beim Papst zu vermitteln, fand Beistand auch bei den eigenen Bischöfen, die ihn sogar als Kriegsheld feierten, weil er gerade die Normannen vertrieben hatte.

Doch Papst Nikolaus blieb hart. Noch von seinem Krankenbett, zwei Wochen vor seinem Tod, schickte er unerbittliche Schreiben in den Norden und starb am 13. November 867 «nach vielen Mühen für Christus...»[29]

Seine Haltung, die der Kirchenlehre entsprach, trug Nikolaus seither hohen Ruhm ein. Beiseite freilich, daß zum Beispiel kein Papst und kein Bischof protestierten, als Karl «der Große» seine Ehe löste und eine neue schloß, so gaben für Nikolaus' Vorgehen offensichtlich brisante politische Gründe den Ausschlag. Denn da er von Karl dem Kahlen mehr für die eigene Macht erhoffte, wechselte er die Fronten, ging er von Kaiser Ludwig II. zu Karl über, wurde er, mit der Sprache späterer Zeiten gesagt, aus einem kaiserlichen ein französischer Papst. Er machte dem Westfranken Aussichten auf die Kaiserwürde, er begünstigte bewußt dessen Pläne auf die Erbschaft des Neffen, ja «er zeigte Karl die Möglichkeit, unter Umständen schon bei Lothars Lebzeiten die Hand auf sein Reich zu legen» (Haller). Zwar hatte Karl der Kahle, bestochen von Lothar durch Abtretung der reichen Abtei St. Vaast, vorübergehend die Seite getauscht, kehrte aber rasch wieder auf die des Papstes zurück.[30]

Zu bedenken ist auch folgendes.

Die Ehe hatte seinerzeit noch längst nicht den künftigen kirchlichen Stellenwert. Der katholische Moraltheologe Bernhard Häring sieht zwar im III. Band seiner Moraltheologie «Das Gesetz Christi» auf nur einem Blatt gleich wiederholt die Ehe schon «im Paradies gestiftet», bleibt uns aber beim Hinweis auf «die Erhebung der Ehe zum Sakrament» durch Christus auch einen biblischen Quellenbeleg schuldig. Tatsächlich nämlich hatte man die Monogamie aus dem Heidentum übernommen – wie ja alles, was man nicht von den Juden stahl! – und sich um die Trauung jahrhundertelang nicht gekümmert. Selbst Nikolaus I. verlangte keine entsprechende kirchliche Zeremonie. Erst im Hochmittelalter erfolgt die Konsenserklärung der Eheleute vor dem Priester. Und erst im 16. Jahrhundert wird die Ehe ein reguläres Sakrament!

So wird es kaum überraschen, daß im Frankenreich die Bischöfe mit Eheproblemen juristisch nichts zu tun hatten und auch lange gar nicht sonderlich damit zu tun haben wollten. Als Ludwig der Fromme der Bischofssynode von Attigny (822) die Schlichtung eines Streites zwischen zwei Ehegatten zuwies, zuzuweisen suchte, übertrugen dies die Bischöfe den Laien, die gemäß weltlichem Gesetz entscheiden sollten! Nach Wilfried Hartmann war es im Frankenreich anscheinend noch um 860 selbstverständlich, «daß Ehestreitigkeiten vor ein weltliches Gericht gehören». Erst im späteren 9. Jahrhundert urteilten die Prälaten in Fragen der Ehescheidung allein, hatten sie auch dieses Recht errungen.[31]

Während Nikolaus I. noch in den letzten Zügen lag, wurde durch einen seiner Verwandten, den magister militum Sergius, der Kirchenschatz geplündert. Und Herzog Lambert von Spoleto und Fürst von Capua nutzte den Trauerfall, um Ende 867 in Rom Paläste, Kirchen, Klöster auszurauben und Adelstöchter zu entführen. Die Übergriffe, die Gewalttaten waren derart, daß viele aus der Stadt flohen.

Vom Familienidyll unter Papst Hadrian bis zum uneigennützigen Tod Kaiser Ludwigs II. «Für die Sache Christi»

Nach dem Abtritt des Papstes hatte ein ungewöhnlich heftiger Wahlkampf, bestritten besonders von der kaiserlichen Partei und den mit ihr rivalisierenden «Nikolaiten», dem Anhang des letzten Pontifex, mit Verhaftungen und Ausschreitungen aller Art begonnen; anscheinend auch wieder mit Ambitionen des früheren Gegenpapstes Anastasius. Im allgemeinen Drunter und Drüber entfernte und vernichtete er nicht nur ihn belastende Akten aus dem päpstlichen Archiv, sondern ließ auch einen persönlichen Feind, der in einer Kirche Zuflucht gesucht, blenden.

Schließlich kam ein verheirateter 75jähriger Priester auf den begehrten Thron. Hadrian II. (867–872), schon 855 und 858 als Papstkandidat genannt, war ein Sprößling des Bischofs Talarus von Minturno-Gaeta, von dessen Ruf er wohl zu profitieren schien. Überdies sagte man dem einäugigen Heiligen Vater, der auch hinkte, wunderbare Gebetserhörungen nach. Vor seiner Weihe hatte er ein Fräulein Stefania geehelicht, mit ihr eine Tochter unbekannten Namens, vielleicht auch Söhne, gezeugt und dann ein trautes Familienleben im Papstpalast geführt.

Jäh beendet wurde dies am 10. März 868, als einer der Söhne des Bischofs Arsenius, Eleutherius, der die bereits anderweitig verlobte Papsttochter zur Frau verlangte, diese samt Mutter Stefania, der Gattin des Heiligen Vaters, mitten in der Fastenzeit entführte und vergewaltigte. Nicht genug, als auf Hadrians Hilferuf Kaiser Ludwig einschritt, ermordete der enttäuschte Bischofssohn in seiner Wut beide Frauen und wurde seinerseits abgestochen. Bischof Arsenius, offenbar nicht unbeteiligt, flüchtete aus Rom und starb bald darauf. Den angeblichen Anstifter des Verbrechens, Gegenpapst Anastasius, den Bruder des Mörders, hatte Hadrian noch am 8. März 868 in einem Brief an Hinkmar von Reims, zwei Tage vor den oben berichteten Morden, seinen allerliebsten Anastasius genannt, in seine Priesterwürde wiedereingesetzt und zum Bibliothekar der Kirche gemacht. Nun setzte er ihn ohne Verhör, Zeugen, Verteidigung abermals als Kleriker ab und exkommunizierte ihn.

AB- UND WIEDERAUFSTIEG DES ANASTASIUS: TOD LOTHARS II. – EIN «GOTTESGERICHT»

Die Verurteilung des Kardinalpriesters Anastasius erfolgte auf der römischen Synode vom 12. Oktober 868 aufgrund schwerster Bezichtigungen: Versuchte Entzweiung von Kaiser und römischer Kirche, Ausraubung des Papstpalastes nach dem Tod von Nikolaus I., Entwendung gegen ihn ergangener Synodaldekrete unter Leo IV. und Benedikt III., Beteiligung an der Entführung und Ermordung von Hadrians II. Frau und Tochter. Noch andere Vorwürfe schleuderte der Papst auf der Synode dem Anastasius ins Gesicht und erklärte: «Zuletzt aber hat er – wie viele von euch mit mir zusammen von einem gewissen Priester Ado, der mit ihm sogar verwandt ist, selbst gehört haben und wie mir auch auf andere Weise aufgedeckt wurde – in krasser Undankbarkeit gegen die Wohltaten, die wir ihm erwiesen haben, einen Mann zu Eleutherius geschickt und ihn aufgefordert, die Morde auszuführen (exhortans homicidia perpetrari). Ach, sie sind geschehen, ihr wißt es.» Indes, schon Ende des Jahres 869 war Anastasius wieder Berater des Papstes, war er zumindest wieder Bibliothekar der römischen Kirche, was auf den Heiligen Vater ja ein merkwürdiges Licht wirft.[32]

Zur Stütze seiner papalen Macht gegenüber Bischöfen hatte sich der tieffromme, aber nicht sonderlich charakterfeste Hadrian gleich zu Beginn seines Pontifikats auf zahlreiche Kirchenvätersprüche berufen, genau auf 21 Sätze, die sämtlich den pseudoisidorischen Fälschungen (S. 181 ff.) entstammten.

Freilich war er nicht aus dem Schrot und Korn seines Vorgängers. Er schwankte, lavierte, löste etwa, zwar unter Vorbehalten, doch aufgrund bloßer Zusicherung, Waldrada vom Bann und reichte Lothar, der deshalb viele Geschenke gab, Gold und Silber, am 1. Juli 869 in Monte Cassino die Kommunion. Hatte der König ja beteuert (und sein Gefolge es bestätigt), keinerlei Kontakte mehr mit Waldrada zu haben. Auch «seine Helfershelfer (fautores) nahmen mit ihm zusammen aus den Händen des Papstes das Abendmahl»; darunter sogar der abgesetzte Kölner Erzbischof Gunthar, «der Urheber und Betreiber dieses öffentlichen Ehebruchs»; er allerdings nach Abgabe einer Sondererklärung «vor Gott und seinen Heiligen...» (Annales Bertiniani).

Noch auf der Heimreise, auf der sein Gefolge einer Seuche zum Opfer fiel, wurde auch Lothar in Lucca von einem Fieber befallen und starb am 8. August 869 in Piacenza – ein «Gottesgericht», wie man allgemein glaubte, wegen des in Monte Cassino geleisteten Meineids. Man begrub den König in dem kleinen Kloster St. Antonin außerhalb der Stadt. Theutberga aber, die bald sein Grab besucht haben soll, zumindest dort die Mönche generös begüterte, damit sie für des Gatten Seelenruhe beteten (denn alles hat hier seinen Preis!), endete ihr Leben als Äbtissin des von Lothar reich ausgestatteten Klosters der hl. Glodesinde in Metz. Und ihre Nebenbuhlerin Waldrada wurde Nonne in Remiremont an der Mosel.[33]

Heil und Sieg für Karl den Kahlen
– und «Siegheil» der Bischöfe

Kaum hatte Karl der Kahle, zeitlebens einer der habgierigsten, treulosesten, feigsten und erfolgreichsten Fürsten seiner Zeit, vom überraschenden Ende seines Neffen Lothar II. gehört, brach er, entgegen früheren Vereinbarungen, nach Lotharingien auf.

Die Lage war günstig: Lothar tot, sein Sohn Hugo illegitim, überdies noch ein Kind; Ludwig der Deutsche lag schwer krank in Regensburg. Und seine Söhne, wie sich das für gute Christen ziemt, standen alle im Feld gegen die Slawen: Prinz Ludwig (III.) bekriegte mit Sachsen und Thüringern die Sorben, Prinz Karlmann mit den Bayern die Mährer, Prinz Karl (III.) vertrat mit fränkischen und alemannischen Truppen den kranken König, der «Gott den Ausgang der Sache» empfahl. Kaiser Ludwig aber, Lothars Bruder und nächstberechtigter Erbe, war nicht nur weit weg, sondern auch kaum abkömmlich. Seit über drei Jahren stritt er gegen die Sarazenen in Unteritalien, wo er endlich Bari, ihr Bollwerk in Apulien, auf der Landseite eingeschlossen und mit Hilfe einer gerade erschienenen byzantinischen Flotte von 400 Schiffen auch von der Seeseite her abgeriegelt hatte.

Karl der Kahle dagegen, der seit Jahren alle Angelegenheiten Lotharingiens, zumal Lothars II. Eheprozeß, aufmerksam verfolgte, stand gleichsam unmittelbar vor der Tür und konnte sich bei dem nun beginnenden Raubzug auf die Komplizenschaft mehrerer Episkopi fest verlassen, auf Hatto von Verdun, Adventius von Metz, Franco von Lüttich, Arnulf von Toul u. a. Auch begleitete ihn Erzbischof Hinkmar mit zwei seiner Suffraganen, was den Schluß erlaubt, daß er den Usurpationsplan «von Anfang an unterstützt», den Überfall «maßgeblich» geleitet hat (Reinhardt).

In Attigny forderten einige lotharingische Bischöfe und Große Karl zwar auf, die Grenze nicht zu überschreiten. Eine andre Gesandtschaft aber lud ihn ein, möglichst rasch nach Metz zu kommen, wo Adventius Bischof war, der nun ebenso beflissen für Karl agierte wie bisher für Lothar. Bedenkenlos rückte der Aggressor vor. In Verdun huldigten ihm der Ortsbischof nebst dem von Toul, in Metz weitere Prälaten. Und am 9. September 869 feierte dort Adventius in der Stephanskirche den Herrn Karl als von Gott erkorenen Nachfolger und rechtmäßigen Erben. Adventius wurde nicht müde, das Zauberwort Gott zu wiederholen, den Retter in der Not, um allen klar zu machen, daß es hier um nichts als um Gottes Willen ging, den anwesenden Herrn Karl, den rechtmäßigen Erben, den Gott selbst zu ihrem Heil erwählt, nun zu ihrem König und Fürsten zu machen. Und wie das Metzer Oberhaupt, so viele andere Seelenhirten.

Eine «Komödie der Rechtfertigung» nennt es Engelbert Mühlbacher. «Die Bischöfe, welche noch vor Jahresfrist so feierlich ihren Patriotismus gegen die westfränkischen Aneignungsgelüste bekundet hatten, zauderten jetzt keinen Augenblick, dem Rechtsbruch gegenüber dem Neffen, dem Vertragsbruch gegenüber dem Bruder die kirchliche Weihe zu leihen. Unwahrheit und Heuchelei, die sich nicht scheute, selbst den Namen Gottes in ihr Getriebe hineinzuzerren, umhüllten den eigennützigen Zweck. Woher nahmen sie, noch dazu eine Minderheit, das Recht, über ein Reich, dessen Besitz an die Erbfolge gebunden war, zu verfügen, in einem Reich, das nur ein Erbkönigtum kannte, einen fremden König zu bestellen? Taten sie anders als die westfränkischen Großen, da sie den deutschen König in ihr Land riefen? War Karl nicht ebenso Usurpator als bei seinem Angriff auf das Westreich der deutsche König, den Hinkmar von Reims und zum Teil dieselben Bischöfe nicht scharf genug verurteilen, nicht tief genug demütigen zu können glaubten?»

Karl insistierte seinerseits auf seiner göttlichen Erwähltheit, betonte auch den allgemeinen Konsens der Geistlichen und Großen, versprach, Ehre und Würde der Kirche zu wahren, auch alles mögliche sonst zu schätzen und zu schützen – das bei derlei Gelegenheiten stets Abzuleiernde. Daß auch Erzbischof Hinkmar beteuerte, König Karl sei unter Gottes Führung nach Metz gekommen, versteht sich von selbst. Worauf man «Großer Gott, wir loben Dich» anstimmte und der königliche Räuber zu seinem Heil (und Sieg) jeden Bischof ein Gebetlein sagen und sich salben, krönen ließ, um gleich danach in den Ardennen beim «edlen» Weidwerk auszuspannen, für neue Taten fit zu werden.

Zum Beispiel – da gerade am 6. Oktober in St. Denis seine Frau Irmintrud, die Mutter von acht Kindern, verschieden war – für die Begegnung mit seiner jugendlichen Konkubine Richildis, einer Verwandten Lothars II. Ihr Bruder, Graf Boso, hatte sie schleunigst zu liefern und bekam für diesen Liebesdienst die Abtei St. Maurice nebst weiteren Lehen. Der katholische Fürst aber feierte, noch keine Woche Witwer, kaum drei Tage nach seiner Benachrichtigung vom Tod der Gattin, am 12. Oktober seine «Vereinigung» mit Richildis – während gleichzeitig die Normannen, die schon an der Loire siedelten, Le Mans und Tours nach allen Regeln der Kriegskunst brandschatzten.[34]

Die Bischöfe hatten Karls Usurpation ungezähltemale auf das Wirken Gottes bezogen, hatten den Landraub geradezu als Gottes Werk erklärt. Papst Hadrian II. dagegen mühte sich, die Thronfolge Ludwig II. zu verschaffen, seinem «geliebten geistlichen Sohn», von Abt Regino nicht nur «fromm» genannt, sondern auch «ein Beschützer der Kirchen» und «voll demütiger Unterwürfigkeit gegen die Diener Gottes», was da stets mehr zieht als alles. Zudem dieser Kaiser, zu seinem Schaden selbstverständlich, die immer mehr anstürmenden Sarazenen bekriegte, besiegte und damit ja auch durchaus nicht aufhören sollte, um etwa im Norden sein Erbe zu sichern. Ergo bedrohte der Heilige Vater alle, besonders aber die Bischöfe, die sich gegen seinen Schützling stellten und an dessen Erbrechten vergriffen, mit dem Kirchenbann; wie Ungläubige und Tyrannen wollte er sie behandeln. Doch niemand scherte sich um das Gezeter des Römers, und der Kaiser selbst war weit und, wie gesagt, beschäftigt.

Erst recht kümmerten natürlich Karl den Kahlen die päpstlichen Wünsche nicht. Vielmehr verband er sich mit dem Normannenführer Rorich, der, inzwischen zwar Christ, gleichwohl «die Geißel der Christenheit» blieb – wie ja auch sonst Christen einander solche Geißeln seit Jahrhunderten waren, fort und fort blieben und bleiben. Als freilich der überraschend genesene Ludwig der Deutsche dem Usurpator mit Krieg drohte, ihm auch gleich entgegenrückte, lenkte Karl ein.

Nach längeren Vorverhandlungen kamen beide Könige bei Meersen zusammen (am Maasufer in den Niederlanden, wo sich um die Mitte des Jahrhunderts schon mehrfach fränkische Fürsten verabredet hatten) und teilten am 8. August 870, genau ein Jahr nach Lothars II. Tod, kurzerhand dessen Reich nördlich der Alpen gleichmäßig unter sich auf; wobei Maas, Mosel und Saone ungefähr die Grenze bildeten – bis zehn Jahre später freilich durch die Verträge von Verdun (879) und Ribemont (880) der ganze westliche Teil Lotharingiens wieder Ostfranken zufiel.[35]

Weitere Proteste des Papstes hinkten nur hinter dem Vollzogenen her. Doch weder Karl der Kahle, der «zum drittenmal Gemahnte», noch der wohl am meisten abgekanzelte Erzbischof Hinkmar, den der Römer, vermutlich zu Recht, geradezu den Initiator des Bösen, des Raubes schimpfte, noch die übrigen Prälaten scherten sich sehr darum. Vielmehr hörte der Heilige Vater bald darauf von Karl, daß die Frankenkönige in ihren Ländern herrschten und nicht die Bischöfe, weshalb er denn auch gelassen annektierte, was ihm der Teilungsvertrag von Meersen eingebracht.

Wie Hadrian aber schon gegenüber Lothar und Waldrada nachgeben mußte, so auch in anderen Konflikten, in zivilen und kirchlichen Streitfällen im Karolingerreich, zumal in einem Zerwürfnis des Bischofs Hinkmar von Laon und seines mächtigen Onkels Hinkmar von Reims sowie Karls des Kahlen. Man verwahrte sich gegen Einmischungen, zu denen er nicht befugt sei. Ganz massiv verbat sich Karl römische Befehle, die in seine Rechte eingriffen. Der Papst mußte sogar persönliche Briefe verleugnen, die sein Sekretär geschrieben hatte. Sie seien ihm, erklärte er, während seiner Erkrankung entrissen, ja, sie seien erdichtet worden. Auch eine Synode von 30 fränkischen Bischöfen ergriff Partei für den König.

KAISER LUDWIG II. STIRBT ERSCHÖPFT FÜR CHRISTUS, UND DIE KIRCHE BEERBT IHN

Nun schien seinerzeit wenigstens im Süden Italiens sich ein Lichtblick zu bieten. Gelang es doch endlich Ludwig II. nach mehrjähriger Belagerung 871 Bari, das Sarazenenzentrum auf der Halbinsel, den Sitz eines arabischen Emirs, mit byzantinischer Hilfe zu erobern. Freilich konnte der Kaiser auch im selben Jahr durch den Herzog Adelchis von Benevent in einem Handstreich gefangen genommen werden, wonach er seine beherrschende Stellung verlor, allerdings weniger wegen solcher als infolge mißlicher dynastischer Umstände. Seine Frau Angilberga, der einst fränkischen Sippe der Suponiden entstammend, war zwar ungewöhnlich aktiv an seiner Regierung beteiligt, selbst (besonders seit seiner Erkrankung und Jagdverletzung 864) an militärischen Aktionen, hatte ihm aber nur zwei Töchter geboren. Ihr Versuch, nach Eintritt des Erbfalls Italien samt Kaiserkrone den ostfränkischen Karolingern zuzuspielen, mißlang durch den Widerstand des oberitalischen Adels, der sich mehrheitlich für Karl den Kahlen entschied. Und der Papst stellte jetzt in einer jähen politischen Wendung Karl sogar die Kaiserkrone in Aussicht.[36]

Kaiser Ludwig II. (855–875), Lothars I. ältester Sohn, hatte fast sein ganzes Leben in Italien verbracht. Im Süden des Landes rivalisierten byzantinische und langobardische Machtinteressen, dazu gab es zahlreiche lokale Zwistigkeiten – alles selbstverständlich Wasser auf die Mühlen der Sarazenen, gegen die Ludwig 866 sämtliche freie Männer Italiens aufgerufen. Oft gelobt und immerfort angefeuert von den Päpsten, führte er häufig Krieg, unterwarf die Herzöge von Salerno, Benevent, Capua, kämpfte lange in Apulien und konnte so sein Kaisertum natürlich nur in Reichsitalien, nicht aber nördlich der Alpen zur Geltung bringen, wo im «Mittelreich» seine Brüder Lothar II. und Karl von der Provence herrschten, so daß ihn Erzbischof Hinkmar von Reims geringschätzig «imperator Italiae» nannte. Und schließlich mußte er auch noch den Süden sich selbst überlassen, vor allem wegen der Feindseligkeit seiner christlichen Fürsten, zumal auch des oströmischen Kaisers.

Ludwig II., der sich «ganz uneigennützig für die Sache Christi erschöpfte» (Riché), ging in der Fremde unter, und als er am 12. August 875 bei Brescia gestorben war, erbte seinen gesamten Eigenbesitz in Italien – die Kirche. Kein Wunder, daß sich Bischof Anton von Brescia und Erzbischof Ansbert von Mailand sogleich um seine Leiche rauften. Bischof Anton hatte sie bereits in der Kirche der Jungfrau seiner Stadt beigesetzt, als sie der Mailänder Metropolit in Begleitung der Oberhirten von Bergamo und Cremona und der gesamten Klerisei unter Hymnen nach Mailand holte.

Da der Kaiser keinen männlichen Nachkommen hinterließ, sollten die ostfränkischen Karolinger begünstigt und einer seiner Vettern König von Italien werden; der Herrscher soll noch Karlmann, den ältesten Sohn des Monarchen, als seinen Nachfolger bezeichnet haben; auch seine Witwe Angilberga und ihr Anhang wirkten in diesem Sinn. Aber Ludwig der Deutsche war alt, sein Reich ging der Teilung unter drei Söhne entgegen, die italienischen Großen waren uneins, und Papst Johann VIII. hatte die Kaiserkrone Karl dem Kahlen zugedacht, dem sie zuletzt ja schon Johanns Vorgänger Hadrian II. heimlich versprochen. Dabei hatte dieser – seine letzte überlieferte Amtshandlung – Ludwig II. Mitte Mai 872 in St. Peter ein zweites Mal zum Kaiser gekrönt. Im selben Jahr aber, in seinem Todesjahr, schrieb der Papst an Karl: «Wir versichern euch aufrichtig und treu – doch sei dies eine geheime Rede und ein nur den Vertrautesten mitzuteilender Brief –, daß..., falls euere Hoheit bei unseren Lebzeiten den Kaiser überlebt, und wenn jemand uns auch viele Scheffel Gold anbieten sollte: Wir werden niemand anderen zum römischen König und Kaiser wünschen und fordern und freiwillig annehmen als dich... Falls du unseren Kaiser überlebst, so... wünschen wir alle dich nicht nur als unseren Anführer und König, Patricius und Kaiser, sondern als Schutzherrn der gegenwärtigen Kirche...»

Nur an den Vorteil der römischen Kirche dachte natürlich auch Johann VIII., der 872 Papst wurde und nun dem westfränkischen König den Kaiserthron anbot, was er später so erläutert: «Karl zeichnet sich aus durch seine Tugend, seine Kämpfe für den Glauben und das Recht, sein Bemühen, die Geistlichkeit zu ehren und zu unterweisen. Gott hat ihn daher auserwählt zur Ehre und Erhöhung der römischen Kirche.»

Zum Vorteil Italiens war dies nicht, sollte es auch nicht sein. Vielmehr folgten lauter rasch wechselnde instabile Regierungen: Karl der Kahle, Karlmann, Karl III., Berengar I., Wido. Und kaum jemand verhinderte im Regnum Italiae so zielstrebigselbstsüchtig wie die Päpste von Jahrhundert zu Jahrhundert jede eigenstaatliche Entfaltung.[37]

Unter Hadrian II. hatte Rom mancherlei peinliche Kompromisse und Einbußen hinnehmen müssen. Den wohl größten Verlust aber erlitt es im Zusammenhang mit einem Missionsstreit, der sich aus einem Kompetenzkonflikt zu einem Kampf zwischen Ost und West auf der Balkanhalbinsel und darüber hinaus entwickelte.

ROM VERLIERT BULGARIEN

Bei der Ausbreitung des Christentums arbeiteten die Kirchen des Ostens und Westens einander nicht zu, sondern entgegen; sie konkurrierten scharf. Jede Seite wollte möglichst viel an sich reißen. Die Franken von Böhmen und Mähren, von Kroaten und Serben, die Griechen im Land der Waräger (altruss. varjag = Wikinger) von Kijew – skandinavische Herren, die sich dort mit ihrem Gefolge im späten 8. oder frühen 9. Jahrhundert festsetzten (S. 464). Doch machten griechische Prediger auch im Mährischen Reich Front gegen die Franken. Und als Khan Boris von Bulgarien 862 dem ostfränkischen König wider dessen aufständischen Sprößling Karlmann beistand, worauf die Franken die Christianisierung Bulgariens ins Auge faßten, bekriegte Michael III. von Byzanz die Bulgaren und zwang sie durch seine Priester zur Taufe.

Die Bulgaren, deren Nation im Lauf des Frühmittelalters aus der Verschmelzung von Thrakern, Slawen und Protobulgaren entstand, waren Asiaten vom Mittel- und Oberlauf der Wolga, wo sie ein (dann mohammedanisch gewordenes) Khaganat gegründet hatten; es behauptete sich mit seiner Hauptstadt Bulgar bis ins Spätmittelalter, bis es der Mongolensturm überrollte.

Im Gefolge der Hunnen kamen bulgarische Volksgruppen an die Donau, auf den Balkan, wurden dort allmählich seßhaft und ein gefährlicher Nachbar von Byzanz. Als Wall gegen sie errichtete Kaiser Anastasios I. (491–518), ein entschiedener Monophysit (II 324 ff., 346 ff.), 65 Kilometer vor Konstantinopel eine Mauer vom Marmarameer bis zum Schwarzen Meer. Zur Zeit Justinians (II 7. Kap.) brandeten sie mit anderen Slawenstämmen in immer neuen Wellen heran, 557 fielen sie in Thrakien ein, um 589 erreichten sie den Peloponnes. 592 begann Kaiser Maurikios einen Krieg wider sie, der sich auch nach seiner Ermordung noch lange hinzog. Und im späten 7. Jahrhundert hatten sie die byzantinischen Herrscher bereits zu einer jährlichen Tributzahlung, 716 zur Anerkennung ihrer Unabhängigkeit genötigt. Ihr erstes Königreich, 681 mit der Hauptstadt Pliska gegründet, bestand bis 1018.

Allerdings überschätzten sich die Bulgaren, als sie kurz nach der Mitte des 8. Jahrhunderts im Süden und Südwesten auf byzantinisches Gebiet vorstießen. Kaiser Konstantin V. Kopronymos führte darauf in zwanzig Jahren gegen ihren Khan Tervel zehn Feldzüge zu Wasser und zu Land, ohne ihn freilich vernichten zu können. Wiewohl sehr geschwächt und trotz häufiger Thronstürze mit teilweiser Tötung oder Verbannung ihrer Fürsten erholten sich die Bulgaren wieder und machten unter dem Khan Krum (803–814), einem ihrer bedeutendsten Herrscher, neue Eroberungen, u. a. 809 Serdika (Sofia). Zwar beantwortete Kaiser Nikephoros I. Krums antibyzantinische Außenpolitik 811 mit einem Einmarsch, wobei er mit seiner großen Armee sogar die bulgarische Hauptstadt Pliska nahm und zerstörte, wurde jedoch seinerseits von Krum am 26. Juli auf dem Rückweg, wohl am Verigava-Paß (heute Vurbiški prochod), aus dem Hinterhalt überfallen und verlor Schlacht wie Leben.

Seit diesem Jahr tranken die bulgarischen Zaren, die sich schon früh «Fürsten von Gott» nannten, aus dem Schädel des byzantinischen Kaisers, der in Gold gefaßten Hirnschale des Nikephoros. Krum selbst ruinierte fast ganz Thrakien, kam bis vor die Mauern Konstantinopels, starb aber plötzlich mitten in den Vorbereitungen der Belagerung im April 814.

Einen seiner Nachfolger, Khan Boris I. (852–889, gest. 907), trieb die Annäherung zwischen dem Byzantinischen und dem Großmährischen Reich unter Ratislav zu einem Bündnis mit Ludwig dem Deutschen, einer Öffnung auch gegenüber der ostfränkisch-bayerischen Kirche. Zunächst freilich verhinderte Byzanz dies, indem es 864 durch einen großen Feldzug, eine überraschende Heeres- und Flottendemonstration, Khan Boris I. zwang, sein Bündnis mit den Franken preiszugeben und die Bulgaren im Frühherbst 865 durch byzantinische Priester taufen zu lassen. Und als bulgarische Große sich widersetzten, schlug Boris den Aufstand seiner heidnischen Adligen nieder, wobei er deren Frauen und Kinder hinrichten, ganze Geschlechter grausam ausrotten ließ – Grund genug, ihn nach seinem Tod als Heiligen zu verehren. Gleichwohl: durch sechshundert Jahre haben das christliche Bulgarien und das christliche Byzanz einander bekämpft.[38]

SEX, SEELSORGE, KLEINE BESTECHUNGEN UND ABSTECHUNGEN AM HOF VON BYZANZ

Als Khan Boris 865 zu Kreuz kroch, als er den offiziellen Übertritt zum byzantinischen Bekenntnis vollzog, erhielt er den Namen seines kaiserlichen Paten: Michael.

Michael III. von Byzanz (842–867), nicht ganz so zügellos, wie lange von der Geschichtsschreibung geschildert, schätzte immerhin Pferde, Weiber sehr, auch den schönen, von Frauen begehrten verheirateten Pferdeknecht Basileios, den er zum kaiserlichen Stallmeister und Oberkammerherrn machte, auch zum Ehemann der eigenen Geliebten, mit der er's gleichwohl selber weitertrieb, während Basileios, der ihn später umbrachte, sich an des Kaisers

Schwester schadlos hielt, und in Wirklichkeit Onkel Bardas regierte, bis ihn Basileios gleichfalls ermordet hat. Ein christlicher Kaiserhof schon jahrhundertelang.

Bardas, seit 862 zum Cäsar aufgestiegen, vielseitig begabt, gebildet, Gründer gar einer privaten Hochschule in Konstantinopel, war freilich auch in den nicht unblutigen Staatsstreich von 856 verstrickt sowie in die Verdrängung der Kaiserwitwe Theodora. Auch hatte er seine erste Gattin verstoßen und lebte offenkundig in «Blutschande» mit der Witwe seines Sohnes, was dem Patriarchen Ignatios so mißfiel, daß Bardas 858 ebenso energisch dessen Abdankung und Verbannung betrieb wie die Ernennung des Photios noch im selben Jahr. So gehen Sex und Seelsorge häufig schönstens ineinander über – wie mutatis mutandis bekanntlich noch heute.

Patriarch Photios (858–867 und 877–886), ein Verwandter des Kaiserhauses, hatte es, nach dem erzwungenen Verzicht seines Vorgängers Ignatios (Sohn des gestürzten Kaisers Michael I.), entgegen dem Kirchenrecht, in fünf Tagen vom Nichtkleriker bis zum Patriarchen gebracht – ein Laientheologe zwar, jedoch der bedeutendste Gelehrte seiner Zeit. Natürlich protestierte er gegen westliche Missionare im Bulgarenreich, gegen die Ehelosigkeit der westlichen Priester, gegen westliche «Ketzerei», die Einfügung des «Filioque» (das Emanieren des Heiligen Geistes aus Vater «und Sohn», für die griechische Kirche Hauptursache des Schismas von 1054) in das Glaubenssymbol u. a.

Der Papst vermochte sich aus dem im Orient tobenden Kampf zwischen Photianern und Ignatianern, die wechselseitig die Legitimität des alten wie des neuen Patriarchen anfochten, natürlich nicht herauszuhalten. Nikolaus I. verweigerte dem gefährlichen Rivalen Photios die Anerkennung, und Photios erklärte das Patriarchat des Ignatios durch eine Synode für illegitim. Zwei päpstliche Legaten, im Osten bestochen, billigten die Absetzung des Ignatios sowie die Einsetzung des Photios. Der Papst bannte sie, erkannte Ignatios als rechtmäßig an und sprach auf der Lateransynode 863 feierlich die Deposition und Exkommunikation des Photios aus, was eine gereizte Korrespondenz zwischen diesem,

Nikolaus, und dem Ostkaiser auslöste. 867 verurteilte Photios den Papst und erklärte ihn seinerseits, was er nie im geringsten bedauert hat, für abgesetzt und alle für ausgeschlossen, die weiter zu ihm stehen würden. Und exkommunizierte man ihn schließlich auch im Osten auf dem Konzil von Konstantinopel 869/870, man setzte ihn auch wieder ein, ja selbst Rom erkannte ihn an. Der Papst bestand nur darauf, daß sich Photios für alle seine Taten entschuldige, und ließ dann auch diese Forderung fallen – wohl weil man byzantinische Hilfe gegen die Araber erhoffte (S. 261). Doch der ganze Streit führte schließlich zum Schisma und zur endgültigen Trennung Roms vom griechischen Reich.[39]

Und er verschärfte die Auseinandersetzung über die Christianisierung der Slawen.

PÄPSTLICHER RAT FÜR BULGARIEN: NICHT MIT DEM PFERDESCHWANZ, SONDERN MIT DEM KREUZ IN DIE SCHLACHT!

Mit dem Patriarchen Photios zusammen förderte Cäsar Bardas die byzantinische Missionisierung der Slawen, um den sowohl politischen wie kirchlichen Druck aus dem Westen, besonders auf Bulgarien, besser bestehen zu können. Andererseits aber suchte der Bulgarenfürst Boris I. seinerzeit dem übermächtigen Einfluß der byzantinischen Politik und Kirche zu entgehen. Dabei nutzte er die politische Unsicherheit im Osten nach der Ermordung des Bardas 866 durch den späteren Kaiser Basileios I. (S. 261) zu einer Kontaktnahme mit Rom in Erwartung einer weniger abhängigen Kirchenorganisation. Nikolaus I., dessen Beziehungen zu Byzanz sich ohnehin ständig verschlechtert hatten, sandte denn auch im Herbst 866 die beiden Bischöfe Paulus von Populonia und Formosus von Portus, den späteren Papst, die unausgesetzt Bulgarenscharen tauften, die griechischen Priester außer Landes jagten und den Khan drängten, bloß römische Geistliche und römische Liturgie anzunehmen.

Da Bulgarien großenteils unter byzantinische Kirchenhoheit fiel und gerade erst auch durch Byzantiner christianisiert worden war, verurteilte eine von Photios im Spätsommer 867 einberufene Synode die lateinische Mission in Bulgarien und setzte Papst Nikolaus I. ab, den diese (Frohe) Botschaft dann allerdings nicht mehr erreichte. Doch wachten seine Bekehrer eifersüchtig über ihre Errungenschaften. Auch Ludwigs des Deutschen etwas später kommende Heilsbringer unter dem am Südosten besonders interessierten Passauer Bischof Ermenrich (866–872) mußten verärgert wieder umkehren, da die römische Mission von Papst Nikolaus sie nicht sonderlich schätzte, hatte diese doch «das ganze Land schon mit Predigten und Taufen erfüllt» (Annales Fuldenses).

Der Papst persönlich belehrte die Bulgaren, unter dem Titel «Responsa», in 106 Punkten über fast alle wichtigen Dinge des menschlichen Lebens. Zum Beispiel, daß der Patriarch von Rom, also er selbst, viel bedeutender sei als der von Konstantinopel, daß sie sich vor griechischen Riten, die er nicht nur angriff, sondern lächerlich machte, vorsehen und Rom unterwerfen sollten. Er sagte ihnen auch, wie sie sich kleiden, wie sie heiraten, wann sie essen, wann ehelichen Beischlaf vollziehen dürften etc. Und riet geradezu revolutionär, doch nicht mehr mit einem Pferdeschweif als Fahne in die Schlacht zu ziehn, sondern mit dem Kreuz! So wurde der Bulgarenkhan schließlich überzeugt, er bekannte sich als Diener des hl. Petrus und erklärte seine Unterwerfung – «die abendländisch-römische Obödienz hatte nahezu die Tore von Konstantinopel erreicht!» (Handbuch der Europäischen Geschichte).

Freilich, auch Roms Triumph währte nicht lang. Denn da Fürst Boris keinen autokephalen bulgarischen Patriarchen bekam, da weder Nikolaus I. den erbetenen Bischof Formosus noch Nikolaus-Nachfolger Hadrian II. den angeforderten Diakon Marinus schickte, da Boris zudem hören mußte, der römische Papst und der Patriarch von Konstantinopel hätten einander gegenseitig exkommuniziert und abgesetzt, wandte sich die von Byzanz stets eifrig umworbene bulgarische Kirche gleich nach dem Konzil von

Konstantinopel 869/870 wieder dem dortigen Patriarchat zu, womit ihr Missionsgebiet erneut an die griechische Kirche fiel. Und nun wurden, allen päpstlichen Protesten zum Trotz, die lateinischen Priester vertrieben. Und mochte auch Johann VIII. bald noch so sehr den Bulgarenzaren mahnen, warnen und mit Petri Himmelsschlüsseln locken, drohen, mochte er sich wie auch immer mühen, Bulgarien doch noch unter das römische Heil und gegen die «sub fide falsi» zu zwingen, es blieb fortan bei Konstantinopel und konnte so auch seine Eigenständigkeit wahren. 928 wurde die bulgarische Kirche von der byzantinischen als autokephal anerkannt.

Photios aber, alles im Christentum seiner Zeit überragend, stürzte 886 ein zweitesmal und zog sich hinter Klostermauern zurück, zumindest als Theologe und Gelehrter bis heute berühmt. Und auch Khan Boris, der grausame Schlächter seines heidnischen Adels, der Mörder von Frauen und Kindern, wurde (889) Mönch – und heilig, sogar Nationalheiliger der Bulgaren (Fest 2. Mai).[40]

Verdient, verdient.

ROM GEWINNT BÖHMEN UND MÄHREN – DIE «SLAWENAPOSTEL» KOMMEN

In Mähren hatte Ratislaw klar erkannt, ein Anschluß an die Kirchenprovinz Salzburg würde seine Unabhängigkeit noch stärker gefährden. So erstrebte er auf der Höhe seiner Macht die kirchliche Loslösung von Bayern, suchte er durch Einladung italienischer Missionare Rückhalt in Rom, dachte er an eine nur dem Papst verbundene slawische Landeskirche. Nachdem ihn Nikolaus aber mit Rücksicht auf die Reichskirche und Ludwig den Deutschen abgewiesen, wünschte er eine Anlehnung an Byzanz, für ihn politisch weniger gefährlich als die nahen fränkischen Nachbarn. Er drängte also die bayerische Mission zurück und bat 862 Byzanz um Entsendung von griechischen Geistlichen. Und bald schickte Cäsar Bardas, nur wenige Jahre vor seiner Ermordung wie der auch Kaiser Michaels durch dessen Nachfolger Basileios, die beiden Brüder Konstantin und Methodios mit ihren Missionaren. So gewann das Großmährische Reich nicht nur seine faktische Unabhängigkeit von den unterwerfungssüchtigen Ostfranken, sondern auch ein slawisches Christentum, gewann in Anlehnung an die griechisch-byzantinische Kirche vorerst eine Nationalkirche Mährens.

Konstantin (meist mit seinem späteren Namen Kyrill genannt) und Methodios, das als «Slawenapostel» bekannt gewordene Brüderpaar, entstammte einer hohen Beamtenfamilie in Thessalonike (Saloniki) und wurde im Umkreis des Patriarchen Photios in Konstantinopel ausgebildet. Der um 815 geborene ältere Methodios war zunächst kaiserlicher Stratege, dann Abt, der jüngere Konstantin, ein Diakon, vielleicht Priester, hatte den Lehrstuhl des Photios übernommen und ging 860 zuletzt als kaiserlicher Gesandter zu den Chasaren in der heutigen Ukraine. Beide hatten schon in der Slawenmission Erfahrungen gemacht, und als Ratislav zwei Jahre später Michael III. um Lehrer ersuchte, die u. a. byzantinische Gesetzbücher ins Slawische übertragen sollten, brachen die beiden Brüder an der Spitze einer Missionsdelegation auf.

Die «Slawenapostel» konnten zu den Mähren in deren Muttersprache sprechen und predigen, sie vermochten die christliche Liturgie, die römische Messe («St.-Peters-Liturgie»), in der slawischen Sprache und in der kirchlichen Tradition des Orients zu praktizieren, und sie übertrugen auch die Bibel in die Volkssprache. Mit alldem schufen sie ein als «Altkirchenslawisch» bezeichnetes Kirchen- und Liturgie-Idiom. Doch all dies führte auch zu einem schweren Streit mit dem in Ratislavs Bereich längs der Donau bereits tätigen lateinisch-fränkischem Klerus. Und dies um so mehr, als sie die bayerische Mission rasch übertrumpften.

Selbstverständlich folgten der Vorwurf der «Ketzerei» und eine Vorladung nach Rom. So machten sich Konstantin und Method nach etwa dreijährigem Wirken 866/867 auf den Weg. Sie gingen über Pannonien zu dem Sohn des inzwischen verstorbenen Slawenfürsten Pribina (S. 156f.), Kocel (in fränkischen Quellen: Chozilo, Chezilo), der bis zu seinem Tod um 875 in der Hauptfeste Mosapurg (Zalavár) am Plattensee herrschte und nun die slawische Liturgie zu fördern begann. Und von dort zogen sie 868 über Venedig weiter zum Papst, um ihr Unternehmen allerhöchst absegnen zu lassen.

Tatsächlich billigte in Rom (wo Konstantin, der den Namen Kyrill angenommen, 869 starb) Hadrian II. ihre Missionspraxis. Er genehmigte die slawische Liturgie, befahl allerdings Epistel und Evangelien lateinisch zu lesen. Als Hadrian aber 870 auf Bitte Kocels, der sich aus der ostfränkischen Abhängigkeit befreien und eine unabhängige Kirche wollte, Methodios zum Päpstlichen Legaten und Erzbischof von Pannonien und Mähren ernannte, ihm auch die seit dem Awarensturm von 582 eingegangene Metropolie Sirmium (heute Mitrovica bei Belgrad) unterstellte, kam es zum heftigen Widerstand der Bischöfe von Salzburg und Passau. Denn Hadrians Verfügung betraf ihre Diözesen, und zwar keinesfalls nur ihr geistliches Regiment, sondern natürlich ebenfalls den Fortgang der fränkischen «Kolonisation». So verschärfte sich der schon etwa fünfzehnjährige Kirchenstreit, wobei es jedem um etwas anderes ging: «Method um die slawische Kirchensprache, den Bayern um die Unversehrtheit ihres Missionssprengels, dem Papsttum um unmittelbare Herrschaft über die mährische Kirche, den Mährern selbst aber um ihre Unabhängigkeit» (Zöllner). Im Grunde ging es jedem um dasselbe: um Macht.[41]

HERZOG RATISLAW WIRD GEBLENDET, ERZBISCHOF METHOD VOM PASSAUER BISCHOF MIT DER REITPEITSCHE TRAKTIERT

Mit dem Kirchenstreit unlösbar verbunden war der politische Konflikt. Ludwig der Deutsche fiel eben seinerzeit wieder einmal im Osten ein. Mit drei Heereskontingenten rückte er vor (S. 162).

Dabei attackierte Prinz Karlmann von Kärnten aus das Fürstentum Neutra in der Slowakei, wo Ratislavs Neffe Swatopluk regierte (870–894). Er hatte dort, wo der Salzburger Erzbischof Adalram 828 den ersten Christentempel geweiht, als Teilfürst begonnen und offenbar die römische Kirche begünstigt. So wurde er denn aus all den da drohenden dynastischen Tücken wunderbar durch «Gottes Gnade», «das gerechte Gericht Gottes» gerettet. Karlmann zog ihn auf seine Seite, und Swatopluk lieferte ihm den Onkel aus. Karlmann ließ Ratislav in Regensburg in ein Gefängnis sperren und drang jetzt «ohne irgend einen Widerstand in dessen Reich ein, brachte alle Städte und Burgen zur Unterwerfung, ordnete und verwaltete das Reich durch seine Leute und zog, bereichert mit dem königlichen Schatz, heim».

Ratislav aber wurde im Spätherbst «schwer gefesselt» König Ludwig vorgeführt, – gnadenweise – geblendet und blind erneut in einen Klosterkerker geworfen. (Schließlich hatte es das ganze Jahr über Vorzeichen gegeben, «Wunderzeichen»: nächtelang eine wie in Blut getauchte Luft über Mainz, ein zweimaliges Erdbeben dort, auch wütete eine Rinderpest «aufs schrecklichste an einigen Orten Franciens». Ja, während einer Synode in Köln wurden in der Kirche des hl. Petrus «Stimmen böser Geister gehört, die miteinander sprachen und sehr darüber klagten, daß sie aus den so lange innegehabten Sitzen ausgetrieben werden sollten»: Annales Fuldenses). – Man erinnert sich wohl an den «bösen Geist» von Caputmontium (S. 168).

Als Methodios aber seinen Schützer Ratislav verlor, ließen die bayerischen Bischöfe auch Methodios verhaften und jahrelang in Bayern – wo ist unbekannt – einkerkern, doch sicher stand dahinter «der gesamte bayerische Episkopat in enger Fühlungsnahme mit der weltlichen Macht» (Maß). Mähren wurde nun durch deutsche Markgrafen verwaltet.

Zuvor freilich, 870, hatte man den gerade erst durch den Papst approbierten Erzbischof auf eine Regensburger Synode geschleppt, einen Mann, der vermutlich ein ernsteres Christentum vertrat als der damals in Mähren missionierende fränkische Klerus, und es kam zu einem Zusammenstoß mit den bayerischen Prälaten, denen alles Slawische verhaßt war. «Du lehrst auf unserem Gebiet», hielt man dem Verhafteten vor, während dieser seinerseits die Oberhirten von Salzburg und Passau bezichtigte, aus Ehrgeiz und Habgier die «alten Grenzen» überschritten zu haben.

Bischof Ermenrich von Passau hatte Methodios vielleicht gefangengenommen. Und Ermenrich, ein gebildeter Literat aus schwäbischem Adel, in Fulda Schüler Hrabans und Rudolfs, in Reichenau Walafrid Strabos, zeitweise auch am Hof Ludwigs des Deutschen in Regensburg weilend, er stürzte sich – nach Papst Johann VIII. – mit einer Reitpeitsche auf den Bruder in Christo, setzte ihn längere Zeit unter freiem Himmel dem Winter, dem Regen aus und kerkerte ihn vermutlich auch ein. Von Ende 870 bis 873 jedenfalls saß Erzbischof Methodios in Klosterhaft, entweder bei Freising, in Regensburg oder in Ellwangen, wo Ermenrich einst Mönch gewesen.[42]

EINFÄLLE IM OSTEN ODER «KEINER ENTRANN VON DORT AUSSER BISCHOF EMBRICHO...»

Auch Großfürst Swatopluk, der eigentliche Beherrscher des Großmährischen Reiches, der gesamten Sudetenländer, einschließlich Böhmens, Schlesiens sowie Mittelungarns, hatte in fränkischen Gefängnissen gesteckt, sich aber allmählich als immer nützlicher erwiesen, bereits auch benachbarte Slawenstämme unterworfen und «bekehrt», wie die östlichen Tschechen. Der Fürstensitz Neutra war in der zweiten Hälfte des 9. Jahrhunderts schon Bischofssitz, der östlichste der lateinischen Kirche.

871 aber wurde Swatopluk der Treulosigkeit angeklagt und erneut von den Franken in Gewahrsam genommen, von Karlmann, dessen Enkel er aus der Taufe gehoben. Doch da wohl unschuldig, mußte man ihn, sogar «mit königlichen Geschenken», wieder entlassen. Freilich rächte sich der Fürst jetzt. Er

nahm Ratislavs antifränkische Politik auf, erhob sich und fügte dem bayerischen Heer noch 871 eine furchtbare Niederlage zu. Die Grenzgrafen gegen Mähren, Wilhelm und Engelschalk, kamen mit vielen anderen um. «Alle Freude der Bayern über so viele vorangegangene Siege wurde in Trauer und Wehklage verwandelt.» Was man nicht niederhaute, endete in Gefangenschaft. Swatopluk, der sich immerhin für die wichtigsten politischen Geschäfte christlicher Priester bediente, des Johann von Venedig, des Schwaben Wiching, bleibt so gleichwohl für die Franken das «Hirn voll Trug und Hinterlist», «unmenschlich und blutgierig wie ein Wolf» (Annales Fuldenses).

872 greift man zwar Mährer wie Böhmen mit einer ganzen Reihe von Gewalthaufen an, doch wieder mit wenig «Glück». Thüringer und Sachsen werden «mit sehr großem Verlust» in die Flucht gejagt, «fliehende Grafen von den Weiblein jener Gegend geprügelt und mit Knüppeln von den Pferden herab zu Boden geschlagen». Dafür macht freilich, «im Vertrauen auf Gottes Beistand» (der zur selben Zeit doch den Dom zu Worms mit «himmlischem Feuer verzehrt»), das Kriegsvolk unter dem Mainzer Erzbischof gleich fünf feindlichen Herzögen Beine «samt einer großen Menge Empörer», tötet, läßt in der Moldau ertrinken, verwüstet einen «nicht kleinen Teil» des Landes und kehrt dann «unversehrt heim. Bei diesem Zug hatte der Erzbischof Liutbert die oberste Leitung».

Ein weiterer fränkischer Haufen, geführt von Bischof Arn von Würzburg – dem Erbauer eines dortigen Doms sowie «verantwortlicher Heerführer in vier überlieferten Feldzügen» (Lindner) – und Abt Sigehard von Fulda, eilte dem «mit Mord und Brand» wider Swatopluk operierenden Karlmann zu Hilfe. Aber die Bayern unterlagen. Sie mußten «mit Verlust des größten Teiles der Ihrigen unter größten Schwierigkeiten umkehren». Und ein weiterer Bayerntrupp, zum Schutz der Schiffe am Donauufer zurückgelassen, wurde durch eine Schar Swatopluks gänzlich aufgerieben – «keiner entrann von dort außer Bischof Embricho von Regensburg...»

Nach ungewöhnlich opferreichen Einfällen konnte Swatopluk

seine Herrschaft festigen, und 874 brachte ihm der Frieden von Forchheim eine relative Unabhängigkeit, auch kirchenpolitisch, allerdings gegen jährliche Tributzahlungen.[43]

Endgültiges Verbot der slawischen Liturgie und Aufstieg der «Slawenapostel» zu Landespatronen und «Modeheiligen»

Erst 873 hatte Papst Johann VIII. die Freilassung des Methodius erwirkt. Nach seiner Rückkehr in den pannonischen Sprengel sollte er zwar auf die slawische Liturgie, die «barbarische» Sprache, verzichten und die Messe nur lateinisch oder griechisch zelebrieren, «wie die über den ganzen Erdkreis verbreitete Kirche Gottes singt», doch fügte Methodios sich nicht, und der Papst widerrief 880 das Verbot.

Swatopluk selbst, der Herr Groß-Mährens, stand zwar politisch hinter Method, neigte persönlich aber mehr westlicher «Kultur», vor allem dem Papsttum zu. So ließ er seinen Günstling, den im Kloster Reichenau erzogenen schwäbischen Mönch Wiching in Rom zum Bischof von Neutra wählen, Swatopluks früherem Sitz. Darauf wurde Wiching der Suffragan des Methodios. Er intrigierte jedoch unausgesetzt gegen dessen Missionsprogramm – obwohl es Johann VIII. im Juni 880 durch die Bulle «Industriae tuae» genehmigt und überraschenderweise gegen Wiching entschieden hatte, nachdem der nach Rom zitierte Method die Bezichtigung der «Ketzerei» restlos widerlegen konnte.

Papst Stefan V. (885–891) aber, der unter dem Einfluß des fränkischen Klerus stand, untersagte endgültig den slawischen Messekanon und ließ ihn durch den römischen Ritus ablösen, «die letzte bedeutsame kirchliche Entscheidung eines karolingerzeitlichen Papstes» (Handbuch der Europäischen Geschichte). Denn dadurch wurde ein Teil der West- und Südslawen für immer in den lateinischen Westen einbezogen. Stefan V. verwarf «die falsche Lehre gänzlich» und empfahl dem «König der Slawen» wärmstens Bischof Wiching als rechtgläubig. Doch erst nach Methods Tod um 885/886 war Wiching gegen den von Method gewünschten Nachfolger erfolgreich.

Methods Versuch, in Anlehnung an Byzanz eine slawische Nationalkirche zu schaffen, war vollends zusammengebrochen. Der bayerische Episkopat hatte auf der ganzen Linie gesiegt. Ein großer kirchlicher Umschwung erfolgte. Die lateinische Liturgie trat wieder anstelle der slawischen, die fränkische Kirchenprovinz anstelle der mährischen, Slowenen und Kroaten kamen wieder unter die römisch-katholische Knute, die byzantinische Mission war in Mähren für alle Zeit beendet. Wie in Bulgarien der Osten, hatte in Mähren der Westen sich durchgesetzt. Fortan lief die Scheidelinie zwischen griechischem und römischem Christentum, zwischen dem größeren slawischen Südosteuropa und dem kleineren Westteil der Slawen, mitten durch die Südslawen, mitten durch den Balkan, standen Byzanz und Rom hier einander feindlich gegenüber mit all den katastrophalen Folgen noch im 20. Jahrhundert, besonders im Zweiten Weltkrieg sowie im Balkankrieg der neunziger Jahre.

Der «slawische» Klerus, der Anhang des Methodios, wurde 886, vor allem unter dem Einfluß des Bischofs Wiching, längere Zeit eingekerkert, zum Teil angekettet, dann aus Mähren vertrieben, von wo er zumeist nach Bulgarien, aber auch auf serbisches und kroatisches Gebiet floh. Zugleich wurde in Mähren die slawische Liturgie ausgerottet, ein kostbarer Handschriftenschatz altslawischer Schule barbarisch zerstört. Entgegen der Verfügung seines Vorgängers erließ Stefan V. ein absolutes Verbot des Slawischen im Gottesdienst und ernannte den Ostfranken Wiching zum Erzbischof von Neutra. Keinerlei altkirchenslawische Tradition blieb erhalten, in Mähren so wenig wie in Böhmen.

Erst im 14. Jahrhundert stiegen Konstantin-Kyrill und Methodios zu den Landespatronen von Mähren auf, ja, sie wurden jetzt schlagartig zu typischen «Modeheiligen». Dabei steht eindeutig fest, daß es vor 1347 in Böhmen und Mähren überhaupt keine kultische Verehrung der beiden Missionare gab. Auch Reliquien – «begreiflicherweise sehr dubioser Art» (Graus) – wurden erst jetzt «entdeckt».[44]

4. KAPITEL

JOHANN VIII. (872–882): EIN PAPST, WIE ER IM BUCH STEHT

«Derjenige, der von uns zur Kaiserwürde erhoben werden soll, muß auch von uns zuerst und hauptsächlich von uns berufen und erwählt werden.» Papst Johann VIII.[1]

«... die Welt hatte begriffen, daß es bei dem, was er gleich seinen Vorgängern erstrebte und forderte, um weltliche Rechte und irdische Herrschaft, nicht um Glauben und Kirche ging».
Johannes Haller[2]

«In Rom war nämlich der Bischof des apostolischen Stuhles verschieden, Johannes mit Namen; dieser hatte schon früher von seinem Verwandten Gift erhalten, jetzt aber wurde er von demselben und zugleich anderen Genossen seiner Freveltat..., da sie sowohl seinen Schatz wie die Leitung des Bistums an sich zu reißen dürsteten, so lange mit einem Hammer geschlagen, bis dieser im Gehirn stecken blieb.»
Annales Fuldenses[3]

«Keine Frage: in Italien herrschte die völlige Anarchie... Von den neun Päpsten, die in den kommenden zwölf Jahren in rascher Folge den Stuhl Petri bestiegen, ist kaum einer eines normalen Todes gestorben.» Karl Kupisch[4]

Von Hadrians Nachfolger, dem bereits hochbetagten gebürtigen Römer Johann VIII., einem der bekanntesten Päpste zwischen Nikolaus I. und Gregor VII., meinte selbst der relativ kritische Katholik Kühner: «Sein ganzes Streben galt dem Frieden und der Gerechtigkeit». Tatsächlich aber war Johann VIII. ein äußerst zweideutiger, ein buchstäblich nach allen Seiten konspirative Fäden spannender, nichts als der Macht nachjagender, ja, von traurigem Kriegsruhm umglänzter Papst. Keiner vor ihm hat so viele Bannsprüche gefällt, keiner vor ihm so gewissenlos, so versiert sich jedem Wechsel des Zeitlaufs angepaßt, wenn auch genug seiner Vorgänger schon ähnlich ungeniert kirchliche Macht rein politischer Ziele wegen auszuspielen pflegten.

Frische Initiative
oder Der erste Papst-Admiral

Inspiriert von Gregor I., von Nikolaus I., seinen Vorbildern, forcierte er die päpstliche Führungsrolle. Wie Leo IV. St. Peter, das vatikanische Viertel, die «Leostadt», in eine Festung verwandelt hatte, so ummauerte Johann VIII. die Paulsbasilika samt der ganzen dortigen Vorstadt, die er «Johannipolis» nannte. Und wie bereits Vorgänger Hadrian – nachdem er Ludwig II. von einem (durch den beneventanischen Herzog Adelchis 871 abgepreßten) Eid großzügig gelöst – den Kaiser aufgeputscht hatte «zur Erneuerung des Kampfes» (Regino von Prüm), so begleitete auch Papst Johann mit markigen Bibelsprüchen Ludwigs Sarazenenkrieg und sprach, ähnlich wieder wie Leo IV. (S. 177 ff.), alle von ihren Sünden los, die «in katholischer Frömmigkeit gegen Heiden und Ungläubige fallen», und verhieß ihnen ebenfalls den Frieden des «ewigen Lebens».

Auch hielt dieser Stellvertreter Christi sich Soldaten, erbat vom König von Galicien maurische Kavallerie und begründete vermutlich das Amt des Vorstandes der Schiffswerften, sicher aber, in einer «frischen Initiative» (Katholik Seppelt), die erste päpstliche Marine: truppenbesetzte, mit zwei Kastellen bewehrte, nebst Maschinen zum Schleudern, Brennen, Entern bestückte und von Galeerensklaven geruderte Boote. Ja, er leitete selber militärische Unternehmen, machte als erster Papst-Admiral persönlich Jagd auf Sarazenen, wobei er viele dieser – so nannte er sie wahrhaft heilig-väterlich – «wilden Tiere» umbringen und ihnen beim Kap der Circe 18 Schiffe wegnehmen konnte – ein «Heldenstück» (Katholik Daniel-Rops). Nicht zuletzt suchte er Christen – über die er, taten sie sich mit Sarazenen zusammen, den Kirchenbann verhängte – durch beträchtliche Bestechung von jeder Kollaboration abzuhalten.[5]

Johanns Geschäfte mit Karl dem Kahlen, dem «Retter der Welt»

Nach Kaiser Ludwigs II. Tod beanspruchten Ludwig der Deutsche und Karl der Kahle, die beiden Onkel des Verstorbenen, die Kaiserkrone. Johann VIII. schickte also seine Legaten zu Karl, der italienische Klerus entschied sich darauf gleichfalls für ihn, und «der Tyrann Galliens» drang alsbald über den Großen St. Bernhard in Italien ein, wo er «mit gekrümmter Hand alle Schätze zusammenraffte, die er finden konnte» (Annales Fuldenses). Dagegen wurden die (im Auftrag ihres Vaters) über die Alpen rückenden Ostfranken Karl III. und Karlmann nur von dem Markgrafen Berengar von Friaul, dem späteren König und Kaiser, unterstützt (seine Mutter Gisela war eine Tochter Ludwigs des Frommen).

Ludwig der Deutsche aber benutzte die Abwesenheit des Bruders, um – wie schon anno 858 (S. 141 f.) – in Westfranken einzufallen; ein reiner Rachezug. Das königliche Heer, melden die Annales Fuldenses, «raubte und verwüstete alles, was es fand». Zwar verbanden sich die westlichen Magnaten unter Eid zur Abwehr der Invasoren, ruinierten jedoch ihrerseits Karls Reich, «indes sie es selbst wie Feinde ausplünderten». Ja, so mancher Graf und Bischof lief zu Ludwig über, indes der brandschatzende Ostfranke «das Geburtsfest des Herrn in Attigny» beging, und nach dem Überfall in der Pfalz Frankfurt «die Fastenzeit und das Osterfest» (Annales Bertiniani).

Karl der Kahle freilich, doch schon von Nikolaus I. durch «göttliche Eingebung» in Aussicht genommen und designiert, verfügte unstreitig über die stärkste Macht, so daß er Papst Johann wohl gegen römischen Adel wie gegen Araber beistehen konnte, mit denen Fürsten und Städte immer wieder beutegierig sich verbanden – und nach Beute hungerte auch Johann sehr. Zugleich aber war Westfranken derart von räuberischen Dänen bedroht, daß der Papst in Italien selbst wohl genügend freie Hand für eigene politische Pläne zu haben glaubte.

Karl jedenfalls, der sein Reich, trotz der grassierenden Not, unersättlich schröpfte, die dortige Kirche aber generös beschenkte, schien seine Schätze auch im Süden verschleudern, schien das Imperium förmlich erkaufen zu wollen. So konnte er Karlmann, dessen Schwert er, wie gewiß jedes, fürchtete – «denn er ist so furchtsam wie ein Hase», durch «Gold und Silber und kostbare Edelsteine in unendlicher Menge» zum Abzug bewegen. Ebenfalls bestach er «den ganzen Senat des römischen Volkes mit Gold wie Jugurtha und gewann ihn für sich» (Annales Fuldenses).

Und selbst Papst Johann, ohnedies kein Freund der ostfränkischen Karolinger, mögen Karls gewaltige Geldsummen nicht wenig beeindruckt haben.

Denn natürlich hatte dieser auch und gerade «dem heiligen Petrus viele und kostbare Geschenke gemacht». Und so erklärte dessen «Nachfolger», daß Karl den Vater, sogar den Großvater übertreffe; behauptete, Gott habe seine Kaiserwahl schon «vor

Erschaffung der Welt» vorausbestimmt; feierte ihn in lächerlicher Speichelleckerei als das heilbringende Gestirn, welches der Menschheit aufgegangen, als den Langersehnten, den «Retter der Welt», den Mann Gottes, dem Engel den Weg gewiesen durch unwegsame Gegenden, Sümpfe, durch unbekannte Furten, reißende Ströme etc. Und krönte Karl den Kahlen an Weihnachten 875 in der Peterskirche pompös zum Kaiser – genau 75 Jahre nach der Krönung seines Großvaters Karl, während er alle, Bischöfe wie Laien, mit Ausschluß, Absetzung, Verfluchung bedrohte, die Ludwig den Deutschen unterstützen würden.

Kaum genug ist dabei der Wandel zu bedenken, die gänzliche Verkehrung der Geschichte: beanspruchten nämlich einst die Kaiser kraft Erbrechts die Krone, so beanspruchte nun das Papsttum, allein das Papsttum, diese Krone nach Gutdünken zu verleihen!

Zugleich machte Rom ein weiteres großes Geschäft. Nicht nur gab Karl die 824 durch Lothar I. festgelegten Rechte des Kaisers im Kirchenstaat preis (S. 66); nicht nur verzichtete er auf die Einkünfte aus den drei kaiserlichen Klöstern S. Salvatore, S. Maria in Farfa und S. Andrea auf dem Soracte; nicht nur erneuerte er alle Schenkungen seiner Vorfahren von Pippin bis Ludwig II. an die römische Kirche. Sondern der Papst bekam auch beträchtliche Gebietserweiterungen im Beneventischen und bei Neapel, die Landschaften Samnium und Kalabrien, die toskanischen Grenzbefestigungen Chiusi und Arezzo sowie vor allem die Oberhoheit über die Herzogtümer Spoleto und Benevent. Dies trug ihm freilich alsbald die Feindschaft zweier benachbarter Fürsten ein, des Herzogs Adalbert von Toskana und besonders des Herzogs Lambert von Spoleto, die anfangs 878 in Rom eindrangen und dort vier Wochen lang übel hausten, wie denn noch die späteren Päpste dauernd unter der Rache des Spoletiners zu leiden hatten. Dazu bedrängten die Araber den Kirchenstaat mehr denn je.

So folgten einerseits unentwegt hohepriesterliche Hilferufe, Notschreie über Landverheerungen und Rechtverletzungen, deren Heiligkeit sich allerdings selbst schuldig machte, folgten Klagen über Sarazeneneinfälle und Raubzüge durch Christen (den Herzog von Spoleto!). Andererseits wurde dem «fußfällig» angeflehten Kaiser von Papst Johann, der «keinen Schlaf für die Augen, keine Speise für den Mund» mehr fand, im Falle seiner Unterstützung wieder einmal großzügig «die Hallen des Himmelreichs» in Aussicht gestellt «und die Weiden des ewigen Lebens unter den Engeln».[6]

Johann VIII. arbeitete an der Zerstörung des Kaisertums und des italienischen Königtums, um den eignen Stuhl erhöhen, Bischöfe und Fürsten in gleicher Weise beherrschen, Italien politisch führen zu können. «Derjenige, der von uns zur Kaiserwürde erhoben werden soll, muß auch von uns zuerst und hauptsächlich von uns berufen und erwählt werden», erklärte er erstaunlich kühn und lockte mit dieser Krone, manchmal gleichzeitig, fast alle nur möglichen Kandidaten, Boso von Vienne, den König der Provence, die Söhne Ludwigs des Deutschen, Karlmann und Ludwig III., vor allem aber den Westfranken Ludwig (II.) den Stammler, den Sohn Karls des Kahlen. Und jedem versprach er jede Erhöhung, Ehre und Heil im Diesseits und Jenseits, alle Königreiche. Und jedem beteuerte er, der einzige Kandidat zu sein, und behauptete, bei keinem sonst Hilfe und Beistand gesucht zu haben! Und als sich schließlich zeigte, daß er von den Franken nicht viel erwarten konnte, wandte er sich noch an Byzanz.

Nachdem Karl Ende 875 in Rom zum Kaiser gekrönt worden war, fiel ihm auf der Rückkehr auch noch die italienische Königskrone zu. Den Seinen gibt's der Herr im Schlaf. Eine Versammlung von Magnaten in Pavia trug ihm die weitere Würde an, vor allem eine Gruppe zahlreicher Bischöfe, an ihrer Spitze Erzbischof Anspert von Mailand, der ihm als erster Treue schwor, wohlverklausuliert, wie man fand. Einstimmig machten die Großen im Februar Karl zu ihrem Beschützer, Herrn und König, hatte ihn doch, hieß es, die göttliche Gnade durch Vermittlung der Apostelfürsten und des Papstes zum Kaiser erhoben.

Es kam zu gegenseitigen Eidschwüren und auch hier wieder zu Zugeständnissen des Kaisers an den Klerus. Karl empfahl, Papst Johann zu stärken, die römische Kirche zu ehren, ihren Landbesitz zu schützen, und nicht zuletzt übertrug er den Prälaten die ständige missatische Gewalt.[7]

LUDWIG DER DEUTSCHE STIRBT: ABT REGINOS NACHRUF

Ludwig der Deutsche dachte indes nicht daran, Karl Italien allein zu überlassen. Und als päpstliche Legaten die zwischen den Brüdern ausgebrochenen «Mißhelligkeiten» untersuchen und «nach kanonischem Recht und weltlichem Gesetz» entscheiden wollten, empfing sie Ludwig erst gar nicht. Statt dessen schickte er eigene Gesandte, den Kölner Erzbischof Willibert mit zwei Grafen, zu Kaiser Karl. Sie trafen diesen in der Pfalz Ponthion, zusammen mit den von Ludwig abgewiesenen Bischöfen Johann von Arezzo und Johann von Toskanella samt einer stark besuchten, fast drei Wochen tagenden Synode von Geistlichen und vielen weltlichen Großen, der sie erst am 4. Juli im Beisein Karls die Forderung ihres Königs präsentieren konnten, «einen Teil vom Reich des Kaisers Ludwig, des Sohnes ihres Bruders Lothar» zu bekommen, «wie es ihm nach Erbrecht (ex hereditate) zustehe und eidlich zugesichert worden sei».

Darauf antworteten die römischen Legaten mit der Verlesung zweier Briefe ihres Herrn an die ostfränkischen Bischöfe und Grafen von 13. Februar, worin der Papst «den Bayernkönig» ungewöhnlich beschimpfte, mit Kain verglich, ihm Neid gegen den Bruder unterstellte, Friedensbruch, Treuelosigkeit, pausenlose Hetzerei. In zwei Erlassen vom selben Tag an die westfränkischen Bischöfe und Großen rief er die zu Ludwig Übergelaufenen unter Androhung des Bannes zur Wiedergutmachung auf, während er die anderen lobte für ihre Treue «härter als Diamant».[8]

Im selben Jahr starb der seit längerem kränkelnde Ludwig der Deutsche am 28. August über siebzigjährig in der Pfalz zu Frankfurt, übrigens inmitten der Vorbereitungen zu einem Krieg gegen seinen Bruder Karl. Schon am nächsten Tag wurde Ludwig im nahen Kloster Lorsch beigesetzt, wo sein Sarkophag noch im frühen 17. Jahrhundert in der Kirchengruft stand, seitdem aber spurlos verschwunden ist.

In einem Nachruf auf den König schreibt Regino von Prüm: «Er war ein sehr christlicher Fürst, von Glauben katholisch, nicht nur in den weltlichen, sondern auch in den kirchlichen Wissenschaften hinlänglich unterrichtet; der eifrigste Vollstrecker dessen, was die Religion, den Frieden, die Gerechtigkeit erforderte. Von Geist war er sehr verschlagen (ingenio callidissimus) und vorsichtig im Rate; bei der Verleihung oder Entziehung öffentlicher Ämter ließ er sich von einem maßvollen Urteil leiten; in den Schlachten war er überaus siegreich und eifriger in der Zurüstung der Waffen als der Gastmähler, da die Werkzeuge des Krieges sein größter Schatz waren...»

Der berühmte Abt, dem Reinhold Rau «ein ziemliches Verständnis» attestiert «für die Eigengesetzlichkeit der Machtbildung», schuf hier in nuce einen fast verblüffend vielsagenden katholischen Fürstenspiegel: ein sehr christlicher Fürst und sehr verschlagen, von Glauben katholisch, überaus siegreich, ein Freund der Waffen, die Werkzeuge des Krieges sein größter Schatz, doch auch emsig für den Frieden tätig, kurz: «der eifrigste Vollstrecker dessen, was die Religion... erforderte...»

KARLS DES KAHLEN BEILEID
UND ERSTE SCHLACHT DER «ERBFEINDE»
UM DEN RHEIN

Karl der Kahle aber – ein ebenfalls bewegender christlicher Zug – wurde bei der Nachricht vom Tode seines Bruders «von übergroßer Fröhlichkeit erfüllt» (Reginonis chronica) und hatte kaum einen anderen Gedanken, als seinen Neffen möglichst viel von ihrem väterlichen Erbe zu nehmen. Drohte er doch schon zuvor seinen katholischen Verwandten «viel Unglaubliches» an; zum Beispiel einen Angriff mit solcher Übermacht, «daß wenn dann der Rhein von ihren Pferden ausgetrunken sei, er selber das ausgetrocknete Bett dieses Flusses durchschreiten und Ludwigs ganzes Reich verwüsten werde» (Annales Fuldenses).[9]

Zumindest den Ansatz dazu machte der Großsprecher. Suchte er ja sogleich sein Territorium im Osten zu erweitern. Die Hälfte des lotharingischen Reiches, die er dem Bruder hatte überlassen müssen, wollte er wiederhaben, vermutlich sogar bis zur Rheingrenze vordringen, also auch Ostfrankens linksrheinische Gebiete um Mainz, Worms, Speyer besitzen.

Er verhieß den Führern Lotharingiens, die er zum Anschluß auffordern ließ, reiche Lehen, drohte Renitenten mit «Ausrottung» und fiel, ungeachtet aller Eide, die er seinem Bruder geschworen, ungeachtet auch der Normannen, die mit hundert großen Schiffen Mitte September die Seinegegenden bedrängten, in das Reich des gerade Gestorbenen ein. Mit einem ansehnlichen Heer rückte er über Ostlotharingien und Aachen, das er mit der Illusion, das Reich seines Großvaters, Karls I., zu erneuern, gern zu seinem Hauptsitz gemacht hätte, nach Köln vor, so das Land plündernd und verheerend wie die skandinavischen Piraten; dabei immer begleitet von den beiden päpstlichen Legaten, Johann von Arezzo und Johann von Toskanella – «geistliche Helfershelfer des Raubzugs» (Mühlbacher).

Da die Attacke des Westfranken völlig überraschend geschah, da der älteste Sohn Ludwigs des Deutschen, Karlmann, gerade im Osten die Mährer bekämpfte, der jüngste, Karl, in Alemannien stand, eilte Ludwig (III.), dessen Gebiet auch zuerst gefährdet war, mit rasch zusammengerafften, zahlenmäßig weit unterlegenen Truppen aus Sachsen, Thüringen und Franken dem unersättlichen Onkel entgegen an den Rhein, nach Deutz, während Karl auf der anderen Seite des Stroms in Köln hielt. Ludwig schickte ihm Gesandte, beschwor die Verwandtschaft, Eide, Verträge, auch das kostbare Christenblut auf beiden Seiten, und suchte, verspottet vom Gegner, seine Truppe durch Fasten, Gebete, Bittgänge und die übliche Erkundung an höchster Stelle (je zehn Mann unterzogen sich dem Gottesurteil mit kaltem, mit heißem Wasser, mit glühendem Eisen) moralisch zu kräftigen – und natürlich «gingen alle unversehrt aus dem Gottesgericht hervor» (Annales Bertiniani).

Karl hatte Ludwig durch Verhandlungen hinhalten und den Waffenstillstand nutzen wollen, um den Gegner im Morgengrauen hinterrücks zu überfallen. Erzbischof Willibert aber verriet den Plan, und als das westfränkische Heer, 50 000 Mann («wie man erzählt»), nach einem erschöpfenden Nachtmarsch bei strömendem Regen am Morgen des 8. Oktober bei Andernach ankam, wurde es von den kampfbereiten Truppen Ludwigs attakkiert. «Dieser legte sich sofort den Harnisch an», so die Fuldaer Jahrbücher, und setzte «all sein Vertrauen auf den Herrn...» Der gute alte christliche Brauch wieder: wer Gott vertraut, brav um sich haut, dem wird es stets gelingen...

Und in der Tat: «Wie das Feuer über das Stoppelfeld fährt und in einem Augenblick alles verzehrt, so zermalmen sie die Macht der Gegner mit dem Schwert und strecken sie zu Boden» (Regino von Prüm). Der ganze Troß und sämtliche Schätze der Kaufleute fallen in die Hände der Sieger. Die aber nicht fliehen konnten, «wurden von den Landleuten dergestalt ausgeplündert, daß sie sich in Heu und Stroh wickelten, um nur die Schamteile zu verhüllen...» (Annales Bertiniani). Unter den Gefangenen: des Kaisers Kanzler, Abt Gauzlin, und der Bischof Ottulf von Troyes. Die Beute ist ungeheuer, Waffen, Rüstungen, Pferde, das Gold und Silber der Großen sowie Karls mitgeschleppter Schatz. Er selbst, der, vorsichtig wie stets, den Kampf gemieden, flieht zum Abend des nächsten Tages nach Lüttich, angeblich «fast nackt» (pene nudus), wie der Mönch aus Fulda behauptet. Die Kaiserin, gleichfalls flüchtend, hat eine nächtliche Frühgeburt «beim Hahnenschrei auf offener Straße» (Annales Bertiniani). Das Kind, ein Sohn Karl, stirbt bald darauf, doch konnte seine Seele für den Himmel gerettet werden – und König Karl sich bald «erholen»: die Schlacht bei Andernach, die erste Schlacht zwischen «Deutschen» und «Franzosen» um den Rhein.[10]

Nach diesem Debüt sozusagen der künftigen «Erbfeinde» zog der siegreiche Ostfranke zwar noch nach Aachen, war aber zu schwach, um den geschlagenen Kaiser (den sogar Erzbischof Hinkmar in den westfränkischen Reichsannalen jetzt einen «Räuber» nennt – wie hätte er ihn wohl im Falle seines Sieges genannt!) auf dem eigenen Boden verfolgen zu können.

Im November teilten die drei ostfränkischen Brüder das Reich gemäß den Verfügungen ihres Vaters und schworen einander

Treue. Sie teilten allein kraft des Erbrechts und ohne, wie im Westreich üblich, eine Krönung an sich vornehmen zu lassen. Karlmann, der älteste Sohn Ludwigs des Deutschen, wurde «König in Bayern» mit Pannonien und Karantanien, trat jedoch die Verwaltung des letzteren seinem Sohn Arnulf ab. Ludwig III. der Jüngere, der «König im östlichen Francien», bekam Ostfranken, Thüringen, Sachsen und Friesland samt den tributpflichtigen Grenzstämmen. Karl III. der Dicke, der Jüngste, erhielt zunächst Alemannien und Churrätien und herrschte nach dem frühen Tod seiner Brüder (880 und 882) auch über deren inzwischen erheblich erweitertes Erbe, wobei ihm bereits 881 die Erneuerung des Kaisertums gelang.[11]

Johann umwirbt Karl, dessen «Vorzüge die menschliche Zunge nicht auszusprechen vermag...»

Karl der Kahle aber hatte nicht nur gegenüber Ostfranken beträchtlich zurückstecken müssen. Auch bei den Normannen an der Seine und Loire erreichte er nichts. Vielmehr kaufte er sich frei durch Gelder, die er natürlich von den Besitzenden, doch selbst wieder Schröpfer großen Stils, erpreßte. So ließ er eine jeweils genau bezifferte Steuer von jeder herrschaftlichen Hube (ein Wirtschaftsbetrieb im Rahmen frühmittelalterlicher Grundherrschaft) in jenen Gebieten Franciens eintreiben, die er vor Lothars Tod besessen, sowie in Burgund von jeder freien, jeder unfreien Hube. Derart ergatterte der König immerhin fünftausend Pfund Silber, wobei er zur Aufbringung des Tributs selbstverständlich auch Kirchenschätze nahm. Wie Karl – laut Papst Johann durch seine «Tugend» ausgezeichnet, «seine Kämpfe für den Glauben ... sein Bemühen, die Geistlichkeit zu ehren» (vgl. S. 239 f.) – ja auch die nach seinem gescheiterten Raubzug zu ihm geflohenen lotharingischen Kombattanten mit Abteien und Landgütern der Kirche entschädigte.

Natürlich verspürte der Herrscher keine Lust, den Papst vor den immer aggressiveren Sarazenen zu schützen. Johann freilich wollte Karl nicht vergebens zum Kaiser gekrönt haben. Zwar hatte dieser inzwischen den Kirchenstaat erweitert und auf einige Privilegien verzichtet. Doch Rom, stets unersättlich, wollte mehr, zumal der neue Fürst auch wiederholt mehr versprochen hatte, vor allem eben Hilfe gegen die Araber, was so gar nicht Karls Geschmack war.

So drängte man nach altbewährter Methode (vgl. bes. IV 381 ff.! 386 ff.!), beschwor die «Heuschreckenschwärme» der muselmanischen Teufel, die alles ausraubten, brandschatzten, in die Gefangenschaft schleppten, beschwor Greuel, die noch gar nicht geschehen, Gefahren, die sich angeblich aber schon abzeichneten, eine heranjagende gewaltige Flotte mit Rom attackierenden Truppenverbänden. Man malte schwarz in schwarz, mahnte Bischöfe und Magnaten, besonders jedoch den Kaiser selbst. Päpstliche Legaten erschienen, ein Hilferuf nach dem anderen erscholl. Die Sarazenen raubten, hieß es, zerstörten die Kirchen, aber die Herzöge Lambert und Wido, von Karl zum Schutz des Kirchenstaates bestimmt, rührten dafür keinen Finger, und auch Graf Boso, als Vizekönig in Italien eingesetzt, bleibe taub. Brief auf Brief folgte, «kniefällig» bat man, die «Christenheit» zu retten, zuerst natürlich das Papsttum, das den kahlen Karl umschmeichelte. «Vortrefflichster aller Cäsaren», lobte der immer wieder und mehr anreizende Johann, der auch wußte, daß Karls «Weisheit vom Mutterleibe an wuchs», daß dessen «Vorzüge die menschliche Zunge nicht auszusprechen vermag...»

Dabei hatte Karl um diese Zeit etwas getan, was ihn am päpstlichen Hof eigentlich nicht beliebt machen konnte: er hatte seinen Sohn, den Thronfolger Ludwig (II. den Stammler) genötigt, seine Ehefrau Ansgard zu verstoßen, um eine ihm, dem kaiserlichen Vater, genehme Dame zu heiraten. Erwägt man jedoch, wie erbittert Vorgänger Nikolaus I. schließlich Jahr um Jahr gegen Lothars II. Ehehandel stritt, wie sehr er auf der Unauflöslichkeit dieser Ehe bestanden, so erstaunt es, daß Papst Johann jetzt gegen die Zweitehe des westfränkischen Thronerben überhaupt keine

Einwände, geschweige kirchenrechtliche Sanktionen den westfränkischen Fürsten gegenüber hatte.[12]

Tod nach 37jähriger Herrschaft
«an Durchfall in grossem Jammer...»

Da in Italien kaum eine Hand für den Papst sich rührte, weder der zum Schutz des Kirchenstaates verpflichtete mächtige Herzog von Spoleto noch gar der seit 876 zum missus für das Land bestellte Boso von Vienne, blieb dem Kaiser, wollte er seine Glaubwürdigkeit, sein Ansehen und Italien selbst behalten, nichts anderes übrig, als in den Süden zu ziehen, wie prekär zu Hause die Lage auch war, besonders durch die Normannen. Alles Schröpfbare hatte er zu ihrer Besänftigung schröpfen lassen.

Auch nach Italien führte Karl, als er im August 877 in Begleitung seiner Gattin aufbrach, einen «sehr großen Schatz an Gold und Silber sowie von Pferden und anderen Kostbarkeiten» mit (Annales Bertiniani), aber nur ein verhältnismäßig geringes Gefolge. Das Heer seiner Großen, die noch weniger Lust auf das italienische Abenteuer hatten als er selbst, sollte später folgen. Und nicht ohne das Versprechen ließ er sie zurück, weder die Kirchengüter noch seinen Familienbesitz anzutasten! (Es kam dennoch zu einer Rebellion führender Aristokraten, darunter anscheinend sein eigener Sohn Ludwig der Stammler.)

Der Papst indes feierte Karl überschwenglich, da er ihn zu einem Krieg brauchte. Er pries ihn ganz offiziell vor einer heiligen Synode in Ravenna, vor immerhin fünfzig Bischöfen, zumeist aus Ober- und Mittelitalien. Und seine – uns erhaltene – Ansprache an die Konzilsväter sollte offenbar eine Art Geschenk des Gastgebers an den erwarteten Kaiser sein, den «von Gott berufenen» und von ihm, Johann, erwählten und gekrönten, dem erlauchten großen Großvater ebenbürtigen Fürsten. Auch die versammelten Prälaten sahen Karl durch eine «Eingebung des heiligen Geistes» erkoren, bestätigten noch einmal seine ja schon 875 erfolgte Kaiserkrönung und bedrohten auf Johanns Anweisung alle, die diese «zweifelsohne von Gott verfügte Einsetzung» bekämpften, als «Diener des Teufels» mit dem Kirchenbann.

In den letzten Kanones der ravennatischen Synode wird wieder besonders die Unantastbarkeit der Kirchengüter betont, wird es verboten, Güter des Römischen Stuhls als Lehen oder anderweitig auszugeben – «außer wenn die Empfänger Verwandte der Päpste sind»! Zuwiderhandelnde soll das Anathem treffen.[13]

Schutz ihres Vermögens erwarteten die Synodalen auch von dem nun schon bald über den St. Bernhard anrückenden Kaiser, dem die Gesandten eines Papstes entgegeneilten, der ihn so oft und dringlich gerufen. Denn wäre auch alles Holz in den Wäldern in Zungen verwandelt, würde es nicht genügen, um das Leid aufzuzählen, das ihm die Sarazenen bereiten. Schlimmer aber als die Heiden seien die schlechten Christen. Doch niemand höre seinen Angstschrei, niemand helfe, rette, es sei denn der Kaiser. Johann reiste ihm auch selbst bis Pavia entgegen und, da er sein Verlangen, Karl zu begegnen, kaum zähmen konnte, auch nach Vercelli noch, wo er ihn «mit größten Ehrenbezeugungen» (honore maximo) empfing.

Allein als beide dann in Pavia waren, der alten Krönungsstadt, wo die Kaiserin auch Königin von Italien werden sollte, rückte schon Karls Neffe, Ludwigs des Deutschen ältester Sohn, der Bayer Karlmann, mit starken Verbänden über den Brenner heran. Man überquerte deshalb den Po nach Süden, wo in Tortona der Papst, einfach genug und in aller Eile, Richildis zur Kaiserin weihte, um sich dann schnell und sozusagen auf Schleichwegen nach Rom zu begeben, faktisch nichts in den Händen als ein Präsent für den hl. Petrus, einen schweren, mit erlesenen Edelsteinen verzierten Gekreuzigten aus purem Gold, «wie noch nie einer von einem König geschenkt worden war» (Annales Vedastini).

Die Kaiserin kehrte mittlerweile über den Mont Cenis mit Karls Schätzen zurück, während er selbst zuletzt gleichfalls floh, da die erwartete Verstärkung durch die Großen seines Reichs, die ihm wiederholt Treue geschworen, ausblieb, ja, sie sich nun, wie auch die meisten Bischöfe, gegen ihn verschworen. So wagte Karl den Kampf mit Karlmann nicht; «denn sein Leben lang», schreibt der ostfränkische Annalist, «pflegte er, wo er dem Feind die Stirne bieten sollte, offen den Rücken zu kehren oder heimlich seinen Soldaten davonzulaufen» (Annales Fuldenses).

Noch unterwegs fieberte er, erkrankte, wie kirchliche Chronisten unterstellen, an einem Medikament seines jüdischen Leibarztes Sedechias gegen Fieber – «ein Pulver», weiß der Verfasser der Jahrbücher von St. Bertin, «ein tödliches Gift»; «ein Betrüger», der, so Abt Regino, die Leute «mit magischen Gaukeleien und Verzauberungen behexte» (magicis prestigiis incantationibusque ... deludebat). Todkrank gelangte Karl in einer Sänfte über den Mont Cenis und verschied an dessen Fuß in «einer elenden Hütte» (Annales Bertiniani) des Weilers Brides der Maurienne (Savoyen) am 6. Oktober 877 im Alter von 54 Jahren nach 37jähriger Regierung «an Durchfall in großem Jammer» (Annales Fuldenses). Einbalsamiert «mit Wein und allen möglichen Wohlgerüchen» wurde er weiterbefördert, wegen des Geruchs aber bald in ein Faß gelegt, das innen und außen verpicht und überdies in Leder eingenäht war. Trotzdem wurde der Gestank immer unerträglicher, weshalb man Karls des Kahlen Reste nicht, wie von ihm gewünscht, nach St. Denis überführte, sondern ihn zunächst so, wie er in dem Faß lag, im Kloster Nantua bei Lyon der Erde überließ.[14]

Johann preist Karlmann und krönt Ludwig den Stammler

Nun sah sich der Papst, dessen ganze Pläne, den Kirchenstaat zur beherrschenden Macht Italiens zu erheben, mit dem Tod des Kaisers zuammenbrachen, schutzlos seinen Feinden gegenüber. Nach Karls Flucht und Tod fiel das Königreich Italien mühelos an seinen Neffen Karlmann. Und dieselben Bischöfe, die gerade erst in Ravenna Karl den Kahlen als den «christlichsten und mildesten» Kaiser gefeiert, ja, deren Banndrohung gerade auch Karlmann gegolten hatte, dieselben Bischöfe huldigten nun ihm. Ebenso der Papst, Inbegriff eines Opportunisten. Flott sprach er vom «unerforschlichen Ratschluß Gottes» und pries jetzt Karlmann als den einzigen Beschirmer der Kirche und ihren treuesten Verteidiger ...

Doch der Bayer war selbst geschlagen, wenn nicht schon vom Tod gezeichnet, jedenfalls schwer erkrankt, und im November zum Rückzug nach (Alt-)Ötting, seiner Pfalz, genötigt. Auch er trat die Heimkehr in einer Sänfte an. Und sein Heer schleppte eine schlimme, viele Opfer fordernde Seuche ins Frankenreich, wo bereits Epidemien gewütet, das «italienische Fieber» und eine Augenkrankheit, «so daß sehr viele am Husten die Seele aushauchten» (Annales Fuldenses).[15]

In Italien aber meldeten sich jetzt die Markgrafen Lambert von Spoleto und dessen Schwager Adalbert von Tuszien, zwei eng verbundene Sippen, mit ihren Ansprüchen. Weder die Wut des Papstes half, noch seine Umschmeichelung Lamberts. Im Frühjahr 878 stand dieser, bald Johanns «einziger Beistand» und «getreuester Verteidiger», bald der «Sohn des Verderbens», wieder einmal plötzlich mit seinem Schwager in Rom, um Karlmanns Anerkennung durchzusetzen. Dreißig Tage hielten sie den Papst, der gegen die Kirchenräuber den Bannstrahl schleuderte, gefangen. Dann eilte Johann, der in Westfranken eine allgemeine Synode ausgeschrieben hatte, mit drei aus Neapel bezogenen Schnellseglern über Genua nach Arles. Und am 7. September krönte er in Troyes Karls des Kahlen Sohn, Ludwig II. den Stammler (877–879), zum König, obwohl der wegen seiner Krankheitsschübe kaum regierungsfähig war, obwohl ihn überdies Erzbischof Hinkmar, der geübte Coronator, erst am 8. Dezember des letzten Jahres schon in Compiègne gekrönt, und obwohl er soeben, im selben Jahr, seine Frau Ansgard, die ihm zwei Söhne, Ludwig III. und Karlmann, geschenkt, verstoßen und in zweiter Ehe, während seine erste Frau noch lebte!, die Tochter des Grafen Adalhard, Adelheid, geheiratet hatte, die 879 als Postumus Karl III. den «Einfältigen» zur Welt brachte. Immerhin krönte sie der Papst nicht, unterstützte aber Ludwig den Stammler durch die «Befestigungskrönung» (Schneidmüller) sowie mit Bannsprüchen gegen alle Feinde. Und schließlich verlangte er in seiner Schlußrede von Troyes – dem ersten Konzil in Anwesenheit des Papstes im Frankenreich nördlich der Alpen – von den Bischöfen, mit Waffengewalt seine Rückkehr nach Rom zu erzwingen.

Johann hatte die Synode am 11. August 878 eröffnet und dazu auch die drei ostfränkischen Könige nebst ihren Bischöfen erwartet, wollte er seinen Kaiserkandidaten doch vor einem großen Forum küren. Es kam aber niemand aus Ostfranken, ja, die Könige beantworteten die päpstlichen Schreiben gar nicht, Karlmann schwieg sogar nach einem zweiten Papstbrief, und aus Italien waren nur drei Bischöfe da; Johann hatte sie gleich selber mitgebracht.

Im übrigen ging es auf der Synode – zu der auch der 871 abgesetzte, später geblendete Bischof Hinkmar von Laon erschien und (sehr zum Ärger Hinkmars von Reims) wenigstens teilweise «rehabilitiert» worden ist – u.v.a. wieder einmal massiv um die Rückgabe von Kirchengütern durch die Laien, denen man andernfalls die Exkommunikation und die Verweigerung eines christlichen Begräbnisses androhte; ging es um Reduzierung der Steuern, die angeblich seit Jahrzehnten auf die Kirchengüter drückten (seien doch, schrieb der greise Hinkmar dem neuen König, «die einstmals reichen Kirchen völlig mittellos geworden»).

Ludwig II. der Stammler, «durch das Erbarmen Gottes und die Wahl des Volkes (!) zum König bestellt», versprach zwar die Kirchenverordnungen und die Gesetze unangetastet zu lassen. Doch war er krank und schon im nächsten Jahr, nach einer plötzlichen Verschlechterung seines Zustands, man sprach von Gift, am Karfreitag tot, nicht ganz 33 Jahre alt.[16]

Noch zu Lebzeiten des Königs aber hatte Papst Johann VIII. einen Mann umworben, der ihn bereits nach Troyes begleitet, der ihn dann auch nach Italien zurückgeführt hat und dem er ganz offenbar nichts Geringeres als die Kaiserkrone aufs Haupt zu setzen gedachte – Graf Boso von Vienne (gest. 887).

Pfaffenkönig Boso tritt ins Rampenlicht

Boso war der Sohn des lotharingischen Grafen Biwin, des Laienabtes von Gorze, und ein Neffe von Lothars II. Gattin Theutberga sowie ihres Bruders, des Abtes Hucbert von Saint-Maurice. Nach der Vermählung Karls des Kahlen mit Bosos Schwester Richilde – er hatte sie ihm damals zugeführt (S. 215) – begann sein Aufstieg im Dienst des Königs, der ihn mit zahlreichen Herrschaften und Ämtern bedachte, in Aquitanien, Burgund und Italien. Noch 869 bekam Boso die Abtei Saint-Maurice, 870 die Grafschaft Vienne, zwei Jahre später wurde er Kämmerer und magister ostiariorum für Karls Sohn Ludwig, den Unterkönig von Aquitanien, das er nun verwaltete. 875/876, bei Karls erstem Italienzug, bekam er wohl die Provence und wurde im Februar 876 auf der Reichsversammlung in Pavia zum missus für Italien bestellt und mit dem Titel eines Herzogs der Lombardei gleichsam Vizekönig.

An Frömmigkeit scheint es Boso so wenig gefehlt zu haben wie an Grausamkeit. Zumindest verfügte er über eine Reihe von Klöstern, in denen auf seinen Befehl für ihn gebetet wurde. Dem gestürzten und mehrere Jahre in Haft gehaltenen Bischof Hinkmar von Laon ließ Boso im Kerker die Augen ausreißen, seine erste Frau hat er nach einer «glaubwürdige(n) Quelle» vergiftet und dann Ermengard, ehemals Verlobte des byzantinischen Thronfolgers, die einzige Erbin Kaiser Ludwigs II., geraubt, um sie zu heiraten, brachte sie ihm doch einen beträchtlichen Besitz in Oberitalien ein.

Papst Johann VIII. aber billigte nicht nur die Unregelmäßigkeit dieser Ehe, sondern versicherte schriftlich, Boso und Ermengard wie seine eigenen Kinder zu betrachten. Schien ihm doch ein Emporkömmling wie Boso gerade geeignet, es in Italien mit Karlmann aufnehmen und diesem das italienische Reich entreißen zu können. So ernannte er denn 878 Boso, den «glorreichen Fürsten», per adoptionis gratiam zu seinem Sohn (ein Akt, der traditionsbildend wirkte), womit dieser als filius adoptivus unter den besonderen geistlichen Schutz des Papstes gestellt wurde, er seinerseits aber auch besondere Schutzaufgaben für den Papst übernahm, der jedem, der gegen seinen «Sohn» (predictum filium nostrum) sich zu wenden wagte, den Bann androhte.

Der Heilige Vater lockte Boso, der ihn im Auftrag Ludwigs II. nach Rom zu geleiten hatte, mit der Königskrone der Provence, ja mit der Kaiserwürde – nichts weniger als eine geplante Revolte wider die Karolinger, da Boso deren Dynastie gar nicht angehörte. Doch nicht genug: «Der Papst inszenierte ein geradezu heimtückisches Spiel. Er warb bei Ludwig dem Stammler, der selbst Ansprüche auf Italien anmeldete, um Truppen zur Unterstützung Bosos; der Karolinger sollte den Niedergang seines Geschlechts selbst noch fördern» (Fried).[17]

Boso, der sich 877 gegen Karl den Kahlen, dem er seine ganze Karriere, zahlreiche hohe Ämter und große Ländereien verdankte, sogar offen verschworen und ebenso dessen Sohn und Nachfolger Ludwig den Stammler unter schweren Druck gesetzt hatte, gab schließlich auch dessen Söhne Ludwig III. und Karlmann preis. Dafür ließ er sich, nachdem er schon vorher als «Boso Dei gratia» firmierte, am 15. Oktober 879 in der (heute gänzlich verschwundenen) Pfalz Mantaille, südlich von Vienne (bei Anneyron, Dép. Drôme), zum König in Burgund und in der Provence wählen – zu einer Art «Pfaffenkönig», denn er wurde, in enger Anlehnung übrigens an die Bischofswahl, nur vom Klerus proklamiert, von 27 Erzbischöfen und Bischöfen, und dann gesalbt, alles natürlich kraft göttlicher Eingebung.

Ein Vorgang von weittragenden Folgen. Denn die Prälaten aus dem Rhoneraum mißachteten dabei Bosos mangelnde Legitimität, mißachteten die ostfränkische Karolingerdynastie und deren «Geblütsanspruch» überhaupt. Wurde damit doch erstmals seit 130 Jahren das alleinige Anrecht der Karolinger auf eine Krone durchbrochen. Boso hatte die jugendlichen Söhne des Stammlers ignoriert, sie «für nichts», als «unechte Kinder» angesehen, sei ihre Mutter ja auf Karls Befehl (S. 247, 251) «abgelehnt und verstoßen worden» (Regino von Prüm). Und Bosos ehrgeizige Gattin Ermengard wollte gar nicht mehr länger leben, könnte sie, Tochter eines Kaisers und Braut eines Kaisers – man hatte sie 866 mit Basileios I. (S. 261) verlobt – nicht ihren Mann zum König machen.

So warf Boso mit Geschenken um sich und gelobte, in allem nach dem Wunsch des Klerus zu verfahren. Ganz beiseite, daß viele Bischöfe nicht nur «durch Versprechungen von Abteien und Landbesitz», sondern auch «durch Drohungen» (Annales Bertiniani) gefügig gemacht worden waren. Bedenkenlos hat dann Boso auch Klostergüter und Reimser Kirchenbesitz geraubt, sich sogar an dem päpstlichen Krongut Vendeuvre vergriffen, um die einflußreichsten Prälaten und Vasallen befriedigen zu können, Leute, die einmal mehr electio per inspirationem vorgaukelten, indem sie behaupteten, Bosos Wahl habe ihnen, kraft ihres brünstigen Gebetes, Gott eingegeben. Denn den Electus als von Gott Prädestinierten hinzustellen, war «schon beinahe phrasenhaft geworden» (Eichmann) – und erstunken und erlogen war es allemal. «Nicht nur in Gallien», rühmten die Bischöfe Boso, «sondern auch in Italien leuchtete er allen voran, so daß der römische Papst Johann, ihn gleich einem Sohne achtend, seine lautere Gesinnung mit vielem Lob pries...» Und der Mörder seiner ersten Frau, der Räuber seiner zweiten bekannte seinen alleinseligmachenden katholischen Glauben, unterwarf sich dankbar der Aufsicht der Kirchenfürsten und versprach, ihre Privilegien zu schützen.

In Lyon, der größten Stadt des neuen Reiches, krönte Erzbischof Aurelian den Boso zum König – keiner dank seiner Geburt, seines Erbrechts, sondern dank des Klerus, der sich dabei offenbar an Papst Johann orientierte. Denn wie der sich herausnahm, einen Kaiser als Schirmherrn zu wählen, so beanspruchten auch sie nun das Recht, einen Beschützer nach Gutdünken zu küren, natürlich zu ihrem größtmöglichen Vorteil. Die Frankenkönige einigten sich zwar gegen den Usurpator und eroberten im Sommer 880 die Festung Mâcon an der Saône, vermochten indes Vienne nicht zu nehmen, da Karl überraschend die Belagerung abbrach, um nach Italien zu ziehen. Und Boso behauptete sich gegen den Widerstand der west- wie ostfränkischen Karolinger bis zu seinem Lebensende am 11. Januar 887.[18]

DEN KAISER WILL «ZUERST UND ALLERMEIST» PAPST JOHANN BERUFEN

Auf dem Recht zur Kaiserwahl und -krönung aber bestand der Papst. «Denn derjenige», schrieb Johann einmal dem Erzbischof Ansbert von Mailand, «welcher von uns für das Kaisertum zu weihen ist, muß zuerst und allermeist von uns berufen und erwählt sein.»

Jahrhundertelang jedoch hatte der römische Bischof in dieser Frage überhaupt kein Mitsprache-, geschweige ein Entscheidungsrecht. Jahrhundertelang war er, wie alle anderen Patriarchen und Bischöfe, der Untergebene des Kaisers, war dieser sein Oberherr. Und kein Geringerer als Leo I. (440–461), «der Große» (als einziger Papst, neben Gregor I. und dito «Großen», mit dem raren und höchsten Titel der Catholica, dem eines Kirchenlehrers bedacht), sprach dem Kaiser sogar das Recht zu, Dogmen betreffende Konzilsbeschlüsse zu kassieren. Nicht genug, er konzedierte ihm – und keinesfalls nur einmal! – Unfehlbarkeit, Irrtumslosigkeit *im Glauben*, während es seine, des Papstes «Pflicht» sei, «zu offenbaren, was du weißt, und zu verkünden, was du glaubst...» (II 254 f.).

Difficile est satiram non scribere.

Noch Karl I. hatte sein Kaisertum durch eigenes Machtbewußtsein an seinen Sohn Ludwig den Frommen weitergegeben, Papst Leo III. (795–816) Karls Oberherrschaft über den Kirchenstaat von Anfang an anerkannt. Er hatte ihm noch in Kircheninterna so gut wie immer gehorcht und als sein Untertan auch seine Münzen nach den Regierungsjahren des Kaisers datiert, ja diesem, nach dessen Kaiserkrönung, durch einen Kniefall gehuldigt (IV 446 ff.). Und nach des Vaters Beispiel gab auch Ludwig der Fromme die Kaiserkrone an Lothar I., seinen Erstgeborenen, wie dieser wieder seinen Ältesten zum Kaiser selbst bestimmt. Die kirchliche Segnung durch den Papst kam nachträglich dazu, doch folgte daraus noch kein päpstliches Verfügungsrecht, das aber Johann VIII. aus der Krönung Karls des Kahlen ableitet, allerdings auch an Nicht-Karolinger, womit sich die Kandidaten fraglos gern abfanden.

LETZTER APPELL AN BOSO
«... JETZT IST DER TAG DES HEILS» ODER
JOHANNS «VIERFACHES SPIEL»

Natürlich gab es genug Widersacher gegen die papalen Ambitionen, vor allem unter den italienischen Fürsten und Kirchenfürsten. Und Erzbischof Ansbert von Mailand, der sie anführte, war schon zu der im Dezember 878 nach Pavia einberufenen Synode nicht erschienen. Johann hatte seinerzeit, von Boso und dessen Gattin geführt, den Mont Cenis überquert und in Turin drängend und schmeichelnd die italienischen Großen nach Pavia bestellt, um dort über «die Lage der heiligen Kirche Gottes und die Ruhe des Landes» zu beraten. Doch keiner kam. Selbst als der Papst den Termin verschob und abermals und dringender Fürsten und Kirchenfürsten nach Pavia beschied, ja, vom westfränkischen König «zur Bekämpfung seiner Feinde» Truppen erbat, blieb alles aus und der Heilige Vater samt seinem Paladin allein in der Stadt.

So setzte jeder von ihnen für sich die Reise fort, Boso zurück in die Provence, der Papst zurück nach Rom. Und als er Ansbert samt allen seinen Suffraganen nun zu einer Synode im Mai 879 befahl, um u. a. auch die Einsetzung eines neuen Königs von Italien zu besprechen, die seines Adoptivsohnes Boso selbstverständlich, kam Ansbert wieder nicht; er entschuldigte sich nicht einmal und wurde exkommuniziert. Und als der Metropolit, der seelenruhig weiter die Messe las und seines Amtes waltete, auch auf einer Synode im Oktober in Rom nicht eintraf, wurde er abgesetzt. Freilich – im nächsten Jahr gab er klein bei und schwur dem Papst einen Treueeid.

An Boso aber wandte sich Johann auch aus Italien noch ein letztesmal, indem er mit biblischem Zungenschlag lockte: «Den geheimen Plan, den wir unter Gottes Hilfe zu Troyes mit Euch verabredet, bewahren wir sonder Zweifel fest und unwandelbar in unserer apostolischen Brust wie einen verborgenen Schatz und wünschen, so lange wir leben, ihn, so viel an uns liegt, mit allen Kräften rüstig zu vollenden. Darum sollt Ihr, wenn es Eurer Hoheit beliebt, ihn jetzt in's Werk richten; denn, wie der Apostel ermahnt: Sehet, jetzt ist die angenehme Zeit, jetzt ist der Tag des Heils, an dem Ihr mit dem Herrn Eure Wünsche wirksam erfüllen könnet.»

Doch vermutlich hatte Papst Johann bereits des längeren erkannt, daß Boso ihm nicht mehr dienen konnte oder wollte. Also gab er den geliebten Adoptivsohn, dessen «teure Freundschaft» er doch «um keines Menschen willen» missen wollte, offenbar um Gottes willen preis. Nun appellierte er – zweifellos noch immer zur angenehmen Zeit, am Tag des Heils – an die ungeliebten Frankenkönige, den Schwabenkönig Karl und an Karlmann, deren beider Reiche an Italien grenzten. «Während er sich stellte, als hielte er an Boso fest», schreibt Johannes Haller, «und beteuerte, bei keinem andern Hilfe gesucht zu haben, knüpfte er schon mit Karl von Schwaben an und versprach ihm jede Erhöhung, verhandelte aber noch eifriger mit Karlmann, sendete dem schon seit Monaten vom Schlagfluß Gelähmten und der Sprache Beraubten noch im Sommer 879 durch zwei Bischöfe einen Hilferuf mit der Versicherung, sonst niemandes Beistand gewünscht zu haben, stellte ihm Ehre und Heil in diesem und jenem Leben in Aussicht, ja drohte ihm mit dem Richterstuhl Christi. Sogar den ältesten der deutschen Brüder, Ludwig III. von Rheinfranken und Sachsen, also den entferntesten der Karolinger, hat er mit der römischen Kaiserkrone zu locken gesucht, die ihm höheren Ruhm als allen seinen Vorfahren bringen und alle Königreiche zu Füßen legen werde. Dabei verlangte er nach wie vor, daß man sich im Königreich Italien nach ihm richte ...» Und auch Ludwig III. den Jüngeren, Kaiser Karls III. Bruder, hat Johann, bald nachdem ihn Boso enttäuschte, adoptiert. «Es ist deutlich, daß der Papst nicht ein doppeltes, sondern ein dreifaches oder vierfaches Spiel spielt» (Hartmann).[19]

Boso jedenfalls wollte für die fragwürdige Kaiserkrone und den lockenden Papst nicht alles, was er schon gewonnen, aufs Spiel setzen. Ohne sich die apostolische Gunst zu verscherzen, kümmerte er sich nun um Erweiterung und Festigung seiner Macht zu Hause, in der Provence. Die Lage war auch dort prekär genug.

Fränkische Verwandtenkontakte

Ludwig der Stammler hatte aus seiner ersten Ehe (mit Ansgard) zwei Söhne, Ludwig und Karlmann, hinterlassen und den älteren, Ludwig III. (879–882), zuletzt noch zu seinem alleinigen Nachfolger bestimmt. Auch der mächtige Hugo Abbas, ein Vetter Karls des Kahlen und Laienabt von St.-Germain d'Auxerre, trat dafür ein. Doch Boso betrachtete den Stammlersohn, wie dessen Bruder Karlmann, als illegitim (degeneres) und überging ebenso den gerade nachgeborenen Karl (III. den Einfältigen).

Sogar Ludwigs eigener Kanzler, Abt Gauzlin, verriet ihn. Dabei war der Abt schon Kanzler und einer der engsten Vertrauten Karls des Kahlen gewesen, dem er auch einige der reichsten Abteien verdankte: Jumièges, St. Amand, St.-Germain-des-Prés, 878 noch St.-Denis. 884 wurde er Bischof von Paris. Abt Gauzlin war, neben Abt Hugo, zeitweise der führende Mann des Westfrankenreiches. Er vertrat das Haus der einflußreichen Rorgoniden, während Hugo Abbas den Familienclan der westfränkischen Welfen repräsentierte. So forderte Gauzlin, zusammen mit dem Adel zwischen Seine und Maas, gleich nach dem Tod des Königs, aus Furcht vor dem mächtigen Rivalen Hugo, den Ostfranken Ludwig den Jüngeren zum Einmarsch ins Westreich auf und bot ihm die Krone des Landes an.

Ludwig ließ sich das nicht zweimal sagen. Er stieß über Metz nach Verdun vor, wobei seine Greuel und Verwüstungen während des Vormarsches, seine «Schlechtigkeiten jeder Art», angeblich «noch die Übeltaten der Heiden übertrafen» (Annales Bertiniani); auch Verdun wurde geplündert. War aber zunächst Abt Gauzlin den Königstreuen zuvorgekommen, so traten diese nun, allen voran Laienabt Hugo, um nicht alles zu verlieren, Ludwig West-Lotharingien ab. Zweimal hatte Karl der Kahle durch einen Rechtsbruch das ganze Lotharingien einzuheimsen, dem Westreich anzugliedern versucht, und nun gehörte es ganz zu Ostfranken, freilich ebenfalls durch einen Rechtsbruch.

Dafür aber gab Ludwig der Jüngere sofort Gauzlin und Genossen preis, kehrte zufrieden zurück – und wurde von seiner raffgierigen, ehrgeizgeplagten Frau Liutgard sogleich zu einem neuen Krieg überredet, um das ganze Westreich zu gewinnen. Er nahm jetzt die Opposition im Norden, Gauzlin nebst Anhang, die ihn erneut rief, wieder in Dienst, worauf sie auch gleich, sozusagen als Vorauskommando, raubend und plündernd durchs Land zog, Ludwigs Kommen signalisierend.

Allerdings war dieser noch mit Bayern befaßt, dessen König, sein Bruder Karlmann, immer jämmerlicher dahinsiechte. Ludwig eilte von Forchheim, wo er gerade den «Geburtstag des Herrn» gefeiert, nach Bayern, entthronte den bereits Sprachunfähigen rücksichtslos, riß sein Land an sich und feierte danach die Auferstehung des Herrn in Frankfurt. Dazwischen, am 22. März 880, ist Karlmann gestorben. Ludwig war weiter nach Westfranken vorgedrungen, gab sich aber mit der Abtretung des westlichen Lotharingien zufrieden.

Bereits im Spätsommer 879 hatte nämlich Abt Hugo durch den Erzbischof Ansegis von Sens die westfränkischen Prinzen Ludwig III. und Karlmann zu Königen krönen und salben lassen. Und im Süden war ja eben noch ein Dritter, Boso, der Herzog der Provence, im Oktober König geworden, der erste König nichtkarolingischer Abstammung im einstigen Gesamtreich. Als im Osten dann, zwei Jahre nach dem Tod seines Bruders Karlmann, auch Ludwig III. der Jüngere am 20. Januar 882 in Frankfurt am Main kinderlos starb (da sein einziger kleiner gleichnamiger Sohn durch einen Sturz aus dem Fenster des Palastes sich das Genick gebrochen hatte), fiel ganz Ostfranken dem jüngsten Bruder zu, dem Schwabenkönig Karl.[20]

GEGEN ÜBERLASSUNG VON KRIEGSSCHIFFEN U. A. WILL JOHANN DEN ZWEIMAL ABGESETZTEN UND VERFLUCHTEN PATRIARCHEN PHOTIOS ANERKENNEN

Da Papst Johann vorerst auch die ostfränkischen Karolinger nicht gewinnen konnte, zögerte er nicht, in seinen letzten Lebensjahren wieder mit Konstantinopel zu kontaktieren, zumal es schien, als könnte Italien wieder byzantinisch werden. Bari, durch Kaiser Ludwig II. anno 871 eingenommen, war bereits 876 wieder zu Byzanz gekommen, und dessen Generale in Unteritalien behielten oft die Oberhand; die griechische Herrschaft festigte sich.

So hatte der Papst, noch vor seinem Aufbruch ins Frankenreich, im April 878 einen Hilferuf auch an Kaiser Basileios I. (867–886) geschickt, einen weit rasanteren Karrieristen noch als Boso. Hatte der einstige Pferdeknecht doch alle Rivalen skrupellos beseitigt, auch seinen Gönner Michael III., der ihn 866 zum Mitkaiser krönte und den er – selbst ausgerechnet rechtsgeschichtlich von größter Bedeutung durch seine neue Rechtskodifikation – im Jahr darauf nächtens ermorden ließ (S. 221 f.).

Papst Johann wiederholte seine Kontaktnahme 879. Und er scheute sich nicht, für militärische Hilfe, für die avisierte Überlassung von Kriegsschiffen des oströmischen Herrschers und die Räumung des bulgarischen Missionsgebietes durch die griechische Reichskirche, den Patriarchen Photios, trotz aller früheren Bannflüche, als rechtmäßigen Patriarchen wieder anzuerkennen, ihn als Amtsbruder zu begrüßen und hoch zu loben. Dabei hatten ihn gleich zwei seiner Vorgänger unwiderruflich abgesetzt und feierlich verflucht! Hatte auch das bekannte VIII. Ökumenische Konzil in der Hagia Sophia 869/870 unter Leitung der päpstlichen Legaten bzw. des ehrenwerten Basileios I. persönlich die Absetzung des Photios bestätigt und die von ihm erteilten Weihen annulliert.

Nun, im Winter 879/880 erklärten Johanns Gesandte durch ihre Unterschrift auf einem Konzil, dem letzten der gesamten Kirche, jetzt allerdings unter der Regie des inzwischen rehabilitierten Photios, alles zu verfluchen, was sich seiner Anerkennung widersetzen würde! «Um Streitigkeiten zu vermeiden», belehrt uns Theologe Bernhard Ridder (einst Generalpräses des internationalen Kolpingswerkes), «willigte der Papst unter gewissen Bedingungen ein». Doch nur um Streit zu vermeiden, hat wohl noch kein Papst irgendwo eingewilligt, jedenfalls nicht in Vorgänge von solcher Relevanz. Tatsächlich war es einfach ein neuerliches Anpassen an die Verhältnisse, das überdies das Mißtrauen des Frankenkönigs Karl weckte, auch nicht zum Erfolg führte. Weder in Unteritalien, wo die Griechen zwar mit der Eroberung von Tarent 880 die für sie wichtige Ostküste wieder beherrschten, aber die Westküste weiter den Arabern überließen; noch im Bulgarenreich, das auch künftig der griechischen Kirche unterstand (S. 219 ff.).[21]

Daniel-Rops freilich, der katholische Kirchenhistoriker, sieht nicht den Heiligen Vater in einen einzigen Sumpf von Korruption, Kabalen, Verschlagenheit hineingezogen, sondern lediglich seine Akteure, alles um ihn herum. «Rings um ihn wimmelte es von politischen Intrigen.» Er selbst thront, ein so alter wie plumper, durch alle Zeiten strapazierter Apologeten-Trick, wie die leibhaftige Unschuld inmitten. («Der Führer weiß das nicht.»)[22]

Von Karlmann zu Karl III. dem Dicken

In Wirklichkeit war dieser Papst der verkörperte Opportunismus. Ließ er sich doch fast mit allen ein, je mächtiger, desto lieber. Lockte, schreckte, beschwor er noch jeden, der ihm gerade passend schien, schickte Schreiben, Legaten, flehte um Rettung, Hilfe, schmeichelte, verhieß Freundschaft, ewiges Seelenheil, sicherte jedem die Krone zu, die «alle Königreiche unterwerfe». Und als er von Karlmann, dem Siechen, der Sprache Beraubten, dem unheilbar Kranken nichts mehr erhoffen konnte, nötigten diesem seine Legaten eine Verzichterklärung zugunsten Karls ab, seines Bruders, nicht nur jünger, auch williger, gefügiger, brauchbarer für den Heiligen Vater. Und als man in Ostfranken sich einig geworden, Karl III. von Schwaben (dem Dicken) Italien zu überlassen, beteuerte ihm der Papst: «In Bezug auf Boso sollt ihr euch versichert halten, daß er weder ein freundschaftliches Entgegenkommen noch Beistand von unserer Seite bei uns haben und finden wird, weil wir euch als Freund und Helfer gesucht haben und mit ganzem Herzen euch als unseren teuersten Sohn halten und hegen wollen.»

Er erklärte nun Boso, seinen Adoptivsohn, inzwischen König der Provence und mit all seinen dortigen Bedrängnissen, Schwierigkeiten für ihn unnütz, zum Tyrannen. Dagegen krönte er Karl III. den Dicken im Januar 880 auf einer Reichsversammlung in Ravenna in Anwesenheit der Magnaten und Bischöfe des Landes zu dessen König. Alle weltlichen und geistlichen Großen, außer dem Papst, leisteten ihm einen Treueid. Doch zur gewaltigen Enttäuschung des Römers hatte Karl gar keine Lust auf die Kaiserkrone, gar keine Lust, sich dann «mit den Heiden und falschen Christen» herumzuschlagen. Vielmehr kehrte er im Mai wieder über die Alpen zurück und hinterließ zum Schutz des Papstes nur die ihm wenig gewogenen Herzöge von Tuszien und Spoleto.

In wahrer Verzweiflung bat Johann jetzt, der König möge doch für den Staat des hl. Petrus sorgen, einen bevollmächtigten missus (Legaten) nach Rom schicken. Er bettelte, klagte, und wieder nicht nur einmal. Doch als das Kommen des Herrschers selbst bevorstand, machte er ihm plötzlich in seinem letzten Brief vom 25. Januar 880 Bedingungen, drohte, warf ihm Übereilung vor, verbot ihm, die Grenzen des Kirchenstaates zu überschreiten, bevor er zum Wohl seiner Seele Garantien gegeben, bevor er seine, des Papstes, durch einen Legaten überstellten Wünsche sanktioniert habe, in jedem Wort und Paragraphen.

Karl scherte sich allerdings nicht darum, reiste sehr gemächlich, monatelang in Oberitalien verweilend, nach Rom und wurde am 12. Februar 881 in St. Peter – mit einer Krone aus der Schatzkammer des hl. Petrus – zum römischen Kaiser gekrönt, als erster aus der ostfränkischen Linie der Karolinger. Sie siegte über die papale Politik, freilich erst nachdem der Papst schon in Ravenna Karls folgenschweres Versprechen erlangt hatte, «die Verträge und Privilegien der heiligen römischen Kirche zu bewahren»; ein Versprechen, das der König von Italien, der rex Romanorum, wie er später hieß, durch das ganze Mittelalter vor dem Empfang der Kaiserkrone leisten mußte.[23]

Karl aber, ein Machthaber, dessen Wirken in wenig mehr als im Abwarten, im Nichtstun bestand, das ihm ja auch Erfolg über Erfolg brachte, lenkte, nun im Besitz der Kaiserwürde, seine Schritte noch gemächlicher zurück, wobei er ein ganzes Jahr in Pavia und Mailand verbrachte, auch einen Ausflug an den Bodensee unternahm, während ihn Johanns Bettelei unablässig verfolgte. Bloß Jammer und Trauer ohne Ende sah der Römer rings um sich. Die Übel wüchsen von Tag zu Tag, schrieb er, es wäre besser zu sterben, als sie länger zu ertragen. Krieg wider Christen und Sarazenen wünschte er und bat Karl, ohne Aufschub ein Heer zu senden, endlich Ordnung zu schaffen – vergeblich. So klagte Johann (der Kaiserin und Erzkanzler Liutward) weiter sein Leid. Der Schlaf fliehe seine Lider, die Speise seine Lippen. Mitten in der Finsternis hoffte er auf Licht, wagte aber Rom nicht mehr zu verlassen und fürchtete, gefangen und erdrosselt zu werden.[24]

Papst Johann jagt Sarazenen –
die Katholiken kollaborieren mit ihnen

All die Anpassungsaktionen des Papstes dienten nicht zuletzt dem Ziel, seine Hausmacht, den Kirchenstaat, zu vergrößern, ihm insbesondere Teile des Südens zu unterwerfen. Dort jedoch häuften sich seit Beginn der islamischen Besetzung des byzantinischen Sizilien 827 allmählich die maritimen Attacken der «Piraten», mehr oder weniger spektakuläre Überfälle, deren Tragweite man am fränkischen Kaiserhof offenbar nicht erkannte. Zumal seit dem Zusammenbruch von Kaiser Ludwigs Macht stießen die Araber von Sizilien und Tarent aus meist an der Westküste vor.

Die Sabina, Latium, Tuszien wurden geplündert, die päpstlichen Landgüter, die Klöster verheert, Rom und seine Schätze selbst bedroht. Johann VIII., durch seinen «fanatischen Eifer», «vor allem aber durch seinen heiligen Kriegseifer eine der bedeutendsten Figuren der dunklen Geschichte des späteren 9. Jahrhunderts» (Eickhoff), segelte schließlich als erster Papst mit eigener Flotte gegen die Mohammedaner, nahm ihnen am Kap der Circe 18 Galeeren weg und garantierte jedem seiner Gefallenen die ewige Seligkeit (S. 237 f.). Alle Welt forderte er zur Sarazenenjagd auf: die Italiener, Karl den Kahlen, Boso von Vienne, den dalmatischen Fürsten Domagoj, einen «charismatischen» Kroaten und Piraten, dessen Schiffe «häufig Seeraub in der Adria» betrieben (Ferjančić), was ihm Venezianer und Byzantiner auf den Hals hetzte.

Der päpstliche Kampf, der ja keinesfalls nur den Sarazenen, nur dem Landesschutz galt, sondern insgeheim eben der Unterjochung Süditaliens, war freilich nicht sehr aussichtsreich. Um so weniger, als katholische Fürsten und Kirchenfürsten mit den Feinden Christi kooperierten, um sich gegen östliche wie westliche Kaiser und gegen den Heiligen Vater zu schützen, natürlich auch vieler Handelsvorteile wegen (in der apologetischen Diktion des Daniel-Rops: «ja selbst politische Bischöfe versuchten, ihre kleinen Schifflein selbständig zu steuern»). Die Christen schlossen Bündnisse, Verträge mit den «Ungläubigen», sie warben Söldner bei ihnen, duldeten sie in nächster Nachbarschaft, versorgten, schützten sie, manche fochten anscheinend sogar auf sarazenischen Kriegszügen gegen Christen. Neapel, Gaeta, Amalfi, Salerno hielten es mit den Arabern. Und der Papst, der eine unteritalische Liga um sich zu sammeln suchte, schleuderte Bibelsprüche und Bannstrahlen gegen die Ungetreuen, die er gelegentlich noch für ein Bündnis bezahlte.[25]

Zum Beispiel die Amalfitaner.

Amalfi, die Küstenstadt am Golf von Salerno, zwischen Gebirg und Meer sowie den benachbarten Gebieten von Sorrent, Neapel, Salerno gezwängt, konnte sich nur durch eine starke Flotte und wechselnde Zusammenschlüsse eine gewisse Eigenständigkeit schaffen. 846 und 849 bekämpfte es an der Seite Neapels die Sarazenen, später stand es mit Kaiser Ludwig II. gegen Neapel. Dann paktierte es schon aus Handelsinteresse mit den Arabern. Da Johann VIII. sie von diesen abzubringen, sich selbst ihre Flotte zu sichern suchte (jährlicher Küstenschutz zwischen Traetto und Civitavecchia, die beide der Kirche gehörten), hatten die Amalfitaner von ihm 10 000 Goldstücke (Silberschillinge, mancusi) kassiert, doch keinem Sarazenen ein Haar gekrümmt und auch dem Papst keinen Denar zurückgezahlt. Vielmehr behaupteten sie bald, ihnen stünden vertraglich 12 000 zu und kollaborierten, obwohl ihnen Johann ja 879 die 10 000 gegeben, weiter mit den Feinden des Herrn. Auch als der Papst ihnen einerseits 1000 Goldstücke zusätzlich für das laufende Jahr und völlige Zollbefreiung für ihre sämtlichen Handelsschiffe im Hafen von Rom versprach, andererseits dem Bischof wie dem Präfekten von Amalfi Ende 879 Exkommunikation und Bann androhte nebst Handelsboykott «in allen Ländern, in denen sie Handel zu treiben pflegten», konnte weder Drohung noch versprochene Subsidien-Aufstockung die Amalfitaner zum Krieg für Seine Heiligkeit bewegen.

Schwierigkeiten auch mit Capua.

Die Stadt in Kampanien, 456 von den Wandalen, 841 von den Sarazenen zerstört, dazwischen byzantinisch, lange langobardisch, war 856 unter dem Bischof Landulf etwas abseits an einer Schleife des Volturno neu errichtet worden. Zugleich begründete Landulf eine Dynastie, die seit 900 den Fürstentitel führte. Schon der Prälat gebot auch über die weltliche Gewalt seines Gebietes und kooperierte anhaltend mit den Widersachern Christi, während der Heilige Vater Jagd auf sie machte. Eide, die Landulf dem Kaiser, dem Papst, dem Fürsten von Salerno geleistet, kümmerten ihn so wenig wie die kirchlichen Dogmen. Bloß Macht und Genuß fesselten den Seelenhirten, der einen Hof wie ein Sultan führte, weit mehr von Eunuchen als von Klerikern umgeben. Und indes er sich mit den Sarazenen verband, stritt er mit dem Kloster Monte Cassino, öffentlich erklärend, so oft er einen Mönch erblicke, sei es von schlimmer Vorbedeutung für ihn.[26]

Mehr Glück hatte Johann in Salerno.

Er besuchte es 876, brachte Herzog Guaiferius von seinem Bündnis mit den Arabern ab, und bewaffnete ihn gegen Neapel. Der wackere Katholik ließ nun nicht nur, nach dem Vorbild seiner Verwandten in Benevent, alle ihm dienstbaren Moslems erschlagen, sondern auch, auf Befehl des Papstes, 25 gefangene neapolitanische Adelige köpfen.

TÖTUNG GEFANGENER MOSLEMFÜHRER: PÄPSTLICHE BEDINGUNG FÜR WIEDERAUFNAHME IN DIE KIRCHE

In Neapel befehdeten sich jahrelang der Stadtherr Sergius II. und sein Bruder Athanasius, den Papst Johann zum Stadtbischof gemacht hatte. Der Herzog, der um keinen Preis von den Sarazenen lassen wollte, vertrieb Athanasius und suchte ihn schließlich mit sarazenischer Hilfe endgültig zu beseitigen, was freilich mißlang.

Der Papst nämlich benutzte im März 877 die Synode von Gaeta, um einen Aufstand in Neapel anzustiften, und finanzierte sogar mit seinem Gold die Revolution. Bischof Athanasius riß dem eignen Bruder Sergius die Augen aus und schickte den so Zugerichteten dem laut jubelnden Heiligen Vater, der den «neuen Holofernes» eingekerkert verhungern läßt. Folgen bares Gold, Bibelsprüche und viel Lob aus Rom für die «gottgefällige Tat», den bischöflichen Brudermörder, den «Mann Gottes», wie der Papst ihn nennt, der Gott mehr liebt als sein eigen Fleisch und Blut, der das Christenvolk in Gerechtigkeit und Heiligkeit wie ein guter Hirte regiere! (Nebenbei: als bei einer kroatischen Revolution ein führender Bundesgenosse der Griechen fiel und der Täter und Nachfolger sich auf Roms Seite schlug, pries Johann VIII. gleichfalls den Fürstenmörder und verhieß ihm Sieg über alle sichtbaren wie unsichtbaren Feinde.)

Bischof Athanasius von Neapel aber, nun auch Herzog dort, wurde der gelehrige Schüler seines römischen Herrn. Alsbald wechselte er die Front. Er spielte jetzt die Rolle des liquidierten

Bruders und schloß sich noch enger als dieser den Moslems an. Kein Gold und Bannfluch des Papstes, der mit beiden um sich warf wie noch kaum einer, hielt ihn vom Bündnis mit den «Ungläubigen» ab. Er nahm sie als Besatzung in den Hafen von Neapel auf, ließ sie vor den Stadtmauern, ließ sie am Vesuv siedeln, worauf sie Gaeta, Salerno samt den langobardischen Herzogtümern bis Spoleto und Benevent brandschatzten.

Erst als sie Neapel selbst bedrängten, Waffen, Pferde, Weiber requirierten und der Papst den Bischof durch Geld bestach, vertrieb dieser seine Bundesgenossen, wurde mit der Stadt vom Bann gelöst – und holte sogleich, darauf abermals gebannt, neue Sarazenen aus Sizilien, um dann noch einmal die Seite zu wechseln, jetzt wieder zum Papst zu stehen und gemeinsam mit Aufgeboten von Rom, Capua, Salerno über seine jahrelangen Helfershelfer herzufallen. Johann aber hatte ihm die Auslieferung oder Tötung der gefangenen Moslemführer zur Bedingung für seine Wiederaufnahme in die Kirche gemacht. Er forderte von dem Bischof, ihm namentlich benannte vornehme Sarazenen zu überstellen und die anderen über die Klinge zu jagen. Doch dann wurde Papst Johann selbst tief gedemütigt, mußte er jährlich Tributzahlungen an die Sarazenen vornehmen und für 25 000 Silberlinge den einstweiligen Frieden erkaufen.

Die ungläubigen Teufel aber ließen sich bei Paestum nieder. Wieder andere setzten sich, vom Herzog Docibilis I. von Gaeta aus Furcht vor dem Papst gerufen, an der Mündung des Garigliano fest, von einem mächtigen Kastell aus jahrzehntelang Kampanien, Tuszien, die Sabina bis in die Gegend Roms verheerend. Und wie schon Amalfi, doch viel kostspieliger noch, bestach Johann jetzt das durch seine Lage wie Flotte wichtige Gaeta, indem er ihm zur Erweiterung seines knappen Terrains 882 das küstennahe Hinterland mit Fondi und Traetto (heute Minturno) gab.

Selbst die größten Klöster Süditaliens, wie S. Vincenzo am Volturno und Monte Cassino, legten die Sarazenen 881 und 883 in Schutt und Asche; dagegen nicht, wie oft behauptet, das kaiserliche Farfa im Sabinischen, neben dem lombardischen Nonantula damals Italiens schönstes Kloster und reich wie ein Fürstentum. Sieben Jahre lang verteidigte es Abt Petrus, brachte seine Schätze in Sicherheit und verließ die Abtei. Während die Araber das Monasterium wegen seiner Schönheit schonten, brannten es christliche Räuber der Gegend ab, worauf es dreißig Jahre verwüstet lag. «So war die Furcht katholischer Fürsten vor den irdischen Entwürfen eines Papstes eine der wesentlichsten Ursachen, welche die Sarazenen in Unteritalien sich befestigen ließ» (Gregorovius). Oder wie Johannes Haller resümiert: «Die Politik des Papstes in Unteritalien war von vollständigem Mißerfolg gekrönt»; «die Welt hatte begriffen, daß es bei dem, was er gleich seinen Vorgängern erstrebte und forderte, um weltliche Rechte und irdische Herrschaft, nicht um Glauben und Kirche ging, und für diesen Kampf als ewigen Lehnssold das Paradies zu verheißen, hätte er nicht denken dürfen.»[27]

Wie Johann VIII. nach außen seine Machtkämpfe führte, so auch nach innen, und zwar ebenso gegen einflußreiche Kleriker wie Adelsgeschlechter.

JOHANNEISCHE SPIESSGESELLEN UND ERSTER PAPSTMORD

Besonders beargwöhnt, wohl auch gefürchtet, hat Johann den Bischof Formosus von Porta (864–876). Dieser war bereits unter früheren Päpsten hervorgetreten. Unter Nikolaus I. als Bulgarenmissionar und Begründer der bulgarischen Kirche, wobei allerdings seine Erhebung zu ihrem Erzbischof gescheitert ist; unter Hadrian II. als Legat in Konstantinopel sowie in anderen Missionen. Johann aber exkommunizierte den Bischof am 19. April 876 wegen angeblicher Konspirationen gegen Kaiser und Papst, ein sogar mehrfach erneuertes Urteil. Er entsetzte ihn auch seines Bistums und jedes geistlichen Grades. Vielleicht war Formosus ein Konkurrent bei Johanns Erhebung, war er selbst scharf auf die päpstliche Würde – und er bekam sie ja noch (S. 326).

Als Formosus sich seiner Verurteilung durch Flucht ins westfränkische Reich entzog, verließen auch andere Persönlichkeiten Rom; Leute, die, betraut mit den wichtigsten Ämtern des Hofes, jahrelang in Johanns nächster Umgebung weilten und da durch Unterschlagungen, Frauenaffären, Raub und Mord sozusagen Figur gemacht.

Der Schatzmeister des Papstes, vielleicht auch Herr der gesamten Verwaltung, ein gewisser Georgius vom Aventin, hatte wegen Weibergeschichten den eigenen Bruder umgebracht, sich durch die Hochzeit mit einer Nichte Papst Benedikts III. finanziell saniert, darauf, fast öffentlich, seine Frau ermordet, um nun, durch Bestechung des Richters ungestraft, Konstantina zu heiraten, die ihn freilich selber sitzen ließ, überhaupt ebenso locker mit Männern umging wie mit Geld. Schließlich war sie die Tochter des päpstlichen Zeremonienmeisters Gregor, der sich seinerseits schon unter Hadrian II. angeblich durch Betrug und Räubereien enorm bereichert hatte und als Apokrisiar den Papst vertrat. Auch der Milizführer Sergius gehörte zu diesem illustren Kreis. Aus pekuniären Gründen ehelichte er eine Nichte Nikolaus' I., verstieß sie jedoch wieder, um mit seiner fränkischen Konkubine Walwisindula zusammenzuleben.[28]

All diese sowie weitere ehrenwerte christkatholische Herren wurden nun unter Johann VIII. des Einverständnisses mit den Arabern bezichtigt, mit anderen Papstfeinden, dem Herzog von Spoleto und Camerino, mit Adalbert von Tuszien. Und als das Gerücht von ihrer bevorstehenden Liquidierung oder Verstümmelung umging, flohen sie in einer Frühjahrsnacht des Jahres 876 mittels eines Nachschlüssels durch die Porta S. Pancrazio aus der Ewigen Stadt. Dabei hatten Georg und Gregor erst noch den Lateran nebst sonstigen Gotteshäusern beraubt und den Kirchenschatz mitgehen lassen. Johann exkommunizierte sie und den angeblich nach der Papstwürde begierigen Formosus, der übrigens gleichfalls mit Hilfe von Geldern aus Kirchen und Klöstern seines Bistums seine Flucht bestritten haben soll.

Auf der Synode von Troyes (S. 251 f.) anno 878 wandten sich dann die Bischöfe in Anwesenheit des Papstes («unsere Tränen mit den Euren vereinigend») wiederum gegen all diese «boshaften Menschen und Teufelsdiener» und erklärten in einem pompösen Wortschwall noch einmal deren «Vernichtung mit dem Schwerte des heiligen Geistes», brachten noch einmal «mit Herz und Mund, mit unserem einhelligen Willen und mit der Autorität des heiligen Geistes» die Verdammung jener «zur Vollstreckung», indem sie «alle, welche Ihr, wie gesagt, exkommuniziert habt, für exkommuniziert, die Ihr aus der Kirche verstoßen habt, für verstoßen, die Ihr verflucht habt, für verflucht» erklärten. Und nachdem sie ihrem «heiligsten und ehrwürdigsten Herrn und Vater der Väter Johannes» derart beigesprungen waren, erheischten sie unmittelbar darauf seine Hilfe «gegen die Räuber unserer Kirchen», «wider die nichtswürdigen Räuber und Verwüster der kirchlichen Besitzungen und Güter, sowie gegen die Verächter des heiligen bischöflichen Amtes...»

Vier Jahre später war allerdings der Römer selbst an der Reihe. In einer Palastrevolte am 16. Dezember 882 hat ihn ein frommer Verwandter, der selber Papst und reich werden wollte, vergiftet und dann, weil das Gift nicht schnell genug wirkte, wie die Annales Fuldenses kurz doch eindringlich schildern, ihn «so lange mit einem Hammer geschlagen, bis dieser im Gehirn stecken blieb» (malleolo, dum usque in cerebro constabat, percussus est, expiravit) – der erste Papstmord. Und ein Beispiel, das Schule machte (S. 477).[29]

Während so die Christen übereinander herfielen, nicht nur im engeren Umkreis der Päpste, nicht nur in Italien, während ihre Großen sich gegenseitig erpreßten, während sie raubten, töteten, brandeten im Süden die Sarazenen, im Norden weiter die Normannen an. Ja, die Normannennot war wieder schlimmer geworden. Sogar Frankenkönig Karlmann fragt im Jahr 884: «Soll man sich wundern, daß die Heiden und fremden Völker Herr über uns werden und unseren zeitlichen Besitz wegnehmen, wo doch jeder von uns mit Gewalt seinem Nächsten das Lebensnotwendige entreißt? Wie sollen wir mit Zuversicht gegen unsere und der Kirche Feinde kämpfen, da wir doch in unserem eigenen Haus das den Armen geraubte Gut aufbewahren [Jes. 33,1] und da wir doch ins Feld ziehen, den Bauch vollgeschlagen mit Geraubtem?»[30]

5. KAPITEL

NORMANNENNOT UND KAISER KARL III. DER DICKE

«Karl aber, der den Kaisertitel führte, zog mit einem großen
Heere gegen die Normannen und gelangte bis vor ihre Befestigung; da aber sank ihm das Herz und durch Vermittelung
mehrerer erreichte er durch Vertrag, daß sich Gotfrid mit
den Seinigen taufen ließ und Friesland, sowie die anderen
Güter, welche Rorich besessen hatte, wieder zu Lehen nahm.»
Annales Bertiniani

«Als der Kaiser ihrer listigen Kunstgriffe und des Zusammen-
spiels ihrer Umtriebe inne wurde, verhandelt er mit Heinrich,
einem sehr klugen Manne, in der geheimen Absicht, durch
eine List den Feind, den er in das äußerste Ende des Reiches
eingelassen hatte, aus dem Wege zu räumen; ... beschloß er
es mehr mit einem Kunstgriff als mit Gewalt zu versuchen.
Die Gesandten fertigte er demnach mit unklarem Bescheid
ab und ließ sie zu Godefrid zurückkehren unter der Versicherung, er würde durch seine Boten auf alle Gegenstände ihrer
Sendung eine Antwort erteilen, wie sie sowohl ihm als
Godefrid geziemte, nur damit er weiterhin in der Treue ver-
harre. Hierauf schickte er Heinrich zu jenem Mann und mit
ihm, um den Betrug, der im Werke war, zu verbergen,
Willibert, den ehrwürdigen Bischof von Köln ... Und in der
Tat Godefrid stirbt, nachdem ihm zuerst Everhard den Hieb
versetzt, dann Heinrichs Begleiter ihn durchbohrt hatten,
und alle Normannen, welche sich auf der Betuwe vorfanden,
werden niedergemetzelt. Nur wenige Tage später wird Hugo
auf den Rat des nämlichen Heinrich durch Versprechungen
nach Gondreville gelockt und hinterlistig gefangen genommen,
auf Befehl des Kaisers werden ihm von demselben Heinrich
die Augen ausgestochen ... Hiernach wird er nach Alamannien
in das Kloster des heiligen Gallus geschickt ... schließlich
wurde er zur Zeit des Königs Zwentibolch im Kloster Prüm
von meiner Hand geschoren.» Abt Regino von Prüm

TÖTEN «MIT GOTTES HILFE»
UND BESIEGTWERDEN OHNE SIE

Fast zwei Jahrzehnte lang waren durch Tributzahlungen Karls des Kahlen die Attacken der Invasoren eingeschränkt worden. Seit 878/879 aber mehrten sich die Überfälle wieder. Zwar hatte gerade seinerzeit der englische König Alfred «der Große», der die Kirche durch Schenkungen, Klostergründungen und jährlich nach Rom geschickte Gelder, den späteren «Peterspfennig», förderte, die ständigen Wikingerangriffe zumindest vorerst zum Stehen gebracht durch eine Heeresreform, Stützpunkte, Fluchtburgen, große Schiffe. Doch brandete gerade unter dem Druck der Angelsachsen eine neue Normannenwelle, das «Große Heer», von Britannien übers Meer und verwüstete «mit Feuer und Schwert, ohne Widerstand zu finden, die Stadt der Moriner, Thérouanne. Und als sie sahen, wie gut ihnen der Anfang geglückt war, verheerten sie umherziehend das ganze Land der Menapier mit Feuer und Schwert. Darauf drangen sie in die Schelde ein und richteten ganz Brabant durch Feuer und Schwert zugrunde.» Auch das reiche Kloster St. Omer wurde niedergebrannt. Zwar vertrieb sie der Ostfrankenkönig Ludwig III. der Jüngere, der Sieger von Andernach (S. 244 f.); ja, er tötete viele «mit Gottes Hilfe» (Annales Bertiniani), «durch Gottes Hand den größten Teil» (Reginonis chronica), «mehr als 5000» (Annales Fuldenses). Aber auch Hugo, ein außerehelicher Sohn des Königs, kam dabei um – sonst «hätte er über sie einen herrlichen Sieg davongetragen» (Annales Vedastini).

Doch viel zu selten wurden sie verjagt «und getötet», wie es in den Fuldaer Jahrbüchern so schön christlich heißt, «indem Gott ihnen vergalt, was sie verdient hatten». Vielmehr vernichteten Normannen am 2. Februar 880 bei Hamburg das Aufgebot unter dem Sachsenherzog Bruno völlig. Dabei fiel dieser, der Bruder der Königin, selbst, fielen der Bischof Theoderich von Minden, der Bischof Markward von Hildesheim sowie elf Grafen und 18 königliche Trabanten samt all ihren Leuten.[3]

Normannenhaufen, die Ende des Jahres 880 brandschatzend rheinaufwärts bis in die Gegend von Xanten drangen, äscherten zuletzt auch die prachtvolle, von Karl «dem Großen» errichtete Pfalz in Nimwegen ein. Am 28. Dezember verbrannten die Nordleute das Kloster St. Vaast in Arras, verbrannten die Stadt und alle Höfe in der Gegend, töteten, vertrieben, durchzogen das Land bis zur Somme, schleppten Menschen, Vieh und Pferde fort, zerstörten Cambrai, verheerten alle Klöster am Hißcar, alle Klöster und Orte am Meer, suchten Amiens heim, Corbie, erschienen wieder in Arras «und töteten alle, die sie fanden; und nachdem sie das ganze Land im Umkreis mit Feuer und Schwert verwüstet hatten, kehrten sie unversehrt nach ihrem Lager zurück» (Annales Vedastini).[4]

Am 3. August 881 besiegte allerdings der junge Westfranke Ludwig III. (der ältere Sohn des Stammlers aus dessen erster Ehe mit Ansgard) bei Saucourt-en-Vimeu (nahe Abbeville) an der Sommemündung die Räuber – und ein althochdeutsches Preislied, das «Ludwigslied», machte ihn «unsterblich». In rheinfränkischer Mundart verfaßt, ist es die erste freie deutsche Reimdichtung, das älteste erhaltene historische Lied unserer Literatur überhaupt.

Freilich verwischt der unbekannte, vermutlich geistliche Federheld die Geschichte, «überhöht» er alles christlich. Dort fechten «heidine man», da «godes holdon», die Franken, des Herren auserwählte Streiter. Mit «Kyrieleison» preschen sie ins Treffen, Ludwig selbst als Beauftragter des Allerhöchsten, voll von «godes kraft» und edler Feindesliebe selbstverständlich und Barmherzigkeit. «Suman thuruhskluog her, Suman thruhstah her.» (Einige schlug er mitten entzwei, einige durchstach er.) Ja, wer Gott vertraut, brav um sich haut... Angeblich soll er «9000 Reiter getötet haben» (Annales Fuldenses). «Uuolar abur Hluduîg, Kuning unsêr sâlîg!» (Heil dir, Ludwig, unserm gesegneten König!) Heil!⁵

Doch dafür traten jetzt «die Heidenleute» unter ihren Fürsten Gottfried und Siegfried an. Samt Flotte und mit einem durch Kavallerie verstärkten Landheer drangen sie weit ins Ostfrankenreich vor, verwüsteten nicht nur Maastricht, Tongern, Lüttich, äscherten auch Köln und Bonn «mit Kirchen und Gebäuden» ein (Annales Fuldenses) sowie die Festungen Zülpich, Jülich, Neuss. In Aachen machten sie die Marienkirche, die Grabstätte Karls «des Großen», zu einem Pferdestall und zündeten die prachtvolle Pfalz an. Sie steckten aber auch die Klöster Inden (Cornelimünster), Stablo, Malmedy, Prüm in Brand. Die sich erhebende Landbevölkerung mähten sie «wie dummes Vieh» nieder (Regino von Prüm), die Flüchtlingströme ergossen sich bis Mainz.

FÜRSTENSTERBEN IN OST- UND WESTFRANKEN

Vom nahen Frankfurt schickte der todkranke König Ludwig III., der Sieger von Andernach, ein Heer gegen die Eindringlinge. Doch als er am 20. Januar 882 «für die Kirche und das Reich» starb, wie es heißt, «nach einem Leben ohne Gewinn für sich» (Annales Bertiniani), kehrten seine Truppen, bereits vor dem befestigten Standlager in Elsloo stehend, wieder um, verfolgt von den Normannen, die Ludwigs Tod bejubelten, sengend und brennend bis Koblenz vorstießen und dann sich moselaufwärts wandten. Am 5. April, «am Tage des heiligsten Abendmahles des Herrn», überfielen sie Trier, das sie plünderten und «gänzlich verbrannten, nachdem sie die Einwohner teils verjagt teils getötet hatten» (Annales Fuldenses). Als sie gegen Metz zogen, fiel Ortsbischof Wala «in der Schlacht» (Regino von Prüm).

Im Westen war seinerzeit Ludwig III., der Sieger von Saucourt, bereits unterwegs, um weitere Feindesscharen im Loiregebiet zu stoppen, starb jedoch am 5. August 882, erst etwa zwanzig Jahre alt (weil er, verraten die Annales Vedastini, angeblich «im Scherz», iocando, zu Pferd hinter einem Mädchen her, zu heftig gegen den Türsturz ihres Vaterhauses prallte). Zwar setzte sein Bruder Karlmann den Kampf fort, mit wechselndem Erfolg und einer enormen Zahlung von 12 000 Pfund Silber, erlag indes, erst 18jährig, im Dezember 884 einem Jagdunfall im Wald von Bézu (bei Andelys) – nicht durch einen Eber, wie man zunächst hörte, sondern, versichern die Annalisten, «unfreiwillig», durch einen Weidgenossen, einen seiner Dienstmannen, «der ihm helfen wollte». Beide Könige wurden in St. Denis bestattet. Zwar hatte Ludwig II. der Stammler, von seiner zweiten Frau Adelheid noch einen Sohn. Da dieser aber, der nachmalige Karl III. der Einfältige, noch ein fünfjähriges Kind war, erhofften sich die Großen des Landes nun Hilfe von Karl III. dem Dicken und luden ihn nach Westfranken ein.[6]

Karl der Dicke, dem alles zufällt und alles misslingt

Der jüngste Sohn Ludwigs des Deutschen, Karl III. (839–888), der den Beinamen «der Dicke» (Crassus) erst im 12. Jahrhundert von Historikern bekam, die damit wohl seine spärliche Energie ausdrücken wollten, war der Erbe des kleinsten Reichsteiles – Alemannien und Elsaß – und zunächst ungewöhnlich erfolgreich. Doch hatte er einfach Glück. Ohne Ehrgeiz, Tatendrang, ohne Machtgier fiel ihm alles zu wie von selbst: 880 Italien, 881 die Kaiserkrone, dann das gesamte Ostfranken.

Seit 876 zunächst nur über das kleine schwäbische Teilreich gesetzt, regierte er nach dem Tod seiner Brüder, des kranken Bayernkönigs Karlmann, der 879 in seiner letzten Urkunde zugunsten Karls verzichtet hatte, und König Ludwigs III. des Jüngeren, der am 20. Januar 882 in Frankfurt am Main ohne Erben starb, auch über deren regna. Und nach dem Tod der beiden westfränkischen Könige, Ludwigs III., des Siegers von Saucourt, am 5. August 882, und seines Bruders Karlmann im Dezember 884 – jener Herr über den Norden, dieser über den Süden des Westreiches –, wurde Karl III. auch dort als Kaiser anerkannt. 885 unterwarfen sich ihm in der Pfalz zu Ponthion alle weltlichen und geistlichen Großen, womit das Frankenreich in seinem ganzen Umfang wieder erstanden war.[7]

Karl der Dicke bekriegte nun allerdings nicht, wie vom Papst erwartet, die Sarazenen, sondern die Normannen, wozu man ihn nördlich der Alpen auch ständig aufgefordert hatte. Und natürlich kämpfte er auf seine Weise; ließ er sich, aus Italien zurück, erst in Bayern, dann in Worms huldigen, ehe er im Juli 882 mit einem gewaltigen Heer, darunter sogar langobardische Truppen, das Normannenlager in Asselt (Elsloo) am Unterlauf der Maas einschloß. Doch selbst als ihm ein glücklicher Zufall zu Hilfe kam, als ein entsetzliches Gewitter eine Bresche in die ummauerte Verschanzung brach, blies er nicht zum Sturm, sondern begann nach 12 Tagen mit den Normannen zu verhandeln und erkaufte durch große Zugeständnisse ihren Abzug.

Für einen Lehenseid und das Versprechen ihres Führers Gottfried, Christ zu werden, trat ihm Karl die Provinz Friesland ab. Gottfried, wohl mit dem dänischen Königsgeschlecht verwandt und auch in den Quellen oft König genannt, wurde vom Kaiser persönlich «aus dem heiligen Quell gehoben» und durfte Gisla heiraten, Lothars II. und der Waldrada illegitime Tochter. Der Versuch freilich, den Fürsten in die Karolingerdynastie zu integrieren, scheiterte blutig (S. 283 f.). Und König Siegfried samt den übrigen Normannen, berichtet Abt Regino wieder, bekam «eine unermeßliche Menge Gold und Silber» – «mehrere tausend Pfund Silber und Gold», meldeten die «Annales Bertiniani» und bekennen, daß sie der fromme Kaiser «aus dem Schatz des hl. Stephanus zu Metz und von anderen Heiligen mitgenommen hatte, und ließ zu, daß sie wie seither blieben, um seinen und seines Vetters Reichsteil zu verwüsten».

Ganz offen wurde damals der Erzkanzler des Kaisers, Bischof Liutward von Vercelli, bezichtigt, vom Feind bestochen worden zu sein und zusammen mit einem Grafen Wikbert den Vergleich vermittelt zu haben. (887 verlor derselbe Kirchenfürst, wegen Ehebruchs mit der Kaiserin verklagt, seine Hofämter, worauf er zu Karls Gegner Arnulf von Kärnten überwechselte; 899 erschlugen ihn die Ungarn: S. 287 f.)[8]

Das Normannenelend war mit all dem freilich nicht beendet, zum wenigsten im Westreich.

WENN CHRISTEN ERTRAGEN MÜSSEN, WAS SIE SONST ANDEREN ANTUN...

Wer die «Annales Vedastini» liest, die erst Mitte des 18. Jahrhunderts entdeckten Jahrbücher eines Mönchs aus dem Kloster St. Vaast bei Arras, wird stets von neuem, monoton, gewiß, grammatikalisch erbärmlich, mit dieser Misere konfrontiert. Immer ist da von «Verwüstung und Mordbrennerei» der heidnischen Räuber die Rede, von ihrem «Durst nach Menschenblut». Immer töten sie da Tag und Nacht «das Christenvolk», stecken sie «Klöster und Kirchen Gottes in Brand», setzen sie «in gewohnter Art ihre Raubzüge fort...»[9]

Alles Leid und Elend, das die Christen sonst in andere Länder trugen, Jahrhundert um Jahrhundert, erfuhren sie nun einmal selbst. Und natürlich nehmen ihre Klagen kein Ende. Überall Plünderung, Verheerung, Versklavung, Ausrottung. Überall eingeäscherte Klöster, Kirchen, Geiselmorde, flüchtende und massakrierte Menschen. So «im Jahre des Herrn 882»: «... und die Normannen... zerstörten Klöster und Kirchen bis auf den Grund, brachten die Diener des göttlichen Wortes durchs Schwert oder durch Hunger um oder verkauften sie übers Meer und töteten die Einwohner des Landes, ohne auf Widerstand zu stoßen». So «im Jahre des Herrn 884»: «Die Normannen aber hörten nicht auf... zu töten, die Kirchen zu zerstören, die Mauern niederzureißen und die Dörfer zu verbrennen. Auf allen Straßen lagen die Leichen von Geistlichen, von adligen und anderen Laien, von Weibern, Jugendlichen und Säuglingen.» Oder 885: «Darauf begannen die Normannen wieder zu wüten, dürstend nach Brand und Mord...»[10]

DE BELLIS PARISIACIS
ODER «NICHTS WAS KAISERLICHER MAJESTÄT
WÜRDIG GEWESEN WÄRE»

Im November 885 erschien das «Große Heer» der Invasoren vor Paris. Angeblich mit ungezählten kleinen und 700 größeren Schiffen sowie einer Streitmacht von 40 000 Mann waren sie die Seine aufwärts gezogen – möglicherweise ein Racheakt für die heimtückische Ermordung ihres Königs Gottfried im Mai desselben Jahres, wobei auch Hugo geblendet worden ist (S. 283 f.).

Zusammen mit dem Grafen Odo von Paris, dem nachmaligen König, führte zunächst Bischof Gauzlin (aus dem vornehmen Geschlecht der Rorgoniden, einst einer der engsten Vertrauten Karls des Kahlen und Erzkanzler, seit 884 Oberhirte von Paris) das Kommando über die eingeschlossene Stadt, deren berühmte Belagerung ein Augenzeuge, der Mönch Abbo, in seinem Epos «De bellis Parisiacis» besang. Als Bischof Gauzlin erkrankte und starb, leitete ein weiterer geistlicher Haudegen, der Abt Ebolus von St. Germain-des-Prés, die Verteidigung, die immer schwieriger wurde, zumal das einzige zum Entsatz geschickte ostfränkische Heer unter dem berüchtigten Grafen Heinrich (S. 282 ff.) unverrichteter Dinge wieder abzog. Dabei brandschatzten die Normannen längst das umliegende Land nach allen Regeln der «Kriegskunst» und schreckten auch bei ihren Stürmen auf die Stadt vor keiner Grausamkeit zurück. Sogar ihre Gefangenen sollen sie geschlachtet und mit deren Leichen die Wallgräben ausgefüllt haben. Jedenfalls wurden «auf beiden Seiten viele getötet, noch mehr durch Wunden kampfunfähig gemacht», setzten die Normannen «Tag für Tag die Bestürmung fort», bedrängten sie Paris «ohne Unterlaß mit dem verschiedensten Rüstzeug von

Waffen, Maschinen und Mauerbrechern. Aber indem sie alle mit großer Inbrunst zu Gott schrieen, wurden sie immer gerettet; und ungefähr acht Monate dauerte der Kampf in verschiedener Weise, ehe der Kaiser ihnen zu Hilfe kam» (Annales Vedastini).[11]

Doch keine Hilfe half so recht, weder die von diversen gräflichen noch kirchlichen Truppen – Walo von Metz, «der gegen die heilige Vorschrift und seine bischöfliche Würde zu den Waffen griff und in den Krieg zog», fiel «im Jahre des Herrn 882» auf der Flucht vor den Normannen. Immer wieder liest man, daß es gar keine Hilfe gab, keinen Widerstand (nemine sibi resistente), oder daß, schritt man schon militärisch ein, doch «nichts Glückliches oder Ersprießliches» herauskam (nil prospere vel utile) daß «nichts Denkwürdiges» (nihil dignum memoriae) vollbracht wurde; falls es nicht gleich hieß: «Und sie richteten dort nichts Ersprießliches aus, sondern kehrten mit großer Schande in ihre Heimat zurück». «Denn statt einen glücklichen Schlag auszuführen, retteten sie sich kaum in schimpflicher Flucht, wobei die meisten von ihnen gefangen genommen und getötet wurden» (Annales Vedastini).[12]

Auch der Kaiser enttäuschte allgemein.

Erst im Oktober traf er endlich ein und lagerte auf den Höhen des Montmartre. Das Heer war ungeheuer, doch der Befehlshaber Graf Heinrich, selbst ein versierter heimtückischer Mörder und Schinder (S. 283 f.), stürzte mit seinem Pferd in eine Fallgrube der Normannen und wurde, von den Seinen im Stich gelassen, darin erschlagen. Karl konnte sich zu nichts entschließen. Wochenlang blieb er untätig und «vollführte an diesem Orte nichts, was kaiserlicher Majestät würdig gewesen wäre». Als es gar hieß, ein Entsatzheer unter dem Normannenkönig Siegfried eile bereits auf der Seine heran, kaufte er Paris los und gab den Normannen die Gebiete jenseits der Seine «zur Plünderung» frei, «weil die Einwohner derselben ihm nicht gehorchen wollten» (Regino von Prüm).

Auch Burgund überließ Karl dem Landesfeind zur Brandschatzung, blieb aber vorerst noch im Westen. Doch König Siegfried drang bereits in die Oise ein und zog hinter Karl her, wobei er «alles mit Feuer und Schwert verwüstete. Als dies der Kaiser erfuhr – und das Feuer brachte ihm sichere Kunde, – kehrte er schleunig in sein Land zurück.» Darauf setzte Siegfried erst recht sein Zerstörungswerk fort. Und auch im folgenden Jahr, 887, machten die Normannen «nach ihrer gewohnten Art ihre Streifzüge bis zur Saone und zur Loire ... und machten durch Brennen und Morden das Land zur Wüste» (Annales Vedastini). König Siegfried aber wandte sich im Herbst nach Friesland, wo man ihn getötet hat.[13]

Die göttliche Vorsehung operiert meuchlings: Ende der Normannenherrschaft in Friesland

Zuweilen nämlich gab es Triumphe.

Zum Beispiel gegenüber Gottfried. Er war durch seinen Vergleich 882 mit Karl Christ, Ehemann von König Lothars II. (mit Waldrada gezeugter) Tochter Gisla, sowie Herr über das Gebiet etwa des heutigen Holland geworden. Als man ihn beschuldigte, mit seinem Schwager Hugo, König Lothars II. illegitimem Sohn, Gislas Bruder, sich wider das Reich verschworen zu haben, da «war Gott dagegen», «verlieh ihm der Herr den verdienten Lohn» (Annales Fuldenses).

Nicht offen operierte die göttliche Vorsehung.

Der Kaiser – Gottfrieds Taufpate – ließ ihn durch einen von dessen Anklägern, den ostfränkischen Grafen Heinrich, den Bruder Poppos (S. 354), ermorden. Heinrich, «ein sehr kluger Mann», der die Sache offenbar ausgeheckt, und Willibert, «der ehrwürdige Bischof von Köln» (Regino von Prüm), treffen den arglosen Gottfried «im Jahr der göttlichen Menschwerdung 885» auf der Insel Betuwe (zwischen Niederrhein und Waal). Am zweiten Tag der «Verhandlungen» ruft Bischof Willibert Gottfrieds Gemahlin Gisla von der Insel, um anderwärts «ihren Eifer für den Frieden rege zu machen», indes Heinrichs Begleiter, just während der anderwärtigen pazifistischen Bischofsbemühungen, den König heimlich abstechen. Nicht genug: auch «alle seine Begleiter», «alle Normannen, welche sich auf der Betuwe vorfanden, werden niedergemetzelt.»

Und nur wenige Tage darauf lockt man auch Hugo, «der sich unklug in des Kaisers Reich benahm» (Annales Fuldenses), auf den Rat desselben Heinrich nach Gondreville, an den kaiserlichen Hof, läßt ihm durch denselben edlen Grafen die Augen ausstechen und nimmt auch seinen sämtlichen Anhängern die Lehen. Später wird Hugo im Kloster Prüm, wo schon sein Großvater Kaiser Lothar I. als Mönch geendet (S. 140), durch Abt Regino, der all dies berichtet, eigenhändig geschoren und stirbt nach wenigen Jahren, während seine Schwester Gisla, Gottfrieds Witwe, ihr Leben im Nonnenkloster Nivelles bei Namur beschließt.[14]

Ein frommes Geschlecht.

Das Normannenregiment in Friesland ging seinerzeit zu Ende. Bei Norden wurden sie im Kampf mit den Friesen überwunden «und sehr viele von ihnen getötet». Und im Todesjahr Gottfrieds berichten wieder die Fuldaer Jahrbücher: «Endlich wüteten die Christen gegen sie mit solchem Blutbad, daß wenige von einer so großen Menge übrig blieben. Dann erstürmten dieselben Friesen ihre Schiffe und fanden soviel Schätze an Gold und Silber nebst mannigfachem Gerät, daß alle vom Niedrigsten bis zum Größten reich wurden.» Der alte Traum der Menschen, auch der Christen: Schätze aus Silber und Gold! Als ginge nicht eher ein Kamel durch ein Nadelöhr... Doch wie auch immer: «Die Normannenherrschaft in Friesland endete, ohne faßbare Spuren zu hinterlassen» (Blok).[15]

Nun waren die «Männer des Nordwinds» im Frühmittelalter aber in viele Länder gekommen, auch nach Island und Grönland, nach Spanien, Marokko, Rußland, Byzanz, und weithin hat sie die Kirche bekämpft, unblutig und blutig, durch Annalisten, Autoren, Bischöfe und Päpste. Als die Normannen jedoch, im 11., im 12. Jahrhundert, die besten Reiterheere Europas stellten, die mutigsten Ritter, die modernsten Festungsbauer (sie entwickelten seit Mitte des 11. Jahrhunderts die Burg mit Wall und Graben), als sie in Sizilien auch eine starke Kriegsflotte, in Georg von Antiochia einen der fähigsten Admirale des Mittelalters hatten und militärisch die Führung übernahmen, ging das Papsttum zu ihnen über und sie spielten nicht nur in den Kreuzzügen eine große Rolle. Als «ein kriegsgewohntes Volk», wie William von Malmesbury meinte, das «kaum ohne Krieg leben» könne, waren sie den Stellvertretern Christi gerade recht.[16]

Unter Karl III. dem Dicken aber verargte man dem Herrscher seinen geringen Kampfgeist nicht nur ihnen gegenüber. Zunehmende Unsicherheit im Innern, alltägliche Wegelagerei, notorischer Raub, jahrlange Sippenfehden, auch und gerade jetzt im ostfränkischen Reich, all dies stärkte nicht das kaiserliche Prestige.

INNENPOLITISCHES – BIS ZUM ABSCHNEIDEN DER GESCHLECHTSTEILE, «DASS AUCH KEINE SPUR DAVON BLIEB...»

So brach 882 eine blutige Fehde zwischen Sachsen und Thüringern aus, zwischen Poppo, dem Grafen der Sorbenmark, und dem fränkischen Grafen Egino, wobei wir den Kriegsgrund nicht erfahren, sondern nur, daß «Poppo mit den Thüringern unter schweren Verlusten unterlag». Auch im nächsten Jahr meldet dieselbe Quelle bloß lakonisch «einen grausamen Krieg», den Poppo wieder verlor, «wie schon vorher gewöhnlich». Er entfloh «kaum mit wenigen Männern, während alle übrigen fielen». Andererseits war er gegen die Slawen anno 880, gegen Daleminzier, Böhmen, Sorben «und die übrigen Nachbarn ringsum», sehr erfolgreich – «im Vertrauen auf Gottes Hilfe schlug er sie so, daß von dieser großen Menge keiner übrig blieb» (Annales Fuldenses). Er selbst verlor 892 sein Leben.[17]

In der Ostmark wütete seinerzeit Graf Aribo in einem zweieinhalbjährigen Gemetzel gegen die Nachkommen seiner Amtsvorgänger, die Söhne der 871 im Kampf wider die Mährer gefallenen Markgrafen Wilhelm und Engilschalk, wobei sich der «marchio» sogar mit dem Mährerherzog Swatopluk verband, dem Vasall des Reiches, der ihn mehrfach militärisch unterstützte. Und nach Aribos Vertreibung 882 durch die Markgrafensöhne überfiel Swatopluk wiederholt die Ostmark und tötete «unmenschlich und blutgierig wie ein Wolf». Pannonien wurde 884 bis an die Raab geplündert, der größte Teil des Landes «verwüstet, zerstört und vernichtet mit Feuer und Schwert». Ja, der Mährer brach im selben Jahr hier noch ein zweitesmal ein, «um, wenn vorher etwas übrig geblieben war, es jetzt wie im Wolfsrachen vollends zu verschlingen». Auch sämtliche Besitzungen der Markgrafensöhne wurden niedergebrannt. Die zwei ältesten von ihnen, Megingoz und Poppo, ertranken auf der Flucht in der Raab. Werinhar aber, einen der Söhne Engilschalks, und seinen Verwandten, den Grafen Wezzilo, verstümmelte man, schnitt ihnen die rechte Hand, die Zunge ab sowie «die Scham- oder Geschlechtsteile, daß auch keine Spur davon blieb. Auch einige von ihren Leuten kamen ohne Rechte und Linke zurück». «Knechte und Mägde mit ihren Kindern sind umgebracht... Dies alles geschieht ohne Zweifel durch das Erbarmen oder den Zorn Gottes» (Annales Fuldenses). Und geschah ohne jedes Sühneverlangen des Kaisers. Ihm genügte die Huldigung des Mährers und sein Schwur, «solange Karl lebe, niemals das Reich mit einem feindlichen Heer zu überziehen».

Inzwischen war der Stern des Monarchen immer tiefer gesunken, sein übergroßes Glück zu Beginn seiner Laufbahn mehr und mehr ins Gegenteil verkehrt. Zwar hatte sich nach dem Tod König Bosos von Vienne am 11. Januar 887 auch die Provence als letztes noch außerhalb des Reiches stehendes Land im Frühjahr 887 in Kirchen der Lehenshoheit des Kaisers wieder förmlich unterstellt, wofür er Bosos unmündigen Sohn Ludwig (von der Tochter König Ludwigs von Italien) adoptierte. Doch fiel dies wenig ins Gewicht angesichts seines Verhaltens gegenüber den Normannen, seinem ihm allgemein verübelten Rückzug von Paris, seiner Preisgabe von Burgund sowie anderweitig geduldeter fortdauernder Verheerungen durch die Freibeuter, nicht zuletzt auch gegenüber skandalöser

Vorgänge in seiner nächsten Umgebung, vor allem dem Fall seines Erzkanzlers Liutward (gest. 899).[18]

BISCHOF LIUTWARD VON VERCELLI – GEFEIERT UND GEFEUERT

Dieser Mann, ein Schwabe aus, so unterstellen feindliche Quellen, ganz niedrigem Geschlecht, war Mönch auf der Reichenau (einem Kloster, das im Lauf des 10. Jahrhunderts nur noch Adlige aufnahm) und Karls Kanzler schon in dessen schwäbischer Königszeit. Der Aufsteiger nützte die Karriere seines hohen Gönners, wurde 879/880 Bischof von Vercelli, wurde Karls Erzkanzler und Erzkaplan, sein einflußreichster Berater und zuletzt «mehr als der Kaiser von allen geehrt und gefürchtet» (Annales Fuldenses). Der klerikale Emporkömmling verfügte schließlich über einen kaum vorstellbaren Reichtum und sorgte rührend für seine Verwandten: ein Bruder Chadolt wurde 882 Bischof von Novara, ein Neffe mit dem gleichen Namen Liutward etwas später Bischof von Como.

Infolge seiner fortschreitenden Erbkrankheit überließ der Kaiser das Regieren immer mehr Liutward. Er hielt schließlich die meisten Fäden in der Hand, führte sämtliche wichtigen Delegationen an, regelte insbesondere seit je alle Verhandlungen mit dem Papst, kurz, der Bischof stand als «der allmächtige Minister neben dem schwachen Herrscher», war «geradezu der Leiter der Politik Karls III.» (Schur), «die Schlüsselfigur ... seiner Herrschaft» (Fleckenstein).

Allmählich aber zog Bischof Liutward immer mehr den Zorn weiter Kreise auf sich. Nicht nur weil er jeden von des Kaisers Seite zu verdrängen suchte, nicht nur durch sein Nachgeben gegenüber den Normannen in Elsloo, wo er von ihnen bestochen worden sein soll, auch durch seine Habgier, seinen Nepotismus, überhaupt seine infame Sippenpolitik, wobei er Mädchen der vornehmsten Familien aus Schwaben wie aus Italien rauben ließ, um sie Verwandten als Frauen zuzuführen. Er befahl sogar einen Einbruch in das Nonnenkloster S. Salvatore in Brescia, um für einen Neffen eine Tochter des Markgrafen Unruoch von Friaul herauszuholen, mütterlicherseits eine Enkelin Ludwigs des Frommen – eine glänzende Partie. «Aber die Nonnen dieses Ortes wandten sich dem Gebet zu und baten den Herrn, die dem heiligen Ort zugefügte Schmach zu rächen; ihre Bitte wurde sofort erhört. Denn der, welcher mit dem Mädchen die Ehe in üblicher Weise vollziehen wollte, starb in derselben Nacht und das Mädchen blieb unberührt (intacta). Dies wurde einer Nonne aus dem obengenannten Kloster ... geoffenbart» (Annales Fuldenses).[19]

Dem Onkel der Geraubten, dem Markgrafen Berengar von Friaul, schien der jähe Tod des Bischofsneffen in der Brautnacht noch zu wenig. Er eilte nach Vercelli, «und dort angekommen, raubte er so viel von des Bischofs Sachen wie er wünschte». Nicht genug, man beschuldigte Liutward noch der «Ketzerei», nämlich «unsern Erlöser zu verkleinern, indem er behauptete, daß jener Eins sei durch die Einheit der Substanz, nicht der Person» (Annales Fuldenses). Man bezichtigte ihn auch des Ehebruchs, gar mit der Kaiserin persönlich – alles ganz öffentlich vorgebracht im Sommer 887 auf dem Reichstag in Kirchen (bei Lörrach).

Karl der Dicke aber war nicht nur von Natur bequem, ehrgeizlos, er war auch krank, körperlich, vielleicht geistig. Er hatte sich im Frühjahr in der Pfalz Bodmann, dem von ihm bevorzugten Bodenseeraum, wie der Annalist mitteilt, «vor Schmerz einen Kopfeinschnitt» (incisionem) machen lassen – eine falsche Übersetzung, meint man inzwischen, keine Trepanation, weniger dramatisch.

Gleichwohl, der Kaiser war fast regierungsunfähig (freilich das Schicksal vieler Regierenden). Und in dieser fatalen Situation gab er auch noch seinen ersten Mann der allgemeinen Wut und Enttäuschung preis. Ohne jede Unterredung mit Liutward entzog er ihm viele Lehen «und trieb ihn als allen verhaßten Ketzer mit Schande aus dem Palast. Doch jener begab sich nach Baiern zu Arnulf und sann mit diesem darauf, wie er dem Kaiser die Herrschaft raube...»[20]

25 Jahre Josephsehe – Feuerprobe bestanden

Wie seinen ersten Mann (oder ihren zweiten?) wollte das hohe Paar aber auch den Ehebruch nicht auf sich sitzen lassen. Karl brachte darum schon nach wenigen Tagen seine Gattin Richardis «wegen derselben Sache vor die Reichsversammlung, und», schreibt entzückt Abt Regino, «es klingt wunderbar, sie bekennt öffentlich, daß er sich niemals in fleischlicher Umarmung mit ihr vermischt habe, obgleich sie mehr als zehn Jahre durch eine gesetzmäßig geschlossene Ehe sich in seiner Gemeinschaft befunden».

Mehr als zehn Jahre? 25 Jahre. Denn bereits 862 hatte der dicke Karl die Tochter des elsässischen und breisgauischen Grafen Erchanger geheiratet. Ein Vierteljahrhundert Josefsehe. Nein, viel schöner, reiner noch: «Sie behauptet sogar, daß sie nicht bloß von seiner, sondern überhaupt von aller männlichen Beiwohnung (omni virili commixtione) frei geblieben sei, sie rühmt die Unversehrtheit ihres Magdtums und erbietet sich zuversichtlich, sie wolle dies, wenn es ihrem Gatten beliebe, durch das Urteil des allmächtigen Gottes erweisen, entweder durch einen Einzelkampf oder durch die Probe der glühenden Pflugscharen; sie war nämlich eine gottergebene Frau.» Deshalb zog sich Kaiserin Richardis auch nach der Scheidung in das Kloster Andlau im Elsaß zurück, das sie auf ihren Besitzungen erbaut hatte, um auch nicht mehr zum Schein irgendwelchen Männern, sondern, sagt Abt Regino, «um Gott zu dienen».[21]

Der Kaiser verzichtete generös auf einen Nachweis ihres unversehrten Magdtums durch gerichtlichen Zweikampf wie durch glühende Pflugscharen.

Die kirchliche Propaganda aber nahm sich des wunderbaren Keuschheitsfalles an, ließ, phantastisch ausgeschmückt, die verleumdete Kaiserin die Feuersglut glorios bestehen – noch das «Martyrologium Germaniens» (mit Imprimatur vom 6. Mai 1939) hält an solch «bestandener Feuerprobe» fest. Auch präsentiert man jahrhundertelang (im Kloster Etival) ein Wachshemd, das, auf den nackten Leib der Geprüften an allen vier Enden entzündet, weder den jungfräulichen Körper der Majestät versehrte noch selbst versehrt worden ist. Und während der Verleumder die schmutzige Lüge am Galgen büßt, verteilt die arme Richardis (die so ganz arm nicht war; schon Ende der 70er Jahre hatte sie eine Reihe von Frauenklöstern übertragen bekommen) «alles, was sie noch hatte, an die Armen und Klöster».

Und auch sie geht ins Kloster, nur noch ihrem Seelenheil lebend, der Demut, dem Gebet; weshalb denn auch Gott ihr Grab durch Wunder verherrlicht und schließlich 1049 der hl. Papst Leo IX. ihren hl. Leib erhebt, was «einer Heiligsprechung gleich» kam, schreibt der Kapuzinerordenspriester P. Wilhelm Auer von Reisbach «Mit Approbation des Hochwürdigsten Bischöflichen Ordinariates Augsburg und mit Erlaubnis der Obern» bereits im 154. bis 160. Tausend seiner «Heiligen-Legende». Und mutet uns gleich darauf das «Kirchengebet» zu: «O Gott, der du deine hl. Jungfrau Richardis von den Verleumdungen der Menschen befreit und mit der ewigen Herrlichkeit gekrönt hast: wir bitten dich, verleihe uns, daß wir nach ihrem Beispiele und durch ihre Fürbitte so den Nächsten in Wort und Tat lieben, damit wir die Belohnungen der ewigen Liebe erlangen. Amen.»

Gut gesagt, beiläufig: nach ihrem Beispiele so den Nächsten in Wort und Tat lieben ... An den armen Karl den Dicken darf man dabei nicht denken. Und nach 25jähriger Josefsehe mit einer Heiligen – wo bleibt die Parität! – wird er nicht mal selig! Freilich, so Kapuzinerordenspriester Wilhelm Auer von Reisbach: «Er war im Geiste immer schwächer ... geworden und verstieß nun die edle Frau, wiewohl sie sich zu allen Proben ihrer Unschuld und Reinheit bereit erklärte.»[22]

Mit einem wie Karl dem Dicken, der bei jeder Schandtat gleich die Nerven verliert, wissen Pfaffen eben wenig anzufangen. Und Historiker nicht viel mehr. Beide verhimmeln Herren ganz andren Schlages, Männer mit Schlag vor allem, ja, mit Durchschlagskraft, Typen etwa vom Verbrecherformat Karls I. «des Großen», Staatsbanditen, Völkerfresser, Menschheitsgeißeln, große Führer, die Hunderttausende von Quadratkilometern zusammenrauben und dabei über Leichen gehn wie über Dreck,

Kannibalen von Säkularstatur, welthistorische Terroristen. Karolingische Universalpolitik nennt man das, während Karl III. der Dicke doch immer «wieder versagt» (Handbuch der Europäischen Geschichte), und Historiker in aller Regel nichts so verabscheuen wie Schwäche, Erfolglosigkeit, nichts so lieben wie Stärke, Erfolg, egal um welchen Preis. Im Gegenteil: je höher der Preis, desto höher ihr Preisen.[23]

ARNULFS «STAATSSTREICH» UND KARLS SCHNELLES LEBENSENDE

Liutward von Vercelli wurde im Juni 887 durch seinen Gegenspieler, den Erzbischof Liutbert von Mainz (863–889), abgelöst, einen wackeren Normannenschlächter, der mal «nicht wenige», mal «sehr viele» niederstreckt (Annales Fuldenses) – den dieselbe katholische Quelle aber auch gar «geduldig, demütig und gütig» nennt, was christlich gesehen ja auch schönstens harmoniert. Liutward, einst schon Erzkaplan Ludwigs des Deutschen und Ludwigs des Jüngeren, ging nach seinem Sturz als Erzkanzler zu Herzog Arnulf von Kärnten über. Und Erzbischof Liutbert von Mainz, der noch 887 zum wichtigsten Berater des Kaisers wurde, tat alsbald dasselbe. Sein Parteiwechsel auf der Reichsversammlung in Tribur, die Arnulfs Königtum gleichsam begründete, entschied Karls Absetzung mit, aber der Erzbischof mußte eben «seine angeschlagene Position ... verbessern» (W. Hartmann). Und hätte er sich nicht auch beim neuen Herrn wieder ganz nach vorn gespielt, wäre er nicht schon im Februar 889 gestorben?

Arnulfs Empörung, sein «Staatsstreich» begann, als er die Bayern zum Abfall brachte und schon bald mit ihnen und seinen karantanischen Truppen nach Frankfurt zog, wo ihn die Ostfranken, vor allem auch die Konradiner, im November 887 zum König erhoben. Karl wich vor dem Anrückenden nach Tribur aus. Doch sein Versuch, auf dem Reichstag gegen Arnulf eine Streitmacht zu rekrutieren, scheiterte kläglich. Eine einflußreiche

Adelsverschwörung griff um sich und zwang ihn zur Abdankung. Selbst seine Alemannen ließen ihn sämtlich im Stich. Der Hof löste sich auf, auch seine Diener liefen davon. Man geht «um die Wette» zu Arnulf über, schreibt Abt Regino, «so daß nach drei Tagen kaum jemand übrig blieb, der ihm auch nur die Pflichten der Menschenliebe erwiesen hätte».

Praktisches Christentum (in doppelter Wortbedeutung).

Wie üblich sprangen die Bischöfe gleich in Scharen ab. Ja, sie huldigten dem Usurpator «ausnahmslos und bereitwillig» (Dümmler). Schon zwei Monate nach Karls Absetzung fand sich dessen Notar und Kanzler Bischof Waldo von Freising beim neuen Herrscher ein. Auch die nur ein halbes Jahr darauf tagende große Versammlung in Mainz verlor, laut Synodalakten, kein mißbilligendes Wort über den Kaisersturz. Im Gegenteil. Die Synode – die wieder einmal lang und breit für den (ja immensen) Kirchenbesitz nebst Zehntleistung an den Klerus eintritt (c. 6, 11, 12, 13, 17, 22) und gegen die Unzucht von Klerikern (hätten die doch sogar mit ihren eigenen Schwestern Kinder gezeugt: c.10) – diese Synode befiehlt schon in ihrem 1. Kanon das Beten aller für den neuen König Arnulf und seine Gattin.

Es half natürlich auch gar nichts, daß Karl dem rebellierenden Neffen jenes vermeintliche Stück «Holz vom heiligen Kreuze Christi», auf dem ihm Arnulf einst Treue geschworen, schickte, «damit er seiner Eidschwüre eingedenk nicht so grausam und barbarisch gegen ihn handle». Denn soll auch der recht abgebrühte Fürst Tränen bei diesem Anblick vergossen haben, er schaltete natürlich «nach Belieben über das Reich» (Annales Fuldenses). Immerhin stellte der Mainzer Erzbischof Liutbert dem Kaiser, der «zum Bettler geworden», noch das Existenzminimum zur Verfügung, bis ihm der neue Herr – von dem Gestürzten erbettelt – ein paar Höfe in Alemannien überließ «aus Gnade ... zum Nießbrauch bis an sein Lebensende ...».[24]

Aber das Lebensende kam überraschend schnell für Kaiser Karl III., der schon am 13. Januar 888, von allen verlassen, bei Neudingen an der oberen Donau gestorben, nach den Annales Vedastini sogar «von den Seinigen erwürgt worden» ist, ja nicht so unmöglich; «jedenfalls endete er bald sein gegenwärtiges Leben, um, wie wir glauben, das himmlische zu besitzen». Die Fuldaer Jahrbücher jedoch behaupten: «... denn nur wenige Tage weilte er voll Frömmigkeit an den vom Könige ihm zugestandenen Orten, und nach Christi Geburtstag beschloß er am 13. Januar glücklich sein Leben; und wunderbarerweise haben, während man ihn ehrenvoll in der Kirche der Reichenau begrub, viele Zuschauer den Himmel offen gesehen...» – die immerwährenden christlichen Lügen. Der Sieger ließ sich indes vom ostfränkischen und slawischen Adel in Regensburg hofieren «und feierte daselbst würdevoll den Geburtstag des Herrn und Ostern».

Nach dem Ende des letzten Herrschers über das karolingische Gesamtreich entstehen, nun für immer, lauter Teilreiche, Königtümer. Der einzige Karolinger unter den neuen Herrschern war Arnulf von Kärnten, allerdings ein illegitimer Sproß der Dynastie und darum mit zumindest zweifelhaftem Recht auf den Thron. Die Westfranken erhoben den Grafen Odo von Paris, den legendären Verteidiger der Stadt. In Burgund begründete 888 der Welfe Rudolf ein neues Königtum. In Italien stritten zwei Angehörige fränkischen Hochadels, Berengar von Friaul und Wido von Spoleto, um die Macht.

Der karolingische Staat als Ganzes hatte seine Rolle ausgespielt. Der Kaisertitel wurde zum Zankapfel italienischer Kleinfürsten. Als letzter Schattenkaiser der Dynastie starb Ludwig III. der Blinde, ein Sohn Bosos (S. 253 ff.), um 928, nachdem er 901 in Italien Kaiser, 905 dort geblendet und damit praktisch regierungsunfähig geworden war. Das Papsttum aber hatte unter den Karolingern des 9. Jahrhunderts einen beträchtlichen Machtzuwachs gewonnen, das Fundament seines weiteren Aufstiegs im 11. Jahrhundert.[25]

6. KAPITEL

ARNULF VON KÄRNTEN, OSTFRÄNKISCHER KÖNIG UND KAISER (887–899)

«Wie sein Vater Karlmann ist auch Arnulf durch die politische und militärische ‹Schule› als Befehlshaber in den südöstlichen Marken gegangen... Als der kranke Kaiser Karl III. politisch immer schwächer wurde, griff Arnulf rasch zu, verband sich 887 mit dem abgesetzten Erzkanzler Liutward zum Sturze Karls... Arnulf konnte sich seit der Synode von Frankfurt 888 stark auf die Bischofskirchen stützen.» Wilhelm Störmer[1]

«In mir habt ihr den entschlossensten Gegner aller, welche der Kirche Christi feind und eurem priesterlichen Amte widerspenstig sind.» Arnulf von Kärnten[2]

«Aus Franken zog der König sieggekrönt nach Alamannien und feierte auf dem Königshof Ulm in würdiger Weise den Geburtstag des Herrn. Von da zog er nach Osten... und kam im Juli nach Mähren. Vier Wochen hindurch verweilte er daselbst mit einer solchen Übermacht – auch Ungarn hatten sich daselbst seinem Zuge angeschlossen – das ganze Land niederbrennend... Vor Fasten besuchte der König im ganzen Land der Westfranken» (Lotharingien) «Klöster und Bischofssitze, um zu beten.» Annales Fuldenses[3]

«Anarchie, Rechtlosigkeit und Rechtsunsicherheit sind das Merkmal der Zeit, erwachsen auf dem Boden des feudalen Aufbaus der Gesellschaft...» L. M. Hartmann[4]

1. Arnulf von Kärnten: Ostfranken und der Osten

Arnulf «von Kärnten» (um 850–899) war der älteste außereheliche Sproß des Bayernkönigs und Königs von Italien, Karlmann, des ältesten Sohnes von Ludwig dem Deutschen und seiner Mutter Liutwind, offenbar einer Luitpoldingerin. Neben seiner rechtmäßigen Gattin Ota beglückte Arnulf mehrere Kebsweiber, hatte auch an außerehelichen Kindern keinerlei Mangel, was den Klerus aber nicht störte. Vielmehr wurde der durchaus kirchenfromme Fürst von der Gemeinschaft der Heiligen ebenso begünstigt, wie er sie begünstigte, auch wenn er auf eine Salbung verzichtet hat.

«Heil Arnolf, dem grossen König»

Von Anfang an bestand ein enges Verhältnis zwischen den Bischöfen und dem neuen Herrn, der sich selbst einmal den «entschlossensten Gegner» aller Kirchenfeinde, in einer Urkunde «Sohn und Verteidiger der katholischen Kirche» nennt, der er auch nach seiner Erhebung gleich durch Schenkungen und Gnadenerweise seine Gewogenheit signalisierte. «Auffallend großzügig» stattet er die Bischöfe mit Königsgütern, mit Forsten, Münz-, Markt- und Zollrechten in einer «zuvor unbekannten Häufigkeit» aus (Fried). Fünf Synoden berief er in seiner nur gut 12jährigen Regierungszeit ein. Die Autorität der Prälaten war ihm erwünscht gegen die aufsteigenden partikularen Gewalten. Überdies konnte sie sein illegitimes Königtum sanktionieren.

Der Kirche andererseits nützte die Macht des Herrschers in der Auseinandersetzung mit den Herzögen und dem hohen Erbadel. Deshalb förderte auch sie ihn sofort, ließ sie von Anfang an für ihn beten und verwandte sich unverzüglich unter Androhung kirchlicher Strafen für seinen Schutz. Aber selbstverständlich machte sie ihm auch die Pflichten eines christlichen Regenten klar. Und indem sie diesen stützte, stützte sie sich selbst. So setzte eine Entwicklung ein, die der Kirche – mit all den daraus resultierenden fatalen Folgen – mehr Mitsprache einräumte als je zuvor, die sie «zum mächtigsten Faktor im Staatswesen machte» (Mühlbacher).[5]

Während Grafen in der Umgebung des Königs jahrelang gar nicht mehr nachweisbar sind, gibt eine Reihe von ihm vielfach bevorzugter Bischöfe politisch fortwährend den Ausschlag. Erst Erzbischof Thietmar von Salzburg, Arnulfs Erzkaplan, Leiter der Hofkapelle und Kanzlei; später immer mehr der Kanzler und Diakon Aspert, von Arnulf 891 zum Bischof von Regensburg gemacht, und dessen Kanzler-Nachfolger (seit 893), Bischof Wiching von Neutra (S. 231 f.). Ein maßgeblicher Politiker in Herrschernähe war der ebenso intelligente wie verschlagene Hatto I. von Mainz, dessen Tod (913) mancher einem rächenden Blitzstrahl zuschrieb. Hatto entstammte einem schwäbischen Geschlecht, Parteigängern Karls, stand aber nach des Kaisers Sturz gleich auf der Seite Arnulfs, von diesem dafür mit den Abteien Reichenau, Ellwangen, Lorsch und Weißenburg, 891 mit dem Erzbistum Mainz belohnt. Der Prälat begleitete den König zweimal nach Italien und griff in alle bedeutenden öffentlichen Fragen ein. Beachtliches politisches Gewicht hatten auch die Bischöfe Salomon III. von Konstanz (seit 884 Notar, seit 885 Kanzler Karls III., 888 schon Kapellan Arnulfs!), ferner Waldo von Freising, Erchanbald von Eichstätt, Engilmar von Passau, der hochadelige Adalbero von Augsburg, den Arnulf zum Erzieher seines Sohnes machte.[6]

Im Mai 895, auf der Reichsversammlung zu Tribur, der Königspfalz bei Mainz, auf einer der größten und glänzendsten Synoden des Jahrhunderts, feierte der ungewöhnlich zahlreich tagende ostfränkische Episkopat Arnulf überschwenglich als den König, «dessen Herz», so die Synodalakten, «der heilige Geist mit Feuer entflammte und mit dem Eifer der göttlichen Liebe entzündete, damit die ganze Welt erkenne, daß er nicht von einem Menschen und durch einen Menschen, sondern durch Gott selbst erwählt worden ist». Alte Sprüche der Prälaten. Denn wen sie wählen, sie stützen, der ist immer von Gott – nämlich von ihnen!

Auf der Synode, laut Regino von Prüm «gegen sehr viele Weltliche abgehalten, die die Autorität der Bischöfe zu mindern strebten», dachten diese desto eifriger, ihre Autorität zu erhöhen. So erörterten sie eingehend Rechtsstreite von Geistlichen und Laien, Mißhandlung von Klerikern, deren Verwundung oder Tötung, was anscheinend häufiger als früher vorkam – man ließ sogar einen geblendeten Priester auftreten. Ein Kanon enthält den Befehl des Königs, Kirchenbannverächter zu verhaften, wobei das Umbringen Widersetzlicher kein Wehrgeld kostete! Weiter wird völlige Unterwerfung unter das Papsttum gefordert, «wenn auch ein kaum erträgliches Joch vom heiligen Stuhl auferlegt werde»! Mehrere Kapitel gelten dem da immer Wichtigsten, Geld, Besitz, Zehnten (c. 13 und 14), auch den Kirchenräubern (c. 31). Nach Kapitel 7 ist geraubtes Kirchengut gleich dreifach zu ersetzen, und dies mit Berufung auf die pseudoisidorischen Fälschungen (die man auch zu weiteren Canones, wie 8 und 9, heranzieht – befiehlt aber andererseits, Vorzeiger gefälschter Papstbriefe in Gewahrsam zu nehmen).[7]

Selbstverständlich billigte der König die Beschlüsse. Ja, auf die rhetorische Frage, wie sehr er «die Kirche Christi zu verteidigen und ihr Amt zu erweitern und erhöhen geruhe», ermutigte er erst einmal die «Hirten», auch als «hellste Leuchten der Welt» apostrophiert, selber kräftig zuzupacken – «es sei zu rechter Zeit oder Unzeit, strafet, dräuet, ermahnet mit aller Geduld und Lehre, auf daß ihr in wachsamer Sorge und durch unablässige Mahnung die Schafe Christi in die Hürde des ewigen Lebens treiben möget». Dann aber betonte er seine ganze Solidarität. «In mir habt ihr den entschlossensten Gegner aller, welche der Kirche Christi feind und eurem priesterlichen Amte widerspenstig sind.»

Kein Wunder, daß sich die ehrwürdigen Konzilsväter von ihren Plätzen erheben und samt der umstehenden Klerisei drei- oder viermal in den Ruf ausbrechen: «Christus, erhöre uns, Heil Arnolf, dem großen König». (Erinnert's nicht an Heil-Geschrei, das uns noch selbst im Ohre dröhnt...?) Dazu Glockenläuten, das Tedeum, alles Gott zum Preis, «der seiner h. Kirche einen so frommen und milden Tröster und einen so wackeren Helfer zur Ehre seines Namens zu schenken geruht hat».[8]

Besonders innig verehrte der Herrscher seinen Schutzpatron, unter ihm gar zum Patron des Reiches, zu einem Reichsheiligen aufgestiegen.

DER HL. EMMERAM
ODER: «GOTT LOBEN OHNE ZUNG, /
MACHT JA VERWUNDERUNG»

Emmeram, ein reichlich mysteriöser Bischof und Märtyrer (schwer zu sagen, was er weniger war, falls er beides gewesen sein sollte) aus dem späteren 7. Jahrhundert, wurde in den Tagen des Bayernfürsten Theodo der Verführung der schwangeren Herzogstochter Uta beschuldigt und dann von deren Bruder Lantpert auf dem Weg nach Rom in Helfendorf (heute Kleinhelfendorf, Oberbayern) erschlagen. Die Legendentafeln der dortigen Marterkapelle haben den «Vorgang» in Bild und Vers verewigt:

> «O Grausamkeit der Pein und Qual,
> So Emeram erlitten,
> Sein Glider wurden all und all
> von Leib hinweck geschnitten,
> Die Händ und Füs, auch d'Finger z'gleich,
> wurd alles abgehauet,
> Erwirbt dadurch das Himmelreich,
> So er stätts angeschauet.»[9]

Wann dies war, wenn es denn war, ist völlig ungewiß und umstritten, wie fast alles an dieser Figur, ihre Herkunft, ihr Bischofsamt, besonders auch die Gründe, die zu der Ermordung führten; vielleicht, doch auch dies ganz unsicher, 685. Fiel der «Märtyrer» als Repräsentant fränkischer Macht in dem nach Selbständigkeit strebenden Bayern? Errang er die Palme des Martyriums als Verführer der schwangeren Herzogstochter? Oder hat er freiwillig die Schuld der Verführung auf sich genommen, wie dies die fromme Version seines ersten Hagiographen, des Bischofs Arbeo von Freising, in seiner «Vita Haimhrammi» unterstellt, aber «wohl nur nach der ausschmückenden romantischen Volkssage», so selbst das katholische «Kirchen-Lexikon» von Wetzer/Welte, das überdies hinzufügt, «die mit seiner eigenen Erzählung im Widerspruche steht».

Bischof Arbeo verfaßte sein Opus erst 772 und offenbar aus recht egoistischen Gründen, nämlich, so 1931 das katholische «Lexikon für Theologie und Kirche» (das in seiner neuesten Ausgabe von 1995 überhaupt nicht mehr vom «Märtyrer» spricht), «vornehmlich im Interesse der Stätten der Emmeram-Verehrung in seiner Diözese». Und Bischof Arbeo, aus dem Adelshaus der Huosi, das den Freisinger Bischofsstuhl mehrmals besetzen konnte, war ein sehr geschäftstüchtiger Prälat, der Besitz und Recht seines Bistums auszudehnen vermochte. Doch verbreiten fast alle populären katholischen Darstellungen einen eher mehr als weniger grauenhaften Kitsch, wie er Arbeos oberhirtlichen Ausschwitzungen auch angemessen ist. Da stirbt dann, nachdem Utas Bruder dem abgereisten «Heiligen» nachgejagt ist, dieser wie ein großer christlicher Blutzeuge. Hat Herzogssohn Lantpert doch «fünf flaischhacker» engagiert, «dy des hayliges mannes leichnam sand Haymram von ader zu ader, von glied zu glied zwerlegen». Und während man ihn grauenhaft verstümmelt, ihm die Augen ausreißt, Nasen und Ohren abschneidet, Hände, Füße und das (natürlich nur vermeintlich) unkeusche Glied, dankt er Gott «mit großer Andacht» für die herrliche Tortur.[10]

Emmerams Verehrung als Heiliger setzt freilich erst Jahrzehnte nach seinem Tod ein, dann allerdings begleitet von den schönsten Mirakeln, Krankenheilungen, Teufelsaustreibungen, nicht zuletzt Strafwundern (denn die Regensburger Bischöfe vergriffen sich immer wieder an seinem stets wachsenden Besitz. Auch Leibeigene schenkt man dem Heiligen später!)

Der gloriose Kult, noch im 17. Säkulum neu belebt, dehnte sich im Frühmittelalter nicht nur über Bayern aus. Unter den ostfränkischen Karolingern aber erreichte Emmeram seine größte Bedeutung als Stammesheiliger, und unter Arnulf wird er persönlicher Schutzherr des Kaisers, wird Schlachtenhelfer gegen die Mährer. Ihm allein glaubt der Herrscher beim Feldzug 893 wider Swatopluk (S. 308) seine Rettung aus Lebensgefahr zu verdanken, weshalb er die bayerischen Klöster reich begabte, besonders St. Emmeram, das den gesamten Schmuck seiner Pfalz bekam, und 899 seine Leiche – aber im Lexikon für Theologie und Kirche 1995 gar keinen eigenen Platz mehr: der ganze Artikel über das Kloster «St. Emmeram», 1931 noch doppelt so lang wie der über den Heiligen selbst, entfällt jetzt.

Wie auch immer: die Emmeramer Mönche ehrten das Andenken ihres Wohltäters, indem sie alljährlich an seinem Todestag ein feierliches Amt begingen und das Jahr über in seinem Namen Erfindungen und Fälschungen von Urkunden wie die, daß er ihnen die gesamte Neustadt vermacht haben sollte. Vor all diesen Gaunereien trat sogar «der eigentliche Klosterpatron Emmeram für lange Zeit immer mehr in den Hintergrund» (Babl). Gleichwohl – auf den Kleinhelfendorfer Legendentafeln (und wahrlich nicht nur dort) lebt er weiter:

> «Gott loben ohne Zung,
> Macht ja Verwunderung.
> Es kunte die gottlose Rott
> Auch diss nicht länger leyden
> Das er nun immer lobet Gott,
> Thuet ihm die Zung abschneiden.
> Doch lobet er Gott noch immer fort,
> Last unß diss Wunder loben,
> Alß wär die Zung am alten Ohrt,
> Fragt nichts nach Wüttrichs Toben.»[11]

«... EIN SCHLACHTGESCHREI BIS ZUM HIMMEL»

Arnulf, geprägt durch die Waffengänge in den südöstlichen Marken, war nach der Enthebung einiger Grenzgrafen von seinem Vater, dem Bayernkönig Karlmann, kurz nach 876 mit der Verwaltung des alten slowenischen Herzogtums Karantanien betraut worden, seiner eigentlichen Machtbasis im Osten; daher ja auch sein Beiname «von Kärnten». Doch während er in Unterpannonien auszugreifen vermochte, scheiterte er (mit seinem gelähmten Vater) im nördlichen Donauraum zunächst an der innerbayerischen Opposition. Seine Gegner, erst Graf Ermbert vom Isengau, dann Markgraf Aribo, gewannen die Unterstützung von Arnulfs mächtigen Verwandten, Ludwig dem Jüngeren und Karl III. dem Dicken, den Brüdern seines Vaters, die sich in Bayern durchsetzen konnten.

Immerhin hatte Arnulf politisch taktieren, hatte er abwarten und, natürlich, kämpfen gelernt. Er war als Haudegen erprobt, u. a. 882 bei Elsloo als Befehlshaber des bayerischen Heerbanns gegen die Normannen, wo man freilich nichts hatte ausrichten können (S. 277), während er sie Mitte Oktober 891 bei Löwen an der Dyle (heute Belgien) schlug. Übrigens ein erklärter Racheakt. War doch kurz zuvor im Juni an der Geule ein «Heer der Christen, o Schmerz, als Folge seiner Sünden» besiegt worden und unter vielen Vornehmen auch einer der Heerführer, der von Arnulf eingesetzte Erzbischof Sunderold von Mainz, gefallen (Regino von Prüm).[12]

Nun aber, an der Dyle, verlieh «Gott vom Himmel herab ihnen Kraft». Umso offensichtlicher, als die gleichfalls aufgebotenen Alemannen zuvor unter Ausreden umgekehrt und «vom König nach Hause zurückgeschlichen sind». Wie markig aber putschte er «die edlen Herren der Franken» auf: «Ihr Männer, da Ihr den Herrn verehrt und allezeit, wenn Ihr unter Gottes Gnade die Heimat verteidigt, unbesieglich gewesen seid, fasset Mut, wenn Ihr daran denkt, an den ja doch ganz heidnisch rasenden Feinden das vergossene fromme Blut Eurer Eltern zu rächen ... Jetzt, Krieger, auf, nun Ihr die Verbrecher selbst vor Augen habt, folgt mir ... nicht unsere Schmach, sondern die des Allmächtigen zu rächen greifen wir unsere Feinde in Gottes Namen an» (Annales Fuldenses).

Von den frommen Franken wurde nun «ein Schlachtgeschrei bis zum Himmel erhoben» und dort auch prompt erhört, was ja nicht immer so ist. Aber da jetzt «die Christen mordend andrangen», schmissen sie die Heiden «haufenweise» in den Fluß, «zu Hunderten und Tausenden ..., so daß ihre Leichen das Wasser stauten ...» Zwei Könige, Siegfried und Gottfried, wurden getötet, 16 königliche Feldzeichen im Triumph nach Bayern geschickt, Prozessionen befohlen. Arnulf selbst «hielt mit dem ganzen Heer Umzug, Gott Lob singend, der solchen Sieg den Seinen gab ...»

Denn, ja, wahrhaftig, nur «uno homine» hatte die christliche Seite verloren (was muß das für ein Teufel gewesen sein!), die andere aber «tanta milia hominum»! Katholische Geschichtsschreibung. Dabei standen dort zwar «Verbrecher», doch zugleich, so hebt der Annalist zur Erhöhung der eignen Leistung stolz hervor, focht «das Volk der Dänen, das tapferste unter den Normannen», das «niemals früher» in einer Verschanzung besiegt worden sei. Jahrhundertelang feierte man in Löwen diesen wunderbaren Sieg, seit dem die Normannen immerhin das ostfränkische Reich verschonten (ein letzter Raubzug bis Bonn und Prüm im nächsten Jahr beiseite).

Es war überhaupt ein wunderreiches Jahr.

Denn eben anno 891, als Bischof Embricho von Regensburg alt und «glücklich» starb, da brannte auch Regensburg ab: «durch göttliche Rache auf wunderbare Weise plötzlich in Flammen stehend, verbrannte am 10. August mit allen Bauten, auch Kirchen, ausgenommen das Haus des hl. Emmeram des Märtyrers und die Kirche des hl. Cassian, die obwohl mitten in der Stadt liegend, gegen das Feuer von Gottes wegen geschützt wurden». Da göttliche Rache, die (fast) die ganze Stadt, auch Kirchen, verschlang; dort aber zwei Kirchengebäude «von Gottes wegen» gerettet (Annales Fuldenses).[13]

O dies wunderbare Walten des Herrn!

«Die Wege sind oft krumm und doch gerad',
darauf du läßt die Kinder zu dir gehn;
da pflegt's oft wunderseltsam auszusehn,
doch triumphiert zuletzt dein hoher Rat.»

DER (DEUTSCHE) DRANG NACH OSTEN

König Arnulf ließ in Regensburg eine neue Pfalz bauen. Die Stadt war schon die Zentralpfalz Ludwigs des Deutschen gewesen, ein Mittelpunkt der Ostmission, ein Zentrum des Karawanenhandels mit Böhmen, Mähren, Ungarn – alles wesentlich Christlich-Abendländische ballte sich hier, die Macht von Staat, Kirche und Geld. Regensburg wurde die Stadt, mit der sich Arnulf (der häufig, wie schon sein Vater und Großvater, auch die Pfalzen Ötting und Ranshofen aufsuchte) wohl am meisten verbunden fühlte, wo ein Drittel seiner Urkunden ausgestellt, von ihm mindestens vier Reichsversammlungen abgehalten worden und überhaupt zahlreiche Aufenthalte bezeugt sind. Für die Forschung spiegelt diese Wahl seines Kernlandes nicht nur seine eigene Vergangenheit, «sondern auch die Betonung der Tradition Ludwigs des Deutschen und die Priorität der Südost-Politik, aber auch das feine Gespür Arnulfs für politische Realitäten» (Störmer).

Anders gesagt; der (deutsche) Drang nach dem Osten wird bei König Arnulf bereits deutlich.

Gleich nach seinem «Staatsstreich» retirierte er zur Festigung seiner Stellung auf seine wichtigste Machtbasis, jetzt immerhin stark genug, den Aufstandsversuch des jüngeren Vetters Bernhard in Schwaben mühelos zu unterdrücken. Bernhard (ca. 876–891/892), unehelich wie Arnulf, war der Sohn Kaiser Karls III., der 885 Bernhard als Thronfolger nicht durchsetzen konnte (wie Karl zwei Jahre später auch die Adoption Ludwigs, Sohn Bosos von Vienne und mütterlicherseits ein Karolinger, mißlang). Doch

Bernhard, der wohl das ursprüngliche Reich seines Vaters wieder zu errichten suchte, wollte auch nach Arnulfs Erhebung zum ostfränkischen König nicht auf seine Thronrechte verzichten. Er erhob sich 889 im Bunde mit Adligen aus Rätien und Alemannien, auch mit Abt Bernhard von St. Gallen (den Arnulf dann abgesetzt hat), wurde aber ein Jahr darauf beim Niederschlagen des Putsches durch den Markgrafen Rudolf von Rätien getötet.

Arnulf selbst zog bereits im Spätsommer 889 als Führer eines starken Heeres gegen die Abodriten, nachdem er noch kurz zuvor mit seinen Großen und vielen Bischöfen, darunter Sunderold von Mainz und Willibert von Köln, in Frankfurt getagt hatte. Allerdings konnte er diesmal im Norden nichts ausrichten und feierte wieder «in Regensburg in würdiger Weise den Geburtstag des Herrn».

Und mit Kirchgängen, mit Kriegszügen, mit dauerndem Beten und Töten geht es weiter. Insbesondere griff Arnulf in den letzten Jahren des 9. Jahrhunderts fast fortgesetzt in Mähren ein. Zwar hatte er mit ihm 985, da es allmählich zu stark geworden, Frieden geschlossen, hatte Swatopluk gar zum Taufpaten seines Sohnes Zwentibold gemacht. Doch das alles hielt nicht lang, und bald kehrte man zur gewohnten Verkehrsart zurück.[14]

Verheerende Kriege mit Mähren

«Im Jahr der göttlichen Menschwerdung 890», meldet Abt Regino, habe sich der Herzog der Mährer «von dem Dünkel des Hochmuts aufgeblasen», gegen den König erhoben. So suchte dieser natürlich das Reich der Mährer mit Soldaten heim «und machte alles, was er außerhalb der Städte vorfand, dem Erdboden gleich. Zuletzt da auch alle fruchttragenden Bäume mit der Wurzel ausgerodet wurden, bat Zwentibolch um Frieden und erlangte diesen spät genug, indem er seinen Sohn als Geisel gab!» Doch fand Arnulf, der im Osten offenbar die Taktik der «verbrannten Erde» praktizierte, auch noch Zeit, wie wir aus anderer

Quelle erfahren, auf die Reichenau zu gehn, «um zu beten» und dann wieder mal in Regensburg «den Geburtstag Christi» zu feiern.

Und nachdem er 892, diesmal auf dem Königshof Ulm, abermals «in würdiger Weise den Geburtstag des Herrn» begangen, zieht er erneut «nach Osten», in bester Absicht, «in der Hoffnung, dort mit Herzog Zwentibald zusammenzutreffen». Doch Swatopluk, «dieser Kopf voll Trug und List», war einfach nicht friedfertig. Er weigerte sich schlicht, «zum König zu kommen», so daß der König zu ihm kommen mußte, was umso leichter ging, als er inzwischen Ostfranken fest im Griff hatte. Und vielleicht trauerte er ja auch früher gemachten Konzessionen nach. «Jedenfalls war er es, der den Krieg eröffnete» (Reindel). Er war es, der wieder «die Oberhoheit des deutschen Königs über das Großmährische Reich» erstrebte (Stadtmüller). Es hatte unter Swatopluk – kaum zu Unrecht gelegentlich der erste große Panslawist, vom Papst «König der Slawen» genannt – seine größte Machtentfaltung gewonnen. Im Süden dehnte es sich zu beiden Seiten der Donau bis zur Drau und Save aus, im Osten bis zum bulgarischen Reich, im Norden über das von ihm unterworfene Böhmen beinahe bis gegen die Saale hin. Und sein Einfluß soll «bis zu den Elbslawen und an die Weichsel» (Löwe) gereicht haben.

Gerade diese Machtfülle freilich provozierte den Ostfranken. Mit drei Kriegshaufen, mit Franken, Bayern, Alemannen, fiel er im Juli 893 abermals in Mähren ein und ließ sogar die Ungarn für sich kämpfen, diese unchristlichen Teufel, die damit ein katholischer König ins katholische Abendland gerufen, dem sie bald die Hölle heiß machen sollten, wie man Arnulf auch vorwarf (und noch vorwirft). «Vier Wochen hindurch verweilte er daselbst mit einer solchen Übermacht ... das ganze Land niederbrennend». Und besuchte wieder im Winter überall in Lothringen «Klöster und Bischofssitze, um zu beten» (Annales Fuldenses).[15]

In jenem Jahr war auch Arn, «der ehrwürdige Bischof von Würzburg» (855–892), einmal mehr zum Schlachten der Slawen ausgezogen, diesmal jedoch umgekommen. Zweifellos war Bischof Arn, den die christlichen Nachfahren der Heiden, die ihn erschlugen, als Heiligen verehrten, ein Mann mit «Osterfahrung». Die Forschung rühmt ihn als Heerführer in «mindestens vier Feldzügen» und, im selben Atemzug, so eng hängt das auch zusammen, als «Wahrer der Missionsaufgaben seines Bistums» (Wendehorst), beteuernd, sein «Diözesenanliegen» habe «vor allem der Verchristlichung und dem Ausbau der kirchlichen Organisation» gegolten (Störmer).

Leider wissen wir nicht viel von Bischof Arns Feldherrntalenten. Doch konnte der Kriegslüsterne, «Vertreter einer ausgeprägten vita activa» (Störmer), den Böhmen, wie die Fuldaer Jahrbücher festhalten, 871 auf einen Streich immerhin «644 Pferde gezäumt und gesattelt und eine gleiche Anzahl Schilde» rauben und entsprechend «fröhlich» zu weiteren «Missionsaufgaben» und weiterer «Verchristlichung» der Welt zurückkehren.

Bereits 893 erfolgte ein neuer Feldzug gegen Mähren. Es war das Jahr, das den Söhnen zweier Markgrafen, der Brüder Engilschalk I. und Wilhelm, ein schlimmes Ende brachte.

Der gleichnamige Sprößling Engilschalks, Engilschalk II., hatte einst eine uneheliche Tochter Arnulfs geraubt, war nach Mähren geflohen, doch bald, in Gnaden aufgenommen, wieder Markgraf im Osten geworden. Er zog sich deshalb aber die Feindschaft der bayerischen Großen zu und wurde von ihnen, als er 893 arglos die Regensburger Pfalz betrat, angeblich ohne Wissen des Königs, verurteilt und geblendet. Als darauf sein Vetter Wilhelm, um sein Leben fürchtend, sich Swatopluk zuwandte, wurde er als Hochverräter geköpft. Und als jetzt Wilhelms Bruder, Graf Rudbert, zu Swatopluk floh, ließ der ihn «mit sehr vielen anderen», mit allen seinen Begleitern, meuchlings ermorden. Der gesamte Besitz der Beseitigten beiderseits der Donau wurde konfisziert und zum Teil an den Abt Snelpero des Klosters Kremsmünster vergabt, einen der Hauptnutznießer der Tragödie. Arnulf marschierte nun erneut in Herzog Swatopluks Reich, diesmal verbündet mit den Bulgaren, und «plünderte den größten Teil ...», gelangte jedoch in einen Hinterhalt und nur «mit großer Schwierigkeit» nach Bayern zurück. – Und im Emmeramskloster erzählte man später, daß er dem hl. Emmeram, seinem Patron, seine Rettung zuschrieb (S. 302).[16]

Die fränkischen Kriegszüge 892 und 893 waren mißlungen, obwohl Arnulf Großmähren, mit Hilfe der Ungarn und der Bulgaren, jedesmal von zwei Seiten angegriffen hatte (ein altes «Staatskunst»-Verfahren bis heute: zwei Partner fallen über einen Dritten her und zerfleischen sich dann gegenseitig). Swatopluks Macht blieb ungebrochen.

Im nächsten Jahr aber kamen die Ungarn wieder. Diesmal jedoch ungerufen. Und sie führten auch nicht für, sondern gegen Arnulf Krieg. «Die Männer und alten Weiber töteten sie insgesamt, nur die jungen schleppten sie wie Vieh mit sich, ihrer Lust zu frönen, und verwüsteten ganz Pannonien bis zur Vernichtung» (Annales Fuldenses). Nicht von ungefähr ruft Bischof Liutprand von Cremona erregt: «O blinde Herrschsucht des Königs Arnulf! o unseliger, schmerzlicher Tag! Um ein einziges Menschenkind zu demütigen, wird ganz Europa in Not und Jammer gestürzt. O blinder Ehrgeiz! wie viele Frauen machst du zu Witwen, wie viele Väter beraubst du ihrer Kinder, wie vielen Jungfrauen raubst du die Ehre, wie vielen Priestern Gottes samt ihren Gemeinden die Freiheit; wie viele Kirchen veröden durch dich, wie viele bewohnte Gebiete legst du, verblendeter Ehrgeiz, wüst!»[17]

Nach dem Ungarnsturm schien es den Bayern freilich an der Zeit, mit den Mährern Frieden zu schließen. Doch lange dauerte er nicht. Zwar kaum wegen innerstaatlicher Miseren, großer Hungersnöte, die gerade seinerzeit weite Teile Ostfrankens heimsuchten. Zweimal, 895 und 897, meldet sie der Annalist fast gleichlautend «im ganzen Land Baiern, so daß man an sehr vielen Orten vor Hunger starb». Aber auch 893 hatte man gehungert, 889 sogar eine übermäßig schwere Hungersnot erlitten, natürlich nicht die Edelschicht. Bei ihr fiel statt dessen ins Gewicht, daß mittlerweile Herzog Swatopluk I., dieser «Urquell jeder Treulosigkeit», dieser nach Menschenblut dürstende Vampir, 894 gar «unselig sein Leben» beendet hatte – und natürlich nicht ohne zuletzt noch die Seinen zu beschwören, «nicht Liebhaber des Friedens zu werden» (Annales Fuldenses), sondern Feinde der bösen Nachbarn zu bleiben.

Und das wollten ja auch die Nachbarn.

König Arnulf, nicht zu Unrecht sich immer stärker fühlend, wußte jedenfalls, was zu tun war. Erst hielt er im Sommer 897 auf der Pfalz Tribur eine Reichsversammlung ab, dann «suchte er das Kloster Fulda auf, um zu beten». Danach empfing er auf dem Königshof Salz an der Saale Boten der Sorben, hernach böhmische Herzöge in Regensburg, die Hilfe gegen ihre Feinde, die Mährer, forderten, «von denen sie damals häufig, wie sie selber bezeugten, auf das härteste bedrängt wurden. Diese Herzöge nahm der König und Kaiser freundlich auf, sprach ihnen reichlich Worte des Trostes zu und ließ sie froh und durch Geschenke geehrt in ihr Vaterland abziehen; und die ganze Herbstzeit jenes Jahres verweilte er in den benachbarten Orten nördlich von Donau und Regen, auch in der Absicht, mit seinen Getreuen bereit zu sein, wenn für das oben genannte Volk seine Hilfe nötig wurde» (Annales Fuldenses).[18]

Dies war begreiflicherweise bald der Fall. Denn Swatopluks Söhne Mojmír II. und Swatopluk II. hatten zwar nach ihres Vaters Tod mit den Ostfranken Frieden geschlossen, konnten aber bald darauf keinen mehr unter sich selber halten, was wohl auch an ihrem Frieden mit den Ostfranken lag, deren Stunde nun gekommen schien. Brach doch zwischen beiden Söhnen jetzt solcher Haß aus, «so daß wenn einer hätte den andern mit seinen Kräften erreichen und fassen können, diesem die Verurteilung zu Tode sicher war» (Annales Fuldenses).

Arnulf, der für den jüngeren Bruder Swatopluk II. Partei ergriff, nützte diese sicherlich von Gott geschickte Situation, um mit Feuer und Schwert das Gebiet Mojmírs zu verwüsten und viele Slawen zu erschlagen; ein gutes christkatholisches Werk, das für ihn die Markgrafen Liutpold und Aribo leisteten, wobei sie freilich auch die «mit Feuer und Schwert demütigten..., plünderten und mordeten», die sie schützen und befreien sollten. Doch hatte Aribo selber die Brüder gegeneinander gehetzt und den mährischen Bürgerkrieg nur ausgelöst, um Beute zu machen. Gewiß wurde Aribo kurz entfernt, bald aber gänzlich begnadigt und wieder in sein altes Amt eingesetzt.[19]

Mit Mojmírs Alleinherrschaft begann auch die Wiederherstellung der kirchlichen «Ordnung». Unter Übersendung reicher Geschenke an Papst Johann IX. erbat der Fürst für seine verwaiste Kirche neue Bischöfe und erhielt sie prompt. Doch intensivierte die Errichtung einer nationalen Kirche in Mähren noch die Feindschaft mit Bayern. Denn der Krieg wurde mit derselben Erbitterung jetzt gleichsam auch religiös geführt.

Bereits während des Winters 898 «drangen die Fürsten der Baiern mit ihren Leuten tapfer und gewaltig» in Mähren ein, durchzogen es «mit starker Mannschaft», verheerten, raubten, klauten, kurz, «sammelten Beute und kehrten mit dieser heim». Und schon im Sommer 899 überfielen die Bayern Mähren erneut, ja unternahmen nun dorthin gleich zwei Kriegszüge, «plünderten und verwüsteten, was sie konnten», wobei sie beim zweitenmal den gefangengehaltenen jungen Swatopluk samt Genossen aus dem Gefängnis befreiten und «aus Mitleid» mit sich fort führten, nicht ohne vorher die Stadt in Brand gesteckt zu haben. Und noch im Jahr 900 durchwüteten und durchsengten sie gemeinsam mit den Böhmen drei Wochen lang das Mährische Reich, nichts als Zerstörung erreichend – «und kehrten zuletzt glücklich und wohlbehalten nach Hause zurück» (Annales Fuldenses). Dann aber bekam man selbst genug mit den Ungarn zu tun.[20]

Und auch im Westen gab es Turbulenzen.

DIE POLITISCHE «SCHLÜSSELFIGUR» DER ZEIT, ERZBISCHOF FULCO VON REIMS, DREHT SICH WIE EIN WETTERHAHN

Nach der Absetzung Karls III. und der Anerkennung Arnulfs von Kärnten hatte der karolingische Großstaat sich endgültig aufgelöst und die führende Schicht in den diversen Reichsteilen die Könige der Nachfolgeländer aus ihren eigenen Reihen bestimmt. Es erinnert, bei allen Unterschieden, etwas an die letzten Zukkungen der Merowingerdynastie (IV 279 ff.).

Im Westreich, aus dem Arnulf Thronangebote abgelehnt hatte,

was die Entwicklung eines «deutschen» Reiches nach dem Akt von 843 (S. 122 ff.) weiter vorantrieb, bekämpften sich zwei Parteien. Die stärkere Gruppe krönte den Robertiner Graf Odo von Paris, den Sohn Roberts des Tapferen, einen Nichtkarolinger, da Karl, der nachgeborene Sohn Ludwigs des Stammlers, als Herrscher noch nicht in Frage kam. Den Krönungsakt vollzog am 29. Februar 888 in der Pfalz Compiègne der gänzlich in Politik aufgehende junge Erzbischof Walther von Sens, dem Paris als Suffraganbistum unterstand. König Odo (888–898), der sich gelegentlich inmitten eines Kriegszugs an einem Heiligengrab niederwerfen, «aufs eifrigste» beten und dazu «viele Tränen» (Annales Vedastini) vergießen konnte, war dank der Gunst Kaiser Karls des Dicken Herr über sämtliche (besonders «kriegstüchtige») Grafschaften an der Loire, verfügte auch über einige der berühmtesten Abteien (St-Martin in Tours, St-Germain-des-Prés, St-Denis, St-Amand) und hatte einen beträchtlichen Teil des Episkopats hinter sich. Er gelobte urkundlich, den Besitz der Kirche nach Kräften zu mehren, zu erweitern, versprach auch die Verteidigung der christlichen Glaubensgrundsätze, und erst danach leistete man ihm den Treueid.

Die andere Partei, die sich in Odos eigenem Reich gegen ihn aufwarf, führte der Erzbischof Fulco von Reims (883–900) wohl schon deshalb an, weil der Erzbischof Walter von Sens, ein Nebenbuhler seines eignen Stuhles, Odo zum König gesalbt hatte.

Fulco, durch die Gunst von Hugo Abbas (S. 259 f.) seit 883 Nachfolger Hinkmars in Reims, war eine politische «Schlüsselfigur» (Hlawitschka), ein Seelenhirte, der Reims befestigte, die Abtei St-Bertin, der auch die beiden ersten bischöflichen Burgen, in Omont und Epernay, errichten ließ, vor allem aber war Fulco ein geistlicher Opportunist erbaulichsten Schlages. Zunächst hatte er den durch den Papst adoptierten Herzog Wido von Spoleto favorisiert, diesen herbeigerufen und ihn, kurz vor Odos Wahl, in Langres durch den dortigen Bischof Geilo zum König krönen lassen. Geilo, vordem Anhänger des Thronräubers Boso, verdankte Boso beträchtliche Besitzzuteilungen und erwartete nun wahrscheinlich weitere Vorteile von Wido. Und Fulco war mit

Wido verwandt und hätte gern einen seiner Sippe mit der westfränkischen Königskrone gesehen.

Angesichts der tatsächlichen Machtverhältnisse resignierte Wido freilich und kehrte nach Italien zurück. Erzbischof Fulco aber unterwarf sich nach dem Fehlschlag mit Wido König Odo und legte auf ihn im Frühjahr 888 einen Treueid ab. Um sich indes vor Isolierung zu bewahren, seine Macht zu stützen, suchte Fulco noch im Juni Arnulf von Kärnten während des Reichstags in Frankfurt auf und bot jetzt ihm die Krone Westfrankens an. Begleitet wurde der Erzbischof bei diesem edlen Unterfangen von den Bischöfen Dodilo von Cambrai, Honorat von Beauvais, Hetilo von Noyon, dem aus seinem Bistum verjagten Erzbischof Johannes von Rouen sowie dem Abt Rudolf von St. Omer und St. Vaast; letzteres jenes Kloster bei Arras, in dem seinerzeit ein Mönch die Jahrbücher von St. Vaast, die Annales Vedastini, niederschrieb.[21]

Aber Arnulf hatte durch das Debakel Karls des Dicken wohl erkannt, daß das großfränkische regnum von einem einzelnen kaum noch zu regieren war. So verzichtete er nicht nur auf das Westreich, sondern auch auf Italien und die Provence. Er entließ Erzbischof Fulco «ohne Rat und Trost» und traf sich mit Odo (nach dessen Triumph über die Normannen am 24. Juni in den Argonnen) im August 888 in Worms. Dort schloß er mit ihm ein Freundschaftsbündnis, schickte ihm eine Krone, mit der Odo am 13. November 888 in Notre-Dame zu Reims, in Anwesenheit ostfränkischer Gesandter, sich ein zweites Mal krönen ließ – eine «Befestigungskrönung» –, und zwar durch den Reimser Erzbischof Fulco!

Doch spätestens 892 kehrte Fulco auch dem von ihm gekrönten Odo wieder den Rücken und verschwor sich gegen ihn, u. a. mit den Bischöfen der Reimser Kirchenprovinz, die zu seinem Anhang zählten, wie Riculf von Soissons, Hetilo von Noyon und Herilandus von Thérouanne; von außerhalb der Provinz stieß Bischof Teutbald von Langres dazu, der Fulco sein Bischofsamt verdankte. Und am 28. Januar 893 weihte kein anderer als Erzbischof Fulco in Reims nun Karl III. den Einfältigen (893–923), den Sohn Ludwigs des Stammlers, einen gerade dreizehnjährigen Jungen, zum König (sein Beiname stammt aus späterer Zeit). Zwar war er ein Karolinger, der letzte Nachkömmling ihrer westfränkischen Linie, somit ein durchaus rechtmäßiger Reichserbe. Doch Fulco hatte Odo vier Jahre lang, von 888 bis 892, als rechtmäßigen König anerkannt, ihm auch Treue geschworen – und jetzt lesen wir: «Und alle verschworen sich gegen König Odo» (Annales Vedastini).[22]

Freilich machte nicht Karls «Legalität» den Prälaten zu seinem Fürsprecher, sondern «die offenkundige Feindschaft und der Haß gegen Odo». Unermüdlich agitierte er wider diesen und für seinen Schützling. Angeregt von Fulco, ergriff auch Papst Formosus für Karl Partei, billige Odo aber weiterhin den Königstitel zu. Und nach Ostern 893 zog das Reimser Kirchenhaupt unter Mitnahme des jungen Königs gar mit Truppen gegen Odo. Dieser jedoch lehrte sie laufen, drang in die Francia ein, verwüstete, raubte, entvölkerte, belagerte Reims, das Karl im September 893 mit einem starken Heer befreite. «Und so kommen wechselweise auf beiden Seiten viele ums Leben; man verübt gewaltig viel Böses, unzählige Räubereien und beständige Plünderungen» (Regino von Prüm). – Gerade auch Kirchen und Klöster waren seit langem und weithin immer wieder geplündert, geraubt, zerstört worden, und natürlich von gläubigen Christen.

Dann schließt man einen Waffenstillstand, worauf Erzbischof Fulco Hilfe für Karl den Einfältigen sucht, zunächst, indem er gegen Wido Stellung nimmt, bei Arnulf, dann bei dessen erbittertem Gegner Wido, den er auch wissen läßt, daß Arnulf gegen ihn einen Feldzug vorbereite. Nach Ablauf des Waffenstillstands führte Odo im Frühjahr 894 erneut sein Kriegsvolk vor Reims, worauf König Karl zu Arnulf floh, der sich nun für Karl und gegen Odo entschied, was aber die Machtverhältnisse im westfränkischen Reich nicht änderte.

Als Karl aus Ostfranken zurückkam, erwartete ihn Odo schon kampfbereit an der Aisne, und Karl sah sich jäh von zahlreichen Grafen und Bischöfen verlassen. Ja, als Odo gar auf dem Wormser Reichstag 895 die Anerkennung Arnulfs fand, der sich jetzt

Karl versagte, knüpfte Karl, wohl auf Vorschlag Fulcos, seines leitenden Staatsmanns, nun mit Arnulfs Sohn, dem eben zum König von Lotharingien erhobenen Zwentibold an. Doch kaum war dieser zur Unterstützung Karls im Westreich eingefallen, verleitete er einige von dessen Magnaten zum Abfall, und nun wandten sich Karl und Erzbischof Fulco, mißtrauisch geworden, heimlich Odo zu und verständigten sich mit diesem, ohne freilich auch ihm trauen zu können. Deshalb suchte Erzbischof Fulco, über Papst Formosus, ein Bündnis mit Kaiser Lambert, dem Sohn des Ende 894 verstorbenen Wido, was aber fehlschlug, da Arnulf sich selbst Mitte Februar in Rom die Kaiserkrone holte.

So ging es drunter und drüber im Westreich. Man mordete, schloß Frieden, verheerte, mordete weiter. Auch Kirchenfürsten waren nicht mehr sakrosankt. Schon 850 hatte man den Bischof David von Lausanne getötet. Bischof Theutbold von Langres wurde 894 von den Gefolgsleuten Karls, dem Herzog Richard von Burgund samt Anhang, geblendet, der Erzbischof von Sens eingekerkert. Erzbischof Fulco konnte 895 bei einem ungewollten Zusammentreffen mit Gegnern vorerst gerade noch entkommen, sein Begleiter aber, Graf Adelung, blieb auf der Strecke.

Nachdem Odo im Frühsommer 896 Reims erobert hatte, wechselte Ortsbischof Fulco, bisher entschiedener Parteigänger Karls, natürlich zum Sieger über und stand jetzt, mindestens äußerlich, auf dessen Seite; «notgedrungen», wie ihn die «Annales Vedastini» entschuldigen, «und tat demselben in allem Genüge, was er ihm befahl». Karl floh, einigte sich jedoch im nächsten Sommer mit Odo, der inzwischen schwer erkrankt war, Karl noch ein Landgebiet sowie die Nachfolge im Königsamt vertraglich zugesichert hatte, und Anfang Januar 898 starb.

Darauf gelangte Karl der Einfältige zu Reims «wieder auf den väterlichen Thron»; er wurde alleiniger Herr im Westfrankenreich, die Grundlage für die karolingische Restitution im Westen war geschaffen. Odo hatte zwar keinen Erben hinterlassen, aber zum Ärger des Adels stets allzu offensichtlich für die Mehrung seiner Hausmacht, die Förderung der eigenen Sippe gesorgt und zumal seinem Bruder Robert – ohne diesem klugerweise die Krone zu vermachen – ein bedeutendes Machtpotential vermittelt: die Basis für eine robertinische Sonderposition, die 922/923 Robert I. und 987 Hugo Capet zur Gewinnung des Thrones nutzten.

Erzbischof Fulco, unterdessen noch zum Erzkanzler erhoben, war jedoch am 16. Juni 900 von einem Dienstmann Balduins II., Graf von Flandern (infolge eines Besitzstreites um die reiche Abtei St-Vaast zu Arras, die vordem Balduin gehörte) «ungesäumt» erschlagen worden (Annales Vedastini). – (Wenige Jahre später wurde der Straßburger Bischof Otbert von seinen Diözesanen vertrieben und ermordet, auch Erzbischof Arnustus von Narbonne umgebracht, nachdem man ihm zuvor die Augen ausgestochen sowie Zunge und Genitalien ausgerissen hatte.)[23]

Eine eigene Rolle spielte zwischen West und Ost auch das «Land dazwischen».

KÖNIG ZWENTIBOLDS (HEILIGES) ENDE ODER SO WAR DAS LEBEN NUN MAL IN DEN GEHOBENEN CHRISTLICHEN KREISEN

Lotharingien, nach dem Tod Lothars II. im Vertrag von Meersen 870 zwischen West- und Ostfranken geteilt, war ein Jahrzehnt darauf durch den Vertrag von Ribémont ganz zum Ostfränkischen Reich gekommen, in dem es eine Sonderstellung erhielt. Blieb es doch auch später als Teilreich ein recht eigenständiges Land mit separater Kanzlei unter wechselnden Herren; blieb es als historische Landschaft etwas von «Germania» und von «Gallia» oder, anders gesagt, das «Land dazwischen», das für die Ostfranken in Gallien lag, doch auch für die Westfranken fast ein fremdes Gebiet und Volk war – die «Lotharienses». Selbst als es seit dem 10. Jahrhundert zum regnum teutonicum, zum sogenannten Heiligen Römischen Reich gehörte, gehörte es, behauptet jedenfalls Karl Ferdinand Werner, «nicht zu Deutschland».

Infolge der Geburt seines Halbbruders Ludwig IV. des Kindes 893, des einzigen Sohnes von Arnulf aus gültiger Ehe (mit der

Konradinerin Ota), verlor der Friedelsohn Zwentibold die ihm zugesicherte Aussicht auf eine Thronnachfolge. Gegen den anfänglichen Widerstand zunächst der ostfränkischen, dann der lotharingischen Großen gelang es aber König Arnulf auf dem Wormser Reichstag 895 den außerehelichen Zwentibold, so benannt nach seinem Taufpaten, dem Mährerherzog Swatopluk (Zwentibald), zum König von Lotharingien bestellen und nach westfränkischem Vorbild salben zu lassen. Es sollte das letzte ganz eigenständige lotharingische Königreich und überhaupt ein folgenschwerer Vorgang sein, am wenigsten zum Vorteil der deutschen Seite.[24]

König Zwentibold (895–900) beherrschte unter der Lehnshoheit seines Vaters ein autonomes Teilreich. Er führte, selbst heftig und ungezügelt, ein unruhiges, zerfahrenes Regiment in einem Land, das von den Friesen im Norden bis nach Burgund und dem Elsaß Räuber, Strauchritter, blutige Fehden erschütterten und das er eher noch mehr zerrüttete, je eigenmächtiger er darüber gebieten konnte. Er erließ selbständig Urkunden und Gesetze, verfügte über das Reichsgut, war auch außenpolitisch unabhängig und beteiligte sich nicht an den Reichsheerfahrten. Er regierte aber wie üblich mit bischöflichem Beistand. Seine Hofkapelle leitete Erzbischof Hermann I. von Köln, seine Kanzlei Erzbischof Ratbod von Trier, der zeitweise einen sehr großen Einfluß auf ihn hatte. Im Jahr 900 jedoch fielen die Bischöfe von Zwentibold ab und schlossen sich dem neuen König Ludwig IV. und dem Ostfrankenreich an.[25]

König Arnulf hatte die Sache fürsorglich eingefädelt, auch in Lotharingien selbst, wo der dortige Große, Graf Megingaud vom Mayenfeldgau, ein Neffe König Odos (von einer späteren Quelle sogar «dux» genannt), durchaus rechtzeitig über die Klinge sprang: Graf Alberich hat ihn «im Jahr der göttlichen Menschwerdung 892» am 28. August zu Rethel im Kloster des hl. Xystus heimtückisch gekillt – und König Arnulf dann Megingauds Lehen und Ämter seinem Sprößling Zwentibold verliehen; ein erster Schritt sozusagen zu dessen Eingemeindung. Der Mörder des Grafen Megingaud, nebenbei, Graf Alberich, wurde vier Jahre später, «um das Fest des hl. Andreas», von dem Grafen Stephan liquidiert. Und der Mörder Graf Stephan seinerseits wieder fünf Jahre danach, bei besonders romantischem Ambiente, «als er in nächtlicher Stunde auf dem Abort sitzend seinen Leib entleerte, von irgend jemand durch das Fenster des Gemaches mit einem vergifteten Pfeile...» (sagittae toxicatae).[26]

So war das Leben nun mal in den gehobenen christlichen Kreisen – so oder ähnlich kam man hinein, so oder ähnlich hielt man sich darin oder nicht; doch all dies und derlei tausendfach mehr blieb Kleinarbeit neben den «großen historischen» Taten.

Zunächst zwar standen die kirchlichen Repräsentanten wie die des Hochadels, die Grafen Reginar, Odakar, Wigerich, Richwin loyal zum neuen König. Doch bald geriet Zwentibold in Konflikt mit den in Lothringien besonders zahlreichen großen Feudalfamilien (kein Honiglecken, wie gerade am Rande und mehr punktuell gezeigt). Und dem lokalen Adel fiel schließlich auch er zum Opfer.

Zuerst verfeindete er sich mit dem in den Ardennen begüterten Matfridinger-Clan, den Grafen von Metz, den Brüdern Gerhard und Matfrid II. Ihnen und einigen anderen «Edlen», wie dem Grafen Stephan, entzog Zwentibold «im Jahr der göttlichen Menschwerdung 897» Lehen und Würden und verteilte ihre Ländereien oder ihren monastischen Besitz unter seine Leute. – «Wollte man einen Getreuen oder Verwandten beschenken, so waren die Abteien gerade recht» (Parisse); wobei der König einige Klöster, in Trier, in Metz, natürlich auch sich selbst zukommen ließ.[27]

Schließlich überwarf sich Zwentibold 898 auch mit seinem bisherigen Ratgeber und Günstling, dem mächtigsten seiner Großen, dem zwischen Maas und Schelde weithin mit Land gesegneten Grafen Reginar I. (Langhals), einem Enkel Kaiser Lothars I., Laienabt des Klosters Echternach im Bistum Trier und der St. Servatiusabtei zu Maastricht. Der maasländische Feudalmagnat rief Karl den Einfältigen, den westfränkischen König, zu Hilfe, und der, vorsichtig wie sein Großvater, aber auch gierig wie dieser, drang bis Aachen und Nymwegen vor. Der gänzlich überraschte Zwentibold floh; doch mit dem Beistand des streitbaren Bischofs Franko von Lüttich und dessen Truppen sowie weiteren Zuläufern brachte er Karl im Herbst 898 ohne Kampf, nach Verhandlungen, zurück in sein Reich. Und der Friedenschluß von St. Goar im nächsten Jahr unter Arnulfs Vermittlung sicherte Zwentibold zwar vorläufig Lotharingien, doch wurden damals wohl insgeheim auch schon die Weichen für seinen Sturz nach des Kaisers Tod gestellt.

Einstweilen jedenfalls war die Macht des rebellierenden Reginar noch immer ungebrochen. Zusammen mit anderen Bedrängten, wie dem Grafen Odakar, hatte er sich in dem stark befestigten Durofostum oder Durfos an der Maas eingenistet, mit Hab und Gut und Weib und Kind. Zwentibold vermochte es in zwei Feldzügen auch «mit aller Kraft» (Regino von Prüm) nicht zu erobern. Und da nun die Bischöfe – die Zwentibold bisher begünstigt, zuletzt aber etwas geschröpft, um «kirchliches Vermögen» gebracht hatte – die Partei der Empörer durchaus nicht, wie Zwentibold gefordert, bannten, sondern zu ihr überwechselten, wäre sein Schicksal und das des Königreiches Lotharingien besiegelt gewesen, auch wenn er nicht seinem eigenen Erzkanzler, dem Erzbischof Ratbod von Trier, vielleicht während der letzten Belagerung von Durfos, «gegen die priesterliche Würde mit einem Stock auf den Kopf» geschlagen hätte (Annales Fuldenses).

Die Rebellen um Graf Reginar sowie der hohe Klerus forderten schließlich Ludwig das Kind auf, in Lotharingien die Macht zu ergreifen. Nach ihrer Huldigung in Diedenhofen zog Ludwig jedoch wieder ab, ohne Zwentibold ausgeschaltet zu haben. Dieser sammelte neue Anhänger, verlor aber am 13. August 900 bei einem «Treffen» an der mittlern oder unteren Maas Reich und Leben. Seine Erleger waren jene Grafen Stephan, Matfrid und Gerard, die er drei Jahre früher um ihre Lehen gebracht. Und Gerard nahm sich, nur wenige Monate nach der Tötung des Königs, zur besonderen Belohnung noch dessen Gattin Ota zur Frau.

Während Zwentibolds Gegner Graf Reginar nun seine Macht erweitern, nämlich zu den Abteien Echternach und St. Servatius zu Maastricht noch die Klöster Stavelot und Malmedy erwerben konnte, kam der mit Klerushilfe beseitigte Zwentibold immerhin in den Geruch der Heiligkeit. Zumindest im Kloster Süsteren, wo seine beiden Töchter (von Ota), Cäcilia und Benedikta, nacheinander als Äbtissinnen walteten und er die letzte Ruhe fand, begann man ihn als Heiligen zu verehren, zumal ein Zahn von ihm sich häufig als wundertätig bei Zahnschmerzen erwies. Und noch die beiden Töchter, deren Reliquien dann gleichfalls Wunder wirkten, galten hier als heilig.[28]

Nicht besser als im katholischen Frankenreich sah es im katholischen Italien aus, schon gar nicht am päpstlichen Hof, über den nun immer wirrere und verwirrendere Zeiten hereinbrechen, Adelstumulte, Priesterverbrechen, Affären, über die wir oft selbst im Unklaren, Dunklen gelassen werden.

2. Arnulf von Kärnten: Papsttum und Italien

Luxus und Verbrechen

Man versteht schnell die ebenso intrigen- wie blutreichen Kämpfe dort, stellt man sich einmal Wohlleben und Reichtum dieser – ja schon in der Antike (vgl. bes. III 5. Kap.) – im Überfluß schwelgenden Prälaten vor, einen unverschämten Luxus, wie ihn gerade für das späte 9. Jahrhundert Gregorovius beschreibt, und keinesfalls nur für Rom, sondern auch für die Bischöfe Italiens «in Stadt und Land»: «Sie wohnten in prachtvollen Gemächern, die von Gold, Purpur und Samt strahlten; sie speisten gleich Fürsten auf goldenem Geschirr; sie schlürften ihren Wein aus köstlichen Bechern oder Trinkhörnern. Ihre Basiliken starrten von Ruß, aber ihre dickbäuchigen Obbae oder Weingefäße glänzten von Malerei. Wie beim Gastmahl des Trimalchio ergötzte ihre Sinne der Anblick schöner Tänzerinnen und die ‹Symphonie› von Musikanten. Sie schlummerten in den Armen ihrer Beischläferinnen auf seidenen Kissen in künstlich mit Gold ausgelegten Bettgestellen, während ihre Vasallen, Kolonen und Sklaven ihren Hofstaat versorgten. Sie würfelten, jagten und schossen mit den Bogen. Sie verließen ihren Altar, an dem sie, mit Sporen an den Füßen und ein Dolchmesser an der Seite, Messe gelesen, und ihre Kanzel, um auf goldgezäumte Pferde mit sächsischen Sätteln zu steigen und ihre Falken fliegen zu lassen. Wenn sie reisten, umgab sie der Schwarm ihrer Hofschranzen, und sie fuhren in kostbaren Wagen mit Rossen, deren sich kein König würde geschämt haben.»[29]

Bleibt dies aber nicht durch ein Jahrtausend so oder doch sehr ähnlich?

Johann VIII. war noch nicht bestattet, da wurde Marinus I. (882–884) schon sein Nachfolger. Marinus (gelegentlich falsch Martin II. genannt) war Sohn eines Priesters, bereits als Zwölfjähriger im römischen Kirchendienst und später meist päpstlicher Legat (vor allem in Byzanz gegen Photios); er wurde Schatzmeister, dann als erster Bischof eines anderen Bistums (von Caére, heute Cerveteri) Papst. Dabei mißachtete er freilich das kaiserliche Bestätigungsrecht ebenso wie die kirchlichen Kanones (besonders den 15. Kanon des Nicaenums), die den Übergang der Bischöfe von einer Diözese in die andere verbieten.

Marinus gehörte zur Partei der von seinem Vorgänger exkommunizierten und verbannten Formosus von Porto, Gregor und Georg (S. 269 ff.), die nun, begnadigt, sogleich wieder das Ruder ergriffen. Formosus wurde erneut in seinen Sprengel eingesetzt, der einstige Zeremonienmeister Gregor zum Oberhofmeister befördert und wahrscheinlich, nicht unbestritten, Patriarch Photios abermals verdammt.

Von Hadrian III. (884–885) ist wenig bekannt. Und als er nach einem kurzen Pontifikat im Sommer 885 Rom verließ, um Kaiser Karl III. den Dicken in Worms zu treffen, kam er nur bis S. Cesario sul Panaro bei Modena; hier starb er plötzlich, vielleicht eines gewaltsamen Todes. Der Verdacht besteht zumindest, und bezeichnenderweise hat man seine Leiche nicht nach Rom überführt, sondern im Kloster Nonantula beigesetzt. Doch wurde dieser Heilige Vater, der die Römer bei Dürre und Hungersnot mit harten Strafen drangsalierte, 1891 wirklich «heilig», offiziell: Fest 8. Juli.

Konnte aber unter Hadrian III. die Gruppe der von Papst Johann Verbannten sich noch behaupten, sorgte der aus seinem engeren Kreis kommende Stefan V. (885–891) für ihre Beseitigung. Oberhofmeister Gregor, «sehr reich», wurde von einem kurialen Amtsbruder in der Vorhalle des Peterdomes erschlagen «und der Fußboden der Kirche, durch die er geschleppt wurde, ganz mit seinem Blute besudelt»; sein Schwiegersohn Georg vom Aventin, der päpstliche Kämmerer, wurde geblendet, Gregors Witwe nackt aus Rom gepeitscht. Nach dieser Glanzleistung beglückwünschte Erzbischof Fulco von Reims, wendig wie kaum einer (S. 311 ff.), den neuen Papst zur erfolgreichen Niederwerfung der Feinde des Heiligen Stuhles.[30]

Waren solche Feinde freilich nicht auszuschalten, versuchte man einfach, sich ihnen anzupassen, anzufreunden, wie das Verhalten Stephans gegenüber Wido von Spoleto zeigt. Es begann ein gänzlicher Umschwung in der päpstlichen Politik.

WIDO UND BERENGAR – BÜRGERKRIEG IN ITALIEN UND PÄPSTLICHE SCHAUKELPOLITIK

Dem längst in Italien heimisch gewordenen, seit 842 als Herzöge von Spoleto begegnenden, mit den Karolingern aber nicht verwandten fränkischen Hochadelsgeschlecht der Widonen-Lambertiner enstammend, war Wido II. von Spoleto und Camerino seinem Vater Lambert gefolgt. Außenpolitisch nach Westfranken orientiert, familiär auch mit Toskana sowie Salerno verbunden und so der eigentliche Beherrscher Mittelitaliens, suchte er in den Spuren des Vorgängers sein Territorium vor allem im Süden und nicht zuletzt auf Kosten des Kirchenstaates zu vergrößern, ja, in Italien eine eigene Dynastie zu begründen.

Schon Johann VIII., der Wido als schlimmsten Feind der Kirche haßte, hatte immer wieder Kaiser Karl III. zu Hilfe gerufen, ihn umschmeichelt und gebeten, «dem langwierigen Übel ein Ende zu machen». Nachfolger Marinus I. traf den Herrscher 883 in der reichen oberitalischen Benediktinerabtei Nonantula (bei Modena), bereits seit ihren Anfängen auch ein bedeutendes politisches Zentrum. Wido wurde nun hochverräterischer Umtriebe mit dem griechischen Basileus bezichtigt und seines Herzogtums entsetzt. Gefangengenommen, entfloh er, warb in Unteritalien Mauren an, mit denen er sich fest verband, worauf der Kaiser gegen ihn einen seiner führenden Parteigänger und Blutsverwandten schickte, den seit etwa 875 in Friaul gebietenden Markgrafen Berengar, einen Unruochinger, somit ebenfalls aus längst in Italien ansässigem fränkischem Hochadel. Der Kaiserenkel war durch seine Mutter Gisela, eine Tochter Ludwigs des Frommen, mit den Karolingern nah verwandt und unterstützte deren ostfränkischen Zweig und dessen Ansprüche auf die italienische Königswürde. Den ausbrechenden Krieg beendete indes bald eine

Seuche in Berengars Heer, die sich über ganz Italien verbreitete, die bis an den Hof und zum König vordrang.

Wido aber konnte sich behaupten, wurde Ende 884 von Karl begnadigt und wohl oder übel wieder in sein Herzogtum eingesetzt. Schließlich erlangte er solche Macht, daß Papst Stephan V., nachdem er den griechischen wie fränkischen Kaiser um ihr Einschreiten ersucht hatte, sich dann doch an den im Moment Stärksten hielt, den Erzfeind der Kirche, Wido II. von Spoleto. Er adoptierte ihn sogar – wie einst Johann VIII. den Boso, gewann ihn auch zu einem Feldzug gegen die Sarazenen, wobei Wido 885 deren Festung am Garigliano erstürmte und plünderte, ein anderes Mal den Araberführer Arran mit 300 Gefährten bei Arpaja niederstach.

Berengar allerdings wurde im Januar 888 in Pavia, besonders mit Hilfe oberitalischer Bischöfe, zum König gekrönt, herrschte faktisch freilich nur über Oberitalien (888–924). Wido weilte seinerzeit außer Landes, um sich die westfränkische Krone zu holen (S. 312 f.), kehrte jedoch nach seinem Mißerfolg ebenso rasch wie er gekommen über die Alpen zurück.

In Italien begann damit der Bürgerkrieg zwischen den zwei katholischen Fürsten.

Wido hatte nach der Enttäuschung in Westfranken sofort gegen Berengar gerüstet, diesen freilich im Herbst 888 bei einem äußerst blutigen Zusammenstoß nahe Brescia nicht zu besiegen vermocht. Beide Seiten hatten große Verluste, schlossen einen kurzen Waffenstillstand, eine nur der weiteren Aufrüstung, Verstärkung, der Verbündetensuche dienende Atempause bis zum nächsten Treffen zu Beginn des Jahres 889 an der Trebia, wo einst Hannibal die Römer schlug. Es kam zu einem mörderischen Gemetzel, einer den ganzen Tag währenden Schlacht, in der auch hohe Geistliche das Schwert führten und Tausende ihr Leben verloren. Berengar mußte weichen; er konnte sich jetzt nur noch im östlichen Oberitalien (mit dem Zentrum Verona) behaupten. Wido aber wurde Mitte Februar 889 in der Pfalz zu Pavia vor allem von den oberitalischen Bischöfen zum senior et rex proklamiert – es waren «zum großen Teile dieselben, die vorher auf der

Seite Berengars gestanden» (Dümmler). Dafür mußte Wido freilich wieder den Schutz der Kirche, die Vorrechte und Ehren der Prälaten garantieren, ja, er förderte manche derart, daß er ihnen bereits allen öffentlichen Besitz ihrer Städte schenkte und auch Befestigungen zu errichten erlaubte.

Papst Stephan V. hatte zunächst Wido begünstigt. Doch bald war ihm die neue Macht des Spoletiners, dessen Erblande in nächster Nachbarschaft lagen, nicht geheuer. Zwar wagte er nicht, ihm offen zu widerstehen. Doch an Hilferufe war er, gleich ungezählten seiner Vorgänger, gewöhnt. So hatte Stephan schon den byzantinischen Herrscher um regelmäßige Entsendung von Kriegsschiffen gebeten, und dies obwohl er den Patriarchen Photios wie Stephanos die Anerkennung versagte. Ebenso hatte der Papst das Eingreifen Kaiser Karls III. in Italien gefordert, wo dieser immerhin sechsmal erschienen ist. Doch da der Monarch inzwischen gestürzt und gestorben und durch seinen Neffen, König Arnulf von Kärnten, abgelöst worden war, ersuchte er nun diesen anfangs 890 dringend, «Rom und Sankt Peter zu besuchen und das italische Reich, befreit von schlechten Christen und dräuenden Heiden, in Besitz zu nehmen». Weil aber Arnulf, durch innere und äußere Gegner gebunden, ablehnte, der erflehte Beistand ausblieb, unterwarf sich Stephan den «schlechten Christen» und krönte den zwar Verhaßten, doch damals Mächtigsten in Mittelitalien wohl oder übel am 21. Februar 891 (nebst Gattin Agletrude) in St. Peter zum Kaiser – der erste Kaiser aus nichtkarolingischem Haus, aber freilich nur ein italischer Partikularpotentat, der indes auch bald seinen etwa fünfzehnjährigen Sprößling Lambert zum König erheben ließ.[31]

Papst Formosus krönt die «Tyrannen» Italiens und ruft Arnulf auf, sie zu bekriegen

Nachfolger Stefans V. wurde Formosus (891–896), der Gründer der bulgarischen Kirche. In eine (angebliche) Verschwörung wider Kaiser und Johann VIII. verstrickt und von diesem 876 exkommuniziert, war Formosus im westfränkischen Reich, sein Anhang im Herzogtum Spoleto untergetaucht. Dann hatte er 878 dem Konzil von Troyes, nachdem er sich schuldig bekannt, eidlich versichert, seine Degradierung zum Laien anzuerkennen und nie wieder nach einem geistlichen Amt zu trachten, auch nie wieder Rom zu betreten. Er leistete diesen Eid auf die vier Evangelien, auf das Kreuz Christi, die Sandalen des Herrn, die Reliquien der Apostel, endlich bekräftigte er ihn noch unterschriftlich – und wurde am 6. Oktober 891 Papst! Er hatte, ebenso fähig wie ambitiös, sicher keinen größeren Ehrgeiz, erklärte sich aber, wie noch fast jeder seiner Vorgänger seit langem, für unwürdig; gewaltsam mußte er von seinen Wählern in Porto vom Altar der Bischofskirche, den er umklammert hielt, gerissen werden. Gewiß hatte ihn Marinus I. vom Eid wieder entbunden und erneut als Bischof in Porto eingesetzt. Gehörte ja auch Marinus, wie Formosus selbst, zu jener Partei, die durch Johanns VIII. Ermordung zur Herrschaft gelangt war.

Gleich zu Beginn seines Pontifikats klagte Formosus über «Ketzereien» und Spaltungen in der Kirche. Sein Hauptgegner wurde der Diakon Sergius, der berüchtigte spätere Papst, ein Parteigänger der Spoletiner oder der nationalen Faktion, während Formosus, dessen ganzer Anhang doch einst unter Johann VIII. in Spoleto Zuflucht gefunden, zu Arnulf und dessen Schützling Berengar stand. Gleichwohl hat Formosus unter dem Druck der Verhältnisse Wido von Spoleto, den Tyrannen Italiens, so die ostfränkischen Chronisten, anerkannt, ja, wie widerwillig immer, dessen Kaiserkrönung am 30. April 892 in Ravenna wiederholt und gleichzeitig auch Widos Sohn Lambert zum Mitkaiser gekrönt. Wie üblich wurden in einem Pactum die päpstlichen Besitztümer und Privilegien bestätigt. Als aber Wido den Berengar einmal mehr geschlagen und nach altem Brauch Patrimonien des Kirchenstaates eingezogen hatte, als überhaupt seine Macht stets zu wachsen schien, schickte Formosus im Sommer 893 König Arnulf Legaten mit dem wieder einmal dringenden Ersuchen, das Königreich Italien und das Erbgut des hl. Petrus «schlechten Christen», also dem «Tyrannen» Wido, zu entreißen, «ut Italicum regnum et res sancti Petri ad suas manus a malis christianis eruendum adventaret» (Annales Fuldenses).[32]

DIE EINNAHME BERGAMOS ODER EINE MORGENMESSE GIBT ALLEMAL KRAFT

Arnulf setzte zunächst seinen Sohn Zwentibold in Marsch. Zusammen mit Berengar lag er drei Wochen vor Pavias Mauern Wido reichlich tatenlos gegenüber und kehrte darauf, angeblich von ihm bestochen, zurück. Nun folgte Arnulf selbst. Mit starker Heeresmacht überquerte er im Januar 894, mitten im strengen Winter (noch im März erfroren in manchen Gegenden Bayerns Reben, Schafe, Bienen), die tiefverschneiten Alpen, vermutlich den Brenner. In Verona wurde er wieder durch Berengars Truppen verstärkt und ließ dann, «um die Reinigung der heiligen Maria» (2. Februar), nach der Feier der hl. Messe, «beim Morgenrot» das hochgelegene Bergamo in schweren Kämpfen stürmen und «nach Gottes Führung» (Annales Fuldenses) erobern – ein von den zeitgenössischen Chronisten wie von den späteren mittelalterlichen Historikern vielbeachtetes Ereignis, nicht zuletzt wegen der dabei demonstrierten Liebe zum Feind. Denn Arnulfs durch die hl. Messe gestärkte Streiter, nachweislich darunter Erzbischof Hatto von Mainz, Bischof Waldo von Freising und der Bischof von Neutra, Kanzler Wiching, verrichteten auch nach der Einnahme noch allerlei notorisch Christliches, worüber Bischof Liutprand von Cremona schreibt: «Priester Gottes wurden gebunden fortgeschleppt, geweihte Jungfrauen genotzüchtigt, Ehefrauen geschändet. Nicht einmal die Kirchen konnten den Flüchtenden eine Freistätte bieten; denn in diesen gab es Schlemmereien, unanständige Aufzüge, unzüchtige Gesänge und Trinkgelage. O Greuel! es wurden dort sogar Weiber öffentlich der Unzucht preisgegeben.» Das alles im Beisein der hochwürdigsten Herren aus Mainz, Freising und Neutra. Aber eine Morgenmesse gibt allemal Kraft.

Widos Grafen Ambrosius ließ Arnulf vor den Toren in voller Rüstung an einen Baum hängen, ebenso einen bewaffneten Kleriker Godfrid. Dagegen übergab er den Bischof Adelbert von Bergamo dem Mainzer Seelenhirten, der ihm natürlich kein Haar krümmte. Und auch Arnulf versöhnte sich sehr rasch mit dem geistlichen Ortsoberen und bestätigte ihm schon am 1. Januar 895 alle Besitzungen seiner Kirche; noch die Landgüter des ante portas strangulierten Grafen Ambrosius von Bergamo gingen in den Besitz des Bischofs von Bergamo über.[33]

Arnulf aber kam nur bis zur Lombardei.

Zwar hatte er in Mailand bereits eine Urkunde nach «dem ersten Jahr der deutschen Herrschaft in Italien» datiert. Doch mehrere Magnaten des Landes, deren Gier nach großen Lehen der König unbefriedigt ließ, stellten sich, trotz eines ihm gerade geleisteten Treueids, gegen ihn. Vor allem aber war sein Heer durch den Anmarsch im strengen Winter, durch Lebensmittelmangel und Krankheiten geschwächt, und so kehrte er im März 894 in Piacenza um. Südlich des Pos herrschte Kaiser Wido, «der Tyrann des italischen Reiches» (Annales Fuldenses), der freilich, gerade im Begriff wieder gegen Bergamo zu ziehen, noch im Herbst desselben Jahres am Fluß Taro bei Parma jäh einem Blutsturz erlag, worauf ihm sein Sohn Lambert, seit 891 schon Mitkönig, in der Herrschaft folgte.

Papst Formosus hatte Lambert an Ostern 892 in Ravenna zum Mitkaiser gesalbt und viel später noch beteuert, daß er sich von seinem «teuersten Sohn», für den er väterliche Gefühle hege, durch nichts trennen lasse. Tatsächlich wollte er sich um fast jeden Preis aus dem Griff der Widonen befreien. So schickte er auch alsbald, was die spoletinische Partei bis zur Weißglut entfachte, König Arnulf eine Gesandtschaft, die diesen erneut mündlich sowie durch mitgebrachte Schreiben bedrängte, dem Heiligen Vater Hilfe zu leisten, hatte doch schon sein Vorgänger Stephan nichts sehnlicher als die Entmachtung der Spoletiner gewünscht.[34]

ARNULF BELAGERT ROM, KÖPFT DORT UND WIRD ERSTER FRÄNKISCH-DEUTSCHER GEGENKAISER

Nach Beratung mit den Bischöfen entschloß sich Arnulf zu einem neuen Romzug.

Im Dezember 895 unterwarf er die Lombardei. Dann traf er, nach einem äußerst mühevollen, unter gewaltigen Stürmen, Regengüssen und schlimmem Pferdesterben erfolgten Marsch – nun zunächst mit Ochsen, «nach Art der Pferde gesattelt» – durch Tuszien, im Februar 896 vor Rom ein. Dort aber hatten die Spoletiner, hatte Widos couragierte Witwe, die Kaiserin Ageltrude (Tochter des Herzogs Adelchis von Benevent, der einst Ludwig II. in einem Handstreich gefangengesetzt: S. 217), überraschend die Tore schließen und die Stadt in Verteidigungszustand bringen lassen.

So kam es zur ersten Belagerung Roms durch einen fränkisch-deutschen König. Und wieder war der Herr dabei. Alle feierten, berichten die ostfränkischen Chronisten, die hl. Messe, beichteten ihre Sünden, fasteten, schwuren Arnulf «unter Tränen Treue» und erstürmten «auf Gottes Wink», das heißt wohl «mit Beistimmung des obersten Priesters», im ersten Anlauf und mit Hilfe, wie Arnulf glaubte, des hl. Pankratius (dem er dann zwei Kapellen, in Roding und Ranshofen, erbaute) die heilige Stadt, aus der Ageltrude in aller Stille verschwand. Ja, sie eroberten Rom «durch Gottes Vorsehung, ohne daß auf Seiten des Königs aus einem so großen Heer einer fiel». Dafür rollten allerdings auf der anderen Seite noch beim Einzug die Köpfe. Jedenfalls meldet Bischof Liutprand, Arnulf ließ, «um die dem Papst geschehene Unbill zu rächen, eine Menge vornehmer Römer, die ihm entgegeneilten, enthaupten».

Gleichwohl: Kreuze, Fahnen, Jubelgesänge. In festlicher Prozession ging's nach St. Peter, und dort krönte Papst Formosus unter Verleugnung Lamberts, den er selbst zum Kaiser gekrönt, Arnulf, den «Bastard», zum Kaiser, zum ersten fränkisch-deutschen Gegenkaiser.

Arnulf blieb nur zwei Wochen in Rom. Dann brach er Anfang März zur Eroberung Spoletos auf – nach mancherlei Gunsterweisen und seinerseits versehen mit vielen Reliquien, den kostbarsten Schätzen des Papstes, der auch andere damit eingedeckt hatte. (Den einflußreichen Hatto von Mainz zum Beispiel mit dem angeblichen Haupt und einem Glied des hl. Georg, denen Hatto auf der Reichenau eine eigene Kirche errichtete. Besaß man doch dort auch eine vom Konstanzer Bischof öffentlich anerkannte Reliquie des Evangelisten Markus! Und dies, obwohl sie durch Bischof Ratold von Verona 830 unter dem Namen «Valens» ins Kloster gelangt war. Beiläufig noch: Georg, einer der christlichen «Soldatengötter», trat allem Anschein nach an die Stelle eines arabischen Gottes, des kriegerischen Theandrites; zudem war der «hl. Georg» wahrscheinlich ein «Ketzer», nämlich Arianer, der erst in der Legende zum Katholiken wurde.)

Doch trotz des ganzen Reliquiensegens befiel Arnulf noch vor Erreichung seines Zieles eine schwere Lähmung. Wie sein Vater Karlmann (S. 251, 260) erlitt er einen Schlaganfall, die Erbkrankheit der Familie, und der so siegreich begonnene Feldzug wurde fluchtähnlich abgebrochen.[35]

KAISER ARNULF UND PAPST FORMOSUS STERBEN

Während die spoletinische Partei rasch wieder über Rom zu herrschen begann, kehrte der König verstört nach Regensburg zurück, wo er in fortschreitendem Siechtum noch vier Jahre lebte. Und bis zuletzt, noch im Jahr vor seinem Tod, wurde er, der doch selbst so manchen «Bastard» in die Welt gesetzt, offenbar von Eifersucht gequält, verbreitete sich das Gerücht, «von einem seit vielen Zeiten unerhörten Verbrechen der Königin Uta», hieß es, sie gebe «ihren Körper in buhlerischer und unedler Verbindung preis». Erst 72 Eideshelfer konnten den ungeheuerlichen Verdacht vor Gericht als unbegründet erweisen.

Es war übrigens nicht der einzige Argwohn, der den todkranken, und, kaum Mitte fünfzig, am 8. Dezember 899 sterbenden Herrscher beschlich: – seine Ärzte sollten ihn gelähmt haben. Einer von ihnen floh und verbarg sich in Italien; ein anderer, ein gewisser Graman, wurde deswegen zu Ötting geköpft. Und «ein Weib, Namens Rudpurc, die als Anstifterin dieses Verbrechens durch sichere Untersuchung überführt wurde, starb in Aibling am Galgen» (Annales Fuldenses), anscheinend auf dem Königshof Aibling bei Rosenheim, wo Arnulf gelegentlich «den Geburtstag des Herrn» gefeiert hatte, bevor er nun «an der schmählichsten Krankheit» starb, weiß Liutprand von Cremona. «Von kleinen Würmern nämlich, Läusen, wie man sie nennt, wurde er aufs äußerste gequält, bis er seinen Geist aufgab. Man behauptet aber, dieses Ungeziefer habe bei ihm so überhandgenommen, daß kein ärztliches Mittel Abhilfe schaffen konnte.»[36]

Nach Arnulfs Rückzug beherrschte Lambert mit Hilfe seiner energischen Mutter, der Kaiserin Ageltrude, wieder große Teile Italiens, das er im Herbst 896 mit Berengar vertraglich geteilt. Es war jenes Jahr, in dem Lambert auch den reichen Grafen Meginfred von Mailand hinrichten, einen Sohn und Schwiegersohn desselben blenden ließ. Und sicher hätte es jetzt auch Papst Formosus, nach seinem Verrat der Spoletiner, schwer gehabt, wäre er nicht schon wenige Wochen nach Arnulfs Abzug aus Rom, am 4. April 896 einer Krankheit erlegen oder Gift.

Sein Nachfolger, Bonifatius VI. (April 896), Sohn eines Bischofs namens Hadrian, war ein Mann, so munkelte man, mit dunkler Vergangenheit und als Kleriker bereits zweimal von Johann VIII. abgesetzt worden. Ein Pöbelaufruhr soll ihn tumultuarisch auf den Heiligen Stuhl gebracht haben, allerdings nur 15 Tage, dann starb er, «wie man hört», an Podagra (bekanntlich

Gicht des Fußes, «bes. der großen Zehe»: Duden). Und Bonifatius' Nachfolger hielt sich immerhin ein gutes Jahr, eigentlich ein schlechtes, jedenfalls ein äußerst kurioses, zierte der geschworene Feind des Formosus sein Pontifikat doch bald durch einen singulären Akt, mit dem er wohl für lang in die Geschichte eingegangen ist, die zwar alle Akte umfaßt, vorzugsweise aber kriminelle.[37]

DIE LEICHENSYNODE –
EIN MAKABRES SCHMIERENSTÜCK PAPALEN RANGES

Stefan VI. (896-897), wiederum ein Priestersohn, erkannte zunächst Kaiser Arnulf an, ging indes, als Kaiser Lambert von Spoleto erneut Rom in die Hand bekam, zu diesem über, den im Mai 898 auch die große Synode von Ravenna nochmals ausdrücklich bestätigt hat. Inzwischen aber vollzog Stephan als Kreatur des Spoletinerhauses dessen Rache an Formosus. Obwohl einst selbst von Formosus zum Bischof geweiht, obwohl selbst unkanonisch auf den römischen Stuhl gewechselt, machte er nun dem toten Papst in aller Form den Prozeß.

Der seit neun Monaten Bestattete wurde jetzt, bereits stark angefault, von den Anhängern der Widonen aus dem Grab gerissen, in Pontifikalgewänder gesteckt und wohl im Januar 897 vor der «Leichensynode» in St. Peter auf den sogenannten Apostolischen Stuhl gesetzt. Darauf hielt man drei Tage in aller Form über die herausgeputzte Mumie Gericht, die drei Kläger, die Bischöfe Petrus von Albano, Silvester von Porto und Paschalis (mit unbekanntem Bistumssitz) sowie einen Diakon als Pflichtverteidiger an die Seite bekam, der mit zittriger Stimme und natürlich unbefriedigend für sie geantwortet hat.

Man fand einige Vorwände; warf dem halb Verwesten Eidbruch vor, wovon ihn allerdings Marinus I. schon losgesprochen. Man bezichtigte ihn des ehrgeizigen Strebens nach dem Papstamt, wessen man ungezählte Päpste (und andere Prälaten) selbstverständlich ebenfalls hätte bezichtigen können. Und man kreidete ihm den Übergang von Porto nach Rom, von einem Bistum in ein andres an, damals, nach alter Tradition, zwar generell verboten, gelegentlich jedoch erlaubt. Hatte ja sein fürchterlicher Richter, Papst Stephan VI., eine solche Translation in persona vorgenommen, nämlich seinen Bischofssitz Agnani mit dem römischen vertauscht. (Waren aber alle Weihen des Formosus ungültig, so auch die Konsekration Stephans zum Bischof von Agnani, da sie Formosus vollzogen, womit dann freilich keine Translation mehr vorlag, Stephan VI. also zu Recht auf dem Papstthron saß!)

Vielleicht ist ja nicht einmal der Vorgang an sich, der Einfall eines von kaum glaublichem Haß verzehrten Heiligen Vaters das Erstaunlichste an einer Sache, die wie das Szenario aus einer Nervenklinik, ein Alptraum anmutet, als die Tatsache, daß diesem geistlichen Gruselkabinett eine ganze Bischofsversammlung drei Tage beiwohnt – sei es nun ehrfürchtig oder nicht. Wie es in diesem Rahmen auch ganz gleichgültig ist, ob Formosus ein Ganove war oder nicht! Man kann der Menschheit wirklich alles bieten – zumal der gläubigen...

Am Ende des makabren Schmierenstücks – von den Quellen bald das «erschütternde Schauspiel», die «Schauersynode» (horrenda synodus) genannt – erklärte man Formosus für abgesetzt, die von ihm erteilten Weihen für ungültig, unterschrieb ein entsprechendes Dekret, verfluchte ihn und befahl, alle von ihm Geweihten nochmals zu weihen. Man riß der Leiche sozusagen protokollgerecht die papalen Gewänder bis auf ein Hemd herunter, hüllte sie in Laienklamotten, schlug ihr ein paar Finger der rechten Hand, die Schwur- bzw. Segensfinger ab und schleifte sie barbarisch brüllend aus der Kirche und durch die Straßen. Schließlich warf man sie unter dem Protestgeschrei der Zusammengeströmten erst in eine Grube, worin man namenlose Fremde verscharrte, dann, nachdem man sie nochmals ausgegraben, nackt in den Tiber – gerade in einer Zeit, in der die alte Basilika des Lateran zusammenbrach, worauf die Römer jahrelang den kostbaren Schutthaufen nach Schätzen durchwühlten.

Auch Papst Stephan überlebte die Prozedur nicht lang. Noch

im selben Jahr, im Juli 897, wurde er bei einer Volkserhebung, hinter der wohl die ostfränkische Partei Roms und der Anhang des Formosus standen (nicht zuletzt auch etliche Wunder, die dessen elende Leiche bewirkt haben soll), abgesetzt, seiner Insignien beraubt, in einen Klosterkerker geworfen, erwürgt – und später durch ein prächtiges Epitaph geehrt.[38]

FORMOSIANER UND ANTIFORMOSIANER

Fortan bekämpften sich Formosianer und Antiformosianer in Rom, auch literarisch, in Attacken und Apologien, jahrzehntelang.

Noch im Todesjahr des ermordeten Papstes gingen die sehr kurzen Pontifikate seiner Nachfolger Romanus und Theodor II. zu Ende. Sie konnten in diesen turbulenten Tagen gerade noch Formosus rehabilitieren, ehe sie starben. Romanus, ein Bruder von Papst Marinus und Anhänger des Formosus, erklärte alle Beschlüsse des Leichenspektakels für nichtig. Doch amtierte er nur vier Monate, und über seine Amtszeit wissen wir fast nichts. Trifft eine revidierte Fassung des Liber Pontificalis zu, wurde er «hinterher zum Mönch gemacht», das heißt in einem Kloster verwahrt.

Und Theodor II., der im Spätherbst 897 bloß zwanzig Tage regierte, annullierte auf einer römischen Kirchenversammlung abermals alle Verfügungen des Kadaverkonzils, erkannte die Weihen des Formosus an, ließ die Absetzungsurkunden Stephans VI. verbrennen und bestattete aufs feierlichste die von Tiberfischern (oder von Mönchen) aufgefundenen Reste des Formosus, vor denen sich, als sie im Sarg lagen, sogar einige Heiligenbilder in St. Peter «ehrfurchtsvoll verneigten. Dieses habe ich von den gottesfürchtigsten Einwohnern der Stadt Rom oftmals gehört», versichert der Bischof Liutprand, ohne mit der Wimper zu zucken. Weder der genaue Tag von Theodors II. Amtsantritt noch der seines Todes sind bekannt, noch der Grund für seinen frühen Tod.[39]

Nun machten die Gegner des Formosus den Bischof Sergius von Caëre (heute Cerveteri), einen Grafen von Tusculum, zum Papst. Doch noch vor seiner Weihe brachte ein Straßenkampf – mit Hilfe Lamberts von Spoleto, den Formosus 892 zum Kaiser gekrönt – den Kandidaten der Formosianer, Johann, auf den begehrten Thron, den Gegenpapst Sergius erst 904 besteigen konnte. Während dieser samt seinen verjagten Gewalthorden in Tuszien unter dem Schutz des dortigen Markgrafen Adalbert stand, bereit bei jeder Gelegenheit über Rom herzufallen, exkommunizierte Johann IX. (898–900), ein von Formosus zum Priester geweihter Benediktinerabt aus Tivoli, die Sergianer inzwischen.

Johann IX. ließ auch nochmals durch ein Konzil in Ravenna die Leichensynode verdammen. Einerseits wurden die von Formosus geweihten, durch Stephan VI. aber gefeuerten Geistlichen wieder in ihre sogenannten Würden eingesetzt, andererseits Stephans VI. Handlanger bei Formosus' Leichenschändung aus der Kirche ausgeschlossen. Exkommuniziert und depossediert wurde auch Presbyter Sergius, der im Dezember 897 Gegenpapst zu Johann IX. war, 904 jedoch rechtmäßiger Papst geworden ist (S. 478 ff.).

Leider verfügte Kapitel 7 der Synode von Ravenna, die Akten der Leichensynode zu verbrennen. Aber diese Kirche hat stets gern verbrannt, Menschen, Gotteshäuser, Schriften; vor allem systematisch und von früh an Traktate der «Ketzer», doch auch Texte der Heiden und Juden; sogar aktenmäßig dokumentierte eigene Schandtaten, die Akten des Konzils von Rimini 359 etwa (I 393 ff.), des Konzils von Ephesus 449 (II 220 ff.), des Konzils von Konstantinopel 867 (S. 223). Und Verbrennen wurde in der Gemeinschaft der Heiligen selbstverständlich nie verboten. Dagegen verbot man, was für sich spricht, gleich durch Kapitel 1 der ravennatischen Versammlung, für alle Zukunft das Zitieren von Toten vor Gericht.[40]

Kaiser Lambert und Kaiser Arnulf sterben, die Ungarn überfluten Norditalien

Johann IX. kollaborierte im übrigen mit dem jungen Lambert von Spoleto, als dessen Schützling er auch Papst geworden war. Somit erklärte er Lamberts Kaiserkrönung als rechtskräftig «für ewige Zeit», während er die Arnulfs als «barbarische», vom Papst «durch Betrug erpreßte» ganz verwarf. Und er arbeitete ihm desto lieber in die Hand, als Lambert nicht nur unbestritten dem größten Teil Italiens gebot, sondern auch Arnulf ohnmächtig und todkrank in Deutschland dahinsiechte. Denn vom 4. bis ins 20. Jahrhundert, vom hl. Konstantin I., «Signatur von siebzehn Jahrhunderten Kirchengeschichte» (I 5. Kapitel), bis zu Hitler (s. dazu Bd. II der «Politik der Päpste im 20. Jahrhundert»), schreitet die Heilsgeschichte gern im Gleichschritt mit der Heil-und-Sieg-Geschichte.

Dasselbe Konzil, das die Akten der Leichensynode kassierte, erklärte so auch die Kaiserkrönung des «Barbaren» Arnulf für nichtig. Dagegen machte man, anscheinend ebenfalls in Ravenna, dem vermutlich selbst anwesenden Kaiser Lambert einige Zugeständnisse, wofür dieser allerdings Roms Privilegien, zumal seinen Territorialbesitz, garantieren mußte. In nicht weniger als einem halben Dutzend Kanones fordert der Papst die Rückgabe der seinem Stuhl entfremdeten Liegenschaften, seine Rechte, und versäumte auch nicht, allen die Exkommunikation anzudrohen, welche die Zehntleistung verweigern. Hab und Gut sind den Hierarchen heilig, gewöhnlich das Allerheiligste (indes «Zynikern» wie unsereinem natürlich nichts heilig ist).[41]

Kaiser Lambert aber, jung, begabt, schön, starb jäh Mitte Oktober auf der Eberjagd in der Gegend des oberen Po; angeblich durch einen Sturz vom Pferd. Doch Bischof Liutprand von Cremona verrät uns, was auch andere alte Quellen bestätigen, daß der Unfall fingiert gewesen, der Kaiser in Wahrheit ermordet worden sei. Im Marengo, in einem Wald «von ungewöhnlicher Größe und Schönheit, besonders für die Jagd geeignet», habe ihn während eines kurzen Schlummers sein Begleiter Hugo umgebracht, der Sohn des von Lambert getöteten Mailänder Grafen Maginfred, um seines Vaters Tod zu rächen, und dies später auch gestanden. «Er fürchtete nicht», schreibt Bischof Liutprand, «die ewige Verdammnis, sondern brach unter Aufbieten aller Kraft mit Hilfe eines starken Astes dem Schläfer den Hals. Denn mit dem Schwert ihn zu töten, scheute er sich, damit der offenkundige Befund ihn nicht als den Schuldigen am Verbrechen auswies.»

Da auch Kaiser Arnulf Ende des Jahres 899 in Regensburg seinem Leiden erlegen war, versuchte jetzt Berengar von Friaul, Lamberts alter Gegner, die italische Krone an sich zu reißen. Doch erlitt er Ende September 899 an der Brenta durch die Ungarn eine blutige Niederlage, wobei auch viele Prälaten fielen. Und Bischof Liutward von Vercelli, Karls III. des Dicken einstiger Erzkanzler (S. 287 f.), wurde seinerzeit auf der Flucht samt seinen Schätzen, diesen «unvergleichlichen Schätzen, deren Überfluß über alles Maß hinausging» (Regino von Prüm), und die er natürlich vor den Ungarn retten wollte, von diesen erschlagen.

Es war der erste Einfall der Magyaren in «dem unglücklichen Italien», überliefert Liutprand, der die Offensive breit schildert, wiederholt das riesige, unermeßliche Heer der Invasoren betont, dann aber überraschend meint, Berengar habe ihnen ein dreimal so starkes entgegengestellt. So faßten denn auch die fliehenden Ungarn den – freilich vergeblichen – Beschluß, für ihre Heimkehr den Christen die Rückgabe ihrer ganzen Beute nebst Entschädigung zu bieten. Und machten bald, hart bedrängt über die weiten Gefilde um Verona zur Brenta jagend, gepeinigt durch die große Ermattung ihrer Pferde, durch Angst, ein neues Angebot: Auslieferung sämtlicher Habseligkeiten, Gefangenen, Waffen, Pferde; allein das nackte Leben wollten sie behalten, Italien auch nie wieder betreten, sogar ihre Söhne als Geiseln stellen – erhielten aber «auf der Stelle» eine weitere Abfuhr, eine sehr christliche: «Wenn wir, zumal von Leuten, die in unserer Gewalt und bereits soviel wie tote Hunde sind, das als Geschenk annehmen, was uns schon übergeben ist, und mit ihnen einen Vertrag eingehen wollten, so würde der wahnsinnige Orestes schwören, daß wir den Verstand verloren hätten.»

Tatsächlich hatten sie ihn verloren. War man ja nicht nur aufgeblasen, sondern auch uneinig, wünschten manche offenbar noch lieber als den Untergang der Heiden den gewisser Christen, auf daß sie dann nach deren Tod «selbst allein gewissermaßen schrankenloser herrschten».

Die Ungarn indes legten den Christen auf drei Seiten einen Hinterhalt, setzten mit dem Mut der Verzweiflung geradewegs über den Fluß, jagten mitten hinein in Berengars überraschte Scharen – «und die Heiden überließen sich ihrer Mordlust...» Bis auf einen kläglichen Rest kam das gesamte Christenheer um; die Poebene wurde von den Siegern überflutet.

WIE AUS LUDWIG III. DURCH DEN BISCHOF VON VERONA LUDWIG DER BLINDE WURDE

Papstnachfolger Benedikt IV. (900–903) krönte im Februar 901 den jungen Ludwig III. von der Provence (890–928) zum Kaiser. Der Sohn des Burgunderkönigs Boso und der Irmingard, der Enkel Kaiser Ludwigs II. also, war von Anhängern des 898 verstorbenen Kaisers Lambert anno 900 gegen Berengar I. ins Land gerufen, in Pavia zum rex Italiae erhoben und dann gleich von Benedikt IV. freundlich in Rom empfangen und gekrönt worden. Ein erheblicher Teil des Adels und der Bischöfe mißgönnte nämlich Berengar die Krone, zeigte sich offenbar auch enttäuscht durch seine Niederlage gegen die Ungarn, wie dann durch sein Paktieren mit ihnen.

Allerdings konnte Kaiser Ludwig III. Berengar nicht Trotz bieten, da diesen die oberitalischen Großen bald wieder begünstigten. Durch einen Eid, nie mehr nach Italien zurückzukehren, erkaufte sich Ludwig bereits 902 den Abzug über die Alpen, folgte jedoch drei Jahre später einer neuen Einladung und ging Berengar, der zunächst bis auf baycrisches Gebiet hatte flüchten müssen, dann auch mit bayerischer militärischer Hilfe durch einen Handstreich 905 auf Verona ins Netz, allem Anschein nach nicht ohne Zutun des Ortsbischofs.

Der siegreiche Ludwig hatte sein Heer bereits entlassen und begab sich, berichtet Abt Regino, «in Folge einer Aufforderung des Bischofs Adalhard von Verona mit sehr geringer Begleitung in die besagte Stadt. Die Bürger aber taten dies in größter Eile dem Berengar kund, der zu jener Zeit in Baiern als Vertriebener lebte. Dieser zog ohne Zaudern mit Truppen, die er von allen Seiten zusammenraffte, nach Verona, fing den unvorsichtigen Mann mit List und beraubte ihn in der Gefangenschaft des Augenlichtes.»

Man hatte Berengar «zur Nachtzeit» die Stadttore geöffnet, Ludwig III. geblendet, den fast noch ein Vierteljahrhundert blind Lebenden und nun auch «der Blinde» Genannten als praktisch regierungsunfähig in die Provence zurückgeschickt, einen Priester Johannes Kurzhose als Mitschuldigen geköpft. 915 wurde Berengar selber Kaiser – damals jedoch nur noch ein Ehrentitel in Italien, das Amt eine Farce.[42]

All die hier mehr angedeuteten Kämpfe um das «regnum Italicum» spiegeln den Zusammenbruch der karolingischen Dynastie. All diese Feldzüge, Handstreiche, Verschwörungen werden von Repräsentanten großer fränkischer Familien, werden von bekennenden Katholiken unternommen, von Arnulf, Wido, Lambert, Berengar, Ludwig dem Blinden. Und dieser ganze Niedergang des karolingischen Königtums hatte eine stetige Steigerung der bischöflichen Macht zur Folge – wie schon zuvor der Aufstieg der karolingischen Könige, und wie schon davor der Aufstieg und das Fiasko der Merowingerkönige! (Vgl. dazu IV.)

Alle überlebte das perpetuelle Parasitentum der Kirche. Wo andere zugrunde gingen, gedieh sie, wie stets, so auch in dieser Epoche: durch Verleihung von Immunitäten, durch Übertragung der missatischen Gewalt (unter Karl dem Kahlen), durch Anhäufung des Besitzes. So war, zum Beispiel, schon unter Wido der Bischof von Modena zum tatsächlichen Herrn der Stadt geworden. Ebenso schalteten die Oberhirten von Cremona, Parma, Piacenza, Mantua faktisch selbständig; sie geboten über die Grafengewalt und das Steuereinkommen. Berengar, dessen Erzkanzler die Bischöfe Adalhard von Verona und Arding von Brescia waren, machte den Kirchen aus Liebe zu den Heiligen (und seinem Seelenheil) mancherlei Konzessionen. Und unter Lambert nahmen die großen Schenkungen an den Klerus noch zu. Gerade die Bischöfsstädte waren wirtschaftlich und verwaltungsmäßig dem Einfluß des Königtums fast entzogen, dessen Macht sich auch dadurch entsprechend verminderte. «Anarchie, Rechtlosigkeit und Rechtsunsicherheit sind das Merkmal der Zeit, erwachsen auf dem Boden des feudalen Aufbaus der Gesellschaft, begünstigt durch die Schwäche und den beständigen Wechsel der Zentralgewalt...» (L. M. Hartmann).[43]

War aber die Zentralgewalt stark, profitierte die ewig opportunistische Ecclesia ebenfalls davon. Und war die Zentralgewalt schwach, profitierte der ewig machtgierige Klerus davon erst recht, wie die Geschichte auch unter dem Sohn und Nachfolger Kaiser Arnulfs lehrt.

7. KAPITEL

KÖNIG LUDWIG IV. DAS KIND
(900—911)

«Eine eigenständige Regierung vermochte das stets kränkelnde Kind aber nicht zu verwirklichen. Die Herrschaft ging auf Adel und Episkopat über. Entscheidende Berater waren Erzbischof Hatto von Mainz und Bischof Salomo von Konstanz.»
Alois Schmid[1]

«Von der Tätigkeit der Laienfürsten im Reichsregiment melden die Annalisten nichts». Schur[2]

«In dieser überaus verdorbenen Zeit sind in der Kirche viele Schandtaten begangen worden und werden noch begangen...»
Abt Regino von Prüm[3]

Nach dem Tod Kaiser Arnulfs wurde sein einziger ehelicher Sohn, der erst sechsjährige Ludwig, in der Reihe der ostfränkisch-deutschen Könige: Ludwig IV. (893–911), am 4. Februar 900 in Forchheim offiziell zum König erhoben – die erste gesicherte Königskrönung ostfränkisch-deutscher Geschichte. Arnulf hatte die Großen des Reiches (ohne die seit 895 selbständigen Magnaten Lotharingiens) schon 897 eidlich auf Ludwigs Nachfolge verpflichtet, dessen Regierung jedoch nur nominell sein konnte. Und im folgenden Monat huldigte ihm auch die lotharingische Aristokratie, freilich nur in der Hoffnung auf möglichst große Eigenmächtigkeit.

Die erhofften indes auch andere, zumal die zunehmende Aktivität eines selbstbewußteren Adels, seine wilden Fehden und Rivalitätskämpfe, dem Im-Trüben-Fischen eher förderlich war. Dabei wurden allerdings im Ringen um die Führung zugunsten von einigen wenigen noch weiter aufsteigenden Adelsfamilien namhafte andere ausgerottet, besonders in Franken und Lotharingien.[4]

Ludwig IV. das Kind, die Marionette des Klerus

Hatte schon Ludwigs IV. Vater, der König und Kaiser, eng mit der Kirche kooperiert (S. 297 ff.), hatten beide ihre Macht im Kampf mit dem Hochadel gefestigt, so regierten für den unmündigen Priesterzögling Ludwig jetzt beinah ausschließlich Prälaten. Sie waren im Lauf des 9. Jahrhunderts immer mächtiger geworden und nahmen nun, durch kein starkes Königtum mehr eingeengt, das Steuer des Reiches begierig in die Hand.

Zwar bildete der kleine König, der schon bald in der Geschichtsschreibung den Beinamen «das Kind» (infans, puer, adolescens) bekam, rein äußerlich den Mittelpunkt, gruppierte sich das staatliche Leben um ihn, zelebrierte man in seinem Namen auch das tradierte Ritual der Reichsversammlungen: 901 in Regensburg, 903 in Forchheim, 906 in Tribur; wie Ludwig bei Beurkundungen auch eigenhändig den Vollziehungsstrich in das Königsmonogramm setzte. Aber zum selbständigen Regieren gelangte der überdies Kränkelnde nie. Und gab es auch einige «königsnahe» Magnaten, wie die Konradiner, Verwandte der mütterlichen Seite des jungen Königs, oder den bayerischen Markgrafen Liutpold, einen weitläufigeren väterlichen Verwandten, die Reichspolitik bestimmten vor allem Vertreter des Klerus. Es war «eine rein bischöfliche Regierung» (Nitzsch). «Von der Tätigkeit der Laienfürsten im Reichsregiment melden die Annalisten nichts» (Schur). Und auch unter den «Intervenienten», den «Fürsprechern», das heißt jenen Hochgestellten, auf deren Rat, Empfehlung, Einflüsterung das königliche Kind Rechte verleiht, Güter schenkt, Krongüter tauscht, standen an erster Stelle Geistliche.

Selbstverständlich verkehrten auch die weltlichen Großen am Hof, nicht zuletzt gerade Graf Konrad der Ältere vom Lahngau (der Vater Konrads des Jüngeren, des späteren Königs Konrad I.) und sein Bruder Gebhard. Wuchs ja überhaupt ein potenteres Adelsregiment heran, häufiger konkurrierende Partikulargewalten, aus denen Herzöge und Herzogtümer hervorgingen; doch eben jetzt eine Prälatenregentschaft darüber. Die Bischöfe begleiteten den jungen Regenten – nicht mehr als ihre Marionette – auf Schritt und Tritt. Und anders als manch weltliche Magnaten waren sie auch auf allen seinen Zügen dabei. So blieb Ludwig das Kind wohl bis zu seinem frühen Tod völlig unselbständig, abhängig von den führenden Männern, hohen Klerikern mit nicht geringen Eigeninteressen.[5]

Einen maßgeblichen Regierungsanteil hatte freilich kaum

mehr als ein halbes Dutzend von ihnen; allen voran der schon von Arnulf eingesetzte Erzbischof Hatto und Bischof Salomo III.

Hatto I. von Mainz (891–913), sehr aktiv, intelligent, verschlagen, damals eine Art «Papst für Deutschland», wie Wolfgang Menzel einst schrieb, war unentwegt politisch tätig, ohne dabei den Nutzen seiner Kirche und seiner selbst zu vergessen; das hängt ohnedies gewöhnlich eng, fast untrennbar zusammen. Schwäbischem Adel entstammend, stützte der um 850 Geborene zuerst mit seiner Sippe Karl den Dicken, nach dessen Sturz sofort Arnulf von Kärnten, was sich auch schnell auszahlen sollte: noch 888 und 889 wird Hatto mit den äußerst begüterten Abteien Reichenau und Ellwangen begabt und erhält zwei Jahre danach das Erzbistum Mainz, eine Kirchenprovinz, die sich als größte des ostfränkischen Reiches von Sachsen bis Schwaben, von der Elbe bis zu den Alpen erstreckte. So kam den Mainzer Bischöfen (die auch, erstmals seit 870, dauernd seit 965, das Erzkanzleramt, die königliche Kanzlei leiteten) eine Spitzenstellung im Staat zu; sie galten als «Königsmacher».

Bald nach Ludwigs Regierungsantritt versteht es Hatto, noch das reiche Kloster Lorsch (Lauresham) zu bekommen, obwohl Arnulf die Selbständigkeit des von Karl I. zum Königskloster erhobenen, von Ludwig dem Deutschen mit wertvollem Reichsbesitz beschenkten Lorsch garantiert hatte; eines Klosters, das von der Nordsee bis zum Bodensee begütert war und ab 766 rund 100 Schenkungen pro Jahr erhielt! Schließlich verdankt Hatto auch das Kloster Weißenburg der Fürstengunst.

Der Mainzer Erzbischof bewegte sich mit Vorliebe in Herrschernähe. Er wurde 893 einer der beiden Taufpaten des jungen Königs, begleitete Arnulf auch auf seinen Italienzügen 894 sowie 896 zur Kaiserkrönung, war maßgeblich beteiligt 899 bei dem hinterhältigen Treffen mit Zwentibold in St. Goar (S. 319) und der Wahl Ludwigs im folgenden Jahr; nicht zu vergessen seinen Vorsitz auf der wichtigen Synode 895 während der großen Reichsversammlung in der Königspfalz Tribur bei Mainz (S. 298 ff.). Kurz, Erzbischof Hatto, schon zu Arnulfs Zeiten «das Herz des Königs» genannt, erscheint jetzt als der faktische Regent.[6]

Von kaum viel minderer Bedeutung für das Regierungsgeschäft unter Ludwig dem Kind wurde Bischof Salomo III. von Konstanz (890–919), in den letzten Jahren des Königs der eigentliche Leiter der Kanzlei, seit 909 auch mit dem Titel des Kanzlers. Salomo war ein enger Freund des einflußreichen Hatto und bemerkenswert skrupellos. In Schwaben schaltete er als der mächtigste Feudalherr des Landes zweimal brutal die Herzogsprätendenten aus (S. 366 ff.).

Beide Bischöfe repräsentierten ihren Stand auch insofern würdig, hochwürdig, als sie die da sehr entwickelte Kunst beherrschten, vor allem den eigenen materiellen Vorteil wahrzunehmen, und zwar ganz gleich, ob es Schenkungen aus Kriegsgut betraf oder weniger blutig erworbene Vergabungen oder sonstige lukrative Geschäfte, etwa gewinnbringenden Tausch von Klostergut gegen Krongut. «St. Gallen ist damals so zu manchem schönen Stück Kronland gekommen. Auch ihre Bistümer mögen sie bedacht haben, doch aus Mainz und Konstanz ist keine einzige ältere Urkunde erhalten. Man hat unwillkürlich den Eindruck, daß die Herren diese Geschäfte unter sich selbst abmachten, denn das Kind auf dem Thron verstand nicht einmal, um was es sich handelte. Und peinlich berührt es noch zu sehen, wie eifrig diese Hände auch nach dem Wittum der durch den Ehebruchprozeß allerdings bloßgestellten Königin-Mutter Uta langten: so ließ man den kleinen König aus dem Wittum seiner Mutter auf ‹Fürsprache› von fünf Bischöfen und Liutpolds der Kirche von Seben den Hof Brixen, wohin das Bistum dann verlegt wurde, dann wieder mit ‹Zustimmung› mehrerer Bischöfe und einiger Grafen und, wie gesagt wird, auf ‹Fürsprache› Utas selbst der Kirche von Regensburg den Hof Velden, der Kirche von Freising den Hof Föhring schenken. Man müsse, heißt es in einer derartigen Schenkungsurkunde, den königlichen Dienst durch Fürsorge für die Kirche ermöglichen» (Mühlbacher)[7]

Einfluß auf die Regierung des ostfränkischen Reiches übte aber auch der zunächst noch als Erzkapellan und Erzkanzler amtierende Erzbischof Thietmar von Salzburg aus; ferner Erzbischof Pilgrim I. von Salzburg (907–923), der durch Ludwig IV. im Jahr

908 den Königshof Salzburghofen (im heutigen Freilassing) erhält samt reichem Zubehör, Zöllen und Bedeutung für die wichtige Saline Reichenhall, im folgenden Jahr (zusammen mit dem Markgrafen Aribo) auch die Abtei Traunsee (Altmünster), bis er unter Konrad I. 912 dessen Erzkapellan wird. Weiter spielten eine beachtliche Rolle Erzbischof Rutbod von Trier, der Erzkanzler für Lotharingien, die Bischöfe Waldo von Freising, Erchanbald von Eichstätt, Tuto von Regensburg, Rudolf von Würzburg, Thietelah von Worms.

Von besonderer Bedeutung endlich war Bischof Adalbero von Augsburg, der Erzieher des Königs und ein weiterer Pate, hatte er das Kind doch gemeinsam mit Hatto in «der heiligen Quelle der Taufe» gewaschen (Annales Fuldenses) und ihm den Namen seines Großvaters gegeben. Gerieten die Taufpaten ja überhaupt häufig tief in die Politik, falls sie nicht schon tief darin steckten und eben auch darum Taufpaten wurden. Bereits Adalberos Vorgänger, Bischof Witgar, war ganz in Reichsgeschäfte verstrickt und wirkte vornehmlich in den Hofkreisen Ludwigs des Deutschen und Karls des Dicken. Und Adalbero selbst hatte schon als steter Ratgeber und Begleiter Arnulfs agiert, ehe er anscheinend sogar leitender Minister des jungen Königs wurde, der ihn seinen getreuesten Erzieher, geliebten Lehrer, geistlichen Vater nannte. So hat ihn das Volk denn auch bald als Seligen verehrt, wahre Wunder geschahen an seinem Grab – nur aus Adalberos Tätigkeit für sein Bistum ist nicht das geringste bekannt.[8]

Zwei Ereignisse belasteten das ostfränkische Reich zur Zeit Ludwigs des Kindes besonders, eine langanhaltende, von außen kommende Katastrophe und ein verhältnismäßig kürzeres innenpolitisches Desaster, der Ungarnsturm und die sogenannte Babenberger Fehde.

Der Ungarnsturm beginnt

Nach dem Tod Arnulfs griffen die Ungarn an.

«Sein Sterbetag war für sie fröhlicher als alle Festtage, erwünschter als alle Schätze», behauptet wohl kaum ganz zu Unrecht Bischof Liutprand. Ihr Vorstoß geschah unerwartet. Mit ungeheurer Wucht und arger Not im Gefolge verheerten sie weite Teile West-, doch auch Südeuropas, besonders aber das ostfränkische Reich, wohin sie freilich einst Arnulf selbst als Bundesgenossen gerufen hatte.

Auch waren die Ungarnkriege zwar hauptsächlich, doch keinesfalls ausschließlich Verteidigungskriege, und nicht nur 907 (S. 350). Seit dem Sieg des Bayernherzogs Berthold – er war der jüngere Sohn des 907 bei Preßburg gefallenen Markgrafen Liutpold – am 12. August 943 bei Wels, dem bis dahin größten deutschen Erfolg gegen die Ungarn, ergriffen die Bayern die Offensive. Einen weiteren Vorteil errangen sie 948. Bereits im nächsten Jahr schlugen sie sich mit den Magyaren offenbar in Ungarn selbst. Und auch 950 ging der Bruder Ottos I., der bayrische Herzog Heinrich, einer der ungestümsten Draufgänger unter den ostfränkischen Fürsten, wieder offensiv in Ungarn vor. Er siegte zweimal jenseits der Theiß, erbeutete reiche Schätze, viele Gefangene und kehrte «wohlbehalten in das Vaterland zurück» (Widukind).[9]

Die Ungarn oder Magyaren, wie sie sich selbst nannten, waren ein in Zelten oder Schilfrohrhütten lebendes berittenes Nomadenvolk, teils finnisch-ugrischer, teils turkstämmischer Abkunft; die lateinischen Quellen setzen diese schnellen, wendigen Reiter und trefflichen Bogenschützen häufig mit Hunnen und Awaren gleich. Von den Pečenegen, einem besonders kriegerischem reiternomadischem Turkvolk, schwer bedrängt und im Bündnis mit den Bulgaren 895 aus ihren Sitzen zwischen Wolga und Donau am Schwarzen Meer vertrieben, überfielen, verwüsteten, beraubten sie von der Theißebene aus immer wieder Pannonien, Böhmen und das Mährerreich, das König Arnulf 892 noch Seite an Seite mit ihnen bekämpft hatte und das sie bis 906 völlig vernichteten, buchstäblich verschwinden ließen. Ab 899 suchten sie auch Oberitalien heim, brandschatzten sogar Südfrankreich, attackierten aber im beginnenden 10. Jahrhundert in oft jährlichen Raubzügen Bayern, Sachsen, Alemannien, Elsaß, Lothringien. Und länger als ein halbes Jahrhundert setzten sie ihre Einfälle fort – eine schlimmere Plage als die Normannen, die sich inzwischen mehr auf Ostengland konzentrierten.

Anno domini 900 erschienen die Ungarn erstmals auf einst bayerischem, heute österreichischem Boden.

Über die Enns brachen sie in den Thraungau ein, «auf 50 Meilen in die Länge und Breite mit Feuer und Schwert alles mordend und plündernd». Allerdings erledigte im Spätherbst ein bayerisches Heer unter Graf Liutpold von Kärnten und dem Bischof Richar von Passau eine kleine ungarische Nachhut bei Linz, rühmlich kämpfend, sagt der Annalist, noch rühmlicher triumphierend. Denn angeblich fand man durch die «Gnade Gottes» unter den Gefallenen und in der Donau Ertrunkenen zwar 1200 Heiden, aber «kaum einen einzigen Christen» (Annales Fuldenses).

901 wurden die Ungarn nach einem Einfall in Karantanien auf dem Rückweg an der Fischa, östlich von Wien, geschlagen, 902 in Mähren gemeinsam mit den Mährern, deren Reich die Bayern noch zwei Jahre zuvor geplündert hatten, wie ja schon 890 und 899. Auch 903 kam es zu Kämpfen mit den Magyaren, diesmal mit unbekanntem Ausgang. Und 904 luden die Bayern eine ungarische Gesandtschaft unter deren Heerführer Chussal zu sich ein, veranstalteten erst ein Gastmahl, dann ein Massaker mit ihnen, killten sie komplett, und offensichtlich wieder mit dem Beistand Gottes.

«DEUTSCHE CHRISTLICHE AUFBAUARBEIT IM OSTEN» UND DER «GARSTIGSTE HUND...»

Doch dann scheint der Herr sie verlassen zu haben, kamen die Ungarn fast Jahr für Jahr wieder, erledigten diese am 5. Juli 907 in einem ostfränkischen Offensivkrieg – von bayerischen Bischöfen, Äbten und Adeligen mit König Ludwig dem Kind am 17. Juni 907 beschlossen – den bayrischen Heerbann bei Preßburg total. Eine «gewaltige Schlacht», melden lakonisch die Annales Alamannici und fügen knapp hinzu: «und ihr abergläubischer Hochmut ist vernichtet worden». Auf dem Mordfeld lagen nicht nur mehrere Grafen nebst viel sonstig Edlem, sondern auch drei Äbte und drei Bischöfe, der Erzbischof Thietmar von Salzburg sowie die Bischöfe Udo von Freising und Zacharias von Seben-Brixen – «die Blüte des bayerischen Adels und Episkopats... und die Aufbauarbeit (!) blieb unterbrochen» (Bosl); in einem Land, das man zwar gern als alten Besitz ansah, das aber erst Karl «der Große» in vielen jahrelangen Kriegen von den Awaren geraubt hatte, deren gesamter Adel dabei zugrunde gegangen, ja, deren ganzes Volk damals aus der Geschichte verschwunden ist (IV 485 ff.) – «Aufbauarbeit»!

Erzbischof Thietmar von Salzburg, dessen «Reliquien» man 1602 wieder gefunden haben will, was für ein Glück, wurde in Salzburg zu den Heiligen bzw. Seligen gezählt; Bischof Zacharias von Seben und Bischof Udo von Freising erkannte man immerhin die «palma martyrii» zu, hatten sie doch ihr Leben «fuer den Glauben Christi auffgeopffert» (Meichelbeck). In der Ungarnschlacht in Thüringen vom 3. August 908 fiel auch Bischof Rudolf von Würzburg, offenbar der Initiator der blutigen Babenberger Fehde (S. 354 ff.). Dagegen ignoriert die Überlieferung das innerkirchliche Wirken dieses Oberhirten «fast völlig». Auch sein Nachfolger, Bischof Thioto, anscheinend gleichfalls eine Kreatur der Konradiner, geht ganz im «Reichsdienst» auf; über eine kirchliche Tätigkeit in der Diözese Würzburg, der er fast ein Vierteljahrhundert vorsteht, hört man «praktisch nichts» (Störmer).[10]

909, 910, 913 liquidierten die Bayern zwar ungarische Streifscharen, doch verwüsteten die Invasoren von den Alpen bis zur

Nordsee weiter das Land, setzten sie ihre Züge nach Deutschland unentwegt fort – nicht weniger als zwanzig zwischen 900 und 955. Bischof Michael von Regensburg verlor im Ungarnkrieg ein Ohr, streckte aber gleichwohl noch einen Gegner nieder und erwarb viel Beifall dafür. Was half's! Die «deutsche christliche Aufbauarbeit im Osten» war «neuerdings zusammengebrochen» (Heuwieser).

Dabei ist zweierlei bezeichnend: erstens, daß die Ungarn, ebenso wie die Normannen, sich gut über die inneren Zwiste des katholischen Abendlands zu informieren und diese zu nutzen verstanden; zweitens, daß die katholischen Fürsten auch gegenüber den Ungarn, wie gegenüber den Normannen oder Arabern, oft wenig Solidarität zeigten und meist lieber ihre Erbhändel ausfochten, als ihre Untertanen vor dem Feind zu schützen – was immerhin Herzog Arnulf «dem Bösen» (S. 364 f.) gelang, der die Ungarn durch einen Vertrag auf Jahrzehnte von Bayern fast gänzlich abhalten konnte. Vielmehr sind alle drei, Sarazenen, Normannen, Ungarn, «in zahllosen Fällen den Gegnern im eigenen Land auf den Hals gehetzt worden. Man trug kein Bedenken, sich mit ihnen zu verbünden. Emigranten gingen zwecks Wiedergewinnung der eigenen Stellung zu ihnen, um sie zum Eingreifen aufzumuntern.» Andererseits freilich hat die abendländische Christenheit «eine Fülle von ergreifenden Gebeten gegen die Heidennot gerade im 9. und 10. Jahrhundert geformt» (Tellenbach).[11]

Ja, war das nicht wunderbar, wahrhaftig wie von Gott geschaffen, wenn die Heidennot zu einer Fülle ergreifender Gebete führte? Wenn sie – Not lehrt beten – zu Gott hinführte? Ja, konnte da die Not überhaupt groß genug sein? Je größer die Not, desto größer doch der Pfaffengewinn, mochten auch Kirchen und Klöster vorerst in Feuer aufgehen, Rauch, man baut sie wieder auf, meist imposanter, schöner (– und läßt, wie heute noch, die «Laien» alles zahlen).

So machten die frommen geistlichen Herren die Ungarneinfälle noch schrecklicher als sie schon waren; machten sie die Ungarn schlechthin zu «Werkzeugen des Teufels», zu «Gog und Magog» und erklärten, der Jüngste Tag stehe bevor.

Nach Bischof Liutprand haben diese Höllengeister keinen Gott und kein Gewissen. Sie ruinieren nicht nur Burgen und Kirchen, töten nicht bloß Menschen, sondern «um immer mehr Schrecken zu verbreiten, tranken sie das Blut der Erschlagenen». Bischof Salomo III. von Konstanz (S. 366 ff.) schreckt mit seit der Bibel und den Kirchenvätern (auch gegenüber Christen) in allen Varianten hochbeliebten Tiervergleichen (I 3. Kap.): «jetzt dringt der garstigste Hund selbst in das Haus Christi ein». Und Regino, Abt von Prüm (bis 899) und von Trier (bis 915), produziert geradezu «Greuelmärchen» (Weinrich) über die Barbaren, wobei er sich, offenbar der größeren Authentizität wegen, der reichen ethnographischen Topoi des Altertums bedient, reihenweise schlechte Eigenschaften der (neuen) Hunnen herzählt, vor allem «blutdürstige Wildheit (cruentam ferocitatem), «viehische Wut» (beluino furori); sie leben nicht «nach Art von Menschen, sondern wie das Vieh» – «wie die wilden Tiere», sagt auch Widukind –, ja, sie «verschlingen als Heilmittel die in Stücke zerteilten Herzen ihrer Gefangenen».[12]

Von «unsteten Räubern und der europäischen Völkerfamilie»

Diese zumal deutsche Verachtung des Andersartigen, Fremdrassigen, Asiatischen zieht sich durch alle Jahrhunderte. Und mag selbst ein verdienter Historiker wie Albert Hauck (1845–1918) noch so sehr darauf insistieren, daß diese «Nomaden» in ihrer «Kulturlosigkeit» für «den seßhaften Germanen» «nur abstoßend sein», daß der Seßhafte «nichts Häßlicheres sehen» konnte «als diese Wilden» und nichts Gräßlicheres hören konnte als ihr «mißtönendes Gegrunze», mag Hauck die Ungarn mit allem Recht immer wieder «Räuber» und «Räuberbanden» schimpfen, mag er das einstige Jäger- und Hirtenvolk, ein Volk von Kriegern gleichsam wider Willen, eine «Nation» nennen, «die den Raub als nationalen Beruf trieb» – täuscht er sich nicht sehr mit der Behauptung: «es gab überhaupt keinen Berührungspunkt zwischen diesen unsteten Räubern und der europäischen Völkerfamilie»?

Kein Zweifel, so ähnlich sahen auch die «Großdeutschen» unter Hitler die östlichen, slawischen, asiatischen «Untermenschen» (und wie sitzt das noch jetzt in jenen Teutonen, deren Zahl Legion ist!). Doch verrät sich Hauck nicht, fügt er im letzten Zitat seinen «Räubern» das schlichte, unscheinbare «unstet» bei, als erinnerte zumindest sein Unbewußtes sich noch an andere, weniger unstete, an stete Räuber, an Räuber, die gleich, wo immer möglich, auf ihrem Raub hocken blieben, die nicht nur das bißchen Beutegut behielten, sondern das ganze erbeutete Land dazu!

Der protestantische Theologe schreibt: «Weil das deutsche Reich des zehnten Jahrhunderts erobernd war, deshalb wurde die deutsche Kirche zur Missionskirche Europas.» Eben. Deshalb konnte Europa am deutschen Wesen genesen. Doch was heißt hier «erobernd» anders als raubend?!

Hauck selbst wieder erinnert daran: «noch am Ende des neunten Jahrhunderts ist Slavenland eine ganz gewöhnliche Bezeichnung für Kärnten.» Aber schon im 10. Jahrhundert wird es besser, geht es aufwärts, vorwärts: – «nun hat deutscher Adel großen Grundbesitz im Lande erworben»; erworben, wie schön. «Auch die deutschen Stifter nennen weit ausgedehnte Flächen ihr eigen» – ihr eigen, klingt auch nicht schlecht. Auch die Bistümer Freising und Seben bekommen jetzt im Südosten «großen Grundbesitz». Ebenso ist nun erst recht der Salzburger Sprengel «weit nach Osten hin ausgedehnt» – ausgedehnt, weit ausgedehnt, mächtig ausgedehnt etc., Hauck nimmt sich nicht einmal die Mühe, sein Vokabular etwas zu variieren. Die Sache selbst ist zu schön und treibt ihn, als könne er nicht schnell genug den ganzen Erwerb, diese ausgedehnte Aneignung literarisch nachvollziehen, sodaß er natürlich gar keine Zeit findet darüber nachzudenken, ob es denn wirklich «überhaupt keinen Berührungspunkt zwischen diesen unsteten Räubern und der europäischen Völkerfamilie» gab, zwischen diesen wüsten Ungeheuern, wie sie Bischof Pilgrim von Passau, der berüchtigte Fälscher (S. 441 ff.), nennt, und dem deutschen Volkstum, das in «seinem» Osten, nun mit

Hauck zu sprechen, «festen Fuß zu fassen» beginnt. Ja: «Es ist als ob man einen Eindruck davon gehabt hätte, wie viel für Deutschland die Ausbreitung nach Osten bedeutete...»[13]

Aber auch für die Slawen bedeutete sie viel – auch wenn es natürlich etwas ganz andres ist, wenn Christen dort die «Untermenschen» massakrieren und expropriieren, als wenn «der garstigste Hund selbst in das Haus Christi» eindringt – – das ja auch nicht immer so sehr friedlich war (und ist). Und voller Nächstenliebe. Und Froher Botschaft. Entbrannte doch gerade seinerzeit, während des Pfaffenregiments, ein brutaler Bürgerkrieg im Reich, die sogenannte Babenberger-Fehde (897–906), deren Anfänge allerdings noch in die letzten Regierungsjahre Arnulfs fallen.

Die Babenberger-Fehde (897–906)

Franken, das ursprünglich die meisten alten Adelsfamilien aufwies, hatte dann auch die größten Fehden und die schlimmsten Verluste. Am Ende des 9. und zu Beginn des 10. Jahrhunderts rangen nur noch die beiden führenden fränkischen Geschlechter um die Vorherrschaft im Mainraum und zugleich um eine optimale Ausgangsposition für die Jahre nach der nominellen Regentschaft des Kinderkönigs: die Popponen-Babenberger – benannt nach dem Grafen Poppo im Grabfeld und ihrer Burg Babenberg (Bamberg) – und die Konradiner.

Die Babenberger, Adalbert, Adalhard und Heinrich (II.), die über Grafschaften um Fulda, im Grabfeld, im oberen Maingebiet geboten, die sie schließlich alle verloren, waren die Söhne Heinrichs, des 886 vor Paris gegen die Normannen gefallenen Separatkillers und Truppenführers (S. 282) Karls des Dicken, und wohl schon insofern, wie der Vater, Gegner Arnulfs, der ihre Entmachtung betrieb, wo immer er konnte. Dazu bediente er sich der aus dem Moselraum stammenden, im Rhein-Main-Gebiet, im Niederlahngau, in Hessen und der Wetterau begüterten Konradiner, der Brüder Konrad, Gebhard, Eberhard und Rudolf.

König Arnulf, dessen Hof die Babenberger mieden, war mit der Konradinerin Uta verheiratet und förderte das Vorrücken von deren Familie auf Babenberger Terrain, begünstigte sie durch Schenkungen, ja er machte 892, nach dem Schlachtentod des Würzburger Bischofs Arn, den Konradiner Rudolf zum Bischof am Main (892–908). Damit ist die blutige Auseinandersetzung programmiert – «ein gewaltiger Hader der Zwietracht und ein Streit voll unversöhnlichen Hasses», schreibt Regino von Prüm «im Jahr der göttlichen Menschwerdung 897», indem er die «gegenseitigen Metzeleien» mit einer «ungeheueren Feuersbrunst» vergleicht, die sich von Tag zu Tag ins Unermeßliche vergrößere. «Unzählige gehen auf beiden Seiten durch das Schwert zu Grunde, Verstümmelungen an Händen und Füßen werden verübt; die ihnen untertänigen Landschaften werden durch Raub und Brand von Grund aus verwüstet.»[14]

Die Konradiner, die unter ihrem Verwandten, König Arnulf, mit Gütern und Grafschaften nach Osten ausgriffen, die unter ihm und seinem unmündigen Sohn zu Herzogswürden aufstiegen, wurden nun nicht nur in Franken, sondern auch in Lothringen bevorzugt, wo Gebhard, der Konradiner, als Amtsherzog eingesetzt, in einer Urkunde geradezu als «Herzog von Lothringen» erscheint. Die Babenberger dagegen sahen sich immer mehr zurückgedrängt, ließen 897 nahe Würzburg, vermutlich infolge Gebietsabtretungen, den königlichen Diener Trageboto ermorden, so daß die Fehde zunächst, noch ohne direktes Zutun des Königs, mit dem Bischof von Würzburg begann, zu dem später, schon unter Ludwig dem Kind, seine Brüder Eberhard und Gebhard stießen.

Es kam zu einem Treffen. Der Babenberger Heinrich II. fiel, der Konradiner Eberhard wurde schwer verwundet, und als er starb, ließ sein Bruder Gebhard den in Gefangenschaft geratenen Babenberger Adalhard 902/903 kurzerhand köpfen. Darauf trat das Pfaffenregiment in Aktion. Ludwig das Kind ergriff die Partei der siegreichen Konradiner und ließ den Besitz der getöteten Babenberger Heinrich und Adalhard konfiszieren und zwar, zumindest teilweise, zugunsten des Bischofs von Würzburg. «Nachdem die

Babenberger im Kampfe unterlegen und ihre Güter confiscirt waren, schenkte zu Tarassa (Theres) den 9. Juli 903 K. Ludwig das Kind dem Bischofe Rudolf von Würzburg ‹einige Güter unsers Eigenthums (juris nostri), welche des Adalhart und Heinrich gewesen und wegen der Größe der Bosheit dieser... für unser Eigenthum erklärt worden sind›.»[15]

Im Jahr 906 operierte der Sohn des Grafen Konrad, der spätere König Konrad I., mit einer beträchtlichen Truppe in Lotharingien. Nach bewährtem Brauch verheerte er «mit Raub und Feuer» die Besitzungen seiner gutkatholischen Gegner, der uns schon bekannten Grafen von Metz, der Brüder Gerhard und Matfrid (S. 318 f.). Und diese günstige Gelegenheit nützte natürlich Adalbert, der letzte Babenberger, und rückte mit seinen Leuten in die Wetterau ein. Es kam zu mehreren Gefechten, wobei zuletzt Graf Konrad der Ältere bei Fritzlar fiel, der Babenberger sich behauptete. Das heißt: erst verfolgte der Sieger «mit seinen Gefährten die Fliehenden und streckte eine zahllose Menge, hauptsächlich solche zu Fuß, mit dem Schwerte nieder...» – gelernt ist schließlich gelernt. Und nach Beendigung dieser Aufgabe widmete sich Adalbert der ganzen Gegend, das heißt: er durchstreifte sie mit seinen Spießgesellen und richtete «durch Mord und Plünderung alles zu Grunde. Als dies vollbracht war, kehrte er mit seinen Genossen, die mit Kriegsbeute und unermeßlichem Raube beladen waren, in die Feste Bamberg zurück» (Regino von Prüm).

Soweit, so gut, mochte der letzte Babenberger denken. Doch noch im Sommer desselben Jahres lud ihn die Reichsregierung, der faktisch der mit den Konradinern eng befreundete Erzbischof Hatto von Mainz vorstand, auf eine Reichsversammlung nach Tribur. Und als er dort nicht erschien, schlossen ihn Hatto und der 13jährige König mit einem Reichsheer in seiner Burg Theres (bei Schweinfurt) ein; dreimal ist hier Ludwig das Kind im Zusammenhang mit der Babenberger Fehde bezeugt.

Nach langem Widerstand lockte man den letzten Popponen-Babenberger durch «honigsüße Reden», einen schmutzigen Trick Hattos aus der Burg. Er wurde heimtückisch in Haft genommen, «vom Bischof dem König Ludwig überantwortet» (Widukind), gebunden angesichts des ganzen Heeres vorgeführt und am 9. September, wie einst sein Bruder, geköpft – «das Urteil wurde auch auf Betreiben Konrads des Jüngeren, des späteren Königs Konrad I., vollstreckt. Dieser hatte sich mit seinem Vorgehen den Weg zum Königtum erkämpft ...» (W. Hartmann). Doch war auch Markgraf Liutpold, der erste Mann Bayerns nach dem König, «entscheidend» an dem Krieg gegen Adalbert sowie an «seiner verräterischen Gefangennahme und Hinrichtung beteiligt» (Reindel). Sein Vermögen und seine Besitzungen wurden zum Krongut geschlagen und darauf vom König «unter lauter Männern von vornehmer Geburt verteilt» (Reginonis chronica). Das heißt an die Gegner des Babenbergers, wobei auch Erzbischof Hatto von Mainz sich bediente, der größte Schurke dieses ganzen Stückes; ein Hierarch, dessen Hinterlist selbst Herzog Heinrich von Sachsen, der spätere König, so fürchtete, daß er seine Weigerung, zu einem Mainzer Hoftag zu gehen, mit einem drohenden Mordanschlag des dortigen Oberhirten begründet hat.

Burg Theres verwandelte man in eine Benediktinerabtei, Adalberts Schloß Babenberg nebst ganzer Grafschaft kassierte König Ludwig; es ergab dann das Bistum Bamberg. Und noch im Hochmittelalter sang man vom Verrat des Erzbischofs Hatto, des beim Volk besonders Unbeliebten. Eine Ausnahme freilich ist der Mann nicht gewesen. Abt Regino von Prüm schreibt in seinem ausgerechnet Hatto, dem damaligen Reichsregenten, gewidmeten Buch «De synodalibus causis et disciplinis ecclesiasticis»: «In dieser überaus verdorbenen Zeit sind in der Kirche viele Schandtaten begangen worden und werden noch begangen, die in den alten Zeiten unerhört waren» (Praefatio).[16]

Als Ludwig IV. das Kind gerade erst achtzehnjährig und erbenlos am 24. September 911 starb, erlosch die ostfränkische Linie Ludwigs des Deutschen und der Karolinger. Noch im Jahr zuvor hat der längst Kränkelnde gegen die Ungarn auf dem Lechfeld persönlich mit einem Reichsheer eine schwere Niederlage erlitten, im übrigen aber Mit- und Nachwelt so wenig beschäftigt, daß keine zeitgenössische Quelle auch nur seinen Sterbeort oder seine Grabstätte nennt.

Kurz nach Ludwigs Tod wurde zwischen dem 7. und 10. November auf einem Fürstentag in Forchheim von den Großen der Franken, Sachsen, Alemannen und Bayern die Krone des ostfränkischen Reiches zuerst dem Sachsenherzog Otto dem Erlauchten angetragen. Doch da er, der über Sachsen fast unabhängig herrschte und allzeit Höchstgewalt (summum imperium) ausübte, aus Altersgründen oder welchen Erwägungen immer, sich verweigerte (er starb auch schon ein Jahr darauf), wählte der Adel, so jedenfalls Widukind von Corvey (was man indes oft bezweifelt), nach Ottos Rat, einhellig den fränkischen Grafen Konrad den Jüngeren zum König, das Haupt der Konradiner, seit der Babenberger-Ausrottung der Mächtigste des Frankenstammes.

Es war die erste «freie» Wahl, freilich nur der Großen, in der deutschen Geschichte und im Ostfrankenreich, ein definitiver Bruch mit der Tradition, nämlich die endgültige Lösung von der Karolingerdynastie. Dafür hatte Erzbischof Hattos Bündnis mit den Konradinern, das den Untergang der Babenberger ebenso bedeutete wie zuvor bereits den Zwentibolds, den Weg geebnet – dynastisch zwar ein epochales Ereignis, änderte sich faktisch für die Völker nichts.

Lotharingien allerdings, wo der neue Herr verhaßt war, schloß sich, vor allem unter dem Einfluß der Reginare, dem Westfrankenreich an. Bei ihm verblieb es bis 925 und wählte noch im selben Jahr (911) Karl den Einfältigen zum König, den posthum geborenen Sohn Ludwigs des Stammlers, der seit 893 als Nachfolger des Nichtkarolingers Odo bis 923 regierte. So ließ sich die Trennung Lotharingiens von Ostfranken auch karolingisch-legitimistisch motivieren.[17]

8. KAPITEL

KÖNIG KONRAD I. (911–918)

«Gestützt auf seine Berater, vor allem die Erzbischöfe von
Mainz und den Kanzler Bischof Salomon III. von Konstanz,
verfolgte Konrad anfangs eine ... entschlossen an der
karolingischen Tradition festhaltende Politik, konnte in drei
Kriegszügen (912/913) aber nicht verhindern, daß Lothringen
zum Westreich abfiel.» Hans-Werner Goetz[1]

«Beraten von den bisher einflußreichsten geistlichen Würdenträgern der Zeit Ludwigs des Kindes – Erzbischof Hatto von
Mainz und Bischof Salomo von Konstanz – suchte er in der
hohen Geistlichkeit eine Stütze gegen die ... weltlichen
Spitzenpolitiker.» Eduard Hlawitschka[2]

Die Rückgewinnung Lotharingiens misslingt

Konrad I. (911–918), bevorzugt in Frankfurt, Weilburg an der Lahn und Forchheim residierend, führte seit dem Tod seines Vaters Konrad des Älteren vom Oberlahngau in der Babenberger Fehde (906) und seines Onkels Gebhard die Konradiner an. Die Sippe hatte durch den zehnjährigen Krieg gegen die Babenberger und deren vollständige Ausmerzung ihre eigene Machtstellung in Mainfranken enorm ausgebaut, Konrad 906 den Babenberger Adalbert entscheidend mit vernichtet, im selben Jahr auch das lotharingische Brüderpaar Gerhard und Matfried bezwungen, worauf er eine herzogliche Stellung in Ostfranken einnahm.

Zunächst ging es dem neuen König um die Rückgewinnung Lotharingiens. Denn nach dem Tod des letzten ostfränkischen Karolingers, Ludwigs des Kindes, war der westfränkische König Karl III. der Einfältige (893/898–923), ein Sohn Ludwig des Stammlers und Enkel Karls des Kahlen, im Jahr 911 Herr von Lotharingien geworden. Karl der Einfältige (Charles le Simple, simplex, hebetus, stultus; franz. sot ist eine erst spätere Benennung) hatte auf Lotharingien schon 898 einen Anlauf genommen. Von einem Verbündeten, dem mächtigen Grafen Reginar gerufen, der sich Zwentibolds Ungnade zugezogen, war Karl rasch bis nach Aachen und Nymwegen vorgestoßen. Doch dann trat Zwentibold im Verein mit einigen Magnaten dazwischen, vor allem mit dem Bischof Franco von Lüttich, und unterstützt durch Herzog Otto von Sachsen, Zwentibolds Schwiegervater. 899 schloß man in St. Goar am Rhein Frieden (S. 319).

911 aber gelang Karl die Annexion. Der lotharingische Adel

erwartete davon größere Selbständigkeit, die Bischöfe erhofften neue Güter und Rechte. Tatsächlich ist auch Karls III. des Einfältigen erste Urkunde vom 20. Dezember bereits für die Domherren von Kammerich ausgestellt: «nach Erlangung der reicheren Erbschaft». Schon im Januar erfuhr Bischof Drogo von Toul urkundlich seine Gunst, ebenfalls das Kloster der Mönche von St. Maximin bei Trier. Der Trierer Bischof Ratbod wurde Karls Erzkaplan und stand jetzt zum Westfrankenreich so fest wie Erzbischof Hermann I. von Köln, einst Erzkaplan doch König Zwentibolds (und Ehemann Gerbergas, vielleicht einer Konradinerin) oder der Graf Reginar, der außer seinen Grafschaften nun mindestens sechs Abteien besaß.³

Zwar verdrängte Konrad I. im Winter 911/912 Karl den Einfältigen aus dem Elsaß, wo er lediglich, ebenso wie in Friesland, zeitweise anerkannt wurde. Doch gegen Lotharingien schlugen 912/913 drei Feldzüge fehl. Der König hatte kaum Erfolg, wenn man davon absieht, daß Straßburg zweimal besetzt, daß es verwüstet und in Brand gesteckt worden ist. Und nach 913 verzichtete er auf jede Rückgewinnung. Karl der Einfältige aber, seit dem Tod Ludwigs des Kindes der einzige karolingische König, nannte sich sofort nach Konrads Wahl nicht mehr mit dem bisher gebräuchlichen bloßen Titel «rex», ohne weitere Bereichsbezeichnung, sondern, im bewußten Rückgriff auf die fränkisch-karolingische Tradition, wie die frühen Karolinger «rex Francorum». Er residierte auch bevorzugt in Metz, Diedenhofen, Herstal, Aachen, scheiterte indes mit all seinen ambitiösen, doch nicht mehr zeitgemäßen Erwartungen und starb 929 in Gefangenschaft.⁴

Da Konrad I. seinen Aufstieg, zumal die Beseitigung der Babenberger, der maßgeblichen Mithilfe der Reichsregenten und der Reichskirche verdankte, das heißt den führenden ostfränkischen Prälaten, mußte er sich ihnen auch gefügig erweisen. Zwar verdankte er die Krone ebenso den Herzögen, wäre er ohne ihre Wahl bzw. Zustimmung gar nicht gekrönt worden. Doch benutzte er sein Königtum unklugerweise zur Unterwerfung der Stammesherzöge, aus deren Reihen er selbst kam, und die zunächst meist durchaus gute Beziehungen zum Hof unterhielten. Dafür hatte er aber den hohen Klerus an seiner Seite, vor allem seine «bischöflichen Freunde» (Hlawitschka), den Erzbischof Hatto von Mainz, der freilich schon 913 starb, und seinen Kanzler Bischof Salomo III. von Konstanz.

Konrad I., militärisch zwar nicht unbefähigt, doch politisch instinktlos, ging bald gegen die Herzöge (duces) vor, besonders gegen deren erstarkende Gewalt in Bayern und Schwaben. Und zum Kampf gegen die Regionalmächte kam noch der gegen die Dauerinvasionen der Ungarn, die fast Jahr für Jahr das Reich überfielen, mit Vorliebe Bayern und Schwaben, aber auch Franken, Thüringen, Sachsen, das Elsaß, sogar Lothringen. Und gegen die Ungarn versagte Konrad I. ganz, während die Großen da und dort, wie etwa Arnulf «der Böse» von Bayern und seine schwäbischen Onkel, das Brüderpaar Erchanger und Berthold sowie der Graf Udalrich sich durch ihren Sieg 913 am Inn profilierten, nachdem Arnulf «der Böse» die Ungarn schon 909 an der Rott und 910 bei Neuching geschlagen hatte. Der Konflikt mit den mehr Achtung und Ansehen gewinnenden Partikularmächten, den «Mittelgewalten», wurde so noch verstärkt.

Rückhalt suchte und fand der König bei der Kirche. Der Laienabt von Kaiserswerth, der Graf im Wormsfeld, im Hessen-, im Keldachgau, der sich auch durch einen Bischof hatte salben lassen – diese Königssalbung wird im Ostreich zum ersten Mal ausdrücklich bezeugt –, stützte sich im Süden besonders auf Bischof Salomo III. von Konstanz, im Norden auf Erzbischof Hatto von Mainz, der ein Vierteljahrhundert das Reich regierte. Und diese maßgeblichen Staatsmänner unter Ludwig dem Kind gehörten auch zu Konrads bevorzugten Beratern.[5]

Wie aus «Arnulf von Gottes Gnaden», «dem Gerechten», Arnulf «der Böse» wurde

Weniger gut mit kirchlichen Kreisen harmonierte dagegen «Arnulf von Gottes Gnaden Herzog der Bayern und auch der angrenzenden Gebiete». Er übte in seinem Bereich die Kirchenhoheit aus, besetzte Bistümer und Reichsabteien, verlangte Anteil an ihren Einkünften und sprang auch, wie einst Karl Martell, etwas eigenmächtig mit ihrem Besitz um. So zog er, etwa zwischen 907 und 914, ihre Güter ein, weshalb der Klerus ihm, der den zusätzlichen Namen «der Gerechte» bekam, den Beinamen «der Böse» gab. Seitdem hängt dem «Zerstörer der Kirchen», dem «Feind der Kirche», die böse Benennung an, auch wenn Arnulf durch die umfangreiche Konfiskation kirchlicher Liegenschaften nicht nur seine militärische Schlagkraft gestärkt, sondern auf Jahrzehnte auch den Frieden mit den Ungarn erkauft, freilich zugleich seiner Vasallen Besitzgier befriedigt hat.[6]

Arnulf von Bayern hatte schon früh den Herzogstitel angenommen, betont eigenständig Politik gemacht, auch gegenüber dem König deutlich Distanz bewahrt. Um den Aufmüpfigen mehr an sich zu binden, heiratete Konrad 913 die aus Schwaben stammende Mutter Arnulfs, Kunigunde, die Witwe Liutpolds von Bayern und Schwester der Grafenbrüder Erchanger und Berthold. Doch als Erchanger 914 Konrads Kanzler, Bischof Salomo, gefangennahm und Arnulf für seine schwäbischen Onkel Partei ergriff, vertrieb ihn der König mit Hilfe von bayerischen Bischöfen und Äbten: dem Erzbischof Pilgrim von Salzburg, seit 912 Konrads Erzkaplan, den Bischöfen Tuto von Regensburg, Dracholf von Freising, Udalfried von Eichstätt, Meginbert von Seben. Kurz, die bayerische Kirche stand in diesem Krieg «durchweg auf der Seite des Königs» (Handbuch der Europäischen Geschichte).

Herzog Arnulf suchte und fand darauf Zuflucht beim Landesfeind, bei den Ungarn. Und als er 916 wieder kam, verjagte ihn der König abermals, beraten jetzt und begleitet sogar von dem sächsischen Bischof Adalward von Verden, einem «Slawenmissionar». An der Spitze zahlreicher Truppen in Bayern eindringend, brandschatzte König Konrad – «ein stets milder und weiser Mann und Liebhaber der göttlichen Lehre» (Erzbischof Adalbert) – wie in Feindesland. Er schlug Arnulf, eroberte dessen Hauptstadt Regensburg, die teilweise in Flammen aufging und deren Bischof Tuto offenbar zu Arnulfs entschiedensten Gegnern gehörte. (Tuto wurde auch Seliger seiner Kirche.) Konrad setzte in Bayern seinen Bruder und Mitkämpfer Eberhard als Statthalter ein. Und während die weltlichen Großen mehr und mehr aus der Umgebung des Königs verschwanden, stand der bayerische Episkopat selbstverständlich zum Sieger.

Zwar konnte Arnulf sein Herzogtum 917 zurückerobern, Konrads Bruder Eberhard vertreiben. Ja, er gewann jetzt auch seine Bischöfe wieder, zumal er sehr selten sie, sondern die von ihnen beneideten reichen Klöster geschröpft und die Bischöfe an der Beute beteiligt, also die Klöster – «mit den Prälaten zusammen» (Prinz) – rigoros säkularisiert hatte. Bei seinem Tod aber, am 14. Juli 937, rächte sich der Himmel, und dies, wie üblich, mit Hilfe der Hölle. Wurde doch Arnulfs Leichnam, mitten aus einem Regensburger Gelage heraus, vom Teufel geholt und in ein nasses Grab, einen See bei Scheyern gestürzt. Dies weiß jedenfalls der Chronist des Klosters Tegernsee, das schon im späten 8. Jahrhundert 15 Pfarrkirchen besaß und dessen Ländereien, bereits damals bis Tirol und Niederösterreich gestreut, Arnulf beschlagnahmt hatte, offenbar auch zugunsten des Bistums Passau.[7]

Genoß aber Herzog Arnulf «der Böse» den schlechtesten Ruf bei den Mönchen, zog es König Konrad I. stark zu ihnen hin. Oft besuchte er Klöster, St. Gallen und Lorsch, Korvei und St. Emmeram, Fulda und Hersfeld, und meistens vermehrte er dann durch Vergabungen deren Besitz.

Mörderbischof Salomo triumphiert

Aus dem Kloster kam auch jener Oberhirte, auf den sich König Konrad im Süden seines Reiches vor allem stützte, Salomo III. von Konstanz, einer jener ungezählten Prälaten, die ihr Amt, ihre «Berufung» ihrer Familie verdanken. Der Nepotismus, eine Spielart feudaler Sippenpolitik, ist besonders «berühmt und berüchtigt» bei den Päpsten durch fast alle Jahrhunderte, wobei er im 15., 16., 17. den «Höhepunkt erreicht» (Schwaiger). Natürlich findet sich das Phänomen auch bei anderen Kirchenfürsten, Domkapiteln, Großklöstern. «Immer wieder lesen wir, wie Bischöfe, Äbte und Äbtissinen ihre Verwandten im Amt nachfolgen lassen. Ja, sogar ganze Diözesen haben sich über Generationen gleichsam im Besitz von Adelssippen befunden» (Angenendt).

In Konstanz nun regierten zwischen 838 und 919 drei Bischöfe derselben hochadligen alemannischen Familie: Salomo I. stirbt 871; vier Jahre später wird Neffe Salomo II. (875-889) Nachfolger; und auf ihn folgt Neffe Salomo III. (890-919). Eine katholische Dissertation nennt die drei «die bedeutendsten Bischöfe des 9. Jahrhunderts.» Die Welt verdankt sie dem Nepotismus, der im Christentum von Anbeginn floriert, seit den Tagen des biblischen Jesus; hier gibt es tatsächlich einmal eine apostolische Tradition – bis ins 20. Jahrhundert (vgl. III 499 ff.).[8]

Salomo III., um 860 geboren, wuchs in der Klosterschule von St. Gallen auf und war, zumindest seinerzeit, scharf auf Frauen. So mißbrauchte er die Gastfreundschaft eines Vornehmen, indem er dessen jungfräulicher Tochter ein Kind und die Verführte später zur Äbtissin in Zürich machte, worauf sie auf jede Weise «viel für seine und ihre Seele tat» (Casus s. Galli). Salomo wurde 884 Notar, 885 Kanzler Karls des Dicken. Nach dessen Sturz wechselt er zum Sieger über, wird bereits 888 Kapellan Arnulfs, zwei Jahre später Abt von St. Gallen und Bischof von Konstanz. Seit 909 ist er Kanzler unter Ludwig IV. dem Kind, seit 911 unter Konrad I., der ihn stark begünstigt und so manche Vergabung macht «auf Ermahnung unseres getreuesten Bischofs Salomon», und dies nicht zuletzt auf Kosten der alemannischen Grafenbrüder Erchanger und Berthold.

Als Markgraf Burchard von Rätien, der princeps Alamannorum, in Schwaben als erster offen nach der Herzogswürde strebte, hatte er sofort den «königsnahen» Salomo entschieden gegen sich – «dank einer bunten Schar von Kriegern stark überlegen» (Casus s. Galli). Burchard I. wurde im Herbst 911 auf Betreiben des Bischofs hinterlistig ermordet und damit der erste Versuch, ein schwäbisches Herzogtum zu gründen, vereitelt. Doch nicht zufrieden damit, wollte der Bischof (im Bund mit anderen geistlichen Großen, besonders mit den Äbten von St. Gallen und Reichenau) die ganze Familie vernichten. Burchards Witwe kam so um alle ihre Güter. Burchards Söhne, Burchard II., der spätere Herzog von Schwaben, und Udalrich, wurden exiliert, ihre Ländereien gleichfalls an die Gegner vergeben. Burchards I. Bruder Adalbert, Graf von Thurgau, im Volk sehr beliebt, verlor, ebenfalls auf Anstiften des Salomo, sein Leben, vermutlich mit Einverständnis der übrigen ostfränkischen Oberhirten. Selbst noch der Schwiegermutter des jüngeren Burchard, Gisla, nahm man, während sie nach Rom pilgerte, allen Besitz und verteilte ihn.

Bald darauf bekämpfte Bischof Salomo III. mit gleicher Härte den schwäbischen Pfalzgrafen Erchanger und dessen Bruder Berthold, die weiteren Prätendenten auf die Herzogswürde; verwandt mit dem oberrheinischen Grafengeschlecht der Erchangare, dem Richgard, die Frau Kaiser Karls III., entstammte.

König Konrad hatte zunächst zu vermitteln, den Konflikt zu verhindern gesucht, hatte nach einem glänzenden Sieg Erchangers über die 913 Schwaben heimsuchenden Ungarn dessen Schwester Kunigunde geheiratet, die Witwe des 907 bei Preßburg gefallenen bayerischen Markgrafen Liutpold. Waren doch Erchanger und seine Verbündeten durch diese neue Ungarnschlacht die Herren Schwabens geworden, weshalb Bischof Salomo immer wieder gegen sie die Fehde schürte.

Jahr um Jahr wurde so das Land verwüstet. Aber vorerst blieben die Brüder, an deren Seite noch Burchard II., der Sohn des 911 ermordeten Markgrafen stritt, dessen Familie ewige Verbannung getroffen, erfolgreich. Erchanger nahm 914 Bischof Salomo gefangen, wurde zwar im Gegenzug vom König festgesetzt und des

Landes verwiesen. Doch nach seiner Rückkehr schlug er, zusammen mit Bruder Berthold und dem jüngeren Burchard, 915 bei Wahlwies, unweit Stockach, die Anhänger des Königs. Der suchte darauf, indes Erchanger sich zum Herzog ausrufen ließ, bei der Kirche Hilfe und fand auch die Unterstützung Papst Johanns X.

Bischof Salomo triumphierte schließlich auf einer von Konrad am 20. September 916 mit dem fränkischen, schwäbischen und bayerischen Episkopat abgehaltenen Synode zu Hohenaltheim (bei Nördlingen am Ries). Es war die erste allgemeine Kirchenversammlung in Deutschland in nachkarolingischer Zeit, wobei allerdings die sächsischen Prälaten – es wurde scharf gerügt – durch Abwesenheit glänzten.

Die Synodalen stellten sich entschieden auf die Seite des Königs, des «Gesalbten des Herrn», der offenbar teilnahm. Sie schärften aufs strengste Treuepflicht gegen ihn ein und drohten seinen Widersachern, voran den namentlich genannten Arnulf und Erchanger, mit Kirchenstrafen. Den Vorsitz führte der Legat Johanns X., Bischof Petrus von Orte, einer der nächsten päpstlichen Vertrauten, eigens abgesandt, wie es hieß, «daß er das in unseren Landen aufgegangene teuflische Unkraut ausrotte». Tagte die Synode ja auch, so steht es in den Akten, um «die gottlose Empörung einiger Verruchter zu beendigen und niederzuschlagen».

Nach dem Begleitbrief des Papstes (der seinerzeit ein fünfjähriges Kind zum Erzbischof von Reims machte) sollte man über kirchliche Mißstände beraten! So trat man, neben Selbstermahnungen, nicht zuletzt wieder für die eigene Macht ein, kräftig gestützt auf die pseudoisidorischen Fälschungen, forderte die Zehnten, Schutz des Kirchengutes, das Privileg, daß Geistliche nie von weltlichen Richtern verurteilt werden dürften: wer einen Bischof oder Priester verklage, verklage die göttliche Weltordnung («nahezu alle Bestimmungen über die Sicherung der Bischöfe vor weltlichen Gewalten sind wörtliche Zitate aus der Dekretalensammlung des Fälschers»: Hellmann). Während es den Prälaten jedoch freistand – nach dem berüchtigten Vorbild von Papst Leo III. anno 800 (IV 448 f.), der freilich nur «dem

Beispiel seiner Vorgänger» folgte –, sich von einer Anklage durch einen Reinigungseid zu befreien, suchte man die Strafen der Kirche gegen andere noch zu schärfen kraft der gerade erschwindelten pseudoisidorischen Dekretalen, deren Geist die Synodalbeschlüsse «voll und ganz» atmen (Hellmann).

So wurden die beiden Grafenbrüder Erchanger und Berthold sowie ihr Neffe, die sich, allzu vertrauensvoll offenbar auf eine Beilegung des Verwandtenstreits hoffend, der Synode überantwortet hatten, von ihr zu lebenslänglicher Klosterhaft verurteilt (während der bayerische Herzog Arnulf nebst Bruder Berthold, Konrads Stiefsöhne, trotz Aufforderung, vorsichtigerweise die Synode mieden). Noch härter aber war der König, dem sich die Synodalen übrigens gleichgestellt. Nur drei Monate nach ihrer Zusammenkunft, am 21. Januar 917 – es erinnert fatal an das Ende des Babenbergers Adalbert –, ließ Konrad I. den Pfalzgrafen Erchanger und dessen Bruder Berthold, seine Schwäger, sowie ihren Neffen Liutfried als «Hochverräter» köpfen; «doch hinter ihm steht Salomo, der Schuldige wohl auch dieser Tat» (Lüdtke).[9]

Es nutzte dem König nicht. Noch 917 erhob sich in Schwaben der Sohn des durch Bischof Salomo ermordeten rätischen Markgrafen (S. 367), der Hunfridinger Burchard II., der Rivale der Hingerichteten, und setzte sich an deren Stelle. Er okkupierte ihren Besitz und gewann rasch die Anerkennung der schwäbischen Großen als Herzog (dux). Im gleichen Jahr kehrte Arnulf nach Bayern zurück, rebellierte gegen den König und jagte dessen Bruder Eberhard aus seiner «Hauptstadt». Schließlich stoben 917 auch wieder die Ungarn heran und verheerten besonders schwer Schwaben, das Elsaß samt Lotharingien, ohne daß irgend eine vom König organisierte Abwehr erkennbar wäre. Doch zog dieser im Herbst 918 noch einmal gegen Regensburg und wieder ohne Erfolg.[10]

Von Konrads letzter Regierungszeit wissen wir wenig. Kinderlos verschied er am 23. Dezember 918 an einem uns unbekannten Ort und fand in Fulda seine letzte Ruhe. Er hatte weder die aufstrebenden Herzöge bändigen noch die eigene Macht festigen können, ja er starb an einer Wunde, die er eben auf dem scheiternden Bayernfeldzug erhalten. Als Nachfolger aber schlug er, so heißt es, seinen einstigen Gegner, den Sachsenherzog Heinrich vor. Um den Frieden wieder herzustellen, jedem Zwiespalt vorzubeugen, die Reichseinheit zu wahren, beschwor er noch auf dem Sterbebett seinen aus Bayern vertriebenen Bruder Eberhard, dem sächsischen Herzog Heinrich, dem Mann mit der wahren königlichen Macht, dem echten Königs-Charisma, die Königsinsignien zu schicken und mit ihm Freundschaft zu schließen – falls die Meldung des Corveyer Mönchs zutrifft.

Denn ob diese edle, seitdem so viele alte und neue Federn in Bewegung setzende, so ungezählte Leser rührende Geste historisch, ob die oft bestaunte Designation des Sachsen durch den Franken wirklich geschehen ist, müßte offen bleiben, auch wenn Widukinds Bericht nicht zweifellos topische Bestandteile und mancherlei suspekte Ausschmückungen enthielte. Der hochadlige Mönchs-Chronist war stolz auf seinen Stamm, war durchdrungen von sächsischem Volksbewußtsein und auch sonst darauf aus, die Legitimität der liudolfingischen Dynastie zu betonen, die hier vielleicht nachträglich eine politische Legende in die Welt setzen ließ, sei es um der Sache eine höhere Weihe zu geben, sei es um eine Usurpation zu vertuschen.[11]

Schließlich haben auch die Merowinger ihre Kronen geraubt. Und die Karolinger. Und viele andere davor und danach. Denn gewöhnlich wird die Geschichte, die politische Geschichte, durch nichts mehr als durch brutales Nehmen geprägt, durch Gewalt: die Basis des Staates, die von allen, wohl oder übel, akzeptierte Integrationsinstanz; Gewalt: spätestens sobald die Interessen, sobald der Besitz, sobald das Potential und Prestige der Herrschenden impliziert sind – und sie sind es, offen oder verdeckt, immer; Gewalt: etwas zutiefst Barbarisches, Vernichtendes, auch wenn sie, je verheuchelter die Gesellschaft, desto mehr, mit Vorliebe im Gewand von Recht und Ordnung daherkommt, als «Rechtsstaat». Denn jeder Staat beruht auf Macht, jede Macht auf Gewalt, und Gewalt, sagt Albert Einstein, zieht stets moralisch Minderwertige an. Noch heute gilt so die primitive Gleichung: Macht gleich Recht. Noch heute gibt, gerade im zwischenstaatlichen Bereich, die Macht den Maßstab dafür, wer im Recht ist. «Einem erfolgreichen Putsch oder einer Revolution folgt über kurz oder lang die Anerkennung der neuen Regierung durch andere Nationen. Wer einen Krieg gewinnt, bestimmt über den neuen Verlauf von Grenzlinien und den Inhalt neuer Verfassungen – er ist es, der die neuen Regeln festlegt» (Esther Goody).[12] Selbst wenn Heinrichs I. Wahl somit ganz «legal» verlief, die Voraussetzung dafür, das Wegnehmen, das Akkumulieren von Macht, von Gewalt durch ihn, seine Väter, Vorväter konnte nur durch fortgesetztes Rivalisieren, Übervorteilen, Unterdrücken, Blutvergießen erfolgen.

Und genauso sollte es weitergehn.

9. KAPITEL

HEINRICH I., DER ERSTE DEUTSCHE KÖNIG

«Lesen und Schreiben konnte er nicht, womit er keine Ausnahme unter den frühmittelalterlichen Königen war. Auch für die Bildung seiner Söhne tat er diesbezüglich nicht viel.»
Elfie-Marita Eibl[1]

«Erst im Winter 928/929 ... drang Heinrich in das Gebiet der Elbslawen ein und eroberte Brandenburg. Von dort wandte sich der König nach Süden, wo er das Gebiet der Daleminzier verwüstete ... Weitere Kriegszüge in den Jahren 932 und 934 erweiterten den deutschen Machtbereich.» Dietrich Claude[2]

«Erstaunlich sind Heinrichs Erfolge ... Der Erfolg ruht allein auf der Schärfe des Schwertes.» «Den erobernden Truppen folgte, noch vor dem Priester, der Sklavenhändler auf dem Fuß.» Johannes Fried[3]

«König Heinrich, der große Förderer des Friedens und eifrige Verfolger der Heiden, starb am 2. Juli, nachdem er viele Siege tapfer und männlich erfochten und die Grenzen seines Reiches überall erweitert hatte.» Adalberti continuatio Reginonis[4]

So sorgt man für die Seinen

Nach dem Tod seines Vaters, des Sachsenherzogs Otto des Erlauchten (912), war Heinrich von den Großen zum Herzog gewählt worden. Und mit seiner Königswahl ging die Herrschaft im ostfränkischen Staat von den Franken auf die Sachsen über. Gleichzeitig markiert der Regierungsbeginn – so jedenfalls im Rückblick auf eine schon im 12. Jahrhundert umstrittene Frage – den endgültigen Übergang vom ostfränkischen zum «deutschen» Reich, auch wenn einerseits dessen Wurzeln zweifellos weiter zurückführen, andererseits das ottonische Reich noch niemand im 10. Jahrhundert als «deutsches» Reich betrachtet hat.

Das mächtige, zumal in Ostsachsen, zwischen Leine und Harz, reich begüterte Adelshaus der – mit den Karolingern mehrfach verschwägerten – Liudolfinger-Ottonen, dem Heinrich I. entstammte, dies illustre Geschlecht (benannt einerseits nach seinem ältesten, andererseits nach seinem berühmtesten Repräsentanten) zeigt einmal mehr, wie sehr sich Machtsucht und «Frömmigkeit» in der Geschichte verbinden und wie sehr sie gedeihen können. Der Ahnherr, der erste uns sicher bekannte Vorfahre, der im Harzvorland und im thüringischen Eichsfeld begüterte Sachsengraf Liudolf (gest. 866), der Großvater Heinrichs I., profitierte beträchtlich an der Sachsenschlachtung Karls I. durch Landzuweisungen. Er heiratete die Fränkin Oda, die Gott mit einem Alter von 107 Jahren segnete (gest. 913), pilgerte mit ihr 845/846 nach Rom und erwarb vom Heiligen Vater Sergius II., der Bischofsstühle und andere Kirchengüter gegen Höchstangebote vergab, die Reliquien verschiedener weiterer heiliger Vorgänger im Amt. Schließlich schuf er mit

Gattin 852 in Brunshausen ein Kanonissenstift, das 881 nach Gandersheim verlegt wurde, eine der ersten Klostergründungen sächsischen Adels. Wie so viele diente sie der Versorgung einiger Töchter – und zugleich bekundete das fromme Familienunternehmen eine christliche Gesinnung.

Die Söhne, der ältere Brun, Heinrichs I. Onkel, 880 an der Spitze eines sächsischen Heeres gegen die Dänen gefallen, und Otto der Erlauchte, Heinrichs I. Vater, erwirkten nach der Heirat ihrer Tante, der Liudolftochter Liutgard, mit König Ludwig dem Jüngeren (S. 259 f.) diverse Privilegien, darunter auch die Garantie der Äbtissinnenwürde für die Töchter des liudolfingischen Hauses. Darauf trat hier eine Tochter nach der anderen das Regiment an. Und bis zur Einführung der Reformation, bis 1589, blieb der Reichsfürstinnenstand der Gandersheimer Äbtissinnen erhalten. Ja, noch bis ins frühe 19. Jahrhundert ist Gandersheim ein Damenstift des Hochadels. So sorgt man für die Seinen ...

Daß solch fromme Schöpfung aber keine Ausnahme war, zeige parenthetisch das Frauenstift Essen (852–1803), das ebenfalls bis zu seiner Säkularisation bestand, fast ein Jahrtausend.

Um 852 durch den Hildesheimer Bischof Altfrid gegründet, stammten die Santimonialen aus den vornehmsten Familien des Reichs. Zur Zeit Kaiser Heinrichs IV. (gest. 1106) besitzt das Frauenstift über hundert Herrenhöfe und mehr als dreitausend bäuerliche Hufen! Bewirtschaftet wurden die Güter durch abhängige Bauern, (halbfreie) Hörige; zahlreiche Spann- und Handdienste, Mäh- und Gartendienste waren üblich. Die Äbtissinnen des Stiftes, die Gut um Gut und Hoheitsrecht um Hoheitsrecht errangen, wurden schließlich in den Reichsfürstenstand erhoben. Nach der Auflösung der vita communis im 10. Jahrhundert führte die Äbtissin des Essener Frauenstifts einen eigenen Haushalt mit vier Hofämtern, mit zahlreicher Dienerschaft, auch einem eigenen Koch, Unterkoch, Bäcker, Brauer. Allabendlich fragte der Küchenmeister bei der Äbtissin an, was sie anderntags zu speisen wünsche und gab dann dem Oberkoch wie dem Rentmeister entsprechende Befehle. Droste (Küchenvorstand) und Schenk bedienten sie beim Mahl.

Profiteure der Sachsenabschlachtung

Liudolfs des Ahnherrn jüngerer Sohn Otto der Erlauchte herrschte als Herzog bereits über ganz Sachsen, besaß aber ausgedehnte Liegenschaften auch in Thüringen, im Eichsfeld, einer Landschaft zwischen Harz und Thüringerwald, im Südthüringgau sowie in Hessen, wo er als Laienabt des Klosters Hersfeld über dessen reichen Zehntbesitz auch links der Saale gebot. Da zwei von Ottos Söhnen, Thankmar und Liudolf, schon vor ihm starben, folgte ihm der Jüngste, Heinrich (I.), nach. Doch begann damit eben nicht bloß das sächsische Regiment im ostfränkischen Reich, sondern zugleich der Schritt vom ostfränkischen zum deutschen.

Nur wenig mehr als ein Jahrhundert nach der überaus blutigen, 33 Jahre dauernden Unterwerfung der Sachsen, dieser begnadeten Predigt «mit eiserner Zunge», durch ihren Schlächter, den «Sachsenapostel», den hl. Karl I. (IV 455 ff.), wurde ein Sachse der eigentliche erste deutsche König. Dabei sei freilich nachhaltig daran erinnert, daß sich gerade der sächsische Adel früh mit dem fränkischen versippte, daß seine Mehrheit zu den neuen Herren überlief und man die Kollaboration oft mit konfisziertem Land belohnt hat. So waren auch die Liudolfinger während Karls Sachsengemetzel «als Parteigänger der Franken hervorgetreten» (Struve) und zum Dank für den Verrat, der Sachsens Überführung auch in feudale Fron beschleunigte, noch während der Sachsenkriege auf sequestriertem Grund im Leinegebiet mit Gütern bedacht worden. Dort und anderwärts breiteten sie sich aus, u. a. durch die gewaltsame Wegnahme von Mainzer Besitz, was wieder zum Konflikt mit den Konradinern führte, zumal Otto der Erlauchte die Babenbergerin Hadwig geheiratet hatte.[5]

Aus Heinrichs I. Zeit sind so wenig Quellen (insgesamt 41 Urkunden, davon 22 Originale) erhalten, daß man sagen konnte, über kaum einen andren mittelalterlichen König «wissen wir so wenig» (Eibl). Und die von ihm erzählenden Geschichtsschreiber, der Mönch Widukind (gest. nach 973), die Bischöfe Liutprand von Cremona (gest. 970/972), Adalbert von Magdeburg (gest.

981), Thietmar von Merseburg (gest. 1018), gehören nicht nur, wie üblich, dem geistlichen Stand an, sie sind auch zum Teil dem sächsischen Stamm, sind fast alle dem sächsischen Fürstenhaus besonders verbunden. Und sie berichten sämtlich aus einer späteren Zeit.

Der ungesalbte König tritt an

Heinrich I., um 876 geboren, wurde Mitte Mai 919, im Alter von fast 45 Jahren, in Fritzlar (Nordhessen), einst Stützpunkt der Mission des Bonifatius, von Sachsen und Franken zum König gewählt. Auf fränkischem Boden, doch nah dem Sachsenland, überantworteten sie dem neuen Herrn «unter Tränen vor Christus und der ganzen Kirche als unverbrüchlichen Zeugen, was ihnen anvertraut war» (Thietmar von Merseburg). Die fränkischen Großen sollen, wie neuerdings vermutet, ihn gar schon vorher zu ihrem König erkoren und ihm gehuldigt haben. Schwaben und Bayern fehlten; erst recht die Lothringier. Die Schwaben standen gerade gegen Rudolf II. von Hochburgund (912–937) im Kampf, der offenbar nach Nordosten expandieren wollte. Die Bayern hatten seinerzeit König Konrad geschlagen, ja, in den Tod geschickt (S. 369 f.) und ihren Herzog Arnulf «den Bösen», vermutlich zusammen mit einigen Mainfranken, zum König gemacht – wann, ob vor oder nach Konrads Erwählung, ist offen und somit auch, wer wessen «Gegenkönig» war.

Jedenfalls verging bis zu Heinrichs Erhebung fast ein halbes Jahr nach Konrads Tod, was Probleme indiziert. Schließlich hatte der neue Herrscher als Nichtkarolinger, sogar Nichtfranke gleich ein doppeltes Legitimationsdefizit. Umso erstaunlicher, daß er, was allein Widukind berichtet, der «ungesalbte König» wurde, und zwar aus eigenem, ganz persönlichen Entschluß. War er vielleicht, trotz neuerer Abschwächungsversuche, zunächst doch etwas weniger klerushörig als sein Vorgänger, der die Kirche zum Kampf gegen die Herzöge und Prätendenten genutzt, was den

Bischöfen wiederum mehr Einfluß verschafft hatte? Wie auch immer, Heinrich, angeblich solcher Ehre unwert, ließ sich nicht salben, was ihm der Mainzer Metropolit Heriger (913–927) angeboten, natürlich aus Prestigegründen, Machtkalkül. War ja die kirchliche Benediktion des Königs seit der Zeit des besonders klerusergebenen Ludwig IV. auch in Ostfranken üblich geworden.

Heinrich aber wollte nicht als Gegner der Herzöge erscheinen, als Fortsetzer von Konrads gescheiterter Politik, kurz gesagt als Mann des Episkopats. So stützte er sich, ohne im geringsten antiklerikal, auch nur antiepiskopal zu sein, zunächst bloß auf einen einzigen, gleichsam von seinem Vorgänger übernommenen Notarius (Simon), statt auf die traditionelle geistliche Kanzlei, mit deren Aufbau er zögerte. Und während Konrad mit dem Klerus eng kooperiert hatte, erstrebte Heinrich, mehr als primus inter pares, ganz allgemein die Zusammenarbeit mit den weltlichen «maiores» des Reichs, natürlich zugunsten von dessen Einheit und Schlagkraft.

Diese Integrierung gelang ihm zuerst 919 mit dem schwäbischen Herzog Burchard, der das jüngste und noch am wenigsten gefestigte Herzogtum anführte und sich überdies gerade in einem ernsten Konflikt mit dem benachbarten Burgunderkönig Rudolf II. befand (der über die von ihm eroberte Pfalz Zürich in den Bodenseeraum vorzustoßen begann; mit großen Königsgütern, der Pfalz Bodmann, der Abtei Reichenau, der Bischofsstadt Konstanz, das damalige Herz Schwabens). Und mit dem Bayernfürsten Arnulf, der wohl mehr ein bloß bayerisches Königtum beabsichtigte, arrangierte er sich 921 – nach einem ersten mißglückten, einem zweiten unentschiedenen Kriegszug.

Heinrich war bis vor Regensburg gezogen, vermied jedoch eine Entscheidungsschlacht. Denn anders als sein Vorgänger Konrad I. suchte das «Genie entschlossenen Zauderns» in der Regel nicht den offenen Schlagabtausch. «Er droht, hochgerüstet, aber er schlägt nur ungern zu» (Fried). Das gilt freilich mehr für seine Innen-, gewiß nicht für seine Ostpolitik. Gegenüber den Herzögen seines Reiches indes verhandelt er lieber, macht Kompromisse. So überläßt er beiden süddeutschen Fürsten das auf ihrem Gebiet liegende Fiskalgut, er gestattet ihnen die Kirchenherrschaft, die Verfügung über die Bischofssitze und Reichsklöster, erteilt vielleicht sogar einige außenpolitische Befugnisse; natürlich all dies einzig und allein, weil ihm die Macht fehlte, völlig zu unterwerfen; aber er wurde anerkannt. Und als er mächtiger, seine Position stabiler war, da griff er auch das Problem der Kirchenherrschaft auf und verband sich immer enger mit dem Klerus (S. 382 ff.).[6]

Lukrative Bräute und ein gefügiger Bischof

Die Regierung des ersten deutschen Königs zeigt einmal mehr den Angelpunkt der Politik. «Der König aber wuchs und nahm zu an Macht von Jahr zu Jahr», rühmt Widukind von Corvey. Macht – und je mächtiger ein Mächtiger, desto tiefer beugen sich, jedenfalls in der Regel, worum es hier stets geht, die Geschichtsschreiber vor ihm.

Heinrich I. sorgte zunächst durch eine reiche Frau für Stärkung seiner Position. Im Alter von etwa 25 Jahren warb er um Hatheburg, die Erbtochter des söhnelosen Grafen Erwin von Merseburg. Auf ihren auch politisch bedeutsamen Besitz – ein Ausfalltor nach Osten, mit weiten Ländereien in jenem Raum – war freilich (in Gestalt Hattos I.) auch die Kirche scharf, unter deren Einfluß die verwitwete Hatheburg offenbar den Schleier genommen. Und so eigensüchtig, wie der Klerus sie ins Kloster gebracht haben mochte, so eigensüchtig holte sie Heinrich, «ob ihrer Schönheit und der Brauchbarkeit ihres reichen Erbes», auch wieder heraus, heiratete sie und zeugte mir ihr seinen Sohn Thankmar.

Aber, verrät Thietmar von Merseburg wieder, «die Liebesleidenschaft des Königs zu seiner Gemahlin nahm ab». Und da traf es sich gut, daß der «wackere», «kluge», der «so rechtschaffene» Bischof Siegmund von Halberstadt (894–924), dieser «Gipfel vollkommenen Strebens», die Rechtmäßigkeit der Ehe anfocht. Unterstellte doch der «im Eifer für Christus erglühende Mann», der überdies «durch vielseitige Kenntnis geistlicher und weltlicher Wissenschaft damals alle Zeitgenossen überragte», ein Heinrichs Ehe ausschließendes früheres Gelübde Hatheburgs. Ergo verbot er beiden prompt «die weitere eheliche Gemeinschaft kraft der Banngewalt apostolischer Bevollmächtigung». Worauf der folgsame katholische Fürst ja gar nicht anders konnte, als die unkanonische Ehehälfte zu verstoßen.

Dabei traf es sich einmal mehr gut, daß Heinrich bereits «ob ihrer Schönheit und ihres Vermögens für die junge Mathilde» erglühte. Also sperrte er die erste Gattin bald wieder ins Kloster, selbstverständlich unter Zurückbehaltung ihres reichen Brautschatzes, großer in Ostsachsen gelegener Ländereien – ein Grundstock des beträchtlichen ottonischen Königsgutes um Merseburg. Und wie Heinrich damit seine Macht nach Osten vergrößert hatte, weitete er sie nun, durch eine zweite Ehe, nach Westen aus. Er heiratete im Jahr 909 die Tochter des Grafen Thiederich, die junge Mathilde, wegen «ihrer Schönheit und ihres Vermögens» (Thietmar), zudem berühmt durch ihre Abstammung (wenn auch nicht in der männlichen Linie) von dem sächsischen Heroen und Widersacher Karls im Sachsenkrieg, Widukind. Mathilde war seine Urenkelin und überdies, so ihr Biograph, «höchsten Lobes wert», natürlich auch wieder höchst begütert, eben durch das westfälische Erbe der Widukinde. Und selbstverständlich war auch sie wieder sehr der Kirche ergeben, kurz: «in religiösen wie in weltlichen Dingen wertvoll» (in divinis quam in humanis profuit: Thietmar).

Erneut holte sie Heinrich, jetzt offenbar mit Hilfe seines Vaters, des Herzogs Otto, Laienabtes in Hersfeld, aus einem Nonnenkloster, diesmal aus Herford, wo sie, angeblich ohne für den geistlichen Stand bestimmt zu sein, eine gleichnamige großmütterliche Äbtissin erzog. «Sie trat hervor, die schneeigen Wangen von flammender Röte übergossen, als wären weiße Lilien mit roten Rosen vereint» (Vita Mathildis). Schon einen Tag nach seiner Ankunft in dem hl. Haus soll Heinrich mit seiner Beute davongezwitschert sein. Und ihre Morgengabe brachte ihm nun einen Einflußgewinn in Ostfalen und Engern.[7]

Daß dieser Mann, dem die Sage dann durch die Zeiten als «Heinrich dem Vogler», als «König am Vogelherd», eine gewisse unhöfische Haltung, eine beinah bäuerliche Bescheidenheit zusprach, auch als König nicht zu kurz kam, versteht sich von selbst. Sogar Bischof Thietmar, der doch Heinrichs «Tüchtigkeit», «große Leistungen» rühmt, «die ewiger Erinnerungen würdigen Taten unseres Königs», räumt ein: «Wenn er sich während seines Königtums, wie viele behaupten, bereichert hat, möge es ihm der barmherzige Gott verzeihen.»[8]

«Verbrüderungsbewegungen» und Pfaffennähe

Daß Heinrich nach seiner Wahl die Salbung verweigerte, hat den Klerus anscheinend befremdet, zumal das Einsetzen des Königs stets Rechte des Königsmachers erzeugte. Also raunte dem hl. Ulrich – Heinrich gab ihm 923 das Bistum Augsburg – der Apostelfürst Petrus persönlich ins Ohr: «Melde dem König Heinrich, daß jenes Schwert ohne Handgriff einen König darstellt, der ohne bischöflichen Segen (sine benedictione pontificali) sein Reich regiert, das Schwert mit dem Knauf aber einen König, der das Steuer des Reiches mit göttlichem Segen hält» (Vita Oudalrici). Woraus sich für Heinrich der Name «ensis sine capulo» (Schwert ohne Griff) entwickelte.

Diese Prälatenlehre durfte Heinrich nicht allzu lange mißachten. Um so weniger, als die Bischöfe im Lauf des 9. und 10. Jahrhunderts immer mehr Rechte erhalten hatten und erhielten, sogar solche, die ursprünglich dem König eigneten, bis selbst die Grafschaften an sie kamen – all dies vermutlich weit wichtiger für den Monarchen als der Rat des hl. Petrus und dessen Auftreten vor einer ganzen Synode!

Dabei war Heinrich keineswegs grundsätzlich antiklerikal. Vielmehr wandte er sich nach wenigen Jahren, nach dem vergeblichen Versuch, die bischöfliche Macht in Deutschland zu beschneiden – Albert Hauck behauptete einst geradezu: «am Hofe keines anderen Königs waren die Bischöfe so einflußlos wie an dem Heinrichs» –, immer mehr der Kirche zu. Die geistlichen Chronisten rühmen ihn deshalb. Heinrich erbaute Gotteshäuser in Sachsen, wo er offenbar mit den Landesbischöfen «in bestem Einvernehmen stand» (Eibl). Er trat samt Familie auch der Gebetsgemeinschaft wichtiger Klöster bei, in Fulda, St. Gallen, auf der Reichenau, im südlotharingischen Vogesenkloster Remiremont. Überschwemmte doch seinerzeit – Zeiten der Not! – eine ganze Verbrüderungsflut des Adels mit den Klöstern das Land, letztlich nichts anderes als eine vertragliche Vereinbarung von laikalen und geistlichen Personen zwecks gegenseitigen Beistandes, selbstverständlich auch in der Fehde. Bezeichnenderweise kam es zu regelrechten «Verbrüderungsbewegungen» besonders bei der Mission und Ausbreitung der Kirche in den christianisierten Ländern.

Ganz ähnlich verhielt es sich mit den florierenden Freundschaftsbündnissen. Zumal Heinrichs Amicitia-Pakte mit den Herzögen, mit «gemachten Freunden», wodurch er seine Herrschaft wesentlich zu sichern suchte, entsprangen einem rein opportunistischen Kalkül, waren offensichtlich Integrationsbestrebungen, «Bündnispolitik zu Herrschaftssicherung» (Beumann), im Grunde nur eine eigensüchtige Kumpanei der Fürsten und des Hochadels. Derartige Partnerschaften mit den Großen des Reichs – die dann Otto I. verweigerte – schloß Heinrich mit den Herzögen Eberhard von Franken, Arnulf von Bayern, Giselbert von Lotharingien, auch mit seinem Vorgänger Konrad, mit König Rudolf von Hochburgund und mehreren westfränkischen Königen. Schließlich war «Rat und Hilfe» auch eine Formel der «konstruierten» Freundschaft gegenüber der «geborenen», der Blutsverwandtschaft, mit der es im Christentum, wie schon oft gezeigt, nicht weit her war.

Im übrigen verband sich Heinrich I. immer enger mit der Reichskirche, ja, er soll bald nichts ohne die Befragung von Bischöfen unternommen haben, die bei ihm «fortwährend eine hervorragende Stellung» einnahmen (Waitz). Schon 921, als ihm Karl der Einfältige die Hand des hl. Dionysius gab (den man zwar im Mittelalter für eine Person hielt, der aber, wie wir heute wissen, aus der Mixtur von drei verschiedenen Personen entstand), hatte er, auf Rat eines bayerischen Prälaten, einen längeren Feldzug gegen den Bayernherzog Arnulf geführt, den die Kirche als den Bösen, als Tyrannen und Sohn der Verderbnis verschrie, dessen große Säkularisationen aber zum Teil bereits Herzog Berthold, Arnulfs Bruder, wieder rückgängig machte. Schon 922 ernannte Heinrich den Erzbischof Heriger von Mainz, dessen Salbungsofferte er doch abgewiesen, offiziell zu seinem Erzkapellan und umgab sich immer mehr mit Oberhirten und Äbten, die in den Königsurkunden ebenfalls stark überwogen. Auch übergab er (929) seinen vierjährigen Sohn Brun dem Bischof Balderich I. von Utrecht zur Erziehung und bestimmte ihn für die bischöfliche Laufbahn.

Die «Heilige Lanze»

Schließlich erwarb Heinrich nach monatelangem Ersuchen, Fordern, Drohen von König Rudolf II. von Hochburgund 926 für Gold, Silber sowie, als weitere Gegengabe, einen «nicht geringen Teil des Schwabenlandes», Basel, die mit einem vermeintlichen Nagel vom Kreuz Christi ausgestattete, siegverheißende Heilige Lanze, angeblich ein Symbol für den Anspruch auf Italien.

Das kostbare Stück nahm unter den «Reichsinsignien» (deren Besitz die Rechtmäßigkeit der Herrschaft auswies) «lange den vornehmsten Platz» ein (Althoff/Keller). Allerdings wurde diese Heilige Lanze mal als Konstantinlanze ausgegeben, mal als Lanze des Longinus, der in der Passionsgeschichte die Seite des Gekreuzigten einstach, später, so erzählte man, (samt dem von ihm bekehrten Kerkermeister) selbst Märtyrer wird, und den man darum sinnigerweise beim «Blutsegen» anruft, beim Besprechen von Blutungen und Wunden. Endlich gilt die Heilige Lanze seit dem 11. Jahrhundert auch als Lanze des hl. Mauritius, eines prominenten, von den Franken als «Kriegsheiligen» verehrten und zum «Reichsheiligen» gemachten Märtyrers, der – in der christlichen Heldensage! – unter Diokletian in der Schweiz als Führer der Thebäischen Legion samt nicht weniger als 6600 weiteren Märtyrern glorreich umgekommen war (S. 460): – ein Schwindel reiht sich in dieser Kirchen-, Heiligen- und Märtyrergeschichte an den anderen, und oft ist einer größer als der andere.

Die heilige Rarität, in der sozusagen drei Heilige Lanzen in einer Heiligen Lanze steckten (wie in dem einen Dionysius drei komplette Heilige – ja, oder wie in der einen göttlichen Person drei göttliche Personen...), dies «unschätzbare Geschenk des Himmels», neben dem es natürlich weitere, auch auf Kreuzzügen (1098, 1241) mitgeführte (doch weniger wirksame) Heilige Lanzen gab, zierte seitdem den Kronschatz der deutschen Könige und soll 1938 von Wien in die «Stadt der Reichsparteitage» Nürnberg gebracht worden sein. Heute ruht sie jedenfalls wieder in der Schatzkammer Wiens, brächte aber als Gegengabe kaum noch einen «nicht geringen Teil des Schwabenlandes» oder auch nur die Stadt Basel ein. Damals freilich verbürgte das «Kleinod», die «Trägerin einer höchst kostbaren Reliquie... als Herrschaftssymbol dem sehr handfest gläubigen König herrscherliche Siege» (Kämpf) – vor allem wohl seinen Triumph, wobei man sie dem Heer vorantrug, über die Ungarn im Jahre 933, wofür Heinrich den 15. März gewählt hatte, den Tag des hl. Longinus...[9]

Ob nun aber König Heinrich I. sich mehr, nach Widukind, durch die «Gnade Gottes» geleitet sah oder durch das «geopolitische *Gesetz der Elbe*» (Lüdtke), er stürzte sich schließlich mit wahrer Wut und Wonne auf die Heiden, indem er eine Reihe verheerender Feldzüge gegen die Elbslawen unternahm, von Erzbischof Adalbert von Magdeburg deshalb als «Anhänger des Friedens» gefeiert.

Vom Höllenfrieden der Christen und von ihren «Grundwerten»

Der Friede bekam (nicht nur damals!) ein ganz bestimmtes Gesicht für gewisse Kreise, besonders für die kirchlichen – «eine pax, die nicht in der bloßen Abwesenheit von Krieg und Zerstörung bestand, sondern das irdische Gegenstück zur civitas celestis bildete, in welcher *iustitia*, die ‹rechte Ordnung›, überall herrschte und nirgendwo entstellt oder gestört wurde» (Bullough). Es kann also sehr wohl in so verstandener «pax» durch Kampf und Grauen drunter und drüber gehn, ja, es muß geradezu Krieg geben, wird «iustitia», die «rechte Ordnung» verletzt, eben die christliche.

Das ist, unschwer zu zeigen, noch heute so.

Frieden um jeden Preis kennt die christliche Geschichte nicht. «Freiheit», «Ordnung», die «christlichen Grundwerte» müssen gewahrt, müssen verteidigt werden – notfalls bis aufs Blut, bis zum totalen Ruin selbst des zu Verteidigenden. Gegen «gewissenlose Verbrecher» erlaubte Papst Pius XII. sogar den Atom-, ja den ABC-Krieg. Und dies, so damals sein Interpret Jesuit Gundlach, Professor (und zeitweilig Rektor) der päpstlichen Gregoriana in Rom: bis zum «Untergang eines Volkes» – ging doch schon mehr als ein Volk mit intensiver kirchlicher Beihilfe unter (II 415 ff., 424 ff., IV 485 ff.) – ja bis zum Untergang der ganzen Welt, da für das von ihnen dann erlaubte Weltende Gott «auch die Verantwortung übernimmt». – Glücklicherweise kennen wir um das Jahr 2000 gar keine Kriege mehr, leben wir in einer ganz und gar friedlichen Zeit: es gibt nur noch «friedenschaffende» und «friedenerhaltende» Maßnahmen...

Doch schon seinerzeit, als man schlicht und frei heraus Krieg führte, nahezu Dauerkrieg, ging es eigentlich stets um den «Frieden», wurde die pax immer mehr, besonders unter Otto I., zu einem Standardbegriff christlicher Politik, angebliches Ziel jeder (defensiven oder offensiven) Heidenabschlachtung.[10]

Historiker gestern...

Im Nordosten aber hatte nicht einmal Karl «der Große» sonderlich ausgreifende Absichten gehegt. Altmeister Hauck meint sogar, der Kaiser habe dort nur an die Behauptung der «natürlichen Grenzen» gedacht. «An der Elbe hatte der große Eroberer keine Eroberungspläne... Karl ließ sich nicht dazu verleiten, wendisches Gebiet dem fränkischen Staatswesen einzuverleiben... Der Beweis liegt vor allem darin, daß nicht das Geringste geschah, um die Wenden zum Christentum zu bekehren.»

Mag dies schon ein etwas kühner Schluß des Verfassers der gewiß noch immer gewichtigen «Kirchengeschichte Deutschlands» sein, so ist noch bemerkenswerter seine Meinung, auch die späteren Karolinger, Ludwig der Fromme, Ludwig der Deutsche, dessen Söhne und deren Nachfolger hätten an dieser «Defensive» Karls im Osten festgehalten, die ostfränkischen Fürsten seien durch das ganze 9. Jahrhundert über diese «defensive Politik», über die fortgesetzte kraftlose, nie weiterführende Folge von Abfall und Unterwerfung, Verweigerung des Tributs und Nötigung zum Tribut, nicht hinausgekommen (vgl. dazu bes. S. 157 ff.).

Dagegen erscheint Albert Hauck im 10. Jahrhundert das liudolfingische Engagement als wahres «Glück». «Denn mochten auch die sächsischen Herzoge zunächst nur um Sieg und Beute kämpfen, so führte doch ihre Überlegenheit im Felde von selbst dazu, daß an Stelle des Raubkriegs der Eroberungskrieg trat. Es ist das Verdienst des Herzogs Otto, wendisches Gebiet zuerst wirklich der deutschen Herrschaft unterworfen, wendische Stämme zuerst an die Botmäßigkeit unter deutschen Fürsten gewöhnt zu haben. Mit Kraft und Erfolg setzte Heinrich I. das von ihm begonnene Werk fort: an die Stelle der defensiven Politik trat an der ganzen langgezogenen wendischen Grenze jetzt die Offensive.» «In diesem Gebiet haben Herzog Otto und König Heinrich die Grundlage der deutschen Herrschaft und damit der deutschen Nationalität gelegt.»

«Seit der Besiegung der Dänen im Jahre 934 war vollends das deutsche Übergewicht über die Slaven gesichert. Auf der ganzen

Linie vom Erzgebirge bis zur Eider wurde die deutsche Herrschaft über das wendische Land ausgedehnt ... An die Stelle einer sehr losen Abhängigkeit trat die mehr oder weniger bestimmt ausgesprochene Einverleibung. Man ermißt die Bedeutung dieser Erfolge, wenn man sich vergegenwärtigt, daß das Gebiet, das auf diese Weise mit dem Reich verbunden wurde, an Umfang größer war, als das irgend eines deutschen Stammes. Die wendischen Eroberungen sind die weltgeschichtliche Tat Heinrichs I. Durch sie hat er das deutsche Volk in das Gebiet geführt, in das sich nach fast einem Jahrtausend der Schwerpunkt der deutschen Macht verlegen sollte.»[11]

Na, wunderbar. Wir werden den Spuren dieser «deutschen Macht» folgen, von Band zu Band, dem deutschen Wesen, an dem der Osten genesen sollte ...

Von Opfern ist hier natürlich nicht die Rede, weder von eignen noch gar von den Opfern der andern. Blut? Kein Tropfen, sozusagen. Schließlich ist dies eine saubre Sache, rundum glorios. Man siegt. Man siegt, weil man stärker ist. Man erobert, bezwingt, bezwingt wieder, unterwirft, unterwirft von neuem, man behauptet sich, man bricht die Kraft eines Stammes, nötigt zur Anerkennung, vor allem auch immer wieder zur Anerkennung der Tributpflicht, man gewöhnt an die Botmäßigkeit, man dehnt die deutsche Herrschaft weiter aus. Ah, eine wirklich schöne Sache! Und Blut fließt da nicht. Und Unrecht herrscht da nicht. Nicht Flucht auch, Vertreibung, Versklavung, nicht Not und Tod. Nur – die «deutsche Macht», die «deutsche Herrschaft», «die weltgeschichtliche Tat»! Und natürlich widmet ihr der Theologe und Kirchenhistoriker Hauck, der sein opus magnum in der Wilhelminischen Ära schreibt, immerhin etliche Seiten – längst bevor Heinrich Himmler und Alfred Rosenberg «ihre Liebe zu dem ‹urgermanischen› Heinrich entdeckten, was eine Literatur entsprechenden Niveaus hervorrief ...» (Brühl).

... UND HISTORIKER HEUTE

Da aber die politische Großwetterlage nun anders aussieht, die historische Konstellation sich etwas verschoben hat, vermittelt man auch ein etwas anderes Geschichtsbild. Heinrichs «weltgeschichtliche Tat», die natürlich gar nicht mehr als solche figuriert, wird jetzt gern heruntergespielt, so knapp wie möglich behandelt, fast eskamotiert und selbstverständlich ganz anders akzentuiert.

Der Mediävist Eduard Hlawitschka, beispielsweise, widmet in einem «Studienbuch» Heinrich I. zwar knapp 11 Seiten, Heinrichs Ostoffensive aber nicht einmal eine halbe Seite (weniger noch als der «Erwerbung der Heiligen Lanze»). Überdies geht es dabei nur um: «Präventive Grenzsicherung», «Vorsorge», die «Ausbildung einer Reitertruppe», mit der man dann die «kleinen slawischen Nachbarstämme ... besiegt und tributpflichtig» macht. Doch dies mehr beiläufig, ja, eigentlich bloß, um das neue Reiteraufgebot «erprobt» gegen die Ungarn einsetzen zu können und die «slawischen Nachbarn» vor einer Unterstützung jener zu warnen.

In einem Sammelband bietet derselbe Gelehrte uns einen zehnseitigen Beitrag über König Heinrich I., über dessen «weltgeschichtliche Tat» aber sage und schreibe einen einzigen Satz, worin lediglich die Rede ist «von Grenzkämpfen mit den slawischen Nachbarn an der Elbe und Saale – Hevellern, Daleminziern, Wilzen, Abodriten und Redariern, dazu auch Böhmen –, um die neuen Reitertruppen zu erproben und zugleich die slawischen Nachbarn vor einer Unterstützung der Ungarn zu warnen».

Das von Heinrich geraubte bzw. blutig eroberte Gebiet, das Hauck mit unverkennbarer Bewunderung größer nennt «als das irgend eines deutschen Stammes», wird bei dem hundert Jahre später schreibenden Hlawitschka bloß zu einer Art Truppenübungsplatz, bequem benachbart, worauf man den doch höchst achtbaren Krieg gegen die Ungarn vorbereitet.[12]

Von den Kämpfen selbst sprechen die neueren Historiker im allgemeinen so wenig wie Hauck. Nein, Blut? Gewöhnlich kaum – es wäre einfach inadäquat, weniger sach- als «fach»-fremd, unter jedem (Ordinarien-)Niveau. Das «Handbuch der Europäischen Geschichte» (1992) nennt «Zu den Kämpfen allgemein» eine einzige Publikation – und die aus dem Jahr 1938.[13]

Die Historiographie, zumal die «zünftige», verfährt eben auch nicht annähernd so «objektiv», wie deren meiste Vertreter noch immer vorgeben. «Die Bewertungen waren stets beeinflußt von den politischen Problemen der jeweiligen Gegenwart.» Dies Urteil Gerd Althoffs und Hagen Kellers in ihrer zweibändigen Studie «Heinrich I. und Otto der Große» (1994) ist zwar nur auf die den zwei ersten Ottonen geltende Geschichtsschreibung gemünzt, charakterisiert diese aber mehr oder weniger überhaupt. Die beiden Historiker würden das vielleicht bestreiten. Gleichviel, Heinrichs «weltgeschichtliche Tat» nötigt auch ihnen in ihrem ganzen Buch über diesen König bloß zwei Sätze ab. Und auch hier erscheinen seine (immerhin) «mit großer Grausamkeit geführten Feldzüge gegen die Slawen» – unter Berufung auf Widukind – wieder bloß «als Vorbereitung für die Ungarnabwehr, vor allem als Bewährungsprobe für die neue Reiterei».[14]

Dies ist ein Motiv – «möglicherweise», wie es in dem gerade genannten Handbuch heißt. Aber ein anderes Motiv ist: Heinrich brauchte neues Königsland, neue Ausbreitungsmöglichkeiten und neue Stämme, die er schröpfen konnte – «der Königsschatz füllte sich wieder» (Fried). «Folgende Länder», rühmt Thietmar (aus dem «ruhmvollen Lebenslauf» seines Helden «nur ganz wenig» erwähnend), «machte er sich tributpflichtig: Böhmen, Daleminzien, die Obodriten, Wilzen, Heveller und Redarier». Der Prälat schreibt zwar gleich darauf: «Die empörten sich freilich sofort wieder ...» Aber dann attackiert man sie eben auch gleich wieder, nimmt man, wie Bischof Thietmar gut christlich folgert, «hierfür Rache». Doch läßt sich, vor allem mit vielen deutschen Historikern, natürlich auch eine «*präventive und tributäre Grenzsicherung*» (Reindel) annehmen, kann man von «Grenzschutz» sprechen, von Heinrichs Bemühen, «einen militärisch gesicherten Schutzgürtel vor das Binnenland zu legen» (Fleckenstein).

Indes: Albert Hauck behält recht. Heinrich I. war im Osten offensiv. Je bedeckter er sich im Westen hielt, je vorsichtiger, ja nachgiebiger er oft dort im allgemeinen taktierte, desto rücksichtsloser griff er im Osten an.

HEINRICHS «GRENZSICHERUNG»
ODER «... KAM KEINER DAVON»

Mit diesem König bekam dort, wo selbst in Friedenszeiten der Sklavenhandel florierte, der Heidenkrieg – besonders mit Panzerreiterei, allmählich eine feststehende Erscheinung – jenen Terrorcharakter gegen einige westslawische und baltische Völker, den er Jahrhunderte hindurch behielt. Wobei sich mit der gewaltsamen Bekämpfung der Böhmen, Elbslawen, Dänen immer sofort die Mission verband. Nahm das deutsche Volk stetig zu, wurden die Elbslawen (die Abodriten, Wilzen, Redarier, Ukrer, Heveller, Sorben, Milzener, Daleminzier) mit ungewöhnlicher Härte fortwährend dezimiert, ihre Dörfer hundertweise zerstört, ihre Menschen ermordet, vertrieben, deportiert. «Fremdherrschaft ist das größte Elend», klagt Bischof Thietmar, denkt dabei aber, wie das einem christlichen Oberhirten zusteht, natürlich nur an die Unterdrückung des eigenen Volkes. («Thietmars Chronik verlangt, lieber Leser», so er selbst im Prolog I, «nach etwas Geneigtheit...»)

Heinrich I. war schon 906 im Auftrag seines Vaters gegen den nordwestslawischen Stamm der Daleminzier gezogen. Derart bewies er «seine Befähigung zum Krieger» und kehrte «nach schweren Verwüstungen und Brandschatzungen erfolgreich» (Thietmar) zurück, was übrigens den ersten Ungarneinfall in Sachsen nach sich zog. Selbstverständlich hat Heinrich, wie jeder Sachse, die Wenden gehaßt und ihnen gegenüber keinerlei Unrecht gekannt: einer in Merseburg aus lauter Banditen, aus Dieben und Räubern rekrutierten und angesiedelten Truppe, der «Merseburger Legion» (die noch unter Otto «dem Großen» ins Feld zog, bis sie durch Boleslav I. von Böhmen vernichtet worden ist), erlaubte er gegen Wenden jedes Verbrechen. Und unentwegt ergänzte er sein Gangsteraufgebot. Wann immer er nämlich sah, «daß ein Dieb oder Räuber ein tapferer Mann und tüchtig zum Kriege sei, erließ er ihm die gebührende Strafe und versetzte ihn in die Vorstadt von Merseburg, gab ihm Äcker und Waffen und befahl ihm, die Mitbürger zu verschonen, gegen die Barbaren aber, soviel sie sich getrauten, Raubzüge zu machen. Die aus solchen Leuten gesammelte Menge also stellte eine vollständige Heerschar zum Kriegszuge.» Und Merseburg, direkt an der Grenze zum Slawenland gelegen, war selbstverständlich eine gute Ausfallbasis. Sieben Jahre seiner 17jährigen Regierungszeit benutzte der König zum Kampf gegen die elbslawischen Völker, tief ungerechte, bloß Unterwerfung und Ausbeutung bezweckende Kriege – einer «jener großen Führer ..., wie das Schicksal sie unserem Volke nur einmal im Jahrtausend gibt» (Lüdtke).[15]

928, Heinrich stand bereits im 52. Lebensjahr – nach manchem Historiker nun ein vollausgereiftes «Genie» –, eröffnete er die deutsch-hevellischen Kämpfe, «viele Kämpfe», wie Widukind betont, die bis zum Beginn der vierziger Jahre dauern. Dabei nutzte der König einen mit den Ungarn geschlossenen Frieden und überfiel plötzlich im Winter, sehr ungewöhnlich seinerzeit, die Heveller, einen Teilstamm der Wilzen, jenseits der Elbe, an der mittleren Havel. (Von diesem Fluß, von seinem germanischen Namen Habula, ist der ursprüngliche Stammesname der Heveller, Habelli, abgeleitet; wie man denn auch annimmt, daß nach der slawischen Einwanderung im 6. Jahrhundert die germanische Restbevölkerung mit den Slawen sich vermischt und den Hevellerstamm gebildet hat; eine Wurzel der späteren Mark Brandenburg.)

Bei Heinrichs Anschlag auf die Heveller hatte ihn sein 16jähriger Sohn Otto begleitet – eine gute Schule für das Leben. Sonst konnte der Sprößling damals weder Lesen noch Schreiben, wie der gekrönte Vater zeitlebens, dessen immerhin mächtige Körpergestalt laut Widukind der herrscherlichen Würde erst die rechte Zierde verlieh! Auch trinkfest war der Fürst. Und ein großer Jäger, dessen Ende sich allerdings selbst auf der Jagd ankündigte (S. 409), auf der er manchmal «auf einem Ritt vierzig oder noch mehr Stück Wild erlegte» (Widukind; vgl. S. 585 Anm. 13!); wenn es nicht Jägerlatein ist. (Auch Latein verstand Otto nicht.) Doch das Menschenschlachten. Virtuos praktizierten es Vater wie Sohn. Und Nachfahren wie Vorfahren. Die Christen insgesamt, zumal ihre Edelauslesen.

Nach vielen Gefechten nahm man bei strengem Frost den wassergeschützten Hauptstützpunkt der Heveller, die strategisch besonders günstig gelegene Burg Brennabor (Brandenburg) – sie sollte später noch zehnmal den Besitzer wechseln (und nach einer angeblich gut begründeten Mutmaßung bereits das Ziel Karls «des Großen» bei seinem Wilzenzug von 789 gewesen sein). 948 wird in der Vorburg die älteste Bischofskirche etabliert. Und das mittlere Havelgebiet um die Brandenburg bildete dann die durch Otto I. dem Markgrafen Gero (S. 450 ff.) unterstellte Nordmark.

Gleich nach Eroberung der Brandenburg bezwang der König, unter Verwüstung ihres Landes, die südwärts im Raum um Meißen und Dresden wohnenden Daleminzier, die schon Karl «der Große», die auch Heinrich selbst in jungen Tagen im Auftrag seines Vaters und noch einmal 922 bekämpft hatte und deren Hauptburg Gana (nach Jahna benannt, einem linken Nebenfluß der Elbe bei Riesa) er erst nach zwanzigtägiger Belagerung erstürmen konnte, worauf er sie dem Erdboden gleichmachte. Sämtliche Männer, vielleicht auch Frauen und Kinder, wurden erschlagen – nach Widukind alle Erwachsenen (puberes) niedergemacht, Knaben und Mädchen in die Sklaverei geschleppt. Zur Sicherung seiner Herrschaft errichtete der deutsche König dort auf einer Anhöhe 40 m über der Elbe die Burg Meißen (Misni), eine Festung von beträchtlicher strategischer Bedeutung. Und von kirchlicher, da hieran das spätere Bistum anknüpft. Die politische Rolle der Daleminzier war damit beendet.

Noch im selben Jahr, am 4. September 929, schlachtete ein sächsisches Heer, vor allem durch die Überlegenheit seiner Panzerreiter, die aufständischen Slawen bei Lenzen rechts der unteren Elbe, einer Sperrfeste in der Priegnitz. Quellen melden, sehr übertrieben, 120 000, ja 200 000 gefallene Wenden; zumeist waren es Fliehende und Gefangene, die man umbrachte, abstach oder in einen See trieb und ertränkte. Jedenfalls: man «schlug sie so, daß nur wenige entkamen» (Bischof Thietmar). «Von dem Fußvolk kam keiner davon, von der Reiterei nur sehr wenige, und so endete die Schlacht mit dem Untergang aller Gegner» (Mönch Widukind). Nach ihm fechten bei Lenzen die Barbaren, wie die Slawen immer wieder heißen, schlicht gegen das «Volk Gottes», dessen Angesicht «Helle und Heiterkeit» umstrahlt – das gute Gewissen, das der Klerus in allen Kriegen zu seinen Gunsten seiner Soldateska attestiert. Am nächsten Tag fiel Lenzen – «durch Gottes Huld und Gnade ein herrlicher Sieg». Sämtliche Einwohner wurden versklavt, Frauen und Kinder nackt weggetrieben. Die Besatzung der Burg, der an dem einzigen, strategisch wichtigen Elbübergang zwischen Bardowieck und Magdeburg gelegenen Hauptburg der slawischen Linonen, wurde, trotz Zusicherung freien Abzugs, geköpft – «man kannte keine Schonung, nur Vernichtung oder Knechtschaft» (Waitz).

Eine «Großtat der Kriegsgeschichte», so ein Historiker der Nazizeit; geleistet durch den «Größten unter den Königen Europas» (regum maximus Europae), wie sich schon Mönch Widukind vernehmen ließ. Feierte doch auch Bischof Thietmar den Schlächter als einen, «der die Seinen klug zu behandeln wußte, Feinde aber schlau und mannhaft zu überwinden verstand». Ja, es waren die gloriosen Jahre 928 und 929, in denen «die gewaltige, wahrhaft heroische Gestalt», «die revolutionäre, schicksalgestaltende Größe Heinrichs I.», «der Schöpfer des Reiches, der große deutsche König und Mensch» «seine schöpferische Ostpolitik begann» und jenen Boden gewann, «den nun der deutsche Mensch gestalten, den das lebendige Blut unzähliger Geschlechter arthaft und heimatlich formen durfte» (Lüdtke). Aber auch Richard Wagner rühmte Heinrich I. im «Lohengrin»: «Ruhmreich und groß dein Name soll / von dieser Erde nie vergehn!»[16]

«... WEIL DER SOLDAT NACH VERWESUNG STINKT» – BISCHOF THIETMAR «AUF DER HÖHE DER BILDUNG SEINER ZEIT»

Stolz meldet der Chronist auch den Schlachtentod «zwei meiner Urgroßväter namens Liuthar» bei Lenzen, des Liuthar von Stade und Liuthar von Walbeck; «treffliche Ritter von hoher Abkunft, Zierde und Trost des Vaterlandes...» Dieselben Phrasen – durch die Jahrtausende: vom alten Rom (hier präsent durch dessen «Nationalepos», Vergils Aeneis 10, 858 f.) bis zur entsprechenden Weltkriegspropaganda (man vgl. «Die Politik der Päpste im 20. Jahrhundert» I 236 ff.!, II 112 ff.) – semper idem. Das Entscheidende jedenfalls, das Geschichts-Notorische, -Normierende: die kolossale Verdummungs-, Unterjochungs-, die Kriminal- und Katastrophenhistorie, besonders auch das völkerverblödende Glorifizieren und Sanktifizieren all der unsäglichen Schlacht- und Abstechungsorgien, das wiederholt sich immer wieder – selten so drastisch und gut gegeißelt wie in Brechts «Ballade vom toten Soldaten»:

> «Und weil der Soldat nach Verwesung stinkt,
> drum hinkt ein Pfaffe voran,
> der über ihn ein Weihrauchfaß schwingt,
> daß er nicht stinken kann.»

Eben dies Weihrauchfaß schwingt auch Bischof Thietmar von Merseburg, indem er unmittelbar nach der Erinnerung an seine Urgroßväter, die «Zierde und Trost des Vaterlandes», mehrere Beispiele, «Beweise» auftischt, damit ja «kein Christgläubiger mehr an der künftigen Auferstehung der Toten zweifle...» Denn das christliche Dauermassaker viribus unitis von Thron und Altar seit dem frühen 4. Jahrhundert (I 247 ff.) wird traditionell innig mit dem christlichen Glauben verwoben. Je mehr Blut fließt, desto nötiger der «liebe» Gott, besonders aber die Predigt von der Auferstehung – die Weiterlebenslüge.

So präsentiert Thietmar gleich «eine jüngst aus dieser Welt

Gegangene», die sich, wieder aufgerappelt, ganz normal mit einem Priester unterhält, was natürlich «zuverlässige Kunde» verbürgt. Etwas «ganz Ähnliches», fährt der Bischof fort, «sahen und hörten zu meiner Zeit in Magdeburg Wächter». Sahen und hörten sie doch in einer Kirche zwei wiederum Mausetote «richtig singen». Und auch die herbeigeholten «angesehensten Bürger» erlebten diesen wirklich wunderbaren Genuß, wofür es abermals «glaubhafte Zeugen» gibt. Wie denn auch in Deventer Tote in einer Kirche opferten und sangen und einen sie beguckenden Priester kurzerhand hinauswarfen, ja diesen in der nächsten Nacht mir nichts, dir nichts vor dem Altar «zu Staub und Asche» verbrannten, was sogar Thietmars kranke Base Brigida bezeugt (wohl die Tochter seines Onkels, des Markgrafen Liuthar von der sächsischen Nordmark), die überdies versichert: «Hinderte mich meine Schwäche nicht, lieber Sohn, so könnte ich Dir noch viel von alledem erzählen.»

Und Bischof Thietmar uns!

Geht es ihm – der selbst einmal «deutlich ein Totengespräch» belauschte, wie jetzt ein «Gefährte» von ihm erhärten könnte – doch nur darum, «allen Gläubigen», und zwar «deutlich», wie er wieder betont, «die Gewißheit der Auferstehung und zukünftiger Wiedervergeltung nach ihren Verdiensten» zu predigen; allen also glauben zu machen, daß man im Krieg stolz «Zierde und Trost des Vaterlandes» sein, daß man seelenruhig «fallen» könne, weil man ja wieder aufsteht, aufersteht, wie seine beiden Urgroßväter bei Lenzen ... Und noch dem «Ungläubigen» macht er dies gänzlich unbezweifelbar durch die Worte der Propheten: «Herr, deine Toten werden leben!» Oder: «Und die Toten in den Gräbern werden sich erheben, die Stimme des Gottessohnes hören und frohlocken ...» Ja, welcher Schwachkopf möchte da noch zweifeln!

Da alles so einfach, glaubhaft und vor allem so wahrhaftig ist, zumal für einen christlichen Bischof, füttert uns Thietmar in seinem Geschichtswerk förmlich mit Wunderbarem, mit Traumgesichten, Offenbarungen, Teufelserscheinungen, Visionen, mit Zeichen und Wundern, Heilungswundern, Strafwundern, mirakulösen Sonnenfinsternissen etc. etc. Ist dies doch das Werk eines

Mannes, wie uns die Forschung versichert, der «aus einer der besten Schulen hervorgegangen», «der auf der Höhe der Bildung seiner Zeit stand», der «weitreichende Kenntnisse» hatte (Trillmich) – Ergo kann der vom Schlag getroffene Magdeburger Dekan Hepo zwar »kaum noch flüstern», aber noch «sehr schön mit den Brüdern die Psalmen singen». Ergo erneuert sich irgendwo ausgegangener Wein von ganz allein, so daß nicht nur die Nonnen eines Klosters «lange Zeit» davon trinken, «sondern auch viele andere Umwohner und Gäste zum Lobe des Herrn». Und irgendwo stinkt ein heiliger Leichnam nicht, sondern duftet einfach so kräftig wie lieblich «nach dem Zeugnis höchst glaubwürdiger Männer noch in mehr als drei Meilen Entfernung».

Selbstverständlich dürfen wir all das und derlei schockweise mehr, so belehren uns Historiker wie Theologen, nicht von heute, sondern nur von einer Zeit aus beurteilen, die anders glaubte, anders dachte. Das klingt weise. Doch beiseite, daß noch heute Millionen so glauben und denken – warum dachte und glaubte man denn diesen ganzen unsterblichen Stuß über Epochen hin so verbissen? Weil Tausende und Abertausende verpfaffter Tölpel und Betrüger ihn eingetrichtert, weil sie die klassischen Ideale der griechischen Antike durch Jahrhunderte ruiniert, «die Weisheit dieser Welt zur Torheit» gemacht (1. Kor. 1,20), weil sie das Abend- wie Morgenland in diesen ganzen finster fatalen Sumpf von Unwissenheit und Aberglauben, von Reliquien-, Wunder-, Wallfahrtsschwindel gestürzt, die Völker geistig geradezu darin begraben haben (vgl. bes. III 3. u. 4. Kapitel!); weil sie die Allgemeinbildung aus den Schulen verbannt, die gesamte Erziehung der Christianisierung untergeordnet, aufgeopfert, weil sie ihren theologischen Geisterwahn zum Unterricht schlechthin gemacht haben, so daß noch Thomas von Aquin das Streben nach Erkenntnis «Sünde» nennen konnte, wenn es nicht «die Erkenntnis Gottes» bezweckt (vgl. auch I 26 ff.).

So ließ sich noch jeder Wahnsinn, auch der monströseste, mühelos verbreiten und verinnerlichen, je toller, desto schöner! Nicht nur der große Haufen: illiterati et idiotae. «Ein verzücktes Volk», höhnt Voltaire, «das hinter ein paar Schwindlern herläuft, genügt; mit der Ansteckung mehren sich die Wunder – und nun ist die ganze Welt verrückt.»

Bis tief in die Neuzeit vegetieren die christlichen Massen im Zustand völligen Analphabetentums. Ja, warum denn! Doch auch die Aristokratie, die Mehrheit der Fürsten: bis in die Stauferzeit nicht schreibkundig. Nur eines hatte dieser Christenadel besser als alles gelernt, nicht die Nächsten-, nicht die Feindesliebe, nicht die Frohe Botschaft, nein: schlachten, schlachten, schlachten![17]

931 zieht Heinrich gegen die Obodriten. 932 wird das 10 000 Einwohner zählende Liubusua, Zentrum des Slavenstammes der Lusici (nach neuesten Forschungen im Kreis Luckau gelegen), erobert und niedergebrannt, achtzig Jahre später die durch eine deutsche Besatzung gesicherte Burg von Boleslaw Chrobry, dem Polenfürsten, genommen. (Es geschah im zweiten der drei Kriege, die Kaiser Heinrich der Heilige, mit Heiden im Bunde, gegen den Polen führte, den man seinerseits immerhin als Ideal des christlichen Herrschers feierte, als rex Christianissimus und athleta Christi; Rühmungen, deren sich Boleslaw u. v. a. auch dadurch würdig erwies, daß er am 20. August 1012 bei der Einnahme von Liubusua ein «jammervolles Blutbad» veranstaltete [Bischof Thietmar] und die Burg abermals niederbrannte.) Heinrich I. machte seinerzeit die Lausitz tributpflichtig, ebenfalls, durch einen Feldzug 934, die Uckermark. «Kein Wunder, daß solche Taten auch die Kirche begeisterten», schwärmt man noch im 20. Jahrhundert. «Mitgerissen von dem Strom des Lebens, der mit Heinrich aufquillt, kommt auch das kirchliche Leben in Fluß ...» (Schöffel).[18]

Das gilt sogar noch für den Norden. Im selben Jahr nämlich, 934, besiegt Heinrich in einem blutigen Krieg gegen die als fast unüberwindbar geltenden, in ganz Westeuropa gefürchteten Dänen deren Unterkönig Gnuba, den Beherrscher von Haithabu, macht ihn zinspflichtig und zu seinem Vasallen. Nicht zuletzt aber schuf der König dadurch auch im Norden eine neue Basis für die Ausbreitung des Gottesreiches auf Erden. Brachte er so doch die Heiden «von ihrem alten Irrglauben ab und lehrte sie das Joch Christi tragen» (Thietmar). Denn getreu der alten Strategie: erst das Schwert, dann die Mission, begann gleich nach dieser Niederlage Erzbischof Unno von Hamburg-Bremen in Dänemark und Birka die Bekehrungsarbeit. Bald danach fiel Gnuba im Kampf gegen den nordjütischen König Gorm, unter dessen Sohn König Harald Blauzahn die Dänen Christen werden.[19]

Im Osten freilich hatte man jetzt die wildesten Teufel vor sich und noch längst nicht im «Joch Christi».

«... JAHRELANGE ERZIEHUNGSARBEIT»

Die Ungarn, «fürchterlich an Tracht und Körperbau», wie Mönch Widukind, «das sehr wilde und alle Raubtiere an Grausamkeit übertreffende Volk», wie Abt Regino von Prüm seinerzeit schreibt, Männer mit «greulichem Grunzen», mit «hundeartigem Geheul», so Ekkehard IV. von St. Gallen, kurz, die «Kinder des Teufels» (filii Belial, Annales Palidenses), waren erstmals 894 über die Donau in die Pannonische Mark, anno 900 erstmals in Bayern eingefallen. Seitdem verwüsteten sie häufig süddeutsche Gegenden, und die Kirche hatte große – vordem freilich selbst geraubte – Gebiete verloren. Die Bistumsgrenzen von Passau und Salzburg waren schon zu Beginn des 10. Jahrhunderts bis an die Enns und den Alpenabhang zurückgeschoben – wie blutig auch immer sogar die Seelenhirten sich wehrten: nach der Schlacht bei Preßburg am 4. Juli 907 lagen mit dem ganzen bayerischen Heer auch die Bischöfe von Salzburg, Freising und Seben tot auf dem Schlachtfeld.

Nach Sachsen und damit in den Norden stießen die Eindringlinge erstmals 906 vor, als der junge Heinrich auf Befehl seines Vaters den Kriegszug gegen die Daleminzier geführt und diese schwer gebrandschatzt hatte. Von ihnen zu Hilfe gerufen, verheerten die Ungarn darauf fürchterlich das Land. Sie töteten viele Sachsen, schleppten andere gefangen mit sich und kamen während Heinrichs Regierung 919, 924 wieder, 926 erneut, jetzt auch jenseits des Rheins; überfluteten ihre Reiterhorden doch nun ganz Westeuropa – «... et vastaverunt omnia», eine typische Wendung der Jahrbücher.

Als der König im Schutz seiner Pfalz Werla das weitere abwartete, fiel ihm zufällig ein Ungarnführer in die Hand. Heinrich nahm die Gelegenheit zum Abschluß eines neunjährigen Waffenstillstands wahr (unter Zusicherung jährlicher Tributzahlung) und benutzte die Schonfrist zur Schaffung eines Verteidigungsgürtels, zur Errichtung neuer Burgen sowie zur Erneuerung alter, vor allem an der Slawengrenze, wobei das dort wohnende Volk Tag und Nacht mitbauen, auch für Verproviantierung im Ernstfall sorgen mußte. Die Burgen hatten sich offenbar seit karolingischer Zeit gemehrt, und in ottonischer ruhte auf ihnen das gesamte politische Leben, «mit gewissen Einschränkungen auch das kirchliche» (Schlesinger). Heinrich erbaute «Burgen zum Heile des Landes und Kirchen für den Herrn zum Heile seiner Seele», notiert Bischof Thietmar, dabei schön das reale Christentum auf dessen (im doppelten Wortsinn) praktische Grundwerte reduzierend: Kirche und Krieg.

Weiter wurde eine Fülle von Klöstern und Stiftern massiv befestigt, Hersfeld etwa, Corvey, St. Gallen, selbstverständlich auch so manche Pfalz, Werla oder Merseburg, und nicht zuletzt das sächsische Reiterheer modernisiert, gepanzert und östlich der Elbe, der Saale in steten Slawengemetzeln für den Ungarnkrieg «geschult»; die Forschung spricht hier auch von einer «Bewährungsprobe» (Beumann). Nach sechs Jahren fühlte sich der König durch die «jahrelange Erziehungsarbeit, die Wehrhaftmachung seines Volkes» (Lüdtke) stark genug, den Waffenstillstand zu brechen, wobei ihm die Kirche eifrig beisprang. Schließlich hatte auch sie den Ungarntribut mit bezahlen müssen; vielleicht der Grund, warum sie bei seiner Aufkündigung 932 in Erfurt auf der ersten zur Zeit Heinrichs I. bezeugten Reichssynode sofort eine Kopfsteuer zugunsten ihrer selbst einzuführen beschloß.

In Verbindung mit dieser Reichssynode im Juni unter dem Vorsitz des Erzbischofs Hildebert von Mainz und in Anwesenheit des Königs sowie zahlreicher deutscher Bischöfe verfügte die gleichzeitige Volks- und Heeresversammlung auch den Ungarnkrieg.

Denn nun glaubte man, wie gesagt, sich gerüstet genug, um den Kampf aufzunehmen. So sprach der König zum «Volk»: «Von welchen Gefahren euer Reich, das früher gänzlich in Verwirrung war, jetzt befreit ist, das wißt ihr selbst nur zu gut, die ihr durch innere Fehden und auswärtige Kämpfe so oft schwer zu leiden hattet. Doch nun seht ihr es durch die Gnade des Höchsten, durch unsere Bemühung, durch euere Tapferkeit befriedet und geeinigt, die Barbaren besiegt und unterworfen. Was wir jetzt noch tun müssen, ist uns gegen unsere gemeinsamen Feinde, die Awaren, vereint zu erheben.»

Ein Feind bleibt immer, durch die Jahrtausende. Wohin auch käme man ohne ihn! Ja, alles verarmt, schien es, heruntergekommen, pleite. Nur nicht, versteht sich, Mutter Kirche. Ihr Reichtum war offenbar noch so ungeschmälert wie der der räuberischen Ungarn. «Bisher habe ich, um ihre Schatzkammern zu füllen, euch, euere Söhne und Töchter ausgeplündert, nunmehr müßte ich die Kirche und Kirchendiener plündern, da uns kein Geld mehr, nur das nackte Leben geblieben ist. Geht daher mit euch zu Rate und entscheidet euch, was wir in dieser Angelegenheit tun sollen. Soll ich den Schatz, der dem Dienst Gottes geweiht ist, nehmen und als Lösegeld für uns den Feinden Gottes geben? Oder soll ich nicht eher mit dem Gelde die Würde des Gottesdienstes erhöhen, damit uns vielmehr Gott erlöst, der wahrhaft sowohl unser Schöpfer als Erlöser ist?»[20]

Rhetorische Fragen. Selbstverständlich wollten sie den Kirchenschatz erhalten, wollten alle «durchaus von dem lebendigen und wahren Gott erlöst werden, weil er treu sei und gerecht in allen seinen Wegen und heilig in allen seinen Werken». Und so streckten sie denn, erlösungshungrig, «die Rechte zum Himmel» und schwuren dem König Beistand.

«BEWÄHRUNGSPROBE»

Nun hat durch das ganze mittelalterliche Jahrtausend wohl niemand Tribute regelmäßiger erpreßt als Franken und Deutsche! Aber selbst entrichtete man sie natürlich höchst ungern. Und so schickte man 932 die den Jahressold fordernden Gesandten aus dem Osten mit leeren Händen nach Hause – und hatte schon im nächsten Jahr die Ungarn da. In Thüringen teilten sich ihre Haufen. Das westwärts gegen Sachsen stürmende Korps nahmen zunächst sächsische und thüringische Truppen in Empfang – «die Führer der Ungarn fallen», jubelt Widukind, «ihr Heer wird zersprengt, durch das Land hin verfolgt, ein Teil wird durch Hunger und Kälte aufgerieben, andere sterben niedergehauen oder gefangen, wie sie es verdienten, allesamt eines jämmerlichen Todes».[21]

Eine wahrhaft christliche Sicht der Sache. Man sprach auch von einem Gottesgericht. Und ein zweites folgte sogleich am 15. März 933 durch das Reichsheer, durch ein Aufgebot aller Stämme unter Heinrich bei Riade (wahrscheinlich Kalbsrieth am Zusammenfluß von Helme und Unstrut). Bischof Liutprand von Cremona preist dabei «den löblichen und nachahmenswerten Brauch» der Sachsen, «daß kein waffenfähiger Mann, der über dreizehn Jahre zählt, dem Heerbann sich entziehen darf». Man rückte also mit Kindern in die Schlacht und drohte Kriegsdienstverweigerern die Todesstrafe an.

«Noch durch Krankheit geschwächt», berichtet der Bischof weiter, besteigt der König, «so gut er kann, sein Roß, schart seine Krieger um sich, begeistert sie durch Worte zur Kampfeswut...» Wobei er, «von göttlichem Anhauch beseelt», hinzufügt: «Das Beispiel der Könige der Vorzeit und die Schriften der heiligen Väter (!) lehren uns, was wir zu tun haben.» Nun sprengen die Kinder Gottes unter dem Feldzeichen des Erzengels Michael – in der Bibel (Apk. 12,7 ff.) Anführer der Engel im endzeitlichen Kampf – mit einem markigen und selbstverständlich gottgefälligen, überdies wunderkräftigen «Kyrie eleison!» dem höllischen «Hui! Hui!» der «Kinder des Teufels» entgegen, der König selbst «bald vorn, bald in der Mitte, bald in den letzten Reihen» (Wi-

dukind), und schlagen die Reichsfeinde, als Heiden ja zugleich
Feinde der Kirche, ganz famos aufs Haupt «durch die Gnade der
göttlichen Barmherzigkeit» (Liutprand). Nach Flodoard, dem sicher mächtig (doch noch nicht am mächtigsten) übertreibenden
Kanonikus der Reimser Kathedrale, 36 000 Tote, ungerechnet die
angeblich zahllosen im Fluß Ertrunkenen.

Immerhin: danach kommen die Ungarn zu Lebzeiten Heinrichs
nicht wieder – eine schöne «Bewährungsprobe», ein Zeugnis der
«geschichtlichen Lebensfähigkeit» des deutschen Reiches (Flekkenstein). Der erste Ungarnsieg eines deutschen Königs, der
danach von seinen Streitern als «Vater des Vaterlandes, Herr der
Welt und Imperator» gefeiert wird, auch in der Merseburger Pfalz
seinen Triumph im Bild «verewigen» läßt, doch «auf alle Weise
der Ehre Gottes, wie es sich gehörte», Dank abstattet, das heißt
der Kirche und angeblich sogar den Armen den zuvor dem Feind
entrichteten Tribut spendiert.[22]

Ab Mitte des 10. Jahrhunderts erfolgt die Zurückwerfung der
Ungarn; wobei man nach dem Sieg 944 auf der Welser Haide
unter Herzog Berthold zur Offensive übergeht, sie 948 schlägt,
949 in Ungarn einfällt, u. a. begleitet von dem Bischof Michael
von Regensburg (der, selber verwundet, noch einen schwer angeschlagenen Ungarn absticht), bis man 955 vor Augsburg triumphiert.[23]

Etwa gleichzeitig mit seinen Attacken gegen die Elbslawen unternahm Heinrich I. einen Zug nach Böhmen, dessen Stämme erst
seit dem 9. Jahrhundert die Aufmerksamkeit der fränkischen Annalisten finden.

Der hl. Wenzel, die hl. Ludmila und
zwei fromme christliche Verwandtenmörder

Böhmen hatte Karl «der Große» sofort nach seinen Siegen über
Sachsen und Awaren bekriegt, bemerkenswerter Weise gleich
nach dem Besuch Papst Leos bei ihm 804. Schon 805 und 806 ließ

er es jeweils mit drei Heeren angreifen (IV 493 ff.), und seitdem wurde es auch christianisiert, vor allem durch Missionare aus Regensburg. So konnte man dort 845 auch 14 böhmische Große (duces) mit ihrem Gefolge (cum hominibus) taufen.[24]

Nach dem Zusammenbruch Großmährens war Böhmen unter den westslawischen Völkern die bedeutendste Macht. Die Tschechen, um Prag sitzend, eine der ältesten «Hauptstädte» Europas, hatten das ganze Land vermutlich schon bis zum ausgehenden 9. Jahrhundert geeint. Damals waren Herzog Bořivoj I. (gest. um 894) und, an unbekanntem Ort, auch seine Frau Ludmila, Tochter eines Sorbenfürsten, «bekehrt» worden, der Herzog, der Überlieferung nach, am Hof Svatopluks von Mähren durch den Erzbischof Method, wenn das Datum der Taufe auch nicht feststeht.

Mit ihnen jedenfalls beginnt eine neue, und zwar christliche Fürstenreihe, das tschechische Geschlecht der Přemysl (Primizl), das Böhmen bis 1306 regiert. Auch die Söhne dieses Fürstenpaares, Spytihněv (889–915) und Vratislav I. (915–921) – Breslau trägt seinen Namen –, sind Christen. Ebenso des letzteren Söhne, die Přemysliden-Herzöge Wenzel (Václav) I. (921–935) und sein Bruder Boleslav I. (929–967 oder 973), nach mehreren Quellen der Jüngere, nach einer Quelle der Ältere. Beide kamen nach dem frühen Tod ihres Vaters, des Herzogs Vratislav, als noch Unmündige unter die Vormundschaft ihrer Mutter Drahomir, Tochter eines Hevellerfürsten, die gleichfalls Christin war und die Regierungsgewalt hatte. Und beide Söhne erzog sogar eine Heilige, ihre Großmutter, die hl. Ludmila (860–921).

Spätere christliche «Legenden» freilich machten aus Drahomir und Boleslav Heiden, weil jene ihre Schwiegermutter, die hl. Ludmila, dieser seinen Bruder, den hl. Wenzel, ermordet hat bzw. ermorden ließ. Und noch in der zweiten Hälfte des 19. Jahrhunderts läßt sich katholische Geschichtsschreibung von Legenden bestimmen, gibt Wetzer/Weltes kirchliches Standardwerk Drahomir als «Heidin» aus, die seit Ludmilas Ermordung «mit ihrem heidnischen Anhang nach Herzenslust» schaltete.

Im 20. Jahrhundert aber ist auch im katholischen «Lexikon für Theologie und Kirche» Drahomir «nicht heidnisch», vielmehr «getauft». Und ebenso ist Boleslav *«durchaus Christ»*, und zwar «sicherlich von Jugend auf» (Naegle). Haben doch nun auch nach dem «Handbuch der Kirchengeschichte» Boleslav I. wie sein Sohn Boleslav II. (gest. 999) «am Christentum durchaus festgehalten, ja sogar zu seiner Festigung beigetragen».

Noch am Tag des Brudermords demonstriert der Mörder nach einer altslawischen Überlieferung sein Bekenntnis, indem er dem Priester Paul befiehlt, über Wenzels Leiche zu beten. Und auch Drahomir, die am 15. September 921 durch ihre Gefolgsleute Tunna und Gommon die hl. Ludmila töten und die Täter reich belohnen läßt, erbaut über Ludmilas Grab eine S. Michaeliskirche (während das Mörderduo auf ihren Befehl schließlich verfolgt und Gommon umgebracht wird, Tunna entkommt). Doch hat, Jahrhunderte später, nicht in Würzburg ein Bischof Hexen verbrannt, nicht wenige, und Messen gestiftet für ihre Seelen?! Kein Wahnsinn ist ausgeschlossen in dieser Religion, die Wahnsinn ebenso als Vernunft wie Vernunft als Wahnsinn ausgeben kann, als Werk des Teufels.[25]

Boleslav ließ auch die Gebeine seines Opfers aus Stara Boleslav (Altbunzlau), seiner Residenz, in die Prager St. Veitskirche bringen. Die Überführung geschah mit seiner Zustimmung, vielleicht gar auf seinen Befehl. Und er ließ diese Kirche auch durch den Regensburger Bischof Michael unter besonderer Teilnahme von Volk, Adel und Klerus konsekrieren. Ferner sorgte der Mörder Wenzels dafür, daß sein zweiter Sohn Strachkvas, später «Christian» genannt, im Kloster St. Emmeram in Regensburg, zu dem er enge Beziehungen unterhielt, als Benediktiner heranwuchs. Boleslavs Tochter Milada wurde die erste Äbtissin des Prager Nonnenklosters St. Georg, seine Tochter Dubrawka (Dobrawa) 965 die Frau des polnischen Herzogs Mieszko I. aus dem Hause der Piasten; nach polnischen Quellen unter der Auflage, daß er zum Christentum übertrete, was im folgenden Jahr auch geschah und Polen christlich machte (S. 463).[26]

Natürlich haben heidnische Restgruppen beim Machtkampf in Böhmen eine Rolle gespielt, ebenso aber innerdeutsche, genauer sächsisch-bayerische Auseinandersetzungen. Suchte Heinrich I.

doch zweifellos in Böhmen Einfluß zu nehmen, wobei er, wie vermutet wurde, Wenzel als Gegenspieler gegen den vom Bayernherzog Arnulf unterstützten Boleslav gewann. Als sich die beiden Deutschen freilich im Sommer 921 überraschend arrangierten, sah Drahomir darin kaum zu Unrecht eine Bedrohung Böhmens, zumal die hl. Ludmila, offenbar von dem in Prag wirkenden Regensburger Archipresbyter Paul bestimmt, zu Arnulf hielt. Deshalb ließ Drahomir 921 ihre Schwiegermutter auf der Burg Tetin erdrosseln und verwies die bayerischen Priester des Landes. Herzog Arnulf marschierte darauf im nächsten Jahr in Böhmen ein und unterwarf Drahomir.

Heinrich fand erst gegen Ende des Jahrzehnts, nach Niederringung der nördlichen Slawen, der Heveller und Daleminzier, wieder Zeit, sich um Böhmen zu kümmern. Gerade im Kampf gegen die Elbslawen von Meißen bis ins Gebiet der Daleminzier an der böhmischen Grenze vorgedrungen, zog er über das Erzgebirge noch nach Prag weiter, während bezeichnenderweise der Bayernherzog gleichzeitig von Westen her vorstieß. Es war ein gemeinsamer Krieg gegen Böhmen, der sicher der Tributerzwingung, der seit Karl I. obligatorischen Zinszahlung, und im übrigen doch wohl eher der Unterwerfung des Boleslav, vielleicht der Erstickung eines Komplotts christlicher Tschechen mit paganen Restverbänden, als dem Wenzel galt, der im selben Jahr noch seinem Bruder zum Opfer fiel.[27]

Über Václav I., den hl. Wenzel, wie ihn dann die katholische Geschichtsschreibung nennt, ist ein Schwall von Legenden im Umlauf, die als historische Quellen meist nicht in Betracht kommen. Vergessen kann man auch vieles, was noch später Theologen und Historiker kolportieren, was zum Beispiel eine katholische Kirchengeschichte – mit Imprimatur und (ent)sprechendem Stil – noch im 20. Jahrhundert verbreitet: «Dieser Fürst pflegte selbst die Hostien zu backen und den Wein zu keltern zum Gebrauche beim hl. Meßopfer, um seine Hochachtung gegen dieses hochheilige Geheimnis dadurch zu bekunden» (Aerssen). Und das elfbändige Kirchenlexikon der katholischen Altmeister Wetzer/Welte weiß sogar, daß der hl. Herzog den für die Hostienbäckerei benötigten Weizen nachts auf einem Acker zur Erntezeit (wo und wann sonst) eigenhändig mähte und «auf seinen Schultern nach Hause trug»; räumt aber auch ein, er habe, wiewohl im Trinken «äußerst mäßig», manchmal doch «mehr als gewöhnlich getrunken...», um von anderem zu schweigen.

Daß Wenzel das Christentum nach Kräften gefördert, darf man umso eher glauben, als er seine Tschechen ganz offensichtlich mit christlicher Hilfe, das heißt der seiner westlichen Nachbarn, zu beherrschen suchte. Von deutschen Priestern ausgebildet, war er bemüht, die böhmische Kirche nach dem Muster der deutschen und im engsten Anschluß an die bayerische einzurichten, hatte er sich offenbar doch selbst dem Regensburger Diözesanheiligen Emmeram geweiht und pflegte dessen Fest zu feiern. Böhmen war unter Wenzel kirchlich vom Regensburger Bistum völlig abhängig, war der Diözese des Bischofs Tuto einverleibt. An ihn wandte sich Wenzel auch, als er auf der Prager Burg, wo seine Vorgänger Spytihněv und Vratislav bereits eine Marien- und Georgskirche errichtet hatten, noch einen neuen und prächtigeren Christentempel zu bauen beschloß.

Der Nationalheilige der Tschechen wollte aber nicht nur deren engen Anschluß an die bayerische Kirche, sondern ebenso sehr die *«dauernde politische Anlehnung an und Unterwerfung unter das Deutsche Reich»*, weil dies «allein ihm die Durchführung seines Regierungsprogramms ermöglichte» (Naegle). Gerade damit freilich war man weithin unzufrieden in Böhmen, wo eine mächtige und anscheinend noch wachsende Adelsopposition, offensichtlich von Wenzels thronsüchtigem Bruder Boleslav angeführt, nichts weniger als eine bayerisch-deutsche Orientierung wünschte, eine Unterordnung unter den gefährlichen und gefürchteten großen Nachbarn und dessen Kirche, die man vielfach grundsätzlich verabscheut hat. War doch Arnulf von Bayern schon einmal 922 mit seinem Heerbann in Böhmen einmarschiert, um den damals etwa 15jährigen Wenzel, der seinen Gegnern geradezu als «geisteskranker Herrscher» erschien, vor dieser nationaltschechischen Partei zu schützen, die ihn nun liquidierte. Denn, so das «Martyrologium Germaniens» (auch sprachlich erhebend): «Um seiner christlichen und deutschen Gesinnung fiel er seinem Bruder und seinen Meuchlern zum Opfer.»[28]

Wenzel, vor dem heimtückischen Anschlag Boleslavs in dessen Residenz Stara Boleslav angeblich gewarnt, schlug dies in den Wind und setzte «all sein Vertrauen auf Gott». Der aber verließ ihn am 28. September 929. Darauf eilte der Brudermörder sofort nach Prag, bemächtigte sich des Thrones und ließ viele Anhänger Wenzels, zumal die diesem besonders ergebenen christlichen Priester, töten oder außer Landes jagen, falls sie sich nicht schon in Sicherheit gebracht. Zwar wollte Boleslav, ja selber Christ, nicht das Christentum in Böhmen beseitigen, doch sicher die von Wenzel gestützte deutsche Oberherrschaft. Er blieb, schreibt Bischof Thietmar, «voller Übermut lange Zeit aufsässig; schließlich warf ihn der König aber mannhaft nieder ...»[29]

Schon bald nach seiner Ermordung wird Wenzel als Märtyrer verehrt, die offizielle Kanonisation indes erst im 17./18. Jahrhundert betrieben. Immer mehr wächst der Ruf von seiner Heiligkeit und den Wundern kraft seiner «Fürsprache». Auch jenseits der Grenze verbreitet sich der Kult; weithin gibt es Wenzel-Reliquien in deutschen Landen. Die Hauptstücke aber befinden sich bis ins 20. Jahrhundert in Prag, das früh ganze Pilgerscharen heimsuchen, falls die alten Legenden wenigstens darin glaubhaft sind. Wenzel wurde jedenfalls einer der häufigsten Vornamen der Tschechen.

DER HL. KOLLABORATEUR UND MÄRTYRER WIRD ANTIDEUTSCHER KRIEGSHELD, HEINRICH I. «GRÜNDER UND RETTER DES DEUTSCHEN REICHES»

Mittelalterlichen Chronisten gilt der «Märtyrer» Wenzel als großer Kriegsheld. Einen seit dem 13. Jahrhundert bekannten St. Wenzel-Choral schmetterte man nicht nur bei der Krönung böhmischer Könige, er war auch «Schlachtgesang der hussitischen Heere» (Lexikon für Theologie und Kirche). Und seit der hussitischen Umwälzung diente er zur antideutschen Propaganda. In einem rein religiösen Wenzellied sang man statt des Verses «Tröste die Betrübten, vertreibe alles Übel»: «Treibe die Deutschen, die Ausländer, aus». Ja, in einem Gesangbuch des späteren 15. Jahrhunderts prangten auf der Fahne des hl. Wenzel die Worte: «Auf die Deutschen, auf die Gottesverräter!» Mal mit den Deutschen, mal gegen sie, ganz nach Bedarf – die (Über-)Lebenskunst dieser Religion.[30]

Zurück zu Heinrich I.

Auf der Jagd bei der Pfalz Bodfeld (nahe Quedlinburg) erlitt der König einen Schlaganfall. Schwerkrank nahm er noch an der letzten, von ihm einberufenen Reichsversammlung in Erfurt 936 teil. Dann traf ihn in der Pfalz Memleben an der Unstrut ein zweiter Schlaganfall, an dessen Folgen er am Morgen des 2. Juli 936, ungefähr sechzigjährig, starb – «der großmächtige Herr und größte unter den Königen Europas, an jeglicher Tugend der Seele wie des Körpers keinem nachstehend, und hinterließ einen Sohn, noch größer als er selbst, und diesem Sohn ein großes, weites Reich, welches er nicht von seinen Vätern ererbt, sondern durch eigene Kraft errungen und Gott allein ihm gegeben hatte».[31]

Heinrich I. wurde in Quedlinburg in der Kirche des hl. Petrus beigesetzt, vor dem Altar, und angeblich «unter dem Jammer und den Tränen vieler Völker» (Widukind). Noch spät haben ihn Hans Sachs besungen, Klopstock («Der Feind ist da. Die Schlacht beginnt. Wohlauf, zum Sieg herbei!») und Richard Wagner. Und, natürlich wissenschaftlich fundiert, Historiker haufenweise. Genau nach tausend Jahren, «am 20. Ostermond 1936», bekennt Franz Lüdtke: «Während mein Buch schon gedruckt wird und ich als letztes dieses Vorwort schreibe, kommt mir ein Aufsatz der Zeitschrift ‹Neues Volk, Blätter des Rassenpolitischen Amtes der NSDAP› vom 1. April (!) 1936 zu Gesicht: ‹Heinrich I., Gründer und Retter des Deutschen Reiches›; in ihm wird in markanten Linien die ragende Gestalt des Königs als deutsche Führerpersönlichkeit gezeichnet und ihm ‹jener Ehrenplatz zugewiesen, der ihm nach unserer heutigen Auffassung von den Lebensnotwendigkeiten des deutschen Volkes und nach den rassischen Erkenntnissen unserer Tage gebührt›.»[32]

10. KAPITEL

OTTO I., «DER GROSSE» (936–973)

«... abgesehen vom Schrecken der königlichen Strafgewalt
stets liebenswürdig.» Mönch Widukind von Corvey[1]

«Kaum wird ein Hirte wie er je wieder des Königtums walten!
Neue Bistumssitze vermochte er sechs zu errichten. Kraftvoll
gewann er den Sieg über Berengars schändlichen Hochmut.
Auch der empörten Lombarden Nacken zwang er zu Boden...
Fernste Gestade entrichteten willig ihm ihre Tribute. Immer
ein Friedensfürst...» Bischof Thietmar von Merseburg[2]

«In der Gesinnung des christlichen Imperialismus hat Otto
der Große seine Ostkriege geführt. Politik und Religion
griffen so ineinander über, daß sie eine ‹unlösliche Einheit›
bildeten.» Bünding-Naujoks[3]

«Papst Johannes XIII. hat ihn 967 wegen seiner Leistungen
für die römische Kirche in eine Reihe mit Konstantin dem
Großen und Karl dem Großen gestellt.» Helmut Beumann[4]

«... von der Gesamtleistung her, die aus klar gesehenen
Konzeptionen sowie wohldurchdachten und dann auch kon-
sequent durchgeführten Situationslösungen resultierte, ist er
ohne jeden Zweifel unter die Großen der Weltgeschichte ein-
zureihen. Weiterführung und Ausgestaltung der beharrlichen
Aufbauarbeit Heinrichs I. ist dabei nur das eine Signum
seines Wirkens, das andere und wichtigere ist das aus seiner
eigenen neuen Staatsidee sich entfaltende zielsichere Vordringen
zu einer europäischen Hegemonie.» «Und er ist der einzige
unserer mittelalterlichen deutschen Herrscher, dem die Geschichte den Beinamen ‹der Große› auf Dauer bewahrt hat.
Er hat sein Reich zur Hegemoniemacht in Europa erhöht.»
Eduard Hlawitschka[5]

Zuerst das Schwert...

Heinrich I., «der Vater seines Landes – größter und bester der Könige» (Widukind), hinterließ aus seiner zweiten Ehe mit Mathilde (S. 381) drei Söhne: Otto, Heinrich und Brun. Noch im Frühjahr hatte er auf der Reichsversammlung in Erfurt den Ältesten, den am 23. November 912 geborenen 24jährigen Otto offiziell zum Nachfolger designiert. Der ältere Thankmar, aus erster – ungültig erklärter – Ehe, war dabei ebenso übergangen worden wie der Zweitgeborene aus zweiter Ehe, Heinrich, Lieblingssohn der Königin Mathilde, den sie anscheinend lieber auf dem Thron gesehen hätte. So wurde – in einer für die deutsche Königskrönung traditionsstiftenden Zeremonie – Otto I. aus dem Sachsengeschlecht der Liudolfinger, der künftige erste deutsche Kaiser, am 7. August 936 in Lotharingien (das Ottos Vater dem Burgunderkönig Rudolf abgenommen) in der karolingischen Pfalz Aachen gesalbt und gekrönt. Danach endete der Tag mit dem rituellen «Krönungsmahl», einer gewaltigen Freß- und Sauforgie («wesentlicher Bestandteil aller Feierlichkeiten, bei denen der König zugegen war»: Bullough).

Zunächst aber hatten sich die drei rheinischen Erzbischöfe von Trier, Köln und Mainz wegen des Vorrangs beim Weihevollzug gestritten. Ruotbert von Trier, bald Erzkanzler/Erzkapellan, ehe er 956 an der Pest starb, insistierte auf dem höheren Alter seines Bischofssitzes sowie dessen Gründung «gleichsam durch den heiligen Petrus» (tamquam a beato Petro apostolo). Doch auch Wilfried von Köln wollte den Krönungsakt vornehmen. Zuletzt einigte man sich auf Hildebert von Mainz unter Assistenz des

Kölner Metropoliten. Dabei übergab dann der Mainzer, «ein Mann von wunderbarer Heiligkeit» (Widukind), im Innern der Kapelle und sozusagen unter dem Krummstab, den er trug, Otto als erstes der Reichsinsignien das Schwert mit den Worten: «Nimm hin dies Schwert, mit dem Du alle Widersacher Christi, Heiden und Ketzer, austreiben sollst auf Grund der Dir verliehenen göttlichen Vollmacht und auf Grund der Macht des ganzen Reiches der Franken, zur Befestigung des Friedens aller Christen». Ein Satz, von dem Pierre Riché sagt, er enthalte «schon das gesamte ottonische Herrschaftsprogramm». Den Heidenkrieg jedenfalls brachte der Gekrönte zur Genüge, den Frieden unter Christen nie, weder diesseits noch jenseits der Alpen.[6]

Nach der Weihe und Salbung in der basilica «Magni Karoli» wurde Otto, der bewußt in fränkischer Tracht, also mit enganliegendem Gewand, erschienen war, im Westchor des Münsters auf den steinernen Thron Karls gesetzt (noch immer auf der Empore der Pfalzkapelle zu bestaunen); und dies ganze, gewiß sorgfältig vorbedachte Zeremoniell zeigt den jungen Monarchen als rex Francorum, als Fortsetzer karolingischer Traditionen. Die Kirche machte ihn zum «rex gratia dei», zum König von Gottes Gnaden, zu dem «von Gott erkorenen» (a Deo electum), und hob ihn damit deutlich über den gesamten Adel.

Ebenso deutlich freilich zeichnete sich bereits jetzt, im eklatanten Unterschied zum Regierungsbeginn seines Vaters und Vorgängers, eine neue Machtposition, eine Schlüsselstellung des Klerus und die klare Unterordnung der Herzöge ab. Sie sind nicht mehr Ranggleiche unter einem Ersten, wie unter Heinrich I., sondern sie sind «Diener» eines Gesalbten, eines Herrn von Gottes Gnaden. Sie, Giselbert von Lothringien, Eberhard von Franken, Hermann von Schwaben und Arnulf von Bayern, versehen beim Königsmahl in feierlicher Form gegenüber dem neuen Gebieter die Hofdienste des Kämmerers, Truchsessen, Mundschenken und Marschalls, Ämter, die sich schon am Hof der Merowingerfürsten finden und aus denen später die vier Erzämter des Reiches hervorgehen.

Aachen aber wurde zum Krönungsort der deutschen Machthaber des Mittelalters. In sechshundert Jahren, zwischen 936 und 1531, empfingen hier 34 Könige und 11 Königinnen die Krone.[7]

SCHUTZ DER KIRCHE, KRIEG DEN HEIDEN

Otto I., der sich gleich bei seiner Thronbesteigung kirchlich salben, eine «höhere» Weihe geben ließ, war ein sehr gläubiger, durch und durch katholischer Fürst, ja so vom sakralen Charakter seines Herren- und Herrschertums, so von dessen Zuordnung auf den Klerus durchdrungen, «daß die Ausübung königlicher Gewalt für ihn zum Priesterdienst wurde» (Weitlauff). Sein durch den Salbungsakt sozusagen gesteigertes Königtum bekundet von Anbeginn an «eine gewandelte Einstellung gegenüber der Kirche» und wird «gleichsam zum Vorbild der christlichen Monarchien des Mittelalters» (Struve). Ottos Untertanen, wenn wir Widukind glauben können, sehen in ihm die Norm gottgerechten Handelns. Der König, der übrigens sächselt, ein rötliches Gesicht und einen langen Bart hat, steht ständig unter Gottes Schutz, ist die Stütze und Hoffnung der Christenheit, der große Gottesfürst, dessen Herrschaft der des Herrn über das All ähnelt.

Wie Karl «der Große» erblickt auch Otto «der Große» seine Hauptaufgabe im Schutz der Kirche und, trotz mancher Zwischenfälle, des Papsttums. Geradezu wörtlich hat er in einer noch erhaltenen Urkunde die üblichen Versprechungen der Karolinger gegenüber den Päpsten erneuert, hat er die alten Schenkungen wieder verbrieft und die kanonische Besetzung des römischen Stuhles garantiert.

Neben und mit der «defensio ecclesiae» aber sieht dieser Fürst, der nie die Krone trägt, ohne vorher gefastet zu haben, seine weitere Hauptaufgabe «in der Bekehrung der Heiden zu Gott» (Brackmann). Zeigt sich doch gerade bei ihm «sehr stark eine ziemlich lange Verbindung von Ostkrieg und Ostmission» (Bünding-Naujoks). Und war die Kirche auch kein ganz einheitlicher Interessenblock, läßt sie doch selbstverständlich für Otto und seine Truppen beten, ist die Bitte für das Heer in den Litaneien und Laudes ja schon seit dem 8. Jahrhundert die Regel.[8]

Im Krieg weht die Reichsfahne mit dem Bild des Erzengels Michael den königlichen Schlächtern voran. Und natürlich zieht auch die «heilige Lanze» mit ihnen. In militärischer Bedrängnis wirft sich Otto, wie im März 939 südlich von Xanten, inbrünstig betend vor dieser «heiligen Lanze» zu Boden. Nach der Schlacht am 2. Oktober 939 gegenüber von Andernach kniet er weinend zu einem Dankgebet nieder. Auf wichtigen Kirchentreffen, der Generalsynode in Ingelheim 948, dem späteren Nationalkonzil in Augsburg, fordert er programmatisch das Christentum und seine Verbreitung und verspricht feierlich, jederzeit mit Herz und Hand für die Kirche zu kämpfen. Er zerstört heidnische Heiligtümer und errichtet christliche Missionsbasen, er sorgt für Missionare und schafft fest organisierte Diözesen. 967, auf der großen Reichs- und Kirchenversammlung von Ravenna, erstattet er Papst und Synodalen Bericht über seine «Missionstätigkeit» bei den Slawen.

Otto I. schloß also den traditionellen Bund der Karolinger mit der Kirche noch enger. Er und seine Nachfolger entwickelten die überlieferten Tendenzen fort. Er, Otto II. und Otto III., die sächsischen Kaiser, beherrschen wie niemand zuvor und danach die abendländische Kirche. Otto I. ließ Vorschriften gegen Geistliche verabschieden, die Jagd auf Wild oder Frauen machten, und gegen Laien, die Priestern die Zehnteinkünfte raubten. Er leitete Synodalversammlungen. Er zog 941 nach Würzburg und Speyer, 942 nach Regensburg, um dort an Bischofswahlen teilzunehmen. Und selbstverständlich entschieden die Ottonen über die Bischofssitze – wobei der Heilige Geist sich auffallend an die königlichen Verwandten erinnert: Otto macht seinen (außerehelichen) Sohn Wilhelm 954 zum Erzbischof in Mainz, seinen Bruder Brun 953 zum Erzbischof in Köln, seinen Vetter Heinrich 956 zum Erzbischof in Trier. Die Bischöfe Poppo I. und Poppo II. von Würzburg, Dietrich I. von Metz, Berengar von Verdun, Berengar von Cambrai, Liudolf von Osnabrück sind weitere königliche Verwandte. Ottos Tochter Mathilde wird, elfjährig, die erste Äbtissin von Quedlinburg.

Auch Päpste setzten die Ottonen ganz nach Gutdünken ein und ab. Otto I. entthronte Johann XII. und Benedikt V., Otto III. den Invasor Johann XVI. Ohne diese Eingriffe wären die kirchlichen Zustände Roms (S. 475 ff.) noch scheußlicher gewesen. Die katholischen Majestäten hatten von den «Stellvertretern Christi» auch keine allzu euphorischen Vorstellungen. Otto III. wies als erster die «Konstantinische Schenkung» (IV 14. Kap.) in aller Schärfe als Fälschung zurück.

DIE BISCHÖFE – EIN PROFITABLES HERRSCHAFTSINSTRUMENT

Vor allem zog Otto I. die Bischöfe sowie Äbte der großen Reichsklöster an sich, um sie für den «Reichsdienst» einzuspannen. Die gewöhnlich dem Hochadel angehörenden maßgeblichen Kleriker kamen oft aus der Kapelle des Königs, wo sie ursprünglich (auch) geistliche Aufgaben wahrnahmen, jetzt aber geradezu für die Interessen des Herrschers herangebildet wurden. Unter Otto stammten die meisten Bischöfe in Sachsen, Franken und Bayern aus seiner Kanzlei und Hofkapelle. In den frühen 950er Jahren wurde die Zahl der Kapellane beträchtlich erhöht; seit den späteren 960er Jahren aber verdoppelte, ja verdreifachte sich der Personalbestand der zentralen Schaltstelle des Reiches. Wir kennen aus Ottos I. Regierungszeit immerhin 45 Hofgeistliche, davon etwas mehr Säkularkleriker als Mönche. Und wie schon unter den Karolingern fungieren sie als seine Berater, seine Diplomaten, Verwaltungsfachleute, Feldherren.

Denn selbstverständlich zogen die zumeist in der Hofkapelle «auf Reichstreue und vertieftes Verständnis des Christentums (!) hin ausgebildeten Bischöfe und Reichsäbte» (Hlawitschka) auch mit in den Krieg. Zum Beispiel befanden sich auf Ottos Zug nach Frankreich im Herbst 946 in seinem Heer, welches das gesamte Gebiet bis zur Loire und die Normandie mit ausgedehnten Plünderungen heimsuchte, die Metropoliten von Mainz, Trier, Reims nebst weiteren Seelenhirten. Die Trierer Erzbischöfe agieren 946 und 948 als Befehlshaber auch im Süden, sind dort aber zwischen 953 und 965 ebenfalls auf Heereszügen. Bischof Dietrich von Metz – dessen Vorgänger Adalbero, mehrfach an Kriegen beteiligt, vermutlich auch schon in Italien operierte – war dort unter Otto I. fünf Jahre ununterbrochen. Fast ebenso lang Erzbischof Adaldag von Hamburg, der die ottonische Reichs- und Kirchenpolitik stark beeinflußt und später mit Hilfe von Ottos II. dänischem Krieg (974) auch in Skandinavien die Frohe Botschaft verbreitet hat und sein «vertieftes Verständnis des Christentums», das auch er sicher in der Hofkapelle, zeitweise sogar als Kanzler Ottos, erworben haben dürfte. Die vom Kaiser besonders geschätzten Otker von Speyer und Lantward von Minden blieben alles in allem mehr als sieben Jahre im Süden. Insgesamt sind unter Otto I. nicht weniger als 28 deutsche Bischöfe in Italien nachweisbar, und fechten auch vermutlich nicht alle im Heer für den Herrn (welchen Herrn immer man sich da vorstellen mag), so doch gewiß die meisten.

Die Prälaten handeln somit als Vertreter der königlichen Politik nach innen und außen. Sie haben Einfluß auf die Reichsverwaltung, den weltlichen und geistlichen Hofdienst, das Gerichtswesen, den Ausbau von Handel und Verkehr, sie bestimmen die wirtschaftliche Entwicklung ihrer Territorien, die Fronarbeit. Und ihre administrative, ökonomische, militärische Tätigkeit dauert durch das ganze Mittelalter fort, wobei sie auch bei fast allen Königswahlen eine hervorragende Rolle spielen, die Mainzer Erzbischöfe mitunter geradezu als Königsmacher gelten.[9]

Natürlich lohnte sich die Staatshörigkeit des Klerus. Denn wie der König mit seiner Hilfe die Machtkonzentration, die Selbständigkeitsbestrebungen des hohen Adels, zumal der Herzöge, bekämpfte, so erhielt der Klerus mit der immer engeren Zuordnung zum Reich eine Fülle von Herrschafts- und Fiskalrechten, gewann er vor allem den Schutz des Königs gegen die Übergriffe der Aristokratie auf seine großen Güter. Außerdem erlaubte eine starke staatliche Zentralgewalt die Hinzugewinnung ausgedehnter Grundherrschaften durch die Unterwerfung benachbarter Heidenvölker.

Bischöfe und Äbte, ja längst im Erlangen von Immunitäten (vom lat. munus, «Dienst, Amt, Gunst, Geschenk») geübt, wurden so mit reichen Güterschenkungen, mit neuen Immunitätsprivilegien bedacht. Sie erhielten nun erweiterte Rechte, die sie dem Eingriff von Grafen und Herzögen entzogen. Ihnen wurde die volle Gerichtsbarkeit in sogenannten Causae maiores zuerkannt, die Bischofsstadt samt Einwohnern aus der Grafschaft eximiniert, die Kirchenvogtei der Grafschaft gleichgesetzt. Und oft kam zu diesen Immunitäts-, Bann-, Gerichtsbarkeitsprivilegien noch die Verleihung von Markt-, Münz-, Zollrechten dazu – ursprünglich dem König vorbehaltene Rechte. Als Otto beispielsweise 965 dem Erzbischof Adaldag von Bremen-Hamburg die Erlaubnis gab, in Bremen einen Markt zu errichten, übertrug er ihm Bann, Zoll und Münze mit sämtlichen daraus fließenden Einkünften, womit der Erzbischof Stadtherr Bremens wurde. Die Übertragung all solch königlicher oder gräflicher Regalien auf die Bischöfe aber «ging weit über das hinaus, was vorher in Deutschland üblich gewesen» (Bullough). Dagegen gibt es unter den Ottonen «Immunitätsprivilegien an weltliche Herren so gut wie keine mehr ...» (Schott/Romer).[10]

So sehr freilich die umfassende Heranziehung der Kirche zu den Reichsgeschäften das Königtum stabilisierte, die immer großzügigere Ausstattung von Bischofssitzen und Klöstern und deren stets wachsendes Prestige legten doch zugleich den Grund für die Untergrabung der Königsmacht durch die Kirchenreform des 11. Jahrhunderts. Aber der Monarch hatte nun einmal entschieden auf den Episkopat gesetzt, und zwar zum Nachteil der eigenen Verwandtschaft und hoher Adliger.

Katholische Fürsten- und Familienbande – Bayern und die Königsbrüder rebellieren

Ottos alleinige Machtübernahme im ostfränkisch-deutschen Reich bedeutete einerseits einen Bruch mit der karolingischen Praxis der Herrschaftsteilung bei der Thronfolge zugunsten des Einheitsgedankens, der Unteilbarkeit des Reiches. Andererseits suchte er in Anlehnung an die Karolinger-Tradition die Stellung des Königs gegenüber den Magnaten wieder zu stärken.

So führte der Beginn seines Regiments alsbald zu Destabilisierungen, ersten Unruhen, ja heftigen Kämpfen im Landesinnern, teils durch königliche Verwandte, die sich übergangen, zu kurzgekommen, teils durch Fürsten, die gleichfalls ihre Rechte beschnitten sahen. Nahezu zwanzig Jahre lang wird nun der Regent, der Freundschaftspakte mit der Reichsaristokratie meidet, in Erbschaftsauseinandersetzungen verstrickt und zeitweilig beinah an den Rand des Ruins getrieben, wobei seine Gegner einen starken Rückhalt im Hochadel haben, der mächtig genug ist, noch beim Tod Ottos I. (973) wie Ottos II. (983) sich erneut zu erheben. Fast die Hälfte seiner Regierungszeit muß der erste der Ottonen auf die Klärung der Positionsverhältnisse im Staat verwenden, muß er Kämpfe mit fränkischen Christen, Katholiken führen, von den Kriegen nach außen vorerst zu schweigen.

Selbst in Sachsen und Franken, den eigentlichen Kernlandschaften des ottonischen Imperiums, kam es zu Spannungen.

Als 936, nach Niederwerfung der Elbslawen, der König den Sachsen Hermann Billung zum Markgrafen über gewisse Grenzstriche an der unteren Elbe machte und 937 dem Grafen Gero die Markgrafenschaft an der mittleren Elbe und Saale zuwies, verließ Hermann Billungs älterer Bruder Wichmann, ein Schwager der Königin Mathilde, das Heer. Doch auch Ekkehard, Ottos Vetter, der bald darauf im Kampf gegen die Slawen fiel, sah sich ebenso zurückgesetzt wie Thankmar, Ottos Halbbruder (aus Heinrichs I. erster Ehe mit Hatheburg), der von vornherein auf das Erbe aus dem Privatnachlaß beschränkt worden war. Und Probleme gab es auch mit dem Frankenherzog Eberhard. Noch kurz zuvor führend an Ottos Königserhebung beteiligt, wurde er nun, nach Lehnsstreitigkeiten im fränkisch-sächsischen Grenzbereich – wobei «das Sengen und Brennen nirgends aufhörte» (Widukind) – und der Maßregelung eines sächsischen Vasallen von Otto, bestraft, nicht ohne daß dieser zuvor zwei Erzbischöfe und acht Bischöfe um Rat gefragt hätte.[11]

Zum offenen Konflikt aber kam es mit Bayern.

Dort nämlich war der gefürchtete Herzog Arnulf «der Böse» (S. 364 f.) am 14. Juli 937 gestorben. Der mehrfache Ungarnbesieger hatte sich gegenüber dem Königtum eigenwillig verhalten und auch den Klerus seines Landes voll im Griff. Otto jedoch verlangte eine stärkere Anpassung und wollte weder Bayerns eigenmächtige Außenpolitik noch seine Kirchenhoheit samt dem damit verbundenen Privileg der Bischofseinsetzung mehr dulden, sondern das Land in ein «Amtsherzogtum» umwandeln. So lehnte Arnulfs ältester Sohn Eberhard (937–938) es ab, Otto zu huldigen, zumal er sich völlig zu Recht als Nachfolger seines Vaters im Herzogtum glaubte, hatte ihn dieser dazu doch 935 designiert.

Eberhard und seine Brüder trotzten einer stärkeren Eingliederung. Sie verweigerten den «comitatus» – ein schon den alten Römern geläufiger politischer Begriff mit freilich breitem Bedeutungsspektrum, den man hier u. a. als militärische Gefolgschaft deutet. Es kam, so Bischof Thietmar, «zu recht erheblichen Unstimmigkeiten unter unseren Landsleuten und Waffengefährten». Der König suchte eine kriegerische Entscheidung und marschierte Anfang 938 nach Bayern, holte sich aber eine Schlappe. Darauf schlugen Graf Wichmann, der ältere Bruder Hermann Billungs (S. 450 ff.), und Ottos älterer Halbbruder Thankmar gemeinsam mit dem Frankenherzog Eberhard im Frühsommer 938 gegen Otto los. Sie nahmen dessen jüngeren Bruder Heinrich als Geisel fest, und während ihn Eberhard in freier Haft mit sich führte, eroberte Thankmar die Eresburg.

Der König zog nun zur Eresburg (bei Obermarsberg an der Diemel), wo die Aufständischen sich ergaben, die Tore öffneten und der eindringende Haufen Thankmar, «den kampfmüden jungen Mann in die St. Petruskirche» trieb (Thietmar); die Sachsen hatten hier einst die Irminsul verehrt, bis sie der «große» Karl zerstörte (IV 460). Doch obwohl Thankmar, ein «staatssymbolischer» Akt, seinen goldenen Halsring und seine Waffen auf den Altar niederlegte, ermordeten ihn – von Otto angeblich laut beweint – seine Verfolger von hinten durch einen Lanzenwurf. «Sie scheuten sich nicht», schreibt Widukind, «mit Gewalt die Türen einzuschlagen, und drangen bewaffnet in das Heiligtum. Thankmar aber stand neben dem Altar und hatte die Waffen samt der goldenen Kette auf demselben niedergelegt... Aber einer der Ritter, Maincia mit Namen, durchbohrte den Thankmar von hinten durch ein Fenster nahe beim Altar mit einer Lanze und tötete ihn so neben dem Altar.» Und dann raubte der Ritter noch das Gold darauf. – Das Asylrecht, das in der römischen Kaiserzeit zunächst den Tempeln vorbehalten war und selbst im merowingischen Franken eine große Rolle spielte, wurde damals praktisch kaum mehr beachtet.

Nach einem neuen Zug Ottos noch im selben Jahr gegen Bayern setzte er dessen Herzog Eberhard ab und verbannte ihn, worauf dieser aus der Geschichte verschwindet. An seine Stelle tritt, weniger frei, weniger machtvoll, der Bruder des verstorbenen Herzogs Arnulf, Berthold von Kärnten, ein Fürst von Ottos Gnaden; über die Nachfolge in Bayern sowie über die Besetzung der Bischofsstühle entschied jetzt der König.[12]

Unzufrieden aber war auch Ottos jüngerer Bruder Heinrich, im Gegensatz zu ihm schon als Königssohn geboren. Unterstützt von ihrer beider Mutter und sächsischen Adligen, beanspruchte er wohl nicht nur eine Mitregierung, sondern den Thron überhaupt, die Übernahme der ganzen Macht, und dies anscheinend gleich bei seines Vaters Tod. Deshalb hatte man Heinrich auch von Ottos Aachener Inthronisation ausgeschlossen. So empörte er sich 939, bald nach seiner Freilassung, mit seinem Schwager Herzog Giselbert von Lothringien (einem Urenkel Lothars I.), der bei Ottos Krönung noch als Kämmerer fungierte, und mit Herzog Eberhard von Franken, dem die Niedermetzelung aller älteren Babenberger so nützlich war (S. 354 ff.). Eberhard hatte sich nach Abstechung des Königsbruders Thankmar notgedrungen ergeben, zuvor aber noch mit Königsbruder Heinrich ein höchst bedrohliches Komplott geschmiedet, um diesen an die Macht zu bringen.

Die königlichen Truppen konnten zwar im März 939 bei Birten am Niederrhein (südlich von Xanten) ein Gefecht gegen Giselberts und Heinrichs überlegene Kontingente für sich entscheiden. Doch gelang dies nur mit Glück und offenbar durch einen Ablenkungsangriff im Rücken des Feindes, was man freilich dem Gebet des auf dem rechten Rheinufer samt «heiliger Lanze» zurückgebliebenen Königs zuschrieb. «O Gott, du aller Dinge Urheber und Regierer, sieh auf dein Volk...» Immerhin wurden so mit Gottes Hilfe «alle entweder getötet oder gefangen oder wenigstens in die Flucht getrieben» (Widukind). Die Empörung aber weitete sich noch aus. Die Aufständischen fanden Rückhalt bei dem westfränkischen Karolinger Ludwig IV., während Otto sich mit dessen innenpolitischen Gegenspielern verband, dem mächtigen Robertinerherzog Hugo von Francien, der 937 Ottos Schwester Hadwig geheiratet hatte, sowie mit dem Grafen Heribert II. von Vermandois (der 925 seinen fünfjährigen Sohn Hugo für immerhin zwei Jahrzehnte zum Erzbischof von Reims hatte erheben lassen).

Otto, der den Abfall Lothringiens verhindern wollte, ließ dieses im Sommer 939 auf einem Zug nach Westen verwüsten. Und als seine Gegner – darunter «auch einige verbrecherische und Gott verhaßte Männer der Kirche» (Continuator Reginonis), wie Erzbischof Friedrich von Mainz, den Otto als Vermittler eingesetzt – ihm den Rückweg nach Sachsen abzuschneiden suchten, viele seiner Gefolgsleute schon flohen, rettete ihn gerade noch vor der Katastrophe ein schwäbisches Heer unter den konradinischen Grafen Udo und Konrad Kurzbold, beide nahe Verwandte nicht nur des Schwabenherzogs, sondern auch Herzog Eberhards. Sie überfielen am 2. Oktober 939 bei Andernach plötzlich die Rebellen und schlugen sie, Eberhard von Franken kam im Kampf um, Giselbert von Lothringien auf der Flucht in den Fluten des Rheins – «und wurde nie wiedergefunden» (Widukind).[13]

Nun waren in diese großen Erhebungen gegen den König stets auch hohe Kleriker verstrickt. So bei dem Aufstand 938/939 Bischof Ruthard von Straßburg oder die Bischöfe Bernain von Verdun, Gauzlin von Toul, ein Heiliger (Fest 7. September) und Adalbero I. von Metz, ein eifriger Reformer und Abt des Klosters St. Trond. Metz wurde sogar zum Sammelplatz aller Gegner des deutschen Herrschers. Und während dieser im Westen den Aufruhr bekämpfte und im Osten die heidnischen Ungarn über Thüringen und Sachsen herfielen, zerstörte im Kampf gegen den König Bischof Adalbero, der Promotor der lothringischen Reformbewegung, noch die Kapelle Ludwigs des Frommen in Diedenhofen (Thionville), damit sie kein Bollwerk des Feindes wurde.

Hervorzuheben ist hier der neue Mainzer Kirchenfürst, der, so ein zeitgenössischer Chronist, der Continuator Reginonis, nur darin tadelnswert erschien, «daß er sich, wo immer sich einer als Feind des Königs zu erkennen gab, sofort als zweiter anschloß». Dabei war der Hildesheimer Domherr Friedrich erst Ende Juni von Otto zum Erzbischof, auch, wohl noch im gleichen Jahr, von Leo VII. zum Apostolischen Vikar und päpstlichen Legaten für ganz Deutschland ernannt und, beiläufig, vom Heiligen Vater zugleich aufgehetzt worden, «Juden, welche die Taufe verweigerten, zu vertreiben». (Der Chronist und Priester Flodoard von Reims, im Gefolge der dortigen Seelenhirten auch auf diversen Feldzügen bewährt, speiste 936 während einer politischen Mission in Rom mit dem judenfeindlichen Pontifex und empfing «einen äußerst günstigen Eindruck von seiner ... Warmherzigkeit»: Kelly.) Wie Leo VII., war auch sein – mitunter ganz weltflüchtig unkritisch gestimmter – Vikar Erzbischof Friedrich, dem einst nach einem Abfall vom König die eigenen Diözesanen die Tore verschlossen, der Reform, strenger Zucht der Mönche zugetan. Ihm mißfiel die Behandlung von Kirchengütern in seinem Sprengel ebenso wie die bevorzugte Stellung des Klosters Fulda. Der Potentat seinerseits setzte den Mainzer Oberhirten und päpstlichen Legaten für Gesamtdeutschland, der es, wie sein Vorgänger seit der Babenberger Fehde, mit den Konradinern hielt, 939/940 und 941 in Klosterhaft.

Nach Niederschlagung der Empörer unterstellte Otto das Herzogtum Franken sich selbst – es verlor damit seine Eigenständigkeit für immer. Und Lotharingien gab er (als Nachfolger Giselberts) 940 seinem begnadigten Bruder Heinrich, der sich dort freilich nicht behaupten konnte und schon im selben Herbst aus dem Land gejagt worden ist. Noch immer gierig nach der Krone, auf die er wohl ein gewisses Recht hatte, versuchte nun Heinrich, den Bruder durch ein Mordkomplott auszuschalten, und das ausgerechnet am heiligen Osterfest (941) in Quedlinburg. Die Sache flog jedoch auf. Otto ließ mehrere Verschwörer, meist sächsische Adelige, köpfen. Der ebenfalls verdächtige Mainzer Metropolit, erst im Jahr zuvor aus der Fuldaer Klosterhaft entlassen, «reinigt» sich öffentlich durch ein «Gottesurteil», die Kommunion. Und das immer wieder aufmüpfige Bruderherz, gefangen nach Ingelheim geschleppt, liegt noch an Weihnachten desselben Jahres dem Mächtigeren zu Füßen, wird erneut in Gnaden aufgenommen und nach immerhin drei Erhebungen jetzt nicht einmal mehr rückfällig.[14]

«VERWANDTENFÜRSORGE» UND DIE FOLGEN: DER LIUDOLFINISCHE AUFSTAND

Um nicht, wie sein Vater, an den Herzogsgewalten zu scheitern, trieb Otto seit 940 eine gewisse «Familienpolitik», versah er mehr oder weniger liebe Angehörige mit Herzogtümern, und zwar mit peripheren, um sie von den Machtzentren Sachsen und Franken fernzuhalten. Oder er verheiratete Verwandte mit ihm ergebenen Personen.

So gab er seinem rebellischen, bei der Erbzuteilung aber offensichtlich vernachlässigten Bruder Heinrich erst das Herzogtum Lotharingien, freilich eine Fehlbesetzung; dann, nach dem Tode Herzog Bertholds 947, das Herzogtum Bayern, allerdings unter Ignorierung des dort von den Luitpoldingern eingeführten Erbrechts. Nun hatte der neue Herr, Heinrich I. (948–955), zwar schon vor einem Jahrzehnt die Luitpoldingerin Judith, die Tochter des einstigen Herzogs Arnulf, geheiratet. Gleichwohl war längst nicht alles in Bayern mit dieser Besitznahme einverstanden, u. a. der Salzburger Erzbischof Herold (939–958, gest. um 970). Als Parteigänger Liudolfs verließ er während des Aufstands 954 den König und ging offen zu dessen Feinden über. Er wurde jedoch gefangengenommen und als (angeblicher) Kollaborateur der Ungarn durch Heinrich von Bayern nach der Schlacht bei Mühldorf am Inn, vermutlich am 1. Mai 955, geblendet und verbannt, was seinerzeit, da es einen Kirchenfürsten traf, die Gemüter sehr erregt hat. Noch auf dem Totenbett aber wollte der Herzog diese Untat nicht bereuen, obwohl es Bischof Michael von Regensburg verlangte.

Wie Bruder Otto (S. 455 ff.) war auch Heinrich, «der erlauchte Herzog von Bayern», nicht zimperlich, «der Schrecken der Barbaren und aller Nachbarvölker, selbst der Griechen» (Vita Brunonis). Als er zum Beispiel 951 zur Erweiterung seines Einflusses in Italien Aquileia eroberte, ließ er den dortigen Patriarchen Engelfried (um 944–963) entmannen.

Einen Prälaten geblendet, den andern entmannt – persönlich gut katholisch. Als der Herzog bald darauf starb, lebte seine Gattin, Judith von Bayern, «in tiefer Trauer» und «als Witwe enthaltsam», kam aber «bedenklich ins Gerede» wegen ihres Beraters, des Bischofs Abraham von Freising (957–993). Doch erwies sich Bischof Abraham durch ein Gottesurteil, den Kommunionempfang, als «rein an Seele und Leib» (Bischof Thietmar).

Um seine Herrschaft weiter zu konsolidieren, bahnte der König auch dynastische Verbindungen mit den Großen des Reiches an. So verheiratete er 947 seine sechzehnjährige Tochter Liudgard mit dem ebenfalls noch recht jungen Rheinfranken Konrad dem Roten, der im Worms- und Speyergau reich begütert, seit drei Jahren Herzog von Lotharingien (944–953) und seit längerem einer von Ottos engsten Vertrauten war. Ferner verehelichte er seinen ältesten, doch noch im Jünglingsalter stehenden, 946 zum Thronfolger designierten Sohn Liudolf ein Jahr darauf mit Ita, der Tochter des söhnelosen Hermann I. von Schwaben (926–949), des Hauptes der fränkischen Konradiner, nach dessen Tod 949 Liudolf Herzog in Schwaben wurde (950–954) – «ein Jüngling von einzigartigem Ruhm und Ansehen», dem es aber «nicht schnell genug ging, an die Macht zu kommen» (Vita Brunonis).[15]

So vermochte der zielstrebige Monarch nicht, die kraft seiner Alleinherrschaft benachteiligten Mitglieder der Königssippe durch Herzogtümer oder vorteilhafte Ehestiftungen enger an die Krone zu binden. Vielmehr hungerten die Geförderten nach mehr Macht, und so kam es – das wiederholt sich in diesen christlichen Herrscherhäusern von Generation zu Generation – zu einer neuen Empörung, der Liudolfs 953. Er glaubte sich durch seinen Onkel, den Bayernherzog Heinrich, ebenso gefährdet wie durch einen, Ottos zweiter Ehe mit Adelheid Ende 952 entsprossenen, doch bereits 954 wieder gestorbenen Sohn Heinrich.

Der für den König sehr gefährliche Aufstand, eine Erhebung zahlreicher Unzufriedener, wurde von Liudolf angeführt, Ottos ältestem Sohn aus der Ehe mit Edgith, dem Herzog von Schwaben (mit engen Kontakten zu den Klöstern St. Gallen, Reichenau, Pfäfers und Einsiedeln), und von Konrad dem Roten, Ottos Schwiegersohn, seit 944 Herr über Lotharingien, «vor kurzem noch der tapferste Herzog, jetzt aber der frechste Räuber». Beide fürstlichen Empörer kämpften «mit allen Mitteln der Gewalt und nicht minder auch der List, ruhten weder Tag noch Nacht, machten ihre Gegner untereinander mißtrauisch, ließen nichts unversucht und scheuten vor nichts zurück. Ihr großes Ziel war, die bedeutendsten und reichsten Städte des Reiches auf irgendeine Weise in ihre Hand zu bekommen. Von hier aus, so glaubten sie, würden sie unschwer alle Teile des Reiches beherrschen können.»

Otto nannte die Insurgenten, die im Bunde mit den brandschatzenden Ungarn gewesen sein sollen, «Landesfeinde», «Vaterlandsverräter», «Fahnenflüchtige, die in ihrer gotteslästerlichen Frechheit mich selbst am liebsten, ich glaube von ihrer eigenen Hand ermordet oder sonstwie des bittersten Todes gestorben sehen würden» (Vita Brunonis).

Fast alle Luitpoldinger wechselten ins Lager der Putschisten, wie wohl die Mehrzahl des bayerischen Adels überhaupt; auch

Pfalzgraf Arnulf, der Sohn Herzog Arnulfs «des Bösen», schon beim Aufstand 937/938 unter den Rebellen, dennoch von Otto zum Pfalzgrafen und erst 953 von Ottos Bruder, dem Bayernherzog Heinrich (als dieser mit seinem Heerbann zur Unterstützung des Königs nach Mainz eilte), zu seinem Stellvertreter ernannt. Auf der Seite der Empörer, deren Revolte bald ganz Süddeutschland erfaßte, sogar nach Sachsen übergriff, standen auch Erzbischof Herold von Salzburg und wieder Erzbischof Friedrich von Mainz, der dann auf dem Tag von Langenzenn im Juni 954 beteuerte, nie etwas gegen die dem König schuldige Treue unternommen zu haben, tatsächlich aber vielen, so der Regent selbst, «die Lust am Wahnsinn des Bürgerkriegs geweckt hat» (Vita Brunonis). Er überließ den Aufständischen Mainz als Stützpunkt, das Otto zwei Monate, im Juli und August 953, vergeblich berannte.

Wie schon an Ostern 941, so entkam der Herrscher auch jetzt einem geplanten Mordanschlag seiner katholischen Verwandten. Der folgende Bürgerkrieg freilich, ein Hin und Her von Überfällen, von Zernierungen und Stürmungen diverser Burgen und Städte, von Gefechten vor allem um Mainz und Regensburg, ließ sich zunächst ungünstig für Otto an, brachte aber besonders dem Volk schwere Verluste an Hab und Gut, an Menschenleben, «heerte und brannte» der König doch «im Lande» (Thietmar). Auch die bayerische Hauptstadt Regensburg, die er Ende 953 monatelang erfolglos belagerte, ging dabei teilweise in Flammen auf.

Doch fast alle festen Plätze Bayerns hielten die Rebellen, Otto stand vor verschlossenen Toren. Dazu drangen im Frühjahr 954 die Ungarn, «diese alte Pest des Vaterlandes» (Vita Brunonis), bei einem überraschenden Einfall bis an den Rhein, bis Lotharingien vor. Erschienen ihnen ja gerade Unruhen, Fehden, Bürgerkriege natürlich als passendste Zeitpunkte für ergiebige Beutezüge. Je toller sich die Christen schlugen, desto besser. So nutzten die fremden Reiterscharen auch jetzt das innerkatholische Gemetzel zu ihrem verheerendsten Angriff auf Deutschland, zumal auf dessen Süden. Freilich nutzten, wie so oft, so auch diesmal Fürsten des Reiches den Landesfeind als willkommenen Verbündeten.

Liudolf nahm, behauptet zumindest Thietmar, «gegen seinen Vater und König awarische Bogenschützen als Bundesgenossen in Sold». Und auch Konrad der Rote wurde der Kooperation mit den Ungarn bezichtigt.

Doch eben deshalb schlug die Stimmung zugunsten Ottos um. Und mochten selbst einige Exponenten der deutschen Kirche, wie die Erzbischöfe Friedrich und Herold, zu den Aufrührern stehen, in einem entscheidenden Moment wurde der Herrscher vielleicht nur dadurch vor dem Fiasko gerettet, daß kein anderer als ein veritabler Heiliger, Ulrich von Augsburg – am Fest der Unschuldigen Kinder zum Bischof gemacht –, von der Kutsche aufs Pferd wechselte und mit seinen Kriegern dem bedrängten König zu Hilfe galoppierte. Und auch im Endstadium des Kampfes spielte Ulrichs Heeresaufgebot (und das des Bischofs von Chur) eine ausschlaggebende Rolle.[16]

Otto I. hatte sich eben durch generöse Ausstattung des Episkopats mit Gütern und Hoheitsrechten eine wirksame Stütze, ein Gegengewicht zur Macht der Fürsten geschaffen, was vor allem im servitium regis, dem «Reichsdienst» von Bistümern und Abteien zum Ausdruck kam. Sie legten diese Last natürlich auf ihre Hintersassen um, während eine Leistungspflicht des Hochadels unsicher ist. Das Personal aber für den «Reichsdienst», der häufig ein Kriegsdienst war, nahm Otto mehr und mehr aus seiner Hofkapelle, der seine besondere Aufmerksamkeit galt (S. 417).[17]

Über das ottonisch-salische Reichskirchensystem entstand in jüngster Zeit ein Disput: ob nämlich dieser durch die ältere Forschung (L. Santifaller) geschaffene typologische Ordnungsbegriff geschichtlich gerechtfertigt sei. Ob also Otto I. im «Reichskirchensystem» einen neuen Typus geschaffen oder ob er, wofür wesentlich mehr spricht, gewisse ältere karolingische Traditionen nur verstärkt fortgesetzt, gewisse Elemente der Kontinuität nachdrücklicher, konsequenter weiterentwickelt habe, spielten auch in der karolingischen Reichskirche die Klöster, in der ottonischen die Bistümer die entscheidende Rolle. Das sozusagen *geistliche* Amt des Bischofs (das freilich auf völlig bodenlosen, zudem gänzlich aus anderen Religionen übernommenen Glaubensvorstellungen beruht, von mir systematisch im engen Anschluß an die historisch-kritische Theologie in «Abermals krähte der Hahn» gezeigt) war doch längst von politisch-militärischen Aufgaben durchsetzt, mag auch das «weltliche» Fürstentum und die «nationale» Orientiertheit der Prälaten unter den Ottonen noch offensichtlicher geworden sein. Etwas grundsätzlich Neues liegt hier nicht vor, vielmehr ein seit Jahrhunderten stets augenfälliger werdendes Herrschaftsinstrument, mit dem Bischöfe und Äbte übrigens sehr deutlich auch ihre eigenen Ziele verfolgen, auf die Dauer zum schweren Schaden des Staates.[18]

«Christi bonus odor» (Christi angenehmer Wohlgeruch) oder «ein königliches Priestertum»

Eine markante Verkörperung, geradezu der Prototyp eines ottonischen Kirchenfürsten, war Ottos leiblicher Bruder Brun, der im Mai 925 geborene jüngste Sohn König Heinrichs I. und der Königin Mathilde, während der Jahre 953 bis 965 Erzbischof von Köln.

Von früh an zum Kleriker bestimmt, wurde Brun bereits als Vierjähriger von Balderich von Utrecht (918–976), einem mit dem Königshaus verschwägerten Prälaten, an dessen Domschule erzogen. Mit vierzehn Jahren kam Brun auf Wunsch seines Bruders an den Hof, wo er bald beherrschenden Einfluß gewann. Schon 940, im Alter von 15 Jahren, stieg er zum Kanzler, schon 951, noch vor seiner Bischofsernennung, ein sehr ungewöhnlicher Fall, zum Erzkaplan und Erzkanzler auf, womit er die Oberaufsicht über die Hofkanzlei hatte. 953, mit achtundzwanzig Jahren, avancierte er zum Erzbischof von Köln; er gebot schließlich über mehrere Bistümer und Abteien und wurde auf dem Höhepunkt des Liudolfinischen Aufstandes – faktisch – auch Herzog von Lothringien: «archidux», wie ihn sein erster Biograph, der Mönch Ruotger nennt, mit der Zusammenziehung von archiepiscopus und dux Bruns Doppelstellung als Kirchen- und Reichsfürst erfassend. Hat der ruhmbedeckte Heilige doch gerade auch in Lotharingien mit «militärischen Mitteln ... alle dem Königtum entgegenstehenden Widerstände des Adels beseitigt» (Pätzold).

Am Hof, wo Brun «inmitten seiner purpurtragenden Diener» selbst nur «in einfacher Kleidung und bäuerlichen Schafpelzen» erschien (Vita Brunonis), auch ohne je ein Bad zu nehmen («Christi bonus odor»), erzog man unter seiner Leitung in der Kapelle und besonders der Kanzlei junge Geistliche zu Bischöfen, Äbten, zu Männern, denen der Gedanke der Heidenbekehrung ebenso vertraut war wie die augustinische Idee (I 514 ff.) des «gerechten Krieges», bellum iustum, auch des Angriffskrieges: gut zur Rechtfertigung des Massenmordes an «Ungläubigen».

So war Erzbischof Brun einerseits ein Vorkämpfer der «Reform», der die mönchischen Prinzipien von Gorze propagierte, der berühmten lotharingischen Benediktinerabtei (das Gründungsdatum von 748 beruht auf gefälschten Diplomen), andererseits aber rückte er – dem es freilich nie darum ging, daß etwas «ihm selbst, sondern daß es Gott gefiel» (Vita Brunonis) – auch mit seiner Soldateska aus, attackierte blutig Grafen und andere Große, Christen doch, Katholiken, erbeutete, zerstörte Burgen, «daheim und im Krieg», wie sein Biograph beteuert, «ein nimmermüder Streiter des Herrn». Mindestens sechsmal focht der Heilige an der Spitze eines Heeres – vita activa nennen das Forscher. Er belagerte (959 und 960) Dijon und Troyes. Er kämpfte mit seinen Haufen in Burgund, in Frankreich und griff besonders in Lotharingien, das wiederholt gegen ihn aufstand, brutal durch. Den Grafen Reginar III. vernichtete er militärisch völlig. Er wurde vom König geächtet, sein Hab und Gut konfisziert; 973 starb er in Böhmen in der Verbannung. (Seine Söhne, Reginar IV. und Lambert, nach Ottos Tod ins Land zurückgekehrt, mußten bereits um 974 beim Anrücken Ottos II. ins Westfrankenreich flüchten.) Dagegen verhalf Brun dem Bischof Berengar von Cambrai (956–962), dessen Untertanen sich während einer seiner Hoffahrten erhoben, zur Rückkehr in die Stadt, worauf Berengar ein Schreckensregiment begann, bei passender Gelegenheit über seine Diözesanen herfiel und viele töten ließ, ohne sich doch dauernd in Cambrai halten zu können. (Und der Nachfolger, Bischof Ansbert [966–971], behauptete sich dort nur mit auswärtiger Hilfe.)

Bei alldem aber, wozu ihn ja bloß «die Not des Volkes» trieb, war der hl. Erzbischof natürlich stets der «Gottesmann Brun» (Vita Brunonis), hatte er, insgeheim mönchisch-eschatologisch gestimmt, den Sinn ganz aufs Jenseits gerichtet. Doch im Kampf für den königlichen Bruder, «das Licht des Erdkreises», den «Gesalbten des Herrn», werden alle Gegner, gleich welchen Glaubens – dies ist auf christlicher Seite so durch die Jahrtausende! – zu blanken Teufeln; «vom Geist des Hasses getrieben», «des Satans entflammt», verbreiten sie «das Gift ihrer Bosheit im ganzen Körper des Reiches»: Eidbrüchige, Räuber, die «Pest des Menschengeschlechts», «tollwütige Wölfe, die die Kirche Gottes verwüsten» etc. Hingegen verbindet in dem hl. Brun «die Liebe» alles, höchsten Adel, hohe Ämter, Würden, Weisheit – und tiefste Demut, Milde, tägliche Tugendfortschritte. Bringt er doch, wie Otto selbst es ausgedrückt haben soll, «zu unserer Königsherrschaft ein königliches Priestertum hinzu». So ist der Heilige «zugleich liebenswürdig und furchtgebietend», ist er, das liegt in der Familie, ganz wie der Bruder: «abgesehen vom Schrecken der königlichen Strafgewalt stets liebenswürdig». Ja, «Unter Sanften und Demütigen war niemand sanfter und demütiger, gegen Böse und Übermütige niemand strenger». Denn Erzbischof Brun, «Christi angenehmer Wohlgeruch», hat eben nicht nur, mit seinem Biographen zu sprechen, «Politik getrieben und sich mit dem gefährlichen Kriegshandwerk befaßt». Nein, er war auch «Tag für Tag» die Zuflucht der Bedrängten, Armen. Doch noch im Krieg tat er Gutes, Heilsames – «auch durch seine Feldzüge brachte er dem Dome und den anderen Kirchen die Schätze des Heils, die Reliquien der Heiligen, zu wie kaum einer seiner Vorgänger» (Oediger); «liebliche Perlen und süße Unterpfänder», «fast aus allen Ländern und Enden der Welt» (Vita Brunonis).[19]

«LIEBLICHE PERLEN» UND DREISSIGJÄHRIGER MACHTKAMPF

Als das Beste, Schönste, Bedeutsamste aller Brunschen Schätze aber galten der Stab und die Ketten des hl. Petrus. Zwar waren diese (wie wohl viele andere) Reliquien, die der Bischof mit wahrer «Liebe», «mit Begeisterung» erworben, den Petrusstab aus Metz, die Kettenglieder mutmaßlich 955 durch Papst Agapet II. aus Rom, natürlich erstunken und erlogen. Gerade um den Petrusstab freilich – er wird noch im 20. Jahrhundert im Kölner «Domschatz» gezeigt! – entbrannte zwischen dem Kölner und dem Trierer Metropoliten ein dreißigjähriger Machtkampf. Hing doch die Würde eines Bischofssitzes und seine – in der Religion der Demut so wichtige – Vorrangstellung gegenüber einem anderen Bistum wesentlich davon ab, inwieweit sich seine Gründung auf Petrus oder einen Petrusschüler zurückführen ließ, wovon selbstverständlich keine Rede sein kann (vgl. II 56 ff.).

Metz und Trier erhoben also Anspruch auf die (erst im 9. Jahrhundert schriftlich fixierte) «Petrusjüngerschaft»! Und gegen die erdrückende Übermacht, die Brun von Köln gewann, bot man die angebliche apostolische Sukzession des Trierer Stuhls auf und stützte sie durch das Petrusstabmärchen, worin alles erfunden ist; nicht zuletzt die Totenerweckung des Kölner Oberhirten Maternus – er selbst zwar im 4. Jahrhundert historisch bezeugt, doch schon vom Apostel Petrus ausgesandt zur Mission! Bei seinem plötzlichen Tod holte man Petri Stab aus Rom, und mit dessen wunderbarer Hilfe wurde der schon vierzig Tage im Elsaß begrabene Maternus wieder lebendig und dann Bischof von Trier.

Ein weiteres Mal steht übrigens der – wer könnte es ihm verdenken – anscheinend gern lebende Bischof zur Zeit Karls «des Großen» für neun Jahre von den Toten auf. Und sollte, wie christliche Chronisten auch wissen, der hl. Maternus (gut gegen Infekte und Fieber; Fest 14. September) sogar ein Verwandter Jesu gewesen sein, nämlich der bekannte Jüngling von Nain, so wäre Maternus immerhin dreimal gestorben und wieder und wieder auferstanden – wenn seine Totenerweckung in der Bibel auch nur

Lukas berichtet, alle anderen Evangelisten, die doch so viele kleinere Mirakel Jesu erwähnen, aber darüber schweigen. Nebenbei: 1059 begründete auch der Reimser Metropolit seine Rechte auf Primat und Königskrönung mit Berufung auf den Petrusstab, den einst Papst Hormisdas Bischof Remigius von Reims verliehen habe!

Brun von Köln bemächtigte sich also, vermutlich 953, des im Metzer Dom befindlichen ominösen Stabes, um das Trierer Primatstreben zu entkräften. Doch fälschte man in den sechziger Jahren des 10. Jahrhunderts, wohl im Trierer Domklerus, das sogenannte Silvesterdiplom, wonach Papst Silvester I. (314–335) der Trierer Kirche jene Primatsrechte über die gallischen und germanischen Bistümer bestätigt, die ihr einst Petrus selber verliehen! Und aufgrund dieses Schwindels erkannte dann Papst Johann XIII. am 22. Januar 969 dem Trierer Erzbischof Theoderich (965–977) den begehrten Primat über Gallien und Germanien zu.

Leider befand sich nun aber der so wichtige «Petrusstab» in Köln. Doch gelang es dem Trierer Erzbischof Egbert (977–993), einem in der königlichen Hofkapelle geschulten hochgebildeten Kopf, der 976 Kanzler Ottos II. wurde, vom Kölner Erzbischof Warin (975–985) – der vielleicht unter der Last der «historischen Beweise» Triers zusammenbrach – die Einwilligung zu einer Teilung des Stabes durchzusetzen. Nach christlicher Anschauung war ja jede Teilreliquie so gut wie eine ganze, da auch in der geteilten die Heilswirkung der ganzen steckte. Erzbischof Egbert, ebenso auf die materielle Sicherung seines Sprengels bedacht wie auf den Primatsanspruch Triers über Gallien und Germanien, ließ speziell zu seinem Fragment noch einen äußerst preziösen Knauf anfertigen, wodurch das Kölner «Original» schließlich beträchtlich übertroffen und der Trierer Petrusstab zu einem der Meisterwerke «ottonischer Goldschmiedekunst» wurde (Achter).

Nicht genug. Eine ausführliche Inschrift der Kostbarkeit erzählt die Geschichte des Stabes, wonach dieser einst vom hl. Petrus «zur Auferweckung des Maternus von ihm (Petrus) selbst übersandt» worden sei und rügte dazu noch mild die Aneignung alten Trierer Kirchenguts durch Erzbischof Brun von Köln, der den Stab «abgefordert» habe. «Die Schriftquellen lassen den Kampf, den Trier seit der Jahrhundertmitte um Primat und Stab führt, in aller Schärfe deutlich werden. Je mehr Trier aus der Reihe der deutschen Erzbistümer herausgedrängt zu werden drohte, desto intensiver wird das Bestreben, durch Demonstration des eigenen Alters und des apostolischen Auftrags die Rivalen auszustechen» (Achter).[20]

Nach der Unterwerfung der liudolfingischen Empörer glückte Otto I. noch ein weiterer und größerer Machtgewinn, der Sieg auf dem Lechfeld über die Ungarn. (Eine Niederlage hätte ihn wahrscheinlich in erneute innenpolitische Konflikte gerissen.)

Die Lechfeldschlacht 955 – eine «grosse Gabe der göttlichen Liebe»

Bei Augsburg – seine Bischöfe sind vom 4. bis zum 8. Jahrhundert (von Zosimus/Dionysius bis zu Marcianus) «legendär», das heißt vorgetäuscht (quellenmäßig gesichert ist erst Bischof Wicterp, gest. vor 772), bei Augsburg war der schwäbisch-fränkische Heerbann von den Ungarn schon 910 unter Ludwig dem Kind geschlagen worden (S. 357). 913 und 926 hatten die Invasoren erneut die Umgebung der Stadt verwüstet. Und wie 954 waren sie auch 955 in Bayern eingefallen, um vom Bürgerkrieg in Deutschland, vom Liudolfinischen Aufstand, zu profitieren. Sie brandschatzten zwischen Donau und Iller, raubten unbefestigte Orte aus und begannen, die Bischofsstadt Augsburg zu belagern.

Nun aber behinderten den König nicht mehr Rebellen im eigenen Lager. Vielmehr mobilisierte er rasch ein Aufgebot aus fast allen deutschen Stämmen, zumal aus Franken, Bayern, Schwaben, doch sogar aus Böhmen. Nur das lothringische Heer fehlte und der größte Teil des sächsischen, das gegen die Slawen bereitstand. Dafür focht aber auf christlicher Seite ein wirklicher

Heiliger, der Bischof Ulrich von Augsburg – freilich focht da auch der Mörder, der Brudermörder eines Heiligen, der Tscheche Boleslav (S. 403 ff.), von Otto 950 durch einen Feldzug zur Lehenshuldigung gezwungen.

Als der deutsche König herangerückt war und «das riesige Heer der Ungarn erblickte, dünkte ihn, es könne von Menschen nicht bezwungen werden, es sei denn, daß Gott sich erbarme und sie töte» (Vita Oudalrici).[21]

Und Gott und Otto kooperierten; wobei Otto nicht mit Versprechungen und Drohungen geizte, seinen Recken jedoch besonders «Lohn und Huld für ihren Beistand» verhieß, «ewigen Lohn, wenn sie fallen sollten, die Freuden dieser Welt aber, wenn sie siegreich wären» (Thietmar). So konnte, zumindest für den Einzelnen, nichts schief gehn.

Indes die Ungarn angeblich den Ihren zum Kampf «mit der Peitsche drohten» (Vita Oudalrici), setzte der katholische König das ganze geistliche Instrumentarium ein, tat er alles, was auch sonst in christlichen Massenmordfällen zu tun ist, um den Himmel zu bestechen und die potentiellen Schlachtopfer metaphysisch zu präparieren. Schon tags zuvor hatte er ein Fasten im Lager befohlen, und nun gelobte er unter Tränen, für einen Sieg an diesem Tag in der Burg Merseburg ein Bistum errichten und seine große, jüngst begonnene Pfalz zur Kirche ausbauen zu lassen. «Er erhob sich vom Boden, feierte die Messe und empfing die von seinem wackeren Beichtiger Ulrich gereichte Kommunion; dann ergriff er unverzüglich Schild und heilige Lanze, brach als erster vor seinen Kriegern in die Reihen der Widerstand leistenden Feinde ein...» (Thietmar)

Irrt sich auch der Chronist, da nicht der «Beichtiger Ulrich», eingeschlossen ja in Augsburg, dem königlichen Feldherrn die Kommunion gereicht haben kann, so sieht man hier doch, wie «unverzüglich» die heilige Messe, die heilige Kommunion, die heilige Lanze in die, wie der Bischof gleich darauf schreibt, «Blutarbeit» umgesetzt werden. Sehr gut. (Und genau so noch in den großen christlichen Vernichtungsorgien des 20. Jahrhunderts – mal beiseite, daß die «heilige Lanze» da im Museum und auch kein König oder sonstiger Oberster Kriegsherr – leider! – mehr dabei ist, wovon man gar nicht genug verlieren könnte.)[22]

Mönch Widukind überliefert noch eine kurze, recht bemerkenswerte Rede Ottos I. unmittelbar vor der allgemeinen Abstechung: «Daß wir in dieser Bedrängnis guten Muts sein müssen, das seht ihr selbst, meine Mannen, die ihr den Feind nicht in der Ferne (!), sondern vor uns sehen müßt. Bis hierher habe ich mit eueren rüstigen Armen und stets siegreichen Waffen rühmlich gekämpft und außerhalb (!) meines Bodens und Reiches allenthalben gesiegt; sollte ich nun in meinem eigenen Lande und Reiche den Rücken zeigen?... Schämen müßten wir, die Herren fast ganz Europas, uns, wenn wir uns jetzt den Feinden unterwerfen.»

Bis hierher, bekennt die deutsche Majestät, haben ihre Mannen den Feind (Otto vergißt die vielen Bürgerkriege!) offenbar stets «in der Ferne» bekämpft, «außerhalb meines Bodens und Reiches...» Das besagt doch klipp und klar, was allerdings ohnedies feststeht, die Franken, die Deutschen trieben es ganz ähnlich wie die gottverdammten Ungarn; überfielen fremde Länder, Völker, brandschatzten, mordeten, schleppten Geiseln, Gefangene fort, ja annektierten ganze Landstriche. Und *nur auf diese* sehr ungarnanaloge *blutig-räuberische Weise* wurden die Franken, die Deutschen, wie Majestät sich brüstet, «die Herren fast ganz Europas». Der Hauptunterschied ist lediglich papierner, historiographischer Natur, besteht bloß in einer kolossalen Heuchelei, schöner gesagt Verdrängung oder, wenn man so will, «vaterländischen» Verranntheit (bis heute «zeitgeschichtlich bedingt»!), besteht bloß darin, daß die christliche Geschichtsschreibung ihre (paganen) Antagonisten – die Ungarn hier einmal nur pars pro toto genommen – stets rundum verteufelt, zum Abschaum schlechthin macht, während sie die doch nicht anders (in doppelter Wortbedeutung) draufgehenden eigenen Teufel als strahlende Sieger hinstellt, edle Ritter, Helden, und das Ganze, euphemistisch bemäntelnd, nein, einfach ekelhaft glorifizierend, als Missionierung rühmt, Christianisierung, Verbreitung der Kultur!

Kurz vor dem Eintreffen des deutschen Entsatzheeres lösten die Ungarn ihre Umklammerung Augsburgs und es kam am 10. August 955 in den Lechniederungen vor der Stadt zu einem gewaltigen Abschlachten. Dabei teilten sich die fremden Reiterscharen in einem unerwarteten Manöver. Sie überschritten den Lech, umgingen das gegnerische Heer und griffen nach einem Pfeilregen von hinten an, die wohltrainierten tschechischen Truppen zuerst, die dabei – «besser mit Rüstungen als mit Glück versehen» (Widukind) – besonders aufgerieben, die schwäbischen, die in die Flucht geschlagen wurden.

Es stand schlecht um die Deutschen, bis die Attacke der gut geschulten fränkischen Reiter unter Konrad dem Roten (S. 426), der zuletzt noch selbst (da er in der Hitze des Gefechts die Bänder seines Panzers löste) von einem Pfeil durch die Kehle getroffen, fiel, das Blatt wendete und das Hauptheer um den König, die «Auserlesenen aus allen Tausenden der Streiter» (Widukind), den Sieg herbeimordete. Oder wie es voller unbegrenztem Gottvertrauen in der «Vita S. Oudalrici» heißt: «Im gegenseitigen Gemetzel fielen die Krieger auf beiden Seiten, und es starben, denen von Gott bestimmt war zu sterben. Dann aber wurde von Gott, dem nichts unmöglich ist, der glorreiche Sieg dem König Otto verliehen. Das Heer der Ungarn wandte sich zur Flucht und hatte nicht mehr die Kraft zu kämpfen. Und obwohl eine unglaublich große Zahl von ihnen erschlagen worden war, blieb dennoch eine so große Menge von ihnen übrig, daß die, welche sie von den Bollwerken der Stadt Augsburg aus herankommen sahen, glaubten, sie kämen nicht als Besiegte, bis sie erkannten, daß sie an der Stadt vorüberjagten und in höchster Eile das andere Ufer des Lechs zu erreichen suchten.»[23]

Die Schlacht auf dem Lechfeld, angeblich die größte des 10. Jahrhunderts, am Fest des hl. Laurentius, des großen «Sieghelfers gegen die Ungarn» (Weinrich), wurde mit Hilfe des Himmels eingeleitet und beendet. Auch mit einem Gelübde Ottos gegenüber dem «Feuersieger», dem Tagesheiligen (neue große «Missionspläne» im Osten), Stiftung des Bistums Merseburg. Und danach Dankgottesdienste im ganzen Reich: «dem höchsten Gott

Preis und würdige Lobgesänge in allen Kirchen» (Widukind). Man hatte unter dem Reichsbanner, dem Feldzeichen des hl. Michael, gefochten, unterstützt auch von den Truppen des hl. Ulrich – «Ulrichsreliquien waren lange Zeit sehr gefragt» (Zoepfl). Nicht zu vergessen die stimulierende Wirkung der hl. Lanze, die Otto in der Schlacht trug. So siegten angeblich 20 000 Deutsche über 120 000 Ungarn, die man freilich auch bei dem großen Triumph seines Vaters 933 an der Unstrut, auch 943 bei Wels an der Traun, 948 bei Floß am Entenbühl und 950 in Italien am Tessin aufs Haupt geschlagen hatte, allerdings selbst da noch immer in der Defensive stehend.

Das Lechfeldgemetzel aber wird oft als besondere Leistung «strategischer Kunst» (Erben) gerühmt, zumal es, wie Mönch Widukind, vielleicht ein Nachfahre des gleichnamigen Sachsenherzogs, scheinbar unschuldig schreibt, «nicht gerade unblutig war». Noch am selben und nächsten Tag verfolgte der König im Blut- und Siegesrausch die überlebenden Ungarn und, so der Augsburger Dompropst Gerhard, «machte nieder, was er erreichen konnte». Man jagte die Fliehenden in den Lech, man verbrannte sie samt den Höfen, worin sie sich verbargen, gelegentlich mit ganzen Dörfern der Gegend. Kurz, man ersäufte, zündete an, stach ab und erschlug. «Kein Weg und keine weglose Wildnis war für sie mehr zu finden, wo nicht auf Schritt und Tritt die Rache des Herrn offenkundig über ihnen geblieben wäre» (Vita Oudalrici).

Und Otto, der Sieger, der Held, den die Truppen als «imperator» ausriefen (eine umstrittene Notiz Widukinds), dachte einfach an alles. Nicht nur ließ er «sorglich feststellen, wer aus seinem Heere geblieben war», nicht nur tröstete er den hl. Ulrich wegen des Schlachtentodes seines Bruders Dietbald «und wegen anderer Verwandter, die gleichfalls dort den Tod gefunden hatten», nicht nur sandte er die Leiche seines Schwiegersohnes Herzog Konrads «sorgsam bereitet zur Bestattung nach Worms», sondern er schickte auch gleich «nach der Blutarbeit» Boten, um «die Herzen der Gläubigen zum frohen Lobe Christi aufzufordern. Solch große Gabe der göttlichen Liebe nahm die ganze, und besonders die dem Könige anvertraute Christenheit mit unsagbarem Jubel auf und erwies Gott in der Höhe einmütig lobsingend Preis und Dank.»

Nicht zuletzt aber gab Otto Befehl durch Eilboten, in Bayern alle Fährten und Furten der Flüsse zu besetzen und derart noch möglichst viele der fliehenden Feinde zu liquidieren, deren letzte Reste («Nur sieben Magyaren kamen nach Ungarn», wissen Wetzer/Welte) über Böhmen ihre Heimat erreichten. Oder wie im 19. Jahrhundert der Augsburger Tabakfabrikant und Sonntagsdichter Philipp Schmid in einem Lechfeld-Schlacht-Schauspiel den hl. Ulrich sagen läßt: «Die Heimat eines biederen Christenvolkes Zu säubern von der Heiden rohen Scharen.»

Apropos: so ganz «wilde Heiden» waren die Ungarn, zumal ihre Herren, schließlich nicht mehr. Ihr letzter Oberführer, Bulcsu, Ottos Gegenspieler am Lech, war ein seit Jahren (in Konstantinopel) getaufter Christ. Gleichviel: wie Karl Martells Sieg über die Araber bei Poitiers 732 «den Hilariuskult neu aufleben» hatte lassen (Ewig IV 304), so ist eine schöne Frucht und Folge des Ungarnsieges nun das «Aufblühen der Verehrung des Tagesheiligen, des HL. Laurentius» (Büttner) – bringt doch eine gewisse Forschung die Geschichte stets auf den entscheidenden Punkt. (Und vergessen wir auch nicht, daß durch die Kriege «die Schätze des Heils, die Reliquien der Heiligen» in die Kirchen kamen: S. 432!)

Im übrigen spannte man geschnappte Ungarnführer in Regensburg «mit vielen anderen ihrer Landsleute auf die Folter» (Vita Oudalrici) und knüpfte sie auf. Man erdrosselte Gefangene und schmiß sie in Massengräber, nachdem man sie noch um Gold und Silber erleichtert hatte, was dann goldene Kelche, Kreuze und jede Menge Kirchensilber ergab. Insgesamt soll man damals 100 000 Menschen ermordet und den Ungarn derart den «Anschluß an die Kultur des westlichen Europa» (Holtzmann) ermöglicht haben.

Otto I., in seiner sächsischen Heimat «in höchster Begeisterung» empfangen (Thietmar), hieß seitdem «der Große». Und obwohl er, wie es heißt, alles, was er «an Landbesitz und sonstigem Eigentum» in seinem ganzen Leben erworben, «unverkürzt Gott und seinem Streiter Mauritius zu eigen» gab (Thietmar), war der große Magen, mit Goethe zu sprechen, der Kirche natürlich nicht satt. Wie sie schon nach den ersten bayerischen Siegen über die Ungarn durch den Bischof Adalbert von Passau sogleich ihre Ansprüche geltend gemacht, so erstrebte sie auch jetzt schnell den einst geraubten, doch in den Ungarnstürmen wieder verlorenen Besitz. Die Bistümer Passau, Regensburg, Freising, Salzburg und die maßgeblichen bayerischen Klöster nahmen erneut ihre verlassenen Güter in der Ostmark ein, ja, Bischof Pilgrim von Passau drang missionierend bis Ungarn vor, wobei er – durch gewaltige Urkundenfälschungen – Erzbischof werden wollte.[24]

BISCHOF PILGRIM VON PASSAU (971–991), EIN GROSSER FÄLSCHER VOR DEM HERRN, SETZT SICH EIN LITERARISCHES DENKMAL

Immerhin bemerkenswert, daß (auch) die Bekehrung der Magyaren in Ungarn mit enormen Fälschungen begann – wobei die fromme «Forschung» freilich lieber von der «Lorcher Frage» spricht, «welche seit Jahrhunderten viele Federn in Bewegung gesetzt hat» (Heuwieser).

Der berühmt-berüchtigte Seelenhirte, im Kloster Niederaltaich erzogen und mit Hilfe des Salzburger Erzbischofs Friedrich, seines Onkels, erhoben, gilt in der Kirchengeschichte als «ein bedeutender Mann», sollte doch seine zwanzigjährige «Regierung» (971–991) «die spätere Größe des Passauer Bistums begründen» (Tomek). Auch war der hohe geistliche Betrüger ein enger Freund des hl. Wolfgang, der auf Pilgrims Betreiben 972 Bischof von Regensburg wurde (später Patron der Holzhauer, Zimmerleute, Hirten, Schiffer, hilfreich auch bei Augen-, Fuß- und Kreuzschmerzen) – «innige Freundschaft vereinigte in Bälde die beiden Männer bis zu Pilgrims 991 erfolgtem Tode» (Janner).

Vor allem aber hatte Bischof Pilgrim beste Beziehungen zu den Ottonen, von denen er zahlreiche Privilegien erhielt. Der rührige Förderer der Mission im Südosten, wo einer seiner zahlreichen Missionare sogar den Großfürsten Géza (Geycha 972–997) in Gran (ung. Esztergom), den Vater Stephans I., zum Christen machte, wollte allerdings mehr: nicht nur die Stadthoheit (Grundherrschaft, Zoll, Immunität), nicht nur die Ausdehnung seines Bistums in der «Ostmark», sondern auch das Pallium sowie das Ungarnland und Mähren unter Passauer Metropolitangewalt. Deshalb gab er in den «Lorcher Fälschungen» Passau als legitimen Erben des römischen Bistums Lorch (Lauriacum) an der Enns (Oberösterreich) aus, das er nachträglich zum Erzbistum erhob. Es sollte in römischer Zeit über ganz Pannonien, Mähren und Moesien sich erstreckt und bis 738 existiert haben.

Um den Zusammenhang seines 739 gegründeten Sprengels mit dem Erzbistum Lorch zu beweisen und selbst Erzbischof zu werden, seine Macht zu erweitern, seine Einkünfte zu mehren und sich von der bayerischen Metropole Salzburg zu lösen, fälschte Pilgrim als versierter Schreiber der königlichen Kanzlei zwischen 970 und 985 eine Reihe von Dokumenten: eine Gründungsbulle auf den Namen von Papst Symmachus (498–514), ferner Pallienurkunden auf die Namen von Päpsten des 9. und 10. Jahrhunderts, von Eugen II., Leo VII., Agapet II. und Benedikt VI.

Auch präsentierte der Bischof weitere, nach Form und Inhalt falsche, doch geschickt gemachte kaiserliche und königliche Diplome: einige angebliche Kaiserurkunden Karls «des Großen», Ludwigs des Frommen und Arnulfs, die er wohl von einem Notar der kaiserlichen Kanzlei fabrizieren ließ; wozu noch die Verunechtung und Manipulierung echter Urkunden Ottos I. und Ottos II. kamen. Eine unter Pilgrim gefälschte Urkunde Kaiser Arnulfs vom 9. September 898 beispielsweise, die u. a. die Gerichtsbarkeit der Stadt ausschließlich dem Bischof zugestand, bildete die Grundlage für das am 3. Januar 999 ausgestellte Diplom Ottos III., das dem Passauer Oberhirten Markt, Münze, Zoll, Bann und öffentliche Gewalt in Passau vorbehielt.

In den falsifizierten Papstschriftstücken wird den Passauer Bischöfen der erzbischöfliche Titel und ihrem «Erzbistum» magyarisches und slawisches Land zugesprochen, das apostolische Vikariat in Pannonien, Mösien, dem Hunnenland und Mähren. Das ganze ehrgeizige Unternehmen sollte auf Kosten Salzburgs gehen, weshalb der dortige Erzbischof Friedrich, der Onkel Pilgrims, denn auch alsbald mit einer Gegenfälschung auftrat und seine durchaus besseren Rechte durch ein rasch fingiertes Privileg Benedikts VI. sicherte. Trotz des Passauers «Verdiensten» um die Ungarnmission – er strich sie selbst in einem Begleitschreiben zu seinen Schwindeleien heraus – entschied Papst Benedikt VII. zugunsten des Salzburgers und dessen Gewalt über ganz Pannonien.

War Bischof Pilgrims frommen Bemühungen aber auch kein Erfolg beschieden, blieb sein Name dennoch in Passau gefeiert (wie natürlich lange in der theologischen «Forschung»); ja, er ging als Oheim Kriemhilds und ihrer Brüder in das Nibelungenlied ein. So ist ihm, rühmt das «Lexikon für Theologie und Kirche», «ein literarisches Denkmal gesetzt». Tatsächlich ließ der große Fälscher die Nibelungensage aufzeichnen – «Von Pazowe der bischof Pilgerîn / durch liebe der neven sîn / hiez schrîben dis ein maere».[25]

Schon 1854 hatte Ernst Dümmler in einer Schrift über Pilgrim und das Erzbistum Lorch die Fälschungen aller Lorch betreffenden Pallienurkunden für Passau samt der Unechtheit einer Urkunde Kaiser Arnulfs für Bischof Wiching durch Pilgrim erwiesen. Natürlich widersprach man, ohne widerlegen zu können. Auch als eine Generation später K. Uhlirz, gestützt auf die Edition der karolingischen und sächsischen Kaiserurkunden, die Fälschungen zu Passau erneut erhärtete, protestierte man abermals. Um den «berühmten Bischof» (Heuwieser) zu entlasten, war man sogar bereit, andere, minder «berühmte» Prälaten zu bezichtigen, wie Wiching oder die im ausgehenden 12. Jahrhundert lebenden Bischöfe Diepold und Wolfker. 1909 freilich wies Waldemar Lehr in seiner Berliner Dissertation die in Verbindung mit Pilgrim begangenen Fälschungen noch einmal mit äußerster Sorgfalt nach. Eine von W. Peitz angekündigte Entgegnung unterblieb. Und selbst in der zum 1200jährigen Bestehen im «Jubeljahr 1939» erschienenen Bistumsgeschichte Passaus muß der Verfasser zugeben, «daß unter Bischof Piligrim mittels einer Reihe unechter, hiezu gefertigter Königs- und Papsturkunden der Versuch unternommen wurde, die Bischöfe von Passau als die Nachfolger der Erzbischöfe von Lorch in Geltung zu bringen und ihnen die Metropolitanrechte über Ungarn zu verschaffen».[26]

Ein Sklavenhalter und Krieger wird als erster Katholik feierlich und förmlich kanonisiert

Anscheinend unsterbliche Meriten errang seinerzeit auch Bischof Ulrich von Augsburg (923–973). Nach dem Sieg auf dem Lechfeld bekam er vom König die gräfliche Gerichtsbarkeit, das Münz- und wohl auch Marktrecht. Und schon wenige Jahrzehnte darauf wurde er heilig gesprochen. Nicht jedem freilich, der noch immer die üblichen Vorstellungen von Heiligkeit hegt, mag er heute so heilig erscheinen.

Ulrich verdankte sein Amt, wie bei Bischöfen ja seit Jahrhunderten die Regel (III 499 f.), seiner Familie, dem Geschlecht der späteren Grafen von Dillingen. Schon der Onkel, der sel. Adalbero, war (seit 887) Bischof in Augsburg gewesen, dazu Berater Kaiser Arnulfs, Erzieher von dessen Sohn Ludwig und während der Regierung dieses Unmündigen «fast Regent des Reiches» (Lexikon für Theologie und Kirche). Unter dem sel. Onkel amtierte der hl. Neffe als Vermögensverwalter des Bistums, quittierte den Dienst aber nach Ableben des Onkels (909), war ihm doch der neue Bischof Hiltin «nicht vornehm genug». Er verwaltete jetzt vierzehn Jahre lang den Grundbesitz seiner Sippe, bis er 924 durch die Verwandten selbst Bischof von Augsburg wurde – wie er denn unbedingt, strikt entgegen den Kirchengesetzen, auch wieder seinen Neffen Adalbero als Nachfolger wollte. Ohne ordiniert zu sein, fungierte der auch bereits als Bischof; so mußten sich beide wegen schlechten Beispiels und des Verstoßes gegen das kanonische Recht im September 972 auf der Synode von Ingelheim verantworten. Doch bald darauf waren beide tot.

Als hl. Bischof und Truppenkommandant, der die Domstadt auch mit einer Mauer umgab, hielt Ulrich Sklaven, ließ sich auf «Visitationsreisen» von seinen Hörigen schützen und führte einen ganzen «Wagenzug» zum Einsammeln der Abgaben mit. Auch reiste er stets in Begleitung «seiner fähigsten Vasallen», damit er bei irgendwelchen Problemen «die Verhandlungen mit der nötigen Sicherheit» führen konnte (Vita Oudalrici). Immer wieder kämpfte der Heilige mit dem Schwert hoch zu Roß. So etwa im Spätherbst 953 mit König Otto gegen Regensburg. Und als er nach seiner Rückkehr in der eigenen Bischofsstadt nicht mehr bleiben konnte, verschanzte er sich, einen ganzen Winter lang alle Angriffe abschlagend, in der Burg «Mantahinga» (Schwabmünchen). Am 6. Februar 954 schlug man den Pfalzgrafen Arnulf samt «den Haufen jener Unseligen, die zuvor die Stadt Augsburg geplündert». Man schlug sie so, daß «die meisten von ihnen tot» waren. Und als darauf Bischof Ulrich wieder nach Augsburg zurückkehrte, da schreibt sein Biograph Dompropst Gerhard: «Keiner von denen, die in Augsburg feindlich gegen die heilige Gottesmutter Maria Beute gemacht hatten, kam ungestraft davon, es sei denn, er hätte sich unverzüglich aus eigenen Mitteln die Verzeihung des ehrwürdigen Bischofs erkauft.»

Tatsächlich folgte jede Menge «Strafwunder».

Einer, der in Augsburg geplündert, verlor den Verstand und hauchte seinen Geist aus. Ein anderer sank durch den Hufschlag eines Pferdes tot nieder. Der Sohn des Bayernherzogs, Pfalzgraf Arnulf, «der sich erkühnt hatte, feindlich in die Güter der heiligen Maria einzufallen» (obwohl der «ehrwürdige Bischof» bei Strafe des Kirchenbannes gedroht, man sollte «sich ja nicht erfrechen, Güter der heiligen Maria, die in seinem Bistum lagen, auch nur im mindesten anzutasten»: Vita Oudalrici), fiel 954 im Kampfgetümmel vor Regensburg. Ein Vierter, der in Augsburg bloß ein Stück billigen Tafeltuchs genommen, wurde sofort «vom Teufel besessen und konnte ihn nirgends mehr loswerden, weder in der Kirche noch außerhalb, noch durch Besprengung mit Weihwasser. Der Teufel wich nie von seiner Seite. Endlich machte er sich auf den Weg nach Augsburg, brachte das unrechte Gut zurück und bat den Bischof, er möge ihn im Namen Christi mit Ruten züchtigen und ihm Vergebung seiner Schuld gewähren. Und so wurde er vom Teufel befreit und kehrte geheilt nach Hause zurück.» Ja, sie wußten mit Schafen umzugehn.

Als es derart die Schäden zu überwinden, den Aufbau zu bewerkstelligen galt, förderte Ulrich natürlich «besonders», betont Dompropst Gerhard, die «ausgeplünderten Domgeistlichen», «unterstützte sie in jeder Weise». Und nicht zuletzt unterstützte er auch sich, befahl er, seine eigenen Güter, die niedergebrannt und trostlos dalagen, «durch emsige Arbeit auf den Feldern und an den Gebäuden wieder in die Höhe zu bringen. Die wackere Schar seiner Hörigen ging gehorsam an die Arbeit und erbrachte nach entsprechender Zeit für den nötigen Bedarf, was immer möglich war.» Was immer möglich war – steht das schon in einem Heiligentraktätchen! Ja, sie wußten, mit Schafen umzuspringen, zumal mit hörigen Schafen.

Insbesondere aber leitete Ulrich 955 heroisch die Verteidigung Augsburgs, bis Ottos Kriegsvolk nahte und der hl. Bischof seine eigenen Truppen in die Schlacht warf. Zwar predigte und mahnte er: «Böses nicht mit Bösem zu vergelten, sondern mit Segen; Verfolgung um der Gerechtigkeit willen geduldig zu ertragen». Doch es gehörte auch zu seinen Prinzipien, alle Menschen zu lieben, «alle Menschen guten Willens, von denen der Chor der Engel singt: ‹Und auf Erden Friede den Menschen, die guten Willens sind›, den Bösen aber in allem ihrem schlechten Tun zu widerstehen, gemäß den Worten des heiligen Propheten David: ‹Zu nichts geworden ist vor seinem Angesicht der Böse...›»

Nach Ulrichs Biographem ließ der Bischof zwar nur seine Streitmacht (milites) «mannhaft vor dem Tore kämpfen» und saß dabei dahinter «auf seinem Roß (super caballum), angetan mit der Stola, ohne durch Schild, Harnisch und Helm geschützt zu sein». Doch vermutet die Forschung, daß Ulrich, der nicht nur häufig in der Umgebung des Königs geweilt (nachweislich fünfzehnmal), sondern selbst monatelang in seinem Heer «mitgewirkt» hat (Weitlauff), auch schlachtend auf dem Lechfeld teilnahm. Nicht anders als sein eigener Bruder Dietbald und sein

Neffe Reginbald, die beide im Gemetzel fielen. Nicht anders als
Bischof Michael von Regensburg (gest. 972), dem man im Kampfgetümmel ein Ohr abschlug; sichtlich beschützt, von ihm selber
bezeugt, durch den hl. Emmeram – deshalb so bemerkenswert,
weil auch Bischof Michael zu jenen Regensburger Kirchenfürsten
zählte, die sich an Emmerams Schätzen vergriffen![27]

Die Hagiographie möchte den Heiligen, der doch «eine führende Rolle in der Ungarnschlacht» spielte (Bosl), freilich weniger
blutbesudelt sehen.

Die Lebensbeschreibung «des heiligsten unter allen Menschen
jener Zeit» (Mönch Ekkehard IV.), von dem jüngeren, zu seiner
engsten Umgebung zählenden Gerhard zwischen 983 und 993
schon «zum Zweck der Heiligsprechung» verfaßt (Lexikon für
Theologie und Kirche), und auch deshalb bereits mit vielen Wun-
dererzählungen, Visionen, Prophezeiungen und sicher falschen
Nachrichten versehen, wurde bald darauf in Rom vorgelegt. Und
am 31. Januar 993 hat auf einer Lateransynode Papst Johann XV.
– selbst durch einen Nepotismus «schlimmster Form» und seine
«krankhafte Geldgier» (Katholik Kühner) beim Volk wie beim
eigenen Klerus verhaßt – Ulrich, diesen dem Nepotismus huldi-
genden bischöflichen Sklavenhalter und Krieger, der indes auch
dreimal «wallfahrend» in Rom und überhaupt «ein Juwel unter
den Priestern» (Thietmar) gewesen ist, als ersten Katholiken
förmlich und feierlich kanonisiert.

«Patron gegen Ratten und Mäuse», «die Gefahr aus dem Osten» und die 29 Nummern der «heiligen Gebeine»

Von nun an wurde sein Kult mächtig vorangetrieben. Bischof
Gebhard von Augsburg (996–1000) und Abt Berno von Reichenau (1008–1048) haben die inhaltlich wichtige, doch schlecht
geschriebene erste Ulrich-Vita überarbeitet, bezeichnenderweise
alles Historische weggelassen und mit Bibelzitaten, Schwulst, Mi-

rakulösem nur so gespickt; Spätere haben all das noch vielfach interpoliert. Ulrichs Grabkapelle aber, worin Kaiser Heinrich II. auch Ottos III. Eingeweide beisetzen ließ, besuchten schon früh sogar ausländische Wallfahrer. Nach Ulrich wurden massenhaft Kirchen, Kapellen, Ortschaften benannt. Bereits im 10. und 11. Jahrhundert riß man sich um seine Reste; die angesehensten Klöster bewarben sich darum, auch der Bamberger Dom. Im 12. Jahrhundert überführte Kaiser Barbarossa eigenhändig Ulrichs Reliquienschrein (und lag bald selbst zerstückelt: mit seinen Innereien in Tarsus, seinem «Fleisch» in Antiochia, seinen Gebeinen in Tyrus).

Natürlich erfuhr das Volk an Ulrichs Grab Wunder. Die Verwandlung eines Fleischstückes in einen Fisch ist freilich literarisch erst spät «bezeugt». Doch half Ulrich besonders bei Augenkrankheiten; bei Fieber heilte ein Trunk aus seinem Meßkelch, bei Mäuseplage Erde von seinem Grab und bei Bissen tollwütiger Hunde der Ulrichschlüssel, ein auf seinen Namen geweihter Schlüssel. Man bekam «Ulrichsbrünnlein» und wallfahrtete zu ihnen. Ulrich wurde der «Brunnenheilige», wurde Patron auch der Fischer, «Reisepatron», «Patron gegen Ratten und Mäuse», überhaupt gegen «Ungeziefer», Patron in «allerlei Leibsgebrechen».

So hielt man das Volk allzeit auf der geistigen Höhe der Zeit.

Der erste und älteste St.-Ulrichs-Verein konstituierte sich bereits im 12. Jahrhundert. Kein Geringerer als Kaiser Friedrich I. gehörte dazu. Auch in der frühen Neuzeit gründete man eine «rasch aufblühende Ulrichsbruderschaft» mit Bischöfen, Herzögen, Kaisern als Mitgliedern. Ja, der Heilige wird nun, selbstverständlich «fälschlich», zum Vorkämpfer protestantischer Freiheit gegenüber päpstlicher Tyrannei.

Noch im 19. Jahrhundert betet man in einer Ulrichslitanei: «Heiliger Udalrikus / Du lebendiges Muster der Frömmigkeit und Heiligkeit / Du Mann nach dem Herzen Gottes / Du sonderbarer Liebhaber des Gebeths / Du Beyspiel der Abtödtung und Bußfertigkeit / Du eifriger Hirte deiner Heerde...» usw. Noch im «Jubiläumsjahr 1955» florierte angeblich die Ulrichsverehrung wieder, u. a. durch neue Ulrichskirchen sowie durch die zunehmende Beliebtheit der Taufnamen Ulrich und Ulrike, und zwar als deutliche «Manifestationen obrigkeitlicher geförderter Frömmigkeitslenkung» (Hörger), war doch «die ‹Gefahr aus dem Osten› ... der Kerngedanke des Ulrichjahres 1955».[28]

Als man zu Beginn des 17. Jahrhunderts in Mailand behauptete, der Leib des hl. Ulrich sei in Mailand, sein Kopf in Rom, veranlaßte der Augsburger Bischof Joseph Landgraf von Hessen-Darmstadt 1762 die Exhumierung des Heiligen. Nach einigem Suchen fand man ihn denn auch, und etliche Mediziner, die Leibärzte des Bischofs und andere fromme Chirurgen und Wundheiler, registrierten 1764 unter 29 Nummern die «heiligen Gebeine des heiligen Ulrich»: So den oberen Teil des Kopfes, der «mit Recht unversehrt genannt werden kann, abgesehen von einigen äußeren Teilchen, die vom Zahn der Zeit zernagt waren». «2. Der Unterkiefer mit vier Schneide- und drei Mahlzähnen. 3. In einem silbernen Kästchen wurde ein Zahn gefunden mit einem Fingerglied; von diesem Glied überliefert die Geschichte, was gelesen zu werden wert ist. 4. Einzeln wurde ein Mahl- und ein Schneidezahn gefunden. 5. Das Zungenbein. 6. Ein Teil des Kehlkopfes» usw. – 1971 machte sich dann eine neue Ärztekommission über die «heiligen Gebeine des heiligen Ulrich» her ...[29]

Selbstverständlich galt Ottos Sieg über die Ungarn, die Feinde der Christenheit, den Zeitgenossen als Sieg des Gottesreiches, als Triumph Christi. Er hat die Ungarneinfälle in das deutsche Reich für immer beendet, war somit folgenreicher als das Treffen bei Riade 933 (S. 402 f.). Er war «in der Erinnerung aller» deutschen «Stämme ein Ereignis, das ihre Herzen höher schlagen ließ» (Schramm), war «die Geburtsstunde des heutigen Österreich» (Pater Grill). Und er gab vor allem «auch den Weg frei für die deutsche Ostpolitik bis 1945»! (Fischer) Man sieht, wie hier ein hehres, Herzen höher schlagen lassendes Ereignis fortschwärt bis zum Massenmord Hitlers. Und waren erst die Ungarn in Deutschland eingefallen, so hielt man es jetzt umgekehrt – «es wurde möglich, die christliche Mission nach Ungarn hineinzutragen.

Ottos Name gewann dadurch Klang über die Grenzen seines Reiches hinaus» (Schramm).

Denn natürlich begnügte man sich nicht mit Abwehrgemetzeln. Um 970 eröffnete der junge Bayernherzog Heinrich II. die Offensive. Und während er den Ungarn die karolingischen Marken am Ostrand der Alpen entriß, raubte gleichzeitig der mit ihm ziehende Boleslav II. Mähren und die Slowakei bis an die Waag. Für die «Seelsorge» in dem gewaltigen Raum reichte Regensburg nicht mehr aus. Deshalb beschloß 973 der Reichstag von Quedlinburg die Gründung des Bistums Prag, wahrscheinlich auch die eines weiteren für Mähren.[30]

Nach den spektakulären Erfolgen auf dem Lechfeld sowie an der Unstrut gegen die Slawen intensivierte Otto, der triumphierende Vernichter der Heiden, deren Mission. Im Südosten errichtete er die bayerische «Ostmark», seit dem Jahr 976 das dreihundertjährige Aktions- und Annexionsfeld der jüngeren Babenberger – vielleicht Abkömmlinge der älteren Babenberger (S. 354 ff.) –, bis jene von den Habsburgern abgelöst wurden. Im Osten bezwang der König in einem langen Krieg die Böhmen. Im Nordosten betrieb er in Fortsetzung der mörderischen Attacken seines Vaters (S. 391 ff.) die verstärkte Christianisierung der Elbslawen und gründete zwei Marken zwischen Elbe und Oder.[31]

Begründung der deutschen «Ostkolonisation» oder Die «guten Werke» der Markgrafen Hermann Billung und Gero

Das blutige Geschäft der deutschen «Ostkolonisation», die Otto I. recht eigentlich begründete, erledigten für ihn hauptsächlich zwei Sachsen, die über die neuen Marken im Nordosten geboten: Hermann Billung (gest. 973), der Otto persönlich nahestand (die königliche Kanzlei vermied es, ihn mit dem Herzogstitel zu belegen, sie nannte ihn «marchio» oder «comes»); seine Familie besaß Grafschaften und Kirchen von Lüneburg bis Thüringen.

Und Gero, ebenfalls ein persönlicher Freund des Königs und einer seiner «zuverlässigsten Helfer» (Keller), «für diese Aufgabe hervorragend geeignet» (Fleckenstein); er herrschte über die sogenannte Nordmark. Seit der erneuten Niederringung der rebellischen Redarier (936), des Hauptstammes der Liutizen, womit Otto den Billunger beauftragt hatte, unterjochten die beiden Feudalherren in den folgenden Jahrzehnten in unentwegten Kriegen und Gemetzeln Abodriten, Sorben und Wilzen.

Dem Mönch Widukind verklärte sich dies zum Kampf eines Gottesfürsten gegen ein Volk Satans. Nach dem Jargon der Forschung baute der König derart «die Beziehungen zu den Slawen im Osten aus» (Schramm). «In jahrelangen blutigen Kämpfen haben diese beiden großen Kriegsleute die Aufgabe, die ihnen übertragen war ... glücklich (!) gelöst» (Holtzmann). «Die eroberten Burgbezirke wurden einzeln oder mehrere zusammen zu deutschen Burgwarden, in deren Vororte man Besatzungen legte. Deutsche Ritter erhielten Slawendörfchen zu eigen oder Lehen, und mit ihnen kamen die Priester. 948 schien die Lage schon so gefestigt zu sein, daß man die ersten Bistümer gründete» (Hauptmann).

Ein besonderer Verehrer des Billungers, dessen Sippe 170 Jahre lang über das von der Ostsee begrenzte Gebiet herrschte, war Erzbischof Adalbert von Magdeburg (968–981). Persönlich geleitete er den großen Schlächter unter Glockengeläut und Vorantragen von Kerzen in den Dom, ließ ihn bei Tisch, wie den König, zwischen den Bischöfen sitzen, ja im Bett des Kaisers schlafen. (Diese Ovationen gingen Otto zu weit; er verurteilte den Erzbischof dazu, ihm so viele Pferde nach Italien zu senden, «wie er dem Herzoge habe Glocken läuten und Kronleuchter anzünden lassen». Denn, behauptet Bischof Thietmar von Merseburg ein andermal, «wie der Herr, so waren auch seine Fürsten. Überfluß an Speisen und anderen Gütern schätzten sie nicht, es erfreute sie stets nur das goldene Maßhalten (aurea mediocritas). Alle Tugenden, von denen wir lesen, blühten zu ihren Lebzeiten, mit ihrem Tode welkten sie dahin ..., doch ihre unsterblichen Seelen leben fort und erfreuen sich ob ihrer guten Werke der ewigen Seligkeit.»

Die Kämpfe, durch die man die Elbslawen zunächst zinspflichtig machte, waren lang und erbittert; sie wurden von beiden Seiten mit äußerster Grausamkeit geführt. Auch die Rache der Wenden kannte keine Schonung. Nach ihrer Eroberung von Walsleben 929 ermordeten sie alles, Greise und Kinder, Männer und Frauen, eine unzählbare Menge, behauptet jedenfalls Widukind. Und im Frühjahr 955 sollen sie der deutschen Besatzung der Burg der Cocarescemier freien Abzug versprochen, dann jedoch die Waffenlosen sämtlich niedergestochen haben.

Nun waren die Deutschen freilich die Aggressoren. Und unter ihnen brillierte besonders Gero, der «Würger der slawischen Stämme» (Donnert), dem indes Mönch Widukind «für den Dienst Gottes guten Eifer» bescheinigt und natürlich auch «eine gewaltige Beute», ja, den noch das Nibelungenlied als den starken, den schnellen Gere rühmt. Sah er doch in der Niederkämpfung der Slawen «seine Lebensaufgabe» (Bullough), wobei es ihm freilich zugleich um ihre Christianisierung ging.

Denn dieser Haudegen, «der Schützer unseres Landes» (Bischof Thietmar), der das Vorrücken der deutschen Grenze von der Elbe-Saale bis zur Oder hauptsächlich erzwang, der 27 Jahre lang Raub- und Unterdrückungsfeldzüge gegen die Elbslawen führte, war unermüdlich und drang systematisch in ihr Gebiet ein. Und während sogar die sächsischen Ritter über den strapaziösen Dauerkrieg schon anfangs der vierziger Jahre zu murren begannen, riß sich Gero nur einmal, zu Beginn des Jahres 950, mitten im Winter, als keinerlei Treffen in Aussicht stand, von der allmählich bis zur Oder vorgemordeten Grenze los, um eine Wallfahrt zu den Apostelfürsten Peter und Paul nach Rom zu machen. Unterwegs trat er der Gebetsverbrüderung des Klosters St. Gallen bei und trug als herrliche Reliquie den Arm des hl. Cyriacus – er stiftete ihm noch ein Kloster zu Frose – zur Verehrung (und Verheerung) dorthin zurück, wo er mit ebensoviel Kraft wie Niedertracht das deutsche Wesen und die alleinseligmachende Religion verbreitete. Dabei ließ er kurz nach der Eröffnung seines Regiments über das südliche Wendenland etwa dreißig gegen ihn verschworene Slawenführer, Fürsten und Edle (principes), die im

Vertrauen auf die Unantastbarkeit der Gastfreundschaft über einem großen Saufgelage eingeschlafen waren, in einer Nacht hinterrücks an seinem Tisch erschlagen, angeblich um ihrer Mordabsicht zuvorzukommen – «gewiß nur eine Schutzbehauptung» (H. K. Schulze). «Keinen tapfereren Vorkämpfer hatte Deutschland in jenen östlichen Gegenden als ihn ... Und er war im Kriege nicht verroht», rühmt Theologe Albert Hauck, betont bei dieser Gelegenheit auch Geros Überzeugung, daß der Mensch dem himmlischen Herrn für sein Leben verantwortlich sei, aber, so im selben Atemzug, «den Wenden gegenüber hielt er alles für erlaubt». –

Mönch Widukind berichtet die teuflische Beseitigung der dreißig Slawen ohne jeden Tadel. Pries er doch noch danach als des Verbrechers beste Eigenschaft (quod optimum erat) seinen «löblichen Eifer für den Dienst Gottes». 960 wallfahrtete Gero sogar ein zweitesmal nach Rom und gründete bei seiner Rückkehr ein weiteres Kloster, das nach ihm benannte Nonnenhaus Gernrode (Rodung des Gero), südlich Quedlinburg. Als Äbtissin setzte er die Witwe seines einzigen, 959 gefallenen Sohnes Siegfried ein, die Nichte Hermann Billungs, und vermachte «in seligem Sterben» (Mai 965) dem Kloster, wo er auch begraben wurde, all seine Habe. Er «barg sich», schreibt Bischof Thietmar, «mit seinem ganzen Erbgut bei Gott» – die letzte Leistung nicht weniger Großmörder der Geschichte.[32]

Otto eröffnet die Christianisierung der Wenden und macht «hier reinen Tisch»

Auch Otto I. hat im Krieg wider die Wenden, wie nicht nur sein Verhalten gegenüber dem verräterischen Wendenführer Tugumir zeigt (S. 455), keine Bestechung, keinen Verrat, keinen Mord gescheut, hat mehrmals selber Hand angelegt, um die Slawen fast bis zur Ausrottung zu schlagen. «Einheimische slawische Fürsten wurden vertrieben oder beseitigt, hatten Abgaben zu leisten und

Kinder der Versklavung zu überlassen; die Unterworfenen wurden in die Knechtschaft gedrückt» (Fried).

Es ist bezeichnend, daß man seinerzeit die Worte Wende und Heide als Synonyma gebrauchte. Denn die Wenden waren noch Heiden. Offensichtlich hatte sich Heinrich I. mehr um die Eroberung, den Raub dieser Gebiete bemüht, als um ihre Missionierung. Jenseits von Elbe und Saale gab es kaum Kirchen. Es gab nur heidnische Heiligtümer, heilige Haine, gab Götterbilder und bildlose Götterverehrung und selbstverständlich die dazugehörigen Priester oder doch Ältesten, die früher Opfer dargebracht hatten.

Unter König Heinrich war anscheinend auch die Kirche auf Missionierung des Ostens kaum bedacht. Erst als Otto die Praxis seines Vaters preisgab und, nach dem Vorbild Karls «des Großen», dem Schwert die Priester folgen ließ, konnte man hoffen, mittels der Religion die «Beuteslawen» immer mehr an sich zu binden und ihr Land dazu. Offenbar holte erst Otto den Klerus in den Osten, und zwar, wie auch anders, einen Militärklerus: – «sozusagen als Feldprediger kamen die ersten christlichen Priester in das Land rechts der Elbe und Saale; Burgkapellen sind die Ahnen unserer Kirchen; die ersten Christengemeinden, die sich hier sammelten, bestanden aus Soldaten».[33]

Otto war auf solch frommen Schwertdienst freilich vorbereitet. Hatte er sich anscheinend doch schon an den Slawenschlächtereien seines Vaters 928 und 929 beteiligt und auf seine Weise missioniert: noch als Halbwüchsiger schwängerte er eine gefangene vornehme Slawin, die ihm seinen unehelichen Sohn Wilhelm schenkte, den späteren Erzbischof von Mainz. (Dieser allerdings, wie man versichert, war noch von asketischen Idealen erfüllt. Doch auch von anderen. Dem Papst gestand Ottos «des Großen» erzbischöflicher Bruder einmal rundheraus: für Bestechung alles!)

Das ganze, von seinem Vater geraubte Gebiet hat der König nun nicht nur «behauptet», sondern schlicht «einbezogen», natürlich unter dauernden Kämpfen, insgesamt 50 000 bis 60 000 Quadratkilometer. Denn Otto «mußte», wie Theologe Hauck formuliert, «seine Waffen mit allen wendischen Völkerschaften

kreuzen», die beiden südlichen Stämme der Sorben und Daleminzier einmal beiseite. Und auf diese fürsorgliche Weise bildete dann
eben nicht mehr die Saale, die Elbe die Grenze des deutschen
Reiches, sondern die Oder.

Gleich Ottos erste Maßnahmen nach seiner Krönung in Aachen 936 galten den Elbslawen. Noch im selben Jahr brach er
gegen sie auf, zumal gegen die Redarier. Und 939 erfolgte dort ein
weiterer Waffengang. Denn dieser Fürst, der in der Ostexpansion
eine seiner Hauptaufgaben sah und systematisch auch die Christianisierung der Unterworfenen betrieb, war entschlossen, «hier
reinen Tisch zu machen» (Holtzmann), war fest gewillt, «die
Herrschaft des Gottesvolkes über die Ungläubigen auszudehnen»
(Lubenow).

Dabei schreckten Otto und seine gräflichen Spießgesellen, da sie
den Widerstand der Elbslawen ersichtlich im offenen Kampf nicht
brechen konnten, auch vor keiner Arglist zurück. Als sie zum Beispiel im Winter 928/929 Brandenburg zwar erobert (S. 392 f.), doch
wohl schon bald wieder verloren hatten, schickte Gero den seit
König Heinrichs Zeiten als Geisel in Sachsen gefangengehaltenen
und von Otto nun mit «pecunia multa» bestochenen rechtmäßigen
Hevellerfürsten Tugumir, zweifellos ein Christ, 939 zu den Hevellern nach Brandenburg zurück. Tugumir täuschte ihnen eine Flucht
vor, wurde freudig aufgenommen und wieder ihr Herr. Darauf
ermordete er im Brandenburger Fürstenhof den letzten Fürsten des
Stammes, seinen eigenen Neffen, übergab das gesamte südlutizi-
sche Gebiet bis zur Oder König Otto und herrschte mit einer
sächsischen Besatzung als dessen Vasall.[34]

OTTO «DER GROSSE» LÄSST 700 SLAWISCHE
KRIEGSGEFANGENE KÖPFEN UND BEFIEHLT DIE
AUSROTTUNG DER REDARIER

Nachdem Brandenburg durch Verrat und Mord in deutsche Hand
gefallen, dort eine Kirche erbaut worden war und Tugumirs Re-

-giment sich gefestigt hatte, gründete Otto am 1. Oktober 948 das Bistum Brandenburg und, wohl gleichzeitig, das Bistum Havelberg (dessen angebliche Stiftungsurkunde von 946 eine spätere Fälschung, eine Vordatierung ist) mit dem Burgward Nitzow.

Erst dem Erzbistum Mainz, dann dem Erzbistum Magdeburg unterstellt, war das Bistum Brandenburg, das zehn slawische Stämme umfaßte, sehr viel größer als die meisten deutschen Diözesen. Es reichte von der Elbe bis zur Oder und umschloß im Süden zunächst auch noch die Lausitz. Der Bischof von Brandenburg bekam bereits 948 die Hälfte der Burg samt der Hälfte aller dazugehörenden Dörfer sowie die Burgwarde Pritzerbe und Ziesar. Burgwarde waren kleinere (seit der Mitte des 10. Jahrhunderts burgowarde, burgwardium oder burgwardum genannte) Burgen, die wohl auf karolingische Vorbilder an der Saale zurückgingen. Im Verlaufe der ottonisch-salischen Ostexpansion sicherten sie den Magdeburger «Siedlungsbereich» etwa bis zur Havel ebenso wie den sorbischen Raum bis zur Elbe militärisch ab – somit ein der Beherrschung des eroberten Landes dienendes strategisches System. Zu einem Burgwardhauptort gehörten etwa zehn bis zwanzig Dörfer, deren Einwohner, damals und noch im 11. Jahrhundert fast ausschließlich Slawen, rigoros ausgebeutet, zum Burgenbau, zu Wachdiensten, Abgaben von Zehnten und Tributen gezwungen wurden. Und manche Burgwardhauptorte hatten auch eine «Burgward-Kirche», wenn auch wohl längst nicht alle, wie die ältere Forschung meinte.

Im Jahr der großen Schlacht gegen die Ungarn, 955, zog Hermann Billung gleich zweimal gegen die aufständischen Obodriten. Dabei hatten sogar die Söhne seines eigenen erstgeborenen Bruders Wichmann (der Ältere), die Grafen Wichmann der Jüngere und Ekbert (der Einäugige), Verwandte der Königin Mathilde, die mit ihnen verbündeten Obodritenfürsten Nakon und dessen Bruder und Mitherrscher Stojgnef aufgehetzt; beide übrigens Christen.

Obwohl die Slawen seinerzeit zu weiterer Tributzahlung durchaus bereit waren, nur nicht sich völlig verknechten lassen wollten, hatte auch Otto selbst sie, «unternehmend wie er war»

(Thietmar), mit Krieg überzogen. Nur zwei Monate nach seinem Triumph auf dem Lechfeld und offenbar dadurch gestärkt, schlug er sie schwer am 16. Oktober 955 an dem Flüßchen Raxa, wahrscheinlich der Recknitz (im östlichen Mecklenburg), wobei das Slawenschlachten bis tief in die Nacht dauerte und Otto – den Bischof Liutprand «heilig» und «sehr heilig» nennt, Theologe Hauck «eine sittlich viel durchgebildetere Persönlichkeit als sein Vater» – noch am nächsten Morgen vor dem aufgesteckten Haupt des an der Spitze des Heeres gefallenen Obodritenfürsten Stojgnef 700 Kriegsgefangene köpfen ließ. Stojgnefs Berater wurden die Augen ausgestochen und die Zunge herausgeschnitten – «dann ließ man ihn, nicht mehr zu gebrauchen, inmitten der Leichen liegen» (Widukind). Und Stojgnefs Erleger bekam als «Belohnung» von Otto 20 Hufen Land geschenkt.

Widukind findet, wie bei der Abstechung der 30 Slawenführer durch Gero (S. 452 f.), wieder kein Wort des Tadels. Und schon 957, 958 und 960 führt Otto neue Kriege gegen die Redarier und andere Elbslawenstämme. Nicht um Sieg ging es, nicht um Tributeinheimsung, wie unter Heinrich I., sondern um Vernichtung, um Eingliederung der slawischen Länder in das ottonische Reich. Es herrschte «totaler» Krieg. Was fehlte, war nur die Technik, die man ein Jahrtausend später hatte.[35]

965 starb Gero. Zwei Jahre später kämpfte Herzog Hermann gegen Redarier und Obodriten. Und dann wurde das ganze Obodriten-Reich der entstehenden Billunger-Mark zugeschlagen, erhoben sich anstelle heiliger Haine die Christentempel. Denn nach Nakons Tod ermöglichte sein Sohn Mstivoj mit Hilfe Hermann Billungs und unter Ausschaltung der heidnischen Opposition in Wagrien 968/972 (das genaue Jahr ist unbekannt) die Gründung des alle Obodritenstämme umfassenden Bistums Oldenburg (Aldinburg, slaw. Starigard). Das war ein längst bestehender befestigter Platz, die Hauptburg der slawischen Wagrier, wo noch für 967 ein paganes Standbild bezeugt ist, das der Herzog wahrscheinlich zerstört hat. Das gesamte wendische Missionsgebiet Hamburgs reichte nun von der Kieler Bucht bis an den Havelberger Sprengel.

Zu dieser Zeit, nur wenige Jahre vor seinem Tod, verbietet Kaiser Otto I. in einem Schreiben vom 18. Januar 968 den sächsischen Großen den Frieden mit den geschlagenen Redariern und fordert die Beendigung des Kampfes durch Ausrottung. «Überdies wollen wir, daß die Redarier, wenn sie, wie wir vernommen, eine so große Niederlage erlitten haben, von euch keinen Frieden erhalten, denn ihr wißt ja, wie oft sie die Treue gebrochen und welche Unbilden sie zugefügt haben. Daher erwägt dies mit dem Herzog Hermann und setzt alle eure Kräfte ein, damit ihr durch ihre Vernichtung (destructione) euer Werk vollendet. Wenn es nötig wäre, wollen wir selbst gegen sie ziehen...»[36]

Gunsterweise über Gunsterweise für die «Hauptstadt des deutschen Ostens...»

Nach Ottos Kaiserkrönung (S. 498 f.) hatte man eine Reihe neuer Bistümer gegründet, darunter vor allem 968 das Erzbistum Magdeburg, dem Papst Johann VIII. Privilegien erteilte, als habe man hier an eine Art Rom im Norden gedacht. Was herauskam, war immerhin eine gewinnbringende mächtige Handelsstadt. Wie überhaupt der Unterwerfung der Elbslawen, der Polen, Böhmen ein ergiebiger Handel folgte. Doch ließ Kaiser Otto nicht nur Gold und Edelsteine nach Magdeburg schaffen, sondern auch Heiligenreliquien. Das Heilige und der Handel gehören zusammen. Der Handel ist heilig, und das Heilige auch Handel. Die Kirche erhielt ausgedehnten Grundbesitz, bezog hohe Abgaben, baute überall ihre Tempel im unterjochten Land und wurde für Jahrhunderte ein Hauptnutznießer und eine Hauptstütze der deutschen Herrschaft in den eroberten elbslawischen Gebieten.

Magdeburg, als Burg und Fernhandelsplatz an der Elbe seit der Zeit Karls «des Großen» bezeugt, ebenso weit vorgeschoben – was seine Stoßrichtung signalisiert – in slawisches Land, wie durch den Strom geschützt, war Ottos Lieblingsstadt. Schon kurz nach Beginn seiner Regierung, ein Jahr nach Gründung des Frauenstifts St. Servatius in Quedlinburg durch seine Mutter Mathilde, hatte er 937 in Magdeburg das mit «Reformmönchen» besetzte Moritzkloster gestiftet und zugleich mit diesem und ganz in dessen Nähe eine Handelsniederlassung etabliert, in der sich Kaufleute aus Landstrichen östlich der Elbe einfanden.

Bei der Gründung des Klosters waren die beiden Erzbischöfe Friedrich von Mainz und Adaldag von Hamburg-Bremen, Ottos vormaliger Kanzler, sowie acht Bischöfe (von Augsburg bis Utrecht) vertreten. Der König hat das Kloster, das er erst zu einem Vorposten, dann zu einem Zentrum der Slawenmission machte, das er oft und reich und immer von neuem dotierte, mit vielen Dörfern bedacht, mit Hörigen, Leibeigenen, mit Zollrechten, zum Beispiel sogleich mit dem ganzen in Magdeburg anfallenden Zoll, nachher aber auch mit Bann, Markt, Münze, mit Münzrechten anderwärts, mit Zinsen, Silberzins, Honigzins, Zehnten etc., mit mehreren Königshöfen, Klöstern, so mit dem Kloster Hagenmünster bei Mainz, dem Nonnenkloster Kesselheim im Maienfeld, selbst noch mit Gütern in Ostfalen (in 60 Orten!), in Thüringen, Hessen, im Harz-, Nahe-, Speyergau, in den Niederlanden – nicht weniger als 57 Urkunden Ottos I. für das Kloster sind erhalten, 32 davon im Original.

Schließlich aber, nicht sofort, wurde es mit geraubtem Boden, mit Burgen, Zehntrechten (Schartau, Grabow, Buckau) in den rechtselbischen, also slawischen Gebieten ausgestattet, ja, mit dem ganzen Slawengau Neletici, zu dem die bedeutenden Salzquellen von Halle gehörten. In dem Magdeburg benachbarten Gau Moraciani erhielt es 15 Burgen und Höfe. Dort und in anderen Slawengauen kam auch das Recht des Holzschlags, der Schweinemast dazu, ebenfalls in der Lausitz der Zehnte von allen Abgaben und dem Einkommen der Krone, der Grafen. Das Stift bekam Immunität, Königsschutz und bald auch den Schutz des Papstes.

Mit Recht konnte dieser 962 erklären, Otto habe das Kloster «wegen der neuen Christenheit» gegründet. Zum Patron des Hauses machte der Stifter seinen eigenen specialis patronus, den Kirchenheiligen Mauritius, den Bekämpfer der Heiden, ein Hinweis darauf, «daß die Krieger den Missionaren den Weg bereiten sollten» (Fleckenstein). Um 955 ließ er den Magdeburger Dom beginnen, anstelle der ersten Kirche des Moritzstifts, und füllte ihn – aus Italien herbeigeschleppt – mit Marmor, Gold, mit Edelsteinen. Und, «in gebührender, tiefer Verehrung» (Thietmar), mit jeder Menge echter und vor allem falscher Reliquien.

Zunächst hatte Otto für Magedeburg bloß die Überbleibsel eines gewissen Innocentius, nur einer von angeblich 6600 oder auch 6666 thebäischen Märtyrern (S. 384 f.). Einer war wohl zu wenig bei so vielen Helden. Doch konnte Otto vom burgundischen König auch Reliquien des Führers der thebäischen Legion, des hl. Mauritius, des Hauptpatrons des Magedeburger Stifts, empfangen, vermutlich wegen der Kostbarkeit nur kleinere Teile. (Aber weitere Knochen desselben Mauritius übergab auch Heinrich II. der Magedeburger Kirche. Ja, noch 1220 erwarb Ortsbischof Albrecht die Hirnschale des Heiligen vom Grafen Otto von Andechs, nachdem lang zuvor schon der hl. Ulrich von Augsburg Mauritius-Teile vom Abt der Reichenau bezog.) Otto bekam seinerzeit weiteres Märtyrergebein für die Stadt, und endlich ließ er alle Säulenkapitäle der neuen Kirche mit Heiligenresten füllen. Keinen Ort hat Otto I. so oft besucht, 22mal hielt er sich in Magdeburg auf, das man geradezu, etwas überspitzt, «Hauptstadt des deutschen Ostens im frühen Mittelalter» nannte (Brackmann).

Wenige Jahre nach der Gründung des Erzbistums Magdeburg erfolgte die Gründung des Bistums Prag. Und auch dafür hatte Otto bahnbrechend gewirkt, und selbstverständlich ebenfalls mit dem Schwert.

Gleich nach Herzog Wenzels und König Heinrichs Tod (935/936), als Boleslav I. in Böhmen einen (ungenannten) subregulus bekämpfte, schickte Otto diesem alsbald sächsische und thüringische Truppen zu Hilfe, die getrennt marschierten und von Boleslav auch getrennt besiegt worden sind. Seinen böhmischen Rivalen konnte Boleslav ebenfalls erledigen, dessen Burg beim ersten Anlauf «zur Wüste» machen und die eigene Herrschaft durch Burgbezirke sowie Dienstleistungen festigen.

Der deutsche König aber führte nun einen vierzehnjährigen

Krieg gegen Böhmen, der erst 950 mit dessen gänzlicher Unterwerfung endete. Otto hatte damals die nördlichen Slawen überwunden, mit päpstlicher Genehmigung seine Herrschaft 948 durch die Gründung der drei Slawenbistümer Brandenburg, Havelberg, Oldenburg (?) gesichert und überall die Bevölkerung zur Entrichtung der verhaßten Zehnten verpflichtet. Darauf drang er 950 mit einem starken Heer bis in die Mitte Böhmens vor und stellte, so formuliert die Forschung seriös, *«die Bindung Böhmens ans Reich wieder her»*. Oder sie nennt Analoges auch «die *Einbeziehung der Randländer* in den Reichsverband»: Hauptsache, all dies geschieht möglichst blutfrei auf dem Papier – je dreckiger die Geschichte, desto sauberer muß die Arbeit der Geschichtsschreiber sein, die der Staat auch bezahlt. Wes Brot ich eß ... – eine Kooperation ehrwürdigen Alters.[37]

Mit Krieg hatte Otto I. die «Barbaren» Böhmens bezwungen, mit Krieg ging er auch gegen das im Nordosten angrenzende Polen vor.

Polen vertraut dem Wolf die Schafe an

Wie das russische Reich von dem Wikinger Rjurik (skand. Hrørikr), einem Schweden, in Alt-Ladoga oder (und) Nowgorod geschaffen worden war (S. 464), so soll Polen der Normanne Dago, vermutlich ein Däne, um 960 mit der Hauptstadt Posen an der Warthe gegründet haben. Der Name Polen, Poloni, Polonia, Polska (von pole = Feld, Ebene, das heißt steter Ackerbau in Waldlichtungen, das Land der Ebene), bürgerte sich erst seit etwa der Jahrtausendwende ein. Und nach polnischer Tradition (aus dem Anfang des 12. Jahrhunderts) heißt der Normanne Dago: Mieszko I. (um 960–992) und war der vierte Nachkomme eines gewissen Piast, des Ahnherrn der Piasten (pol. Piastowie), eines Geschlechts, das in Polen bis 1370, in Masowien bis 1526, in Schlesien bis 1675 regierte. Vielleicht aber hatte, wie man heute auch meint, Mieszko zwei Namen, einen heimischen und einen fremden. Und ob die zwischen Oder und Weichsel siedelnden, sich in langen Grenzkämpfen bekriegenden polnischen und pomoranischen Slawen (von pomorje = am Meer) dort schon, ungeachtet aller Bevölkerungsbewegungen, in dem ganzen Jahrtausend vor der sogenannten Zeitenwende saßen, wie der wohl größere Teil der polnischen Forschung annimmt, oder ob sie, wie besonders die deutsche meint, nicht bodenständig, sondern Einwanderer waren, sei dahingestellt.

Jedenfalls ist dieser Dago oder Mieszko (Mescho von seinen polnischen Untertanen, in den lateinischen Quellen Misaca und Miseco genannt) der erste historisch gesicherte Fürst der Polen. Und die Größe des neuen Westslawenstaates – von dessen verschiedenen polnischen Stämmen die namengebenden Polen (poln. Polanie, lat. Poloni, Poliani) am spätesten, nämlich erstmals 1015 in den Hildesheimer Annalen vorkommen – war beträchtlich. Er reichte von der Oder bis an die russische Grenze, im Norden bis ans Meer. Er schloß auch (im 11. Jahrhundert verloren gehende) Grenzländer ein, etwa Mähren, die Lausitz, das nachmalige Ruthenien am oberen Bug und San, und wurde von Mieszko straff regiert.

Der Pole expandierte von Gnesen aus, überschritt im Norden die Warthe, im Süden die Oder, geriet aber unter den Druck des Markgrafen Gero und schließlich in die Abhängigkeit vom deutschen Nachbarn. Schon 963 rückte der Herr der Sorbenmark, diesmal im Bund mit den Redariern, mit zwei Heersäulen in die Lausitz und gegen das neue Reich vor. Mieszko I., wie seine Untertanen noch Heide, war ein lockendes Ziel für die «Mission», zumal in Geros Nordmark schon seit 948 die Bistümer Brandenburg und Havelberg bestanden. Mieszko wurde in zwei schweren Schlachten zwischen Oder und dem rechten Wartheufer «mit gewaltiger Kraft» (Widukind) geschlagen, sein Bruder getötet, das Land ausgeraubt, er selber zur Zinszahlung und Anerkennung der deutschen Oberherrschaft genötigt. Widukind spricht von «vollständiger Knechtschaft» (ultimam servitutem). Der Verlauf der polnischen Geschichte war dadurch auf Jahrzehnte hin geprägt.[38]

Sehr wahrscheinlich gleichzeitig mit Gero stieß Boleslav I. von Böhmen an der Südflanke Polens vor und brachte sich in den Besitz Krakaus. 965 (oder 966) heiratete Mieszko aber eine Tochter Boleslavs, die Christin Dobrawa (Dubravka), und wurde im Jahr darauf, 966 (oder 967), ein bedeutsames Datum, römisch-katholisch. Tschechische Missionare folgten, faßten rasch Fuß, und wahrscheinlich waren in der ersten Christianisierungsphase Polens noch bayerische Kleriker aktiv. Denn da sich Mieszko taufen ließ, zwang er auch sein Volk dazu, und diese «Revolution von oben» wiederholt sich zwei Jahrzehnte später bei der Christianisierung Rußlands (S. 467). Das Märchen vom Himmelspförtner (IV 381 ff!) hatte auch im Osten seine magische Wirkung. Ein Jahr nach dem Tod des Schlächters und Romreisenden Gero (20. Mai 965) wurde Polen unter dem Patrozinium St. Peters christlich. Mieszko I. unterstellte es dem «Schutz» des Papstes, und kaum ein Land haben die Päpste stets so hemmungslos verraten wie das ihnen nun ein Jahrtausend unverbrüchlich ergebene Polen.

Schon 968 wurde ein Bistum in Posen gegründet, sein erster Bischof der Deutsche Jordan, sein Nachfolger der Deutsche Unger. Und Mieszko, der entgegen kirchlicher Vorschrift nach dem Tod seiner ersten Frau (977) die Nonne Oda des Klosters zu Calbe heiratete, eine Tochter des Markgrafen Thiedrich von der Nordmark, entwickelte sich nun zum Vorkämpfer des Christentums an der nördlichen Heidenfront und genoß bei seinen Offensiven gegen die Heiden den eifrigen Beistand der christlichen Böhmen.[39]

Otto I. aber suchte in seine Missionspläne noch Rußland einzubeziehen, wenn auch vergeblich.

Die hl. Olga (gest. 969)

Das Reich von Kiew (907–1169), seit dem späteren 10. Jahrhundert allmählich das «Rus»-Reich genannt (ein Name, der auf die mittelschwedische Landschaft Roden, heute Roslag, hinweist), war die erste Herrschaftsbildung zwischen Ostsee und Schwarzem Meer und ein Werk schwedischer Wikinger (die nun Waräger hießen), genauer ein Werk der Wikingerdynastie der Rjurikiden (die erst 1598 ausstarb) samt ihrem normannischen Gefolge. Der neue «Staat», der erste russische, war also schwedischer Herkunft und verdankte seinen Aufstieg vor allem dem Handel mit Byzanz. Und über den Handel (nicht nur mit Waren) fühlte man sich, wie bald zu sehen ist, auch weiterhin sehr verbunden.

Um 945 war Fürst Igor von Kiew durch Drevljanen erschlagen worden. Der ostslawische Stamm, seit einem halben Jahrhundert dem Fürstentum tributpflichtig, hatte die drückende Last schon wiederholt abzuschütteln versucht und durch Igors Tod auch vorübergehend die Unabhängigkeit erlangt. Als aber seine Witwe, Großfürstin Olga (skand. und griech. Helga), in der orthodoxen Kirche als Heilige verehrt (Fest 11. Juli), um 945 für ihren kleinen Sohn Svjatoslav die Regentschaft übernahm, rächte sie grausam den Tod ihres Mannes.

Nach der «Nestor-Chronik» (Povest' vremennych let, Erzählung der vergangenen Jahre) – ein berühmtes, im frühen 12. Jahrhundert in Kiew entstandenes Denkmal altrussischer Chronistik –, ließ Olga zwei Gesandtschaften der Drevljanen, deren «beste Männer», einmal lebendig begraben, ein andermal lebendig verbrennen und dann bei einem Gelage 5000 berauschte Menschen niederhauen. Dies ist zwar sagenhaft aufgemacht, übertrieben. Doch hat die Fürstin – die, so sang man in einem alten Lobpreis, dem christlichen Land voranging «wie der Morgenstern der Sonne, wie die Morgenröte dem Tageslicht» – um 950 tatsächlich einen beträchtlichen Teil des gegnerischen Adels ausgerottet, diverse Burgen der Drevljanen verbrannt, deren Gebiet endgültig annektiert und sich selbst 955 oder 957 in Kiew oder Konstantinopel taufen lassen – ein kaum oder gar nicht religiös motivierter Akt, der ihr innen- wie außenpolitisches Prestige erhöhen sollte.

Nach Thietmar von Merseburg hatte Kiew schon zu Beginn des 11. Jahrhunderts «mehr als 400 Kirchen und acht Märkte» (mercatus). Es war die bevölkerungsreichste russische Stadt des Mittelalters: vor dem katastrophalen, doch von göttlichem Sendungsbewußtsein beflügelten Mongolensturm im 13. Jahrhundert mit annähernd 40 000 Einwohnern, danach noch mit etwa 2000.

Als die hl. Olga 957 in die Kaiserstadt am Bosporus reiste, hatte sie nicht nur einen Priester, sondern auch auffallend viele Kaufleute in ihrem Gefolge. Und zwei Jahre später nützte sie den Thronwechsel in Byzanz, den Tod des kultur- und geistesgeschichtlich bedeutsamen Kaisers Konstantin VII. Porphyrogennetos, zu einer direkten Anknüpfung im Westen. Sie erbat anno 959 von König Otto I. Priester und vor allem Handelsbeziehungen! Der darauf schnell zum Missionsbischof geweihte Mainzer Mönch Libutius starb aber noch vor Antritt der Reise. Und der nun von Otto nach Kiew geschickte, zum «Bischof für die Russen» geweihte Adalbert – vordem Mönch in Trier, danach Abt in Weißenburg, zuletzt, 968, der erste Erzbischof Magdeburgs – kam 962 erfolglos zurück; nicht ohne Glück trotz allem, vertrieben entweder von feindlichen Christen oder einer heidnischen Reaktion; auf der Strecke blieben getötete Gefährten. Olga hatte seinerzeit ihr Sohn Svjatoslav abgelöst, ein verwegener heidnischer Haudegen, und dann rief man – eine weltgeschichtliche Entscheidung – nicht westliche, sondern byzantinische Missionare nach Rußland, erfolgte unter Vladimir von Kiew mit dessen Taufe 888/889 endgültig die Hinwendung zum byzantinischen Kulturkreis, worauf letztlich Moskaus Anspruch zurückgeht, «das dritte Rom» zu sein.[40]

Der hl. Vladimir, der «Grosse und Apostelgleiche»

Der Enkel der hl. Olga, Vladimir der Heilige (980–1015) – als Heiliger wird er in der orthodoxen Kirche der Rus' seit dem 13. Jahrhundert verehrt –, erstritt sich erst, wie das seinesgleichen zusteht, mit einem eigens aus Schweden angeworbenen warägischen Kriegshaufen gegen seinen Bruder Jaropolk den Thron und die Alleinherrschaft. Dabei mordete er das in Polozk an der Düna herrschende skandinavische Geschlecht aus und machte die überlebende Tochter Rogneda gewaltsam zu seiner Frau, was viel feinen Sinn verrät. Darauf kam er durch Heimtücke in den Besitz von Kiew und ließ seinen Bruder Jaropolk töten. Und als seine nordische Gefolgschaft belohnt werden wollte, soll er sie, nach einer alten Quelle, an das reiche Byzanz gewiesen und den Kaiser vor ihr gewarnt haben.

Der Heilige führte Krieg um Krieg und erpreßte von allen unterjochten Völkern Tribute. 981/982 unterwarf er die Wjatitschen, 984 die Radimitschen, und dazwischen, 983, griff er die Jadwiger (oder Sudauer) an, ein baltisches Volk im prußischen Siedlungsgebiet. Er besetzte ein Land, das im 13. Jahrhundert durch den Deutschen Orden zur «Großen Wildnis» wurde, wobei die Jadwiger selbst aus der Geschichte verschwanden.

Einige Jahre nach seinem Angriff im Westen, wo Vladimir außerdem gegen Polen auch schon die červenischen Burgen zwischen oberem San und oberem Bug in seine Gewalt gebracht hatte, rettete er im Süden den byzantinischen Kaiser Basileios II. (Bulgaroktónos, den Bulgarentöter 976–1025) aus einer großen innenpolitischen Kalamität. Mitten in den viele Jahre währenden Rivalitätskampf der Magnatenfamilien warf Vladimir eine Söldnertruppe, die warägisch-russische Družina, die Basileios' Sieg entschied.

Doch reicht das Wirken des Heiligen weiter: erlaubte ja dieser Sieg dem Kaiser indirekt einen weiteren, seinen größten Triumph. Denn bei Beendigung des 15jährigen bemerkenswert brutalen Krieges gegen die Bulgaren 1014 im Strymontal ließ die christliche Majestät sämtliche Gefangenen, angeblich 14 000, blenden – nur jeder Hundertste behielt ein Auge, um die Blinden dem Bulgarenzaren Samuel zurückzuführen!

Vladimir der Heilige hatte allerdings für seine Hilfe wider die Gegenkaiser in Byzanz die Hand der purpurgeborenen Prinzessin Anna, der Kaiserschwester, gefordert. Und als man bei Hof zögerte, das Versprechen gegenüber dem «Barbarenfürsten» einzulösen, unternahm er im April 988 einen Kriegszug nach Cherson, der bedeutendsten byzantinischen Kolonie am Nordufer des Schwarzen Meeres (bald nach 1500 zugrundegegangen und heute wüst). Er gewann die Stadt durch Verrat des Priesters Anastasius, den er dafür zum Kirchenvorsteher in Kiew machte, und gewann jetzt auch die «in der Porphyra (dem Kaiserpalast) geborene» Prinzessin aus Byzanz, was nicht einmal Otto «dem Großen» für seinen Sohn und Mitkaiser gelungen war.

Freilich hatte auch die Purpurgeborene wieder ihren Preis. Vladimir von Kiew «mußte sich dafür», so das katholische Handbuch der Kirchengeschichte, «aber taufen lassen» und zwang anschließend das Kiewer, seine Götter beklagende Volk – wieder eine «typische ‹Revolution von oben›» (Hösch) –, vermutlich im Sommer 988 zur Massentaufe im Dnjepr.

Heilig wird man nicht umsonst – weder in der römischen noch in der orthodoxen Kirche!

Doch wird der erste christliche Großfürst Rußlands, in dessen Geschichte er mit den Beinamen des «Großen und Apostelgleichen» glänzt, auch in der griechisch-unierten Kirche als Heiliger verehrt, und zwar mit Genehmigung des päpstlichen Stuhles!

Schließlich war Vladimir mannigfach hervorgetreten: durch Verrat und Mord, durch Brudermord gar, durch jede Menge blutiger Eroberungszüge und Verknechtungen, durch den Bau von Kirchen, Burgen und Festungen nach dem neuesten Stand der Kriegstechnik, auch durch Vernichtung aller heidnischen Idole und Tempel seines Reiches.

Denn gleich nach seiner Rückkehr aus Cherson hatte er dem Heidentum den Krieg erklärt, das er noch zu Beginn seiner Regierung eifrig vertreten, angeblich sogar durch das Hinschlachten von Menschen, wie den Opfertod eines jungen christlichen Warägers. Ja, das Bild des Perun, des vornehmsten russischen und polnischen, auch als Herr der ganzen Welt gedachten Gottes, dessen Hauptverehrung in Kiew war, wo vor ihm ein ewiges Feuer brannte, dieses Bild, von Vladimir selbst noch wenige Jahre zuvor in der Stadt zu neuen Ehren gebracht, wurde jetzt an einen Pferdeschweif gebunden, ausgepeitscht und in den Dnjepr gestürzt, auch alle übrigen Götterbilder beseitigt, allmählich die heiligen Stätten der Altgläubigen in ganz Rußland verheert und durch Kirchen ersetzt.

Was tat es da, daß der Heilige, der Große und Apostelgleiche, allzeit ein geiler Bock war!

Zwar soll Vladimir, der in einem Palast residierte, den, nimmt man an, mindestens siebenhundert Menschen bewohnten, nur vor seiner Bekehrung ein weiberbesessener Lüstling gewesen sein. Doch dies ist die Darstellung der überaus tendenziösen, mehrfach redigierten «Nestor-Chronik». «Unersättlich war er in der Wollust», steht da, «Frauen und Mädchen ließ er sich zuführen, um sie zu entehren, denn er war ein Liebhaber des weiblichen Geschlechts gleich Salomo». Neben fünf legitimen Gattinnen soll er in Wyschegorod, Bjelgorod und Berestow mehrere Harems mit insgesamt achthundert Beischläferinnen aus allen benachbarten Völkern gehabt haben – ein Massenfeinschmecker, der freilich «auch nach der Taufe die Polygamie fortsetzte» (Wetzer/Welte); ein «Wüstling», von dem Bischof Thietmar von Merseburg festhält: «Um seine angeborene Bereitschaft zur Sünde noch weiter zu steigern, trug der König eine Reizbinde um die Lenden.» Und als er sein Heiligenleben schon lange geführt, wurde er 1015 inmitten der von ihm selbst erbauten Kiewer Muttergotteskirche, später die «Zehntkirche» (desjatinnaja cerkov') genannt, an der Seite seiner Gattin Anna, der purpurgeborenen, begraben.[41]

Nach Vladimirs Tod am 15. Juli 1015 kämpfte man gleich wieder um die Nachfolge, wobei seine jüngeren Söhne Boris und Gleb alsbald ermordet (und 1072 kanonisiert) worden sind. Die hagiographische Tradition schreibt die Bluttat ihrem ältesten Bruder, dem Thronerben Svjatopolk zu. Aber: «Als Urheber ihrer

Ermordung kommt auch der Gewinner der Auseinandersetzungen, Jaroslav I., in Betracht» (A. Poppe); «der Weise» also, der durch seine großen kirchenpolitischen Aktivitäten bei der Geistlichkeit äußerst beliebte weitere Sohn Vladimirs des Heiligen. Jaroslaw vermochte allerdings erst 1036, nach zwei Jahrzehnten fortwährender Fehden mit der Verwandtschaft, sich gänzlich durchzusetzen. Und nach seinem Abtritt (1054) stritten seine Söhne und Enkel erneut um die Macht. Die Bruderkriege rissen nie ab. Und dies, obwohl man die vertragschließenden Fürsten durch einen Eid band, der noch verstärkt war durch die kirchliche Zeremonie der Kreuzküssung. In den 170 Jahren nach Jaroslaw des Weisen Tod hat man nicht weniger als 83 Bürgerkriege und 62 Kriege mit anderen Völkern gezählt, die das Reich von Kiew führte.

Die christliche Saat ging immer herrlicher auf.

Doch, mit Bischof Thietmar zu sprechen: «Quia nunc paululum declinavi, redeam ... Jetzt bin ich etwas abgeschweift, also zurück!»[42]

Schon vor Ottos mißglücktem Intermezzo in Kiew hatte er in Dänemark, wo König Harald Blauzahn vorerst noch Heide war, Markgraf Hermann Billung wirkte und es häufig Grenzgefechte gab, die jütländischen Bistümer Schleswig, Ribe und Aarhus dem Erzbischof Adaldag von Hamburg-Bremen, dem Nachfolger Unnis unterstellt. Dadurch sollte der deutsche Einfluß im Norden gestärkt und energisch die Kirchenherrschaft ausgebreitet werden.

Die «missionarischen» Mühen um diese Himmelsstriche reichen freilich viel weiter zurück.

Skandinavienpolitik – Krieg und Geschäft um Gottes willen?

Im Rahmen der karolingischen Skandinavienpolitik waren zunächst zwei prominente Heilsverkünder besonders tätig geworden.

Zuerst trat 823 der eigentliche Initiator der Frohen Botschaft unter den Dänen in Erscheinung, der von Papst Paschalis I. zum Legaten des Nordens ernannte Erzbischof Ebo von Reims, jener begnadete Opportunist also, der mehrfach in schönster Pfaffenart die politischen Fronten gewechselt (S. 84 f., 89 ff.), übrigens auch ein Papstschreiben zu seinen Gunsten gefälscht hat.

Drei Jahre später ließ sich in Ludwigs des Frommen Ingelheimer Pfalz der Dänenkönig Harald Klak, um des Kaisers Unterstützung zu gewinnen, samt Gefolge taufen. Auf seiner Rückreise nahm er den einst als Frühwaise ins Kloster Corbie gesteckten Mönch und Missionar Ansgar, wohlversehen mit «Reisealtar und Reliquien» (Walterscheid), nach Dänemark mit, hat es aber kaum noch betreten, sondern sich in der ihm übereigneten Grafschaft Rüstringen in Friesland gleich niedergelassen. Als dann Ludwig 831 auf dem Reichstag zu Diedenhofen das Bistum Hamburg als Missionssprengel für Dänen, Schweden und Ostseeslaven gründete, Ansgar zum Bischof machte und ihm Papst Gregor IV. – wie Vorgänger Paschalis I. dem Ebo – 831/832 die «Missionsvollmacht» verlieh, ging Ebo nun Ansgar zur Hand. Doch wenige Jahre darauf saß Erzbischof Ebo – gerade noch vom Papst als Legat mit der «Oberhoheit» über den anderen Legaten, den hl. Ansgar, betraut, des öfteren in Haft, wiederholt im Kloster Fulda, auch in Lisieux und Fleury (S. 91). Und Ansgar war inzwischen zwar Erzbischof, doch die Stoßkraft des Frankenreiches unter Ludwig, zumal seit seinen letzten Jahren, stets schwächer geworden.

Dänische Wikinger hatten 845 Hamburg überfallen, hatten den Dom, das Stift (das 964 als Gefängnis für Papst Benedikt V. diente), die Bibliothek, die Stadt in Flammen aufgehen lassen und die Kirchenschätze geraubt. Ansgar aber, der «Apostel der Wikinger» (Walterscheid), mit knapper Not samt hl. Reliquien entkommen, tröstete sich mit Hiob: «der Herr hat es gegeben, der Herr hat es genommen» und mit der «frommen Matrone Ikia», die den Flüchtling auf ihrem Gut aufnahm. Er wurde Bischof in dem seit 845 vakanten Bremen, der neuen Missionsbasis, aber einem Suffraganbistum Kölns, weshalb schwere jahrelange Streitereien mit Erzbischof Günther (seit 850) folgten.

Von Bremen aus entstanden jedoch einige, wenn auch recht bescheidene kirchliche Stützpunkte. So in Haithabu (Hedeby), einem bedeutenden Ort für Export/Import im nördlichen Schleswig-Holstein, wo der hl. Ansgar, von Ludwig dem Deutschen wiederholt als Gesandter benutzt, mit Erlaubnis König Horiks I. eine Kirche errichtete, «die den Handelsplatz zum bevorzugten Ziel christlicher Kaufleute ... werden ließ» (Radtke); in Ribe (dt. Ripen), der ältesten Stadt Dänemarks und (schon seit Beginn des 8. Jahrhunderts) ebenfalls ganz dem Merkantilen zugewandt, vermutlich auch der Münzprägung; und wahrscheinlich in Birka, einem reichen, relativ großen, wohl oft vom König aufgesuchten schwedischen Handelsort mit weitreichenden Verbindungen (meist Luxuswaren: wenig Raumverbrauch und viel Gewinn) vor allem nach Westeuropa, aber auch nach Rußland, Byzanz, dem Kalifat von Bagdad.

Vielsagenderweise lauter Handelszentren; denn Krieg und Kapital, das eine so eng mit der Heilsgeschichte verbunden wie das andere – bis heute. «Es ist bezeichnend für die Stellung Birkas, daß die christliche Mission – den Haupthandelswegen folgend – gerade an der einzigen stadtähnlichen und verhältnismäßig volkreichen Siedlung Schwedens ansetzte und dort erste, wenn auch vorübergehende Erfolge erzielte» (H. Ehrhardt).

Und bezeichnend auch: die Dänen, deren Reich seit etwa 800 bestand und Jütland, die Inseln sowie drei südschwedische Landschaften umfaßte, wollten vom Christentum nichts wissen. Noch zwei Jahrzehnte nach Königs Harald Klaks Taufe, anno domini 847, gab es in Ansgars eigener Diözese erst vier Taufkirchen. Und die dänischen Zöglinge für seine Missionsschulen mußte der hl. Erzbischof Ansgar – kaufen! Doch warum nicht. Schon vor zweieinhalb Jahrhunderten hatte selbst der hl. Papst Gregor I., «der

Große», der Kirchenlehrer, englische Sklavenknaben für römische Klöster gekauft (IV 183 ff.). Auch lieferte das christliche Europa lange und skrupellos Sklaven in orientalische Länder. Agiert neben der Macht doch gleich das Geschäft, ein Teil der Macht. Und nützt es dem Glauben nicht, den Gläubigen, ja, handelt man nicht auch und gerade – um Gottes willen?[43]

Schließlich brach die Skandinavienmission restlos zusammen. Der Übertritt zum Christentum wurde einfach verboten. In ganz Dänemark gab es keine Kirche mehr, in Schweden, wo die Bevölkerung den Bischof schon viel früher vertrieb, jahrelang keinen christlichen Kleriker. (Aber mehr als ein Priester ist in jener Zeit in Schweden nie gewesen.) Man dachte sogar – nicht zum erstenmal – wieder daran, das Erzbistum Hamburg aufzulösen.

Doch im 10. Jahrhundert begann die Christentumspredigt im Norden wieder, auch durch englische Missionare; bezeichnenderweise aber erst, nachdem das Schwert erneut eine Bresche geschlagen. Selbst das katholische Handbuch der Kirchengeschichte räumt ein: «Heinrichs I. siegreicher Feldzug gegen König Gnupa von Südjütland hatte 934 den deutschen Predigern das Tor geöffnet.» Der unterworfene Gnupa, König der Wikinger um Haithabu, der bald darauf im Kampf gegen den jütischen Heidenkönig Gorm fiel, mußte nämlich jetzt «das Joch Christi tragen» (Thietmar) und eben, die Hauptsache, Tribute erbringen. Und schon im nächsten Jahr eilte der von Heinrichs Vorgänger Konrad noch kurz vor seinem Tod, entgegen der Kleruswahl, ernannte Erzbischof Unni von Hamburg mit Zustimmung des Königs nach Dänemark, konnte indes den lebenslang gegen die Deutschen kämpfenden Gorm nicht zum Christen machen. Er hatte aber wohl kleine Erfolge auf dänischen Inseln, bevor er nach Schweden weiterzog, wo er, bereits unmittelbar vor seiner Rückkehr nach Hamburg, im September 936 in Birka starb.

In Dänemark duldete der christenfeindliche Gorm der Alte (Gorm den Gamle) – mit dem erstmals eine datierbare dänische Königsreihe beginnt (die sogenannte Jellingdynastie, der alle folgenden Könige des Landes bis 1375 angehören) – nun vielleicht die christliche Predigt. Und unter seinem Sohn Harald Blauzahn

(Blåtand) Gormsson (belegt 936–ca. 987) beginnt die offizielle Christianisierung der Dänen etwa nach 960, als Harald sich selbst taufen ließ – «aller Wahrscheinlichkeit nach auf politischen Druck von deutscher Seite» (Skovgaard-Petersen). – An dieses Ereignis erinnern einige der meistbeachteten archäologischen Zeugnisse des dänischen Frühmittelalters in Jelling (an der Ostküste Jütlands, nahe Vejle), darunter der von Harald Blauzahn gesetzte «große» Runenstein. Außer einer Gedenkinschrift für seinen Vater Gorm und seine Mutter Thorwi enthält er die Selbstnennung als Harald, «der ganz Dänemark und Norwegen für sich gewann und die Dänen zu Christen machte.»[44]

Weit erfolgreicher als Unni wirkte sein Nachfolger in Hamburg, Erzbischof Adaldag (937–988).

Der Abkömmling einer vornehmen Sachsenfamilie, zunächst in der Kapelle Heinrichs I., dann als Kanzler Ottos I. tätig, war mit dem Hofleben vertraut, behielt aber auch als Erzbischof einen starken Einfluß auf die ottonische Reichs- und Kirchenpolitik. Insbesondere förderte er wie kein anderer Ottos Pläne im Norden. Griff doch sein Bistum 947/948 über die deutschen Grenzen auf Dänemark über durch Gründung der drei ihm unterstellten, vom König vielfach begünstigten Diözesen in den Hafenstädten Haithabu (Schleswig), Ribe und Aarhus.

Zum erstenmal hatten damit die Hamburger Erzbischöfe Suffragane. In diesem Fall freilich, entschied einst Papst Formosus, sollte Bremen wieder in den Diözesanverband der Kölner Erzdiözese, zu der es vordem gehörte, zurückkehren. Ergo kam es zu Reklamationen durch Erzbischof Wicfrid von Köln; sofort erhob er Ansprüche auf Bremen. Das aber wollte Erzbischof Adaldag, durch Entsendung von Priestern, durch Kirchenbauten der weitaus eifrigste Frohebotschafter im Norden, nicht hinnehmen. Und da er kaum Skrupel kannte, etwa die Tochter des Grafen Heinrich von Stade (Bischof Thietmars Großvater), ein knapp zwölfjähriges Kind, zur Äbtissin machte, fabrizierte er, einst viele Jahre Verfasser und Schreiber königlicher Urkunden, auch eine Reihe falscher Diplome – und ward vom Herrn gesegnet. Ihm wurde nicht nur 968 noch das Bistum Oldenburg in Ostholstein unterstellt, womit das schon länger geplante Kirchenregiment im Abodritenland begann, sondern er konnte auch seine Stellung festigen, nicht zuletzt durch die endgültige Unabhängigkeit von der Kölner Konkurrenz. So hob der Fälscher, alles in allem, «das Ansehen des Erzbistums während seiner langen, tatkräftigen Regierung bedeutend» (Lexikon für Theologie und Kirche).

Die drei neuen Bischofssitze im Norden lagen zwar sämtlich auf dänischem Gebiet, doch nicht allzuweit vom Reich entfernt. Und natürlich sollten ihre Inhaber, Adaldags Suffragane Hored, Liafdag und Reginbrand, ihren Einfluß ausdehnen, vor allem auf die Inseln, auf Fünen, Seeland, Schonen (das lange noch zu Dänemark gehörte, erst 1658 an Schweden kam). Denn gerade zur Bekehrung der Inseldänen wurden die neuen Missionsbischöfe ausdrücklich verpflichtet. Es ging ja um Expansion, Besitzergreifung. Ergo mußten diese Prälaten ihren Diözesanen «als feindliche Vorposten im eigenen Land erscheinen. Und das sollten sie nach Ottos Plan ohne Zweifel auch sein» (A. Hauck).[45]

Um das Christentum rissen sich die Dänen so wenig wie die Slawen im Osten. Anscheinend schon viel war erreicht, erachteten einzelne das Christenidol für nicht geringer als die eigenen Götter. Doch selbst solche «Erfolge» gediehen nur im Schatten deutscher Schwerter. Und als Harald Blauzahn die wilden Machtkämpfe in Norwegen nach König Harald Schönhaars Tod (um 930, er war der erste Alleinherrscher über ganz Norwegen) zu einem Kriegszug nutzte und das südliche Norwegen unter dänische Kontrolle geriet, da traten die christlichen «Glaubensboten» auch dort in Aktion – wie nach dem Sieg Heinrichs I. über die Dänen in Dänemark (S. 398 f.).

Die Tätigkeit der geistlichen Feudalherren und ihrer Missionare, ihr Einnisten erst auf dem Boden, dann in den Seelen der Überwältigten, Vergewaltigten, war für das Königtum von enormem Wert. Wo immer Otto losschlug, wo immer er wider Dänen, Slawen, Ungarn zu Feld zog und militärisch Fuß faßte, da wurzelte er sich durch die Kirche ein, da schuf er «auf den ihnen entrissenen Territorien Bistümer und Klöster als Stützpunkte seiner Macht» (Kosminski).

So 948 auf dänischem Territorium die Bistümer Schleswig, Ribe, Aarhus; im gleichen Jahr, und zwar noch vor der Christianisierung dieser Gebiete, die Slawenbistümer Brandenburg und Havelberg, die der Mainzer Erzbischof erhielt, sowie, erst später, das dem Erzbischof Adaldag von Hamburg-Bremen unterstellte Oldenburg. Mit der Gründung des Erzbistums Magdeburg 968, errichtete man die Bistümer Merseburg, Zeitz und Meißen, schließlich 973, in Ottos Todesjahr, das Bistum Prag.

Erst der Militärschlag, dann die Mission, dann der staatliche «Anschluß». War es doch Ottos «des Großen» offenbares Endziel, alle eroberten Länder «zunächst kirchlich und dann politisch dem Deutschen Reiche einzugliedern, wie es schon karolingische Praxis gewesen war» (Brackmann). Gerade das enge Kooperieren aber mit dem Klerus, die Kumpanei von Thron und Altar bei dem so ordinären wie blutigen Raubgeschäft en gros, gab den ottonischen Aus- und Übergriffen noch den Anstrich des Numinosen, die höhere Weihe, das Gottesgnadentum. Oder, wie man mit probatem Zungenschlag schrieb, die «Mission als Element» dieser Politik, die Verbreitung des Glaubens unter den Heiden, die «hehrste Kaiserpflicht», konnte «Ottos Ansehen und seine dem Kaisertum zustrebende Stellung noch weiter sublimieren» (Hlawitschka).[46]

Sublimieren –. Und Ottos Streben nach dem Höchsten im weltlichen Bereich bedurfte natürlich des Höchsten im geistlichen, des Hehrsten überhaupt, des Sublimsten, des Papsttums in Rom.

DAS «FINSTERE ZEITALTER» ZIEHT HERAUF

Als seien sie nicht samt und sonders finster gewesen! Zumindest auch finster. Vor allem finster. Doch die Zeit vom späten 9. Jahrhundert bis zur Mitte des 11. nennt man «saeculum obscurum» speziell. Obwohl andere Epochen – man kann es sich kaum genug einprägen –, in denen Rom unvergleichlich mächtiger und eben darum unvergleichlich gefährlicher war, für viele Völker viel finsterer gewesen sind, die Zeit der Kreuzzüge ebenso wie etwa das 20. Jahrhundert, in dem das Papsttum zwei Weltkriege sowohl mitverursacht als intensiv gefördert hat, desgleichen sämtliche faschistische Spielarten. (Auch an seine Assistenz im Vietnam-Krieg ist hier zu erinnern, an seine Anheizung des – nicht nur jüngsten – Balkankonflikts; erscheint doch eben jetzt, da ich dies schreibe, eine deutsche Tageszeitung mit der Schlagzeile: «Der Papst ruft zum Krieg auf.»)

Jene finstere mittelalterliche Zeit aber, suggeriert der katholische Kirchenhistoriker Franzen, habe nur der Adel verursacht! «Diesen allein trifft die Schuld an den traurigen Verhältnissen; denn ihm war das Papsttum schutzlos ausgeliefert, seitdem es keinen Kaiser mehr gab.»

Der Adel der Sündenbock, das Papsttum einmal mehr salviert – in einer Kirchengeschichte des Herder Verlags, die «die neuesten Erkenntnisse der wissenschaftlichen Forschung, die das geschichtliche und theologische Bewußtsein unserer Zeit zum Teil ganz erheblich verändert haben, ... überall berücksichtigt und verarbeitet». Die neuesten Erkenntnisse? Das sind da *im Wesentlichen* doch stets dieselben alten armseligen Apologetenausflüchte. Zudem ist ein Papsttum, das, wie Franzen klagt, zum «gewöhnlichen Territorialbistum herabgesunken» ist, *von vornherein viel harmloser* als eines von weltumspannender Bedeutung!

Das arme Papsttum. Schuldlos wie stets. Opfer bloß des «wilden und herrschsüchtigen Adels» (immerhin ja eines ganz christlichen, ganz römisch-katholischen Adels) – «seitdem es keinen Kaiser mehr gab ...» Doch waren die Herrscher des «saeculum obscurum», die Ottonen und Salier, keine Kaiser? Regierte nicht gar ein Heiliger, Heinrich II.? (Der freilich drei Kriege gegen das schon gut katholische Polen führte – und dies auch noch an der Seite der heidnischen Liutizen!) Das Papsttum «schutzlos ausgeliefert ...» Und als es nicht mehr schutzlos, als es stark, immer stärker, «universal», eine Weltmacht war? Da rang es mit den Kaisern um die Weltherrschaft – hundertmal gefährlicher nun, tödlich. Doch durchaus nicht «tödlich», als einige seiner Repräsentanten einander umbrachten – tödlich, als es die Völker umbringen ließ! Als man schrie «Gott will es!» Im Mittelalter, 1914, 1941. Und immer wieder dazwischen.[47]

Doch wie stand es in Rom zur Zeit der Karolinger, der Ottonen, der frühen Salier?

Die Turbulenz jener Jahre, die Anarchie interner Parteifehden macht den Mangel an Dokumenten verständlich. Von nicht wenigen Päpsten ist vieles ungewiß. Von etlichen steht heute noch nicht fest, waren sie rechtmäßig oder nicht. Manche werden von manchen zu Gegenpäpsten erklärt, gelten aber im allgemeinen als legitim. Andere saßen nur so kurz auf dem Heiligen Stuhl, daß sie schon deswegen nie anerkannt wurden. Der römische Mönch Philipp resignierte noch am Tag seiner Wahl, am 31. Juli 768, und ging freiwillig wieder ins Kloster. Der Diakon Johannes regierte im Januar 844 gerade eine Stunde lang. Leo VIII. regierte von 963 bis 965; doch von Mai bis Juni 964 regierte auch Benedikt V. – und beide gelten als rechtmäßig. Andererseits wird Papst Christophorus, der anno 903 seinen unmittelbaren Vorgänger Leo V. nach nur 30tägiger Amtszeit ins Gefängnis warf und marterte, heute nicht mehr für so recht legitim gehalten, obschon ihn das ganze Mittelalter dafür hielt. Im übrigen flog auch Papst Christophorus bald ins Gefängnis, und dort hat sowohl ihn als auch seinen Vorgänger Leo V. ihr Nachfolger Papst Sergius III. erwürgt.[48]

Nicht wenige Päpste kamen vorübergehend oder dauernd in den Kerker. So Stephan VI., der darin 897 stranguliert, Johann X., der 929 im Verlies der Engelsburg mit einem Kissen erstickt wurde; Benedikt VI., den dort sein Nachfolger, Papst Bonifaz VII., 974 durch den Priester Stephan erdrosseln ließ; Johann XIV., der 984 im Castel Sant' Angelo entweder verhungerte oder vergiftet worden, Stephan VIII., der im Kerker, scheußlich verstümmelt, 942 seinen Verletzungen erlegen ist. Hinter Schloß und Riegel gerieten auch die Päpste Benedikt III. (gest. 858), Johann XI. (gest. 936), Benedikt X. (gest. nach 1073).

Ins Kloster steckte man Konstantin II., dem man die Augen

ausriß, Benedikt X., Christophorus, Johann XVI. Philagathos, den man ebenfalls geblendet, brutal an Nase, Zunge, Lippen, den Händen verstümmelt und danach auf einer Spottprozession durch Rom geführt hat.

Exiliert wurden Benedikt V. nach Hamburg, wo er bald darauf starb, und Gregor VI. nach Köln, wo er gleichfalls bald starb.

Und wie oft hat nicht einer den andern exkommuniziert! Johann XII. exkommunizierte 964 den entflohenen Leo VIII., Benedikt VII. anno 974 den flüchtigen Bonifaz VII., der Episkopat des Reiches im Jahr 997 Johann XVI., die Synode von Sutri 1059 Benedikt X. Alexander II. und Honorius II. exkommunizierten sich gegenseitig, Leo IX. exkommunizierte Benedikt IX. (er war der Neffe zweier Papstvorgänger und der einzige Papst, der das heilige Amt, jedenfalls de facto, dreimal hintereinander innehatte). Und Benedikt IX. wiederum exkommunizierte Silvester III., den er mit Schimpf und Schande aus Rom vertrieb, wie er zuvor selber aus Rom vertrieben worden war. Aus alledem möchte man im Heiligen Geist eine ziemlich konfuse Persönlichkeit vermuten.[49]

Papst Sergius III. – Mörder zweier Päpste

Benedikt IV. war im Sommer 903 gestorben. Nach Mutmaßungen, die allerdings keine zeitgenössischen Quellen stützen, ließ ihn Berengar I., der König von Italien, beseitigen. Seine beiden Nachfolger überlebten bloß wenige Monate. Papst Leo V., der nur im August 903 regierte, wurde durch den Kardinal Christophorus, seinen Nachfolger, in den Kerker geworfen. Doch auch Christophorus (903–904) konnte den Heiligen Stuhl gerade bis zum nächsten Jahr einnehmen. Dann verdrängte ihn Sergius III. (904–911), ein gebürtiger römischer Aristokrat, früher Gegenpapst zu Johann IX., und kurz nach seiner Amtseinführung im Lateran von Johann abgesetzt, verdammt und verbannt. Unterstützt durch die Antiformosianer und Herzog Alberich I. von

Spoleto, rückte Sergius mit einem bewaffneten Haufen gegen Rom vor, ließ sich zum Papst machen, Christophorus in eine Mönchskutte und zu dessen eigenem Opfer Leo V. hinter Schloß und Riegel stecken, womit in nur acht Jahren acht Päpste von der heiligen Bildfläche verschwunden waren.

Nachdem man auch die ihm feindlichen Kardinäle verjagt oder erschlagen hatte, erreichte Sergius nach siebenjährigem Exil endlich sein langverfolgtes Ziel und ließ alsbald seine beiden Vorgänger, Leo V. und Christophorus, im Kerker ermorden, angeblich aus Mitleid. Doch bei allem Mitgefühl für die heimgegangenen Kollegen, war Sergius nicht ohne Tatkraft und saß immerhin sieben Jahre auf dem ja doch recht heißen Stuhl.

Auch liebte dieser Papst bürokratische Genauigkeit, alles mußte seine Ordnung haben. Und so datierte er sein Pontifikat nach einer wenn auch kurzen ersten Amtszeit, die aus kaum viel mehr als seiner Einführung im Lateran im Dezember 897 bestand, aus dem ihn die Horden des Nachfolgers, Johanns IX., wieder vertrieben hatten. Als Freund des Leichenschänders Stephans VI. verdammte er jetzt sofort den toten Formosus erneut, erklärte alle seine Weihen – und Formosus hatte viele Bischöfe ernannt, die ihrerseits wieder viele Priester geweiht – für null und nichtig, entsetzte dessen Anhänger ihrer Ämter und drohte Widerstrebenden auf schon zum Auslaufen bereitliegenden Schiffen Verbannung und Tod an. Nur wenige widersetzten sich seinem Gewaltregiment, zumal der Adel hinter ihm stand. Dafür gab er auch die besten Pfründen seinen Parteigängern, den Führern der römischen Aristokratie.

Die Nonnen des Klosters Corsarum, denen er viele Grundstücke schenkte, ließ der Mörder zweier Päpste täglich hundert Kyrieeleison für seine Seele singen – wie vorteilhaft doch diese Religion ist! Ein Denkmal schuf sich der Mordspezialist durch den Wiederaufbau der nach Gottes unerforschlichem Ratschluß 897 von einem Erdbeben in Schutt gelegten Lateranbasilika. Und erst rund vier Jahrhunderte später ließ Gott der Herr den neuen Bau, in dem man lange, statt in St. Peter, fast alle Päpste begrub, in Feuerflammen untergehen.

Bescheidener erinnerte Papst Sergius auf Münzen an sich. Zwar prägten solche auch andere Heilige Väter, doch Sergius als erster Papst seit Hadrian I. (772–795) mit seinem eigenen Bild. Zwei Päpste hatte er umgebracht, doch sein Grabstein in St. Peter lobte ihn und seinen unerbittlichen Krieg gegen die «Wölfe», die ihn sieben Jahre von seinem rechtmäßigen Thron ferngehalten.[50]

Bemerkenswert auch das Eingreifen von Sergius in den sogenannten Tetragamiestreit.

Dieser Streit, der reichlich Irritationen stiftete, betraf die vier Ehen des byzantinischen Kaisers Leon VI. des Weisen (886–912). Der Schüler des berühmten Patriarchen Photios (den er, infolge persönlichen Widerwillens, gleich nach seiner Thronbesteigung durch den eigenen jungen Bruder Stephanos ersetzte) hatte die Jahre zuvor (883–886) im Gefängnis verbracht wegen einer Konspiration gegen seinen Vater Basileios I. (Derlei kennen wir ja auch aus den christlichen Herrscherhäusern des Westens zur Genüge.)

Indes war dies nicht das einzige Problem des seit 886 regierenden Byzantiners, des Schwiegervaters Kaiser Ludwigs des Blinden, dem Berengar in Verona hatte die Augen herausreißen lassen (S. 338 f.). Auch solche Dinge quälten Leon kaum. Wohl aber seine Ehen. Durch drei Gattinen war er zu keinem Nachkommen gelangt. Dabei hatte das byzantinische Eherecht bereits eine dritte Frau untersagt, doch Patriarch Antonios Kauleas (893–901) den Regenten noch einmal dispensiert. Die Kaiserin Eudokia Baiana starb indes samt ihrem neugeborenen Sohn im Jahr 901 im Kindbett. Darauf zeugte der Monarch mit seiner Maitresse Zoe Karbonopsina einen Sprößling, Konstantin (VII.), und machte die Mutter, entgegen dem von ihm selbst erlassenen Gesetz, das schon die dritte Ehe verbot, Anfang 906 zu seiner vierten Frau.

Nun war Leon der Weise – berühmt durch den Abschluß der von seinem Vater eingeleiteten Rechtskodifikation, eines gewaltigen Werkes in 60 Bänden, das auch das Unternehmen Justinians verdrängte – sogar selbst Verfasser eines Rechtshandbuches für die Praxis, auch Autor übrigens von Kirchenliedern, Predigten und strategischen Studien, was alles ganz wunderbar zusammenpaßt, und suchte sich, wenn schon nicht rechtlich, so doch kirchlich abzusichern. Sein eigener neuer Patriarch freilich, sein vormaliger «Schulfreund» und Geheimsekretär Nikolaos I. Mystikos (901–907, 912–925), hatte offen protestiert, den Kaiser mit dem Bann belegt und die Anerkennung Konstantins als legitimen Erben verweigert. Papst Sergius aber, der selbst locker mit Frauen umging, als etwa 45jähriger der 15jährigen Marozia einen Sohn machte, der dann als Papst Johann XI. den Stuhl Petri bestieg (S. 490), erteilte dem schon vom Gottesdienstbesuch ausgeschlossenen Herrscher die Ehedispens, und Patriarch Nikolaos mußte als Verbannter für Jahre in sein Kloster Galakrenai zurück.[51]

AUFTAKT DES «RÖMISCHEN HURENREGIMENTS» – PAPST JOHANN X.: IM BETT UND AUF DEM SCHLACHTFELD

Entscheidend für länger als ein Jahrhundert wurde, daß durch den Heiligen Vater Sergius III., den Doppelmörder, das Geschlecht eines gewissen, mit ihm wahrscheinlich verwandten Theophylakt in Rom die Macht bekam, darunter auch einige herrschbegierige, ebenso gerissene wie genußsüchtige Damen. – Das Etikett «Römisches Hurenregiment» oder «Pornokratie» haftet dieser Periode der Stellvertreter Christi seit dem protestantischen Theologen Valentin Ernst Loescher an (Herausgeber der theologischen Zeitschrift «Unschuldige Nachrichten von alten und neuen theologischen Sachen: 1701–1720). Doch florierte die Hurerei, an sich ja kein so schlimmer Zug, wie beim katholischen Klerus überhaupt, so auch in Rom, wo es am heiligsten ist, durch alle Zeiten fort.

Theophylakt (gestorben in den frühen 920er Jahren), aus römischem Hochadel, Konsul, Senator, magister militum, stand nicht nur an der Spitze der römischen Stadtverwaltung, sondern stieg auch zum Leiter der päpstlichen Finanzen, zum höchsten Verwaltungsbeamten der Kirche auf.

Seine Frau, die ehrgeizig-energische und schöne Theodora d. Ä. – «die schamlose Hure», wie Bischof Liutprand von Cremona in seinem anrüchigen, oft boshaft-ironischen, episodenreichen, aber gleichwohl wichtigsten Geschichtswerk dieser Zeit «Antapodosis» sagt –, nannte sich selbst «Senatrix», war Mutter zweier Töchter, Theodora d. J. und der Marozia, «sogar noch eifriger im Venusdienst», und koitierte mit einem künftigen Papst, Johann X. (Der katholische Papsthistoriker Franz Xaver Seppelt möchte dies nicht glauben, möge auch sein, «daß der neue Papst nicht gerade christlich gesinnt war und daß sein Leben den Anforderungen des Sittengesetzes und seines hohen Amtes nicht entsprach».)

Theodoras nicht minder verführerische Tochter Marozia (diminutiv für Maria: Mariuccia, Mariechen), in erster Ehe Gattin des Herzogs Alberich I., der sich nach Kaiser Lamberts Tod Spoletos bemächtigt hatte, trieb es indessen, wenn wir Bischof Liutprand und dem offiziösen Papstbuch glauben dürfen (und sogar Seppelt hält dies jetzt für «höchst wahrscheinlich»), mit Papst Sergius III., vermutlich ihrem Onkel; beider Bemühungen entsprang Papst Johann XI. (931–935). Der englische Theologe de Rosa weiß: «Das erste mal hatte Papst Sergius sie im Lateranpalast verführt.» Ganz ähnliche Zustände aber, die in Rom «fast immerhin eineinhalb Jahrhunderte dauerten» (Halphen), herrschten auch an anderen Bischofssitzen.[52]

Nachdem Papst Lando (913–914), Sohn des reichen Langobardenfürsten Taino und eine Marionette Theodoras d. Ä. (gest. nach 916), deren Schützling Johann vom Bischof von Bologna, der er angeblich gewaltsam und tatsächlich ohne Weihe geworden war, für neun Jahre (905–914) zum Erzbischof von Ravenna gemacht, soll Johann – «zweifellos eine starke Persönlichkeit» (Handbuch der Kirchengeschichte) – öfter bei Theodora im Bett als zu Ravenna in der Kirche gewesen sein; Gerüchte vielleicht, nicht zuletzt Pfaffengerüchte. Doch schildert Bischof Liutprand ziemlich atemberaubend den Aufstieg des nachmaligen Papstes Johann: wie geistliche Pflichten ihn wiederholt nach Rom rufen, wie Theodora, die «recht schamlose Dirne, von der Hitze der

Venus entflammt (Veneris calore succensa)», sich in die schöne Erscheinung des Priesters verliebt – «und wollte mit ihm nicht nur huren, sondern nötigte ihn nachher immer wieder dazu ...» Natürlich waren die Wartezeiten, wie immer man sie sich vertrieben haben mag, lang und lästig, besonders wohl für Theodora, die bedürftige. Und so ist es wirklich wunderbar, wie nun ein Kirchenfürst nach dem andern rasch verbleicht und sozusagen seinen Sessel für Johann freimacht, der derart immer höher und vor allem Rom ständig näher rückt.

Zuerst stirbt, «während dieses schamlosen Treibens», der Bischof von Bologna – und Johann wird Bischof in Bologna. Nach kurzer Zeit stirbt der Erzbischof von Ravenna – und Johann wird Erzbischof von Ravenna. Und nach wieder nur kurzer Zeit wird auch der Papst «von Gott gerufen» – und nun ist klar, was geschieht, geschehen muß, ist doch alles in Gottes Heilsplan vorgesehen: Theodora also, «deren verdorbenes Gemüt es nicht dulden konnte, daß ihr Liebhaber, zweihundert Meilen, die Rom von Ravenna trennen, von ihr entfernt, nur selten zum Beischlaf zur Verfügung stehen würde, nötigte ihn, den erzbischöflichen Stuhl in Ravenna zu verlassen und – es ist unerhört – in Rom die höchste Würde als Pontifex in Besitz zu nehmen».

Theodora war zwar nicht mehr die Jüngste und starb bald darauf. Doch jedenfalls saß jetzt der so strapazierte Ravennater Erzbischof als Johann X. (914–928), trotz klerikalen Widerstandes, fest im Sattel; und dies verdankte er sogar nach Seppelt (der hier ganz den Heiligen Geist vergißt), «lediglich der Familie des Theophylakt». Der zehnte Johann aber hielt sich um so länger, als er für seine geistlichen Pflichten nur wenig Zeit und Augenmaß hatte, wenn ausgerechnet auch ihn Chronisten, da er die strenge Regel von Cluny bestätigte, den Reformatoren des Mönchtums zuzählen. Und erwies er wohl schon im Bett sich als der, wofür man ihn hielt, im Krieg stand er erst recht seinen Mann.

Die dauernden «Wirren» unter den Christen, ihr jahrzehntelanges gegenseitiges Abmurksen (und das anderer) hatte die Aktivität der Araber noch angeregt und u. a. zu einem Stützpunkt für ihre Operationen an der Mündung des Garigliano geführt.

Doch kaum war Johann Papst, schloß er einen Militärpakt, stellte er einen großen Kampfbund mittel- und süditalischer Machthaber zusammen, bestehend aus Truppen von Spoleto, Benevent, Neapel, Gaeta und vor allem der Griechen. Ihr Kaiser schickte, «als frommer, gottesfürchtiger Mann», sofort Soldaten per Schiff. Und der Papst, ohne Zweifel viel frömmer noch als der Byzantiner, ließ die Römer schwören, «keinen Frieden» mit den Sarazenen zu schließen, «bevor wir sie nicht aus ganz Italien ausgerottet haben».

In der Tat gelang es ihm, auch sein kriegerisches Treiben «mit einer Serie schöner Erfolge zu krönen» (Eickhoff). Auf päpstliche Initiative wurde zunächst das Tibertal und das Salernitaner Gebiet von Arabern «gesäubert». Im Mai 915 schloß man die Garigliano-Sarazenen ein und schlug – mit entscheidender Hilfe der Byzantiner – im August die Schlacht am Carigliano, bei der vielen christlichen Kämpfern die Apostel Peter und Paul erschienen sein sollen. Das wieder mag dazu beigetragen haben, daß den Rechtgläubigen nur wenige Gegner entkamen, die man dann noch in den Bergen vertilgte. Bischof Liutprand behauptet gar: «Im täglichen Kampf der Griechen und Lateiner blieb durch Gottes Barmherzigkeit nicht einer der Punier übrig, der nicht mit dem Schwert getötet oder sofort lebend gefangen wurde.» Der Stellvertreter Christi aber, der selbst am Krieg teilnahm, prahlte gegenüber dem Erzbischof Hermann von Köln, sich und sein Leben eingesetzt und die Soldaten zweimal persönlich zum Angriff geführt zu haben.

Als Realpolitiker mißachtete Johann X. die Rechte des geblendeten Kaisers Ludwig III. von der Provence (S. 338 f.) und krönte noch im Dezember 915 den einflußreicheren, über Oberitalien gebietenden König Berengar (888–924), zu dem er schon als vielbeschäftigter Ravennater Erzbischof Beziehungen pflegte, in St. Peter zum Kaiser; nach Wido und Lambert der dritte und letzte Kaiser italienischer Nation. Berengar schwor den hergebrachten Eid, die Interessen sowie den Besitz des Römischen Stuhles zu schützen, und beschenkte Klerus, Adel und Volk. Doch sein Kaisertum war nicht viel mehr als Schall und Rauch.[53]

Anarchische Zustände in Italien

Im sogenannten unabhängigen Königreich Italien zerbröckelte immer mehr die Königsgewalt. Es begann, typisch für seine mittelalterliche Zeit, eine ungemeine Diskontinuität, ein vielfältiges Gewirr von klerikalen, militärischen, grundherrschaftlichen Instanzen, ein Mit- und Gegeneinander lokaler Machtstrukturen, «jeweils durch kriegerische Unternehmungen von Klöstern und Kirchen und weltlichen Herren entstanden» (Tabacco). Über aller feudalen Zersplitterung aber erhoben sich die großen Territorialherrschaften zumal der führenden Familien fränkischer Herkunft, die seit dem Zerfall des karolingischen Reiches um die Hegemonie im Regnum Italicum sich stritten und zerfleischten.

Unter Führung der Grafen Adalbert von Ivrea und Odelrich sowie mit maßgeblicher Beteiligung des Erzbischofs Lambert von Mailand (921–932) kam es 920/921 zu einer neuen Empörung gegen Berengar. Ja, Lambert, so Bischof Liutprand, war geradezu «die Ursache ihrer Erhebung». Zwar hatte ihn König Berengar gerade erst zum Kirchenhaupt von Mailand bestellt, doch dafür, unkanonisch, aber weithin üblich, «keine geringe Summe Geldes verlangt», und Lambert zahlte sie auch, «zahlte, von großer Begierde nach dem erzbischöflichen Stuhl getrieben, alles, was der König verlangte...» Bald freilich tat ihm dies leid; nicht etwa weil es gegen das Kirchengesetz verstieß, nein, «weil er das viele Geld nicht vergessen konnte». So begann er «den Abfall vom König zu erörtern».

Doch Berengar rief gegen die Aufständischen die Ungarn zu Hilfe, die schwer die Toskana verwüsteten, und schlug die Rebellen bald. Diese aber holten im Winter 921/922 König Rudolf II. von Hochburgund, ihn zuvor wahrscheinlich mit der Heiligen Lanze (S. 384 f.) bewaffnend. Berengar mußte in den Osten weichen und Oberitalien mit Rudolf teilen, der in Pavia residierte, wo sich schnell die Prälaten einfanden, zumal der neue König den Berengar mehrmals schlug, entscheidend am 17. Juli 923 nahe Fiorenzuola (bei Piacenza), wobei 1500 Mann gefallen sein sollen. Immerhin zog sich der Sieger für etwa ein Jahr über die Alpen zurück. Berengar aber wurde am 7. April 924 in Verona, von seinem ganzen Reich ihm zuletzt allein verblieben, von seinem Vasallen und Gevatter Flambert, dessen Sohn er einst «aus der heiligen Taufe hob», hinterrücks erstochen, passenderweise beim Morgengottesdienst.[54]

Schon zwei Tage danach fanden allerdings auch Flambert und seine am Königsmord beteiligten Leute ihr Ende durch einen jungen Freund Berengars, einen Vertrauten namens Milo; zeichnete sich doch dieser Jüngling, von dem Bischof Liutprand lakonisch schreibt, er «ließ sie hängen», «wahrhaftig durch nicht wenige und vortreffliche Tugenden aus...»

Über Oberitalien brach nun völlige Anarchie herein. Die Sarazenen kamen, die Ungarn; letztere vielleicht noch von Berengar gerufen, um Rache für seine Niederlage bei Fiorenzuola zu nehmen. Sie schlossen Pavia ein, lehnten Lösegeld ab und brannten am 12. März 924 – ein neuer Höhepunkt in dieser Chronik des Grauens – die Königsstadt samt dem Palast und 44 Kirchen nieder, natürlich – «unserer Sünden wegen» (Liutprand). Denn mißglückt was, ist's Gottes strafende, glückt was, ist's Gottes rettende Hand – primitiver geht's nimmer; aber so durch Jahrhunderte... Ortsbischof Johannes und der zu ihm geflüchtete Oberhirte von Vercelli kamen in den Flammen um, dazu angeblich alle Einwohner bis auf zweihundert Reiche, die sich freikaufen konnten (offensichtlich die Sündenfreien!). Und in den Jahren 926/928 folgten weitere Raubzüge der Ungarn durch die Toskana, bis vor Rom, bis Apulien.

König Rudolf war zwar im Sommer 924 nach Pavia zurückgekehrt, vermochte sich aber nicht zu halten. Derselbe Erzbischof Lambert nämlich, der einst Mittelpunkt der folgenreichen Rebellion gegen Berengar war, durch die Rudolf ins Land kam, wurde jetzt Initiator einer Verschwörergruppe, die gegen den König dessen Nachbarn Graf Hugo von Arles und Vienne herbeirief, anscheinend als Rudolf gerade wieder mal in Burgund weilte. Auch Papst Johann X. gehörte offenbar zu den Gegnern. Denn der Beistand, den er sich wohl im römischen Machtkampf von Kaiser Berengar versprochen, war ausgeblieben. Und nach dessen

Ermordung suchte Johann, der mit der Partei der Marozia rivalisierte, gleich einen neuen Partner und lud eben, zusammen mit den lombardischen Großen, Hugo von der Provence nach Italien ein.

Dem König aber eilte sein Schwiegervater Herzog Burchard von Schwaben zu Hilfe. Der Verwandte und Förderer des hl. Bischofs Ulrich von Augsburg überschritt mit einem Heer die Alpen und traf den Mailänder Erzbischof Lambert. Dieser jedoch, berichtet Liutprand, habe als «kluger Mann» Burchard keineswegs mit Geringschätzung empfangen, ihn vielmehr, freilich «in böser Absicht», mit den größten Ehren aufgenommen. «Unter anderem gab er ihm sogar als Zeichen seiner besonderen Freundschaft die Erlaubnis, in seinem Gehege einen Hirsch zu jagen, was er sonst nur seinen liebsten und vornehmsten Freunden gestattete. Inzwischen entbot er alle Mannschaft von Pavia und noch einige italienische Fürsten zu Burchards Untergang und behielt diesen solange bei sich, bis er glaubte, daß alle, die ihn töten sollten, versammelt sein könnten.» Und schon am nächsten Morgen, am 29. April 926, vertauschte Herzog Burchard vor Novara, durchbohrt von den Lanzen der auf ihn eindringenden Italiener, «das Leben mit dem Tode». Desgleichen wurde sein Gefolge, das in der Kirche «des heiligen Christusbekenner Gaudentius» Zuflucht gesucht, samt und sonders erschlagen, «sogar vor dem Altar selbst».

Darauf räumte König Rudolf kampflos das Feld.[55]

KÖNIG HUGO GREIFT DURCH UND BEREICHERT DIE SEINEN

Nicht die eigentlichen Rivalen hatten in Italien gesiegt, sondern ein vordem wenig beteiligter Dritter. Hugo von Arles und Vienne, inzwischen zu Schiff nach Pisa, in das Herrschaftsgebiet seines Halbbruders Wido geeilt, wurde nun dort, nach Rudolfs Vertreibung, von den Legaten Johanns X. feierlich begrüßt und

Anfang Juli 926 in Pavia durch Erzbischof Lambert von Mailand zum italienischen König gekrönt (926–947). Kurz darauf fand sich in Mantua auch der Papst bei ihm ein, wo beide einen förmlichen Pakt geschlossen haben sollen. Einerseits vermutlich über Hugos schon damals in Aussicht genommene Kaiserkrönung, aus der nichts wurde; andererseits über Gebietserweiterungen zugunsten des Heiligen Stuhls in der Sabina, dem Herzogtum Spoleto und der Mark Camerino, wo wahrscheinlich Petrus, der Bruder des Papstes, als Markgraf schaltete.[56]

König Hugo beseitigte zunächst mehrere ihm verdächtige oder unliebsame Große. Sie wurden gefangen, gefoltert, geblendet, geköpft, einige mit Beihilfe des Ortsbischof Leo von Pavia – das «tat der Bischof bereitwillig», zumal die beiden «allmächtigen Richter» von Pavia darunter waren. Dem iudex Gezo stach man beide Augen aus, schnitt ihm die Zunge ab und nahm ihm seinen Besitz. Der iudex Walpert wurde enthauptet, sein Hab und Gut enteignet, seine Gemahlin Christina ergriffen «und auf mannigfache Weise gefoltert, um sie zur Herausgabe versteckter Schätze zu nötigen». Liutprand fährt bezeichnend fort: «Infolgedessen wuchs nicht allein in Pavia, sondern überall in Italien die Furcht vor dem König, und statt ihn, wie die anderen Könige, für nichts zu achten, erwies man ihm jegliche Art von Ehren.»

Starkes Durchgreifen ehrt hohe Halsabschneider durch die Zeiten, zumal wenn dazu noch große Ungerechtigkeit kommt, Ämterpatronage, zum Beispiel.

König Hugo versorgte rührend seinen burgundischen Anhang, darunter mehrere Sprößlinge seiner drei Kebsweiber Pezola, Roza und Stephanie. Zu der letzteren war der gekrönte Lüstling, überhaupt «betört von den Reizen zahlreicher Konkubinen», ganz «besonders heftig in schändlicher Liebe entbrannt», während er sich seiner Gattin Bertha nicht nur ehelich verweigerte, sondern sie «in jeder Weise verwünschte» (Liutprand).

Über politisch-militärische Machtpositionen verfügte Hugo bei den Vergabungen für die liebe Verwandtschaft ebenso wie über kirchliche. Sohn Hubert wurde Pfalzgraf und Markgraf von Spoleto, erhielt aber auch die Mark Tuscien. Sohn Tedbald wurde

Archidiakon von Mailand mit der Aussicht auf Nachfolge im
Erzbistum. Sohn Gottfried bekam die reiche Abtei Nonantula.
Der mit Hugo verschwägerte, von seinem Lütticher Stuhl vertriebene Hilduin gewann das Bistum Verona, bald darauf auch
Mailand. Ein Neffe des Königs, Erzbischof Manasse, verließ seinen Sprengel Arles und ging, auf den Onkel bauend, nach Italien,
«um hier von Ehrgeiz getrieben viele Kirchen zu mißhandeln, ja
zugrunde zu richten». Er erhielt, «wider menschliches und göttliches Recht», die Bistümer Mantua, Trient, Verona «zum Fraße»
(Liutprand). Verona verkaufte er später einem Grafen Milo, den
auch der Papst begünstigte. Johann X. war stets entgegenkommend, ersah er einen Vorteil, was man auch «Zweckdenken»
nennt oder, noch schöner, «pragmatisch». Mit Rücksicht auf König Rudolf von Burgund machte der Papst, schon mehrfach
erwähnt, das Söhnchen des Grafen Heribert II. von Vermandois,
den noch nicht fünfjährigen Hugo, zum Kirchenhaupt von
Reims, während er den Vater die weltlichen Besitzungen des Erzbistums verwalten ließ.[57]

Doch die vom Papst erhoffte Hilfe blieb aus. Im Gegenteil. Es
kam schlimmer. Marozia, deren Vater Theophylakt und deren
Mann Alberich I. von Spoleto gestorben waren, heiratete 926 in
zweiter Ehe den Markgrafen Wido von Toskana (Tuszien). Durch
die Vereinigung von Spoleto und Toskana aber erhöhte sie noch
ihre Macht und wurde die eigentliche Herrin Roms.

PÄPSTE VON MAROZIAS GNADE
UND KÖNIG HUGOS HOCHZEITSNACHT

Der päpstliche Hof rebellierte. Johann X. war offenbar nicht
bereit, das neue Regiment zu dulden und sich der Partei zu fügen,
der er selber seinen Sitz verdankte. Doch sein Bruder Petrus, eine
Art «Markgraf», dem der Papst immer mehr Macht zugeschanzt,
so daß er in Rom eine maßgebliche Rolle gespielt hatte, wurde
vertrieben. Von Orte aus, das er zur Festung gemacht, attackierte

er darauf die Stadt. Vielleicht rief er auch die Ungarn herbei, die Tuscien weit und breit brandschatzten; die Nachricht ist unsicher, die Zeit dunkel. Ende 927 aber wurde Petrus von den empörten Römern im Lateranpalast vor den Augen des Papstes erschlagen, Johann X. selbst im nächsten Sommer von einer Schar Widos, angeblich während des Hochamts in der Lateranbasilika, überfallen, entführt und später in die Engelsburg geworfen, wo er eingekerkert blieb, bis er dort Mitte 929 umkam, wahrscheinlich mit einem Kissen erstickt. Durch Theodora hatte er das Papsttum erlangt, durch ihre Tochter Marozia, nun Alleinherrscherin Roms, es wieder verloren und das Leben dazu.

Und König Hugos Kaisertraum war vorerst ausgeträumt.

Die folgenden Päpste Leo VI. und Stephan VII., beide Römer, Heilige Väter von Marozias Gnaden, wurden wahrscheinlich gleichfalls ermordet. Und diese Frau, die sich Senatrix, Patricia titulieren ließ, hatte sie ernannt. Leo VI. (928–929) war schon Papst, als sein Vorgänger noch im Kerker lag, ja, er starb selbst noch vor Johann X. Anfang 929. Auf Leo folgte Stephan VII. (929–931). Und möglicherweise sind beide überhaupt nur Platzhalter für den nächsten gewesen. Denn nun machte Marozia ihren eigenen, einst vom Heiligen Vater Sergius III. gezeugten Sohn im Alter von erst Anfang Zwanzig zum Papst Johann XI. (931–935). Und da 929, bald nach Johann X., auch ihr zweiter Mann, Margraf Wido von Toskana, gestorben war, heiratete sie, durch den Verbrauch zahlreicher Liebhaber und zweier Gatten leicht lädiert, im Sommer 932 in dritter Ehe Widos Stiefbruder Hugo von der Provence, zwar schon verehelicht, aber auch König von Italien (926–948) und auf der Höhe seiner Macht. Und endlich schien sich sein Kaisertraum zu erfüllen.

Getraut hat das hohe Paar aller Wahrscheinlichkeit nach Papst Johann XI., obwohl dies gegen das seinerzeitige kanonische Recht verstieß, da der König der Schwager seiner Braut war. Im übrigen: ein so skrupel- wie zügelloser, mit Konkubinen und Mätressen gesegneter, doch durchaus gut christ-katholischer Gewaltmensch, der unter einem Geblendeten, Kaiser Ludwig dem Blinden, Karriere gemacht: erst Graf, dann dux und marchio der

Provence, darauf faktischer Regent des niederburgundischen Königreichs. Hugos «Schwäche für die Weiber» aber stellte alles in den Schatten. Kein Wunder, daß er die Bistümer und Abteien Italiens verkaufte. Indes: auch «ein Verehrer Gottes» und Freund der «Liebhaber des heiligen Glaubens» (Liutprand). Ein kluger Fürst also, der häufig mit Heiligen wie Odo von Cluny verkehrte und überhaupt die kirchliche «Erneuerungsbewegung» förderte. Seine ganze Regierungszeit freilich, noch immer stimuliert durch die ambitiösen karolingischen Traditionen des Mittelreiches, die imperiale Konzeption, füllten Feldzüge aus und ein fortgesetztes Niederschlagen von Aufständen. Die Kaiserkrone errang er gleichwohl nicht.

Aber sicher sah sich auch Marozia schon als Kaiserin; schien ja nichts selbstverständlicher als eine Krönung durch ihren päpstlichen Sohn. Doch gleich nach ihrer Hochzeit nebst Hochzeitsnacht im Juni 932 in der Engelsburg kam es zu einem jähen Umschwung. Ihr Sohn Alberich II. (aus der Ehe mit Alberich I. hatte sie mindestens vier Söhne) rebellierte mit Unterstützung der Römer und riß die Stadtherrschaft an sich. König Hugo, dessen Lebensziel das Kaisertum blieb, seilte sich nachts vom Kastell St. Angelo ab und floh über die angrenzende Stadtmauer. Marozia aber und Papst Johann XI., Mutter und Stiefbruder Alberichs II., verschwanden im Kerker und wurden nacheinander getötet.[58]

Immerhin regierte nun Alberich II. (932–954), Marozias Sohn aus dem Geschlecht der Markgrafen von Spoleto, als «Fürst und Senator aller Römer» fast ein Vierteljahrhundert unbestritten und mit einer straffen Verwaltung in Rom wie dem Kirchenstaat und – beinahe – ohne expansive Ambitionen. Religiös gesinnt, persönlich fromm, beschenkte er zwar die Klöster, ordnete sich jedoch die Päpste völlig unter. Leo VII. (936–939), Stephan VIII. (939–942), Marinus II. (942–946) und Agapet II. (946–955) verdankten, nächst dem Hl. Geist, Alberich ihre Erhebung und erwiesen sich ihm gefügig. Nichts geschah ohne Befehl des Fürsten, übrigens auch ein besonderer Förderer der von Cluny ausgehenden Klosterreform – nicht zuletzt aus politischen und eigensüchtigen Gründen, um nämlich «die auf den Klostergütern hausenden Barone und seine eigenen, auf Klosterländereien sitzenden Dienstmannen, die ihm schließlich nur selbst gefährlich werden konnten, zu vertreiben» (Sackur). Bloß Stephan VIII. tanzte anscheinend aus der Reihe und soll im Herbst 942 nach der Teilnahme an einem Aufruhr gegen Alberich eingekerkert und derart verstümmelt worden sein, daß er starb.[59]

König Hugos indes wiederholte Versuche, Rom zurückzuerobern, blieben vergeblich. Schon 932/933 und nochmals 936 stand er mit Heeresmacht vor der Stadt seiner Träume, und noch 939, 941 und 942 machte er mißglückende Vorstöße. «Jahr für Jahr», schreibt Liutprand, bedrängte er Alberich, «verwüstete er alles, was er konnte, mit Feuer und Schwert und entriß ihm sämtliche Städte außer Rom».

Dazwischen aber wehrte Hugo noch zwei weitere Interessenten ab, beide wahrscheinlich 933 während seines Kampfs um Rom: friedlich, doch durch Abtretung seiner niederburgundischen Herrschaftsrechte (nicht seiner Besitzungen), Rudolf II. von Hochburgund; und durch eine militärische Gegenaktion den Herzog Arnulf von Bayern, den Graf Milo sowie Bischof Rather von Verona herbeigerufen und «mit Freuden aufgenommen» hatten (Liutprand).

BERENGAR II. WIRD KÖNIG VON ITALIEN

In Italien mußte König Hugo stets am meisten jene Geschlechter fürchten und bekämpfen, die er selbst am meisten gefördert, so daß sie schließlich dem kaum zu Unrecht chronisch Mißtrauischen, gelegentlich Grausamen, zu gefährlich schienen.

Dazu gehörte auch der Markgraf Berengar II., ein Enkel Kaiser Berengars I. (S. 324 f.), ein Anhänger Hugos und mit dessen Nichte Willa verheiratet. Doch nach der blutigen Liquidierung der tuscischen Dynastie beargwöhnte Hugo immer mehr den Einfluß des Hauses Ivrea: Berengar II. und seinen Halbbruder Anskar II. von Ivrea, Markgrafen von Spoleto-Camerino, deren Hausmacht sein eigenes, von den Alpen bis zum Prinzipat von Rom und Benevent sich erstreckendes Reich im Norden und Süden umklammerte. Deshalb betrieb er ihren Sturz, wobei Anskar umkam.

Aber Hugos Absicht, Berengar II. durch Blendung zu beseitigen, mißlang. Dabei hatte er doch bereits den Markgrafen Lambert von Toskana, seinen eigenen Halbbruder, durch das einfache Herausreißen der Augen – ein so beliebtes wie wirksames und gewiß gottgefälliges Regierungsinstrument so vieler christlicher Herrscher – erfolgreich ausgeschaltet. Indes wurde der neue Plan durch Hugos Sohn, den jungen König Lothar (benannt nach seinem Urgroßvater König Lothar II. S. 198 ff.), seit 931 Mitkönig, verraten; durch einen «schwachen» König, wie ihn Historiker inzwischen gern charakterisieren. Berengar, der Lothar ein Jahrzehnt später «Krone und Leben raubte», floh wahrscheinlich im Herbst 941 zu Herzog Hermann von Schwaben, der ihn zu Otto I. weiterleitete. Anfangs 945 kehrte er jedoch zurück und eroberte mit Ottos Duldung Teile Norditaliens, wobei er die italienischen Großen durch Versprechungen von Lehen gewann, die er noch gar nicht besaß.

Vor allem der Klerus lief sogleich wieder zu ihm über.

Dem Priester Adelhard, der die das Etschtal beherrschende Feste Formicaria (Siegmundskron) befehligte, die Berengar passieren mußte, da alle übrigen Pässe in sarazenischer Hand waren, versprach er eidlich das Bistum Como. Adelhards Bischof Manasse, ein Verwandter König Hugos und von diesem mit den Bistümern Trient, Verona und Mantua beschenkt, sicherte er die Nachfolge im Erzbistum Mailand zu, worauf Manasse, berichtet Liutprand, alle Italiener aufforderte, Berengar beizustehen. Auch Bischof Wido von Modena wechselte das Lager, weil ihm Berengar die reiche Abtei Nonantula in Aussicht stellte; und Wido «zog auch noch eine Menge anderer mit sich». Ebenso verriet Erzbischof Arderich von Mailand den König und lud dessen Gegner an seinen Hof, wo dann die große Umverteilung der Güter begann.[60]

Nebenbei: nicht allen Pfaffen kam Berengar entgegen. Den

Priester Dominikus ließ er entmannen. Nicht weil er es mit Berengars Töchtern trieb, die er erzog, sondern, wiewohl selbst äußerst unattraktiv, kurz, struppig, ungewaschen, mit ihrer Mutter, mit Gattin Willa, der Nichte König Hugos. Bei der brutalen Prozedur zeigte sich denn auch, was die edle Fürstin an dem angeblich recht bäurischen, borstigen, zottigen, ungebildeten etc., freilich auch geilen «Pfäfflein» so angezogen hat. Bezeugten seine Entmanner doch, «daß die Herrin ihn mit recht liebte, da er nach übereinstimmendem Urteil wie Priapus ausgestattet war».[61]

König Hugo aber gab auf. Nach jahrelangem Krieg, nach mehrmaliger Verheerung der Umgegend von Rom mit Feuer und Schwert, legte er 946, wie gewiß schon so manches Mal, den Streit bei. Ringsum verraten, nicht zuletzt von jenen, die er begünstigt hatte, beschloß er nach zwanzigjähriger Herrschaft seinen Rückzug. Zwar gestand man ihm formell die Königskrone weiter zu. Da jedoch der wirkliche Herrscher Berengar II. von Ivrea war, setzte sich Hugo, unter Versicherung friedlicher Absichten, im Frühjahr 947 «mit all seinem Gelde» in die Provence ab – und bereitete dort den Krieg gegen Berengar vor. Er rüstete zum Entscheidungskampf, starb aber schon am 10. April 948 in Arles.

Sein Sohn Lothar, jetzt offiziell allein König von Italien, festigte zwar etwas seine Stellung durch die Heirat mit der erst 16jährigen, seit ihrem 6. Lebensjahr mit ihm verlobten Welfin Adelheid, Tochter des verstorbenen Königs Rudolf II. von Burgund, vielleicht auch durch Intervention des byzantinischen Kaisers, verschied freilich plötzlich am 22. November 950 in Turin, angeblich von Berengar durch Gift beseitigt.

Bereits am 15. Dezember desselben Jahres wurden Berengar II. (950–961) und sein Sohn Adalbert in S. Michele von Pavia zu Königen von Italien gekrönt, was Otto I. als Usurpation betrachtete. Und schon in Pavia scheinen die neuen Regenten Lothars junger Witwe Adelheid den Königsschatz, ihren Schmuck und gesamten persönlichen Besitz geraubt zu haben. Sie selbst, flüchtig, wurde am 20. April 951 in Como eingefangen und vier Monate, wahrscheinlich in Garda, inhaftiert. Doch gewann sie mit Hilfe Adelhards von Reggio ihre Freiheit. Es war derselbe

Kleriker, der einst Berengar den Weg nach Italien geöffnet hatte und dafür Bischof geworden war (S. 493), jetzt aber, in richtiger Einschätzung der Lage, die Zeit für gekommen hielt, erneut die Front zu wechseln.

Adelheid, die als rechtmäßig anerkannte Königin, rief Otto I. um Hilfe, und dieser griff ein. Zum erstenmal zog er jetzt nach Italien und erschien am 23. September 951 in Pavia, das erst tags zuvor Berengar und Sohn verlassen hatten. Otto übernahm ohne Wahl beziehungsweise Krönung den Titel eines Königs der Langobarden, sein Bruder Brun und der Erzbischof Manasse von Mailand walteten als seine Erzkaplane. Noch im Herbst heiratete er die um 18 Jahre jüngere Burgunderin Adelheid, fragte in Rom auch gleich wegen der Kaiserkrone an, bekam aber eine Absage durch Alberich und brach im Februar nächsten Jahres wieder nach Deutschland auf.[62]

Berengar II. ergab sich bald freiwillig. Er leistete im August 952 Otto in Augsburg den Lehenseid und wurde als sein Vasall mit dem Königreich Italien belehnt. Die Marken Verona und Aquileia schlug man aus «geostrategischen» Gründen zum Herzogtum Bayern. Da der deutsche König in den nächsten Jahren an den Norden gebunden war, regierte Berengar in Italien ziemlich ungestört. Er versuchte die Selbständigkeit seines Königreichs gewaltsam wiederherzustellen und benutzte jede Gelegenheit, sich an jenen, die ihn zuerst verlassen hatten, zu rächen, besonders also an den Bischöfen. Sie mögen auch vor allem Berengars Ankläger bei Otto geworden sein, der dann, beraten von Erzbischof Brun von Köln, seinen Sohn Liudolf, Herzog von Schwaben, nach Italien schickte.

Anno 956 besetzte dieser ohne Schwertstreich Pavia und besiegte Berengars Sohn, König Adalbert, auf dem Schlachtfeld (vielleicht bei Reggio). Als Liudolf aber am 6. September 957 in Piomba (südlich des Lago Maggiore) plötzlich einer fiebrigen Krankheit oder Gift erlag, ging Berengar erneut gegen die Bischöfe vor, die ihn diesmal an Liudolf verraten hatten. Walpert, den Berengar selbst, indem er den ungetreuen Erzbischof Manasse vertrieb, zum Bischof von Mailand gemacht, floh nun, «halbtot», wie es heißt, der Wut Berengars und Adalberts entronnen, über die Alpen, und Manasse bestieg wieder seinen Stuhl. Über die Alpen gingen auch die Bischöfe Waldo von Como und Petrus von Novara. Und während Adalbert 959 von Spoleto aus, das sein Bruder Wido erobert hatte, wiederholt in der Sabina einfiel, vereinten sich mit den Klagen der Emigranten jetzt auch die des Papstes.

Johann XII. macht die Liebe zum Mittelpunkt seines Pontifikats

Johann XII. wurde aber nicht nur durch Einfälle Berengars und Adalberts vom Norden her in den Kirchenstaat bedroht. Er war 959 auch im Süden «in einem mutwillig vom Zaune gebrochenen Krieg» (Zimmermann) gegen Capua, Benevent und Salerno unterlegen. So wandte sich der «liederliche Junge», der «unreife Jüngling», «der Bube im Ornat des Papstes», wie man ihn auf katholischer Seite gern recht verniedlichend kritisiert, anno 960 hilfesuchend an König Otto. In schon alter Tradition schickte er wieder einmal heimlich zwei Gesandte über die Alpen, den Kardinaldiakon Johannes und den Protoscriniar (Kanzleivorstand, Notar) Azzo, wofür beide – über die Heilige Stadt und den Heiligen Vater im Norden wahrscheinlich zu gesprächig – noch büßen sollten. Das römische Kirchenhaupt bat den deutschen König, er möge ihn, den Papst, und die ihm anvertraute Kirche, um der Liebe Gottes und der Apostelfürsten willen, aus den Klauen Berengars und Adalberts befreien, und bot ihm die Kaiserkrone an – eine völlige Abkehr von der Politik seines Vaters.[63]

Doch die Hilfe war um so dringender, als sich auch bei den Römern selbst wachsender Widerstand regte. Denn Fürst Alberich, Marozias strammer Sprößling – seine Macht hatte sogar Otto respektiert –, ruhte seit dem 31. August 954 für immer in Rom. Seinem Wunsch gemäß aber, dessen Ausführung die Großen der Stadt dem Sterbenden feierlich beschwören mußten,

JOHANN XII. MACHT DIE LIEBE ZUM MITTELPUNKT ... 497

wurde sein Sohn Oktavian sein Nachfolger und, bereits im nächsten Jahr, kaum achtzehnjährig, auch Papst. Dabei ist durchaus fraglich, ob Johann XII., wie er sich nannte, schon das kanonische Alter erreicht, ja überhaupt eine geistliche Ausbildung erhalten hatte. Sicher dagegen verstieß Alberichs Anordnung, nach dem Ableben von Papst Agapet II., der gleichfalls eingewilligt, seinen Sohn Oktavian zum höchsten Priester zu machen, strikt gegen die Vorschrift. Verbot es doch Symmachus' I. Dekret vom 1. März 499, einen Nachfolger zu Lebzeiten des amtierenden Papstes zu bestimmen.

Johann XII. (955–963), Alberichs unehelicher Sproß, war ein großer Weidmann, Reiter, Würfelspieler, der gern die Götter anrief, die heidnischen, versteht sich, und nach Auskunft der Zeitgenossen, mit dem Teufel im Bunde stand. Einen Zehnjährigen ordinierte er in Todi zum Bischof. Eine Priesterweihe vollzog er, etwas unkanonisch, im Pferdestall, «und nicht einmal zur gesetzlichen Zeit». Einen anderen Kleriker ließ er kastrieren. Die Messe feierte er ohne zu kommunizieren, Prälaten weihte er für Geld. Er begattete die Witwe seines Dienstmannes Rainer, setzte sie über viele Städte und verehrte ihr goldne Kreuze von St. Peter, goldne Kelche. Er koitierte mit der Konkubine seines Vaters, Stephana, mit deren Schwetser. Er schlief auch mit den eignen Schwestern und trieb es mit der Witwe Anna und deren Nichte. Er vergewaltigte fromme Rompilgerinnen, Ehefrauen, Witwen, Mädchen, die an den Apostelgräbern hatten beten wollen. Kein Wunder, daß ihn böse Zungen beschuldigten, aus dem päpstlichen Palast ein Bordell gemacht zu haben, «einen Tummelplatz unzüchtiger Weiber» (Liutprand).[64]

Doch tat dies etwas unkeusche Leben, meint jedenfalls John Kelly, der Oxforder Kirchenhistoriker, dem Ansehen des Papstes in der Gesamtkirche anscheinend kaum Abbruch. Denn Johann XII., der derart die Liebe in den Mittelpunkt seines Pontifikates rückte, regierte nicht nur im Bett. Vielmehr achtete er auf Behauptung der päpstlichen Autorität, sogar auf administratives Funktionieren. Einige Klöster unterstützte er materiell, ja, er wallfahrte im Mai 958 zur Abtei Subiaco (80 km östlich von

Rom). Er schien überhaupt, wie sein Vater, an der Reform des
Mönchtums, der kirchlichen «Erneuerungsbewegung», nicht
ganz desinteressiert. Und noch in seinem letzten Regierungsjahr
sprach sich ein römisches Konzil gegen klerikale Simonie aus!
Auch im Panzer aber, behelmt, mit dem Schwert traf man ihn an.
Galt sein Hauptinteresse ja durchaus dem Kirchenstaat und dessen Erweiterung. Darum führte er, kurz nach seiner Subiaco-Wallfahrt, gemeinsam mit den Toskanern und Spoletinern, auch
jenen kleinen Krieg gegen Capua und Benevent, der so kläglich
mißlang. Fiel doch König Berengar II. dabei dem Herzog von
Spoleto, dem päpstlichen Bundesgenossen, erfolgreich in den
Rücken, eroberte das Herzogtum 959 und plünderte und dezimierte den Kirchenstaat.[65]

So kam es zum zweiten Italienzug des deutschen Königs, der
wohl bereits bei seinem ersten, 951, mit der Kaiserkrone gerechnet, aber die römischen Machtverhältnisse respektiert hatte. Jetzt
war die Situation zweifellos günstiger, jetzt regierte statt Alberich
dessen Sohn Johann XII. Ganz glücklich konnte diesen das Erscheinen Ottos, den sein Vater noch auf Distanz gehalten, kaum
machen. Doch mochte er unter dem Druck gewisser reformerisch
gesinnter Kreise, ihrem Unwillen über seinen skandalösen Lebenswandel stehen.

JOHANN XII. KRÖNT OTTO I. ZUM KAISER
UND DIESER STELLT DAS PRIVILEGIUM
OTTONIANUM AUS

Otto nahm die Offerte des Papstes jedenfalls gern an. Um die
Modalitäten hatte Abt Hatto von Fulda (der Neffe seines Vorgängers Hadamar, denn überall floriert der Nepotismus fort) sich
in Rom zu kümmern – 968 wird er Erzbischof von Mainz. Der
König selbst ließ im Mai 961 seinen Sohn Otto II., seinerzeit erst
sechs Jahre alt, in Worms zum König wählen, in Aachen krönen,
gab ihn darauf in die Obhut seines Bruders Brun, des Erzbischofs

von Köln, und seines Sohnes Wilhelm, des Erzbischofs von Mainz, und brach im August von Augsburg auf.

Vergebens versuchte ihn König Adalbert an der Klause von Verona aufzuhalten, und dann vertrieb er mit großer Heeresmacht Berengar aus Pavia, «weil er, wie man ganz sicher ist, die heiligen Apostel Petrus und Paulus zu Mitstreitern hatte» (Liutprand). Am 31. Januar 962 stand Otto vor Rom. Bevor er jedoch dort einzog, sagte er, so erzählte man, zu seinem Schwertträger Ansfried von Löwen: «Wenn ich an den Gräbern der Apostel bete, so halte dein Schwert beständig über meinem Haupte, denn römische Treue war meinen Vorfahren oft schon verdächtig. Sind wir zum Monte Mario zurückgelangt, so magst auch du beten soviel du willst».[66]

Am 2. Februar 962 wurde Otto I. unter großem Pomp durch den höchstens halb so alten Johann XII., dem er zuvor einen Sicherheitseid hatte leisten müssen, in St. Peter zu Rom gesalbt und zum Kaiser gekrönt, vielleicht mittels jener Krone, die heute noch in der Schatzkammer der Wiener Hofburg ist. Ebenfalls hat der Papst die Otto begleitende Gattin Adelheid, «die Genossin des Reiches», gesalbt und gekrönt. Und seither waren Kaisertum und deutsches Königtum – bis zum Untergang des «Heiligen Römischen Reiches» 1806 – dauernd miteinander verbunden und die Päpste für die Verleihung der Kaiserwürde wesentlich. Jeder deutsche König, der fortan Kaiser werden wollte, mußte nun nach Italien ziehen und zum Papst; Zündstoff genug für kommende Geschlechter. Und unendliche Tragik . . .

Nach der Krönung präsentierte man dem Herrscher alsbald eine Urkunde zwecks Bestätigung aller päpstlichen Liegenschaften und «Rechte». Und am 13. Februar 962 stellte Otto das Privilegium Ottonianum aus, jenes berühmt berüchtigte Dokument, das freilich nicht im Original vorliegt, auch nicht unumstritten ist. Es erneuert im ersten Teil die Pippinische Schenkung (IV 381) und garantiert den Besitz des Kirchenstaates, verpflichtet aber im zweiten Teil jeden Papst, zwischen seiner Wahl und Weihe im Beisein der Königsboten oder des Kaisersohnes zu einem Treueid, womit der Kaiser Einfluß auf die Papstwahl bekam: im Grunde eine Anknüpfung an die karolingische Tradition.

Was Otto jedoch seinerzeit unterschrieb und viele Jahrhunderte lang als Rechtsbasis des Kirchenstaates galt, war wieder einmal ein Diplom aus alten und neuen, echten und unterschobenen Elementen, angeblich längst überlieferter Besitz zwar, tatsächlich aber frisch fingierte Erweiterungen. Erscheinen da doch Städte, Länder, die nie der Kirche gehörten, Gaeta zum Beispiel, Neapel. Auch beanspruchte man Venetien, Istrien, die Herzogtümer Spoleto und Benevent und selbstverständlich das, was Pippin und Karl «der Große» versprochen, aber nicht gehalten hatten. Kurz, als rechtmäßiger alter Besitz wurde nicht nur verbrieft, was der Kirche *auf Grund früherer Fälschungen* zustand, sondern auch alles, was sie demnächst noch zu erobern gedachte, was, alles in allem, den Kirchenstaat auf zwei Drittel Italiens ausdehnen sollte.[67]

Kein Wunder, daß man in Rom den Kaiser als dritten Konstantin pries und begann, ihn Otto «den Großen» zu nennen. Allerdings hielt der große Otto seine Zusage so wenig wie einst der große Karl. Er beanspruchte eine ganze Reihe von Gebieten, die das Papsttum für sich beanspruchte. In der Pentapolis z. B., die man in Rom zum Patrimonium Petri zählte, erzwang er einen Eid der Bewohner, der sie zu seinen Untertanen machte. Auch scheint Otto den päpstlichen Schwindel erkannt zu haben, zu dessen besserer Durchsetzung damals der Kardinal Johannes (digitorum mutilus) von dem vor über zweihundert Jahren gefälschten Constitutum Constantini (IV 405 ff.) eine Prunkabschrift «mit goldenen Lettern» hergestellt hat, um bei Ottos Kaiserkrönung die «Konstantinische Schenkung» offiziell demonstrieren zu können.

Kurz nach der Krönung erlaubte Johann XII. – ein alter Wunsch Ottos – auch die Errichtung eines Erzbistums in Magdeburg und war ebenso mit der Gründung des Bistums Merseburg einverstanden. Schließlich hatte der deutsche Herrscher, wie der katholische Papsthistoriker Seppelt dies nennt, eine «großzügige Ostpolitik gegenüber den Slawenstämmen» getrieben (vgl. S. 450 ff., 455 ff.).

Ein am 12. Februar 962 ausgestelltes Papstprivileg spricht von der Vorgeschichte dieser Ereignisse, auch von der Ungarnschlacht sowie weiteren Kämpfen gegen das Heidentum «zur Verteidigung der heiligen Kirche Gottes» (ad defensionem sanctae Dei ecclesiae). Denn Verteidigung heißt hier nie nur oder auch nur in erster Linie Abwehr, sondern vor allem Angriff, Ausgriff, «Ausweitung des christlichen Glaubens», heißt an der langen Ostgrenze des Reiches die lockende Möglichkeit nutzen, «neue Völker für das Christentum zu gewinnen. Der Sieg über die Heiden, Ungarn und Slaven, war eine materielle Voraussetzung für die Mission...» (Büttner).[68]

DER PAPST KONSPIRIERT MIT ALLEN REICHSFEINDEN

Noch Mitte Februar 962 kehrte Otto nach Oberitalien zurück, wo er Berengar, der sich samt Anhang in verschiedene Kastelle zurückgezogen, bis gegen Ende 963 bekämpfte. Bald schon konnte er Berengars Verbündeten, Markgraf Hubert von Tuszien, König Hugos Sohn, vertreiben, gegen den nächsten Jahreswechsel auch den Berengarsohn Adalbert. Hubert floh zu den Ungarn nach Pannonien, Adalbert zu den Sarazenen, erst in die Provence nach Fraxinetum, dann nach Korsika.

Doch da erreichten Otto auch schon schlimme Meldungen aus Rom. Denn so wenig wie der fromme Kaiser, hielt der unfromme Papst sein Versprechen, als er davon nicht die erwarteten Vorteile erlangte, vielmehr Ottos Macht zu fürchten begann, so daß beide Häupter der Christenheit einander gegenseitig des Eidbruchs bezichtigten.

Der Papst nämlich, der dem Kaiser feierlich Treue geschworen, ging nun, während dieser Berengar bekriegte, zu den ehemaligen Feinden über. Er konspirierte, kaum daß Otto Rom den Rücken gekehrt, mit halb Europa und darüber hinaus. Nach allen Seiten jagte er seine Agenten. In hochverräterischer Absicht kontaktierte er mit Byzanz. Aber eben dabei wurde Kardinal Johannes, mit dem Bischof von Velletri samt Geheimpost nach Konstantinopel unterwegs, durch den (langobardischen) Fürsten Pandulf I. von Capua und Benevent (genannt «Eisenkopf»: 961–981) aufgegriffen und vor Otto gebracht. (Der Fürst war ein treuer Kaiseranhänger – und sein Bruder Johann, auf daß auch hier möglichst viel in der Familie blieb, der erste Erzbischof von Capua.) Der Papst distanzierte sich sogleich, beschuldigte seine Gesandten als «Treubrüchige» (infideles), erregte sich künstlich über den Kaiser, der sie aufgenommen habe, und rächte sich 964 grausam an seinem Kardinal (S. 506).

Heiligkeit konspirierte auch mit den alten Christenfeinden, den heidnischen Ungarn. Als Missionare getarnte Legaten sollten sie anscheinend zu neuen Einfällen in Deutschland reizen. Doch auch die päpstlichen Briefe an die Ungarn fielen Otto in die Hand, schwerbelastendes Material, das der Papst als gefälscht und dem Kaiser absichtlich zugespielt hinstellte.

Ja, Johann XII. steckte sich noch hinter kaiserfeindliche italische Kreise, obschon es die teilweise mit den Sarazenen hielten. So machte er mit seinem einstigen Gegner König Adalbert, dem ältesten Sohn Berengars, gegen den er doch zuvor Ottos Hilfe angerufen und zu dem er, wie gerade erst geschworen, nie abfallen wollte, nun gemeinsame Sache. Und Adalbert, im Herbst 962 vor Otto nach Fraxinetum geflüchtet, dem bekannten arabischen Seeräubernest an der provencalischen Mittelmeerküste – ausnahmsweise einmal eine Piraterie auf «privater», nichtstaatlicher Basis (H. R. Singer) –, ging seinerseits wieder mit den dortigen Sarazenen ein Bündnis ein; zehn Jahre später wird ihr Stützpunkt durch ein burgundisch-provencalisches Heer mit Hilfe einer byzantinischen Flottenblockade ausgehoben und der überlebende Araberrest versklavt. Jetzt setzte Adalbert via Korsika aufs Festland über und kam im Juni 963, mit allen Ehren empfangen, nach Rom. Berengar II. aber kapitulierte noch Ende desselben Jahres in der Apenninfestung St. Leo (westlich von San Marino), wurde nebst Gattin Willa nach Bamberg verbannt und starb dort am 6. August 966. Das regnum Italiae galt seitdem sozusagen als Reichsitalien und mit dem deutschen Reich vereint.[69]

EIN «MONSTRUM» WIRD VOM PAPSTTHRON GESTÜRZT UND STIRBT DURCH EINEN «SCHLAGANFALL»

Im Frühjahr 963 hatten Otto in Pavia auch Nachrichten über das lustreiche Leben des Heiligen Vaters erreicht, der den Papstpalast in ein Bordell verwandelt habe, an seine Dirnen ganze Städte verschleudere, indes der Regen durch die eingestürzten Kirchendächer auf die Altäre rinne und keine anständige Frau mehr die Wallfahrt nach Rom riskiere, aus Furcht in die Hände Seiner Heiligkeit zu fallen. Am 1. November 963 erschien Otto vor Rom, und während man ihm nach kurzer Belagerung am 3. die Stadttore öffnete, flohen Adalbert und der Papst, der eben noch in voller Rüstung mit seinen und Adalberts Truppen, auch sarazenischen, am Tiber verzweifelt Widerstand geleistet, eilends mit dem Kirchenschatz, um sich anscheinend im starken Tivoli festzusetzen. Die Römer aber schwuren Otto Treue und gelobten, nie einen Papst zu wählen und zu ordinieren «ohne die Zustimmung und Bestätigung des erhabenen Herrn Kaisers Otto und seines Sohnes, des Königs Otto». Dieser «Römereid», der den Papstwahlpassus des «Ottonianum» verschärfte, ein Eid, den selbst die Karolinger so nicht zu fordern gewagt, wurde für die hochmittelalterliche Papstgeschichte noch besonders bedeutsam.

Drei Tage darauf, am 6. November 963, trat unter dem Vorsitz des Kaisers in St. Peter ein vier Wochen tagendes Konzil zusammen – immerhin 17 Kardinäle und mehr als fünfzig Bischöfe, doch leider, wie der Monarch bedauerte, nicht «der Herr Papst Johann», von dem die «herrliche und heilige Versammlung» fand, er gehöre «gar nicht mehr zu denen, welche in Schafskleidern kommen, inwendig aber reißende Wölfe sind, er wütet so offenbar, er treibt so offen des Teufels Werk, daß er auf alle Umschweife verzichtet».

In einer ersten höflich-dringlichen Einladung an den summus pontifex et universalis papa, die dieser äußerst bündig mit einer Exkommunikationsdrohung der zum Konzil Versammelten quittierte, hatte man ihn noch mit «Euer Würden» (magnitudo vestra) apostrophiert. In einer zweiten Vorladung wünschte man dem «summo pontifici et universali papae, dem Herrn Johann» zwar noch immer «Heil im Herrn», verglich ihn aber bereits mit Judas, «dem Verräter, ja vielmehr Verkäufer (proditor immo venditor) unseres Herrn Jesu Christi». Auf der folgenden Sitzung schimpfte man ihn «ein noch nie dagewesenes Geschwür», das man mit einem entsprechenden Brenneisen auszubrennen empfahl und nannte ihn schlicht «Monstrum». Aber der Papst ging Wichtigerem nach, der Jagd bei Tivoli: «er war schon mit Köcher und Bogen ins Feld gegangen» (Liutprand).[70]

Die Synode hatte fein säuberlich das lange Sündenregister des Stellvertreters Christi aufgezählt, Sakrilegien aller Art, eine Fülle schwerster Bezichtigungen: Versäumnis der Kommunion, der kanonischen Gebetszeiten, Irregularitäten bei der Vornahme der Ordination, wie die eines Diakons im Stall, Ämterhandel, Verschleuderung von Kirchengut, Verachtung der Bekreuzigung, Verhöhnung der Sakramente, Abfall zum Heidentum, Bündnis mit dem Teufel, Jagd- und Spielleidenschaft, diverse Unzuchtdelikte, Ehebruch, Blutschande, Geschlechtsverkehr mit der Konkubine seines Vaters, mit deren Schwester u. a., Handgreiflichkeiten gegenüber Pilgerinnen in St. Peter, Meineid, Kirchenraub, Brandstiftung, Verstümmelung, Kastration und Tötung eines Kardinals, Blendung seines Paten, Mord von Geistlichen etc.

Manches an diesem Lasterkatalog mag durchaus übertrieben, vielleicht sogar unwahr sein. Doch dann haben 17 Kardinäle und mehr als 50 Bischöfe gelogen! Und immerhin stützten sich die von dem Kardinal Benedikt angeführten Konzilsväter teils auf eigene Augenzeugenschaft, teils auf sicheres Wissen. Ja, sie beeideten einstimmig und bei Gefahr ihrer ewigen Seligkeit – an die sie freilich selber kaum recht geglaubt haben mögen –, mit Selbstverfluchung also, Johann XII. habe nicht nur die genannten, sondern noch viel mehr der schändlichen Verbrechen begangen. Und auch der Biograph des Papstes schildert ihn im «Liber Pontificalis» gänzlich negativ.

In der dritten Sitzung, am 4. Dezember 963, drängten die Bischöfe, wie von Otto natürlich erwartet, wenn nicht befohlen: «Wir bitten daher die Herrlichkeit Eurer kaiserlichen Würde, jenes Ungeheuer, dessen Laster durch keine Tugenden aufgewogen werden, aus der Heiligen Römischen Kirche auszustoßen...» Und so wurde, entgegen der Bestimmung, daß der Papst – was man bei Leos III. und Paschalis' I. Prozessen beachtet hatte – von niemanden gerichtet werden dürfe, wurde Johann XII., der gar nicht gehört, auch nicht verteidigt, auch nur zweimal statt, wie kanonisch erforderlich, dreimal vorgeladen worden war, wurde Johann, der Otto erst unlängst gesalbt und gekrönt, auf dessen Wunsch an jenem Tag einstimmig abgesetzt und, ebenfalls entgegen der Kirchensatzung, ein neuer Papst, der Kandidat des Kaisers selbstverständlich, im Petersdom, angeblich una voce, am 6. Dezember 963 erhoben: Leo VIII. (963–965). Da der bisherige Kanzleivorstand Leo noch Laie war, verpaßte man ihm, die kirchlichen Kanones wieder schwerstens verletzend, im Schnellverfahren alle Weihen, vom untersten der ordines minores, dem Ostiarius (Türhüter, etwa Mesner), über den Lektor, Akolythen, Subdiakon und Diakon bis zum Priester, an einem Tag und ordinierte ihn am 6. Dezember durch Kardinal Sico von Ostia mit Assistenz der Bischöfe von Porto und Albano zum Papst.[71]

Der Umsturz aber machte böses Blut in Rom.

Johann/Oktavian war immerhin der Sohn des «großen Alberich», war Fürst und Kirchenhaupt der Römer. So kam es am 3. Januar 964 zu einem von ihm selbst angezettelten Anschlag auf den Kaiser, wofür der nach Korsika geflüchtete Pontifex als Lohn «den Schatz des heiligen Petrus und sämtlicher Kirchen (beati Petri omniumque ecclesiarum pecuniam) versprochen haben soll – der erste Aufstand der Römer gegen einen deutschen Kaiser, ein mörderischer Straßenkampf, den Otto, noch am selben Tag gewarnt, freilich niederschlug, da seine «kampfgewohnten Krieger, unerschrocken im Herzen und im Gebrauch ihrer Waffen», sich auf die Empörer stürzten – «und trieben sie wie Jagdfalken einen Vogelschwarm ohne Widerstand in die Flucht. Nicht Schlupfwinkel, nicht Körbe, nicht Tröge, nicht die Abwasserkanäle konnten die Fliehenden schützen. Sie wurden also niedergemacht und, wie es tapferen Männern zu geschehen pflegt, allenthalben im Rükken verwundet. Welcher hätte damals von den Römern dieses

Blutbad überlebt, wenn nicht der heilige Kaiser aus Barmherzigkeit, die man ihnen doch nicht schuldig war, seine nach Blut dürstenden Krieger zurückgehalten und abgerufen hätte?»

Ach, der barmherzige, große, der heilige Kaiser, dem dann auch die Römer über St. Peters (vermeintlichem) Grab abermals Treue schwuren und hundert Geiseln stellten, die er, auf Bitte seines Papstes, bald wieder laufen ließ. Doch kaum war er abgezogen, wurde Leo VIII., «ein Lamm unter lauter Wölfen», im Februar 964 aus der Heiligen Stadt vertrieben, und Johann XII., für den sich seine zahlreichen Mätressen, «da sie von vornehmem Geschlechte und ihrer viele waren», mächtig und erfolgreich ins Zeug legten, kehrte im selben Monat zurück. Widerstandslos öffnete man ihm die Tore.

Der Papst nahm nun recht christlich Rache an seinen beiden einst zu Otto gesandten Legaten, ließ dem Kanzleivorsteher Azzo die rechte Hand, dem Kardinal Johann Nase, Zunge und zwei Finger abschneiden. Der deutsche Vertreter in Rom, Bischof Otger von Speyer, wurde nach päpstlicher Anweisung ausgepeitscht und eingekerkert. Auf einer Synode in St. Peter Ende Februar, feierlich eröffnet durch das Hereintragen der vier Evangelien, erkannten fast dieselben Kardinäle, die Johann XII. vor drei Monaten abgesetzt, ihn jetzt wieder an. Und fast dieselben Kardinäle, die den flüchtigen Leo VIII. erhoben hatten, exkommunizierten ihn nun. Die Bischöfe von Porto und Albano, bei Papst Leos Ordination besonders beteiligt, verfielen der Suspension, Kardinal Sico von Ostia dem Ausschluß aus dem Klerus.

Doch wurde Johann XII. seines Sieges nicht froh. Vor dem anrückenden Kaiser wich er in die Campagna aus. Und dort starb er «in einem Ehrenhandel» (Kämpf) noch am 14. Mai 964, wenige Tage nach einem Ehebruch, «als er sich mit der Frau eines gewissen Mannes ergötzte» (Liutprand), wahrscheinlich durch die Aufmerksamkeit des betrogenen Gatten – oder, wie es auch gut heißt, durch einen «Schlaganfall». Und dies sogar «ohne daß er die heilige Wegzehrung empfangen» (Seppelt).[72]

«Durch seine Wiedereinsetzung hatte die Vorsehung sein Recht geschützt, durch seinen plötzlichen Tod seinen unwürdigen Wandel bestraft.» So erklärt die katholische Kirchengeschichtsschreibung das weise Handeln der «Vorsehung». Aber wäre die nicht weiser gewesen, hätte sie Johann XII. seinen Sturz, der Kirche seinen skandalösen Wandel erspart – und uns das Papsttum überhaupt?[73]

Tumulte und Greuel in Rom und in der Geschichtsschreibung

Die Römer kürten nun, die geleisteten Schwüre rasch vergessend, einen Kardinal, der nicht nur Johann XII. mit amtsenthoben, sondern auch seinen eigenen Vorgänger Leo mitgewählt hatte: Benedikt V. (22. 5. – 23. 6. 964, gest. 966). Er wurde inthronisiert, und man versprach, ihn nie zu verlassen, ihn unter allen Umständen zu verteidigen. Doch der Kaiser wollte seinen Papst. Er führte Leo VIII. zurück, plünderte, verwüstete das römische Gebiet und belagerte im Juni 964 die Stadt, in der trotz Feuersbrünsten, Hungersnöten, Seuchen, Papst Benedikt, «ein durchaus würdiger, frommer Mann» (Seppelt), die Römer zur Verteidigung trieb. Er beteiligte sich persönlich, stieg auf die Mauern, stachelte die Seinen an und schleuderte gegen das Belagerungsheer seine Bannflüche. Aber von Übermacht, Hunger und Not bezwungen, öffneten die Eingeschlossenen am 23. Juni die Tore, lieferten Benedikt aus und gelobten dem Kaiser und Leo VIII. erneut über dem Grab St. Peters Treue. Benedikt V. freilich, «der Eindringling» (invasor: Liutprand), wurde auf einer Synode im Juni 964 öffentlich als Usurpator verurteilt. Papst Leo nahm ihm die Insignien der sogenannten Würde, «riß ihm das päpstliche Pallium, das er sich angeeignet hatte, ab, entriß seiner Hand den Bischofsstab und zerbrach ihn vor den Augen aller in Stücke». Der abgesetzte Papst wurde zum Diakon degradiert, auf ewig exiliert und wanderte nach Hamburg in die Verbannung, wo er schon am 4. Juli nächsten Jahres starb.[74]

Nach Leos Tod 965 ging es in Rom mit den üblichen Tumulten weiter. Kaisertreue und kaiserfeindliche Päpste lösten einander in rascher Folge ab, einer bekämpfte den andern, verbannte, verstümmelte, mordete. Auf einer Synode französischer Prälaten 991 zu Reims sah Bischof Arnulf von Orleans in einem der schärfsten mittelalterlichen Angriffe auf das Papsttum dieses sehr deutlich in völliger Verkommenheit, in Verbrechen, Schande, sah die Gegenwart durch das päpstliche Rom «mit so schrecklicher Nacht geschwärzt, daß sie noch in Zukunft berüchtigt sein wird». Man wußte damals den «Antichrist in Rom» schon seit Jahrhunderten am Werk – während uns Jesuit Hertling noch Mitte des 20. Jahrhunderts weismachen möchte: «An diese unerhörten Skandale darf man keine heutigen Maßstäbe anlegen.»

Doch das kann man *immer* sagen. Und das sagt man auch immer. Damit läßt sich *alles* bagatellisieren. Und deshalb ist dies nur eine bis heute allerwärts nachgepappelte Ordinarienbetise, nein, schlimmer – denn wer schon ist so dumm! – pure Heuchelei. Derart läßt sich – in fünfzig, in fünfhundert Jahren – auch die Etablierung und Förderung des Faschismus durch die Päpste rechtfertigen. Oder die wiederholte Erlaubnis des ABC-Krieges, des Einsatzes atomarer, biologischer, chemischer Waffen durch Papst Pius XII. . . .

Keine heutigen Maßstäbe anlegen? Situativ, temporär verstehen? Den Geist der Zeit begreifen? Aber wer oder was ist das? War und ist das denn nicht stets «der Herren eigner Geist», der seit Jahrhunderten schon existente christliche Geist? «Wir sind die Zeiten; wie wir sind, so sind die Zeiten.» Kein anderer als Augustin schrieb das (I 55 ff.!). Und Johannes Haller, der große Papsthistoriker, insistiert: «Es war schon nicht anders: was sich damals heilige apostolische römische Kirche nannte, stellt sich dem Betrachter dar als ein Gebäude sehr weltlicher Herrschaft, wo unter dem Decknamen Sankt Peters der Ehrgeiz und die Habsucht um Thron und Ämter ringen, wo dieselben Waffen wie anderswo gebraucht werden und der Kampf um die Macht noch rohere, abstoßendere Formen annimmt als irgend sonst.» Und Haller zitiert – trotz jener «fast literaturlosen Zeit» – Zeitgenossen, die es schon einst so empfanden wie wir. Wie etwa jener unbekannte Dichter in seiner Apostrophe an Rom:

«Niederes Volk, von den Enden der Erde zusammengelaufen,
‹Knechte der Knechte› fürwahr, heißen jetzt Deine Herrn...
Schmutzigen Bastarden liegest du jetzt im Staube zu Füßen...
Allzu sehr überwand Habsucht und Geiz deinen Sinn...
Grausam hast du der Heiligen Leiber im Leben verstümmelt;
Jetzt ist der Toten Gebein gut dir zu jeglichem Kauf,
Und wenn die Erde gierig des Lebens Reste vertilgte,
Hältst du immerhin noch falsche Reliquien feil.»

Nun gibt es freilich christliche Köpfe, die all dem noch heute viel Geschmack abgewinnen, die wie immer aparte Patina des Morbiden goutieren und das Kunststück vollbringen, die Häupter der Hydra selbst zu verklären. So meint Katholik Daniel-Rops im Hinblick auf das papale Horrorarsenal, daß «diese Einzelheiten, wie man gestehen muß, auch romantisch und fesselnd sind wie ein Roman von Alexander Dumas». Allerdings dürften «Skandalaffären –, Gewalttaten, die zu jeder Zeit (!) den päpstlichen Thron beschmutzen, nicht dem von Christus eingesetzten heiligen Amt angelastet werden, sondern der Unterdrückung, die es erleiden mußte».[75]

Daß solchem Maule nicht schlecht von sich selber wird! Von Phrasen, kläglicher doch fast noch als was sie bemänteln...

Papst Johann XIII. (965–972), wohl ein Sohn Theodoras d. J., der Schwester Marozias, war laut dem «Liber pontificalis» der Sohn eines Bischofs. Während des Schismas zwischen seinen Vorgängern Leo VIII. und Johann XII. hatte er sich zweideutig verhalten, opportunistisch; hatte Johann XII. angeklagt, darauf für Leos Erhebung gestimmt, dann dessen Absetzung unterzeichnet. Johann XIII., herrschsüchtig und germanophil, kooperierte eng mit dem Kaiser, hielt mit diesem gemeinsam Synoden in Rom und Ravenna. Er verfeindete sich mit dem heimischen Adel und dem Volk. Er förderte rücksichtslos seine Verwandten und wurde schon nach wenigen Monaten, Mitte Dezember, von den Römern unter Führung des Stadtpräfekten Petrus und des kampanischen Grafen Rotfred gestürzt, verhöhnt, mißhandelt, erst in der Engelsburg, dann in der Campagna unter Rotfreds Aufsicht eingekerkert. Mit Hilfe von Verwandten konnte er jedoch anfangs 966 fliehen und nach allerlei Scharmützeln mit seinen Gegnern im November 966 an der Spitze eines Heeres aus kaiserlichen und eigenen Soldaten im Triumph nach Rom zurückkehren.

Kurz darauf ließ dort Otto – der große, von Gott gekrönte Cäsar, der dritte Konstantin, wie ihn der Papst in einer Bulle pries – die am Aufstand beteiligten Adeligen nach Deutschland deportieren, die Führer des Volkes aber, die zwölf Milizkommandanten der zwölf Regionen Roms, dazu einen dreizehnten aus Trastevere, hängen. Für den auf der Flucht ergriffenen Stadtpräfekten Petrus hatte sich Seine Heiligkeit selbst, immerhin ein Beweis kreativer Phantasie, eine bizarre Spezialbehandlung ausgedacht, die in papalem Kreis sogar eine gewisse Schule machte. Erst wurde der Namensvetter des Apostelfürsten auf päpstlichen Befehl mit geschorenem Bart an den Haaren aufgehängt. Dafür mißbrauchte der Heilige Vater als Pranger die Reiterstatue Marc Aurels, die man (irrtümlich) für ein Monument des hl. Kaisers Konstantin I. hielt (den sog. Caballus Constantini), weshalb sie vor dem Lateran stand. Dann wurde der Nackte mit einem Kuheuter an Kopf und beiden Hüften nebst Glöckchen garniert und rücklings auf einem Esel unter Schlägen durch die Stadt getrieben, wobei Petrus das Gesicht gegen den Schwanz des Tieres (sein Zügel sozusagen) halten mußte. Er wurde eingekerkert und endlich nach Deutschland exiliert. Der Kerkermeister des Papstes in der Campagna, Graf Rotfred, war bereits erschlagen, allerdings auf kaiserliche Anordnung wieder ausgegraben und vor die Stadt geworfen worden.[76]

Hauptstütze und Nutzniesser auch in Italien: der Klerus

Von 961 bis zu seinem Tod 973 weilte Otto I. nur noch selten in Deutschland. Zehn von seinen letzten zwölf Lebensjahren verbrachte er in Italien, in dessen Süden drei Kriege führend, gegen die moslemischen Araber und das christliche Byzanz. Nördlich der Alpen und im Westen, wo er gegen Frankreich die Hegemonie, ja eine faktische «Mitregentschaft» errungen und Burgund in Abhängigkeit gebracht hatte, wurde er durch Erzbischof und Erzherzog Brun vertreten. Die Erziehung und Vormundschaft seines Sohnes Otto II. lag in den Händen von Erzbischof Wilhelm von Mainz. Der Regent selbst hielt sich zur Wahrung seiner Herrschaft besonders in Rom auf, wo er 962 vom Heiligen Vater – und von welchem! – zum Kaiser gekrönt, wo das «imperium christianum» von neuem begründet und die künftige Geschichte Deutschlands mit der Zukunft des Papsttums verbunden worden ist, wie dieses selbst mit dem deutschen Reichskirchensystem.

Im Süden der Halbinsel erhoben Otto und seine Nachfolger, in bewußtem Rückgriff auf die sogenannte Karlstradition, Anspruch auch auf das Herzogtum Benevent, also auf das kontinentale Süditalien, ausgenommen das – seit der Zeit Kaiser Justinians (I 7. Kap.) – byzantinische Südapulien, Südkalabrien und die kleinen tyrrhenischen Seerepubliken.

Die so oft und noch heute idealisierten, romantisch verklärten, besonders seit Otto I. einsetzenden Italienzüge der deutschen Kaiser – eine Politik, die im 13. Jahrhundert gescheitert ist – waren in der Forschung lang und heiß umstritten. Hauptkontrahenten: der Ranke-Schüler und Bismarck-Gegner Heinrich von Sybel (gest. 1895), der die deutsche Kaiserpolitik des Mittelalters verwarf, und Julius Ficker (gest. 1902), der sie verfocht. Mit Objektivität, ohnedies in der Geschichtsschreibung unmöglich (vgl. I Einleitung!), hatte auch dieser Streit nichts zu tun. Sybel lehnte von seinem kleindeutschen Standpunkt aus ab, Ficker verteidigte von seiner katholisch-großdeutschen Position her. So bestimmten fast ausschließlich tagespolitische Vorstellungen die historische Debatte, da eben die kleindeutsche, dort die großdeutsche Sicht. Weil all dies aber zur Zeit keine Rolle spielt, ist zur Zeit auch für die historische Forschung «der ganze Streit recht unfruchtbar» (Hlawitschka). Johannes Fried allerdings erinnert an «die erschütternde Einsicht» Ottos von Freising kaum zweihundert Jahre später, «der Heerzug nach Italien sei ein Opfergang gewesen, den der König angetreten habe, um die wankende Kirche zu stützen; kaum war sie wieder erstarkt, habe sie sich gegen ihren Helfer von einst, den deutschen König und Kaiser, gewandt», womit der Investiturstreit heraufzog.

Eines steht fest: Wie Ottos I. Ostpolitik, so diente, ungeachtet vieler Differenzen im Detail, selbstverständlich auch seine Italienpolitik der eigenen Machtbereicherung und der systematischen Ausplünderung des Landes.

Eng involviert war auch im ottonischen Süden – was man unlängst wenig überzeugend zu bagatellisieren, ja umzuinterpretieren versuchte – wieder der Klerus, «indem die Kirchen besonders gefördert und zu Stützen der Reichsgewalt ausgebaut wurden» (Handbuch der Europäischen Geschichte). Ottos «Hauptstütze in Italien waren hierbei die Bischöfe, die ihre Position mit deutscher Hilfe verstärkten. Ihnen wurden große Zuwendungen gemacht...» (Stern/Bartmuß).[77]

Gewiß wünschten Otto und seine Nachfolger keinen übermächtigen Episkopat. Aber starke Kirchenfürsten konnten ihnen nur willkommen sein, wie in Deutschland so selbstverständlich, trotz der Unterschiede, auch jenseits der Alpen. Im Grunde setzten sie die sehr klerusfreundliche Politik der Karolinger fort, bauten sie noch aus, mögen sie auch entschiedener verfahren sein. Ganz zu schweigen davon, daß auch ihre Gegner in Italien den hohen Klerus oft begünstigt haben.

Otto I. jedenfalls stattete bestimmte Bistümer mit Königsland aus, mit öffentlichen Rechten, Einkünften. So vermehrte er etwa, um dies zu exemplifizieren, bemerkenswert die Macht des Bischofs Aupald von Novara, dessen Vorgänger Petrus II. offen gegen Berengar aufgetreten war. So wurde Bischof Bruning von Asti, der Erzkanzler Lothars und Berengars, auch Erzkanzler Ottos. Dazu bekam er die weltliche Gewalt über seine Bischofsstadt sowie über deren Umfeld. Und sein Nachfolger Rozo erhielt außer weiteren rechtlichen und wirtschaftlichen Privilegien, wie das Recht, Zoll zu erheben, Märkte, Häfen anzulegen, ja Befestigungen zu bauen, offenbar auch größere Besitzzuteilungen.

Bischof Hubert von Parma (960–980), noch im Sommer 961 Kanzler bzw. Erzkanzler Berengars II. und Adalberts, ist im Februar 962 bereits bei Ottos Kaiserkrönung zugegen und erfährt die allerhöchste Gunst schon im folgenden Monat. Nicht nur bestätigt Otto der Parmenser Bischofskirche eine Reihe älterer Vergabungen, Immunität, Königsschutz, Inquisitionsrecht, sondern er verleiht Hubert auch die Rechte eines Pfalzgrafen über Stadt und Umkreis, was ihn da zum «Alleinherrscher» macht. Ja, Otto favorisiert den Prälaten auch in Grafschaften, wo das Bistum Besitzungen hat – «noch dazu strategisch günstig gelegene(n) Kirchenbesitz...» (Pauler). Und selbstverständlich begleitet Bischof Hubert den Kaiser auch im Krieg; er übernahm bei dessen drittem Italienzug sogar das Erzkanzleramt, da der bisherige Erzkanzler Wido von Modena gerade wieder mal abgesprungen war.[78]

Bischof Wido von Modena (943–968), der von Mal zu Mal die Fronten wechselte, erst 945 Berengars Erhebung unterstützte, bald darauf Hugos Sohn Lothar, dann Otto I., ehe er noch einmal zu König Adalbert überging, wurde gleichwohl von allen Seiten beschenkt. Von Lothar erhielt er, «dilectus fidelis noster», Güter in der Grafschaft Comacchio, von Berengar II. drei Burgen. Ein Jahrzehnt, von 952 bis 961, war er, bei guter Beziehung, versteht sich, zu seinem Herrn, Berengars Erzkanzler. Dann führte er dasselbe Amt, zu Otto übergelaufen, unter diesem fort, wofür er von ihm den Besitz der Berengar-Söhne Wido und Konrad in mehreren Grafschaften bekam, möglicherweise ohne großen Nutzen daraus ziehen zu können. Roland Pauler, der die Verräterei des notorisch treulosen Kirchenfürsten Schritt für Schritt verfolgt, kann dann, als Hlawitschka-Schüler, doch nicht umhin, Ottos höchsten Berater (summus consiliarius) auch zu loben: «Zunächst strebte er danach, seine eigene Macht zu erweitern, und es war ihm auch das Mittel des Verrats nicht zu schlecht, um seine Ziele zu erreichen; dann aber erfüllte er unter den jeweiligen Herrschern seine Pflichten als Reichsbischof, war Erzkanzler, missus und Helfer im Schlachtfeld wie ein weltlicher Vasall auch.»[79]

Ehre, wem Ehre gebührt.

Anders gesagt: Verbrechen müssen im richtigen personellen Rahmen verbrochen werden. Das heißt: stets in der potentesten Komplizenschaft.

Der Machterweiterung und Ausraubung (etwas akademischer: dem deutschen Feudalstaat) galt natürlich auch Ottos Süditalienpolitik.

Der Kaiser erringt
«eines der wichtigsten Lebensziele in seinen letzten Regierungsjahren»

Ottos Bastionen waren in Italien die drei – den Kirchenstaat vom byzantinischen Süden trennenden – langobardischen Fürstentümer Capua mit Spoleto und Camerino sowie Benevent und Salerno, die dann, nach Ottos Tod und nur für kurze Zeit, Fürst Pandulf I. Eisenkopf in Personalunion vereinigte. Schon Anfang 967 hatte Pandulf dem Kaiser gehuldigt, ebenso Landulf von Benevent, jener dafür mit den Markgrafenschaften Spoleto und Camerino, dieser mit einer generösen Bestätigung seines Besitzes belohnt. Freilich betrachtete auch Byzanz seit alters diese langobardischen Gebiete als seine Interessensphäre und beanspruchte die Oberhoheit. Otto aber ließ an Weihnachten 967 seinen gleichnamigen Sohn in Rom (nach dem Beispiel Ludwigs des Frommen, Lothars I., Ludwigs II.) zum Kaiser krönen – das einzige Doppelkaisertum der deutschen Geschichte –, um den Konflikt durch die Ehe mit einer byzantinischen Prinzessin beizulegen. Dies jedoch scheiterte an der von Kaiser Nikephoros Phokas geforderten Preisgabe Benevents und Capuas.[80]

So holte man keine Braut heim – sondern führte Krieg. Er begann im Süden im Anschluß an Ottos dritten Italienzug (966). Im nächsten Jahr kommandierte der Basileus ein Heer quer durch den Balkan, um in Süditalien einzugreifen, ohne daß es dazu kam. Dafür eröffnete Otto den Kampf. Über Capua und Benevent fiel er in Apulien ein und verwüstete im Herbst 968 monatelang das griechische Kalabrien. «Otto war kriegslustig», versichert Kirchenhistoriker und Theologe Albert Hauck, «und begierig nach Eroberungen; niemals konnte er der Versuchung, einen kühnen

Zug zu unternehmen, der großen Lohn verhieß, widerstehen.» Kriegslustig, das waren diese katholischen Herren doch fast alle – schon seit mehr als einem halben Jahrtausend! Doch kein Kastell wurde jetzt gewonnen, keine Feldschlacht geschlagen, Bari nicht erobert. Auch Bischof Liutprands diplomatische Bemühungen in Konstantinopel mißlangen völlig; woraufer sein episodenreiches Pamphlet «Gesandtschaft an den Kaiser Nikephorus Phokas in Konstantinopel schrieb (den er darin «ausgebrannte Kohle» nennt, «altes Weib», «Waldteufel», «Wildsau», «Hornochse», «Borstenvieh» u.a.m., der für ihn «Äuglein wie ein Maulwurf» hat und «ein Schweinsgesicht», kurz einer, «dem man um Mitternacht nicht begegnen möchte»). Der Basileus verlangte jetzt mehr: ganz Süd- und Mittelitalien, einschließlich Rom, und versagte Otto auch die Anerkennung der Kaiserwürde.

Der Beherrscher des Westens verließ bald das Kampfgebiet, sandte aber ein neues Truppenkontingent, Schwaben und Sachsen. Nachdem es in Benevent die Messe gehört, fiel es mit dem Segen von Erzbischof Landulf in Apulien ein, schnitt nach dem Sieg von Asculum den gefangenen und immerhin christlichen Byzantinern die Nase ab und schickte sie «mit abgeschnittener Nase in das neue Rom zurück» (Widukind) – «gewiß ein nennenswerter Erfolg der deutschen Waffen» (C. M. Hartmann).

Im Frühjahr 970 drang dann Otto wieder selbst im Süden vor, verheerte die Umgebung von Neapel, brandschatzte in Apulien weit und breit, trieb das Vieh fort. Die christliche Regierung von Byzanz warf dem christlichen Sachsenkaiser sarazenische Söldner entgegen. Doch wenn Liutprand auch recht oberhirtlich protzte, daß die «vielen Schwächlinge» des Nikephoros, «denen nur ihre Menge Mut gibt, von unseren wenigen, aber kriegsgewohnten, ja nach Krieg dürstenden Streitern zermalmt werden» – weder Otto I. noch Otto II. konnten Apulien dem nördlichen Reichsteil dauerhaft angliedern.[81]

Eine Wende im Kampf der Waffen und der Diplomaten erbrachte eine der vielen byzantinischen Palastrevolutionen.

In der Nacht vom 10. auf 11. Dezember 969 fiel Kaiser Nikephoros einer Verschwörung seiner Gattin mit seinem Vetter und Nebenbuhler Johannes Tzimiskes, einem General, zum Opfer. Die Bluttat kam auch der Kirche zugute. Patriarch Polyeuktos (956–970) fügte nämlich den Herrscherwechsel gleich zu seinem Vorteil. Er verweigerte dem Mörder so lang die Krönung, bis dieser sich bereit erklärte, die Bestimmungen des Nikephoros gegen das Überhandnehmen des Klosterbesitzes sowie die Zulassung zum Bischofsamt ohne kaiserliche Einwilligung zurückzunehmen.

Im Westen führte der Umsturz zum Frieden, der Apulien bei Byzanz beließ, Capua und Benevent beim deutschen Kaiser. Doch gewann man nicht die Wunschbraut, die Porphyrogenita Anna, dafür aber, mit vielen Reliquien, die Prinzessin Theophanu, eine Nichte des neuen Kaisers Johannes Tzimiskes, zwar nicht in der Porphyra, im Kaiserpalast geboren, doch schön und klug. Am 14. April 972 wurde sie mit dem etwa gleichaltrigen 16jährigen Otto in der Peterskirche zu Rom vermählt und durch Johann XIII. zur Kaiserin gekrönt.[82]

Dabei konnte Otto «der Große» seinen rastlosen Ehrgeiz insofern befriedigen, als der oströmische Kaisermörder und Kaiser (vielleicht auch, weil er sich noch nicht so fest im Sattel fühlte) nun die weströmische Kaiserwürde anerkannte – eine Würde, die in aller Regel freilich sehr viel mehr Verbrechen an der Menschheit einschließt als Wohltaten für sie. Doch war die Anerkennung als zweiter gleichberechtigter Imperator für Otto «eines der wichtigsten Lebensziele in seinen letzten Regierungsjahren» (Glokker).[83]

Als der Kaiser am 7. Mai 973 auf seiner Pfalz zu Memleben starb – nicht ohne «die Stärkung der hl. Wegzehrung» (Thietmar) –, umfaßte das deutsche Reich rund 600 000 Quadratkilometer, wozu südlich der Alpen noch 150 000 bis 160 000 Quadratkilometer kamen. Und das Volk rühmte Otto, laut Widukind, nach, er habe «die übermütigen Feinde, Awaren (Ungarn), Sarazenen, Dänen, Slawen, mit Waffengewalt besiegt, Italien unterworfen, die Götzentempel bei den benachbarten Heiden zerstört, Gotteshäuser und geistliche Stände eingerichtet», ja, sie redeten «noch viel anderes Gute (!) über ihn». Hinterließ doch der Kaiser der Römer und König der Völker, so schließt der Mönch das dritte und letzte Buch seiner Sachsengeschichte, «in kirchlichen wie in weltlichen Dingen viele ruhmwürdigen Denkmäler der Nachwelt». Und auf dem Deckel seines Sarkophags nennt ihn eine Inschrift (auf Goldblech) «die höchste Ehre des Vaterlandes« und den «Stolz der Kirche».[84]

11. KAPITEL

KAISER OTTO II. (973–983)

«Pallida mors Sarracenorum» – bleicher Tod der Sarazenen.
Otto I. Bischof von Freising[1]

«Glücklich war seine Jugend, jedoch am Ende des Lebens
Suchte ihn Unglück heim, da schwer wir alle gesündigt.»
Thietmar von Merseburg[2]

Kleriker in Herrschernähe

Otto II. wurde im Jahr der großen Ungarnvernichtung am Lech sowie, noch im selben Herbst, des großen Slawengemetzels als viertes Kind Ottos I. (und seiner zweiten Frau Adelheid) geboren, wurde sechsjährig 961 in Aachen zum König, zwölfjährig 967 in Rom zum Mitkaiser gekrönt. Der Kapellan Folkold, seit 969 Bischof von Meißen, und der St. Galler Mönch Ekkehard II. erzogen ihn. Und sicher haben, neben der frommen Mutter, auch sein Onkel, Erzbischof Brun von Köln, und sein Bruder, der außereheliche älteste Kaisersohn Erzbischof Wilhelm von Mainz (für Bestechung alles!), auf den Prinzen gewirkt. Zumal dem Bischof Wilhelm wurde während Ottos I. Abwesenheit 961 und 966 der Thronfolger ausdrücklich «zum Schutz und zur Erziehung» anvertraut (Adalberti continuatio Reginonis).

Kein Wunder, daß die Zeitgenossen Ottos Frömmigkeit loben, daß ihn Thietmar geradezu «maßlos in frommen Werken» nennt. So schenkte er dem Bischof Giselher von Merseburg, einem seiner Günstlinge, «erstens die Abtei Pöhlde, dann die Burg Zwenkau mit allem Zubehör zum Dienste für St. Johannes den Täufer; ferner überließ er ihm das gesamte, von der Mauer umschlossene Ortsgebiet Merseburgs samt Juden, Kaufleuten und Münze, ferner einen Forst zwischen Saale und Mulde bzw. zwischen den Gauen Siusuli und Pleißnerland; ferner Kohren, Nerchau, Pausitz, Taucha, Portitz und Gundorf; das alles bestätigt er durch eigenhändig vollzogene Urkunden».

Der Bischof Giselher, «ein stets auf Emporkommen erpichter Krämer» (mercenarius, ad maiora semper tendens), konnte dies natürlich brauchen. Und um Erzbischof zu werden, berichtet Thietmar wieder, «bestach er mit Geld alle Fürsten, besonders die römischen Richter, denen stets alles käuflich ist...»

Erheblichen Einfluß auf den rex iunior gewann sein jahrelanger Ratgeber, der intrigante Bischof Dietrich I. von Metz; als Schwestersohn der Königin Mathilde und Vetter Ottos I. wie Erzbischof Bruns, die ihn beide zum Oberhirten machten, gleichfalls ein Mitglied des kaiserlichen Hauses und (ebenfalls) im Rufe kolossaler Geldgier stehend. Bischof Thietmar meldet, der Metzer Kirchenfürst sei von Erzbischof Giselher für «1000 Pfund Gold und Silber... für die Verdunkelung der Wahrheit» bestochen worden. Der Kaiser selbst ließ ihm wohl nicht nur «scherzhaft» sagen: «Gott sättige dich im Jenseits mit Gold, wir hier können es alle nicht!» Freilich vermehrte er auch die Gnadenfülle seiner Bischofsstadt durch einen imposanten Reliquienfond, den er eigens aus Italien transferierte, wo heilige Knochen zu den edelsten Bodenschätzen zählen.

Beträchtlichen Einfluß auf Otto II. übte Erzbischof Willigis von Mainz aus (975–1011), der als Ottos Erzkapellan und Erzkanzler für Deutschland amtierte, wo er noch heute als Heiliger verehrt wird, nicht zuletzt in Mainz.

Gewicht in der Regierung hatte auch, zumal seit der fast völligen Ausschaltung der Luitpoldinger, Bischof Hildibald von Worms, seit Herbst 977 Leiter der deutschen Königskanzlei; ein Amt, das er als erster Kanzler auch nach der Ernennung zum Oberhirten bis zu seinem Tod behielt. Dabei veranlaßte er zugunsten seiner episkopalen Macht, zur Sicherung und Erweiterung verschiedener Besitz- und Rechtstitel des Bistums, «die Fälschung oder Verfälschung von 18 Königsurkunden des 7.–10. Jahrhunderts» (Seibert). Und wie Erzbischof Willigis, ist auch dieser versierte Seelenhirte dann viele Jahre an der Vormundschaftsregierung für den Sohn und Nachfolger beteiligt. (Und Bischof Burchard von Worms, einer «der bedeutendsten Kanonisten des Frühmittelalters» [Lexikon für Theologie und Kirche], hat dann diese «Fälschungsaktivität» [Landau] mit «skrupelloser Feder» [Seckel] fortgesetzt.)

Eine Rolle am Hof Ottos II. spielten u. a. Bischof Hugo von Würzburg (983–990), ein Mitglied der kaiserlichen Kapelle, gelegentlich auch der hochadelige Abt Adso von Montier-en-Der (später als Verfasser einer Schrift über das Kommen des Antichrist bekannt geworden) sowie der gelehrte Gerbert von Aurillac, Abt, Erzbischof und schließlich Papst (Silvester II.).[3]

So setzte der Sohn, wenn auch mit geringerer «Kraft», die Politik, besonders die Kirchenpolitik, des Vaters fort, nicht zuletzt im Osten und Norden, und hatte die Bischöfe fast geschlossen hinter sich. In Italien aber ging er noch über den von Otto I. gesteckten Rahmen hinaus, beabsichtigte er doch von Anfang an, auch den Süden des Landes zu erobern, um es ganz zu beherrschen.[4]

KRIEGE UM BAYERN UND BÖHMEN

Geschah der Regierungsantritt auch noch reibungslos, erging es dem neuen Herrn doch bald wie dem alten. Immerhin sieben Jahre mußte sich Otto II. zunächst starker Gegenspieler im Inneren erwehren, besonders wieder aus dem christlichen Verwandtenkreis, vor allem Heinrichs II. von Bayern (955–976, 985–995).

Der Herzog, dessen Beiname der Zänker (rixosus) erst in der Neuzeit belegt ist, war ein Neffe Ottos I., also ein Vetter Ottos II. Und war sein Vater Heinrich I. von Bayern einst der gefährlichste Gegner Ottos I., seines Bruders, in dessen frühen Regierungsjahren, so wurde der Sohn, Heinrich der Zänker, bald der gefährlichste innenpolitische Kontrahent Ottos II. Die Macht des ehrgeizigen Bayern war offenbar enorm. Sie reichte von der sogenannten Nordmark, der heutigen Oberpfalz, über das bayerische Kerngebiet um Isar, Inn und Donau, über die Ostmark, das heutige Österreich, bis zu den italienischen Marken Aquileia und Istrien.

Die Gründe für Heinrichs Erhebung sind nicht ganz klar; aber

Rivalitätsmotive, Machtgier, Herrschaftserweiterung, Regentschaftsträume, Bedrohungsgefühle standen dahinter. Die Empörung (974–977) fand Rückhalt vor allem bei den übrigen Luitpoldingern, griff rasch auf Schwaben und Lotharingien aus, ja noch auf Böhmen und Polen. Dabei traten die bayerischen Bischöfe Abraham von Freising und zwei leibhaftige Heilige, der hl. Wolfgang, Bischof von Regensburg, und der hl. Alboin, Bischof von Brixen, auf die Seite des Rebellen. (Und aus dem Sohn des Zänkers machte der hl. Wolfgang, Erzieher der Herzogskinder, einen weiteren, sogar besonders herrlichen Heiligen, dem wir leider erst im nächsten Band begegnen werden: den hl. Kaiser Heinrich II.) Aber auch die Bischöfe von Trier, Metz und Magdeburg hielten es mit dem Bayern. Haben doch gerade Bischöfe «immer wieder in der Ottonenzeit die Partei der Aufständischen ergriffen», und zwar «in aller Regel Bischöfe ... aus vornehmsten Adelsfamilien» (Althoff/Keller).

Da das Komplott verraten wurde, kam Heinrich nach Ingelheim in Haft. Anfang des Jahres 976 floh er nach Regensburg, das Otto II., nach diversen militärischen Zusammenstößen im Bayerischen, noch im selben Sommer einnahm, während die in seinem Heer kämpfenden Bischöfe den Zänker nebst Anhang exkommunizierten, er selbst aber nach Böhmen entkam.

Denn auch im Osten standen gut katholische Fürsten gegen den gut katholischen Kaiser. So der Pole Mieszko I., der seit seiner Taufe die Mission eifrig gefördert und damit «den Anschluß an das christliche Europa» (Lübke) vollzogen hatte. Mit ihm Schulter an Schulter: sein Schwager Boleslav II., anders als sein Vater Boleslav I. der «Grausame» (S. 404 ff.) mit dem Beinamen «der Fromme» geschmückt (967 [973?]–999); ein eifriger Förderer des Klerus, Erbauer und Ausstatter von angeblich 20 Kirchen, mehreren Klöstern, auch von jenem Nonnenhaus, in dem seine Schwester Milada unter dem Namen Maria Äbtissin wurde. Der Prager Domdechant Cosmas (gest. 1125) sah in seiner «Chronica Boemorum», der ersten böhmischen Chronik, in Boleslav II., dem Rebellen gegen den christlichen Kaiser, geradezu «die wahre und reine Christusliebe» glühen. «Alles, was Gerechtigkeit, den katholischen Glauben, die christliche Religion betraf, dessen nahm er sich mit Feuereifer an.»[5]

Mit Feuereifer aber attackierte auch Otto II. den in Christusliebe erglühten Tschechenfürsten, den Bundesgenossen des rebellischen Zänkers, in drei Feldzügen. Er verwüstete Böhmen 975 und 976, vermochte jedoch, trotz eines starken Heeres «gegen die beiden gar nichts». Im Gegenteil, ein großer bayerischer Hilfstrupp wurde auf dem Anmarsch zu Ottos Unterstützung, denn Bayern war wieder einmal gespalten, in einem Lager bei Pilsen vernichtet. «Die Baiern wuschen sich am Abend, ohne sich durch Wachen zu sichern. Schon war der gepanzerte Gegner da, streckte die ihm nackt entgegen Laufenden in ihren Zelten und auf den Wiesen nieder und kehrte mit aller Beute froh und unbeeinträchtigt heim» (Thietmar).

Während der Kaiser in Böhmen operierte, nutzte der Zänker die Zeit in Bayern und es kam zu dem «Aufstand der drei Heinriche», dem sich sogar mächtige Sachsen anschlossen, wie Markgraf Gunther von Merseburg und Graf Dedi von Wettin. Heinrich von Bayern okkupierte jetzt das für die Verbindung nach Böhmen bedeutsame bischöfliche Passau. Es geschah gemeinsam mit dem gerade erst 976 von Otto zum Herzog von Kärnten erhobenen und ihn nun schnöd bekriegenden Heinrich dem Jüngeren, dem Sohn Herzog Bertholds aus der einflußreichen Luitpoldingersippe. Und der dritte Heinrich, der gleichfalls luitpoldingische Bischof Heinrich I. von Augsburg, sicherte unterdessen die Donaustraße, vor allem durch die Besetzung des strategisch wichtigen Neuburg.

Erst im August 977 konnte Otto auf einem dritten Kriegszug Böhmen unterwerfen, im September auch Passau erobern. Er ließ es zerstören und auf dem Magdeburger Hoftag im Frühjahr 978 die drei Heinriche verbannen. Der Zänker kam nach Utrecht zu Bischof Folkmar, zuvor Ottos II. Kanzler, und blieb dort bis zum Tod des Kaisers. Dann ließ ihn der Bischof frei und schloß sich ihm an. Auch Herzog Heinrich III. der Jüngere von Kärnten wurde fünf Jahre hinter Schloß und Riegel gebracht, dagegen der Dritte im Bunde, Bischof Heinrich von Augsburg, nur etwa vier

Monate in Werden verwahrt. Den Zänker aber hatte der Kaiser nicht nur abgesetzt, er hatte inzwischen auch rigoros das Herzogtum beschnitten, nämlich Kärnten sowie die seit 952 zu Bayern gehörenden Gebiete südlich der Alpen davon getrennt, die oberitalischen Marken Friaul, Istrien Aquileia, Verona, Trient, die zu Kärnten gekommen waren.[6]

Im übrigen ging es mit Krieg im Osten weiter.

Der polnische Staat, um die Mitte des 10. Jahrhunderts entstanden (S. 461 f.), dehnte sich aus und nahm es offenbar mit seinen «Verpflichtungen» so wenig genau wie die Slawen zwischen Elbe und Oder. Deshalb stellte Otto durch einen Feldzug 979 nicht nur deren Abhängigkeit wieder her, sondern nötigte auch die Polen zu erneutem Tribut. Als Katholik Mieszko I. freilich nach dem Tod seiner böhmischen Frau Dobrawa (977) die hochadelige sächsische Nonne Oda aus dem Kloster heraus heiratete, war dies zwar zunächst verdrießlich für Bischof Hildiward von Halberstadt, doch zweifellos zum Vorteil für die weitere Verbreitung der Frohen Botschaft in Polen. Immerhin verfügte Mieszko, der «König des Nordens», über eine Gefolgschaft von 3000 Gepanzerten. Und während sich nun die deutsche und polnische Seite immer näher kamen, erkalteten gleichzeitig Polens Beziehungen zu Böhmen, ja es kam zwischen den zwei katholischen Ländern zu schweren Auseinandersetzungen, wobei Mieszko Schlesien größtenteils und Kleinpolen ganz erobert hat.[7]

Militärische Konflikte gab es auch im Westen.

KRIEG UM LOTHARINGIEN

Einst hatte dort Otto I. seinen Bruder Brun, den Kölner Erzbischof, zum Herzog gemacht und dieser die dortigen Bischofsstühle mit seinen Schülern besetzt und auch derart das unsichere Grenzland an das deutsche Reich gebunden.

Die bischöflichen Kirchen, auch in Lotharingien seit langem reich, wurden jetzt noch reicher und unabhängiger durch die sächsischen Kaiser, die sich gegen die Ansprüche der weltlichen Großen auf die Prälaten stützten. Dies führte dazu, «daß sie den Bischöfen und Äbten manches bis dahin den Grafen vorbehaltene Recht anvertrauten oder ihnen seine Wahrnehmung ohne besondere Bewilligung überließen. So gibt es fast keine genauen Angaben über die Übertragung des Rechts zur Münzprägung, und doch hatten die Bischöfe in den letzten Jahrzehnten des 10. Jhs. Münzwerkstätten in Händen und ließen ihren Kopf und ihren Namen auf den Geldstücken anbringen. Manche Abgaben vom Handel, auch die Einsetzung eines von ihnen gewählten Grafen, werden ihnen überlassen... Schließlich überhäuften die Kaiser die Prälaten mit Gütern, sie schenken ihnen Pfalzen, Wälder, Jagdrecht, ja sogar ganze Grafschaften. Im Verlauf eines Jahrhunderts, von 950 bis 1050, verwandeln sich die Bistümer in autonome Fürstentümer, deren alleinige Herren die Prälaten sind. In manchen Fällen kamen so stattliche Territorien zusammen und ließen in Lothringen das entstehen, was die Geschichte mit ‹Trois-Evêchés› (Drei Bistümer) bezeichnet» (Parisse).

Nach dem Tod Bruns 965 blieb sein Herzogtum unbesetzt, bis es Otto II. 977 dem westfränkischen Karolinger Karl verlieh, dem jüngeren Bruder des französischen Königs Lothar (954–986).

Karl, in der rein männlichen Linie der vorletzte Nachfahre Karls «des Großen», väterlicherseits also der Karolinger-, mütterlicherseits aber der Ottonendynastie entstammend, war ein jüngerer Sohn König Ludwigs IV. von Frankreich und seiner Gattin Gerberga, der Schwester Ottos I., und durch seinen Bruder Lothar in vieler Hinsicht benachteiligt. Seinerseits hatte er allerdings dessen Gattin Emma, eine erstehliche Tochter der Kaiserin Adelheid, schwer beleidigt, sie nämlich des Ehebruchs mit Lothars einstigem Kanzler, dem Bischof Adalbero von Laon, bezichtigt (einem Neffen des Erzbischofs Adalbero von Reims). Und seit Karls Ernennung zum Herzog von Niederlothringien (977–991) fürchtete Lothar wohl die Rivalität des unglücklichen Bruders, dieses traurigen Opfers dauernden Machtgerangels zwischen dem französischen und deutschen Königtum; er mußte sie bedrohlich finden, zumal der durch ihn – gegen die karolingische

Tradition – vom Thron ausgeschlossene, überdies mit keinerlei Besitz ausgestattete Karl Anspruch auf die französische Krone erhob.

Als daher Otto 977 das vakante Herzogtum Niederlotharingien Karl gab, provozierte er den mit seinem Bruder zerstrittenen König Lothar, der darauf eine Rückeroberung Lotharingiens unternahm. Schon Lothars Name hatte programmatische Bedeutung, schon sein Vater, König Ludwig IV., nicht zufällig mit der lotharingischen Herzogswitwe Gerberga verheiratet, 939 Lotharingien militärisch zurückzugewinnen versucht, überhaupt das westfränkische Königtum seinen Anspruch auf Lotharingien nie aufgegeben. Blitzartig fiel dort Lothar im Juni 978 mit starken Kräften ein und stieß, unterstützt von Herzog Hugo Capet, bis Aachen vor, wobei ihm ein Handstreich auf seinen Schwager Otto II., der gerade in der Pfalz weilte, knapp mißlang.

Mönchschronist Richer von Reims schildert als unmittelbarer Zeitzeuge den Überfall in seinem für Frankreichs Geschichte im ausgehenden 10. Jahrhundert wichtigen Werk (lediglich in dem Autograph des Autors tradiert und erst im 19. Jahrhundert in Bamberg wieder entdeckt): «Die königlichen Tische wurden umgeworfen, die Speisevorräte von den Troßknechten geplündert, die königlichen Insignien aus den inneren Räumen geraubt und fortgetragen. Den eisernen Adler, der auf dem Giebel der Pfalz von Karl dem Großen in fliegender Stellung aufgerichtet worden war, drehten sie nach Osten, denn die Germanen hatten ihn nach Westen gedreht, um so auf feine Art anzuzeigen, daß die Gallier durch seinen Flug einmal besiegt werden könnten.»

Nur durch Flucht entging Otto II. der Gefangenschaft. Im Herbst 978 aber drang er im Gegenangriff mit einem Heer vor, in dem nicht nur Herzog Karl von Niederlotharingien, sondern auch wieder ein wirklicher Heiliger, der hl. Wolfgang, kämpfte – ausgebildet an der Reichenauer Kloster-, an der Würzburger Domschule; durch den Helden von Augsburg, Bischof Ulrich, Priester; auf Veranlassung vor allem des großen Urkundenfälschers Bischof Pilgrim seit Januar 973 Bischof von Regensburg; 1052 heiliggesprochen: Patron der Holzhauer, Zimmerleute, Hir-

Krieg um Lotharingien 529

ten, Schiffer, Helfer bei Augen-, Fußleiden, Kreuzweh, doch auch
«allgemeiner» Nothelfer. Als «Wolfgangs-Medaillen» vertrieb
man später gern am Rosenkranz getragene Beile, die sogenannte
Wolfgangshacke, «daher auch die Hackelbruderschaften». Zu
Lebzeiten förderte er «Frömmigkeit und Sittlichkeit des Volkes»,
setzte überhaupt als Bischof «das strenge Leben des Mönchs fort;
seine Zeit teilte er zwischen Gebet, Amtsarbeiten und Studium»
(Lexikon für Theologie und Kirche) – und gelegentlichen kleinen
Kriegszügen, wie eben damals wider die bösen Westfranken
(Franzosen).

Der Magdeburger Kanoniker und emsige Missionserzbischof
Brun von Querfurt verurteilte allerdings unter dem Eindruck der
Cluniazensischen Reformen wie persönlicher Animositäten den
Überfall des Königs auf Frankreich und schrieb: «Es wäre besser,
eifrig die Heiden zu bekämpfen, anstatt ein stattliches Heer gegen
die christlichen Brüder, die karolingischen Franken zu sammeln.»
Ein katholischer Pazifist und Heiliger, wie er im Buch steht: «Vertrat das Prinzip der friedlichen Überzeugungsmission, ohne den
Missionskrieg rundweg abzulehnen» (Lexikon für Theologie und
Kirche).

Otto II. stieß im Herbst 978 bis fast nach Paris vor, «alles
verwüstend und niederbrennend» (Thietmar), Kirchen und Klöster aber schonend. Ja, er beschenkte sie und betete darin;
zerstörte allerdings auch die alten karolingischen Pfalzen Attigny, Soissons und Compiègne, ein empfindlicher Verlust an
Machtsubstanz westlichen Königtums. Und ehe ihn der nahe
Winter, Nahrungsmangel, ausbrechende Krankheiten im November zum Rückzug zwangen, versammelte er alle Pfaffen
seines Heeres auf dem Montmartre und ließ sie noch ein Halleluja über die Stadt donnern.

Auch der hl. Wolfgang schrie seinerzeit mit, der so beredte
Prediger eines lebendigen Evangeliums: «Sehet, das wirkt der
Glaube, solche Früchte trägt er.» Und als er beim ruhmreichen
Rückzug über die angeschwollene Aisne ins Wasser sprang, folgten ihm die Seinen vor den nachsetzenden Franzosen. «Niemand
kam dabei um das Leben», melden Wetzer/Welte – fast ein Wun-

der. In Wirklichkeit freilich erlitt der ottonische Troß hier eine Schlappe, die sich der französischen Geschichtsschreibung gar zum Triumph verklärte, während die deutsche schrieb: «Der Kaiser kehrte mit Siegesruhm bedeckt heim...» (Thietmar). Beide Seiten siegten – auch das kennen wir noch.

Karl, der Herzog von Niederlotharingien, versuchte die Stunde zu nutzen und proklamierte sich 979 in Laon zum König, scheiterte indes wie immer, vor allem an den Machtstrukturen im Westfrankenreich, nicht zuletzt auch am Episkopat, der ihm u. a. sein Vasallentum bei einem fremden Fürsten sowie seine «Mißheirat» vorhielt. König Lothar aber gab infolge innerer Schwierigkeiten bei einer persönlichen Begegnung mit Kaiser Otto im Mai 980 in Margut-sur-Chiers (bei Ivois) angeblich seine Ansprüche auf Lotharingien gänzlich auf. Doch bald nach Ottos Tod sicherte er sich ein Faustpfand. Er besetzte 984 Verdun und wiederholte nach seiner Vertreibung die Besetzung im nächsten Jahr.[8]

Auch der Kampf um den Thron ging weiter. Noch mehrmals griff Herzog Karl nach der Macht. Mag sein, daß er gelegentlich etwas extravagant vorging, wenn er etwa bei der Einnahme Cambrais – es blieb nicht unbezweifelt – sofort nach Verjagung der Grafen die teure Gattin rief, um mit ihr in rauschenden Orgien den Reichtum des Prälatenhofes zu verprassen und im bischöflichen Bett zu schlafen; aber so ungewöhnlich war das ja wohl nicht.

Karls letzter Kraftakt, wobei er wiederholt auch Bischof Adalbero aus Laon verscheuchte, endete in eben dieser Festung, nachdem sich der Prälat in alter Pfaffenschläue mit Karl ausgesöhnt, mehr und mehr befreundet und diesem «mit den heiligsten Eiden» (Glocker) seine Treue versichert hatte. Doch in der Nacht nach dem Palmsonntag im März 991 lieferte Bischof Adalbero die Festung samt Karl dessen damaligem Gegenspieler, dem französischen König Hugo Capet aus, der ihn nebst Familie in seinen Kerker nach Orléans warf, in dem Karl zu einem unbekannten Zeitpunkt gestorben ist.

Auch im Norden wurde Otto II. tätig.

KRIEG IM NORDEN

Nach allen Himmelsrichtungen hatten die Franken ihr Reich ausgedehnt, auch gegen Skandinavien hin. Als besonders markanter Punkt spielte dort der bedeutende Fernhandelsplatz Haithabu (Hedeby) im nördlichen Schleswig in der Kriegsgeschichte immer wieder eine Rolle. Er lag auf dänischem Gebiet, wenn auch nicht weit von der Grenze zu den Sachsen, die ja einst auch nicht zu den Franken gehörten! Im Jahr 804 hatte König Gudfred (Gøttrik) von Haithabu aus mit Karl «dem Großen» verhandelt, der jenseits der Elbe stand und 808 und 810 wider jede Gewohnheit zwei Verteidigungskriege gegen den aggressiven Dänen führen mußte (IV 495).

Allerdings wollte auch dieser sich schützen und arbeitete wohl schon am Danewerk («Gøttrikswall», 808 in schriftlichen Quellen genannt), an jener mächtigen, auch Haithabu berührenden Befestigung vom Langwalltyp, woran die Dänen vom 8. bis zum Ende des 12. Jahrhunderts bauten, um den Zugang nach Jütland zwischen Nord- und Ostsee zu sperren; ein Verteidigungssystem vor allem gegen Franken und Deutsche. So versuchte man im 9. Jahrhundert zunächst missionarisch vorzudringen, zumal durch den hl. Ansgar, den ersten Erzbischof von Hamburg-Bremen (S. 470 ff.), der in Dänemark und Südschweden mit Vorliebe an Fernhandelsplätzen wirkte, und so auch eine Kirche in Haithabu errichtete, die «den Handelsplatz zum bevorzugten Ziel christlicher Kaufleute» machte (Riis).

Im 10. Jahrhundert rückte der Sieg Heinrichs I. über Gnuba 934 bei Haithabu die Grenze wieder ein Stück hinauf. Dann zwang Otto I. die Dänen, bei denen sich Deutschen- und Christenhaß verbanden, mit Gewalt zur Einführung der Frohen Botschaft. Und noch an Ostern 973 ließ Harald Gormsson Blauzahn (S. 472 f.), der erste christliche Dänenkönig, dem deutschen Kaiser einen «Zins» zustellen, hatte aber dazu im nächsten Jahr offenbar keine Lust mehr. Es kam zu einem Aufstand, die Dänen fielen im Frühjahr 974 im Bund mit dem Norweger Jarl Hákon, einem Heiden, in Nordalbingien ein. Otto schlug sie im Herbst zurück, stieß über das Danewerk am Nordrand der Mark bei Haithabu vor und errichtete jene Zwingburg bei Schleswig, welche die Dänen 983 erstürmten und zerstörten. War aber 974 die erste Folge der dänischen Niederlage die weitere Ausbreitung der christlichen Mission im Norden, nebst weiteren Tributleistungen, versteht sich, so lebte nach dem Sieg der Dänen das Heidentum bei ihnen wieder auf. Die deutschen Priester wurden aus dem Land gejagt, alles Deutschtum und Christentum ging jäh zugrunde.[9]

Die gewaltige Slawenrevolte des Jahres 983, bei der die Liutizen mit Hevellern, Redariern, Obodriten sich erhoben, soll bezeichnenderweise von einer Versammlung in der Tempelburg Rethra (Riedegost), wo man den Kriegsgott Svarozic (bzw. Radogost) besonders verehrte, ausgegangen sein, dem Zentralheiligtum (metropolis Sclavorum) aller nordwestslawischen Stämme. Sie siedelten zwischen Elbe/Saale und Oder, wo sie vor den Ottonen die Autonomie genossen, bis Otto I. und sein Markgraf Gero ihre Fürsten beseitigten und sie durch ein Netz von Burgwarden und Kirchen knechteten. In einem wütenden Sturm aber fegten sie nun ihre deutschen und christlichen Unterdrücker östlich der mittleren Elbe hinweg, zerstörten die Bischofssitze, mordeten, versprengten den Klerus und sicherten sich für einundeinhalb Jahrhunderte ihre Unabhängigkeit (1068 verheert dann Bischof Burchard von Halberstadt das Liutizenland und raubt das in Rethra verehrte heilige Roß.)

Markgraf Thiedrich und Herzog Bernhard I. von Sachsen (973–1011), der 973 die Nachfolge seines Vaters Hermann Billung angetreten und durch Jahrzehnte gegen Dänen und Slawen gekämpft, hatten die Menschen im Nordosten unterjocht, ausgeraubt, auch die Missionare sich nicht beliebter gemacht. Selbst Bischof Thietmar, der doch die «Schandtaten» der «Empörer», der «habgierigen Hunde» geißelt, eröffnet seine Schilderung des großen Slawenaufruhrs: «Völker, die nach Annahme des Christentums unseren Königen und Kaisern zu Tribut und Diensten verpflichtet waren, griffen, bedrückt durch die Überheblichkeit Herzog Dietrichs, in einmütigem Entschluß zu den Waffen.» Und bei seiner Erwähnung des Obodritenüberfalls auf die Burg Calbe an der Milde, wo die Slawen auch das Laurentiuskloster niederbrannten, gesteht er, sie «setzten den Unsrigen wie flüchtigen Hirschen nach, denn auf Grund unserer Missetaten (facinora) hatten wir Angst, sie aber guten Mut.»

Viel deutlicher noch läßt der trotz mancherlei Irrtümern wohlunterrichtete, reiche Quellen verwertende und auch (geistliche) Augenzeugen heranziehende Domherr Adam von Bremen (gest. vor 1085) die «Missetaten» der Christen erkennen. So notiert er nach Meldung eines großen Heidengemetzels und dem Angebot der Unterlegenen von 15 000 Pfund Silber: «Die Unseren kehrten triumphierend heim; vom Christentum aber war gar nicht die Rede. Die Sieger waren nur auf Beute bedacht.»

Gleich darauf berichtet er ein Gespräch mit einem «höchst wahrhaften» Dänenkönig, offenbar mit Sven Estrithson, bei dessen Konferenzen mit Erzbischof Adalbert von Hamburg Domscholaster Adam zugegen war, wobei er hörte, «daß die Slawenvölker ohne Zweifel schon längst vorher hätten zum Christentum bekehrt werden können, wenn die Habsucht der Sachsen dem nicht im Wege gestanden hätte; ‹denn›, sagte er, ‹diesen steht der Sinn mehr nach der Zahlung der Steuern als nach Bekehrung der Heiden›. Und die Elenden bedenken nicht, welcher Strafen sie sich durch ihre Gier schuldig gemacht haben, da sie zuerst in Slavanien das Christentum aus Habsucht störten, dann die Unterworfenen durch ihre Grausamkeit zum Aufstand zwangen und nun das Seelenheil derer, die zum Glauben kommen würden, unbeachtet lassen, weil sie von ihnen nichts weiter verlangen als Geld.»

Adam von Bremen erblickt in der Erhebung ein Gottesgericht, eine Züchtigung «unserer Ungerechtigkeit» und meint: «Denn in Wahrheit, wie wir, so lange wir sündigen, uns von den Feinden überwunden sehen, so werden wir, sobald wir uns bekehren, über unsere Feinde Sieger sein, und wenn wir von diesen nur den Glauben forderten, so würden wir gewiß den Frieden haben und hätten zugleich auch das Heil jener Völker begründet.»

Schon 980 war Bischof Dodilo von Brandenburg durch seine Diözesanen erdrosselt worden. Nun, am 29. Juni 983, zerstören die Liutizen das Bistum Havelberg, dessen Besatzung sie niedermachen, dessen Kirchen sie ruinieren. Was ans Christentum erinnert, wird vernichtet. Drei Tage später stürmen sie Brandenburg, wo schon zuvor Bischof Folkmar I. sich durch seine Flucht um das Martyrium bringt, dann auch, in letzter Minute, Markgraf Thiedrich samt seiner Mannschaft flieht. Der zurückgebliebene geringere Klerus wird gefangen, zum Teil getötet, der Dom verwüstet und ausgeraubt, die Leiche des von den Seinen strangulierten Dodilo, der beim Eintreiben der Zehnten sich besonders verhaßt gemacht und schon drei Jahre im Grab lag, aus dem Sarg gerissen, entkleidet – «die habgierigen Hunde plünderten sie aus und warfen sie dann achtlos zurück. Alle Kostbarkeiten der Kirche wurden geraubt und das Blut Vieler elendiglich vergossen. An Stelle Christi und seines Fischers, des hochwürdigsten Petrus, wurden fortan verschiedene Kulte teuflischen Aberglaubens gefeiert; und nicht nur Heiden, sondern auch Christen lobten diese traurige Wendung!»[10]

Im Norden überschritt seinerzeit der Obodritenfürst Mistui, ein Christ, dem auf allen Feldzügen der Kaplan Avico zur Seite stand, die Elbe, stieß raubend und verheerend auf Hamburg vor, plünderte es und ließ die Kathedrale samt der Stadt in Flammen aufgehn. Und derlei «Kriegshandlungen» durch «getaufte Fürsten» sollen seinerzeit «nichts Außergewöhnliches» (Friedmann) gewesen sein.

Doch geschah so Fürchterliches natürlich nicht ohne allerhöchste Handreichung, buchstäblich. Und dies, ein phantastisches miraculum, erzählt unser Bischof, «sollte voller Andacht die gesamte Christenheit beachten. Eine goldene Hand griff aus höheren Regionen herab, faßte mit ausgestreckten Fingern mitten in die Brände und zog sich, allen sichtbar, gefüllt wieder zurück. Staunend sahen es die Krieger, erschreckt und entsetzt Mistui.» Für Bischof Thietmar, kein Zweifel, ein himmlischer Rettungsakt zugunsten der Reliquien! «Gott hat auf diese Weise die Reliquien der Heiligen ergriffen, in den Himmel aufgenommen, die Feinde aber voller Schrecken in die Flucht getrieben» – obschon damals ja nur Christen flohen, Deutsche, vor dem Slawenchristen Mistui, dem sich das Ganze, Wirklichkeit und Wunder, fatal auf den Magen bzw. das Gemüt schlug. Denn: «Später wurde Mistui wahnsinnig und mußte in Ketten gelegt werden; als man ihn mit Weihwasser besprengte, schrie er: ‹Der hl. Laurentius verbrennt mich!› und starb jämmerlich, ohne die Freiheit wieder zu erlangen.»

Nachdem aber die Slawen zu Fuß und Roß und ohne Verluste, «mit Hilfe ihrer Götter von Posaunenbläsern geführt», weithin gewütet hatten, ermannten sich die Christen. Der Magdeburger Erzbischof Giseler, der große Bestechungsspezialist (S. 521 f., 561 f.), von den Liutizen besonders verabscheut, und Bischof Hildeward von Halberstadt vereinigten ihre Haudegen mit den Haufen des edlen Markgrafen Thiedrich und anderer gräflicher Spießgesellen. «Sie alle», so Thietmar von Merseburg, «hörten am Samstagmorgen die Messe, stärkten Leib und Seele durch das himmlische Sakrament, brachen in Vertrauen auf Gott in die entgegenkommenden Feinde ein und streckten sie nieder; nur wenige konnten auf einen Hügel entkommen. Die Sieger lobten Gott, der so wunderbar ist in allen seinen Werken, und wieder bewährte sich das wahrhaftige Wort unseres Lehrers Paulus: ‹Es gibt weder Klugheit noch Tapferkeit noch Rat wider den Herrn.›»[11]

Indes, wenn dies Gemetzel an der Tanger (südlich von Stendal) im August 983 auch die Slawen über die Elbe zurückwarf, die Sieger folgten ihnen nicht mehr. Schon anderntags kehrten sie «vollzählig bis auf drei frohgemut heim» und von allen umjubelt, wie stets triumphierende Schlächter. Ottos «des Großen» Eroberung (sein «Grenzschutz und sein Missionswerk»: Hlawitschka) östlich der Elbe war verloren, die Elbe die Ostgrenze des Reiches. Und Otto II. kam dort leider nicht mehr zu «eigenen Aktivitäten» (Hlawitschka). Auch weitere christliche Feldzüge – nach 983 führte man fast jährlich wider die Liutizen Krieg – erreichten nichts. Etwa 150 Jahre konnten die Elbslawen sich unabhängig entwickeln, erst gegen Mitte des 12. Jahrhunderts kehrten die Bischöfe von Brandenburg und Havelberg auf ihre Stühle zurück.

Nur die nicht an der Erhebung beteiligten sorbischen Gebiete im Süden standen wie bisher unter deutscher Herrschaft. Diese

Sorben erschlugen die Missionare nicht, aber verspotteten sie. Ihre Führer, gelegentlich sogar Könige genannt, ließen sich auch nicht, wie so häufig die der nordwestlichen Slawen, mit ihren Stämmen taufen. «Im Widerstand gegen Deutschtum und Christentum sind diese Slavenfürsten in den mittelelbischen Landen offenbar zugrunde gegangen; keine Quelle berichtet von ihren Nachkommen» (Schlesinger).[12]

CAPO DI COLONNE – DIE ERSTE GROSSE NIEDERLAGE DER OTTONISCHEN DYNASTIE

In Italien ging es Otto, der dort das Engagement seines Vaters noch gesteigert fortsetzen wollte, wohl von vornherein um Angriff, Expansion. Doch als er im Herbst 980 in den Süden zog, geschah es, nach seinem Bekenntnis, vor allem des Kirchenbesitzes wegen, um entwendetes Kirchengut und von den Bischöfen verschleudertes wieder den Kirchen zurückzugeben. Schon unterwegs beschenkte er Ordenshäuser und Bistümer, St. Gallen etwa, das Bistum Chur. Dann kamen die oberitalienischen Bischofssitze und Klöster mit Vergabungen an die Reihe, zuletzt, von Rom aus, die weiter südlichen.[13]

Auch in der Heiligen Stadt stand nicht alles zum besten.

Auf Johann XIII., der 967 den zwölfjährigen Otto II. zum Mitkaiser gekrönt, war Benedikt VI. gefolgt (973–974). Die kaiserliche Partei hatte ihn erwählt, Otto I. ihn bestätigt. Mit kirchlichen Mitteln versuchte er, seine eigene Familie möglichst zu begünstigen, wurde aber im Juni 974, als ihn der Thronwechsel in Deutschland in Schwierigkeiten brachte, gestürzt und in den Kerker der Engelsburg gesperrt. Dort ließ ihn der neue Papst Bonifaz VII. (974, 984–985), von den Zeitgenossen als «Monstrum» geschildert, durch den Priester Stephan und dessen Bruder erdrosseln. Aus Spoleto war inzwischen der kaiserliche Missus Graf Sikko herangerückt, Papst Bonifaz vor den erregten Römern in die Engelsburg geflüchtet. Doch als Sikko sie stürmen ließ, konnte der Heilige Vater entkommen und über Süditalien nach Konstantinopel fliehen – nicht ohne den Kirchenschatz im Gepäck. Und nicht ohne noch zweimal zurückzukehren.

Mittlerweile hatte man im Oktober, mit Billigung des deutschen Vertreters, Papst Benedikt VII. (974–983) bestellt, einen römischen Adligen, mit Fürst Alberich II. verwandt und Kaiser Otto weitgehend gefügig, sowohl bei dessen Kirchenpolitik im Osten Deutschlands, als auch bei seinem antibyzantinischen Unterfangen im Süden. Dafür stützte ihn der Herrscher auch, zumal als Bonifaz VII., den Benedikt – eine seiner ersten Maßnahmen – aus der Kirche ausgestoßen, sich im Sommer 980 wieder in Rom etablierte, ehe er, im folgenden Jahr erneut vertrieben, nach Konstantinopel entwich, um 984 noch einmal zurückzukehren, wohlversehen mit oströmischen Waffen und mit Gold (S. 554).[14]

Der junge Kaiser weilte vom Frühjahr bis Herbst 981 mit Unterbrechungen in Rom, wo er sich entschloß, Sarazenen wie Byzantiner in Unteritalien zu bekriegen und das ganze Land zu erobern.

So mußte er für Nachschub seines Heeres sorgen. Er kommandierte ein gewaltiges Kontingent heran, vermutlich das bisher größte des deutschen Kaisertums. Bemerkenswerterweise bestand es hauptsächlich aus Verbänden deutscher Bischöfe und Äbte. Nach dem Aufgebotsbrief von 981 lieferten zum Beispiel u. a. die Abteien von Prüm, Hersfeld, Ellwangen und St. Gallen je 40 Panzerreiter, die Abteien von Lorsch und Weißenburg je 50, die von Fulda und Reichenau je 60, die Bischöfe von Verdun, Lüttich, Würzburg ebenfalls je 60, die Bischöfe von Trier, Salzburg, Regensburg je 70, die von Mainz, Köln, Straßburg und Augsburg je 100 Panzerreiter. Zwölf Äbte erbrachten immerhin fast halb soviel Soldaten wie neunzehn Oberhirten. Insgesamt stellten in diesem Gesamtanschlag die Jünger des Herrn Jesus, die Prediger der Feindesliebe, die Erzbischöfe, Bischöfe und Äbte 1482 Panzerreiter, die sogenannten weltlichen Herren nur 508! Doch liegt mit diesem undatierten Verzeichnis offenbar nur eine Nachforderung des Kaisers vor.[15]

In Süditalien verfocht Otto II. ausdrücklich kirchlicheAnsprüche. Gegenpapst Bonifaz VII. hatte sich auf oströmisches Terrain geflüchtet, der Papst in Rom den Kaiser unterstützt, indem er etwa Salerno zum Erzbistum erhob und ihm ein weit in byzantinisches Gebiet reichendes Territorium zusprach. Ebenso verhielt es sich mit der Erhebung der Diözese Trani zum Erzbistum. Ja, noch in Dalmatien soll der Papst gegen Byzanz agitiert und Dubrovnik als eigenes Erzbistum der griechischen Kirche entzogen und unter römische Obödienz gestellt haben.

Anscheinend hat Otto erst in Rom den Krieg beschlossen und dann die 2100 Panzerreiter von geistlichen und weltlichen Großen zur Verstärkung angefordert. Während er bis Kalabrien vordrang, verhielten sich die byzantinischen Besatzungen neutral, öffneten dem Kaiser aber nicht die Tore. Doch der Emir von Sizilien, Abul Kasim, der bereits Eroberungen in Kalabrien und Apulien gemacht, rief zum heiligen Krieg auf und trat Mitte Juli 982 mit einer gewaltigen, aufs Festland geworfenen Streitmacht am Capo di Colonne, südlich von Cotrone, den Deutschen entgegen. «Hüben wie drüben war der Sinn der Kämpfer auf das Jenseits gerichtet» (Uhlirz).

Die kaiserlichen Panzerreiter zerschmetterten im ersten Ansturm die Schlachtreihen der Sarazenen, zersprengten sie, der Emir selbst fiel unter einem Schwertschlag und wurde als heiliger Märtyrer verehrt. Doch während die Christen nach großen Anfangserfolgen und im Glauben, den Sieg schon errungen zu haben, auf dem Kampfplatz sich zu lagern und ihren Triumph zu feiern gedachten, brachen die Moslems, verstärkt durch Reserven, aus den Bergen hervor, drängten die Deutschen gegen das Meer, schlachteten sie ab, töteten einen Teil auch ihrer Führer, mehrere Herzöge, ein Dutzend Grafen, nahmen einen andern Teil gefangen, darunter Bischof Petrus von Vercelli, der jahrelang in arabischem Gewahrsam blieb, erbeuteten noch die Reliquienschreine und ließen 4000 tote Christen auf der Walstatt. Andere gingen fliehend vor Durst und Erschöpfung zugrunde. «Fast jedes deutsche Totenbuch erinnert durch eine Eintragung an einen Verlust in der unseligen Schlacht» (C.M. Hartmann).

Es war die erste große Niederlage der ottonischen Dynastie.

Fast das ganze deutsche Heer kam um. «Gott weiß ihre Namen» (Thietmar). Auch Bischof Heinrich von Augsburg, der kurz zuvor, vermutlich im Gefolge des Kaisers, eine Bußwallfahrt nach Rom gemacht, fiel zwischen seinen Panzerreitern. Otto rettete sich aus dem Inferno im letzten Augenblick schwimmend auf ein vorüberfahrendes byzantinisches Schiff, von dem er sich später, durch eine List, schwimmend wieder in Sicherheit brachte – und bekam kurioserweise durch den Bischof Otto von Freising das renommistische Epitheton «Pallida mors Sarracenorum» (bleicher Tod der Sarazenen), das bis tief in die Neuzeit sein Beiname blieb.

Kaiser Otto, der seit 982 zuweilen den Titel imperator Romanorum augustus gebrauchte, dachte gleichwohl bald an einen Rachezug. Noch auf dem Rückweg gewährte er, wohl nicht zuletzt deshalb, dem Erzbischof von Salerno große Vergünstigungen, ebenso privilegierte er damals mehrere süditalienische Klöster. Freilich bedurfte ein solcher Krieg gründlicher Vorbereitung, und die deutschen Fürsten waren den kaiserlichen Plänen nach dem Fiasko nicht sehr gewogen. Zudem wurden sie durch Dänen und Slawen bedrängt.

Dennoch besprach man bereits ein Jahr später, im Frühsommer 983, auf einem Reichstag in Verona, als deutsche und italienische Magnaten Ottos dreijährigen Sohn zu seinem Nachfolger wählten, neue Truppenaufgebote und beschloß einen weiteren Angriff.

Im Hochsommer 983 drang der Kaiser bis Bari vor, hatte aber keine nennenswerten Erfolge. Im September war er schon wieder, anscheinend malariakrank, in Rom. Und dort starb er plötzlich, nach Ablegung der Beichte und Empfang der Sterbesakramente, erst 28 Jahre alt, am 7. Dezember 983 in den Armen seiner Frau. Die Todesursache ist nicht völlig geklärt. Offenbar erlag er einem Fieber, wohl Malaria. Eine Quelle spricht von dauerndem Darmbluten infolge einer Medikamentenüberdosis, einer Gewaltkur vielleicht gegen die Krankheit.

Als einziger deutscher Kaiser wurde Otto II. in der Vorhalle von St. Peter beigesetzt, nach sieben Jahrhunderten aber sein

Grab beim Neuaufbau der Basilika vernichtet. Zwar erhielt er einen anderen Sarg, doch die antike Urne überließ man «grabschänderisch den Köchen des Quirinals zum gemeinen Gebrauch eines Wasserbehälters» (Gregorovius).[16]

12. KAPITEL

KAISER OTTO III. (983–1002)

«Die Missionsarbeit war zu sehr mit politischen Zielen verquickt, als daß sie bei den Wenden hätte großen Anklang finden können. Als daher die Ljutizen 983 den großen Aufstand entfesselten, brach jenseits der Elbe das aufgebaute kirchliche Werk mit den Diözesen Havelberg, Brandenburg und Oldenburg gänzlich zusammen.» Handbuch der Kirchengeschichte[1]

«Jahrelang zieht der Königsknabe, z. T. noch in der Kindersänfte getragen, ins Feld.» Johannes Fried[2]

«Unablässig sucht der König die Slawen mit heftigen Feldzügen heim.» Thietmar von Merseburg[3]

«Die kaiserliche Schutzpflicht gegenüber der römischen Kirche war für Otto III. zweifellos eine höchst reale Aufgabe, und er setzte die Machtmittel des Imperium in bisher ungekannter Konsequenz für die Verteidigung der *libertas* der römischen Kirche gegen die Übergriffe weltlicher Machthaber in Rom ein.» Knut Görich[4]

Schon zu seiner Zeit hat man ihm den Ehrennamen «Mirabilia mundi», Wunder der Welt, zugedacht, ihn noch im 20. Jahrhundert als «Jüngling im Sternenmantel» (G. Bäumer) verklärt. In der Geschichtsschreibung schwankt sein Charakter- und Tatenbild. Doch ob Otto III. nun ein verführter Schwächling oder ein frühreifes Genie, ein phantastischer Träumer oder mehr «pragmatisch» orientiert, ein Freund fester «Regierungskonzepte» war oder nicht, ob «deutsch» oder «undeutsch», ein Verächter sächsischer Rohheit und Bewunderer byzantinischen Geistes, ob mehr dem weltflüchtigen Asketismus des Eremiten zugeneigt oder der sensiblen Spiritualität eines wie immer «gehobenen» Glaubens, all dies interessiert hier wenig. Entscheidend dagegen ist – und durchaus nicht nur in unserem Rahmen –, daß auch Kaiser Otto III., bei allen Unterschieden im einzelnen zu seinen Vorgängern, allen Abweichungen und Andersartigkeiten, ein Bewahrer des Überlieferten, der «gottgewollten Ordnung», ein Begünstiger der Bischöfe durch eine Fülle von Privilegien und Besitzzuweisungen gewesen, ein weiterer wesentlicher Mehrer reichskirchlicher Macht, ein Förderer des Imperium christianum, des christlichen Europa, ein Potentat, der sich selbstverständlich als «defensor ecclesiae», als Verfechter des Gottesreiches auf Erden fühlte, wobei er unübersehbar gewisse karolingische wie ottonische Traditionen fortsetzte und seine Italien- wie vor allem seine Ostpolitik letztlich mehr der christlichen Kirche zugute kam als dem deutschen Reich.

Daß die alte Idee der «renovatio imperii Romanorum», der Neugründung der römischen Weltmacht, bei dem christgläubigen Otto III. nicht nur auf das antike Rom bezogen, sondern gewiß stark christlich akzentuiert, auch in den sozusagen heilsgeschichtlichen Horizont (den blauen – oder schwarzen – Dunst) hineingestellt war, sollte eigentlich nicht ernsthaft bezweifelt werden, ob er selbst nun Weltherrscher oder Heiliger sein wollte oder beides zugleich. Allein entscheidend blieb, die Macht zu behalten, zu festigen, womöglich auszuweiten, mag das «Konzept» mehr so oder so orientiert gewesen sein – falls man eines hatte.

THRONKONFLIKT DURCH HEINRICH DEN ZÄNKER UND DIE BISCHÖFE

Die Nachricht vom Tod Ottos II. am 7. Dezember 983 in Rom traf kurz nach Ottos III. Krönung an Weihnachten in Aachen ein (die Boten legten damals durchschnittlich 70 Kilometer pro Tag zurück) und «machte dem Freudenfest ein Ende» (Thietmar). Darauf ging die Herrschaft formell auf den seinerzeit erst Dreijährigen über, das letzte der vier Kinder, die Otto II. und Theophanu zusammen hatten. Als der Thronfolger 994 nach mittelalterlichem Recht mündig wurde, war er vierzehn, als er starb, 1002, noch nicht zweiundzwanzig.

Sofort nach seines Vaters Tod setzte der Streit um die Regentschaft ein. Dabei erstrebte Herzog Heinrich II. von Bayern «der Zänker», ein Neffe Ottos «des Großen» und der nächste männliche Verwandte, nicht bloß die Regierungsgewalt, sondern auch die Krone. Und da Verträge nur inter vivos galten, beim Tod des Vertragspartners endeten, hatte Bischof Volkmar von Utrecht gleich anfangs 984 den Herzog aus der Haft entlassen und war mit ihm nach Köln geeilt. Dort lieferte ihnen Erzbischof Warin, dessen «zuverlässiger Treue» der kaiserliche Vater das Kind samt Krönungsinsignien einst anvertraute, dies offenbar ohne jedes Widerstreben aus. Und nun zog der Zänker, was zunächst seinen Erfolg wahrscheinlich überhaupt erst ermöglichte, durch Versprechungen und Bestechungen zumindest zeitweilig alle deutschen Erzbischöfe – ausgenommen den Mainzer Willigis, der ihn als einziger Reichsmetropolit nie unterstützt hat – sowie fast alle bayerischen, sächsischen und zahlreiche weitere Bischöfe auf seine Seite.

Gerade in Sachsen nützte er die christlichen Hochfeste zu seiner Machtdemonstration. Nachdem er in Magdeburg, dessen Kirchenhaupt Giselher ihn förderte, den Palmsonntag begangen, wurde er während des Osterfestes in Quedlinburg, am 23. März 984, «publice» zum König gewählt; er wurde, berichtet Thietmar, wohl selbst seinerzeit dort, «öffentlich als König begrüßt und durch kirchliche Lobgesänge ausgezeichnet». Dagegen verbanden sich Heinrich nur wenige weltliche Herren, darunter kein Herzog. Wohl aber eilten viele, «die aus Gottesfurcht nicht treubrüchig werden wollten», von Quedlinburg nach der Asselburg (bei Hohenassel südlich Burgdorf, Hannover) und taten sich da bereits – in Form einer coniuratio, eines Schwurverbandes (schon in karolingischen Kapitularien verboten) – offen gegen Heinrich zusammen.

Der Obodritenherrscher Mistui freilich, der noch im Vorjahr während des großen Slawenaufstandes an der Seite seines katholischen Kaplans Avico den Bischofssitz Hamburg niederbrannte, trat im Thronkonflikt auf Heinrichs Seite. Und auch die Slawenfürsten Mieszko und Boleslav II., die Heinrich schon in den siebziger Jahren unterstützten (S. 524 f.), sicherten ihm eidlich Beistand zu. Ja, Katholik Boleslav nutzte die Rebellion auf seine Weise. Auf dem Heimweg eroberte er durch Verrat Meißen, ließ den Burggrafen Rikdag «aus dem Hinterhalt erschlagen», belegte die Veste, in der er bald Wohnung nahm, sofort durch eine Besatzung und verjagte den Ortsbischof Fokold (969–992) für vermutlich zwei Jahre.

Der Aufstand scheiterte allerdings an der Einmischung der Metropoliten Willigis von Mainz und Adalbero von Reims. Und darauf schloß sich auch das Gros der Oberhirten wieder dem siegreichen Otto III. bzw. der vormundschaftlichen Regierung an. Sogar einer von Heinrichs hartnäckigsten Anhängern, Giselher von Magdeburg, der Ottos Vater doch seinen Erzbischofssitz verdankte, wechselte jetzt wieder ins andere Lager. Es gab Verhandlungen, Gefechte, Raubüberfälle, wobei man von Burg Ala (wohl nahe den Silbergruben bei Goslar) Adelheid, die vermutlich vom Zänker geraubte älteste Tochter Ottos II., nachmals Äbtissin von Quedlinburg (dann auch von Gernrode, Vreden, Gandersheim) entführte «und das viele dort bewahrte Geld» (Thietmar). Zuletzt aber mußte sich Heinrich am 29. Juni 984 auf dem Reichstag zu Rara (im thüringischen Rohr) unterwerfen, Otto an Theophanu und Adelheid ausliefern und damit auf die Krone verzichten.[5]

In der Hand frommer Frauen und des Klerus

Da Adelheid, die Gattin Ottos I. und Rivalin Theophanus, noch 985 vom Hof nach Italien zog, führte die Regentschaft für den unmündigen Thronfolger über sieben Jahre hin in bisher unüblicherweise dessen junge, um 955 geborene Mutter Theophanu, wobei zwei Prälaten maßgeblich mitsprachen: Erzbischof Willigis und der Kanzler Bischof Hildibald von Worms, der Fälscher von 18 Königsurkunden zu seinen Gunsten (S. 522).

Theophanus Abkunft ist nicht sicher geklärt. Vermutlich war sie die Tochter des byzantinischen Kaisers Romanos II. Gewiß aber war sie politisch talentiert, ehrgeizig, sogar gebildet, auch fromm. Dementsprechend widmete sie sich nach Ottos II. Tod 983 der Erziehung ihres Sohnes. Zwei ihrer Töchter wurden Nonnen, Sophie Äbtissin von Gandersheim (S. 574 ff.), Adelheid Äbtissin von Quedlinburg, ihre Enkelin Theophanu Äbtissin von Essen. (Später machte Otto III. während seiner Anwesenheit in Italien [seit 997] die Äbtissin Mathilde von Quedlinburg, seine Tante, zu seiner Stellvertreterin in Sachsen.)

Ottos II. Witwe urkundete nicht nur gelegentlich als «Theophanu von Gottes Gnaden Kaiserin», ja, mit dem maskulinisierten «Theophanius imperator augustus», «Herr Kaiser Theophanius» (falls kein Kopisten-Irrtum vorliegt), sondern sie regierte jedenfalls zunächst auch das Reich ziemlich straff. Natürlich war sie vom hohen Klerus umgeben und auch der Thronfolger in dessen Hand. 987 bestellte sie zum Lehrer des Siebenjährigen ihren Günstling Johannes Philagathos, einen Griechen aus Kalabrien, der durch Otto II. im Jahr 980 Kanzler von Italien, durch die kaiserliche Witwe 988 Erzbischof von Piacenza wurde, ein sehr selbstbewußter Prälat, der als Gegenpapst noch ein entsetzliches Schicksal hatte (S. 556 ff.). Und 989 übertrug Theophanu Ottos Erziehung dem sächsischen Kapellan Bernward, dem späteren Bischof von Hildesheim, einem das Kreuz wie das Schwert gleichermaßen sicher handhabenden Heiligen, der noch beträchtlichen Einfluß bei Hof bekam.

Nach dem unerwarteten Tod der jungen Kaiserin in Nymwegen am 15. Juni 991 regierte bis zu Ottos Mündigkeit 994 seine mehr als sechzigjährige Großmutter Adelheid. Die verwandtschaftlich mit halb Europa verbundene Mutter Ottos II., Schwester König Konrads von Burgund und Schwiegermutter König Lothars von Frankreich, «die Mutter der Königreiche», wie sie Gerbert von Aurillac nannte, war wieder sehr fromm und endete als Heilige (Fest 16. Dezember). Selbst das Lexikon für Theologie und Kirche gibt (in der 1. Auflage von 1930) zu: «Unter dem Einfluß Adalberts von Magdeburg wirkte Adelheid bei Otto für die Machtstellung der Kirche.» (Die 3. Auflage von 1993 spricht nur noch von ihrem «politischen Einfluß».) Von der Quedlinburger Äbtissin Mathilde unterstützt, bewies sie in der Tat weit mehr Geschick bei der Begünstigung des Klerus als bei der Führung der Reichsgeschäfte. Sie gründete zahlreiche Klöster und verschwendete das Königsgut mit wachsender Frömmigkeit immer häufiger an Kirchen, denen sie gleich zu Beginn ihrer neuen Macht eine Schenkung nach der anderen zukommen ließ.

Allein die Abtei Selz (Unterelsaß), ihre Lieblingsstiftung, wo sie in ihren letzten Lebensjahren, ehe sie 999 «froh in die ewige Heimat einging», meist wohnte, bekam in den drei Jahren ihrer Reichsverwesung zehn Höfe, sieben Hufen, drei Wälder, die Einkünfte mehrerer Kirchen und Kapellen sowie Immunität, Wahlrecht, Markt, Münze, königlichen und päpstlichen Schutz. So konnte Gott kaum umhin, «an ihrem Grabe zahlreiche Wunder» zu wirken (Thietmar). Ungefähr die Hälfte aller erhaltenen Schenkungsurkunden Adelheids nennen Klöster als Empfänger. Auch sie selbst residierte nicht in Pavia, der alten langobardischen Königsstadt, sondern im Nonnenkloster SS. Salvator und Julia, vielleicht weil dessen Einkünfte und ausgedehnter Besitz als Basis für den Wiederaufbau der Macht geeigneter waren. Die Herrin des Reiches stand unter dem Einfluß der cluniazensischen Reform, war selbst eine Hauptstütze derselben und mit den Äbten Majolus und Odilo von Cluny (letzterer ihr Biograph) befreundet.

Nicht zu vergessen ist unter diesen kaiserlichen Damen Ottos I. gelegentlich schon erwähnte Tochter Mathilde, die der Vater bereits im Alter von 11 Jahren zur Quedlinburger Äbtissin machen ließ. Sie spielte eine sehr politische Rolle besonders unter ihrem Bruder Otto II., den sie auf Italienzügen begleitete, und unter Otto III., als dessen Stellvertreterin sie in Sachsen fungierte.

Auf all diese dominae imperiales, zumal auf Theophanu und die hl. Adelheid, hatten ihre geistlichen Berater, vorzüglich Erzbischof und Reichserzkanzler Willigis von Mainz, der jahrelang kaum von der Seite des jungen Königs wich, sowie der Kanzler Bischof Hildibald von Worms, außerordentlichen Einfluß. Wie wenig sich etwa Willigis, vom Papst mit umfassenden Vorrechten vor allen Erzbischöfen Germaniens und Galliens ausgestattet, um Kaiserin Theophanu kümmerte, wenn es ihm nicht paßte, zeigt der sogenannte Gandersheimer Streit (S. 574 ff.). Es war zeitweise eher ein Klerus- als ein Weiberregiment; zumal in der ersten Jahreshälfte 993 scheinen die Bischöfe Willigis und Hildibald «das Reich allein verwaltet zu haben» (Böhmer). Aber auch darüber hinaus «hat die Bedeutung der beiden kirchlichen Regenten ... noch zugenommen». Dagegen nahm insgesamt «das Ansehen des Königs während der Zeit der vormundschaftlichen Regierung mehr und mehr ab» (Glocker). Ist ja auch von anderen Prälaten, von Hatto I. von Mainz (S. 345) oder im 11. Jahrhundert von den Metropoliten Adalbert von Hamburg-Bremen und seinem Gegenspieler Anno II. von Köln zur Genüge bekannt, «wie selbstherrlich und anmaßend die Bischöfe auftraten, denen so etwas wie die Reichsregentschaft anvertraut war» (Althoff), wobei sie mitunter die Führung der Reichsgeschäfte faktisch an sich rissen. – Auch Erzbischof Giselher von Magdeburg hatte in den Jahren 991 bis 994 offenbar enge Kontakte zum Hof.

Sogar bei mehr oder weniger selbständig regierenden Potentaten spielte ihre nächste Umgebung in vieler Hinsicht eine maßgebliche Rolle, u. a. schon deshalb, weil ohne ihre Vermittlung niemand Zugang zum König bekam; seine Vertrauten konnten eine Unterredung mit ihm ebenso gewähren wie verwehren.

Als Otto 994 die Mündigkeit erlangte, ging der Einfluß sowohl Adelheids als auch der beider Kirchenfürsten Willigis und Hildibald, aus deren reduzierten Interventionen erschließbar, erheblich zurück. Dafür förderte der junge Monarch allerdings andere Pfaffen. So setzte er sofort den mit ihm früh befreundeten Kapellan Heribert, Erzbischof von Köln (999–1021), als Kanzler in Italien ein. Vier Jahre später übernahm dieser – ein Zeichen von Ottos hoher Wertschätzung – auch das deutsche Kanzleramt, amtierte somit für das gesamte Imperium. 996 nominierte Otto seinen Kapellan und Vetter Brun zum Papst, der darauf als Gregor V. den «Heiligen Stuhl» bestieg.

Großes Ansehen bei dem jungen Herrscher genoß auch Bischof Leo von Vercelli (998–1026), der Nachfolger seines von dem Markgrafen Arduin von Ivrea ermordeten Vorgängers Petrus. Leo, ein Italiener, war seit 996 Mitglied der Hofkapelle und, neben Gerbert, vielleicht der wichtigste politische Berater Ottos III., seit 1000 kaiserlicher Kanzler, wobei der Bischof keinesfalls den eigenen Nutzen und die eigene Macht übersah, z. B. die Güter des Grafen Arduin und die seiner Anhänger kassierte.

Gewicht bei Hof hatte ferner der Lütticher Bischof Notker, von Otto mit einigen Grafschaften beschenkt und im königlichen Dienst zu mehreren Italienreisen herangezogen (989–990, 996, 998–1002). Häufig an Regierungsgeschäften und anderen Unternehmungen des Regenten beteiligt, auch Empfänger königlicher Schenkungen sowie Intervenient, ist der hochadlige Heinrich I. von Würzburg, der seinen Bischofsstuhl seinem (ablehnenden)

Bruder und Kanzler Heribert verdankt, der dafür 999 Erzbischof von Köln wird (weitere Verwandte, vermutlich Neffen, sind die Bischöfe Heribert und Gezemann von Eichstätt).

ZWISCHEN ZWEI HEILIGEN UND EINEM KÜNFTIGEN PAPST

Wie Heinrich ist auch der schon genannte, aus sächsischem Hochadel stammende hl. Bernward ein typischer Repräsentant des ottonischen Reichsepiskopats; seit 987 in der Hofkapelle, seit 989 Erzieher Ottos, seit 993 Bischof von Hildesheim. (Auch in seiner Familie häufen sich die hohen geistlichen Posten: Onkel Folkmar ist Bischof von Utrecht, ein weiterer Verwandter, Erchanbald, Erzbischof von Mainz, seine Schwester Judith ist Äbtissin des immedingischen Hausstifts Ringelheim, seine Tante Rotgard Äbtissin des Reichsstiftes Hilwartshausen, eine weitere Verwandte, Frideruna, Äbtissin von Steterburg.)

Trotz diverser Erziehungs- und Regierungsgeschäfte aber findet Bernward noch Zeit für die Hebung sogenannter Kirchenzucht, findet er Zeit, immerhin sieben Jahre (1000–1007), mit dem Erzbischof Willigis um das Kloster Gandersheim zu streiten und zu siegen (S. 576 ff.); findet er auch Zeit, Festungen zu errichten (einen turmbewehrten Mauerring um seinen Bischofssitz) sowie Burgen (Mundburg und Warenholz). Und bei alldem führt er nicht nur die Feder für Otto, sondern auch das Schwert: 994/995 gegen die Elbslawen, 1000/1001 vor Tivoli und beim Niederschlagen der stadtrömischen Revolte, ja, er nahm, gelernt ist gelernt, noch 1006/1007 an einem Kriegszug Heinrichs II. des Heiligen teil, schlüpfte dann aber in seinem Todesjahr schnell in ein Mönchshabit, eine Benediktinerkutte – und wurde auch seinerseits heilig: am 21. Dezember 1192. Denn schließlich war er «überall segensreich», «überall nur Streiter der heiligen Kirche wegen» (Wetzer/Welte).

Sehr geprägt wurde Otto während seines römischen Aufenthalts von dem gelehrten Gerbert von Aurillac, seinem Freund und Erzieher, dem der junge Kaiser keinen Wunsch versagte. Infolge seiner herausragenden Kenntnisse besonders auf den Gebieten der Naturwissenschaften, Mathematik und Musik, infolge eines wahrhaft phänomenalen Wissens, das er arabischer Kultur und Geisteswelt verdankte, war er bereits Otto I. vorgestellt worden. 982 wurde Gerbert Abt des norditalienischen Klosters Bobbio (der Preis für seinen Disputationssieg in Ravenna im Jahr zuvor über den sächsischen Domscholaster Ohtrich vor Otto II.). 991 avancierte Gerbert zum Erzbischof von Reims, wo er sich nicht halten konnte, sogar um sein Leben fürchten mußte. 998 wurde er Erzbischof von Ravenna, ein Jahr später, auf Anraten Abt Odilos von Cluny, Papst (Silvester II.).

Schon vor Ottos Kaiserkrönung war Gerbert im kaiserlichen Gefolge zu finden, «und, wie er bereits den alternden Otto I. für sich zu interessieren und dann auch durch seine dialektischen Künste sich die einträgliche Gunst Ottos II. zu erwerben gewußt hatte, so verstand er auch jetzt den jungen Kaiser ganz für sich einzunehmen» (Böhmer). Tag und Nacht will er mit ihm gesprochen haben.

Auffallenden Einfluß gewann in Rom auf den Herrscher auch der hl. Adalbert, ein Sohn des Fürsten Slavnik von Libice, der bedeutendsten Familie Böhmens nächst den Přemysliden. Adalbert wurde 983 Bischof von Prag, bekämpfte aber vergeblich die paganen Bräuche der Tschechen und machte sich wegen seiner Strenge verhaßt. 988 ging er nach Rom, wo ihn Theophanu mit Geschenken überhäufte, sollte er doch für das Seelenheil ihres verstorbenen Gatten beten. Zwar nahm er 992 seinen Prager Stuhl wieder ein, zog indes nach dem Bruch mit Herzog Boleslav um 994/995 nach Aachen zu Otto III. und von dort aus abermals nach Rom, wo auch Otto wieder war. Und nach dessen Rückkehr in den Norden 996, fand sich alsbald auch Adalbert, falls er mit dem Kaiser nicht schon über die Alpen kam, in Mainz bei ihm ein, wo er sogar sein Schlafzimmer mit ihm teilen durfte «wie ein sehr geliebter Kammerdiener» (dulcissimus cubicularius).

Wie überhaupt der Bischof den jungen Regenten, so Adalberts

ältester Biograph, unablässig belehrte, ihn «bei Tag und Nacht» mit «heiligen Gesprächen» anging und «mit süßen Worten zur Liebe des himmlischen Vaterlandes» verlockte. Wie viel oder wie wenig in solchen Heiligenviten der Wirklichkeit auch entsprechen mag, beide hatten einen ungewöhnlich vertrauten Verkehr, und bald ließ der Herrscher dem späteren Missionar und Märtyrer in Aachen, in Rom Adalbertskirchen erbauen und ihn schon 999 kanonisieren.[6]

«Unser bist du...»

Otto III. arbeitete mit dem päpstlichen Rom und den Prälaten ständig und eng zusammen. Er kooperierte mit ihnen vielleicht noch intensiver als seine unmittelbaren Vorgänger. Er war Mitglied mehrerer Domkapitel. Nicht weniger als 35 Hofkapläne sind unter ihm bekannt, und über sie konnte die Kirche fortgesetzt und jederzeit mit dem Hof kontaktieren.

Wiederholt führte der Monarch gemeinsam mit dem Papst den Vorsitz auf Synoden. Und mehrfach trat er auch mit diesem zusammen für die Restituierung kirchlichen Besitzes ein. Er stärkte die Macht der Bischöfe durch Immunitätsprivilegien, vermittelte ihnen gute Einnahmen, gab ihnen immer öfter die gerade jetzt stets einträglicher werdenden Markt-, Münz- und Zollrechte, verlieh einigen selbst im Innern Deutschlands ganze Grafschaften, was erstmals und nur vereinzelt unter seinem Vater vorgekommen ist. So überließ er dem Bistum Lüttich die Grafschaft Huy, dem Bistum Würzburg die Grafschaft in den fränkischen Gauen Waldsazin und Rangau, dem Bistum Paderborn eine Grafschaft, die sich über fünf Gaue erstreckte. Unter seinem Nachfolger Heinrich II. erhielten Würzburg und Paderborn weitere Grafschaften. Natürlich verschwanden dort die königlichen Beamten. «Der Bischof war der Inhaber aller weltlichen Gewalt, er war im eigentlichen Sinn des Worts zum Fürsten geworden», ja er sollte «keiner politischen Macht außer dem König unterworfen sein» (A. Hauck). Ist es doch bereits unter Otto III. «die offizielle Anschauung, daß die geistlichen den Laienfürsten, selbst wenn diese zu der kaiserlichen Familie gehören, im Range voranstehen» (Böhmer).

Otto III., der «imperiale Politik mit missionarischer Tendenz» trieb (Fleckenstein), wie gewiß nicht wenige seiner Vorgänger, war persönlich noch mehr als andere christliche Könige und Kaiser der Religion ergeben und dachte alle seine Taten dem «Nutzen der Kirche» zu (Schramm). Otto III. ist fünfzehn, als er Kaiser wird, und einundzwanzig, als er stirbt! Wie muß dies empfängliche, schwärmerische, lebhafte Gemüt der hohe Klerus um ihn her beeinflußt haben – und der Pietismus seiner Zeit, Askese, Mystik, der cluniazensische Fanatismus. «Unser, unser ist das römische Reich!», jauchzt Gerbert-Papst Silvester brieflich dem Jüngling entgegen. Noster, noster est Romanum imperium. «Unser bist du, Cäsar, Imperator der Römer und Augustus ...» Unser!

Otto fügt seinem Titel apostolische Devotionsformeln hinzu: «Knecht Jesu Christi», «Knecht der Apostel», «nach dem Willen Jesu Christi römischer Kaiser, der heiligen Kirchen frömmster und getreuester Ausbreiter». Er legt sich wiederholt schwere Bußübungen auf, fastet zuweilen fünf Tage in der Woche, betet manchmal angeblich ganze Nächte. Er läßt sich in Gnesen am Grab des hl. Adalbert geißeln. Er macht im Winter und Frühjahr 999 von Rom aus eine weite Wallfahrt nach Benevent zu Fuß, zum Heiligtum des Erzengels Michael auf dem Monte Gargano. Noch im Sommer geht er nach Subiaco im Sabinergebirge, um sich in das Andenken des hl. Benedikt zu versenken. Mit einem Vertrauten, Bischof Franko von Worms, verschließt er sich vierzehn Tage in einer Höhle (spelunca) neben der Kirche S. Clemente in Rom, um zu büßen. Er weint wiederholt mit frommen Eremiten und führt «Reliquien» Karls «des Großen» mit sich, u. a. einen Zahn, den er von der Leiche an sich nahm. «Unser bist du ...»[7]

Im September 994 endete mit Ottos Schwertleite, seiner «Wehrhaftmachung» (auf einem, so vermutet man, ohne den Zeitpunkt genau festlegen zu können, Hoftag in Sohlingen), die Vormundschaft der Kaiserwitwe Adelheid. Sie zog sich darauf in ihr elsässisches Kloster Selz zurück (S. 547), und Otto III. trat die faktische Herrschaft an. Ein Verwüstungszug führte ihn, unterstützt von polnischen und böhmischen Haufen, noch im Sommer 995 gegen die Obodriten in Ostholstein und Mecklenburg, worauf er das Bistum Meißen erstaunlich erweitert und die Zehnteinkünfte vervielfacht hat – falls die Königsurkunde, wie oft gemutmaßt und behauptet, nicht gefälscht ist.

Dann trieb es den jungen Herrscher mächtig in den Süden. Unter Psalmengesang zog er 995 aus Regensburg. Noch im Winter, sehr ungewöhnlich, überschritt er den Brenner, wobei er dem Heer die Heilige Lanze vorantragen ließ, Symbol des Anspruchs auf Italien und das Kaisertum. In Pavia huldigten ihm die italienischen Großen und leisteten ihm den Treueid. Am 20. Mai erschien Otto vor Rom.[8]

SZENEN UM DEN HEILIGEN STUHL

Am päpstlichen Hof ging es inzwischen, wie üblich in jener Zeit, recht bewegt zu.

In den Wirren nach Ottos II. Tod war Bonifatius VII. (S. 536 f.) im Frühjahr 984, wohlversehen mit Waffen und Gold aus Konstantinopel in die Heilige Stadt zurückgekehrt. Er ließ den regierenden Papst, den ehemaligen italienischen Kanzler Ottos II., Bischof Petrus von Pavia, Johann XIV. (983–984) absetzen, mißhandeln, vier Monate in ein Verlies der Engelsburg stecken, dann verhungern oder, nach anderen Meldungen, vergiften (die Grabinschrift in St. Peter übergeht dezent die Todesumstände). Und regierte als Bonifaz VII. nun ein Jährchen, ehe man ihn selber liquidierte; ihm das Pontifikalgehänge herunterriß, die nackte Leiche trat, zerstach, an den Beinen aus dem Palast und durch die Gassen schleifte.

Auf Bonifaz VII., den der Volksmund später «Malefatius», Gerbert von Aurillac «monstrum horrendum» nennt, Rom aber erst 1904 als Gegenpapst einstuft, folgte Ende Juli der Römer

Johann XV. (985–996). Er verdankte dies, nebst dem Heiligen Geist, offenbar der Familie der mächtigen Crescentier, einem römischen Geschlecht ungeklärter Herkunft (der wissenschaftliche Hilfsname «Crescentier» ist von einem in der Familie häufigen Vornamen abgeleitet). Die Crescentier übten in der zweiten Hälfte des 10. Jahrhunderts und etwas darüber hinaus auf Rom und Teile der Umgebung großen Einfluß aus, wobei sie zeitweise die Hohepriesterschaft der Stadt beherrschten, aber von ihr auch selbst gefördert worden sind. Sie gerieten jedoch immer mehr in einen Interessengegensatz sowohl zu den Ottonen wie zu dem erstarkenden Papsttum.

Die Erhebung Johanns XV., wohl von Patricius Johannes Crescentius durchgesetzt, erfolgte ohne Konsultation des deutschen Hofes. Der Papst, Sohn des römischen Priesters Leo, war kein Freund der Priester, ein Begünstiger vielmehr des Adels und vor allem seiner Verwandten, die er bereicherte, während er selbst wegen seiner Geldgier, Käuflichkeit, seines Nepotismus weithin, gerade auch beim Klerus, verhaßt gewesen ist. Als Johannes Crescentius 988 starb, sein Bruder Crescentius II. Nomentanus sich zum Beherrscher des Kirchenstaates aufschwang, sollen unter seinem Druck «großzügige Bestechungsgeschenke» (Kelly) die Voraussetzung für eine Audienz beim Heiligen Vater gewesen sein. Alles sei käuflich in Rom, erklärte ein Bischof 991 auf einer Synode bei Reims, und die Urteile würden nach dem Goldgewicht abgemessen. Immerhin sprach der geldgeile Pontifex am 31. Januar 993 auf einer Lateransynode Ulrich von Augsburg heilig. Es war die erste formelle Kanonisierung durch einen Papst, und immerhin kanonisierte er einen Bischof, der auf den Kriegszügen zweier Herrscher, Heinrichs I. und Ottos I., das Schwert geschwungen, noch als fast sechzigjähriger Seelenhirte gefochten und ja wohl auch getötet hatte.[9]

Im März 995 floh der Papst vor dem Druck des Crescentius, dem Haß des Klerus nach Sutri und erbat in alter römischer Tradition Hilfe von jenseits der Alpen. Doch noch bevor sie Otto überquerte, kam Johann XV. wieder nach Rom, sogar mit allen Ehren, erlag aber bald einem Fieberanfall.

Beim Anmarsch des Königs gab es bereits in Verona Krawalle, wobei man eine Anzahl seiner Soldaten erschlug. In Pavia erreichte ihn die Nachricht vom Tod Johanns XV. Er designierte darauf in Ravenna, als handelte es sich um die Besetzung eines Reichsbistums, den jungen Brun, seinen Kapellan und Vetter, zum Papst, den Sohn Herzog Ottos von Kärnten, seinerseits ein Sohn Konrads des Roten (S. 426) und der Liutgard, Tochter Ottos I. Der Urenkel des Kaisers bestieg nun als erster Deutscher Anfang Mai 996 unter dem Namen Gregor V. (996–999) den päpstlichen Stuhl, und am 21. Mai wurde der sechzehnjährige Otto III. durch den vierundzwanzigjährigen Papst zum Kaiser gekrönt – die Familie war an der Spitze sozusagen unter sich.

In den nächsten Tagen suchte der Herrscher die römischen Hauptkirchen auf und leitete dann gemeinsam mit Gregor die dreitägige Krönungssynode in der Peterskirche, hauptsächlich Kirchenstreitereien betreffend, den Reimser Streit, den Streit des Bischofs Odelrich von Cremona, der die führenden Kaufmannsschichten der Stadt zu sehr schröpfen wollte, den Streit des Abtes Engizo von Brugnato mit Bischof Gottfried von Luni um das Kloster, wobei der Papst die vom Bischof der Synode präsentierten Urkunden zerriß. Trotz gelegentlicher Spannungen zwischen Kaiser und Papst hat man eben erst das gute Einvernehmen, das «konzertierte Verhalten» (Althoff) beider betont. Schließlich verdankte Gregor dem Vetter sein Papsttum, und so ist es ganz natürlich, daß er die Mönche des Klosters Monte Amiata für den Bestand (stabilitas) des Reiches beten ließ.

Doch kaum hatte Otto Italien den Rücken gekehrt, erhob sich Crescentius und schwang sich zum unbeschränkten Beherrscher der Stadt auf. Noch im Herbst 996 mußte Gregor V. für vierzehn Monate Rom verlassen und kam auch durch zwei Versuche mit Waffengewalt nicht zurück. Er residierte meist in Oberitalien, rief wiederholt den Kaiser durch Gesandschaften um Hilfe und verhängte im Februar 997 auf einer Synode in Pavia über Crescentius den Bann. Eben damals machte man in Rom Johannes Philagathos, den Erzbischof von Piacenza, Pate sowohl von Gregor als auch dem Kaiser, als Johannes XVI. zum Papst, nicht ohne einige

Bestechungen – hat doch sogar der deutsche Reformpapst Gregor
V. für seine Entscheidungen Geld eingesteckt, was selbst Otto III.
als gerichtsmäßig erwiesen annahm.[10]

Die Vertreibung Gregors durch die Römer und die Erhebung
des Johannes Philagathos, des einstigen Freundes der Theophanu, zum Gegenpapst, veranlaßte Otto, zum zweitenmal über die
Alpen zu gehn, während in Deutschland für ihn seine Tante Mathilde, Äbtissin von Quedlinburg, regierte.

Der Kaiser erschien Mitte Februar 998 vor Rom. Wie stets war
auch jetzt eine Anzahl Prälaten in seinem Heer. So Bischof Notger
von Lüttich, ein alter Kämpfer, der mindestens viermal für die
Ottonen nach Italien zog, aber auch in nächster Nähe von Lüttich
die schwer zu erobernde Burg Chèvremont 987 für immer zerstörte. Der Straßburger Bischof Wilderod zog mit, ebenso eine
Reihe oberitalienischer Seelenhirten mit ihren Gewalthaufen. Unter den Äbten sogar Odilo von Cluny, ein echter Heiliger (Fest
2. Januar), der ungeachtet aller Heiligkeit auch viele Jahre mit
dem Bischof von Mâcon stritt.

Gegenpapst Johann XVI., der zehn Monate amtiert hatte, versuchte vergebens sich in einem befestigten Turm zu verstecken.
Durch eine Schar des Grafen vom Breisgau Birichtilo (Berthold), des
Ahnherrns der Zähringer und Gründers des Klosters Sulzburg, wurde er aufgespürt, gefaßt und angeblich mit Billigung Gregors V. wie
Ottos III., seines einstigen Schülers, entsetzlich zugerichtet – der
Breisgaugraf aber bald (wenn nicht, wie wahrscheinlich, deshalb, so
zumindest trotzdem) ungewöhnlich geehrt und beschenkt. So durfte
er schon ein Jahr darauf als Vertreter des Kaisers dessen Schwester
Adelheid mit einem goldenen, von Rom nach Quedlinburg gebrachten Abtsstab dort als Äbtissin investieren. Und zur gleichen Zeit
erhielt der gräfliche Foltermeister ein Markt-, Münz- und Zollprivileg für Villingen im Schwarzwald, um seinen Marktort den
Märkten von Konstanz und Zürich gleichwertig zu machen. Ergo:
«Seine Tat hat ihn nicht in Ungnade fallen lassen, sondern ihm die
kaiserliche Huld in höchstem Ausmaß beschert... Beide ‹Ehrungen› deuten stark darauf hin, daß sich Birichtilo den Dank des
Kaisers in besonderer Weise verdient hatte...» (Althoff).

Und was hatte der edle Breisgaugraf vollbracht? Er hatte den gefangenen Gegenpapst erbärmlich martern, seine Hände verstümmeln, seine Augen ausreißen, ihm Nase, Lippen, Zunge, Ohren abschneiden lassen. Die Quedlinburger Annalen betonen zwar, die Täter seien nicht Freunde des Kaisers, sondern «Freunde Christi» gewesen. Doch wie auch immer, man stellte den durch die kaiserliche Soldateska Geschundenen jetzt auch noch vor das Gericht des Papstes, der ihn darauf förmlich abgesetzt und nach dem in der Kirche Christi gebräuchlichen Ritual der Devestitur behandelt hat. Gregor, ein reformbewußter, nicht ungebildeter Papst, dessen Grabschrift seine Fähigkeit rühmt, lateinisch, französisch, deutsch predigen zu könnnen, ließ nun den geblendeten, fast tauben und sprachunfähigen Johann XVI. in der Kirche nochmals in päpstliche Gewänder hüllen und sie ihm Stück für Stück abreißen.

Inzwischen war ein Landsmann des elenden Opfers, der hl. Nilus, ein in ganz Italien bewunderter 88jähriger Greis herbeigeeilt. Kaiser und Papst holten ihn voller Ehrfurcht in den Lateran, küßten ihm die Hände und ließen ihn Platz zwischen sich nehmen. Doch äußerte er nur den einen Wunsch, den armen Philagathos, der sie doch beide aus der Taufe gehoben und jetzt von ihnen verstümmelt, der Augen beraubt worden sei, in sein Kloster bringen zu dürfen zur gemeinsamen Beweinung der begangenen Sünden. Der Kaiser, dem angeblich die Tränen kamen, war zum Nachgeben bereit. Aber der Papst wollte seine Rache ganz genießen. Er ließ den Blinden statt mit päpstlichem Kopfputz mit einem Euter krönen, aus der Kirche stoßen und, verkehrt auf einem Esel sitzend, dessen Schwanz als Zügel in der Hand – ein makabres Plagiat (vgl. S. 510) – durch Rom in einen Klosterkerker reiten, wo er noch jahrelang vegetiert haben soll. Otto hat, falls die Nachricht zutrifft, durch einen hohen Geistlichen bei Nilus sich entschuldigt, der jedoch erwidert, Kaiser und Papst hätten ihm, ja Gott selber angetan, was sie an dem unglücklichen Philagathos verbrochen, und Gott werde ihnen so wenig verzeihen, wie sie Philagathos verziehen. Und verließ Rom am selben Tag.[11]

Der Rebell Crescentius aber war in die Engelsburg geflohen. Sie galt als uneinnehmbar, wurde zwei Monate belagert, unablässig, so heißt es, Tag und Nacht angegriffen und am 28. April durch den Markgrafen Ekkehard von Meißen im Sturm genommen. (Der Kaiser belohnte den auch im Osten martialisch gegen die Slawen vorgehenden Krieger generös mit Land. Doch als der 1002 die Nachfolge des kinderlosen Herrschers antreten wollte, wurde er von einer Adelsclique unter Anführung der Grafen Heinrich und Udo von Katlenburg vermutlich aus persönlicher Rache in der Pfalz Pöhlde ermordet.)

Dem Crescentius hatte Tammo, der Bruder des Bischofs Bernward von Hildesheim und Freund Ottos, auf dessen Befehl den Schutz seines Lebens geschworen. Mehrere italienische Quellen sprechen von solch beeidigten Sicherheitsgarantien, andere zeitgenössische bestätigen es zumindest im Kern. Doch hatte man Crescentius getäuscht und ihn, woran es «nichts abzuschwächen oder abzuleugnen gibt...., auf Betreiben des ihm feindlich gesinnten Papstes als Hochverräter hingerichtet» (Uhlirz). Er wurde, anscheinend eine Anregung des Heiligen Vaters, mit zwölf Unterführern auf der höchsten Stelle der Engelsburg, allen sichtbar, geköpft, seine Leiche überdies von den Zinnen gestürzt, von Kühen durch die versumpften Straßen Roms gezogen und mit den zwölf Hingerichteten kopfunter an ein Kreuz auf dem Monte Mario oberhalb des Vatikans gehängt. Der Papst war nicht zimperlich, und der Gedanke ans Hängen kam ihm wohl gern. Einen Grafen der Sabina namens Benedikt, mit dem der Heilige Vater sich um geraubten Kirchenbesitz stritt, brachte er durch die Drohung zum Nachgeben, den gefangenen Sohn des Grafen vor dessen Augen aufzuknüpfen.

Papst Gregor V., den Römern aufs äußerste verhaßt, starb plötzlich – «nach tüchtiger Amtsführung» (Bischof Thietmar) – im Frühjahr 999, doch kaum an Gift, wie man munkelte, sondern an Malaria. Durch die Vita Nili geistert auch das Gerücht von seiner Blendung; man habe dem Papst die Augen ausgerissen – vermutlich eine literarische Reaktion auf seine Grausamkeit gegenüber dem Gegenpapst im Jahr zuvor.[12]

Deutsche Quellen sprechen von der römischen «Jauchegrube», die der Kaiser habe säubern müssen. Sie schimpfen Crescentius «perversus», «membrum diaboli». Und noch Gerd Althoff, der ja gerade hier manches gegen Kaiser und Papst vorbringt, will dann doch beider Brutalität entlasten, indem er sie «weniger aus individuellen Befindlichkeiten wie Rachegelüsten, Enttäuschungen und Erbitterung» erklärt als durch die «Spielregeln des 10. Jahrhunderts», die «Regeln der Zeit». Unterlegenen habe man zwar Milde gewährt, aber nur einmal, beim erstenmal, und bei Rückfällen keine Schonung gekannt.

Nun, beiseite, daß es Gegenbeispiele gibt, nicht wenige – jene «Regeln» waren eben *christliche* «Regeln». Christen haben sie gemacht, Christen sie praktiziert. Die «Zeit» war nicht schuld, der Mensch der Zeit. Doch genaugenommen nicht einmal er. Schuld waren der Brauch, das Recht, das Gesetz, das Denken, der Glaube der Zeit. Das alles aber war seit Jahrhunderten *christlich!* Es sollte, mußte christlich sein – um jeden Preis! Auch und gerade um den Preis des Lebens. So interessiert hier stets, was Christen im Namen des Christentums, der Kirche, des Staates oder auf eigene Faust verbrochen haben, nicht zuletzt gegen Grundgebote ihrer Religion selbst. Das allein ist unser Thema. Zutiefst antihumanes, menschenverachtendes, menschenvernichtendes Verhalten der Christen zu jeder Zeit und überall.

Zum Beispiel auch im Osten. Schon das Kind Otto III. hatte sich dort, so sagt Wolfgang Menzel, einer der deutschen Scharfmacher des 19. Jahrhunderts, «seine Sporen zu verdienen».[13]

ERZBISCHOF GISELHER BESTICHT, FÄLSCHT UND KASSIERT

Die Kriege im Osten, die Feldzüge zumal gegen den elbslawischen Stammesbund der Liutizen zur Anerkennung der deutschen Herrschaft und des Christentums wurden nach dem Aufstand von 983 (S. 532) selbstverständlich erst recht fortgesetzt, immer häufiger. Gerade unter der Regentschaft Theophanus begann da eine aggressive Politik, «in der Hauptsache von Giselher von Magdeburg und Eckhard von Meißen getragen» (Kretschmann).

Erzbischof Giselher, uns schon wiederholt begegnet, entstammte ostsächsischem Adel; «von edlem Wesen und edler Herkunft», nennt ihn Bischof Thietmar, der sonst kaum ein gutes Haar an ihm läßt. Otto I. holte ihn an den Hof und machte ihn 970 zum Bischof von Merseburg. Doch der überaus ehrgeizige, mit allen schmutzigen Wassern gewaschene Kirchenfürst weilte auch künftig weit mehr in der Nähe von Königen und Kaisern als in seinem Sprengel. Er verstand es, die Gunst der Mächtigsten, verstand es, große und zahlreiche Schenkungen zu erhalten, und endlich, wonach sein ganzes Sinnen und Trachten stand, Erzbischof von Magdeburg (981–1004) zu werden. Dies freilich kraft kirchenrechtlicher Bestimmungen erst nach Auflösung des Merseburger Bistums; der Grund, warum Thietmar von Merseburg ihn so haßte, zumal Giselher bei seinem unbändigen Verlangen nach mehr Ansehen, höheren Würden und größerer Wirkung vor wenig zurückschreckte.

So soll er beim Verfolgen seines Zieles selbst den hl. Laurentius beraubt, alle Fürsten und die römische Kurie mit gewaltigen Geldern bestochen und vom Papst enorme Privilegien bekommen haben, darunter das ungewöhnliche Recht, Kardinalpriester, Kardinaldiakone und -subdiakone weihen zu dürfen, wessen sich sonst bloß eine einzige Diözese (Trier) rühmen konnte, wenn auch nur aufgrund einer Fälschung. Und Erzbischof Giselher von Magdeburg (oder ein Komplice von ihm) fälschte ebenfalls, fälschte, als er sich durch die Gründung des Erzbistums Gnesen mit Recht um seinen Einfluß bedroht sah, ein Papstprivileg für den früheren Erzbischof Adalbert von Magdeburg, worin dessen Bistum der Primat in der «Germania» verliehen und außerdem das Recht auf 12 Kardinalpriester, 7 Kardinaldiakone und 24 Kardinalssubdiakone zuerkannt wurde – Übertreibungen, die sofort unglaubwürdig erscheinen mußten, weshalb die Fälschung auch erfolglos blieb.

Doch ergatterte Giselher entgegen den Verfügungen einer päpstlichen Synode vom September 981 andere bemerkenswerte Vorteile, u. a. die bischöflichen Rechte über sieben, zumeist von heidnischen Slawen besiedelte Burgwarde, womit er den Nordteil des aufgelösten Merseburger Bistums bekam. Er erhielt zwei Eigenklöster, das Kloster Pöhlde und die Merseburger Laurentius-Abtei, beide mit beträchtlichem Grundbesitz. Otto II., der schon dem Merseburger Bischof Giselher 974 den riesigen Forst im Gau Chutizi, einen der größten Waldkomplexe Deutschlands, geschenkt hatte, gab ihm nun auch die Burg Kohren (bei Altenburg) sowie den vordem Merseburg verliehenen Königshof Prießnitz (bei Borna). Dazu riß der Erzbischof offenbar weitere einst merseburgische Liegenschaften an sich, insgesamt «ohne Zweifel den wertvollsten Teil des ehemaligen Merseburger Ausstattungsgutes» (Claude).

Um sein – vom Kaiser gelegentlich gedecktes – Vorgehen zu beschönigen und ursprüngliches Recht zu vertuschen, beseitigte Giselher anscheinend allerlei Aktenkundiges. Zumindest behauptet Bischof Thietmar: «Urkunden, die königliche oder kaiserliche Schenkungen enthielten, verbrannte er im Feuer oder ließ sie durch Veränderung des Empfängers seiner Kirche zuschreiben.» Die Mediävistik bemerkte in diesem Zusammenhang, daß die meisten Merseburger Urkunden von Erzbischof Giselher zwar nach Magdeburg mitgenommen, bei der Wiederherstellung Merseburgs aber nicht zurückgegeben wurden. «Fälschung und Vernichtung weiterer Dokumente sind durchaus möglich» (Claude).

Da Giselher nicht nur sehr karriere- und besitzsüchtig war, sondern auch die Reichsgrenze bloß eine Tagesreise von seiner Residenz entfernt verlief, wird gerade seine Aktivität bei den kaum noch abreißenden Kriegen im Osten verständlich. Mit schöner Regelmäßigkeit melden die Quellen, daß Jahr um Jahr «mit Feuer und Schwert» (incendiis et caedibus) das ganze Slawenland (totam terram) verwüstet worden sei, wobei man die Mordbrennerei sinnigerweise gern zum «üblichen Termine» (Böhmer) eröffnete, an Mariä Himmelfahrt.[14]

Vierzehn Jahre Dauerkrieg gegen die Elbslawen

Offensichtlich bestimmt von der gegenwärtigen Geschichtskonstellation, spielt zumindest ein Teil der deutschen Mediävistik diesen fortgesetzten Terror im Osten sehr dezent herunter. So erwähnt Eduard Hlawitschka in seinem «Studienbuch» (!) bei Gelegenheit von Theophanus Ostpolitik gerade knapp, daß die Sachsen «wiederholt die Elbslawen angriffen», zur Regentschaft Adelheids, ebenfalls in einer halben Zeile, «Kämpfe gegen die Liutizen und Abodriten 991–995», und Otto III. selbst führt wider die Rebellen «im Sommer 997 nur zwei kurze Feldzüge».

In Wirklichkeit geht es um einen fast vierzehnjährigen Dauerkrieg, bei dem das Reich, eine neue Ostpolitik einleitend, sich jetzt auch mit den Polen unter Mieszko verband, was den Vorteil hatte, daß man die Liutizen von zwei Seiten, von Westen und Osten, in die Zange nehmen oder sie auch vereint gemeinsam angreifen konnte. (Der Name «Liutizen» trat im Lauf des 10. Jahrhunderts an die Stelle der älteren Bezeichnung «Wilzen».) Vermutlich hat Erzbischof Giselher, der 984 mit dem Polenherzog noch zu Heinrich dem Zänker stand, dies Bündnis arrangiert.

Bereits 985 überfällt ein sächsisches Heer mit Beteiligung Mieszkos das Liutizenland und verwüstet es. Auch zwei weitere Kriegszüge der Deutschen, 986 und 987, gelten den Liutizen sowie Boleslav von Böhmen, der sich weigert, die 984 an ihn verlorene (und im nächsten Jahr zurückeroberte) Mark Meißen herauszugeben. Auch diese Attacken unterstützt Mieszko von Polen, ja, den Zug des Jahres 986 begleitet der sechsjährige König, der offenbar zur «Anfeuerung» der immer müder oder gar renitent werdenden Krieger dient. Vermutlich ist, auch wenn nicht direkt bezeugt, bei beiden Heerfahrten Erzbischof Giselher mit von der Partie. Ringsum entsetzliche Verwüstungen, sechsundvierzig feste Plätze werden vernichtet, doch allenfalls Tributentrichtungen erzwungen, keine verlorenen Gebiete wieder gewonnen.

990 erfolgt gleich ein zweimaliger Einfall in den Elbslawenraum, den Thietmar von Merseburg vom Teufel beherrscht sieht. Im ausbrechenden Konflikt zwischen Polen und Böhmen rücken deutsche Truppen unter Erzbischof Giselher und Markgraf Ekkehard von Meißen zur Entlastung der Polen an. Boleslav trickst aber die Deutschen, die im Morgengrauen noch die Messe gehört, aus und läßt Bischof und Graf entwaffnen, bis sie eidlich Frieden schwören.

991 beschließt man, wohl während des hl. Osterfestes in Quedlinburg, mit Mieszko von Polen einen gemeinsamen weiteren Krieg. Otto selbst erobert und verliert noch im selben Jahr mit einem großen sächsischen Aufgebot das viel- und wechselvoll umkämpfte Brandenburg, die Hauptstadt der Heveller, eines Wilzenverbandes, den man seit 983 den Liutizen zuzählt. Wieder dabei ist Erzbischof Giselher. Besonders verdient macht sich Bischof Milo von Minden mit seinen Westsachsen, hier erstmals in einem Gefecht gegen die Liutizen nachweisbar.

992 bricht man erneut zweimal (im Juni und August) ins Liutizenland ein, wobei die frommen Polen in all diesen Kämpfen beispringen. Und zum zweiten Angriff kommt mit einem ungewöhnlich großen Heer nicht nur Otto III. selbst, sondern erstmals auch der christliche Boleslav von Böhmen. So nimmt dieser neue verlustreiche Vorstoß, bei dem der Klerus an der Spitze kämpft und der Fahnenträger Diethard, ein Diakon der Verdener Kirche, fällt, geradezu den «Charakter eines Glaubenskrieges» an (M. Uhlirz).

Dennoch scheint man nicht mehr als Tribute erpreßt zu haben, wenn überhaupt, und in den eigenen Reihen äußert sich sogar Verdruß über die fortgesetzten unergiebigen Züge. Freilich versucht die Vormundschaftsregierung durch Schenkungen an Adel und Klöster in den Grenzgebieten die Kampfbereitschaft zu heben, zumal man nun auch die Böhmen auf seiner Seite hatte. (So erhielt beispielsweise das Stift Quedlinburg 993 umfangreichen Besitz im Havelland, die Orte Potsdam und Geltow sowie eine nicht näher bezeichnete Insel.)

Schon 993 werden gleich drei neue Offensiven der Sachsen gegen die Slawen gemeldet, worauf der König die Bischöfe Hildibald von Worms und Giselher von Magdeburg für besondere Verdienste mit großen Schenkungen belohnt. Schließlich hatte der Magdeburger, wie die Forschung vermutet, bei all jenen Kriegen kaum gefehlt, hatte er gerade in den frühen neunziger Jahren intensive Beziehungen zum Hof Ottos III. unterhalten und galt überhaupt als «Träger der deutschen Ostpolitik» (Claude).

995 erfolgte ein weit und breit das Land verheerender Vergeltungszug Ottos für einen Großaufstand aller Liutizen und Obodriten im Jahr zuvor. Mit stritten auch diesmal die christlichen Polen und Böhmen, unter ihnen der älteste Sohn Slavniks, Sobebor, ein Bruder des hl. Bischofs Adalbert von Prag. Und in hohem Grade zeichneten sich anscheinend die Mannschaften des Bistums Meißen aus, das nun Ottos besondere Gunst erfuhr.

997 kämpft, brandschatzt, plündert man weiter im Gebiet der Heveller, meist unter kaiserlichem Oberbefehl, einige Wochen auch, in einem Teilbereich, unter dem Giselhers, der dabei etliche seiner Mannen einbüßt und dann seinem Nachfolger im Kommando die Schuld geben ließ, selbst allerdings sofort die Flucht ergriffen hatte, ohne Ottos Sympathie zu verlieren.

Der Kaiser hatte seinerzeit dem Erzbischof die Arneburg (links der Elbe bei Stendal) zur Sicherung anvertraut. Da aber lockten diesen die Slawen unter dem Vorwand von Verhandlungen vor die Feste und in einen Hinterhalt. Während seine Bedeckung ins Gras biß, machte sich der Oberhirte Hals über Kopf davon. «Schon gerieten die Krieger beider Parteien aneinander», berichtet Thietmar; «der im Wagen sitzende Erzbischof konnte zwar auf fliegendem Pferde entkommen, aber von seinen Leuten entrannen nur wenige dem Tode. Die siegreichen Slawen plünderten – es war am 2. Juli – gefahrlos die Toten aus und bedauerten nur das Entwischen des Erzbischofs.»

Doch nicht genug damit. Ohne auf seine Ablösung, den Markgrafen Liuthar, Thietmars Onkel, zu warten, verließ Giselher, da sein Wachdienst inzwischen abgelaufen war, die Burg, begegnete unterwegs dem anrückenden Grafen, dessen Kommando sie nun unterstand – «empfahl sie ihm dringlich und zog ab». Mittlerweile waren jedoch die Slawen in die unbewachte Feste gedrungen, hatten sie angezündet, und Liuthar fand sie, als er näherkam, bereits in Rauch und Flammen und «suchte vergeblich durch einen Boten, den Erzbischof zur Umkehr zu bewegen». Der Prälat verweigerte jede Hilfe und kehrte heim. Der Graf aber vermochte das im Feuer stehende Kastell nicht zu löschen, mußte «das den Feinden offene Tor verloren» geben, sich dann beim Kaiser anklagen lassen und durch einen Eid vom Vorwurf der Schuld reinigen.

Während dieser Feldzüge, auf denen Otto III. das Slawenland «schwer durch Feuer und Plünderung verwüstet hat» (incendio et magna depredacione vastavit), begleitete ihn auch der gewesene Erzbischof von Reims, Gerbert von Aurillac, der künftige Silvester II., der erste französische Papst. Ferner fochten seinerzeit im Osten u. a. Erzbischof Willigis von Mainz, trotz seines Alters, sowie Bischof Heinrich von Würzburg mit ihren Truppen, und besonders vorbildlich Bischof Ramward von Minden (996–1002), allen, selbst den Fahnenträgern, voran mit dem Kruzifix in der Hand und machtvoll gegen den Feind hetzend – «ein schönes Beispiel dieser kriegerischen Reichsbischöfe, die das Schwert ebenso zu tragen wußten wie das Kreuz» (Holtzmann). So fiel denn auch gerade damals von den slawischen Teufeln «eine sehr große Zahl», und dem traurigen Rest jagte man die Beute ab.[15]

Nun hat man neuestens, ohne diese «immensen militärischen Aktivitäten» im Osten im geringsten herunterspielen zu wollen, doch davor gewarnt, dort allzu starre Fronten, systematisch vorbedachte Aktionen kriegführender Staaten zu sehen, eine Strategie der Rückeroberung oder gar mehr zentral gelenkte Ausgriffe. «Die Antriebskräfte scheinen weit eher der Drang nach Rache, die Gier nach Beute oder Tributen gewesen zu sein, die die sächsischen Markgrafen und Bischöfe nicht selten auch ohne den

König und ohne seinen Auftrag tätig werden ließen» (Althoff). Das mag in manchen Fällen so, in andren anders gewesen sein; für uns – und die Opfer – sind diese Unterscheidungen nicht so relevant. Denn ob christliche Grafen, ob Bischöfe irgendwo eigenmächtig rauben und töten oder ob sie einer zentral gegebenen Weisung folgen – das wie jenes gehört ohne Zweifel zur Kriminalgeschichte des Christentums.[16]

Noch 997 hatte Otto III. gegen die Liutizen gekämpft. Doch als er in den Süden zog, als er der Italienpolitik den Vorzug gegenüber der Ostpolitik gab, und zwar unter dem Einfluß offenbar vor allem des Gerbert von Aurillac, des künftigen Papstes, wollte man Ruhe im Osten und schloß mit dem Feind Frieden. Vierzehn Jahre hatte man ihn unentwegt bekriegt, fast jährlich mindestens durch einen Waffengang, in manchen Jahren sogar mehrmals. Selbst die Böhmen und immer wieder die christlichen Polen wurden gegen die Heiden aufgeboten. Plötzlich aber ging es auch friedlich. Und nur wenige Jahre danach führte gar ein Heiliger, Kaiser Heinrich II., Seite an Seite mit den heidnischen Liutizen, drei lange und überaus blutige Kriege – wider die christlichen Polen, die seinem Vorgänger doch so nützlich waren, wie dieser freilich wohl noch mehr ihnen.

(Dabei hatte man gerade damals, zur Zeit der Cluniazensischen Reformen, ausdrücklich den Gedanken verbreitet, daß die Christenheit eine Einheit sei und sich untereinander nicht bekriegen dürfe. So schrieb 994 in dem von Cluny reformierten Kloster Fleury an der Loire der gelehrte Abt Abbo, der mit seinem Diözesanbischof Arnulf von Orléans, Hugo Capets führendem Berater, erbittert stritt: «Echtes Rittertum bekämpft sich nicht gegenseitig im Schoß seiner Mutter, der Kirche, sondern richtet alle seine Kräfte darauf, die Gegner der heiligen Kirche Gottes zu unterwerfen.» Nicht die «Rechtgläubigen», die Heiden sollten die Christen attackieren, predigte der Reformer – und wurde bei der Inspektion des ihm unterstehenden gascognischen Priorats La Réole von seinen aufsässigen Mönchen erschlagen.)

«... DIE LEGIONEN ZU SAMMELN» – KONZERTIERTE AKTION IN GNESEN ZUM VORTEIL ROMS

Daß man in Polen spätestens 968 das Bistum Posen gegründet, das Land selbst innerhalb eines knappen Jahrzehnts verchristlicht hatte (S. 461 ff.), brachte seinem Herrn unbestreitbare Vorteile. Mieszko I. konnte bald darauf ganz Pommern erobern.

Nach dem Tod seiner Frau, der Přemyslidin Dobrawa (977), heiratete Mieszko Oda von Haldensleben, die Tochter des mächtigen Markgrafen Dietrich von der Nordmark, und trat nach dessen Tod (985) im Einvernehmen mit der Reichsregierung als Interessenvertreter seiner Gattin in den Marken auf. Und hatte seine Ehe mit Dobrawa einst das Bündnis mit Böhmen besiegelt, so zerbrach dies in den ausgehenden 80er Jahren wegen Schlesien. Mieszko geriet darüber in Streit mit seinem Schwager Boleslav II., den die paganen Liutizen unterstützten, während der Pole den Beistand deutscher Truppen fand und Schlesien behalten konnte. Und das, obwohl er zwischenzeitlich sogar mit dem Gegenspieler Ottos II., Heinrich dem Zänker, sich verbunden, ihm 984 auch noch als seinem «König und Herrn» gehuldigt, ohne in Nachteil zu geraten. Freilich ging er bereits im nächsten Jahr zu Otto III. über und bekriegte nun mit den Sachsen die heidnischen Slawen.

Im Verfolgen einer zielbewußten Politik an der Seite des deutschen Reiches entwickelte sich Mieszko zum aggressiven Vorkämpfer des Christentums an der nördlichen Heidenfront. Mission und Militär wurden jetzt auch in Polen miteinander verknüpft. Symbolisch für den engen Zusammenhang: die unmittelbare Verbindung des Posener Domes schon um das Jahr 1000 mit der dortigen Burg – mit ihrem gut 10 Meter hohen und etwa 20 Meter breiten Wall die größte und stärkste Polens.

Bei seinen Attacken gegen die Liutizen im Markengebiet zwischen Elbe und Oder standen dem Polenherzog ideologisch und militärisch bereitwillig die christlichen Böhmen bei, die auch die ersten Missionare nach Polen geschickt hatten. Allerdings konnten ihn die Böhmen nicht dauernd von ihren eigenen Einflußgebieten im Süden und Westen abhalten. Mieszko griff sie überraschend in den späteren 980er Jahren an, als Böhmen mehrmals mit dem Reich und der Kirche in Konflikt geraten war. Er bemächtigte sich nicht nur der Odermündung, sondern nahm den christlichen Tschechen auch Schlesien ab. Und als diese 990 mit Hilfe der heidnischen Liutizen ihr Gebiet zurückzugewinnen suchten, da vereitelte es ein sächsisches Heer unter Erzbischof Giselher und Markgraf Ekkehard von Meißen im Bund mit dem Polen, der sicherheitshalber, ohne seine Beziehung zum deutschen Reich preiszugeben, nun sein Land dem hl. Petrus schenkte, im übrigen selbstverständlich weiter die deutschen Offensiven gegen die Liutizen stützte.[17]

Der berühmte Schenkungsakt, durch den ein Dagome iudex und seine Gattin, senatrix Ote (Oda), nebst zwei Söhnen Papst Johann XV. ihr Land Gnesen (Schinesghe) unterstellen, ist in dem sogenannten Dagome-iudex-Dokument überliefert, das auch die älteste geographische Beschreibung der Grenzen Polens enthält. Das in sechs Handschriften vorliegende und von einer unübersehbaren Literatur begleitete Regest ist die erste bekannte Schenkung eines Landes an den sogenannten Apostolischen Stuhl. Darüber hinaus wird dieser Rechtsakt allerdings nirgends bezeugt, vielleicht aber durch den von Polen immerhin entrichteten «Peterspfennig» bestätigt.

Wollte freilich damit Mieszko I., wie man annimmt, die direkte Thronfolge für seine minderjährigen Kinder sichern, ist dies gründlich mißlungen. Denn kaum war er gestorben und ihm als Senior sein berühmter Sohn aus erster Ehe Boleslaw I. Chrobry der Tapfere (992–1025) gefolgt, da schaltete dieser die Konkurrenten aus. Er verjagte seine Stiefmutter Oda samt Kindern nach Deutschland und ließ zwei weitere Verwandte blenden. So sicherte er sich seine Alleinherrschaft und, wenn nicht deshalb, dann trotzdem, seinen Weg zum Ruhm. Sein kluger Vater und Vorgänger aber hat mit dem Dagome-iudex-Regest die Gründung einer eigenen Kirche vorbereitet und damit die Unabhängigkeit Polens vom deutschen Reich.

Boleslaw, der sich als tributarius St. Peters betrachtete, war ein durchaus frommer Christ. Er hatte die Mission Adalberts gefördert, auch dessen Leichnam den heidnischen Prußen abgekauft und diesen in der Marienkirche von Gnesen beisetzen lassen. Allerdings hatte er auch das christliche Reich bedrängt, hatte er Pommern, Breslau, Krakau erobert und sich zum ersten König Großpolens gemacht, das damals vom Baltischen Meer im Norden bis zum Kamm der Sudeten und Karpaten im Süden reichte und vom Land der Russen bis zur Oder.

Polen war rasch immer mächtiger geworden, ein begehrter Bundesgenosse für die katholischen Kämpfer. «Hand in Hand mit dem Papst konnte der Kaiser jetzt ruhig die Organisierung der Ostmission, die Otto I. hatte abbrechen müssen, von neuem in Angriff nehmen» (Hauptmann).[18]

Dabei mag beiden der Märtyrertod des Adalbert von Prag sehr erwünscht gewesen sein. Dieser Sohn des Fürsten Slavnik von Libice (gest. 981) – der Namensgeber der mit den Přemysliden vielleicht verwandten, sicher aber scharf konkurrierenden und von ihnen Ende September 995 ausgerotteten Slavnikiden (vier seiner Söhne kamen um, der fünfte fiel ein knappes Jahrzehnt später) – Adalbert hatte angeblich nicht mehr die Lasterhaftigkeit seiner Diözesanen ertragen (oder, wie andere meinen: die Reibereien mit seinem Oberherrn Boleslav II., dem die Slavnikiden zu mächtig schienen). Der Bischof reiste nach Rom, wurde von Papst Johann XV. zur Rückkehr genötigt, geriet wieder in Konflikte, eilte erneut nach Rom, Gregor V. schickte ihn abermals zurück. Er weilte noch bei Kaiser Otto III. in Mainz, mit dem er das Schlafgemach teilte (S. 551), und ging dann zu den heidnischen Prußen (Pruzzen).

Diese Altpreußen, deren Religion, eng verwoben noch mit der Natur, zahlreiche heilige Berge, Bäume, Wälder, Gewässer kannte, wehrten sich erbittert gegen ihre Christianisierung. Erst nach mehr als zweihundertjährigen Kämpfen, die besonders im 13. Jahrhundert durch den Deutschen Orden bis zur Entvölkerung ganzer Gebiete führten (S. 466), konnten die Prußen zur Annahme der Frohen Botschaft gezwungen, erst im 17. Jahrhundert endgültig mit den Deutschen verschmolzen werden.

Bischof Adalbert wollte schon seinerzeit die Prußen «mit dem Zaume heiliger Verkündigung» bändigen, wurde aber rasch Blutzeuge, was er angeblich immer ersehnt hatte (obwohl er ja vor den eigenen Diözesanen wiederholt davongelaufen war – mehr noch vermutlich vor dem Böhmenherzog Boleslav II., dem Ausrotter der Slavnikiden, freilich auch Erbauer zahlreicher Kirchen und Klöster, daher «der Fromme»). Nun kaufte Polenfürst Boleslaw Chrobry «sofort um Geld Kopf und Glieder des herrlichen Märtyrers los» (Thietmar), und man errichtete gleichsam über der Leiche im Jahre 1000 das Erzbistum Gnesen. Ja Kaiser, Papst und Boleslaw selbst waren einverstanden, ihn zum König zu erheben. Doch vermutlich protestierten die Fürsten. So konnte Otto beim Festschmaus dem «Freunde und Bundesgenossen», dem «Bruder und Mitarbeiter am Reiche» die eigene Krone nur symbolisch aufs Haupt setzen.[19]

Noch Bischof Thietmar aber, der den «verschlagenen» Polen alles andere als schätzt, meldet von diesem, Otto III. habe in Gnesen «einen Tributpflichtigen zum Herrn gemacht» (tributarium faciens dominum); und fleht Gottes Erbarmen auf den Kaiser herab, weil er Boleslaw «so hoch erhöhte», daß der sich «unablässig erfrechte, Höherstehende allmählich in Untertänigkeit herabzuziehen, sie mit dem billigen Köder vergänglichen Geldes zu locken und zum Schaden für Knechte und Freie zu fangen».

Die polnische Seite sieht dies natürlich anders. In der ältesten Chronik des Landes erscheint der Piastenstaat, jetzt Polonia genannt, innerhalb des imperium als ein Deutschland ebenbürtiges Reich. Herzog Boleslaw selbst, dieser «athleta Christi», dieser «rex christianissimus», wie ihn die Zeitgenossen preisen, wird mit römischen Ehrentiteln überhäuft. Er wird «populi Romani amicus et socius», Freund und Bundesgenosse des römischen Volkes, wird «frater et cooperator imperii». Auch berichtet die älteste Chronik Polens, Otto habe dem Polenfürsten an kirchlichen Ehren übertragen, «was im Reiche der Polen zum Imperium gehörte».

Nun schrieb freilich Gallus Anonymus, der südfranzösische

Benediktiner, seine «Cronica et gesta ducum sive principum Polonorum» erst im frühen 12. Jahrhundert. Und er war überdies in der Kapelle Boleslaws III. Krzywousty (Schiefmund, 1085–1138) tätig, ja, sein Geschichtswerk wurde am polnischen Hof Würdenträgern nicht nur vorgelesen, sondern dabei auch zensuriert.

Wie weit die Selbständigkeit des Polenherrschers deshalb wirklich ging, ob ihn Otto zum patricius oder zum König ernannte, Polen also ein abhängiges oder unabhängiges Land war, ist bis heute heftig kontrovers, besonders selbstverständlich zwischen der deutschen und polnischen bzw. osteuropäischen Forschung, in der, neben vielem, nicht zuletzt der politische status quo mächtig herumspukt.

Unbestreitbar ist: Boleslaw empfing eine Nachbildung der (heute im Krakauer Domschatz befindlichen) Heiligen Lanze, die den Empfänger zur «defensio ecclesiae» verpflichtete (und gab als Gegengeschenk den Arm des hl. Adalbert). Auch die Rechte des Kaisers über die polnische Kirche gingen auf Boleslaw über. Sein Ansehen wurde somit enorm gesteigert, sein Ehrgeiz desgleichen. Und den Vorteil all dieser Würden- und Insignienverleihungen hatte schließlich nicht das römische Reich, sondern die römische Kirche – bis heute.[20]

Aber die nationale Mission im Osten war nun einmal sehr mit dem Odium des «deutschen» Gottes belastet. Dies hatte erst 983 der Liutizenaufstand wieder drastisch gezeigt. Deshalb machte Otto die Polnische Kirche selbständig. Als «Apostel im Dienste des Herrn» (Holtzmann), als «Knecht Jesu Christi», ein paulinischer Titel, der die «apostolisch-kirchliche Rolle des Kaisers» hervorhebt und Ausdruck seiner «sehr engen Zusammenarbeit» mit dem Papst ist (Jedlicki) – wallfahrtete er im Jahr 1000 nach Polen, wurde an der Grenze von Boleslaw Chrobry «sehr freudig» empfangen und sank in dessen Hauptstadt Gnesen tränengebadet am Grab des hl. Märtyrers nieder.

Die Aufgabe Ottos im Osten, die auch der eben erwähnte Titel «servus Jesu Christi» ausdrückt und mit der Auffassung des Kaisers wie der des Papstes übereinstimmt, hatte kurz vorher Gerbert, der künftige Papst, so formuliert: «die Legionen zu sammeln, in das feindliche Land einzubrechen, den Angriff der Feinde auszuhalten, sich selbst für das Vaterland, *für die Religion* und für das Wohl... des Staates den größten Gefahren entgegenzustellen».

Alle Aktionen in Gnesen entsprangen der Kooperation von Kaiser und Papst. Zweifellos mit diesem gemeinsam gründete Otto anno 1000 das polnische Erzbistum Gnesen auf der dortigen Burg – in Anwesenheit des päpstlichen Legaten und Boleslaws I. Chrobry und gegen den Widerstand des Posener Bischofs Unger, eines Deutschen. Otto gab dem neuen Bistum einen slawischen Heiligen, seinen Freund Vojtěch-Adalbert, gab ihm einen slawischen Erzbischof, nämlich Adalberts Halbbruder Radim-Gaudentius, der Adalbert auf seiner Missionsreise zu den Prußen begleitet hatte. Und er unterstellte ihm die Suffraganbistümer Breslau, Kolberg, Krakau, vermutlich sogar weitere.

Mit dieser schicksalhaften Konzession an den Polenfürsten verfolgte der Kaiser religiöse und politische Zwecke. Polen sollte so, ähnlich wie Ungarn, kirchlich gefestigt, enger ans Christentum gebunden und eine Ausfallbastion gegen den Paganismus im Norden werden. Zugleich wollte Otto dadurch natürlich die Stoßkraft des Reiches verstärken, dieses weiter ausbreiten und ihm auch die Länder des Ostens eingliedern.

Polen war deshalb für die Christen interessanter als Böhmen. Herzog Boleslaw, den man mit Ehren und Gunstbezeugungen fast überhäufte, wies man Selencia, Pommern und Preußen als Missionsgebiete zu, wobei sich der Papst auch eine Verbesserung der kirchlichen Vermögensverhältnisse versprach. In mittelitalienischen Klöstern und in Polen ließ man spezielle Missionare für die Slawenmission ausbilden, wobei die Ausländer bis auf Kleidung und Haarschnitt sich den Slawen anpaßten.[21]

Auch hinsichtlich Ungarns arbeiteten Otto III. und der Papst zusammen. Dort hatte sich Waik, der Sohn Herzog Gaisas von Ungarn, 996 taufen lassen und den Namen Stephan angenommen. Der Kaiser war sein Taufpate, und gemeinsam mit dem Papst genehmigte er im April 1001 die Errichtung des Erzbistums

Gran. Ein Schüler Adalberts, Ascherius, übernahm es und krönte als päpstlicher Legat Stephan mit einer von Otto übersandten Krone. Ähnlich wie in Polen, griffen also auch in Ungarn Kaiser und Kirche gemeinsam nach Osten aus. Aber auch im hohen Norden und im Süden, in Dalmatien, deuteten sich weitere Missionserfolge und Triumphe Ottos III. an. «Als neuer Apostel begriff er sich. So traten in seinem Ideenkreis die geistlichen Elemente in den Vordergrund» (Schramm).[22]

Bereits über unseren Zeitraum hinaus, Jahrzehnte ins 11. Jahrhundert hinein reicht ein Pfaffenzwist, der noch unter Otto III. beginnt und kulminiert und darum hier anschließend einbezogen werden soll.

DER GANDERSHEIMER STREIT

Gandersheim, das älteste Familienstift der Liudolfinger, wurde von dem Grafen Liudolf, dem Ahnherrn des sächsischen Kaiserhauses, Mitte des 9. Jahrhunderts gegründet (S. 375 f.). Erst hatte der fromme Mann dazu sein Familiengut Brunshausen bestimmt, dann jedoch dafür einen kleinen, von Moor und Sumpf umgebenen Hof ausersehen, eine Unterkunft seiner Schweinehirten. Nun gehörte Brunshausen zum Bistum Hildesheim, der Schweinehirtenhof aber, der sich zum Nonnenkloster Gandersheim auswuchs, vermutlich zum Gebiet des Mainzer Erzbischofs. Demzufolge hatte die erste Äbtissin, ursprünglich für Brunshausen vorgesehen, der Diözesanbischof Altfried von Hildesheim konsekriert, während die zweite, nur in Gandersheim wirkende, von den Bischöfen von Hildesheim und Mainz gleichzeitig ordiniert worden war.

Der Streit um das reichbegüterte Stift entzündete sich sozusagen durch Sophie, die älteste Tochter Kaiser Ottos II. und der Theophanu. Bereits 979 als etwa Vierjährige dem Stift Gandersheim übergeben, sollte Sophie eine «Magd Gottes» werden, verschmähte es freilich strikt, von ihrem Hildesheimer Bischof, «dem Herrn Osdag, den heiligen Schleier zu empfangen, und wandte sich an Willigis. Denn sie hielt es für unter ihrer Würde, von einem Bischof eingesegnet zu werden, der kein Palliumträger war» (Vita Bernwardi). Sie wollte einen Metropoliten, den mächtigen Mainzer (wie sie später, zur Äbtissin gewählt, für die Weihe wieder einen Palliumträger erbat und bekam), das versteht sich für demütige Christen von selbst. Der Erzbischof, unter dessen anregendem Einfluß sie vermutlich ohnedies stand, brachte dafür um so mehr Verständnis auf, als das Erzbistum Mainz seit der Gründung des Erzbistums Magdeburg schon die Bistümer Brandenburg und Havelberg verloren hatte, weitere Einbußen vermeiden wollte und auch «offenbar mit Recht alte territoriale Ansprüche auf das Gandersheimer Gebiet erheben konnte» (Goetting).

So forderte Willigis erstmals anno domini 987 die Oberhoheit über das Kloster. Als dort am 18. Oktober die inzwischen etwa zwölfjährige Kaisertochter Sophie zur Nonne geweiht wurde (Willigis kämpfte kurz zuvor noch auf Ottos III. böhmischem Kriegszug), brach zwischen dem Erzbischof und seinem Suffragan, dem Bischof Osdag von Hildesheim, im Beisein des siebenjährigen Königs, der Kaiserin Theophanu nebst mehreren Bischöfen und Fürsten in der Kirche vor dem Altar über den Besitz von Gandersheim ein langer und heftiger Wortwechsel aus. Jeder der beiden Brüder in Christo rechnete das Stift seinem Sprengel zu, Willigis dem Erzbistum Mainz, Osdag seinem Suffraganbistum Hildesheim. Und der «Herr Osdag» – in einer zeitgenössischen Denkschrift als «simplicis animi vir» figurierend – ließ sich nicht durch den Erzbischof einschüchtern, sondern «auf göttliche Eingebung seinen Bischofsstuhl neben dem Altar aufstellen, um auf diese Weise den Ort und sein Herrschaftsrecht zu verteidigen» (Vita Bernwardi). Der Streit endete damals nur mühsam mit einem Vergleich: Willigis zelebrierte ein feierliches Hochamt am Hochaltar und vollzog dann gemeinsam mit Osdag die Weihe Sophies, während die übrigen «Mägde Gottes» der Hildesheimer Bischof allein einsegnete.[23]

Angeblich ging man danach «in bestem Frieden und Einvernehmen» auseinander und lebte in Eintracht sowohl unter Bischof Osdag wie seinem Nachfolger Gerdag (990–992). Doch unter dem hl. Bischof Bernward von Hildesheim (993–1022) flammte der Streit, in den auch Kaiser und Papst hineingezogen wurden, viel heftiger wieder auf und bereitete der «keimenden Liebe durch das Gift der Falschheit ein Ende» (Vita Bernwardi).

Die Sache begann zum zweitenmal, als die Nonne Sophie mit etwa zwanzig Jahren zum großen Ärger ihrer (ebenfalls schon als Kind ins Gandersheimer Stift gesteckten) Äbtissin und Cousine Gerberga II. (949–1001), einer Nichte Ottos «des Großen» und Lehrerin der Kanonissin und berühmten Dichterin Hrotsvit, Roswitha (gest. um 975), dem Kloster Gandersheim entsprang, um für immerhin mehrere Jahre am Hof ihres königlichen Bruders ein etwas unkanonisches Leben zu führen – «und ließ allerhand Gerüchte über sich kursieren» (Vita Bernwardi). Sie weilte übrigens gerade so lange am Hof, als dort Erzkanzler Willigis noch amtierte. Zum gleichen Zeitpunkt, in dem er abtrat, kehrte auch die Prinzessin nach Gandersheim zurück. Pech für den Mainzer war es überdies, daß 993 Ottos hochgeschätzter Hofkapellan und Erzieher Bernward Bischof von Hildesheim wurde. Und wie Äbtissin Gerberga, die gestrenge, nahm auch der neue Hildesheimer Bischof, der sächsische Graf Bernward, heftigen Anstoß an Sophies Ausbruch – obwohl doch seine eigene Freundin, die Äbtissin Mathilde von Quedlinburg, einst ein ganzes Jahr, auch ziemlich außerhalb ihrer Klostermauern, in Italien verbracht hatte – was natürlich nicht die leiseste Anspielung impliziert, übertraf Bernward doch «an Sittenreinheit selbst die bejahrtesten Männer» (Walterscheid).

Erzbischof Willigis dagegen, hoferfahren wie wenige, vermochte an solchen Eskapaden von dem Kaiserhaus angehörigen Nonnen nichts ungewöhnliches zu sehen. Und Prinzessin Sophie, die Schutzbedürftige (patrocinanda), hetzte den Erzbischof «mit bittren Reden» auf, erklärte, «der Bischof Bernward habe ihr überhaupt nichts zu sagen, das Kloster Gandersheim gehöre zur Diözese des Erzbischofs», und brachte diesen «schwer gegen den

Herrn Bernward auf» und natürlich zur Erneuerung seiner Ansprüche auf Gandersheim. Ja, «Sophie war beständig an seiner Seite, wohnte bei ihm und betrieb Tag und Nacht ihre Sache», ein schönes Sätzchen, und doch im Original eher aussagefähiger, inniger verwoben noch: «Sophia assidue illi cohaerens et cohabitans, haec interdiu noctuque ambiebat.» Was freilich keinesfalls heißt, daß die Prinzessin, Ottos III. ältere Schwester, mit Hans Goetting zu sprechen, mehr als «das geneigte Ohr des Erzbischofs» besaß.

Das alles empörte den Sittenprediger Bernward. Zwar verdankte er Willigis so gut wie alles, hatte ihn dieser schon zum Subdiakon, Diakon, Priester geweiht, vermutlich auch durch seine Fürsprache zum Kaisererzieher gemacht, und dann noch auf den Hildesheimer Bischofsstuhl gebracht; wie überhaupt Charakter und Interessen der beiden nicht sehr verschieden waren. Nur freilich wollte jeder eben Gandersheim. Die Nonnen aber, wegen der schwer erkrankten Gerberga jetzt unter Führung der wieder ins Stift zurückgekehrten Sophie, verweigerten dem Heiligen aus Hildesheim die Obedienz. Bloß unter dem Schutz zahlreicher Ministerialen konnte er sich gegen einen Haufen von Leuten, der ihn gegebenenfalls (natürlich «cum iniuria») davonjagen sollte, am 14. September, Fest der Kreuzerhöhung, des Jahres 1000, den Zutritt zur Klosterkirche erzwingen und dort die hl. Messe feiern. Dabei schleuderten ihm allerdings die frommen Klosterfrauen, als man zur Opferung gelangt war, ihre Oblationen unter wilden Flüchen vor die Füße, «mit unglaublichen Äußerungen des Zornes», mit «wilden Schmähworten gegen den Bischof», in dem sich doch noch fast ein Jahrtausend später für die Hildesheimer Diözese *das Andenken an ihre goldene Zeit* verkörpert (Wetzer/Welte). Wohl nur dank seiner bewaffneten Begleitung kam er unverletzt davon.[24]

Ganz anders wurde sechs Tage darauf Erzbischof Willigis von Mainz, gleichfalls mit großem Gefolge, in Gandersheim empfangen, wo er seine Besitzansprüche bekundete, während Bischof Bernward von Hildesheim nun direkt an Papst und Kaiser, seinen einstigen Zögling, appellierte, erkannte er ja klar, «daß das eingedrungene Gift nurmehr durch päpstliches und kaiserliches Gegengift auszutreiben war».

Denn inzwischen hatte sich auf einer Synode in Gandersheim im Spätherbst anno 1000 ein wilder Tumult ereignet, hatte der von den Dänen vertriebene Bischof Ekkehard von Schleswig, das Sprachrohr des vorsichtigerweise ferngebliebenen Bernward, dazu aufgerufen, die Synode zu unterlassen, worauf der Kirchenfürst aus Mainz – auch er heute nicht nur dort als Heiliger verehrt – «in unvorstellbare Wut» geriet und drohte, den Bischof «mit Schimpf und Schande hinauswerfen» zu lassen. Der Metropolit, ganz klar, war das Opfer «böser Menschen» – «und erst recht Sophie setzte ihm beständig zu...» So wurden zuletzt seine eigenen Besitzansprüche auf Gandersheim durch die Synodalen anscheinend anerkannt und der Streit von ihm für entschieden erklärt.

Auf einer weiteren, vom Papst befohlenen Synode in Pöhlde (Harz) am 22. Juni 1001, erschien neben dem päpstlich-kaiserlichen Legaten Kardinal Friedrich, einem Sachsen, auch der hl. Bischof Bernward mit einem ansehnlichen bewaffneten Aufgebot. Denn: «Als Bischof führte er einen Wandel genau nach der Forderung des Apostels» – der ja auch schon zu Jesu Zeiten das Schwert geschwungen. (Heiligkeit ist «immer gesundes und blutvolles Leben, stets höchste und gesammelte Kraft»; zumal «deutsche Heilige sind deutsche Helden und deutsche Heldinnen, also auch Führerpersönlichkeiten des deutschen Volkes», schrieb Johannes Walterscheid natürlich 1934, und natürlich mit Imprimatur des Generalvikars von Kardinal Faulhaber, dem großen Widerstandskämpfer. Denn 1934 schien es den Herren «besonders angebracht, das deutsche Volk zu einer solchen Betrachtung des Lebens der deutschen Heiligen hinzuführen», sollten die deutschen Heiligen doch 1934 «die unentbehrlichen Helfer beim inneren Aufbau unseres Vaterlandes sein... vielleicht auch Kriegsführer, wie unsere großen Bischöfe des Mittelalters...»)

Da wären wir also wieder bei unserem Helden, beim hl. Bernward, und dem päpstlichen Legaten, die seinerzeit von gegnerischen Bischöfen «in unglaublicher Weise» beschimpft, bedroht worden sind. Es kam «zu schier unbeschreiblichem Streit und Tumult. Denn dem Stellvertreter des Papstes gestand man nicht einmal einen angemessenen Sitzplatz zu. Ein fürchterlicher Lärm brach aus, Recht und Gesetz wurden mißachtet, jegliche kanonische Ordnung hörte auf.» Zuletzt drangen sogar Laien in die Kirche der Gottesmänner. Und angeblich schrien natürlich «die Mainzer nach Waffen und stießen unerhörte Drohungen gegen den Stellvertreter des Papstes und gegen Bischof Bernward aus.» «Tod den Reichsverrätern», schrien die Leute des Erzbischofs, des hl. Willigis, «nieder mit Bernward, nieder mit dem Cardinal Friedrich.» Doch am nächsten Tag, Erzbischof Willigis hatte sich in aller Morgenfrühe mit seiner Schar heimlich aus dem Staub gemacht, suspendierte ihn der päpstliche Legat feierlich von jeder priesterlichen Tätigkeit, worum sich der Mainzer freilich nicht kümmerte. Vielmehr suchten seine Vasallen bald darauf in der Nacht die Abtei Hildwardshausen heim, ein Geschenk des Kaisers für den hl. Bernward, von diesem selbst «aufs ehrerbietigste eingeweiht, sorgfältig für den Dienst Gottes ausgestattet und durch viele Wohltaten und Geschenke in reichem Maße ausgezeichnet». Und natürlich waltete dort seine Tante als Äbtissin. Jetzt aber «überfielen die Leute des Erzbischofs im Dunkel der Nacht die Abtei, drangen überall ein und schlugen alles kurz und klein».

Christen, nein – Heilige unter sich!

Nun wollte der hl. Bischof Bernward im Kloster Gandersheim «nach dem Rechten sehen». Doch die Gandersheimer Nonnen setzten beim Anrücken Bischofs Bernwards ihr Kloster in Verteidigungszustand. Kastell, Türme und Schanzen wimmelten derart von Bewaffneten des Stifts und des Mainzer Erzstifts, daß der heranrückende hl. Bischof sich schnellstens wieder in seinen – von ihm selbst – ummauerten und turmbewehrten Hildesheimer Dombezirk zurückzog.[25]

Auf einer weiteren Synode in Frankfurt, im Sommer 1001, auf der Bischof Bernward wieder fehlte – er schützte Krankheit vor –, stellten sich auch die maßgeblichen deutschen Prälaten auf die Seite des Mainzers. Und als der Papst am 27. Dezember 1001 in

Todi ein Konzil eröffnete, um Willigis angesichts der deutschen Bischöfe zu demütigen, fanden sich nur drei von ihnen ein, wobei zwei, Siegfried von Augsburg und Hugo von Zeits, schon seit längerem im Gefolge des Kaisers standen, der dann kurz darauf, am 23. Januar 1002 in Paterno starb.

Bernward von Hildesheim ging erst am 20. November 1022 «zum besseren Dasein über» und wurde «bald durch leuchtende Wunder in den weitesten Kreisen verherrlicht» (Wetzer/Welte). Er stieg in der ganzen katholischen Christenheit zum Heiligen und Nothelfer auf, indes die Mitte des 12. Jahrhunderts in Mainz eifrig betriebene Kanonisation seines Gegners durch die Wirren, die dort zur Ermordung des Erzbischofs Arnold führten, ins Stokken geriet. Erst im 17. Jahrhundert brachte Willigis es zu einem heute fast vergessenen Mainzer Lokalheiligen, und auch dies nur «weil ein findiger Dompropst in der Erhebung seiner Gebeine eine gute Reklame zur Steigerung der Einnahmen des Stephansstiftes erblickte» (Böhmer).[26]

Der Gandersheimer Streit war damit nicht beendet. Sophie, inzwischen Äbtissin in Gandersheim (1001–1039) – auf dessen Äbtissinnenstuhl noch bis 1125 fast ausschließlich kaiserliche Prinzessinnen saßen –, dann auch zusätzlich Äbtissin in Vreden und Essen, agitierte weiter. Und Erzbischof Willigis machte immer wieder Mainzer Ansprüche auf Gandersheim geltend. Selbst als Kaiser Heinrich II. der Heilige im Januar 1007 den Streit zugunsten von Hildesheim entschied, lebte er unter dem Mainzer Erzbischof Aribo II., einem Verwandten Kaiser Heinrichs, um 1021, kurz vor Bernwards Tod, noch einmal auf. Und obwohl Aribos reichspolitische Position schon unter Kaiser Heinrich stark war, unter dessen Nachfolger Konrad II., dessen Wahl er maßgeblich mitentschied und den er 1024 in Mainz zum König krönte, zunächst noch stärker wurde, stritt der Erfolgreiche um das Kloster bis 1030 so verbissen wie erfolglos mit dem von ihm selbst zum Bischof geweihten Kaiser-Heinrich-Günstling Godehard von Hildesheim, übrigens einem weiteren Heiligen (Fest 5. Mai).[27]

ANHANG

ANMERKUNGEN ZUM FÜNFTEN BAND

Die vollständigen Titel der angeführten Sekundärliteratur stehen auf S. 623 ff., die vollständigen Titel der wichtigsten Quellenschriften und Abkürzungen im Abkürzungsverzeichnis auf S. 647 ff. Autoren, von denen nur ein Werk benutzt wurde, werden in den Anmerkungen meist nur mit ihren Namen zitiert, die übrigen Werke mit Stichworten.

1. KAPITEL
Kaiser Ludwig I. der Fromme
(814–840)

1 Fichtenau, Das karolingische Imperium 217
2 Daniel-Rops 554
3 Nith. hist. 1,3
4 Ann. Xant. 834
5 Ann. reg. Franc. 781; 806; 813. Thegan 3; 6 (hiernach krönt Ludwig sich selbst), Astron. 3 f.; 20. LMA V 2171. Simson I 1 ff. Mühlbacher II 7. Hartmann, Geschichte Italiens III 1. H. 77 f. Reinhardt 29 f. *Klebel*, Herzogtümer 74. Aubin 144. Classen 109 ff. Schramm, Kaiser, Könige und Päpste I 296 ff. Steinbach, Das Frankenreich 68 f. 71. Fleckenstein, Grundlagen und Beginn 104. Schlesinger, Kaisertum 116 ff. Konecny, Eherecht 3. Deschner, Das Kreuz 186. Rau I 213. Riché, Die Welt 21. Schieffer, Die Karolinger 112. Boshof, Ludwig der Fromme 86 ff. Zu eingangs angedeuteten Sexualexzessen des (hohen) Klerus vgl. auch: Mynarek, Eros, 29 ff. 49 ff. u.o. Ranke-Heinemann, Eunuchen 118 ff. Herrmann, H. Kirchenfürsten 165 ff. Deschner, Das Kreuz 124 ff. 132 f. 181 ff. Ders. Opus Diaboli 92 ff. Zum Frauenproblem in der Kirche in Geschichte und Gegenwart vgl. etwa: Deschner/Herrmann 83 ff. Moia, Für die Frauen passim. Dies. Géint d'Pafen 109 ff. 6 Greg. dial. 4,44. Ann. reg. Fr. 809. Astron. 3 f.; 6; 10; 13 ff. Ermold. Nig. in honor. Hlud. 1,56. Wetzer/Welte VI 626 ff. LMA I 1153; III 2160. HEG I 1009 f.; Simson I 37 f. Mühlbacher II 7 f. 13, 148. Konecny, Eherecht 1 ff. bes. 10, 15. Fichtenau, Das karolingische Imperium 215 f. Schieffer, Ludwig ‹der Fromme› 58 ff. bes. 62 ff. 70 ff. Ders. Die Karolinger 112 ff. Riché, Die Karolinger 179 f. Ders. Die Welt 92 f. Wattenbach/Dümmler/Huf II 239, 261 f. Hartmann, Die Synoden 153 ff. 165. Fried, Der Weg 369. Vgl. auch 401 f. Boshof, Ludwig der Fromme 5 f. 27 ff. 74 ff. Schmitz 79
7 LMA II 1948 f. V 451 f. 903 f. 907 f. Hartmann, Die Synoden 155 ff. Zur «monastischen Reform» unter Ludwig s. auch Oexle 112 ff. Vgl. auch 141 f. Anm. 216. Ferner Goetz 108. Deschner, Dornröschenträume 169
8 LThK III¹ 592 f. III³ 527 f. LMA III 1705 ff. (Schieffer). Nylander, 24. Lassmann 229. Hartmann, Der rechtliche Zustand 397 ff. Ders. Die Synoden 161 ff. Ehlers 30. Brunner 37 f.
9 LMA I 216 f. (Boshof). Mühlbacher II 63. Konecny, Eherecht 14 f.

Boshof, Erzbischof Agobard 100. Hartmann, Die Synoden 166 f. Vgl. auch 187, 192 f. Deschner, Abermals 453. Und prinzipiell für das Mittelalter Gurjewitsch 274 ff.: «Die einzige Vorschrift der Kirche, die auf eine teilweise Umverteilung der Güter gerichtet war, beschränkte sich auf die Mahnung zum Almosengeben.»
10 Ermold. Nig. in honor. Hlud. 2. Astron. 8. Konecny, Eherecht 2, 12 f. 21. Schieffer, Die Karolinger 114, 119 f. Werner, Die Nachkommen 4, 443 f. Riché, Die Karolinger 179. Boshof, Ludwig der Fromme 59 f. Wemple 79 f.
11 Astron. 40. Ann. reg. Fr. 826 f. Ann. Fuld. 828. LThK IX[1] 391 ff. Fichtinger 344. Vgl. auch Deschner, Abermals 268.

Fast unglaublich und doch wahr ist auch folgendes, das nicht nur des Kuriositätenreizes wegen im Zusammenhang mit dem Patron der Schützenvereine mitgeteilt sei, sondern auch weil es zeigt, wie lang solch christlicher Wahn ganz ernsthaft fortwest.
Am Samstag, 22. Januar 1977, beging die «Kgl. privil. Hauptschützengesellschaft Würzburg» in der dortigen Augustinerkirche ihr hundertjähriges Bestehen mit einer «Feier des ‹Sebastian-Gottesdienstes›», mit «Fahnenabordnungen», auch anderer «Schützenfreunde», mit «Königspaar» und «Ehren-Schützenmeister», sogar einer «Schützenschwester», mit einer «Jagdhornbläsergruppe» nebst «Festgottesdienst», wobei der «Zelebrant der (sic) Hl. Amtes» in seiner Predigt herausstellte, «daß die Schützengesellschaft, gruppiert um die alle Schützen vereinende Zielscheibe, das Ideal der Kirche vollzieht», sage die Kirche doch «ja zum Sport, zur Gemeinschaft und zur Gesellschaft», und insofern «Liebe, Treue, Gemeinschaft bei der HSG verwirklicht werden, baut die Schützengesellschaft mit am Auftrage Christi und am Reiche Gottes.» Ist's nicht prächtig, wie nah hier die königlich privilegierte Hauptschützengesellschaft Würzburg, wie nahe da die Zielscheibe an das «Ideal der Kirche» samt dem «Reiche Gottes» rückt! Wundert man sich noch, daß die Augustiner-Patres «den Altartisch wieder (!) mit einer Reliquie, und zwar einer Pfeilspitze, welche den Hl. Sebastian durchbohrt haben soll, geschmückt» hatten?! Ewig schade nur, daß, als der Königlich privilegierten Hauptschützengesellschaft Würzburg im Anschluß an den Gottesdienst «nach altem Privileg der ‹Sebastiani-Trunk› gereicht» wurde, «dieses Jahr ein 1975er Iphöfer Julius Echterberg», derselbige nicht aus der Hirnschale ihres Heiligen in die Schützenkehlen floß. Die Kgl. privil. HSG hätte sich (und kann dies ja auch künftig tun) an Ebersberg in Oberbayern wenden sollen, da zumindest früher die Ebersberger «aus der angeblichen Hirnschale Sebastians gesegneten Wein tranken» (Lexikon für Theologie und Kirche).
Den Hinweis auf die Würzburger Schützengesellschaft – ST. SEBASTIAN zur Ehr – verdanke ich einem Leser, der mir am 28. 2. 1977 eine entsprechende Beilage schickte mit der Schlußbemerkung: «Ausführungen dazu erspare ich mir, nachdem alles deutlich erkennbar ist. Daß ich per Jahreswechsel der HSG die Mitgliedschaft aufkündigen werde und entsprechend begründet, steht außer Zweifel. Ansonsten, es ist nicht zu fassen ...»

12 Ann. reg. Fr. 823; 825. Astron. 37; 42
13 «Jagd und Adel gehören zusammen, getreu dem höfischen Halali», schreibt Karl August Groskreutz in seinem hintersinnig versponnenen und oft so wortwunderreichen Streifzug durch die Anatomie der Schweine-Menschen, einem wohl einzigartigen Werk in der zeitgenössischen deutschen Literatur. «Exakt 116 106 Kreaturen hetzte und fing und schoß Herzog Johann I., Kurfürst von Sachsen in seiner Regierungszeit (1611–55), darunter allein 3192 Wildschweine, und selbst die persönlich von ihm ‹erlegten› 27 Igel sind in der Jagdstatistik des Hofes aufgelistet worden. Exakt 5218 Stück Wild, mit 330 Wildschweinen darunter, ließ der verderbte Schubart-Herzog Karl Eugen von Württemberg für seine Geburtstagsfeier am 20. Februar 1763 aus den Forsten seines Machtbereiches für ein gar ergötzliches Massakrieren zusammentreiben und in Käfigen herankarren, und zwar ohne Rücksicht auf die Schonzeiten; ebenbürtig den tyrannischen Visconti von Mailand. Burckhardt sagt: ‹Der wichtigste Staatszweck ist die Eberjagd des Fürsten; wer ihn darein greift, wird martervoll hingerichtet. Das zitternde Volk muß ihm fünftausend Jagdhunde füttern, unter der schärfsten Verantwortlichkeit für deren Wohlbefinden.›»
Ein Jäger und auch sonst grausamer Feind der Tiere, der selbst Schweine schlachtete und in ihren Eingeweiden wühlte, war Karl IX. von Frankreich, der seiner Mutter Katharina von Medici 1572 sein Einverständnis auch zur Vernichtung der Hugenotten gab, worauf es zur «Pariser Bluthochzeit», der «Bartholomäusnacht» kam, in der unter dem Schlachtruf «Es lebe die Messe! Tötet, tötet!» die Katholiken in wenigen Stunden 20 000, vielleicht auch 30 000 Hugenotten schlachteten, gefolgt von römischen Jubelgottesdiensten, Prunkprozessionen und einer Festmedaille Papst Gregors XIII. mit einem hugenottenabstechenden Engel samt eignem Stellvertreter-Christi-Konterfei.
Noch Kaiser Franz Joseph tötete bei einer Treibjagd in Kürze 50 bis 70 Tiere. Und Kaiser Wilhelm II. ließ anläßlich seines 150 000. Jagdmordes einen Gedenkstein in der Ostpreußischen Heide setzen. Jagd und Krieg hängen eng zusammen, und recht gesehen ist die Jagd noch widerlicher als der Krieg, weil sie längst so gut wie immer völlig wehrlosen Wesen gilt. – Vgl. vor allem Groskreutz, Der Schnauzenkuß 81 f. Heer, Europäische Geistesgeschichte 384 f. Ders. Europa 66, 88, 93. Goetz 199. Rösener 111. Den Ritter und den Jäger nennt M. Gilsenan 113 f. die «beiden klassischen Sinnbilder einer bestimmten Herrschaftsform». Deschner, Die Politik der Päpste I 572. Ders. Opus Diaboli 31.
Das unendliche Elend der Tiere in der christlichen Geschichte, in Krieg und Frieden, wird von den Historikern gewöhnlich ganz und gar unterschlagen. Um so verdienstvoller die wenigen Ausnahmen unter den Wissenschaftlern. Z. B. Singer, Befreiung der Tiere, ein überaus notwendiges Werk, passim. Vgl. bes. auch den Anhang 1, 275 ff. Ferner Singer/Dahl 280 ff. Hermann, H., Passion der Grausamkeit 26 ff. Moia, Géint d'Pafen, 193 ff. S. auch Deschner, Warum

ich Christ, Atheist, Agnostiker bin 167 ff. Was ich denke 93 ff. Ärgernisse 55 ff. Bissige Aphorismen 84 ff.

14 Ann. reg. Fr. 820; 825 ff. Thegan 19. Astron. 19; 32; 35; 40 ff. 46; 57 ff. LMA III 2160; V 270 ff. (Schwenk) HKG III/1, 120, 126. Simson I 34 f. 344. Wattenbach/Dümmler/Huf II 239. Mühlbacher II 48, 133, 143. Brühl, Fodrum 31 ff. Fichtenau, Lebensordnungen 196 f. Fried, Die Formierung 12, 14. Voss 161. Die Details über die Jagd verdanke ich vor allem dem materialreichen, in vieler Hinsicht sehr lesenswerten Buch von Pierre Riché, Die Welt der Karolinger 41 ff. 114. Vgl. bes. 94; hier das Zitat von Ermoldus Nigellus. Boshof, Ludwig der Fromme 63. Werner, Die Ursprünge 421 f. Zum ganzen Komplex: Lindner, Geschichte des deutschen Weidwerks II 235 ff. u. – rechts- und sozialgeschichtlich betrachtet Jarnut, Die frühmittelalterliche Jagd 765 ff.

15 Astron. 20. Schieffer, Die Karolinger 117. Fried, Der Weg 341 f.

16 Ann. reg. Fr. 814. Astron. 21; 23; 44. Simson I 10 ff. 33 f. Mühlbacher II 7 ff. Fichtenau, Das karolingische Imperium 220 f. Weinrich, Wala 28 ff. Semmler, Ludwig der Fromme 28 ff. Fried, Der Weg 342 f. Kasten 100 f.

17 Nithardi hist. 2. Astron. 21; 23. Simson I 17 ff. 20 ff. HKG III/1, 120 f. LMA I 105, 2023; V 162 f. Hartmann, Geschichte Italiens III 1. H. 92 f. 108 f. 144. Mühlbacher II 8 ff. Weinrich, Wala 30 f. 33 ff. Konecny, Eherecht 11 f. Fichtenau, Das karolingische Imperium 221 f. Hartmann, Die Synoden 153. Schieffer, Die Karolinger 112 ff. 120. Riché, Die Karolinger 180, 183 f. Fried, Der Weg 342 f. Boshof, Ludwig der Fromme 91 ff. Zu Adalhard: Kasten passim

18 Thegan 8. Zum ungeheuren Reichtum der Kirchen heute und zu ihren Ausbeutungsmethoden vgl. H. Herrmann, Die Kirche und unser Geld passim. Ders. Caritas-Legende 93 ff. 255 ff. Ders. Kirchenaustritt 80 ff. Ders. Pecunia non olet 226 ff. Ferner: Deschner/Herrmann 69 ff. 249 ff. 265 ff. Deschner, Das Kapital der Kirche 299 ff.

19 Thegan 10; 20.

20 Ann. reg. Fr. 827. LMA IV 2121; V 806. Simson I 23 f.

21 LThK II³ 200 f. LMA IV 1168 f. (Schild). Fichtenau, Das karolingische Imperium 202. Riché, Die Karolinger 335 f. Boshof, Ludwig der Fromme 46 ff. Fried, Der Weg 345 f. Auch Prinz, Askese und Kultur 61 ff. beurteilt die Weitergabe literarischer Kultur in den Klöstern «eher negativ». Nicht organisierte Wissensvermittlung sei charakteristisch für das Kloster, sondern «Erweckungserziehung». Zur Situation im frühesten Mittelalter: Illmer passim bes. 65 f. 89 ff. 153 ff. ebenfalls insgesamt mit sehr negativem Resultat.

22 Astron. 28. Vita Benedicti 35. LThK II¹ 147 f. II³ 200 f. LMA I 1864 ff. Simson I 24 f. Hartmann, Geschichte Italiens III 1. H. 94. Mühlbacher II 11 ff. 19 ff. 25 ff. 40. Cartellieri I 240. Löwe, Deutschland 171 f. Steinbach, Das Frankenreich 71 f. Mayer, Staatsauffassung 172 ff. Zöllner 232 ff. Sprandel 100. Haendler 117 f. Kasten 91 ff. Fichtenau, Das karolingische Imperium 197 f. Schieffer, Die Karolinger 114 f. Riché, Die Karolinger 334 ff. Hartmann, Die Synoden 153 ff. Ders. Herrscher der Karolingerzeit 46. Schneider, Das Frankenreich 38. Goetz 68 f. Fried, Der

Weg 346 ff. Staubach 34 spricht von Ludwigs «marottenhaften» Vorlieben für Mönchswesen und Fragen der Klosterdisziplin
23 Thegan 36. LMA V 10 f. 20, 625. Simson I 23 f. Hartmann, Geschichte Italiens III 1. H. 133. Levison 517. Riché, Die Karolinger 339 f. Schieffer, Die Karolinger 121
24 MG Cap. I 270 ff. Ann. reg. Fr. 817. HKG III/1, 125. LMA III 1133 f. VI 1434 f. Simson I 100 ff. 112 f. Mühlbacher II 22 ff. Cartellieri I 243. Reinhardt, Untersuchungen 31 f. Conrad 102. Steinbach, Das Frankenreich 71 f. Tellenbach, Die Unteilbarkeit 113. Fleckenstein, Grundlagen und Beginn 104 f. Schieffer, Die Karolinger 117 f. Hartmann, Die Synoden 160 f. Schneider, Das Frankenreich 38. Semmler, Ludwig der Fromme 28 ff. Fried, Der Weg 350 ff., der (im Zitat) auch führende Adelsgruppen einschließt. Boshof, Ludwig der Fromme 129 ff. Werner, Die Ursprünge 421 ff.
25 Einh. vita Karoli 19. Ann. reg. Fr. 812 ff. bes. 817 f. Thegan 22 f. Astron. 29 f. 39; 42. Nith. hist. 1,2. Reginon, chron. 818. LMA I 1983, VI 2171. Simson I 8 f. bes. 112 ff. 120 ff. Hartmann, Geschichte Italiens III 1. H. 102 ff. Cartellieri I 244. Mühlbacher II 30 ff. Faulhaber 36. Mohr 80 f. Bund, 393 ff. Sprigade 71 ff. Schaab 65 ff. Fichtenau, Das karolingische Imperium 241 f. Noble 315 ff. Riché, Die Karolinger 181 f. Boshof, Ludwig der Fromme 141 ff.
26 Thegan 24. Nith. hist. 1,2. Astron. 35. Chron. Moiss. 817. Simson I 127 f. 177. Mühlbacher II 32 f. 62. Schaab 167. Sprigade 73 ff. Fichtenau, Das karolingische Imperium 243. Riché, Die Karolinger 182
27 Ann. reg. Fr. 822. Astron. 35. Simson I 177 ff. Mühlbacher II 61 ff. Schieffer, Die Karolinger 121. Riché, Die Karolinger 183. Boshof, Ludwig der Fromme 147
28 Ann. reg. Fr. 820 ff. Nith. hist. 1,3. LMA VI 1201, 1754. Simson I 300 ff (mit einer Fülle von Quellenbelegen). Mühlbacher II 11, bes. 64 ff. Kupisch 14. Riché, Die Karolinger 187. Duby 11 ff. Vgl. auch Schneider, Das Frankenreich 77. Geremek 7 ff. 21 ff. Bentzien 53. Cipolla/Borchardt 30 ff
29 Astron. 25 f. 34
30 Riché, Die Welt 98 ff.
31 Thegan 13; 15. Astron. 25 f. Ann. reg. Fr. 815 f. Simson I 52 f. 64 f. Mühlbacher II 44 f. R. Schneider, Das Frankenreich 37. Kretschmann, Die stammesmäßige Zusammensetzung 23
32 Ann. reg. Fr. 818. Thegan 25. Astron. 30. LMA II 615 ff. Simson I 128 ff. Mühlbacher II 42 f. Schieffer, Die Karolinger 124. Boshof, Ludwig der Fromme 100 f.
33 Ann. reg. Fr. 819; 821. Ann. Bertin. 839. Ann. Sith. 819. Astron. 31 f. dtv Lexikon VII 117. LMA IV 1126 f. Simson I 140 f. 151. Dümmler 166 ff. Schieffer, Die Karolinger 123 f. Friedmann 193
34 Ann. reg. Fr. 819 ff. Thegan 27. Astron. 32 f. 36. Ann. Sith. 820. LMA II 463; V 1538, 2055. Simson I 149 ff. 158 ff. 173 ff. Mühlbacher II 54 ff. Hauptmann, Kroaten, Goten 325 ff. Ders. Die Kroaten im Wandel der Jahrhunderte 12. Vernadsky 265, 279. Cartellieri I 245 ff. Zatschek 69 f. Pirchegger, Karantanien 272 ff. Schulze, Vom Reich der Franken 379. McKitterick 129. Babić/Belošević 81 ff.
35 Ann. reg. Fr. 822
36 Ebd. Astron. 35 f. Simson I 187 ff. Schieffer zit. nach HKG III/1, 141

37 Astron. 23
38 Ann. reg. Fr. 824. Thegan 31; 49. Astron. 30; 37. Tusculum Lexikon 90 f. LMA III 2160 f. Simson I 216 ff. Mühlbacher II 43 f. Dümmler I 24 f. Ermoldus Nigellus zit. nach Riché, Die Welt 98. Anton, Die Iren 606 ff. Godman 45 ff. 250 ff.
39 Mühlbacher II 58 f.
40 Simson I 311 mit den Quellenhinweisen
41 Ann. reg. Fr. 826 ff. Astron. 40 ff. LMA VI 1406. Simson I 47 ff. 267 ff. 273 ff.
42 Ann. reg. Fr. 824 ff. Ann. Fuldens. 828 f. LMA VI 1407 f. Simson I 223, 235 f. 253, 277, 297 f. Mühlbacher II 57 f. Schieffer, Die Karolinger 123
43 Ann. reg. Fr. 828. Astron. 42. Simson I 299
44 Ann. reg. Fr. 815. Astron. 25. Wetzer/Welte VI 458. HEG I 580 f. LThK [1]VI 494. Kelly 113 f. LMA V 1877 f. Simson I 60 ff. 234. Hartmann, Geschichte Italiens III 1. H. 96. Gregorovius I/2 478. Mühlbacher II 14. Stratmann, Die Heiligen IV 173. Cartellieri I 241. Haller, Papsttum II 18, 24. Seppelt/Schwaiger 96 f. Seppelt II 186 f. Prinz, Grundlagen und Anfänge 102. Schieffer, Die Karolinger 115. Riché, Die Karolinger 180. Hartmann, Die Synoden 120, 286. Moser 73. Peter de Rosa stellt die ausgerissenen Augen und die abgeschnittene Zunge als Tatsache dar: Gottes Erste Diener 58
45 Ann. reg. Fr. 816. Thegan 16 ff. Astron. 26. LP Vita Steph. IV. 2,49 ff. JW 1, 316 ff. LThK[1] IX 805, IX[2] 1039 f. HKG III/1 124. HEG I 584. Kühner, Lexikon 55. Kelly 114 f. Simson I 67 ff. Mühlbacher II 14 ff. Gregorovius 12, 482 f. Cartellieri I 241. Eichmann I 15 ff.
40 ff. Zur Krone generell: II 57 ff. Fritze, Papst 43 ff. Aubin 152. Haller II 24. Seppelt II 200 ff. Ullmann 215 ff. bes. 218. Gontard 177. Dawson 252. Ermoldus Nigellus zit. nach Riché, Die Welt 91. Ders. Die Karolinger 180. Schieffer, Die Karolinger 115. O. Engels 23 f. Fried, Der Weg 344 f. Boshof, Ludwig der Fromme 136 ff., wie oft etwas apologetisch, weshalb ihm Frieds Interpretation auch «nicht nachvollziehbar» ist. Oder S. 162 Anm. 389, «ohne daß wir hier auf Einzelheiten eingehen könnten, nicht überzeugt».

46 Ann. reg. Fr. 817. Kelly 115. LMA VI 1612. HEG I 585. Mühlbacher II 18. Gregorovius I 2, 484. Seppelt II 203 ff. Hahn 15 ff. Prinz, Grundlagen und Anfänge 108. Boshof, Ludwig der Fromme 139 f.
47 Ann. reg. Fr. 823. Astron. 36. Kühner, Lexikon 56. Kelly 115. LMA VI 1752. Mühlbacher II 34. Cartellieri I 241, 247. Gregorovius II 1, 487. Schnürer II 29. Eichmann I 47 f. Seppelt II 205. Ullmann 233 ff. Aubin 152. Riché, Die Karolinger 184. Schieffer, Die Karolinger 121 f.
48 Ann. reg. Fr. 823. Thegan 30. Astron. 37 f. Ann. Sith. 823. Kelly 114 f. LMA III 1673 ff. bes. 1681. HKG III/1, 129. Simson I 202 ff. Mühlbacher II 34 f. Gregorovius I 2, 488. Hartmann, Geschichte Italiens III 1. H. 111 ff. Cartellieri I 246 f. Haller II 25. Seppelt II 205 f. Seppelt/Schwaiger 97. Gontard 177. Zimmermann, Papstabsetzungen 37 f.
49 Ann. reg. Fr. 824. Thegan 30. LThK I[1] 985 meldet, daß Baronius zur Annahme der Kardinalswürde durch Androhung der Exkommunikation gezwungen werden mußte. LThK I[3] 31 unterdrückt das peinliche Fak-

tum. Kelly 116. Simson I 213 ff. Gregorovius I 2, 489. Seppelt II 206
50 Constitutio Romana: MG Capit. I 323 f. Vgl. auch: De imperatoria potestate in urbe Roma libellus: MG SS III 720. LP Vita Eugen 2,69 f. JW 1,320 ff. Ann. reg. Fr. 824. Astron. 38. Kühner, Lexikon 56. Kelly 116 ff. 133. LMA III 176 f. IV 295. VI 1752. HKG III/1 129 f. Simson I 225 ff. Hartmann, Geschichte Italiens III 1. H. 113 ff. Mühlbacher II 35 f. Cartellieri 247. Gregorovius I 2, 487 f. Seppelt/Schwaiger 98. Seppelt II 205, 208 f. Haller II 25 f. Steinbach, Das Frankenreich 73. Löwe, Deutschland 174. Fischer, Königtum, Adel 81. Prinz, Grundlagen und Anfänge 108. Schieffer, Die Karolinger 121 f. Hartmann, Die Synoden 173 ff.
51 MG Cap. 2,4. MG Conc. 2,606 ff. Astron. 35. Altaner/Stuiber 225 f. Kraft 448. Simson I 303, 315 ff. Hartmann, Geschichte Italiens III 1. H. 96 ff. 128 f. Dümmler I 48 ff. Cartellieri I 245. Steinbach, Das Frankenreich 72 f. Voigt, Staat und Kirche 419 f. Faulhaber 46 ff. 100 ff. Mohr 91 f. Löwe, Deutschland 181 f. Halphen, The Church 444. Bund 398 ff. Schieffer, Die Karolinger 121, 127. Riché, Die Karolinger 183, 185. Vgl. dazu auch Gurjewitsch 196 ff.
52 Simson I 300 ff. mit vielen Quellenhinweisen. Dümmler I 46 f. Cartellieri I 252. Dörries II 217. Weinrich, Wala 60 ff. Goetz 27. Duby 12
53 Ann. reg. Fr. 819. Nith. hist. 1,2. Thegan 25 f. Astron. 8; 32. Simson I 145 ff. (hier das Luden-Zitat). Mühlbacher II 39 f. Konecny, Die Frauen 99 f. Fichtenau, Das karolingische Imperium 250 ff. (hier das Agobard-Zitat).
54 Ann. reg. Fr. 828 f. Thegan 35 f. Astron. 43. Nith. hist. 1,3. Mühlbacher II 40 f. Simson I 325 ff. Faulhaber 50 f. Sprigade 80 f. Boshof, Erzbischof Agobar 195 ff. Weinrich, Wala 70 f. Fichtenau, Das karolingische Imperium 252 ff.
55 Ann. reg. Fr. 827; 829. Nith. hist. 1,3. Astron. 43. LMA I 1985. Simson I 330 ff. Mühlbacher II 74 ff. Schieffer, Die Karolinger 127 f. Vgl. auch die folg. Anm.
56 Thegan 36. Astron. 44. Ann. Fuldens. 830. Ann. Bertin. 830. Regin. chron. 838. Pasch. Radbert. Epitaph. Arsenii 2,8. Agobard, Lib. apologet. 2. LMA III 934, IV 2121, V 2123., VI 2170. Simson I 329, 335 f. Mühlbacher II 74 ff. Boshof, Erzbischof Agobard 196 ff. 208. Weinrich, Wala 70 ff. Fichtenau, Das karolingische Imperium 167 f. Bund 401 ff. Riché, Die Karolinger 184 f. 187. Ders. Die Welt 117, 222 f.
57 Nith. hist. 1,3. Ann. Bertin. 830 f. Astron. 44 ff. Thegan 36. Ann. Mett. 830. Paschal. Radbert. Vita Walae 9 f. LMA III 225, 295, 1682. Simson I 335 ff. 341 ff. 351 ff. II 1 ff. 232 ff. Mühlbacher II 82 ff. Dümmler I 56 ff. 65 ff. Cartellieri I 253 ff. 286 f. Sprigade 80 ff. Weinrich, Wala 74 ff. Konecny, Die Frauen 97 f. Fichtenau, Das karolingische Imperium 257 f. 267 f. Schieffer, Die Karolinger 128 ff. Riché, Die Karolinger 187 f.
58 Thegan 39. Astron. 47 f. Ann. Fuldens. 832. Ann. Bertin. 832 f. Nith. hist. 1,3 f. LMA I 216, VI 2170 HKG III/1 140. HBG I 263 f. Simson II 17 ff. 32 ff. 40 ff. Mühlbacher II 88 ff. 91 ff. Cartellieri I 244, 246 f. 256. Hartmann, Geschichte Italiens III. 1. H. 133 ff. Steinbach, Das Frankenreich. 73. Haller II 38. Seppelt/Schwaiger 98 f. Aubin 153 f. Bund 405 ff. Fleckenstein,

Grundlagen und Beginn 105 f. 124 f. Schieffer, Die Karolinger 127 f. 130 f. Riché, Die Karolinger 188 f.
59 Ann. Xantens. 833 Thegan 42. Ann. Fuldens. 833. Ann. Bertin. 833. Astron. 48. Nith. hist. 1,4. Paschas. Radb. Epit. Arsen. 2,14 ff. LMA III 1405. HKG III/1. 141. Dümmler I 74 ff. Simson II 31 ff. 44 ff. 61. Mühlbacher II 98 ff. Hartmann, Geschichte Italiens III 1. H. 138. Cartellieri I 256. Voigt, Staat und Kirche 448 ff. Boshof, Erzbischof Agobard 216 ff. Sprigade 78 f. Grotz 22. Steinbach, Das Frankenreich 74. Weinrich, Wala 79 ff. Dawson 254 f. legt die päpstliche Taktik noch zugunsten des Papstes aus. Seppelt/Schwaiger 99. Fleckenstein, Grundlagen und Beginn 125. Fichtenau, Das karolingische Imperium 278 f. Riché, Die Karolinger 189 f. Schieffer, Die Karolinger 131 f. Ullmann 246 ff. Bund 407 ff.
60 Astron. 48. Thegan 42 ff. Ann. Bertin. 833. Ann. Remens. 833. Ann. Fuldens. 834. Dümmler I 79 ff. Simson II 52 ff. 62 ff. 76. Mühlbacher II 100 ff. Hartmann, Geschichte Italiens III 1. H. 139. Cartellieri I 257. Boshof, Erzbischof Agobard 240 f., 253. Voigt, Staat und Kirche 448 ff. Bund 409 ff. Schieffer, Die Karolinger 132 f. Riché, Die Karolinger 190.
61 Zit. ebd. 191. Vgl. auch LMA V 144. HBG I 263 f. Simson II 54 ff. 80 ff. Zum geistigen Werk von Rhabanus Maurus: Haendler 125 ff.
62 Nach Riché, Die Karolinger 190
63 LThK ¹I 143 f. LMA I 216 f. Mühlbacher II 103 ff. Rahner 181. Vgl. auch Deschner, Abermals 453, 460. Boshof, Erzbischof Agobard 244. Wiegand 221, 232, 247. Oepke 292 f.
64 Nith. hist. 1,3. Thegan 43. Ann. Bertin. 833. Ann. Fuldens. 834. Astron. 48 f. LMA I 216 f. V 2124. HKG III/1 141. Simson II 63 ff. 66 ff. Mühlbacher II 105 ff. Hartmann, Geschichte Italiens III 1. H. 139 f. Dümmler I 84 ff. Cartellieri I 257 f. Mohr 98 ff. Schöffel I 53. Zatschek 74. Wiegand 221. Boshof, Erzbischof Agobard 228 ff. 241 ff. Bund 413 ff. Schieffer, Die Karolinger 133. Riché, Die Karolinger 190. Hartmann, Die Synoden 188
65 Simson II 72 ff. Mühlbacher II 109 f. Sommerlad II 192 f. Schöffel I 53
66 Astron. 51. Mühlbacher II 110 ff. Simson II 73 ff. Hartmann, Geschichte Italiens III 1. H. 140. Cartellieri I 258. Schöffel I 53
67 Astron. 54. Thegan 44 f. Ann. Bertin. 833 f. Flod. 2,20. LMA III 1527 f. Dümmler I 86 ff. Simson I 207 f. II 75. Hartmann, Geschichte Italiens, III 1. H. 140. Bertram 33. Boshof, Agobard von Lyon 251. Schöffel 52 f. Haller II 42. Seppelt/Schwaiger 100. McKeon 437 ff.
68 Nith. hist. 1,4
69 Ann. Bertin. 834. Nith. hist. 1,3 ff. Astron. 50 ff. Thegan 48 ff. Simson II 79 ff. 84 ff. 102 ff. 113 ff. Dümmler I 90 ff. 97 ff. Mühlbacher II 110 ff. 116 ff. 132. Hartmann, Geschichte Italiens III 1. H. 140 f. 145. Cartellieri I 259. Steinbach, Das Frankenreich 74. Hoffmann 11 f. Fichtenau, Das karolingische Imperium 269, 284. Hlawitschka, Franken 54 f. Riché, Die Karolinger 191. Schieffer, Die Karolinger 133 f. Götting 56 ff.
70 Ann. Bertin. 835. Astron. 54. Thegan 56. LMA I 661. Simson II 75, 120 f. 126 ff. 132 f. Mühlbacher II 121 f. Hartmann, Die Synoden 188 f.
71 LMA III 1527 ff. Mühlbacher II

123, 217 f. Hartmann, Fälschungsverdacht und Fälschungsnachweis 111 ff.
72 Syn. Aachen 836 c.5 f.; 12; 14. Simson II 148 ff. Mühlbacher II 126 ff. Hartmann, Die Synoden 190 ff.
73 Mühlbacher II 126, 128. Geremek 52. Staubach 30 ff.
74 Ann. Bertin. 838 f. 844. Ann. Fuldens. 838; 840. Einh. vita Kar. 3; 5. Ann. reg. Fr. 760 ff. Astron. 59 ff. Nith. hist. 1,6 ff. LMA I 829 f. (Claude). VI 2170. HBG I 264. Simson II 148 ff. 171 ff. 176 ff. 195 ff. 217 ff. 222 ff. Dümmler I 268. Mühlbacher II 133 ff. 137 ff. 144 ff. Nový, Die Anfänge 162 f. Schieffer, Die Karolinger 136 f. Riché, Die Karolinger 192. Ders. Die Welt 22
75 Astron. 62 ff. Ann. Bertin. 840. Ann. Fuldens. 840. Ann. Xantens. 840. Nith. hist. 1,8. Dümmler I 135 ff. Simson II 228 ff. Mühlbacher II 47, 148. Schieffer, Die Karolinger 137.
76 Astron. 42 f. 51 f. 58 f. 62. Nith. hist. 2,10; 3,5; 4,5. LMA I 634, 2023, VI 1201
77 Ann. Xantens. 831 ff.
78 Ann. Bertin. 837 f. Ann. Xantens. 834 f. Nith. hist. 1,3. LMA III 1264 f. V 1999 f. VI 1249 f. Dümmler I 102 ff. 122, 193 f. Mühlbacher II 49 f. 131 f. 135. Hartmann, Geschichte Italiens III 1. H. 143 ff. Steinbach, Das Frankenreich 74. Aubin 154. Mayr-Harting 94 ff. Riché, Die Karolinger 193. Ders. Die Welt 298 ff. Schieffer, Die Karolinger 134 f. 138, 144. Hopfner, Wikinger 11 ff.
79 Hopfner ebd. Mühlbacher II 251, Riché, Die Welt 299 ff.
80 Ann. Bertin. 838. Ann. Xantens. 834

2. KAPITEL
Die Söhne und Enkel

1 Regin. chron. 876
2 Ann. Bertin. 854
3 Ann. Fuldens. 869
4 Regin. chron. 880
5 Fried, Die Formierung 61. Riché, Die Welt 298
6 Thegan 13. Riché, Die Welt 302 f. Leyser, Herrschaft und Konflikt 15. Fried, Der Weg 368 ff. Schneider, Das Frankenreich 74 ff. Werner, Die Ursprünge 450. Vgl. zur zunehmenden Verknechtung der freien Bauern während des 9. bis 11. Jahrhunderts: Rösener, Bauern 18 ff. bes. 26 ff. S. auch Schneider, Das Frankenreich 76 ff. Und zur «Ambivalenz» der Kirche etwa Bentzien 54 f. Majoros bei Umeljić 13
7 Nith. hist. 2,1. Ann. Bertin. 840. Ann. Xantens. 840. Ann. Fuldens. 840. Regin. chron. 840. Flod. hist. Remens. 2,20. Mühlbacher II 151 ff. Dümmler I 139 ff. 148, 168, 253 ff. Riché, Die Welt 302 f. Schieffer, Die Karolinger 140. Fried, Die Formierung 5 f. 60 f.
8 Nith. hist. 2,1; 4. Ann. Fuldens. 840. LMA VI 1201. Mühlbacher II 152 ff. Werner, Die Ursprünge Frankreichs 430
9 Nith. 2,2 ff. Ann. Fuldens. 841. Ann. Bertin. 841. LMA IV 626. Mühlbacher II 157 ff.
10 Nith. hist. 2,8 ff. 3,1. Ann. Fuldens. 841. Ann. Bertin. 841. Regin. chron. 841. LMA IV 626 f. HEG I 594. Mühlbacher II 161 ff. 178. Pietzcker 318 ff. Rau I 383 f. Daniel-Rops 556. Schieffer, Die Karolinger 140 f. Riché, Die Karolinger 196 ff. Fried, Die Formierung 61. Schulze, Vom Reich der Franken 326
11 Nith. hist. 3,2; 4,2 ff. Ann. Bertin.

841 f. Ann. Fuldens. 842. Ann. Xantens. 841 f. LMA IV 1928. Schulze, Vom Reich der Franken 326 f. Schieffer, Die Karolinger 141. Leyser, Herrschaft und Konflikt 14

12 Nith. hist. 3,3. Ann. Bertin. 841. Mühlbacher II 170 f.

13 Nith. hist. 3,5. Mühlbacher II 171 ff. 195 f. Vgl. auch Banniard 214

14 Nith. hist. 3,5; 7. 4,1. Ann. Fuldens. 842. Ann. Bertin. 842. Ann. Xantens. 842. Mühlbacher II 173 ff. Riché, Die Welt 23 ff. Schulze, Vom Reich der Franken 327

15 Nith. hist. 4,7

16 LMA IV 577. Zit. nach Mühlbacher II 193 f. Vgl. zur Karls-Kritik die sehr gute Darlegung von Kahl, Karl der Große 94 ff. bes. 98 ff.

17 Nith. hist. 4,3 ff. bes. 4,7. Ann. Fuldens. 842 f. Ann. Bertin. 843. Ann. Xantens. 843. Taddey 559, 744, 869. LMA IV 577, V 971, 2124 f. 2128 f. VI 1289 f. Zum Vertrag von Verdun vgl. etwa die Literaturangaben bei Reindel in HBG I 264 Anm. 120. Mühlbacher II 176 ff. 195 ff. Riché, Die Welt 21. Fried, Die Formierung 1 ff. 16 ff. 61 f. 65. Schulze, Vom Reich der Franken 327 ff.

18 Ann. reg. Fr. 817. Ann. Fuldens. 849. Chronic. Hildesh. 851. LMA III 2176 f. IV 1 f. 445 f. 1615 f. 1713 f. V 71 (Fleckenstein), 910 ff. 2039 f. HBG I 223, 260, 373 f. 467, 530 (Glaser). Dümmler I 26. Lindner, Untersuchungen 227 ff. Schur 24 ff. Pothmann 746 ff. Werner, Die Ursprünge Frankreichs 425. Störmer, Im Karolingerreich UG I 163 f. Prinz, Die innere Entwicklung HBG I 367 f. Schneider, Das Frankenreich 56. Schieffer, Die Karolinger 149 f. Nach Fried, Der Weg 392 f. steht Ludwig II. reserviert gegenüber der Geistlichkeit. Voss, Herrschertreffen 9 nennt im Anschluß an C. Brühl Ludwig II. nicht «Der Deutsche», sondern «von Ostfranken». Dazu Brühl, Deutschland-Frankreich 140 f.

19 Ann. Fuldens. 847. Ann. Bertin. 844, 853, 855. LMA IV 1615, V 2172 f. Dümmler II 426 ff. Mühlbacher II 200, 206 ff. 210, 299. Schur 10 f. 13 ff. Lugge 59 ff. Löwe, Gozbald von Niederaltaich 164 ff. Schieffer, Das Frankenreich 607 ff. Fried, Die Formierung 16 ff. 57 f. Ders. Der Weg 392. Schulz, Vom Reich der Franken 332. Hartmann, Die Synoden 222 ff, 466.

20 Ann. Bertin. 844; 851; 856; 867. Ann. Fuld. 844; 851. LMA III 2177, V 2173 (W. Störmer). HBG I 260 (Reindel). HEG I 607 ff. (Schieffer). Dümmler II 424. Mühlbacher II 197 ff. 229 ff. Voigt, Staat und Kirche 431. Schur 11 f. Zatschek 78 ff. 90 ff. Epperlein 268 ff. Prinz, Innere Entwicklung HBG I 368. Vgl. auch 371 f. Werner, Die Ursprünge Frankreichs 437. Riché, Die Karolinger 431. Ders. Die Welt 298. Schieffer, Die Karolinger 150. Fried, Die Formierung 65. Hartmann, Die Synoden 208. Schulze, Vom Reich der Franken 378. Tellenbach, Die westliche Kirche F 19

21 Nith. hist. 4,6. Ann. Bertin. 842. Ann. Xantens. 843.

22 Ann. Bertin. 868; 873. Regin. chron. 870. LMA IV 514. Tusculum Lexikon 267 f. Dümmler II 321 ff. 334 f. 356 ff. Simson I 326. Mühlbacher II 334 ff. Grotz, 268 f. Sprigade 95 ff. Riché, Die Karolinger 229 f. 237

23 Vgl. etwa Ann. Bertin. 844 f. 850. LMA V 967. HEG I 609. Schieffer, Die Karolinger 144 f. Riché, Die Welt 297. Fried, Die Formierung 64

24 Ann. Bertin. 851, 856 f. Regin.

chron. 860; 866; 874. LMA II 615 ff. III 211 f. 2149. IV 433, V 2172, VI 1228 f. HEG I 487 ff. 603 f. Kienast, Der Herzogstitel 143. Werner, Die Ursprünge Frankreichs 437

25 Ann. Fuldens. 844. Ann. Bertin. 844. LMA V 159. Mühlbacher II 219 f. Sprigade 89 f.

26 Ann. Fuldens. 843 f. Ann. Bertin. 844. LMA VI 2170 f. HEG I 603. Werner, Die Ursprünge Frankreichs 437 f.

27 Ann. Bertin. 848 f. 852 ff. 864. Ann. Fuldens. 851. Regin. chron. 853. LMA VI 2170 f. Dümmler I 95 ff. 108 ff. Simson II 90 ff. 126 ff. Hartmann, Geschichte Italiens III 1. H. 141. Mühlbacher II 224, 227. Bertram 34. Cartellieri 260. Aubin 154 f. Kern 346. Voigt, Staat und Kirche 448 ff. Sprigade 90 ff. Boshof, Erzbischof Agobard 254 ff. Vgl. dagegen die apologetischen Ausflüchte bei Dawson 253 ff. Rau II 2 ff. Bund, 424 ff. Werner, Die Ursprünge 438 ff. Schieffer, Die Karolinger 145

28 MG Capit. II 263 ff. 277 f. Ann. Bertin. 852 ff. 864. Regin. chron. 853. LMA V 29 f. 159, 967 ff. 2174. VI 2170 f. Martindale, Charles the Bald 109, 114. Sprigade 92 ff. Werner, Die Ursprünge 440. Schieffer, Die Karolinger 146

29 Ann. Fuldens. 853 f. Mühlbacher II 229 ff.

30 Ann. Fuldens. 854. Ann. Bertin. 854. Mühlbacher II 231 ff. Werner, Die Ursprünge 440

31 Ann. Fuldens. 855. Ann. Bertin. 855. Regin. chron. 855. LMA II 1065. Mühlbacher II 234 f. Werner, Die Ursprünge 441 f.

32 Ann. Fuldens. 857 f. Ann. Bertin. 858. LMA I 440 f. Mühlbacher II 235 ff. 242 ff. 262. Werner, Die Ursprünge 441

33 Ann. Bertin. 860. Ann. Fuldens. 860. Ann. Xantens. 860. HEG I 604. Mühlbacher II 247 ff. 254 ff. Werner, Die Ursprünge 441. Voss 42

34 Ann. Xantens. 861 f. Über Staub als Reliquie und Heilmittel: Trüb 108 ff. – ein enthüllendes Buch über den christlichen Heiligenkult

35 LMA VII 2000 f. HEG I 160 f. 362 f. Vernadsky 252 ff. Jireček 61 ff. 81 ff. 100 ff. Dannenbauer II 7. Rice 140. bes. 33 ff. Herrmann, J., Urheimat und Herkunft, Einleitung 12 f.

36 Viele Quellenbelege bei Herrmann, Slawisch-germanische Beziehungen 21 ff. LMA III 1779, VII 2001. Hauck II 350 ff. Stadtmüller 88 ff. Ewig 55. Bosl, Europa im Mittelalter 155 f. 175. Störmer, Früher Adel 202. Stern/Bartmuss 116 f. Vgl. auch die Rezension von B. Wachter in: ZO 1972, 539 ff. Angelov/Ovčarov 58 ff.

37 LMA III 1779 ff. HEG I 364. Waldmüller 111 ff. Fried, Die Formierung 16. Babić/Belošević 81 ff. 88 ff. Friesinger 109 ff. Kahl, Zur Rolle der Iren 375 f.

38 Ann. Fuldens. 845. Taddey 727. LMA III 1779. Kaiser 9 f. Vgl. Huber, Die Metropole 24 ff. Ders. Das Verhältnis 58 f. Schieffer, Das Frankenreich: in HEG I 600 f. Hellmann, Die politisch-kirchliche Grundlegung: in HEG I 862 f. Mühlbacher II 202. Naegle I 43 ff. II 226. Hilsch, Die Bischöfe von Prag 25. Schulze, Vom Reich der Franken 378 f.

39 Ann. Fuldens. 847. Ann. Xantens. 850

40 Ann. Fuldens. 849. Ann. Bertin. 853. Schulze, Vom Reich der Franken 378

41 Bonifat. ep. 73. Ann. Bertin. 853. Notker, Gesta Karoli 2,12. Hauck II 351 ff. Zöllner 195 ff. Donnert

357. Lubenow 10. Fried, Die Formierung 16. Zur Situation vor Bonifatius: M. Werner, Iren und Angelsachsen 239 ff. Vgl. zur Verteufelung Andersgläubiger auch: Patschovsky, Der Ketzer als Teufelsdiener 317 ff. Tellenbach, Die westliche Kirche F 17 ff. 22
42 LMA VI 1557 f. Hauck II 728 (dort über Otfrid von Weißenburg mit Quellenangabe).
43 Vgl. Bonifat. ep. 80. Regin. chron. 866. Helm. Chron. Slav. 68. LMA V 1931 f. Erdmann, Heidenkrieg in der Liturgie 57. H. Hirsch, Der mittelalterliche Kaisergedanke 22 f. Holtzmann, Geschichte I 179. Donnert, Studien zur Slawenkunde 329. Schlesinger, Die mittelalterliche Ostsiedlung 45. Bünding-Naujoks 67 ff. 113. Kosminski/Skaskin 158 f. Stern/Bartmuss 123. Epperlein 263 ff. Schneider, Das Frankenreich 65. Leyser, Herrschaft und Konflikt 14 ff.
44 Herrmann, Materielle und geistige Kultur 259 ff. Dörries II 182 f. Leyser, Herrschaft und Konflikt 14 ff.
45 Ann. Fuldens. 857; 871. Regin. chron. 892. Thietm. 1,4. Schnürer II 13. Aufhauser 1. Weller, Württembergische Kirchengeschichte 47 f. Bosl, Herzog, König und Bischof. 270. Ders. Bayerische Geschichte 61 ff. Ders. Europa 175
46 Ann. Fuldens. 874; 877. Dümmler II 372
47 Ann. Fuldens. 873 ff. Ann. Xantens. 873. Mühlbacher II 333 ff. Jeggle 109 f.
48 LMA VII 2001 f. HEG I 360, 364, 890. K. Schünemann, Deutsche Kriegsführung im Osten während des Mittelalters, in: DAM Bd. 2 1938 S. 55 ff. Ich beziehe mich hierbei auf Hensel, Die Slawen im frühen Mittelalter 443. Menzel I 406. Bauer, Der Livlandkreuzzug 27. Bünding-Naujoks s. Anm. 43. Fried, Die Formierung 20
49 Ann. reg. Fr. 822.
50 Ann. Fuldens. 846. LMA VI 106 f. 720 f. VII 232. HBG I 261 ff. 265 f. 443 (Prinz). Auf die Zusammenfassung der Quellen zur Geschichte des Großmährischen Reiches verweist Novy, Die Anfänge 166 Anm. 67. Zur Grenze des Großmährischen Reiches: Klebel 19 ff. Mühlbacher II 204 f. Graus, Die Entwicklung der Legenden 161 f. Kosminski/Skaskin 151. Schieffer, Die Karolinger 150. Schulze, Vom Reich der Franken 381 f. Erdelyi 155 f. Chropovský 161 ff.
51 Hilsch, Die Bischöfe von Prag 25. Graus, Die Entwicklung der Legenden 161 f.
52 Ann. Bertin. 846; 848 f. 850. Ann. Fuldens. 844 ff. 849. Ann. Xantens. 844 ff. 849. HBG I 265 f. Vgl. zu Großmähren vor allem die Magnae Moraviae Fontes Historici, 5 Bde 1966/1977. Hauck II 713 ff. Aufhauser 1. Hilsch, Die Bischöfe von Prag 25. A. v. Müller, Geschichte unter uns. Füßen 125 u. Tafel 25. Hellmann, Grundfragen slavischer Verfassungsgeschichte 387 ff. Novy, Die Anfänge 173. Bosl, Herzog, König und Bischof 271, 278 f. Schieffer, Die Karolinger 150. Hartmann, Die Synoden 228 ff.
53 Ann. Fuldens. 850 f. Rau III 2 f. Vgl. Geremek 51 f.
54 Ann. Fuldens. 852; 855. Ann. Bertin. 855. HBG I 266 Hartmann, Die Synoden 228 ff.
55 Ann. Fuldens. 855 ff. Ann. Bertin. 856 f. 862
56 Ann. Fuldens. 864; 869; Ann. Bertin. 869
57 Ann. Fuldens. 857; 871 f. HBG I 265 f. Mitterauer 91 ff.
58 Ann. Fuldens. 861 ff. Ann. Bertin. 861 f. 864 ff. 870. Ann. Xantens.

871. Regin. chron. 880. LMA III 2176 f. V 996. HBG. 265 ff. Mühlbacher II 321 ff. bes. 323 f. Bund 469
59 Ann. Fuldens. 866, 883, 885, 887, 889. Ann. Bertin. 862; 866. LMA V 996. HBG I 277. Schur 24 ff.
60 Ann. Fuldens. 858; 866; 871 ff. Ann. Bertin. 862; 866. Ann. Xantens. 873. LMA V 2174. Mühlbacher II 325 f. 333 f. Trüb 73 ff.
61 Ann. Fuldens. 874

3. KAPITEL
DAS PAPSTTUM IN DER MITTE DES 9. JAHRHUNDERTS

1 S. Anm. 8
2 s. Anm. 9
3 s. Anm. 10 f. 13
4 Regin. chron. 868
5 LP 2,52 ff. JW 1,318 ff. Ann. reg. Fr. 824. LMA IV 78; VI 1752. Kühner, Lexikon 56 f. Kelly 116 f. Seppelt II 207, 214. Haller II. 27. Kolmer 5
6 LP 2,86 ff. JW 1,327 ff. Ann. Bertin. 844. Ann. Xantens. 844, 846. Ann. Fuldens. 843. Kühner, Lexikon 57. Kelly 118 f. LThK IX[1] 492. LMA III 1404. Mühlbacher II 213 ff. Hartmann, Geschichte Italiens III 1. H. 221 f. Haller II 27 ff. Seppelt II 220 ff. Seppelt/Schwaiger 100. Grotz 30. Riché, Die Karolinger 212. Schieffer, Die Karolinger 148
7 LP 2,106 ff. JW 1,329 ff. Wetzer/Welte VI 458 ff. LThK VI[1] 494. Dümmler I 305 f. 393. Hartmann, Geschichte Italiens III 1. H. 216 f. Gregorovius I 2, 510 ff. Cartellieri I 284. Haller II 29. Seppelt II 224 f. Grotz 31 f. Hlawitschka, Franken 60. Zimmermann, Das Papsttum 80
8 Ann. Bertin. 847. LMA V 1878. Gregorovius I 2, 509 f. Hartmann, Geschichte Italiens III 1. H. 224 f. Cartellieri I 284. Höffner 54. Grotz 32 f. Haller I 52 f. 71. Gontard 178. Seppelt/Schwaiger 101. Ahlheim 172. Bünding-Naujoks 85. Riché, Die Karolinger 212. Schieffer, Die Karolinger 148
9 Ann. Bertin. 850. Wetzer/Welte VI 460. Pierer IV 181. LThK VI[1] 494. Kelly 119 f. dtv Lexikon 2,36. LMA I 145, 634, V 1878, 2177, VI 1752. Mühlbacher II 218 f. Gröne I 351 ff. bes. 358. Gregorovius I 2, 492 ff. 505 ff. Haller II 28 f. 51 f. Seppelt II 221 ff. 234 f. Kühner, Das Imperium der Päpste 95. Gibson/Ward-Perkins I/II 30 ff. 222 ff. Deschner, Opus Diaboli 22. Schieffer, Die Karolinger 148 f.
10 Wetzer/Welte VIII 849 ff. (dort die genannten Mast, Roßhirt, Luden). Pierer II 900, III 817, XIII 662 f. Taddey 536, 968. dtv Lexikon 12,91; 14, 295 (hier das Seckel-Zitat) LMA V 29 f. (Schieffer), 1710. Auch Dümmler I 231 spricht von den «großartigen Fälschungen». Cartellieri I 302 f. Seckel, Pseudoisidor 267. Schubert II 416, 537. Haller II 45. Seppelt/Schwaiger 103. Kühner, Das Imperium der Päpste 96 ff. Grotz 46, 48. Neuss 76. Dawson 256 f., der freilich, wie stets, apologetisch argumentiert. Viele Belege bei Fuhrmann, Einfluß und Verbreitung 8, 61 f. 95 f. 112 ff. 122, 232 u. ders. in LMA VII 308 f. Ders. Zur Überlieferung des Pittaciolus 518. Vgl. auch Brunner 94. Haendler 123 f. Außer zu den Fälschungen in III 1. Kap. (187 Seiten!) u. IV 393 ff. vgl. etwa Landau 11 ff. Hartmann, Fälschungsverdacht und Fälschungsnachweis 111 ff. 118 ff. Schneider, Ademar von Chabannes 129 ff. Pitz, Erschleichung und Anfechtung passim.

Ranke-Heinemann, Nein und Amen 257 ff.
11 Pierer XIII 662 f. dtv Lexikon 4,149. LThK VIII¹ 549 ff. VIII² 864 ff. LMA I 635, 677, 1857. Bardenhewer II 637 ff. Dümmler I 231 f. Gregorovius I 2, 538. Hauck II 546 ff. Cartellieri I 303. Fuchs/Raab 650 f. Neuss 76 f. Grupp II 176 f. Schubert II 415 f. 536 f. Haller II 45 ff. Seppelt II 236 ff. Kühner, Das Imperium der Päpste 95 f. Ullmann 261 ff. Fuhrmann, Die Fälschungen im Mittelalter 531. Ders. Einfluß und Verbreitung I 4, 8, 67, 137 ff. 167 ff. 194 ff. 232 f. Schieffer, Kreta, Rom und Laon 15
12 Dümmler I 232 ff. Gregorovius I 2, 538. Hauck II 547 ff. Schubert II 415 f. Haller II 45 ff. Voigt, Staat und Kirche 431 f. Kantzenbach 62, 85 f. Seppelt II 237 f. Seppelt/Schwaiger 102. Grotz 47. Ullmann 270. Fuhrmann, Einfluß und Verbreitung I 4, 145 ff.
13 Nikolaus I. verteidigt die Pseudoisidorischen Dekretalen in seinem Brief vom Januar 865 an die gallischen Bischöfe: Mansi 15,693 ff. MG Epp. VI 393 f. CIC can. 222 § 1. Taddey 968. Kelly 328. Schubert II 416. Grupp II 176 f. Wühr 106 f. 116. Seppelt/Schwaiger 103. Ullmann zit. bei Kühner, Imperium der Päpste 95 ff. Fuhrmann, Die Fälschungen im Mittelalter 531. Ders. Einfluß und Verbreitung 4, 167 ff. 194 ff. Zur Diskussion der Wirkungsgeschichte der Pseudoisidorischen Dekretalen vgl. auch Fuhrmann, Päpstlicher Primat 313 ff. Hellmann, Die Synode von Hohenaltheim 298
14 Pierer XIII 662 f. Dümmler I 232 f. Gregorovius I 2, 538. Haller II 46 ff. Ullmann 273 f.
15 LP 2, 140 f. JW 1,235 f. Ann. Bertin. 855. Kühner, Lexikon 59 f. Kelly 121 f. LThK IV³ 1090 LMA I 573 f. Wattenbach/Dümmler/Huf 2, 349. HKG III/1, 193. Gregorovius I 2, 519 ff. 540. Hartmann, Geschichte Italiens III 1. H. 237 ff. 245 f. Gröne I 361. Haller II 52 ff. Seppelt II 230 ff. Seppelt/Schwaiger 102. Grotz 33 ff.
16 LP 2,151 ff. JW 1,341 ff. Ann. Bertin. 858. Kelly 123. Gregorovius I 2, 522. Seppelt II 241. Seppelt/Schwaiger 103. Haller II 54 f. Grotz 18, 40.
17 Ann. Mett. prior. 753. Kelly 123. Haller II 54 ff. Seppelt II 241
18 Epist. sive Praef. MG Epp. VII 395 ff. Kelly 123 f. LMA I 573, VI 1168 f. HKG III/1 164. Gregorovius I 2, 536 ff. Haller II 69 ff. Seppelt II 243 ff. Kühner, Das Imperium 101 f. Riché, Die Karolinger 212 f.
19 Regin. chron. 868. Kelly 124. Wattenbach/Dümmler/Huf 2,349. HKG III/1 165. Haller II 55, 69 f. Seppelt II 242
20 Kelly 123. HKG III/1 164 ff. Gregorovius I 2, 522 f. Seppelt II 249 ff. Riché, Die Karolinger 212 f.
21 Ann. Bertin. 861 f. Kelly 123. HKG III/1 166. Haller II 71. Seppelt II 252 ff. Rau II 2 f.
22 Ann. Bertin. 855; 863. Regin. chron. 855. Ann. Fuldens. 855. LMA II 428 f. V 971, 2124 f. 2177. Dümmler I 391 f. 397, 399, II 4. Mühlbacher II 233 f. Hauck II 530. Zöllner 245 ff. Schlesinger, Karolingische Königswahlen 234 f. Kienast, Deutschland und Frankreich I 51 f. Fleckenstein, Grundlagen und Beginn 126 f. Fried, Der Weg 397 f.
23 LMA III 1629. Mühlbacher II 259. Hauck II 560 f. Hartmann, Die Synoden 274
24 Ann. Bertin. 860; 862; 864. Regin. chron. 864; 866. Ann. Xantens. 865. MG Cap. II 463 ff. LThK IV³ 942 f. LMA IV 1594 f. Dümmler II 5 ff. 110. Hartmann, Geschichte

Italiens III 1. H. 262. Mühlbacher II 260 ff. 270 f. 284. Cartellieri I 295 ff. Brühl, Hinkmariana 58 f. Schrörs 184 ff. Ehrhard, Kirche der Märtyrer 103. Neuss/Oediger 154 ff. Haller II 63 ff. Deschner, Abermals 343 ff. bes. 347. Konecny, Die Frauen 97. Seppelt II 260. Grotz 43 f. Hartmann, Die Synoden 274 ff. Fried, Der Weg 398. Staubach 119

25 Ann. Bertin. 863. Ann. Fuldens. 863. Ann. Xantens. 864. Regin. chron. 864. Dümmler II 61 ff. Mühlbacher II 278 f. Gregorovius I 2, 527. Hartmann, Geschichte Italiens III 1. H. 255 f. Neuss/Oediger 154 ff. Haller II 65 f. 87. Seppelt II 261 f. Grotz 88 ff. Konecny, Die Frauen 109. Hartmann, Die Synoden 280 ff.

26 Ann. Bertin. 863. Ann. Xantens. 864 f. Dümmler II 68 f. 71. Mühlbacher II 279 f. Gregorovius I 2, 527 f. Hartmann, Geschichte Italiens III 1. H. 256 f. Steinbach, Die Ezzonen 851. Haller II 65, 67. Neuss/Oediger 156 f. Seppelt II 262. Grotz 91 f. Konecny, Die Frauen 109. Hartmann, Die Synoden 282 f.

27 Ann. Xantens. 866. Hinkm. De divortio Lotharii reg. et Tetb. regin. (Migne PL 125, 623 ff.) Dümmler II 13 ff. 38. Mühlbacher II 283. Cartellieri I 296, 312. Mayer, Mittelalterliche Studien 22. Löwe, Deutschland 186. Brühl, Hinkmariana 56 ff. Haller II 63 ff. Neuss/ Oediger 158 f. Steinbach, Das Frankenreich 77. Grotz 44 ff. 88 f. Konecny, Die Frauen 105 f. 114 ff. Anton, Fürstenspiegel 282, 329, 425. Penndorf 54 ff. Staubach 150 ff.

28 Ann. Bertin. 864. Dümmler II 69 ff. Mühlbacher II 280 f. Gregorovius I 2, 528 f. Hartmann, Geschichte Italiens III 1. H. 258 ff. Cartellieri I 301 f. Neuss/Oediger 158. Haller II 73 f. Perels, Papst Nikolaus I. 217 ff. Ders. Propagandatechnik 423 ff. Hartmann, Die Synoden 283 f.

29 Regin. chron. 865; 868. Ann. Bertin. 867; 869. Ann. Fuldens. 864, 867. Ann. Xantens. 871. Mühlbacher II 294 ff. 305. Seppelt II 265. Grotz 97. Stratmann, Das Recht der Erzbischofsweihe 60. Zapperi 15

30 Dümmler II 237 ff. 243 f. Mühlbacher II 289 ff. 299. Gregorovius I 2, 541 f. Hartmann, Geschichte Italiens III 1. H. 278 f. Cartellieri I 301, 304, 309. Grupp II 177 f. Pothmann 759. Haller II 68, 76 f. 91, 96. Seppelt/Schwaiger 109 f. Grotz 97, 192 f.

31 Häring III 322. Vgl. dazu Deschner, Das Kreuz 236 ff. bes. 239. Hartmann, Die Synoden 167 (mit Verweis auf MG Cap. I 304 f.) und 275

32 LP 2,173 ff. JW 1,368 ff. Ann. Bertin. 867 f. Kelly 124. LMA IV 1822. Dümmler II 222 f. 232 f. Hartmann, Geschichte Italiens III 1. H. 270 f. Haller II 89 ff. Cartellieri I 308 f. Seppelt II 285 f. Jesuit Grotz, 16, stellt eine auf pure Annahme beruhende Rechnung auf, nach der Hadrians Vater Talarus bei der Geburt Hadrians «etwa 20 Jahre alt» gewesen sei. Daraus schließt er, daß T. zwar Kleriker, aber «sicher noch nicht Priester» war. Als habe es nicht schon jüngere Bischöfe gegeben! Vgl. auch Grotz ebd. 24 ff. 34, 126 ff. 168 ff. Gontard 186. Hartmann, Die Synoden 296 f. Riché, Die Karolinger 218 f.

33 Ann. Bertin. 669. Regin. chron. 869. Kelly 125. Mühlbacher II 301 f. Seppelt II 287. Zimmermann, Das Papsttum 86. Riché, Die Karolinger 218

34 Ann. Bertin. 869. Regin. chron. 869. Dümmler III 57. Mühlbacher II 305 ff. Reinhardt 38 f. Grotz 198 f. Riché, Die Karolinger 237 f.
35 Regin. chron. 869 f. 874. Taddey 1020, 1235. LMA VI 466 (dort weitere ältere und neueste Literatur). Mühlbacher II 310 ff. Seppelt II 301 f. Prinz, Grundlagen und Anfänge 115. Werner, Die Ursprünge 441 f. Zu den Fürstentreffen seinerzeit vgl. Voss, Herrschertreffen 11
36 Ann. Bertin. 871 Kelly 125. LMA V 2177. Mühlbacher II 316 ff. Dümmler II 226 ff. Hartmann, Geschichte Italiens III 1. H. 275 ff. Haller II 98 ff. Seppelt II 289 f. 300 f. Seppelt/Schwaiger 110. Schieffer, Die Karolinger 164. Brühl, Deutschland–Frankreich 362 f. Zu Hinkmars kirchenpolitischen Streitigkeiten etwa Boshof, Odo von Beauvais 39 ff. Vgl. auch Anm. 9
37 Regin. chron. 874. Kelly 125. LMA V 2177. Hartmann, Geschichte Italiens 1. H. 298. Seppelt II 300 ff. Riché, Die Karolinger 219 ff. 240. Schieffer, Die Karolinger 147 f. Kupisch 33
38 Ann. Fuldens. 866. Ann. Xantens. 868. Regin. chron. 868. LThK II[3] 594 f. 774 f. LMA I 571 f. 1456. II 369, 458, 914 ff. bes. 916 ff. V 1552. HEG I 924 f. Gregorovius I 2, 524 ff. Hauptmann, Die Frühzeit 307 f. Haller II 61. Erben 3. Ostrogorski 161. Dollinger 127. Novy 175. Grotz 80. Rice 150. Maier, Die Verwandlung 348. Fine 94 ff. Herrmann, J., Wegbereiter einer neuen Welt 53 ff. Angelov/Ovčarov 77
39 Kelly 123 f. LMA I 1456, 1521 f. IV 449 f. VI 597 f. 2109 f. HEG I 625 f. HKG III 1, 207 ff. 214 f. Gregorovius I 2, 523 ff. Cartellieri I 300 f. 306. Haller II 56 ff. 83 ff. 92 ff. Seppelt II 272. Seppelt/Schwaiger 108. Hunger 181 f.
40 Ann. Fuldens. 867 f. LThK II[1] 419, II[3] 594 f. LMA II 458, VI 2109 f. Kelly 123 f. HEG I 626 f. HKG III/ 1, 202 ff. 209 ff. Haller II 95. Seppelt II 293 f. Schreiner, Byzanz 16 f. Vgl. auch 73 f.
41 LThK III[1] 112 f. LMA V 1244, 1382 f. VI 597. HEG I 601, 609, 627 f. 878 f. Zahlreiche Literaturhinweise: HBG I 267 Anm. 148. HKG III/1 169 ff. Hauck II 718 ff. Stadtmüller 139, 141. Hauptmann, Die Frühzeit 312. Maß, Das Bistum Freising 119 ff. Heuwieser I 152 f. Graus, Die Entwicklung der Legenden 161. Zöllner 202. Prinz, Grundlegung und Anfänge 118. Schulze, Vom Reich der Franken 382 ff. Schreiner, Byzanz 76, 143
42 Ann. Fuldens. 870. Ann. Bertin. 870. LMA III 2157. VI 1201 f. HBG I 588. HEG I 879. Dümmler II 301 f. Mühlbacher II 321 f. Hauck II 722 ff. Schwarzmaier 60 f. Maß, Das Bistum Freising 123. Burr 50 ff. Bosl, Herzog, König und Bischof 271. Löwe, Deutschland 188. Prinz, Grundlegung und Anfänge 118. Fried, Der Weg 405. Schieffer, Die Karolinger 157. Vgl. auch die folg. Anm.
43 Ann. Fuldens. 871 f.; 874; 884. Ann. Xantens. 871 f. HEG I 608 f. 879. HBG I 270. Dümmler III 390 f. Maß, Das Bistum Freising 62 f. Lindner, Untersuchungen 150, 232. Dhondt 25. Schieffer, Die Karolinger 157. Prinz, Grundlegung und Anfänge 118
44 LThK III[1] 112 f. Kelly 127 ff. HEG I 41 f. 628, 879 f. Haller II 136 f. Schwarzmaier 60 ff. Deschner/Petrović passim. Deschner, Die Politik der Päpste II 210 f. Zur späteren Legendenentwicklung ausführlich Graus, Die Entwicklung der Legen-

den 161 ff. Ders. St. Adalbert und St. Wenzel 205 ff. Zu den Schülern Konstantins und Methods und zum Bildungswesen vgl. Zagiba 15 ff.

4. KAPITEL
Johann VIII. (872–882)
Ein Papst wie er im Buch steht

1 S. Anm. 7
2 Haller II 132
3 Ann. Fuldens. (Altaich) 883
4 Kupisch II 38
5 LP 2,221 ff. JW 1,376 ff. Ann. Bertin. 871. Regin. chron. 871 f. Kühner Lexikon 61. Kelly 126. Hartmann, Geschichte Italiens III 2. H. 6. Gregorovius I 2, 550 f. 561. Cartellieri I 316. Haller II 106. Seppelt II 300 ff. Eichmann II 243. Seppelt/Schwaiger 112. Daniel-Rops 600
6 Ann. Fuldens. 875. Ann. Bertin. 875. Ann. Vedast. 875. Mansi XVII 72 f. 77, 79. LMA V 2177. Mühlbacher II 338 ff. Dümmler II 351, III 73 ff. Gregorovius I 2, 546 f. 554 Haller II, 107 ff. Seppelt/Schwaiger 113. Seppelt II 304 f. Eichmann I 51 f. Steinbach, Das Frankenreich 78. Zu Karls II. Gunsterweisungen gegenüber dem Klerus s. etwa auch Falkenstein 35 ff.
7 MG Capit. II 98 ff. Haller II 116 ff. 130. Seidlmeyer 77. Seppelt II 306. Hlawitschka, Franken, 67 ff. Riché, Die Karolinger 241
8 Ann. Bertin. 876. Mühlbacher II 345 ff. Riché, Die Karolinger 241 f. Zur Synode v. Ponthion 876 vgl. auch Hartmann, Die Synoden 333 ff.
9 Ann. Fuldens. 876. Ann. Bertin. 876. Regin. chron. 876. Ann. Vedast. 876. Rau III 8. Hlawitschka, Vom Frankenreich 83
10 Ann. Fuldens. 876. Ann. Bertin. 876. Ann. Hildesheim. 876. Ann. Aquiens. 876. Regin. chron. 876. Mühlbacher II 349 ff. Dümmler II 35 ff. Steinbach, Das Frankenreich 78
11 Ann. Fuldens. 876. Regin. chron. 876. LMA V 968 f. 996, 2174. Mühlbacher II 352 f.
12 Mansi XVII 21. Kelly 126. LMA V 154 ff. Dümmler III 39. Mühlbacher II 353 ff. Riché, Die Karolinger 243
13 Ann. Bertin. 877. Mühlbacher II 354 ff. Seppelt II 306 f. Riché, Die Karolinger 243 ff. Hartmann, Die Synoden 347 ff.
14 Mansi XVII S. 337 ff. Ann. Bertin. 877. Ann. Fuldens. 877. Ann. Vedast. 877. Mühlbacher II 354 ff. Dümmler III 44, 47 ff. 58. Hartmann, Geschichte Italiens III 2. H. 29 ff. Gregorovius I 2, 555 f. Haller II 114 f. Steinbach, Das Frankenreich 78. Cartellieri I 322. Seppelt II 307. Riché, Die Karolinger 245
15 Ann. Fuldens. 877 f. Ann. Bertin. 877 f. LMA V 996, 2174 f. Mühlbacher II 357 f. Zur Öttinger Pfalz: W. Störmer, Die Anfänge des karolingischen Pfalzstifts Altötting 61 ff.
16 Ann. Fuldens. 877. Ann. Bertin. 878. Ann. Vedast. 878. LMA I 96, V 2175 f. (Schneidmüller). Gregorovius I 2, 556 ff. Haller II 111, 115 ff. Fried, Boso von Vienne 193 ff. Riché, Die Karolinger 249 ff. Hartmann, Die Synoden 336 ff.
17 Ann. Fuldens. 878 f. Ann. Bertin. 876. Regin. chron. 877. Ann. Vedast. 878. LMA II 477 ff. Mühlbacher II 361 f. 368 f. Hartmann, Geschichte Italiens III 2. H. 30, 56, 60 ff. Dümmler III 78 ff. 87 ff. 113 ff. Gregorovius I 2, 558. Cartellieri I 317 f. 324 ff. Haller II 117 f. Hirsch, Die Erhebung 131 ff. Zöllner 120. Fried, Boso von Vienne 193 ff. Konecny, Die Frauen 126 ff. Odegaerd 76 ff. Schramm, Kaiser,

Könige und Päpste II 251 ff. Hlawitschka, Franken 70 f. Ders. Nachfolgeprojekte 32. Hartmann, Die Synoden 340
18 Ann. Bertin. 879 f. Ann. Fuldens. 880. Regin. chron. 879. MG Capit. II 365 ff. LMA II 477 f. Dümmler III 122 ff. 145 ff. Eichmann II 59. Fried, Boso 193 ff. Schramm, Kaiser, Könige und Päpste II 257 ff. Bund 499 ff. Riché, Die Karolinger 252 f. Hlawitschka, Vom Frankenreich 84 f.
19 Ann. Fuldens. 878. Mühlbacher II 362 ff. Haller II 118. Vgl. Gregorovius I 2, 559. Hartmann, Geschichte Italiens III 2. H. 66 f. Hartmann, Die Synoden 349 ff. mit vielen Quellenhinweisen
20 Ann. Fuldens. 879 ff. Ann. Bertin. 879. Regin. chron. 880; 882. Ann. Vedast. 879. LMA IV 1146, V 159, 970, 2175 f. Dümmler III 100. Mühlbacher II 369 ff. Hlawitschka, Vom Frankenreich 84 f. Werner, Die Ursprünge 443 ff.
21 LMA I 1461, 1521. V 1396, VI 597. Dümmler III 174 ff. Hartmann, Geschichte Italiens III 5 f. 79 f. Gregorovius I 2 554, 559. Haller II 119 ff.
22 Daniel-Rops 602, 606
23 Ann. Bertin. 880. Mansi XVII 161. Dümmler III 105 ff. 176 ff. Mühlbacher II 378 f. Gregorovius I 2 560. Hartmann, Geschichte Italiens III 2. H. 71 ff. Cartellieri I 326 f. Haller II 128 f. Löwe, Deutschland 196. Steinbach, Das Frankenreich 79. Ullmann 244. Reinhardt 61 ff. Riché, Die Karolinger 255
24 Dümmler III 187 f. Hartmann, Geschichte Italiens III 2. H. 75 ff.
25 LMA III 1175 (Ferjančić). V 1538. Hartmann, Geschichte Italiens III 2. H. 83 ff. Gregorovius I 2, 549 ff. Cartellieri I 280 ff. Eickhoff 225 ff. Haller II 106 f. Daniel-Rops 593. Seppelt/Schwaiger 112
26 Erchemp. Ystoriola Langob. Benev. deg. 31; 40. LMA I 506 f. II 1490. Mühlbacher II 378 f. Hartmann, Geschichte Italiens III 1. H. 246 ff. 301. 2. H. 6, 22, 83 f. Haller II 107
27 Erchemp. Ystor. Langob. Benev. 39; 44. Ann. Farfens. 891. Mansi XVII 156 f. LMA IV 1075 f. Dümmler III 72 f. 172 ff. 189 f. Hartmann, Geschichte Italiens III 2. H. 49 f. 86 ff. Gregorovius I 2, 550 ff. 584 f. Eickhoff 229 ff. 297 ff. Haller II 113 ff. 123, 127 ff. 132, 145. Schubert II 433. Ahlheim 173
28 Ann. Bertin. 876; 878. LMA IV 655. Dümmler III 28 f. Gregorovius I 2, 548. Hartmann, Geschichte Italiens III 2. H. 22 ff. hält die Vorwürfe für mehr oder minder unbegründet oder doch für übertrieben. Haller II 105, 109. Zimmermann, Papstabsetzungen 49 f.
29 Ann. Bertin. 878. Ann. Fuldens. (Altaich) 883. Ann. Alam. 883. Kühner, Lexikon 61. Gregorovius I 2, 548 f. 560. Haller II 109, 129 f. Gontard 187 f. Zimmermann, Papstabsetzungen 50 f.
30 Zit. nach Riché, Die Welt 301

5. KAPITEL
NORMANNENNOT UND KAISER KARL III. DER DICKE

1 Ann. Bertin. 882
2 Regin. chron. 885
3 Ann. Fuldens. 880. Ann. Bertin. 880. Ann. Vedast. 879 f. Ann. Fuldens. (Wien) 884. LMA I 409, V 2174, VI 1249. HEG I 619, 941. Bertram 46 f. Riché, Die Karolinger 253 f. Ehlers 18
4 Ann. Bertin. 881. Ann. Vedast. 880 f. Mühlbacher II 377 f.
5 Ann. Fuldens. 881. Ann. Bertin. 878 f. Frenzel 9. Kindlers Literatur

Lexikon IV 1695 f. v. Wilpert III 834
6 Ann. Fuldens. 881 f. 884 (Wien). Ann. Bertin. 881 f. Ann. Vedast. 882, 884. Regin. chron. 881 f. 884. LMA V 997, 2177. Mühlbacher II 379 ff. 388 ff. Riché, Die Karolinger 253 f.
7 LMA V 968 f. 2176. Mühlbacher II 381 ff. Riché, Die Karolinger 255 f. Hartmann, Herrscher der Karolingerzeit 76 f. 79. Brühl, Deutschland–Frankreich 366 ff.
8 Ann. Fuldens. (Wien) 882. Ann. Bertin. 882. Ann. Vedast. 882. Regin. chron. 882. LMA V 2042. Mühlbacher II 385 ff. Riché, Die Karolinger 255 f. Hartmann, Herrscher der Karolingerzeit 77 f.
9 Ann. Vedast. 879 f. 884
10 Ebd. 882 ff.
11 Ebd. 885 f. Regin. chron. 887. LMA IV 1146. Mühlbacher II 403 ff. Hartmann, Herrscher der Karolingerzeit 78. Riché, Die Karolinger 256 f.
12 Ann. Vedast. 880, 882 f. 885. Vgl. a. 886: «nil utile...». Ann. Bertin. 882. Regin. chron. 882. Mühlbacher II 401
13 Ann. Vedast. 886 f. Regin. chron. 887. Ann. Fuldens. (Wien) 886. (Altaich) 886
14 Ann. Fuldens. 882 f. 885. Regin. chron. 885. HEG I 620. Mühlbacher II 398 ff. Hartmann, Herrscher der Karolingerzeit 78.
15 Ann. Fuldens. (Wien) 885. LMA IV 1597 (Blok)
16 Montgomery I 164 ff. 170 ff. 182 f. Tellenbach, Europa 445 f.
17 Ann. Fuldens. 880, 882 f. 892. S. auch die folg. Anm.
18 Ann. Fuldens. 884 (Altaich), 887 (Altaich). Regin. chron. 887. LMA I 929, V 2042. Mühlbacher II 393 ff. 397. Mitterauer 188 ff. Störmer, Früher Adel 192 f. 227 f.
19 Ann. Fuldens. (Wien) 887. LMA V 2042, VII 612 f. Mühlbacher II 408 f. Schur 31 ff. Hartmann, Herrscher der Karolingerzeit 77
20 Ann. Fuldens. (Altaich) 886. Ann. Fuldens. (Wien) 887. Regin. chron. 887. Mühlbacher II 409. Konecny 147 f. Oesterle 445 ff. Riché, Die Karolinger 257
21 Regin. chron. 887. LThK VIII[1] 878
22 LThK VIII[1] 878. Keller, Reclams Lexikon 436 f. Mühlbacher II 410. Thrasolt 522 f. Auer, Heiligen-Legende 523. Hartmann, Herrscher der Karolingerzeit 78 f.
23 HEG 621
24 Ann. Fuldens. 883, 885, 887 (Wien), 887 (Altaich). Ann. Vedast. 887 f. Regin. chron. 887, 889. LMA V 2039. Dümmler III 300 ff. 306 f. Maß 77 f. 80 f. Riché, Die Karolinger 257, Hartmann, Die Synoden 361 ff. Ders. Herrscher der Karolingerzeit 84. Fried, Der Weg 429 ff.
25 Ann. Fuldens. 887 f. (Altaich) Ann. Vedast. 887. Regin. chron. 887 f. LMA V 2177 f. Riché, Die Karolinger 258 ff.

6. KAPITEL
ARNULF VON KÄRNTEN,
OSTFRÄNKISCHER KÖNIG UND
KAISER (887–899)

1 Störmer in LMA I 1013 f.
2 s. Anm. 8
3 Ann. Fuldens. 892 f.
4 s. Anm. 43
5 LMA I 1013. Dümmler III 476 f. 479 f. Mühlbacher II 426 ff. 445. Schur 41 ff. Hartmann, Herrscher der Karolingerzeit 83 f., der allerdings in Arnulf keinen Herrscher sehen möchte, «der sich in erster Linie auf die Kirche stützte», das aber kaum ausreichend darlegt; eher wird das Gegenteil deutlich.

Vgl. hierzu auch Fried, Der Weg 434 f.
6 Taddey 494, 1060. LMA I 93. IV 1957 f. Dümmler III 303, 401 f. 480 ff. 497, 590. Schur 48 ff. Kehr 2, 8 ff. Tellenbach, Zur Geschichte Kaiser Arnulfs 149
7 MG Capitul. II 196 ff. Ann. Fuldens. 895. Regin. chron. 895. Mühlbacher II 426 ff. Hartmann, Die Synoden 367 ff. Ders. Herrscher der Karolingerzeit 84
8 Mühlbacher II 427. Dümmler III 397
9 Babl 99
10 Arbeo, Vita Haimhrammi 16 ff. LThK III[1] 658. In III[3] wurde der Emmeram-Text fast um zwei Drittel gekürzt. Vgl. auch HKG II/2 125. LMA I 888 V 229. Wetzer/Welte III 556. Babl 74, 80 f. Der übliche Schwulst bei Vogel II 324 ff.
11 LMA III 1888. Dümmler III 477 ff. Babl 99, 138 ff. 150 ff. 188 ff.
12 Ann. Fuldens. (Altaich) 882. Ann. Fuldens. 891 Regin. chron. 891. LMA I 1013. HBG I 272. Hartmann, Herrscher der Karolingerzeit 86
13 Ann. Fuldens. (Altaich) 891. Regin. chron. 891. HEG I 636. Mulert 42, 60. Vgl. Deschner, Agnostiker 160 ff. bes. 165 f. Prinz, Grundlagen und Anfänge 120 f. Hartmann, Herrscher der Karolingerzeit 86
14 Ann. Fuldens. (Altaich) 889. Ann. Alamann. 890. LMA I 1014 (Störmer), 1983, V 969. HBG I 274. Dümmler III 341 f. Bosl, Bayerische Geschichte 60 ff. Bund 489 f. Hartmann, Herrscher der Karolingerzeit 83 f.
15 Ann. Fuldens. (Altaich) 892 f. Regin. chron. 890 HBG I (Reindel) 274. Mühlbacher II 423 f. Stadtmüller 142. Aufhauser 2. Löwe, Deutschland 198. Prinz, Grundlagen und Anfänge 121 f.
16 Ann. Fuldens. 871; 893 (Altaich). Regin. chron. 892. LMA I 1014. HBG I 272 f. 369. Dümmler III 360 f. Mühlbacher II 424. Störmer, Im Karolingerreich 164. Wendehorst zit. ebd. Hartmann, Herrscher der Karolingerzeit 85, 87
17 Ann. Fuldens. (Altaich) 894. Liutpr. antapod. 1,13. Bosl, Handbuch der Geschichte der böhm. Länder I 197 f.
18 Ann. Fuldens. 889, 893, 895, 897 (Altaich)
19 Ebd. 894, 898. LMA VI 721. Dümmler III 460 ff. Mühlbacher II 425, 444
20 Ann. Fuldens. 899 f. Mühlbacher II 444, 453. Dümmler III 462 ff.
21 Ann. Vedast. 883, 888, 895 f. Regin. chron. 888. LMA III 2047, IV 1018 f. VI 1353 f. HEG I 634 f. Alle Quellenbelege bei Schneider, Erzbischof Fulco von Reims 39 ff. s. auch 43 ff. Nach Zatschek 223 trafen sich Arnulf und Fulco in Frankfurt, nach Hlawitschka, Lotharingien 70, Anm. 23 in Worms. S. auch 73 f. 116. Dümmler III 316 f. 320. Hiestand 48 f. Penndorf 138 ff. Mohr 172 ff. Schneidmüller 105 ff. Werner, Die Ursprünge 446 ff. Rau II 6 f. Prinz, Grundlagen und Anfänge 121. Riché, Die Karolinger 258 f. 278 f. Hartmann, Herrscher der Karolingerzeit 85
22 Ann. Vedast. 888. 893 ff. Regin. chron. 888, 893 ff. LMA IV 1018. HEG I 635. Alle Quellenbelege bei Schneider, Erzbischof Fulco 47 ff. 54 ff. 68 ff. 93 ff. 105 ff. 113 ff. Mühlbacher II 432. Dümmler III 320 ff. Hlawitschka, Lotharingien 65 ff. 76 f. 115 ff. Werner, Die Ursprünge 447 f. Bund 504 f. Hartmann, Herrscher der Karolingerzeit 85
23 Ann. Vedast. 893 ff. 900. Regin. chron. 893, 895, 898, 903. Alle Quel-

lenbelege bei Hlawitschka, Lotharingien 117 ff. 132 ff. 141 ff. 161 ff. und Schneider, Erzbischof Fulco 121 ff. 130 ff. LMA IV 1018 f. VI 1354. Berr 43 ff. 50 ff. 64 f. Riché, Die Karolinger 176 ff. Werner, Die Ursprünge 448
24 Ann. Fuldens. 895. Ann. Vedast. 895. Regin. chron. 894 f. Taddey 1351. LMA V 2129. Mühlbacher II 435 f. Boshof, Lotharingien–Lothringen 141 f. 144. Werner, Die Ursprünge 476. Löwe, Deutschland 202 f. Prinz, Grundlagen und Anfänge 122. Hlawitschka, Vom Frankenreich 90 f.
25 Mühlbacher II 435 ff. 442 f. Löwe, Deutschland 202 f. Hlawitschka, Vom Frankenreich 91. Parisse 119. Boshof, Lotharingien–Lothringen 142 f.
26 Regin. chron. 892, 896, 901. LMA I 1014. Boshof, Lotharingien–Lothringen 141
27 Regin. chron. 897. Riché, Die Karolinger 269. Boshof, Lotharingien–Lothringen 143. Parisse 119, 132
28 Ann. Fuldens. 900. Regin. chron. 898 f. Ann. Vedast. 898. Taddey 992, 1351. Dümmler III 466 ff. 471 ff. 501 ff. Mühlbacher II 443. Bund 494 ff. Löwe, Deutschland 203. Boshof, Lotharingien–Lothringen 143. Werner, Die Ursprünge 476 f. Riché, Die Karolinger 169, 291 f. Hlawitschka, Lotharingien 172 ff. Ders. Vom Frankenreich 91
29 Gregorovius I 2, 563
30 LP 2,224 f. JW 1, 425 ff. Ann. Fuldens. 883, 885 (Altaich). Kühner, Lexikon 62. Kelly 127 f. LMA VI 294. Mühlbacher II 392. Gregorovius I 2, 561 f. Haller II 133, 140. Seppelt II 322. Zimmermann, Papstabsetzungen 51 f. Ders. Das Papsttum 94
31 Ann. Fuldens. 883 f. (Altaich), 888. Regin. chron. 888. Ann. Vedast. 888. Liutpr. antapod. 1,18 f. Kühner, Lexikon 62. LMA I 1933, V 1623 f. VI 1232, VII 2128. HEG I 651 ff. Mühlbacher II 392, 417, 428 f. Dümmler III 313 ff. 365 ff. Hartmann, Geschichte Italiens III 2. H. 105 ff. Gregorovius I 2, 562, 564 ff. Cartellieri I 334 ff. 346 ff. Steinbach, Das Frankenreich 79 f. Haller II 128, 139 ff. Seppelt II 325 f. Seppelt/Schwaiger 116. Werner, Die Unruochinger 133 ff. Riché, Die Karolinger 258 f. 263
32 JW 1,435 ff. Ann. Fuldens. 893. LMA IV 655 f. Dümmler III 372 f. Mühlbacher II 429. Hartmann, Geschichte Italiens III 2. H. 113. Haller II 109, 112. Seppelt II 328. Ullmann 245. Bund 490 ff. Zimmermann, Papstabsetzungen 53 ff. bes. 68 f. Hartmann, Die Synoden 388
33 Ann. Fuldens. 893 f. Regin. chron. 894. Liutpr. antapod. 1,20 ff. 1,33. Dümmler III 373 ff. Mühlbacher II 429 ff. Seppelt II 329. Maß, Das Bistum Freising 86
34 Ann. Fuldens. 894 f. Liutpr. antapod. 1,28; 1,37. HEG I 654. Dümmler III 379 ff. 414 f. Zimmermann, Das Papsttum im Mittelalter 96
35 Ann. Fuldens. 895 f. Regin. chron. 896. Liutpr. antapod. 1,27 f. Kühner, Lexikon 63. LMA V 1623 f. VII 613. HEG I 655. Dümmler III 414 ff. 420 ff. 473 f. Hartmann, Geschichte Italiens III 2. H. 111 ff. Gregorovius I 2, 566. Cartellieri I 350 ff. 358 f. Haller II 141 f. Seppelt/Schwaiger 116. Steinbach, Das Frankenreich 80, 82. Schramm, Kaiser, Könige und Päpste II 267. Jarnut, Die Eroberung Bergamos 208 ff. Hlawitschka, Franken 123 f. Ders. Lotharingien 122 ff. Zimmermann, Das dunkle Jahrhundert 24. Riché, Die Karolinger

263 f. Vgl. auch Deschner, Abermals 351
36 Ann. Fuldens. 899
37 Ann. Fuldens. 896. Liutpr. antapod. 1,38. Kelly 131. Duden 958. LMA II 414. HEG I 655. Dümmler III 423 ff. Seppelt II 330 f. Haller II 142
38 LP 2,229. JW 1,439 f. Ann. Fuldens. 896. Ann. Laubac. 896. Liutpr. antapod. 1,30 (der das Leichengericht allerdings fälschlich Papst Sergius III. unterstellt) Flodoard, de triumphis Christi 12,6. Kelly 131 f. Dümmler III 426 ff. Gregorovius I 2, 570 ff. 579. Hartmann, Geschichte Italiens III 2. H. 123 f. Schubert II 444. Haller II 142. Fischer, Strafen und sichernde Maßnahmen 41 f. Seidlmeyer 79 f. Seppelt II 331 f. Seppelt/Schwaiger 116 f. Dhondt 86 f. Gontard 189. Hartmann, Die Synoden 388 ff. Zimmermann, Papstabsetzungen 56 ff. Ders. Das dunkle Jahrhundert 25 f. Ders. Das Papsttum 96 f.
39 LP 2,230 f. JW 1,441. Liutpr. antapod. 1,31. Kühner, Lexikon 64. Kelly 132. Hartmann, Geschichte Italiens III 2. H. 125 f. Gregorovius I 2, 572 f. Seppelt/Schwaiger 117. Zimmermann, Papstabsetzungen 59. Hartmann, Die Synoden 390 ff.
40 LP 2,232. JW 1,442 f. 2,705 Flodoard, de triumph. Christi 12,7. Kühner, Lexikon 65 f. Kelly 132 f. Gregorovius I 2, 573. Haller II 142. Seppelt II 334. Zimmermann, Das dunkle Jahrhundert 27. Ders. Papstabsetzungen 60 ff. Hartmann, Die Synoden 390 ff. Deschner, Abermals 80 f. 96 f. 125, 418, 450 f. 453, 465 ff.
41 Kelly 133. Seppelt II 333 f. Bund 492 f. Hartmann, Die Synoden 392 f. 394 f.
42 LP 2,233. Ann. Fuldens. 900. Ann. Alamann. 899. Regin. chron. 901, 905. Liutpr. 2,7 ff. 2,32 ff. LMA V 2177 f. HEG I 637, 643 f. 656 f. Mühlbacher II 456 f. 460 f. Dümmler III 429 ff. 507 f. 536 f. Gregorovius I 2, 573 ff. 580. Hartmann, Geschichte Italiens III 2. H. 128 ff. 176 ff. 186. Cartellieri I 360 ff. Haller II 143. Steinbach, Das Frankenreich 80. Seppelt/Schwaiger 117. Seppelt II 336. Zimmermann, Das dunkle Jahrhundert 30 ff. Ders. Das Papsttum 97. Hlawitschka, Vom Frankenreich 93. Riché, Die Karolinger 264
43 Hartmann, Geschichte Italiens III 2. H. 182 ff. Riché, Die Karolinger 265. Fried, Die Formierung 69 f.

7. KAPITEL
KÖNIG LUDWIG IV. DAS KIND
(900–911)

1 A. Schmid in LMA V 2175
2 s. Anm. 5
3 Regino, De synod. caus., Praef.
4 Ann. Fuldens. 900. Regin. chron. 900. LMA V 2175. Mühlbacher II 449. Kehr 16. Heumann, Die Einheit des ostfränkischen Reichs 142 ff. Schramm, Kaiser, Könige und Päpste II 299 f. Hlawitschka, Vom Frankenreich 92 f. Fleckenstein/Bulst 15. Riché, Die Karolinger 292. Schieffer, Die Karolinger 195. Hartmann, Herrscher der Karolingerzeit 92
5 LMA V 2175. HBG I 275 (K. Reindel findet, wie andere, auch den bayerischen Adel in der Reichsregentschaft «vertreten», hebt aber Hattos führende Rolle hervor). HEG I 638. Dümmler III 560 f. Mühlbacher II 449 ff. Schur 56 f. Nitzsch, Geschichte des Deutschen Volkes 272. Hlawitschka, Vom Frankenreich 94. Schieffer, Die Karolinger 195 ff. Hartmann,

Herrscher der Karolingerzeit 92. Eibl 23
6 Ann. Fuldens. 893. Widukind 1,22. Meyers Taschenlexikon Geschichte 41. LMA IV 1957. V 2117. Dümmler III 497 f. Menzel I 263. Mühlbacher II 450 f. Herrmann, Thüringische Kirchengeschichte I 46. Schur 56. Schieffer, Die Karolinger 196. Hartmann, Die Synoden 367. Ders. Herrscher der Karolingerzeit 92. Beumann, Die Ottonen 15
7 Mühlbacher II 451
8 Ann. Fuldens. 893. LMA I 93, III 2121, VI 2158. Dümmler III 497 ff. HBG I 422, 469, 504. Kehr 3. Cartellieri I 363 f. Schur 55 ff. Holtzmann, Geschichte der sächsischen Kaiserzeit I 43 f. 46 f. Stutz 59 ff. Maß, Das Bistum Freising 92. Erdmann, Der ungesalbte König 311 ff. Fleckenstein, Die Hofkapelle II 4 ff. Ders. Grundlagen und Beginn 134. Reindel, Herzog Arnulf 238. Lintzel, Miszellen zur Geschichte 313 f. Angenendt, Taufe 145 f. Bullough, Nach Karl 317. Schieffer, Die Karolinger 196
9 Liudpr. antapod. 2,1. Widukind 2,36. LMA I 2025. Hauck III 152 f. mit weiteren Quellenhinweisen
10 Ann. Fuldens. 900 ff. Ann. Augiens. 907. Ann. Alamann. 907. Regin. chron. 900. Adalb. cont. Regin. 907 f. Liudpr. antapod. 2,2; 2,7. Widukind 1,17; 1,20. Ann. Corbeiens. 907. Ann. Laubac. 908. Ann. Hildesh. 908. LMA VI 1845 f. HBG I 275 mit weiteren zahlreichen Literaturhinweisen. HEG I 636 ff. Dümmler III 530, 551 f. Mühlbacher II 457 ff. Hauck III 150. Meichelbeck nach Fischer, Bischof Uto 63, vgl. auch 57 ff. Hóman I 100. Büttner, Die Ungarn, das Reich 433 ff. Heuwieser 184. Tomek 109 ff. Bosl, Bayerische Geschichte 64. Brackmann, Gesammelte Aufsätze 192. Fleckenstein/Bulst 15. Hlawitschka, Vom Frankenreich 94. Hartmann, Herrscher der Karolingerzeit 93. Schieffer, Die Karolinger 196 f. Störmer, Im Karolingerreich, UG I 165
11 Adalb. cont. Regin. 909 ff. LMA I 1015. HEG I 639, Dümmler III 556 ff. Tomek 109 ff. Fleckenstein/ Bulst 20. Fischer, Das Zeitalter des heiligen Ulrich 82. Heuwieser I 189. Tellenbach, Europa 447 f.
12 Regin. chron. 889, 901. Widukind 1,18. Liudpr. antapod. 2,2 f. Dümmler III 509. Hauck III 149. Weinrich, Tradition und Individualität 294
13 Hauck III 69, 147 ff.
14 Regin. chron. 892; 897; LMA I 1321. HEG I 638. Dümmler III 522. Mühlbacher II 453. Fleckenstein/ Bulst 16. Prinz, Grundlagen und Anfänge 122. Hlawitschka, Der König einer Übergangsphase 105. Hartmann, Herrscher der Karolingerzeit 92 f. Störmer, Im Karolingerreich, UG 182 f.
15 Looshorn 25. Vgl. auch die folg. Anm.
16 Regin. chron. 902 f. 906. Widukind 1,22. Liudpr. antapod. 2,6. LMA IV 1957. HBG I 279 (Reindel) HEG I 638. Mühlbacher II 454 ff. Menzel I 260 f. Fries 72 f. 114 f. Schnürer II 42. Holtzmann, Geschichte I 39 ff. 62. Lüdtke, König Heinrich I. 53. Schieffer, Die Karolinger 196 f. Prinz, Grundlagen und Anfänge 122 f. Hartmann, Herrscher im Karolingerreich 93. Hlawitschka, Der König einer Übergangsphase 105. Störmer, Im Karolingerreich 196 f. Beumann, Die Ottonen 25
17 Widukind 1,16. Adalb. contin. Reginon. 911. Liudpr. antapod. 2,3 f. LMA VI 1579. HEG I 640. HBG II 282 f. Fleckenstein/Bulst 15, 17. Schieffer, Die Karolinger 200. Ri-

ché, Die Karolinger 292. Hartmann, Herrscher der Karolingerzeit 93. Hlawitschka, Der König einer Übergangsphase 104, 106. Boshof, Königtum 3

8. KAPITEL
KÖNIG KONRAD I. (911–918)

1 Goetz, in LMA V 1337 f.
2 Hlawitschka, Vom Frankenreich 98
3 LMA IV 2163, V 970, 2175 f. HEG I 740. Dümmler III 580 f. Schieffer, Die Karolinger 201 f. Werner, Die Ursprünge 476 f. Boshof, Königtum 3. Ehlers 20
4 HEG I 640, 738 ff. bes. 740 f. Prinz, Grundlagen und Anfänge 124. Fleckenstein/Bulst 19 f. Hlawitschka, Vom Frankenreich 98. Ders. Der König einer Übergangsphase 107. Ehlers 20 f. Brühl, Deutschland–Frankreich 404 f.
5 HBG I 282. HEG I 639 f. Barraclough 18. Prinz, Grundlagen und Anfänge 124 ff. Hlawitschka, Vom Frankenreich 98. Ders. Der König einer Übergangsphase 107. Boshof, Königtum 4. Fried, Der Weg 451
6 Pierer I 754. LMA I 1015. HBG I 280 ff. (mit vielen Literaturhinweisen). Schur 65. Reindel, Herzog Arnulf 214 ff. Bullough, Nach Karl 317. Prinz, Grundlagen und Anfänge 123. Hlawitschka, Der König einer Übergangsphase, 103 f. 106, 109. Beumann, Die Ottonen 28 f. Eibl, Heinrich I. 24, Brunner 54
7 Fragment. de Arnulfo (MG SS 17,570). Adalb. contin. Regin. 919. LThK X[1] 341. LMA I 1015. V 1337 f. VII 569. HBG I 280 ff. 467 f. HEG I 641. Dümmler III 598. Lüdtke, König Heinrich 64, 69. Bullough, Nach Karl 319. Reindel, Herzog Arnulf 214, 247 f. 257 ff.

287. Prinz, Grundlagen und Anfänge 123. Störmer, Im Karolingerreich 198. Hlawitschka, Vom Frankenreich 99. Ders. Der König einer Übergangsphase 108. Eibl 23 f. Beumann, Die Ottonen 27, 29, 45. Hellmann, Die Synoden 295. Brunner 54 ff. Nach Schneider, Eine Freisinger Synodalpredigt 98 f. hat man in Bayern sogar für Herzog Arnulf, seine Frau und Kinder öffentlich gebetet.
8 Taddey 1060. LMA VI 1093 f. (Schwaiger). VII 1314. Dümmler III 617. Tüchle I 139 ff. Maß, Das Bistum Freising 30. Brühl, Fodrum 37. Angenendt, Taufe und Politik 162
9 Ann. Alamann. 911, 913. Ann. Laubac. 911. Adalb. contin. Regin. 913. Ekkeh. Casus s. Galli 1 ff. 29. Taddey 1060. LMA I 1015, II 940, III 2123 f. V 82, VII 1314. HEG I 641, 638. Waitz, Jahrbücher 29 ff. Dümmler III 569 f. 577 ff. 590 ff. 597, 605 ff. Weller, Württembergische Kirchengeschichte 91. Ders. Geschichte des schwäbischen Stammes 148 ff. Tüchle 141 ff. Büttner, Geschichte des Elsaß 169 f. Holtzmann, Geschichte 62 ff. Lüdtke, König Heinrich 68 f. 71 ff. Schur, 64, 73 f. Reindel, Herzog Arnulf 257 ff. Fleckenstein/Bulst 16 f. 20 ff. Hlawitschka, Vom Frankenreich 98 ff. Ders. Der König einer Übergangsphase 107 ff. Fuhrmann, Die Synode von Hohenaltheim 440 ff. Hellmann, Die Synoden 287 ff. 300 ff. 309 f. Brühl, Deutschland–Frankreich 408 f. Fried, Der Weg 457.
10 HEG I 640 f. Fleckenstein/Bulst 22. Hlawitschka, Der König einer Übergangsphase 109. Fried, Der Weg 458
11 Widukind 1,25. Adalb. contin. Regin. 919 f. Liudpr. antapod. 2,20. Ekkeh. Casus s. Galli 49. Taddey

1294. LMA I 1015. VI 1588. HEG I 641 f. 669 f. HBG I 284. Fleckenstein/Bulst 24 f. Prinz, Grundlagen und Anfänge 125 f. Hlawitschka, Vom Frankenreich 100. Beumann, Die Ottonen 30. Brühl, Deutschland–Frankreich 411 f. (betont die schlechte Quellenlage). Althoff/Keller, Heinrich I. und Otto der Große I 56 ff. Schulze, Hegemoniales Kaisertum 135. Vgl. auch Deschner, Ärgernisse 39

12 Goody, Warum die Macht recht haben muß 69

9. KAPITEL
HEINRICH I., DER ERSTE DEUTSCHE KÖNIG (919–936)

1 Eibl 31
2 Claude, Geschichte des Erzbistums Magdeburg I 18
3 Fried, Die Formierung 77. Ders. Der Weg 464, 473
4 Adalb. contin. Regin. 936
5 Thietm. 1,8. Widukind 1,25 f. Kelly 119. Kühner, Lexikon 57. LMA III 1670, IV 1102 f. VI 1579, 1588 (Struve), VII 1227. HEG I 670. Hlawitschka, Der König einer Übergangszeit 112 f. Althoff/Keller I 31 ff. 51 f. Eibl 21. Zur «sozialen» Bedeutung der sehr zahlreichen Gründungen sächsischer Frauenklöster: Leyser, Herrschaft und Konflikt 105 ff. Vgl. auch die folg. Anm.
6 Thietm. 1,8. Widukind 1,26. Thaddey 1195, 1294. LMA I 98 f. IV 981, V 2041 f. Lüdtke, König Heinrich 78 f. Heimpel 36 f. Bullough, Nach Karl 318. Schramm, König, Kaiser und Päpste II 302. Althoff/Keller I 60 ff. 66 f. 68 f. Hlawitschka, Der König einer Übergangsphase 112 ff. Eibl 24 ff. Beumann, Die Ottonen 14, 22 ff. 28, 32 ff. Schulze, Hege- moniales Kaisertum 141 ff. Fried, Der Weg 462. Beumann, Otto der Große 53, spricht von einer «Doppelwahl». Schlesinger zit. nach Brühl, Deutschland–Frankreich 411 ff.
7 Thietm. 1,5; 1,9. Widukind 1,31; 2,11. LMA IV 2036, VI 1579. Waitz 15 ff. 113. Dümmler III 584 f. Hauck III 21. Lüdtke, König Heinrich 51, 55 ff. 164. Eibl 21 f. Beumann, Die Ottonen 26. Fried, Der Weg 454 f. Schulze, Hegemoniales Kaisertum 137 ff. Zu Widukind und seinem unklaren Schicksal vgl. etwa Althoff, Der Sachsenherzog Widukind 251 ff.
8 Thietm. 1,16; 1,28. Eibl 20 f. Schulze, Hegemoniales Kaisertum 134 f. Der romantische Beiname «der Vogler» ist erst über drei Jahrhunderte nach Heinrichs Tod erstmals bezeugt: Brühl, Deutschland–Frankreich 141
9 Thietm. 1,8. Widukind 1,26 f. Ruotg. Vita Brunon. 4. Vita Oudalr. 3 LThK II¹ 407, VI ¹637. LMA III 1076, IV 1161, 2020 f. V 2107, VI 412, VII 623 f. Waitz 66 f. 106 ff. Hauck III 17. Lüdtke, König Heinrich 78 f. 97 f. 166 f. Reinhardt 152 ff. Lippelt 148. Erdmann, Der ungesalbte König 334 ff. Lintzel, Zu den deutschen Königswahlen 199 ff. Heimpel 16 ff. 35 ff. Holtzmann, Geschichte 69 ff. Haller, Das altdeutsche Kaisertum 10 ff. Wattenbach-Holtzmann, Geschichte I 100 f. Ehrhard, Die Kirche der Märytrer 103. Vgl. zur «christlichen Heldensage» Deschner, Abermals 349 ff. Büttner, Heinrichs I. Südwest- und Westpolitik 49 ff. Schlesinger, Die Königserhebung 538 f. Claude, Geschichte I 23 ff. 27 ff. Kallfelz, Lebensbeschreibungen 12. Fleckenstein, Grundlagen und Beginn 137, 139.

Fleckenstein/Bulst 26. Stern/Bartmuss 152 ff. 169 f. Beumann, Die sakrale Legitimierung 150 ff. Ders. Die Ottonen 40 f. 48. Schneider, Das Frankenreich 72. Hlawitschka, Vom Frankenreich 103, 108. Ders. Der König einer Übergangsphase 117 f. K. Schmid, Bemerkungen über Synodalverbrüderungen 693 ff. Schulze, Hegemoniales Kaisertum 170. Zufferey 42 ff. Giese 486 ff. Fried, Die Formierung 76 f. Ders. Der Weg 462 ff. 472. Althoff/Keller I 33, 63 ff. 92 f. 122 f. Ausführlich zur Herrschaftsstabilisierung durch Bündnis und Einung: Althoff, Amicitiae und Pacta passim, bes. 16 ff. 52 ff. 69 ff.
10 Widukind 1,26. Vgl. 1,41. Lüdtke, König Heinrich 123. Bünding-Naujoks, Imperium Christi 70. Ahlheim 178. Bullough, Nach Karl 318. Lubenow 12 f. 19 f. Vgl. auch Deschner, Die Politik II 417 ff.
11 Hauck III 73 f. 76 f.
12 Hlawitschka, Vom Frankenreich 109 f. Ders. Der König einer Übergangsphase 111 ff. bes. 118. Brühl, Deutschland–Frankreich 413 f.
13 HEG I 677 Anm. 32. K. Schünemann, Deutsche Kriegsführung im Osten während des Mittelalters, DA 2, 1938
14 Althoff/Keller 7, 88
15 Thietm. 1,3; 1,10. Widukind 2,3. HEG I 674 (Reindel). Dümmler III 584. Hauck II 87 ff. Lüdtke, König Heinrich I. 3. Holtzmann, Geschichte I 88 f. Bauer, Der Livlandkreuzzug 306, Fußnote 12. Brüske, Untersuchungen zur Geschichte des Liutizenbundes 16. Donnert 289 ff. 289 ff. Stern/Bartmuss 174, 190. Schlesinger, Kirchengeschichte Sachsens I 7. Claude, Geschichte des Erzbistums I 18. Fleckenstein, Grundlagen und Beginn 159. Tellenbach, Vom Zusammenleben 15. Eibl 22. Fried, Der Weg 473 f. Brunner 35. Schulze, Hegemoniales Kaisertum 157 ff.
16 Thietm. 1,10; 1,16; 1,24. Widukind 1,35 ff. Ann. Corb. 929. LMA II 550 f. 554 f. III 439 f. IV 2198 f. V 1875, 2038. Waitz 123 ff. 130, 144. Kötzschke/Ebert 30. Lüdtke, König Heinrich I. 3 ff. 15, 124 ff. 128, 134 ff. Holtzmann, Geschichte 89 ff. Donnert 332 f. Ahlheim 178. Brüske 17 ff. Büttner, Die christliche Kirche ostwärts 149 f. Claude, Geschichte I 18. Schlesinger, Kirchengeschichte Sachsens 35 f. Ders. Die mittelalterliche Ostsiedlung 45. Fleckenstein, Grundlagen und Beginn 159 f. Fleckenstein/Bulst 34 f. Epperlein 274. Lippert 9 ff. Stern/Bartmuss 190. Beumann, Die Ottonen 44 f. Eibl 28 f. 31. Cram 155 f. Lubenow 16 f. Ludat, An Elbe und Oder 9 ff. Vgl. dazu in der 2A. das Nachwort von Lothar Dralle 213. Boshof, Königtum 8. Schulze, Hegemoniales Kaisertum 159 ff.
17 Thietm. 1,10 ff. 3,2; 4,33; 4,37; 4,65 u.o. Widukind 1,36. Tusculum Lexikon 269. Voltaire 88. Vgl. hierzu den instruktiven Aufsatz von J.-C. Schmitt, Macht der Toten 143 ff. Und generell zur Verdummungsstrategie bes. im späten 20. Jahrhundert: Buggle 3 ff. 289 ff. 369 ff. 398 f., sehr lesenswert. Vgl. auch Gelhausen 162 ff., Kliemt 170 ff. und den entlarvenden Aufsatz Mynareks, Wie «progressive» Theologen das Christentum «retten» 193 ff. Ferner ders. Denkverbot 53 ff. 70 ff.
18 Thietm. 1,16 f. Vgl. auch 6,59; 6,80. LMA II 359 ff. IV 2038. Schöffel I 107 f. Hlawitschka, Der König einer Übergangsphase 119
19 Thietm. 1,17. Widukind 1,40. Adam v. Bremen 1,55 ff.
20 Thietm. 1,18. Widukind 1,38. Re-

gin. chron. 889. Ekkeh, Casus s. Galli 54; 64. Holtzmann, Geschichte I 39, 83 ff. 92 f. Lüdtke, König Heinrich I. 168 ff. Aufhauser 2 f. Haller, Das altdeutsche Kaisertum 11,13 f. Stern/Bartmuss 169, 173 f. Schlesinger, Archäologie des Mittelalters 19. Fleckenstein/Bulst 20. Beumann, Die Ottonen 39 f. 44. Zur Burg vgl. vor allem auch Dannenbauer, Adel, Burg 121 ff. 140 ff. 150 ff. in: Grundlagen der mittelalterlichen Welt

21 Widukind 1,38. Lüdtke, König Heinrich I. 170 f. Eibl 29

22 Widukind 1,38 f. Liudpr. antapod. 2,25 ff. Flodoard. Ann. 933. LMA VI 593. Waitz 150 ff. Lüdtke, König Heinrich I. 171 ff. Fleckenstein, Grundlagen und Beginn 160

23 Lüdtke, König Heinrich I. 176. Beumann, Die Ottonen 46 f.

24 Ann. Fuldens. 845. LMA II 335 f. Bosl, Der Eintritt Böhmens und Mährens 43 ff. Ders. Probleme der Missionierung 1 ff.

25 Thietm. 1,2. LThK VI[1] 682, X[1] 882 f. LThK II[3] 557. LMA II 357 f. 461. III 1350 f. V 2166. VII 159. Wetzer/Welte XI 864. HKG III 1, 272. HEG I 872 f. Naegle II 258, 354 ff. Hauptmann, Die Frühzeit 321. Fleckenstein, Grundlagen und Beginn 159

26 LThK II[1] 429, II[3] 557. LMA II 358. VI 616. Naegle II 288, 354 ff. 360 ff.

27 LMA V 2166. HBG I 287 (mit Literaturhinweisen). Naegle II 247, 328 ff. Hauptmann, Die Frühzeit 321. Lüdtke, König Heinrich I. 137 ff. Holtzmann, Geschichte I 90. Zimmermann, Das dunkle Jahrhundert 126

28 Wetzer/Welte XI 864 f. Fichtinger 386. Aerssen, Kirchengeschichte 120. Naegle II 33 ff. 62 ff. 73, 139 f. 177 f. 188 ff. 226, 252 ff. 262. Stadtmüller 150. Thrasolt 334. Das Opus mit Imprimatur vom 6. Mai 1939 erschien gerade rechtzeitig vor Beginn millionenfacher deutscher (und anderer) Martyrien. Die Einführung strotzt von Anleihen beim Nazivokabular, will sie ja «Bilder großer Persönlichkeiten, Kämpfer und Überwinder» bieten, «Bilder von all den Stationen christlich germanischer, christlich völkischer Geschichte und Kultur». «Diese und solche *täglich gebetete christlich deutsche Geschichte* bedeutet Wiedererweckung unserer großen herrlichen (!) christlich germanischen Geschichte, bedeutet Besinnung auf unsere christlich germanische Art, bedeutet Besamung mit christlich germanischer Art, bedeutet Tradition und Traditionserneuerung, d. h. geschichtliche Gebundenheit und Verbundenheit und aus ihr heraus neues christlich deutsches Selbst- und Sendungsbewußtsein, bedeutet nach soviel Entwurzelung und Entartung durch einseitige unvölkische Überfremdung und durch einseitige völkische Selbstverengung wieder christlich deutsche Aufartung, Vertiefung und Weitung, bedeutet neues Leben aus dem alten ehrwürdigen heiligen christlich deutschen Boden und Blut» (Blut und Boden!) «bedeutet ‹Mementote patrum vestrorum – Seid eingedenk der Väter und Ahnen› der allgemein christlichen und der besonderen christlich germanischen Ahnen, bedeutet: Seid ihrer würdige Enkel und Nachfahren.»

29 Thietm. 2,2. LMA II 358. Naegle II 264 ff. 275, 328

30 LThK X[1] 823. Naegle II 283 ff. 300 ff. 312, 319 ff.

31 Thietm. 1,18; 1,21. Widukind 1,41. Eibl 29 f.

32 Lüdtke, König Heinrich I. 5, 189 f.

198 f. 205. Zur Kritik an dem «Narren» Lüdtke: Brühl, Deutschland–Frankreich 413 f.

10. KAPITEL
Otto I., «der Grosse» (936–973)

1 Widukind 2,36
2 Thietm. Prol. II
3 Bünding-Naujoks 71
4 Beumann, Otto der Große 51
5 Hlawitschka, Kaiser Otto I. 126, 141
6 Thietm. 2,1. Widukind 2,1 f. LMA VI 1563 f. VII 1104. HEG I 679 f. Büttner, Der Weg Ottos 45 f. Holtzmann, Geschichte I 111 f. Lintzel, Miszellen 381 ff. Schmid, Die Thronfolge Ottos des Großen 422 ff. Grundmann, Betrachtungen 207. Schlesinger, Kirchengeschichte I 15. Ders. Die Anfänge der deutschen Königswahl 344 ff. Erdmann, Forschungen 25 ff. Bullough, Nach Karl 318. Fleckenstein, Grundlagen und Beginn 140 ff. Fleckenstein/Bulst 42 f. Hlawitschka, Vom Frankenreich 113 f. Schramm, Kaiser, Könige und Päpste III 39 ff. 47 ff. 54 ff. 157 f. Reinhardt 155 ff. Beumann, Die Bedeutung Lotharingiens 25. Ders. Otto der Große 56. Riché, Die Karolinger 300 f. Pätzold 33 f. Hehl, Iuxta canones 117 f. Zu kirchlichen Rangstreitigkeiten im Mittelalter: Fichtenau, Lebensordnungen 18 ff. 25
7 Widukind 2,1. LMA V 67 f. VI 1564. Schlesinger, Beobachtungen zur Geschichte 419. Fleckenstein, Die Struktur des Hofes 5 ff. Hlawitschka, Kaiser Otto I. 127. Beumann, Otto der Große 56. Pätzold 34 f. Riché, Die Karolinger 300 f. Vgl. auch die vorherg. Anm.
8 LMA VI (Struve) 1566. HEG I 680. Weitlauff 7. Brackmann, Der römische Erneuerungsgedanke 7. Fried, Die Formierung 5. Beumann, Otto der Große 50. Lubenow 13 ff. Boshof, Königtum 13
9 Flodoard. 946. LMA I 104. Schnürer II 119 ff. Holtzmann, Geschichte I 130 f. 205, 245 f. Auer, Kriegsdienst des Klerus I 342 f. (in: MIÖG: 370) Schramm, Kaiser, Könige und Päpste III 135. Hlawitschka, Vom Frankenreich 129. Ders. Kaiser Otto I. 138 f. Riché, Die Karolinger 303 f. Fried, Die Formierung 58. Pätzold 44
10 LMA V 390 f. (Schott/Romer). Dauch 241. Steinbach, Die Ezzonen 855. Bullough, Nach Karl 322. Stern/Bartmuss 185. Hlawitschka, Kaiser Otto I. 139. Ders. Vom Frankenreich 129 f. Fried, Die Formierung 58. Pätzold 44
11 Widukind 2,6; 2,10. LMA III 1512 f. VI 1564. HEG I 681. Hlawitschka, Vom Frankenreich 114 f. Ders. Kaiser Otto I. 127 f. Krah, Absetzungsverfahren 261 ff. Riché, Die Karolinger 303. Beumann, Otto der Große 56 f. Fried, Die Formierung 76 f. – Ottos eigentliche «Basislandschaft», der politische «Zentralraum seiner Königsherrschaft» war das Harzumland, Müller-Mertens/Huschner 13 f.
12 Thietm. 1,26; 2,2; 2,34. Widukind 2,8; 2,11. Adalb. contin. Regin. 938. LMA I 1015 f. 1156 ff. III 78, 1512 f. VI 1564. HBG I 288 ff. (mit vielen Literaturangaben). HEG I 681 f. Schramm, Kaiser, Könige und Päpste III 156. Riché, Die Karolinger 302. Fried, Die Formierung 78. Pätzold 38. Hlawitschka, Vom Frankenreich 115 f. Ders. Kaiser Otto I. 128. Krah, Absetzungsverfahren 258 ff. Wies 95 f. O. Meyer, In der Harmonie von Kirche und Reich 212. I. Schröder,

Zur Rezeption merowingischer Konzilskanones 244 f. Zur Entwicklung des Asylrechts vgl. Lotter, Heiliger und Gehenkter 9 f.
13 Thietm. 2,34. Widukind 2,12; 2,15; 2,17; 2,24; 2,26. Adalb. contin. Regin. 939. LMA II 226, III 1512 f. IV 1466, 2154, VI 1564. HEG 682. Hlawitschka, Vom Frankenreich 116 f. Ders. Kaiser Otto I. 128 f. Pätzold 38 f. Wies 98 ff. beginnt beim «Wunder von Birten» fast selbst zu beben vor «religiöser» Ergriffenheit oder Brunst.
14 Thietm. 2,21. Adalb. contin. Regin. 939 f. 954. Kelly 140. LMA I 93 f. IV 549 f. 964 f. 1146. HEG I 682. Büttner, Geschichte des Elsaß 179 ff. Holtzmann I 121 ff. 148 ff. Auer, Der Kriegsdienst 327 ff. Lippelt 60. Steinbach, Die Ezzonen 853. Schmid, Die Thronfolge Ottos des Großen 490 ff. Bullough, Nach Karl 319 f. Fleckenstein, Grundlagen und Beginn 144. Zimmermann, Das dunkle Jahrhundert 117 ff. Pätzold 39 f. Karpf 94 ff. Hlawitschka, Vom Frankenreich 117. Ders. Kaiser Otto I. 129
15 Thietm. 2,4; 2,39 ff. Vita Brunon. 17 f. LMA IV 2063. Holtzmann, Geschichte I 153, 156. Hirsch, Der mittelalterliche Kaisergedanke 33 f. Hlawitschka, Vom Frankenreich 117 f. Ders. Kaiser Otto I. 129. Fried, Die Formierung 78. Riché, Die Karolinger 302. Pitz, Wirtschafts- und Sozialgeschichte 52 spricht von «der Gestaltung der deutschen Ostgrenze», der «Befriedung des deutschen Siedlungsgebietes».
16 Thietm. 2,6 ff. Adalb. contin. Regin. 953 f. Widukind 3,13; 3,32 ff. Ruotg. Vita Brunon. 16 ff. Vita Oudalrici 10. LMA I 1016, IV 964 f. V 1344, 2039, VI 1564 f. HEG I 682, 685 f. HBG I 293 f. (mit zahlreicher weiterführender Literatur). Büttner, Geschichte des Elsaß 188. Fischer, Das Zeitalter des heiligen Ulrich 84, 88 f. Falck 60. Weitlauff 37 f. Bullough, Nach Karl 320. Fleckenstein, Grundlagen und Beginn 145. Zimmermann, Das dunkle Jahrhundert 119, 122. Pätzold 40. Wies 139 ff. 143 ff. Hlawitschka, Vom Frankenreich 121. Zur Opposition in Sachsen vgl. bes. Leyser, Herrschaft und Konflikt 20 ff.
17 LMA VI 1565, VII 1796
18 Fried, Die Formierung 165 ff. mit zahlreichen Literaturhinweisen
19 Thietm. 2,23. Vita Brunon. passim bes. 8; 12; 14; 20; 25; 30 f. LMA II 753 f. VI 1565 f. VII 578; 1104 f. Keller, Reclams Lexikon 82 f. HEG I 748, 751. Holtzmann, Geschichte I 151 f. 171 ff. 200 f. 233. Auer, Der Kriegsdienst 336, 340 f. Prinz, Klerus und Krieg 175 ff. Apologetisch-euphemistisch: Köhler 180. Steinbach, Die Ezzonen 854. Hallinger 48. Neuss/Oediger 166 ff. Fischer, Politiker um Otto den Großen 98 ff. Kallfelz 171 ff. Lotter, Die Vita Brunonis 75. Ders. Das Bild Brunos I. 19 ff. Bloch 41 ff. 48. Wattenbach/Holtzmann I 8. Fleckenstein, Grundlagen und Beginn 147. Bullough, Nach Karl 320 f. Pätzold 45.
20 LThK VI[1] 1019. LMA III 1600. Wetzer/Welte II 673 f. Achter, Die Kölner Petrusreliquien 955, 977 ff. 982 ff. Zur Bedeutung des Trierer Metropolitanverbandes vgl. auch Haverkamp, Einführung passim, bes. 123 ff. Zu Trier im frühen Mittelalter: Anton 135 ff. 163 ff. Ferner: H.-J. Schmidt, Religiöse Mittelpunkte und Verbindungen 182 ff. Ranke-Heinemann, Nein und Amen 217 ff.
21 Thietm. 2,9; Widukind 3,44. Flo-

doard. 955. Vita Oudalr. 12. LMA I 1212 f. V 1786. LThK I[1] 804. HEG I 686. Pätzold 45

22 Thietm. 2,9 f. Vita Oudalrici 12

23 Widukind 3,46 f. Vita Oudalr. 12. Vita Brunon. 35

24 Thietm. 2,10 f. Widukind 3,46 ff. Vita Oudalr. 12. LMA V 1786. Wetzer/Welte XI 377. HEG I 665 f. 686 f. Weitlauff 39 f. Erben 70. Holtzmann, Geschichte 136, 157 ff. 177, 217. Zoepfl, Der heilige Bischof 9 ff. Büttner, Der Weg Ottos 50. Leyser, The Battle 15 ff. Fischer, Das Zeitalter des heiligen Ulrich 85. Zimmermann, Das dunkle Jahrhundert 133. Fleckenstein, Grundlagen und Beginn 145. Wattenbach/ Dümmler/Huf II 469. Fried, Der Weg 513 ff.

25 LThK VI[1] 642, VIII[1] 280 f. X[1] 960 f. dtv Lexikon 14, 155 f. Kelly 147. LMA IV 1434, V 1761 f. 2112, VI 2157. HKG III/1 280. HBG I 224, 305. Uhlirz I 96 ff. Hauck III 163 ff. bes. 177 ff. Zibermayr 120. Pfeiffer, Die Bamberg Urkunde 16 ff. Wattenbach/Holtzmann I 285 ff. Holtzmann, Geschichte I 252 ff. Janner I 354. Heuwieser, Geschichte I 63 ff. Tomek 115 ff. Dauch 11. Bosl, Probleme der Missionierung 6. Hóman I 155 f. Fuhrmann, Der angebliche Brief 51 ff. Zimmermann, Das dunkle Jahrhundert 211 ff. Fichtenau, Zu den Urkundenfälschungen Pilgrims 96 ff. Reindel, Bayern im Karolingerreich 242. Brunner 85 ff. bes. 90 ff.

26 Heuwieser I 63 ff.

27 Vita Oudalr. passim, bes. 1, 3, 5, 9 ff. 21 ff. Arnold v. St. Emmeram, Libri duo de S. Emmerammo 1,17 (PL 141, 1016). Wetzer/Welte XI 372, 376, 386 f. LThK I[1] 78, I[3] 126, X[1] 365 ff. LMA I 1213. Babl 167. Zoepfl, Das Bistum Augsburg 66. Weitlauff 8 ff. 35, 38 ff. Bosl, Bayerische Geschichte 75. Kallfelz 12, 37, 53 Anm. 5. Plötzl 83 f. 90 ff.

28 Thietm. 3,8. Ekkeh. Casi s. Galli 51; 57. Wetzer/Welte XI 376, 382. LThK X[1] 366 f. II[1] 219. Keller, Reclams Lexikon 489. Fichtinger 370. Kühner, Lexikon 74. Kelly 150. LMA IV 931, 1315. Wattenbach/ Holtzmann, Geschichtsquellen I 257 f. Wattenbach/Dümmler/Huf 463. Zoepfl, Das Bistum Augsburg im Mittelalter 74 f. Dorn, 116 ff. 126 ff. Kallfelz 12, 37 ff. Kühner, Das Imperium 124. Rummel, Ulrichslitaneien 351 f. Hörger, Die «Ulrichsjubiläen» 309. Vgl. auch die vorherg. Anm.

29 Thummerer, Urkundlicher Bericht 231 ff.

30 Thietm. 2,9 f. Vita Brunon. 35. LMA V 1786. Hauptmann, Die Frühzeit 324. Keller, Das Kaisertum 247. Fischer, Das Zeitalter des heiligen Ulrich 85. Schramm, Kaiser, Könige und Päpste III 162

31 LMA I 1321 f. Fried, Die Formierung 79. Riché, Die Karolinger 312. Pätzold 45 f.

32 Thietm. 2,12; 2,14; 2,19; 2,28. Widukind 2,9; 2,20; 3,54. Taddey 522. LMA IV 2160. Hauck III 107. Hauptmann, Die Frühzeit 321. Keller, Das Kaisertum Ottos 374. Holtzmann, Geschichte I 126, 134 f. Ders. Aufsätze 3. Kossmann 452 f. Bullough, Nach Karl 321. Haller, Das altdeutsche Kaisertum 17, 29. Stern/Bartmuss 192. Donnert 333 f. Fleckenstein, Grundlagen und Beginn 161 f. Schramm, Kaiser, Könige und Päpste III 160. H. K. Schulze, Hegemoniales Kaisertum 230. Lubenow, 18 ff. Althoff, Das Bett des Königs 141 ff. Fried, Der Weg 500 f.

33 Hauck III 84 ff. 96. Boshof, Königtum 13. Fried, Der Weg 500 f.

34 Widukind 2,4; 2,20 f. Adalb. cont.

Regin. 928. HEG I 679. Hauck III 21 f. 77 ff. 90 f. Holtzmann, Geschichte I 108, 133 f. Ders. Aufsätze 3. Brüske, Untersuchungen 21 f. Stern/Bartmuss 192. Ludat, An Elbe und Oder 10 ff. Fleckenstein/Bulst 41, 44, 59 f. 70 f. Haller II 182. Lubenow 24. Schulze, Hegemoniales Kaisertum 77

35 Thietm. 2,12. Widukind 3,53 ff. Liutpr. hist. Otton. 10,17. Taddey 522. LMA II 551, 1101 f. III 1762, IV 1980, VI 1009. Hauck III 88 ff. 102 ff. Holtzmann, Geschichte I 134, 160 ff. 179 f. Hampe, Karl der Große 70. Ahlheim 179, 181. Stern/Bartmuss 193. Pätzold 45 f. Fichtenau, Lebensordnungen 220

36 Widukind 3,70. LMA I 48, VI 1009, 1390 f. Hauck III 105 ff. Zur Totalen-Kriegs-Predigt, zu Völkermord und überhaupt der Propagierung gewalttätiger Intoleranz schon und gerade in der Bibel: Buggle 36 ff. 56 ff. 68 ff. 95 ff. Dabei ist, sehr instruktiv, nach Streminger, Die Jesuanische Ethik 126 f., «der grollende Jahwe relativ harmlos im Vergleich zum lieben Vater des Neuen Testaments.» Vgl. auch Ders., Gottes Güte 215 ff. Baeger 206 f. Mynarek, Denkverbot 83 ff. Deschner, Die unheilvollen Auswirkungen 182 ff. Im übrigen läßt sich auch die Bibel für alles gebrauchen. Denn da sie «nicht nur die Bergpredigt mit der Aufforderung zur Feindesliebe, sondern auch die Bücher Samuel mit der Aufforderung zum Völkermord enthält, ist es kein Wunder, daß sie sich auf pazifistischen Kundgebungen ebensogut zitieren läßt wie in Feldgottesdiensten auf Vernichtungsfeldzügen...», schreibt Birnbacher 148. Nie zu vergessen aber H. Herrmann, Passion 38: «Der wahre Täter ist nicht der Folterknecht, nicht der professionelle Henker, sondern die anonyme Menge der Zuschauer.»

37 Thietm. 2,7; 2,16 f. Widukind 3,8. Flodoard Ann. 350. Adalb. contin. Regin. 950. Naegle II 330 ff. Holtzmann, Geschichte I 173 f. 210, 219, 235 f. Ders. Aufsätze 5 f. Stern/Bartmuss 194. Claude, Geschichte des Erzbistums Magdeburg I 17 ff. 25 ff. bes. 34 ff. 45 ff. Wentz/Schwineköper 17 f. 42, 81 ff. Brackmann, Magdeburg als Hauptstadt 18, 29 u.o. Lippelt 151 f. Hlawitschka, Vom Frankenreich 127. Riché, Die Karolinger 301 f. 376. Pätzold 46

38 Thietm. 2,14; 2,29. Widukind 3,66 f. LMA I 476, VI 616, 2125, VII 52 f. 880 f. HEG I 905 ff. HKG III/1, 262 ff. Hauptmann, Die Frühzeit 322 f. Holtzmann, Geschichte I 180 ff. Ketrzyński, The Introduction 16. Halecki 19 f. Hensel 236 ff.

39 Thietm. 4,55. Hauptmann, Die Frühzeit 323 f. Holtzmann, Geschichte I 198 f. Kossmann 452 f. Mayer, Mittelalterliche Studien 66. Bosl, Europa 236. Rice 155. Rhode 11

40 Thietm. 8,32. Nach Thietm. ebd. bestand die Bevölkerung von Kiew vor allem aus «kampftüchtigen Dänen» (Danis). Adalb. contin. Regin. 959; 961. dtv Bd 15, 296. LMA I 98 f. III 1121 ff. 1130 f. 1398 f. V 1121 ff. bes. 1123 f. VI 756 f. 1395 f. VII 137 f. 880 f. 1112 f. HEG I 694, 842, 925 ff. 989 ff. HKG III/1 275 ff. Benz 12 f. Ammann 12. Fleckenstein, Grundlagen und Beginn 163 f. Riché, Die Karolinger 313. Beumann, Otto der Große 68 f. Schreiner, Byzanz 143. Poppe 271 ff. Blum 15 f. Janin/Sedov/Toločko 203 ff.

41 Thietm. 7,43 f. Wetzer/Welte IX 457 ff. LMA I 1522. II 459 f. 1794 ff. (wird 989 als Jahr des Feld-

zugs nach Cherson genannt) III 768 ff. bes. 771 ff. V 267, 306, 1124 (Hösch). VII 137 f. HEG I 841 ff. 929 ff. 992. Rice 155. Vernadsky 286 f. Jirecek I 141. Ammann 15, 21. Hellmann, Slawisches, insbesondere ostsl. 264 f. Blum 21 f.

42 Thietm. 7,75. LMA II 459 f. V 306 (A. Poppe). Hellmann, Slawisches, insbes. ostsl. 266 f. Ammann 23

43 Wetzer/Welte I 270 f. LThK I¹ 471 f. I³ 715 f. Kelly 115, 118. LMA I 690, II 220 ff. (H. Ehrhardt), III 499, 1527, IV 1865 ff. (Ch. Radtke), 1883 ff. 1928, VII 804. HEG I 953. Hauck II 698 ff. Walterscheid 87 ff. Stratmann, Das Recht der Erzbischofsweihe 67 f. Haendler 119 ff. Friedmann 194 f. 198

44 Thietm. 1,17. Adam von Bremen, Gesta Hammaburgens. eccl. pontif. 1,56; 1,59. Übertritt des Dänenkönigs Harald ausführlich: Ermoldus Nigellus, Carmen IV v. 606 ff. (Poet. lat. aevi Carol. II 75). LMA III 502 (Skovgaard-Petersen), IV 1561, 1929. V 348. HKG III/1,264. HEG I 675, 953 f. Hauck II 706 ff. III 80 ff.

45 Thietm. 2,42. Adam 2,4. LThK I¹ 82, I³ 131. dtv Lexikon 16, 191. LMA I 104, IV 1929, VI 1257, 1391. HKG III/1, 264. Hauck II 708 ff. III 93 f. 99 ff. (hier Quellenhinweise)

46 LMA IV 1930. Kosminski/Skaskin I 127. Brackmann, Gesammelte Aufsätze 31. Hlawitschka, Kaiser Otto I. 134 f. Zur Gründung des Bistums Meißen vgl. Pfeifer, Die Bistümer Prag und Meißen 77 ff. bes. 81 ff. Zum «sakralen» Königtum auch in der Neuzeit vgl. die lehrreiche Abhandlung von G. Feeley-Harnik, Herrscherkunst 195 ff.

47 Franzen, Kleine Kirchengeschichte 165. Abendzeitung München, 24. Juli 1995. Vgl. zum 20. Jhrh.: Deschner, Die Politik der Päpste I u. II passim sowie: Deschner/Petrović, Weltkrieg der Religionen 261 ff. Umeljić passim Dokumentation 281 ff.

48 LP 1,470 f. JW 1,284. LP 2,86 f. JW 1,327. LP 2,246 ff. JW 1,466 ff. LP 2,251 JW 1,469 ff. LP 2,234 JW 1,444 f. Zimmermann, Papstabsetzungen 158 ff.

49 LP 2,251, JW 1,469 f. LP 2,229 JW 1,439 f. 2,705. LP 2,240 f. JW 1,449 ff. 2,706. LP 2,255 ff. JW 1,477 ff. 2,707. LP 2,259 JW 1,484 f. LP 2,243 JW 1,454 f. LP 2,244 JW 1,457 f. LP 2,140 ff. JW 1,235 f. LP 2,279 JW 1,556 f. LP 2,261 f. JW 1,495 f. Zimmermann, Papstabsetzungen 198 f. Nitschke 40 ff. Vgl. ferner die einschlägigen Texte bei Kühner, Kelly, im LMA

50 LP 2,236 ff. JW 1,445 ff. Kühner, Lexikon 65 f. Kelly 132 ff. LMA VII 1787. Hartmann, Geschichte Italiens III 2. H. 208 f. Dümmler III 601. Gregorovius 1,2, 576 ff. Cartellieri I 368. Haller II 143. Seppelt II 336 f. Seppelt/Schwaiger 118 f. Zimmermann, Das dunkle Jahrhundert 27. Ders. Papstabsetzungen 63

51 Kelly 136. LMA V 1891, 2178, VI 1165, 2110. HEG I 833 ff. Seppelt II 339 f. Zimmermann, Das dunkle Jahrhundert 35. Beck 120 ff. de Rosa 63

52 LP 2,240 f. JW 1,449 ff. LP 2,243 JW 1,454 f. Liutpr. antapod. 2,47 f. Pierer X 524. Kühner, Lexikon 66. LThK V¹ 470. Kelly 139. LMA VI 321. Gregorovius I 2, 578 ff. 583 f. Holtzmann, Geschichte I 98 f. Haller II 143 f. Portmann 111 f. Seppelt II 337 f. 341, 346. Seppelt/Schwaiger 118. Neuss 102. de Rosa 63. Karpf 5 ff.

53 Liutpr. antapod. 2,48. Kelly 137. HKG III/1, 226. HEG I 796. Dümmler III 602 f. Hartmann, Geschichte

Italiens III 2. H. 166 f. Gregorovius I 2, 580 f. 587 f. Haller II 147. Seppelt II 341 f. Seppelt/Schwaiger 118. Eickhoff 298 f. Falco 167. Erben 53. Zimmermann, Das dunkle Jahrhundert 44 ff. 54 f. 71

54 Liutpr. antapod. 2,57 ff. 2,68 ff. Flodoard Ann. 922 ff. LMA V 397 ff. 710 f. (Tobacco) HEG I 657 f. Hartmann, Geschichte Italiens III 2. H. 188 ff. Hlawitschka, Franken, Al. 102 f. Zimmermann, Das dunkle Jahrhundert 72

55 Liutpr. 3,2 ff. 3,11 ff. Flodoard. Ann. 923 f. 926. Ann. Alamann. 926. HEG I 658. LMA II 940 f. Hartmann, Geschichte Italiens III 2. H. 193 ff. Hlawitschka, Franken, Al. 104. Zimmermann, Das dunkle Jahrhundert 73

56 Flodoard Ann. 926. LMA V 158. HEG I 658. Gregorovius I 2, 592. Hartmann, Geschichte Italiens III 2. H. 197. Zimmermann, Das dunkle Jahrhundert 73 f.

57 Liutpr. antapod. 3,39 ff. 4,14. HEG I 660 f. Hartmann, Geschichte Italiens III 2. H. 198 ff. 248. Seppelt II 344

58 Flodoard 946. De triumph. Christi 12,7. Liutpr. antapod. 3,18; 3,43 ff. 4,14. Kelly 139. Kühner, Lexikon 68 ff. HKG III/1, 226 f. HEG I 650 ff. 659. LMA I 280 f. V 158, VI 321. Dümmler III 603. Gregorovius I 2, 592 ff. Hartmann, Geschichte Italiens III 2. H. 215 ff. Haller II 148 ff. Seppelt II 345 ff. Seppelt/Schwaiger 118 f. Holtzmann, Geschichte I 99. Zimmermann, Das dunkle Jahrhundert 74, 76 ff. 93, 96 f. Ders. Papstabsetzungen 78. Gontard 191. de Rosa 64

59 Liutpr. antapod. 5,3. LMA I 280 f. Kühner, Lexikon 69 f. Kelly 140 f. Seppelt II 348 f. (hier Zitat von E. Sackur)

60 Liutpr. antapod. 3,49; 5,3 ff. 5,12; 5,26 ff. LMA I 1933 f. V 158. HEG I 660 f. Hartmann, Geschichte Italiens III 2. H. 232 ff. Zimmermann, Das dunkle Jahrhundert 99

61 Liutpr. antapod. 5,32

62 Thietm. 2,5 Liutpr. antapod. 5,31. Widukind 3,7; 3,9 f. Flodoard 950 f. Vita Mathild. poster. 15. LMA I 95, 145, 1933 f. V 2128. Hartmann, Geschichte Italiens III 2. H. 236 f. 243 ff. H. Keller, Zur Struktur der Königsherrschaft 177 ff. Fleckenstein, Grundlagen und Beginn 170 f. Zimmermann, Das dunkle Jahrhundert 100

63 Thietm. 2,5 Widukind 3,10. Flodoard 952. Liutpr. Liber de Ottone rege 1; 15. Kelly 143. LMA I 95, 1934, V 2039. Hartmann, Geschichte Italiens III 2. H. 250 ff. Holtzmann, Geschichte I 188 f. Seppelt II 353 f. Zimmermann, Das dunkle Jahrhundert 134, 137. Ders. Papstabsetzungen 235 f. Bernhart 93. Fleckenstein, Grundlagen und Beginn 171. Fleckenstein/Bulst 65

64 Liutpr. de Ott. rege 3; 10. Flodoard Ann. 954. Kelly 142 ff. Sickel, Alberich II. 104 f. Köpke/Rümmler 350 ff. Dresdner 62. Haller II 151. Seppelt II 352 f. Klauser 187. Zimmermann, Papstabsetzungen 78, 257. Zimmermann, Parteiungen 365 ff.

65 Liutpr. de Ott. rege 10. Kelly 142 f. Haller II 151. Fleckenstein/Bulst 65. Zimmermann, Das dunkle Jahrhundert 135 f.

66 Liutpr. de Ott. rege 2. LThK IV[1] 841, IV[3] 1210. LMA I 95, IV 1958. HEG I 690. Sommerlad II 239 f. Holtzmann, Geschichte I 116 ff. 174 f. 201. Vehse I 10. Bullough, Nach Karl 322. Seppelt II 355, 358. Bernhart 93. Zimmermann, Das dunkle Jahrhundert 139. Ders. Papstabsetzungen 183, 186. Flekkenstein/Bulst 60. Heer, Mittelal-

67 Liutpr. de Ott. rege 3. MG Const. I Nr. 10 ff. Tract. cum Joh. XII. S. 20 ff. HEG I 690 f. Kelly 143. Hartmann, Geschichte Italiens IV 1. H. 2 f. Hampe, Die Berufung Ottos 153 ff. Grundmann 200 ff. Haller II 152 ff. Bullough, Nach Karl 322. Seppelt II 356 f. Fleckenstein, Grundlagen und Beginn 173 f. Schulze, Hegemoniales Kaisertum 199 ff. Zur zwiespältigen Haltung der zeitgenössischen Quellen zur Kaiserkrönung Ottos I. vgl. Keller, Das Kaisertum 218 ff.

68 Holtzmann, Geschichte I 192. Büttner, Der Weg Ottos 58 ff. Haller II 155. Seppelt II 355, 357. Seppelt/Schwaiger 122. Fuhrmann, Konstantinische Schenkung 128 ff. Beumann, Otto der Große 69

69 Thietm. 2,13. Adalb. cont. Regin. 963 f. Liutpr. de Ott. rege 3 f. 6 f. Otto v. Freis. Chr. 6,23. LMA II 1490, IV 882 (Singer), VI 1652. HEG I 664, 691. Hartmann, Geschichte Italiens IV 1. H. 4 ff. Gregorovius I 2, 619 ff. Hampe, Die Berufung 163 ff. Haller II 155 f. Ders. Das altdeutsche Kaisertum 26. Seppelt II 358 f. Schöffel I 115. Fleckenstein/Bulst 67. Prinz, Grundlagen und Anfänge 148 f. Fuhrmann, Konstantinische Schenkung 128 ff. Zimmermann, Papstabsetzungen 81 ff. 254 ff. Ders. Das dunkle Jahrhundert 144 ff. 154. Graf 53 f. Hlawitschka, Vom Frankenreich 126 f. Beumann, Otto der Große 68

70 Adalb. cont. Regin. 963. Liutpr. de Ott. rege 8 ff. Ann. Hildesheim. 963. Hartmann, Geschichte Italiens IV 1. H. 6 ff. Gregorovius I 2, 620 f. Holtzmann, Geschichte I 194. Seppelt II 359. Haller II 156. Boye 55 f. Tangl 107 ff. Zimmermann, Das dunkle Jahrhundert 532 f. Schulze, Hegemoniales Kaisertum 198 f.

148. Ders. Papstabsetzungen 255 ff. Prinz, Grundlagen und Anfänge 149. Gontard 195

71 LP 2,246 ff. JW 1,466 ff. Adalb. cont. Regin. 963. Liutpr. de Ott. rege 10 ff. 15 f. Kelly 144. LThK VII¹ 763, 823 f. Hartmann, Geschichte Italiens IV 1. H. 8 ff. Gregorovius I 2, 622. Haller II 155 f. Ders. Das altdeutsche Kaisertum 26. Seppelt II 360. Fleckenstein/Bulst 67. Zimmermann, Papstabsetzungen 85 f. 243 f. 248, 255. Ders. Das dunkle Jahrhundert 149

72 Adalb. cont. Regin. 964. Liutpr. de Ott. rege 17 ff. Kühner, Lexikon 70 f. Kelly 143 f. Hartmann, Geschichte Italiens IV 1. H. 10 ff. Gregorovius I/2, 624 ff. Holtzmann, Geschichte I 196. Haller II 156 f. Seppelt II 360 f. Seppelt/Schwaiger 123. Kämpf, Das Reich 52. Bernhart 93. Gontard 195. Graf 54 f. Boye 56. Zimmermann, Papstabsetzungen 258. Ders. Das dunkle Jahrhundert 150 f. Hlawitschka, Kaiser Otto I. 137

73 Hergenröther II 211 f.

74 LP 2,251 JW 1,469 f. Liutpr. de Ott. rege 21 f. Adalb. cont. Regin. 964 f. Kelly 145. Hartmann, Geschichte Italiens IV 1. H. 14 f. Gregorovius I 2, 626 f. Haller II 157. Gontard 195. Boye 56. Seppelt II 362. Zimmermann, Papstabsetzungen 92 ff. 247. Ders. Das dunkle Jahrhundert 152. Schreiner, Gregor VIII., nackt auf einem Esel reitend 171 f.

75 Holtzmann, Geschichte II 303. Haller II 145 f. Hertling 131. Gontard 199 f. Daniel-Rops 686, 689. Vgl. auch Buggle 7 f. Deschner, Die Politik der Päpste passim, bes. II 417 ff.

76 LP 2,253 f. JW 1,470 ff. Adalb. cont. Regin. 965 f. Kelly 145 f. LMA V 542. Hartmann, Geschichte Italiens IV 1. H. 17 f. Gregorovius I/2, 629 f. Holtzmann, Geschich-

te I 203. Haller II 158 f. Seppelt II 363 ff. Graf 57 f. Gontard 196. Zimmermann, Papstabsetzungen 95 ff. Ders. Das dunkle Jahrhundert 153 f. Ders. Das Papsttum im Mittelalter 101. Beumann, Die Ottonen 101. Schreiner, Gregor VIII., nackt auf einem Esel reitend 172. Althoff/Keller II 198

77 HEG I 692. Holtzmann, Geschichte I 204. Büttner, Der Weg Ottos 54. Hay 339. Steinbach, Die Ezzonen 855. Kempf, Das mittelalterliche Kaisertum 228. Kosminski/Skaskin 133. Stern/Bartmuss 188. Zimmermann, Das Papsttum im Mittelalter 100 ff. Bullough, Nach Karl 322. Prinz, Grundlagen und Anfänge 149. Hlawitschka, Vom Frankenreich 118 f. 124, 131. Zur Karlstradition: Deér 38 ff. Beumann, Grab und Thron 9 ff. – Eine «neue Interpretation» versucht, getreu in den Spuren seines Doktorvaters, der Hlawitschkaschüler R. Pauler, Das Regnum Italiae passim, bes. 164 ff. Zur Historiker-Diskussion der deutschen Italienpolitik im Mittelalter vgl. vor allem die sehr instruktiven Darlegungen von Althoff/Keller 2 Bde passim und Fried, Der Weg 529 ff.

78 Pauler, Das Regnum Italiae 9 ff. 21 f. 102 ff.

79 Ebd. 64 ff. Spendabel war der Kaiser auch gegenüber italienischen Klöstern, vgl. etwa Zotz 172 ff.

80 LMA I 1908, VI 1652, VII 1295. HEG I 695. Hlawitschka, Vom Frankenreich 130. Ders. Kaiser Otto I. 140. Beumann, Die Ottonen 101 f. 108. Pätzold 48. Glocker, Die Verwandten der Ottonen 156 f.

81 Widukind 3,72. Liutpr. Legatio passim, bes. 3; 9. Zitat 44. LMA I 821. HEG I 695. Hauck III 217. Hartmann, Geschichte Italiens IV 1. H. Bauer/Rau 239. Beumann,

Die Ottonen 108 f. Glocker, Die Verwandten der Ottonen 155 ff. Rentschler passim, bes. 9 ff.

82 LMA V 532. VII 74. Uhlirz Jahrbücher I 20 ff. Hartmann, Geschichte Italiens IV 1. H. 27 ff. Fleckenstein, Grundlagen und Beginn 125 f. Beumann, Die Ottonen 109. Glocker, Die Verwandten der Ottonen 154 ff. Hlawitschka, Kaiser Otto I. 140. Pätzold 48

83 Glocker, Die Verwandten der Ottonen 154

84 Thietm. 2,43. Widukind 3,75 f. Adam von Bremen, Gesta Hammaburg. eccl. 2,21 nennt Otto «den Bezwinger aller Völker des Nordens». Holtzmann, Geschichte I 216. Schulze, Hegemoniales Kaisertum 77

11. KAPITEL
KAISER OTTO II.
(973–983)

1 Otto v. Freis. 6,26
2 Thietm. III Prol.
3 Thietm. 2,44; 3,1; 3,13 f. 3,16; 4,6. Adalb. cont. Regin. 955; 961, 967. Widukind 3,76. LThK X[1] 920 f. II[3] 799 f. Ekkeh. Casus s. Galli 98. LMA I 169 f. III 1030, 1766. IV 1468. V 19 (Seibert). VI 1567. Taddey 263 f. 1308, 1310 f. Uhlirz, Jahrbücher I passim u. 212. Wattenbach/Holtzmann, Geschichte I 10. Holtzmann, Geschichte I 239 ff. Brackmann, Gesammelte Aufsätze 200. O. Meyer, In der Harmonie 218. Beyreuther, Otto II. 67 f. Prinz, Grundlagen und Anfänge 163. Landau 29 ff., hier auch Zitat von Seckel
4 LMA VI 1567. Stern/Bartmuss 196 f.
5 LMA II 358 f. III 300, IV 2063 f. VI 616 f. (Lübke), 1567. HEG I 696 f. HBG I 297 f. Hartmann, Geschich-

te Italiens IV 1. H. 70 ff. Naegle II 353 f. 366 ff. 372 f. Staber 26. Flekkenstein, Grundlagen und Beginn 190 f. Glocker, Die Verwandten 167 ff. 175 ff. Hlawitschka, Vom Frankenreich 132. Prinz, Grundlagen und Anfänge 161 f. A. Kraus. Geschichte Bayerns 61 ff. Fried, Der Weg 552 ff. Beyreuther, Otto II. 68. Althoff/Keller II 150. Nach Beumann, Die Ottonen 113 kannten den Namen des Zänkers «schon Zeitgenossen»

6 Thietm. 3,7; 3,24. Ann. Weißenb. 975; Ann. Hildesh. 976. Ann. Magdeb. 976. LMA II 358, IV 613, 2063 f. HBG I 224 f. 298 ff. HEG I 697. Uhlirz I 92 ff. Holtzmann, Geschichte I 247 ff. Hellmann, Die Ostpolitik Kaiser Ottos II. 49 ff. Prinz, Grundlagen und Anfänge 162. Fleckenstein/Bulst 82 f. Hlawitschka, Vom Frankenreich 132 f. Ders. Otto II. 147. Beumann, Die Ottonen 115. Fried, Der Weg 554

7 LMA V 1204, VI 616 f. VII 1481. HEG I 907. Holtzmann, Geschichte I 251 f. Rhode 3 ff. 7. Fleckenstein/Bulst 85

8 Thietm. 3,8. Widukind 2,39. Richer v. Reims 3,69 ff. bes. 3,71. LThK X[1] 960 f. II[3] 724. Wetzer/Welte IX 97 ff. Taddey 162, 1323. LMA I 93, II 755 f. V 993, 2127. HEG I 697 f. VI 1567. VII 830 f. Uhlirz, Jahrbücher I 105 ff. bes. 116. Janner I 385. Staber 26. Walterscheid 167 ff. Bullough, Nach Karl 323. Hlawitschka, Vom Frankenreich 133, 137. Ders. Kaiser Otto II. 148, 151. Glocker, Die Verwandten 187 ff. 191, 198. Beyreuther, Otto II. 69. Fichtenau, Lebensordnungen 50. Sprandel 101

9 Thietm. 2,14. Taddey 46. LMA III 534 f. IV 1762 f. 1865 (Riis), VI 1567. HEG I 953 f. Uhlirz I 134 f. Holtzmann, Geschichte I 245 f. 275 ff. II 279. Haller, Das altdeutsche Kaisertum 35. Schöffel I 118. Bauer, Der Livlandkreuzzug 306 Fußnote 12. Fleckenstein/Bulst 83

10 Thietm. 3,17 ff. Ann. Hildesh. 983. Ann. Magdeburg. 983. Adam v. Bremen, Gesta Hammaburg. 3,21 f. LMA I 107, 1986, II 193, VI 23 f. Uhlirz, Jahrbücher I 203 f. Holtzmann, Geschichte I 275 f. Ders. Das Laurentius-Kloster 167. Abb/Wentz 21. Fleckenstein/Bulst 88. Stern/Bartmuss 194 f. Haller, Das altdeutsche Kaisertum 35. R. Schmidt, Rethra 368. Bullough, Nach Karl 323. Fritze, Beobachtungen 1 ff. Bündig-Naujoks 71 f. A. Heine (Hg.), Adam von Bremen 7 ff. Beyreuther, Otto II. 71. Lubenow 24 ff. Ludat, An Elbe und Oder 2. A. 38 ff. 41 f. Herrmann, Die Nordwestslawen 276 ff. Friedmann 259 ff.

11 Thietm. 3,18 f. Uhlirz, Jahrbücher I 203 ff. Fleckenstein/Bulst 88, Stern/Bartmuss 195. Schöffel I 118. Claude, Geschichte des Erzbistums Magdeburg 157 f. Beumann, Laurentius und Mauritius 241. Lautemann 198. Friedmann 259 ff. bes. 266

12 Schlesinger, Kirchengeschichte I 146. Claude, Geschichte des Erzbistums Magdeburg 156. Hlawitschka, Otto II. 150, 152. Beyreuther, Otto II. 71

13 Hartmann, Geschichte Italiens IV 1. H. 71 ff. Seppelt II 371. Fried, Der Weg 557 f.

14 LP 2,255 ff. JW 1,477 ff. 2,707. Kühner, Lexikon 72 f. Kelly 146 ff. Uhlirz, Jahrbücher II 58 f. Gregorovius I 2, 639 ff. Hartmann, Geschichte Italiens IV 1. H. 68, 97. Nach Haller II 160 ist die Ermordung «nicht klar». Ähnlich Zimmermann, Papstabsetzungen 100 ff. Ders. Das dunkle Jahrhun-

dert 202 f. 224. Holtzmann, Geschichte II 290. Seppelt II 369 ff. Seppelt/Schwaiger 124 f. Gontard 197 f. Beyreuther, Otto II. 69 ff.
15 MG Constit. I S. 436. Sommerlad II 254. Schulte, Der Adel 211. Beyreuther, Otto II. 71. Hlawitschka, Kaiser Otto II. 149.
16 Thietm. 3,20 ff. Ann. Sangall. 982. Ausführlich: Uhlirz, Jahrbücher 177 ff. 254 ff. 262 ff. Gregorovius I 2, 643 f. Hartmann, Geschichte Italiens IV 1. H. 74 ff. 85 ff. Eykhoff 365 ff. Haller, Das altdeutsche Kaisertum 33 f. Zoepfl, Das Bistum Augsburg im Mittelalter 79. Holtzmann, Geschichte I 267 ff. Bullough, Nach Karl 323. Stern/Bartmuss 197. Fleckenstein, Grundlagen und Beginn 191 f. Weller, Württembergische Kirchengeschichte 95. Zimmermann, Das dunkle Jahrhundert 222 ff. Hlawitschka, Kaiser Otto II. 149. Beyreuther, Otto II. 71 f. Fried, Der Weg 560

12. KAPITEL
KAISER OTTO III. (980–1002)

1 HKG III/1, 271
2 Fried, Die Formierung 82
3 Thietm. 4,9
4 Görich, Otto III. 277
5 Thietm. 3,18; 3,25 f. 4,1 ff. 4,7 f. Richer 3,96. Ann. Quedlinb. 984 f. LMA III 135 f. IV 1468, 2063. Uhlirz, Jahrbücher I 206 f. II 12 ff. 31 ff. Holtzmann, Geschichte II 281 ff. Haller, Das altdeutsche Kaisertum 36. Bullough, Nach Karl 323 f. Auer, Der Reichskriegsdienst 142. Claude, Geschichte des Erzbistums Magdeburg 158 ff. Prinz, Grundlagen und Anfänge 166 f. Hlawitschka, Vom Frankenreich 135 f. Glocker, Die Verwandten 160 f. 294 ff. Beumann, Die Ottonen 127 ff. Ders. Otto III. 73. Althoff, Otto III. 39 f. 43 ff. 124 f. Erkens, Die Frau als Herrscherin 275 f. Ludat, An Elbe und Oder 2A. 23 ff. Görich, Otto III. 187 ff. bes. 203 ff. S. auch 278. Zu den Quedlinburger Annalen ausführlich ebd. 52 ff., zur «Romgebundenheit der Kaiserwürde» und der Haltung des «nördlichen Reichsteils oder der Sachsen» vgl. ebd. 113 ff.
6 Thietm. 4,15; 4,43. Vita Bernw. 2,2 ff. Wetzer/Welte I 848 ff. Vgl. LThK I¹ 96 mit LThK I³ 129 f. 152. LThK II³ 286 f. VI¹ 502, X¹ 81. Taddey 118, 1194. Kelly 151 ff. LMA I 101, 145 f. 915 f. 2012 f. IV 1300 ff. 2087, 2155 f. V 542 f. 1881 f. VI 136, 391, 1288 f. Uhlirz, Jahrbücher I 188, II 8, 266 f. Hartmann, Geschichte Italiens IV 1. H. 104 ff. Böhmer, Willigis 53 ff. 71 ff. 80 ff. Wattenbach/Holtzmann, Geschichte I 11, 46 f. 61, 294 f. 323. Holtzmann I 240, 273, II 279, 285 f. 301 ff. 320 ff. Falck 64. Bullough, Nach Karl 323 f. Wollasch 135 ff. Haller, Das altdeutsche Kaisertum 35 ff. Voigt, Adalbert 34 ff. 46 ff. Bosl, Herzog 292 f. Stern/Bartmuss 198. Fleckenstein, Grundlagen und Beginn 192 f. 195. Ders. Hofkapelle und Kanzlei 305 ff., bes. 307 f. Fleckenstein/Bulst 90 ff. 96 ff. 105. H. Müller, Heribert, Kanzler Ottos III. passim, bes. 88 ff. Claude, Geschichte des Erzbistums Magdeburg I 122 f. Brackmann, Gesammelte Aufsätze 246 f. O. Meyer, In der Harmonie 219 f. Zimmermann, Das Papsttum im Mittelalter 104 f. Ders. Gerbert als kaiserlicher Rat 235 ff. Schramm, Kaiser, Könige und Päpste 216 ff. Hlawitschka, Vom Frankenreich 135 f. Prinz, Grundlagen und Anfänge 166 f. Fried, Die Formierung 82. Beu-

mann, Die Ottonen 131, 133, 135, 137. Ders. Otto III. 76 f. Glocker, Die Verwandten 93 ff. 98. Althoff, Otto III. 57 f. 68 ff. 78 ff. 91 ff. 96 ff. 154. Görich, Otto III. 211 ff.

7 Vita S. Nili 92 f. Petr. Damian., Vita S. Rom. 25. Hartmann, Geschichte Italiens IV 1. H. 110, 121 ff. 133. Looshorn I 52. Nach Uhlirz II 275 begünstigte Otto (in Italien) noch mehr die Klöster und Kanonikerstiftungen. Es kam sogar zu Neugründungen, «unzweifelhaft nur zu dem Zweck vorgenommen..., die Stützpunkte der kaiserlichen Gewalt zu vermehren.» – Zur politischen und militärischen Komponente der Wallfahrt nach dem Monte Gargano: ebd. 290. Hauck III 62 ff. Böhmer, Willigis 73 f. Haller, Das altdeutsche Kaisertum 38 ff. Holtzmann, Geschichte 175 f. Köhler, Die Ottonische Reichskirche 182. Schramm, Kaiser, Könige und Päpste III 137. Fried, Die Formierung 82. Althoff, Otto III. 25, 122 f. 130

8 Thietm. 4,19. Ann. Quedlinb. 995. Uhlirz I 197. Seppelt II 374. Prinz, Grundlagen und Anfänge 168 f. Hlawitschka, Vom Frankenreich 139. Fried, Otto III. und Boleslaw Chrobry 13 ff. Althoff, Otto III. 73 ff. 82 ff.

9 LP 2,259 f. JW 1,484 ff. Kelly 149 f. LMA V 542. Hartmann, Geschichte Italiens IV 1. H. 97 f. Zimmermann, Papstabsetzungen 104 f. Ders. Das dunkle Jahrhundert 227 ff. Vgl. auch 11. Kap. Anm. 14

10 Thietm. 4,30. Ann. Quedlinb. 997 f. Ann. Hildesh. 996 f. Ann. Lamb. 996. Johannes diac. Chronic. Venet. 152 f. Martin v. Troppau, Chron. (MG SS XXII 432). Kühner, Lexikon 74. Kelly 150 f. LMA IV 1668, V 542, 569 f. VI 347 f. 1577. Hartmann, Geschichte Italiens IV 1. H. 100 ff. 110 f. Holtzmann, Geschichte II 290. Haller II 162. Gontard 200 f. Zimmermann, Das dunkle Jahrhundert 256 ff. Ders. Papstabsetzungen 104 ff. Ders. Das Papsttum 103 f. Schramm, Kaiser, Könige und Päpste 220 ff. Moehs, Gregorius V. 59 ff. Wolter, Die Synoden 144 ff. Görich, Otto III. 222. Althoff, Otto III. 82 ff.

11 Thietm. 4,30, 4,43. Ann. Quedlinb. 998. Vita S. Nili 89 ff. Joh. diac. Chron. Venet. 154. Kühner, Lexikon 74. Kelly 151 ff. LMA II 1805, VI 1288, 1351 f. Uhlirz, Jahrbücher II 258 ff. Hartmann, Geschichte Italiens IV 1. H. 112 ff. Haller II 162. Gontard 201. Schramm, Kaiser, Könige und Päpste 232 ff. Bullough, Nach Karl 324. Fleckenstein, Grundlagen und Beginn 197 f. Ders. Rex Canonicus 66 ff. Nitschke 40 ff. Althoff, Otto III. 100 ff.

12 Chron. Monast. Casin. (MG SS 34 S. 202). Thietm. 4,30; 4,43. Ann. Quedlinb. 998. Petr. Damiani, Vita s. Romualdi 25. Taddey 304. LMA III 1764 f. Uhlirz, Jahrbücher II 261 f. 526 ff. Hartmann, Geschichte Italiens IV 1. H. 114. Haller II 162. Gontard 201. Althoff, Otto III. 103, 105 ff. (hier die italien. Quellen u.a.), 122, 130

13 Menzel I 302. Althoff, Otto III. 110 ff. Zu den christlichen «Regeln» seit dem Alten und Neuen Testament s. neuerdings bes. Buggle 36 ff. 68 ff. 95 ff.

14 Thietm. 2,37; 3,13 ff. Ann. Hildesh. 985, 987, 990. Ann. Quedlinb. 985 f. 995. HEG I 863. Uhlirz, Jahrbücher II 70 f. Hauck III 97, 142 ff. Böhmer, Willigis 79. Schlesinger, Kirchengeschichte Sachsens I 305. Claude, Geschichte des Erzbistums Magdeburg 136 ff. 149 ff.

157, 161 ff. 171, 196 ff. Hlawitschka, Vom Frankenreich 137 f. 141. Wolter, Die Synoden 123 ff. Ludat, An Elbe und Oder 4 ff.
15 Thietm. 4,11; 4,21 f. 4,29; 4,38. Ann. Hildesh. 985 f. 990 ff. Ann. Quedlinb. 986. Adam 2,41; 2,44. HEG I 702, 864 f. 907. M. Uhlirz 156. Uhlirz, Jahrb. II 125 f. 145 f. 156, 168 ff. 188 f. 240 ff. 468 ff. Böhmer, Willigis 176. Holtzmann, Geschichte II 293 f. 309 f. 325 f. Ahlheim 181 f. Fleckenstein/Bulst 96, 100. Claude, Geschichte des Erzbistums Magdeburg I 161 ff. 167 ff. 180. Lubenow 26 ff. Ludat, An Elbe und Oder 2. A, 43 ff. Friedmann 165: Mindener Bischöfe sind mehrfach «Befehlshaber im sächsischen Aufgebot»
16 Althoff, Otto III. 64 f.
17 PL 139, 464 B (zit. nach Sprandel) Thietm. 4,11. LMA I 15, 1019, II 359 ff. 2172 VI 616 f. VII 82 f. 124. LThK I³ 14 f. II³ 1235 f. HEG I 907. Hauptmann, Die Frühzeit 325. Rhode 7 ff. 11 ff. Holtzmann, Aufsätze 191 f. Kossmann 453. Vgl. 444. Claude, Geschichte des Erzbistums Magdeburg I 163 ff. 171 f. Hensel 237 ff. Sprandel 101
18 LMA II 359 f. III 430 f. VI 617. HEG I 907. Holtzmann, Geschichte II 308 f. 322 f. Maschke 304 ff. Kossmann 449 f. Hauptmann, Die Frühzeit 326. Bosl, Europa im Mittelalter 236. Althoff, Otto III. 127 f. Hensel 239. Warnke 127 ff.
19 Thietm. 4,28. LMA II 358 f. VII 292 ff. 2004. Hartmann, Geschichte Italiens IV 1. H. 106 ff. Hauptmann, Die Frühzeit 326. Vgl. auch bei Uhlirz II den Exkurs XVIII: «Die Vorbereitung der Fahrt nach Gnesen» 538 ff.
20 Thietm. 5,10. LMA II 365 f. IV 1099. HEG I 908. Uhlirz, Jahrbücher II 320 f. Holtzmann, Geschichte II 344 f. Kossmann 460. David 64. Dvornik, The Making 147. Fleckenstein, Grundlagen und Beginn 199. Erdmann, Forschungen zur politischen Ideenwelt 99 ff. Schramm, Herrschaftszeichen 502. Zeißberg 3 ff. Ludat, Piasten 330 ff. Ders. An Elbe und Oder 71 ff. 92. Ausführlich über die Heilige Lanze: Brackmann, Gesammelte Aufsätze 211 ff. bes. 226 ff. Vgl. auch 249 ff. 257. Zur heiligen Lanze vgl. auch den ausführlichen Untersuchungsbericht von H. Malissa: Vorläufiger Bericht zur Heiligen Lanze, als Anhang bei: K. Hauck, Erzbischof Adalbert 345 ff. Ludat, An Elbe 2. A. 67 ff. bes. 71 ff. – Zum Einfluß der Tagespolitik vgl. etwa jüngst: Althoff, Otto III. 126 f. Görich, Otto III. 80 ff.
21 Ann. Hildesh. 1000. LMA IV 1142, 1523. Uhlirz II 323 f. Holtzmann, Geschichte II 342 f. Kossmann I 420 ff. bes. 437 ff. Hilsch, Die Stellung des Bischofs von Prag 1,432. David 62 f. Dvornik, The Making 142 ff. Jedlicki 524 ff. Fleckenstein, Grundlagen und Beginn 198 f. Brackmann, Die Anfänge des polnischen Staates 24. Ders. Der «Römische Erneuerungsgedanke» 15 ff. Claude, Geschichte des Erzbistums Magdeburg I 194 f. Ludat, Piasten 338. Beumann, Otto III. 94
22 Fleckenstein, Grundlagen und Beginn 199 f. Schramm, Kaiser, Könige und Päpste III 279
23 Vita Bernw. 13; 39. LMA IV 1102 f. V 148 f. Uhlirz, Jahrbücher II 115 f. 346 ff. Hauck III 268 f. Böhmer, Willigis 87 ff. (hier weitere Quellenbelege), 173. Goetting, Das Bistum Hildesheim 159 ff. 180 ff. Glocker, Die Verwandten 206 ff. Görich, Otto III. 123 ff. Zur Vita Bernwardi ausführlich Görich ebd. 92 ff. Ferner Görich, Der Gandersheimer

Streit 56 ff. Wolter, Die Synoden 182 ff. (dort weitere Literatur). Althoff, Otto III. 57 f. 160 ff. Goetting 159 ff. 174 ff. Rebellierende Prinzessinnen im Kloster gab es bereits zur Merowingerzeit, vgl. etwa Ennen 53 ff. Scheibelreiter passim. S. dazu auch IV 271 ff.

24 Vita Bernw. 16 ff. Wetzer/Welte I 851. LMA V 148 f. Uhlirz, Jahrbücher II 348 f. Böhmer, Willigis 91 ff. 176. Walterscheid 269. Leyser, Herrschaft und Konflikt 93 Anm. 47. Wolter, Die Synoden 184 ff. Glocker, Die Verwandten 207 ff. Goetting 160, 171, 174

25 Vita Bernw. 19 ff. 28 ff. Wetzer/Welte XI 1106 f. LMA I 2012. Uhlirz, Jahrbücher II 349. Hauck I 270. Böhmer, Willigis 93 ff. 100 f. 176. Walterscheid Vorwort u. 269. Görich, Otto III. 127 f. Althoff, Otto III. 162 ff. Goetting 183 ff. 190 ff.

26 Wetzer/Welte XI 1107. Böhmer, Willigis 101 ff. 167 f.

27 LThK IV³ 286 f. 814 f. LMA I 927, 2013, IV 1102 f. 1531, V 1338. Wolter, Die Synoden 227 ff. Glocker, Die Verwandten 208 f. Görich, Otto III. 130. Goetting 197 ff. 246 f.

BENUTZTE SEKUNDÄRLITERATUR

Abb, G./Wentz, G., Das Bistum Brandenburg, 1929
Achter, I., Die Kölner Petrusreliquien und die Bautätigkeit Erzbischof Brunos (953–965) am Kölner Dom, in: Böhner, K., (Hg.), Das erste Jahrtausend, 1964
Ahlheim, K., Von Karl dem Großen bis zum Beginn des Ersten Kreuzzuges, in: Deschner K. (Hg.), Kirche und Krieg, 1970
Altaner, B., Patrologie, Leben, Schriften und Lehre der Kirchenväter, 2. A., 1950
Altaner, B./Stuiber, A., Patrologie. Leben, Schriften und Lehre der Kirchenväter, 8. A. 1980
Althoff, G., Das Bett des Königs in Magdeburg, Zu Thietmar II 28, in: Fschr. für B. Schwineköper, 1982
Althoff, G., Der Sachsenherzog Widukind als Mönch auf der Reichenau. Ein Beitrag zur Kritik des Widukind-Mythos, in: FMSt. 1983
Althoff, G., Amicitiae und Pacta. Bündnis, Einung, Politik und Gebetsgedenken im beginnenden 10. Jahrhundert, 1992
Althoff, G., Otto III., 1996
Althoff, G./Keller, H., Heinrich I. und Otto der Große, Neubeginn auf karolingischem Erbe. 2. verb. Auflage 1994
Ammann, A. M., Abriß der ostslawischen Kirchengeschichte, 1950
Andreas, W. (Hg.), Der Aufstieg des Germanentums und die Welt des Mittelalters, 1940
Angelov, D./Ovčarov, D., Slawen, Protobulgaren und das Volk der Bulgaren, in: Herrmann, J. (Hg.), Welt der Slawen, 1986
Angenendt, A., Taufe und Politik im frühen Mittelalter, in: K. Hauck (Hg.) FMSt 7, 1973
Angenendt, A., Kaiserherrschaft und Königstaufe. Kaiser, Könige und Päpste als geistliche Patrone in der abendländischen Missionsgeschichte, 1984
Anton, H. H., Fürstenspiegel und Herrscherethos in der Karolingerzeit, 1968
Anton, H. H., Die Iren im frühen Mittelalter, II 1982
Anton, H. H., Trier im frühen Mittelalter, in: Quellen und Forschungen aus dem Gebiet der Geschichte, 1987
Aerssen, J. van, Kirchengeschichte für Schule und Haus, 1901
Aubin, H., Die Umwandlung des Abendlandes durch die Germanen bis zum Ausgang der Karolingerzeit, in: W. Andreas (Hg.), Der Aufstieg des Germanentums und die Welt des Mittelalters, 1940
Auer, L., Der Kriegsdienst des Klerus unter den sächsischen Kaisern, I. Teil: Der Kreis der Teilnehmer, MIÖG 1971. II. Teil: Verfassungsgeschichtliche Probleme, in: MIÖG 1972
Auer, W., Heiligen-Legende für Schule und Haus. Mit Bild, Leben eines Heiligen, Lehre und Gebet für jeden Tag des Jahres, 154. bis 160. Tausend, 1907
Aufhauser, J. B., Bayerische Missionsarbeit im Osten während des 9. Jahrhunderts, in: Festgabe für Alois Knöpfler, 1917

Babić, B./Belošević, J. u. a., Die Südslawen in Jugoslawien, in: Herrmann (Hg.), Welt der Slawen, 1986
Babl, K., Emmeram von Regensburg. Legende und Kult, 1973
Baeger, E., Staat und Kirche, in: Dahl (Hg.), Die Lehre des Unheils, 1993
Banniard, M., Europa. Von der Spätantike bis zum frühen Mittelalter, 1993
Bardenhewer, O., Geschichte der altchristlichen Literatur, 5 Bd. 1902–1932
Barraclough, G., Die mittelalterlichen Grundlagen des modernen Deutschland, 1953
Bauer, A., Der Livlandkreuzzug, in: Wittram, R., (Hg.), Baltische Kirchengeschichte, 1956
Bauer, A./Rau, R., Quellen zur Geschichte der sächsischen Kaiserzeit. Widukinds Sachsengeschichte; Adalberts Fortsetzung der Chronik Reginos, Liudprands Werke, 4. A. 1992
Beck, H.-G., Geschichte der orthodoxen Kirche im byzantinischen Reich, 1980
Becker, K., Sag Nein zum Krieg, o. J.
Bentzien, U., Bauernarbeit im Feudalismus. Landwirtschaftliche Arbeitsgeräte und -verfahren in Deutschland von der Mitte des ersten Jahrtausends u. Z. bis um 1800. 2. verbesserte Auflage 1990
Benz, E., Die russische Kirche und das abendländische Christentum, 1966
Berg, D./Goetz, H.-W. (Hg.), Ecclesia et regnum. Beiträge zur Geschichte von Kirche, Recht und Staat im Mittelalter. Festschrift für Franz-Josef Schmale zu seinem 65. Geburtstag, 1989
Bernhart, J., Der Vatikan als Weltmacht. Geschichte und Gestalt des Papsttums, 19.–23. A., 1951
Berr, A., Die Kirche gegenüber Gewalttaten von Laien (Merowinger-, Karolinger- und Ottonenzeit), 1913
Bertram, A., Geschichte des Bisthums Hildesheim I, 1899
Beumann, H., Widukind von Korvei. Untersuchungen zur Geschichtsschreibung und Ideengeschichte des 10. Jahrhunderts, 1950
Beumann, H. (Hg.), Karl der Große, 1965
Beumann, H., Grab und Thron Karls des Großen zu Aachen, in: Braunfels, W./ Schramm, P. E. (Hg.) Karl der Große. Lebenswerk und Nachleben, 1967
Beumann, H., Die Bedeutung Lotharingiens für die ottonische Missionspolitik im Osten, 1969
Beumann, H., Die sakrale Legitimierung des Herrschers im Denken der ottonischen Zeit, in: E. Hlawitschka (Hg.), Königswahl und Thronfolge in ottonisch-frühdeutscher Zeit, 1971
Beumann, H. (Hg.), Heidenmission und Kreuzzugsgedanke in der deutschen Ostpolitik des Mittelalters, 1963, 2. A. 1973
Beumann, H., Laurentius und Mauritius. Zu den missionspolitischen Folgen des Ungarnsieges Ottos des Großen. Festschrift für W. Schlesinger, 1974
Beumann, H., Die Einheit des ostfränkischen Reichs und der Kaisergedanke bei der Königserhebung Ludwigs des Kindes, in: Archiv für Diplomatik 23, 1977
Beumann, H., Otto der Große 936–973, in: Beumann, H. (Hg.), Kaisergestalten des Mittelalters, 3. A. 1991
Beumann, H. (Hg.), Kaisergestalten des Mittelalters, 3. A. 1991

Beumann, H., Otto III. 983–1002 in: Beumann, H. (Hg.), Kaisergestalten des Mittelalters, 3. A. 1991
Beumann, H., Die Ottonen, dritte ergänzte Auflage, 1994
Beyreuther, G., Otto II. 973–983, in: Engel/Holtz (Hg.), Deutsche Könige und Kaiser des Mittelalters, 1989
Beyreuther, G., Otto III. 983–1002, in: Engel/Holtz (Hg.), Deutsche Könige und Kaiser des Mittelalters, 1989
Birnbacher, D., Das Dilemma der christlichen Ethik, in: Dahl (Hg.), Die Lehre des Unheils, 1993
Bloch, P., Erzbischof Bruno in Darstellung des frühen Mittelalters, JKG 1966
Blum, G. G., Die Taufe des Großfürsten Vladimir. Historiographie und christliche Deutung, in: ZKG 1988
Boehmer, A., Erzbischof Giselher von Magdeburg, ein Beitrag zur sächsischen Kaisergeschichte, 1887
Böhmer, H., Willigis von Mainz, 1895
Böhner, K. (Hg.), Das erste Jahrtausend, Kultur und Kunst im werdenden Abendland an Rhein und Ruhr, I 1962, II 1964
Boshof, E., Erzbischof Agobard von Lyon, 1969
Boshof, E., Lotharingien – Lothringen: Vom Teilreich zum Herzogtum, in: Heit (Hg.) Zwischen Gallia und Germania, 1987
Boshof, E., Odo von Beauvais, Hinkmar von Reims und die kirchenpolitischen Auseinandersetzungen im westfränkischen Reich, in: Berg/Goetz (Hg.), Ecclesia et regnum, 1989
Boshof, E., Königtum und Königsherrschaft im 10. und 11. Jahrhundert, 1993
Boshof, E., Ludwig der Fromme, 1996
Bosl, K., Geschichte Bayerns, I. Vorzeit und Mittelalter, 1952
Bosl, K., Der Eintritt Böhmens und Mährens in den westlichen Kulturraum im Lichte der Missionsgeschichte, in: Böhmen und Bayern, 1958
Bosl, K., Probleme der Missionierung des böhmisch-mährischen Herrschaftsraumes, in: Cyrillo-Methodiana, 1964
Bosl, K. (Hg.), Handbuch der Geschichte der böhmischen Länder, I, 1967
Bosl, K., Europa im Mittelalter. Weltgeschichte eines Jahrtausends, 1970
Bosl, K., Bayerische Geschichte, 1971
Bosl, K., Herzog, König und Bischof im 10. Jahrhundert, in: Seibt, F. (Hg.), Bohemia Sacra 1974
Boye, M., Quellenkatalog der Synoden Deutschlands und Reichsitaliens von 922–1059, 1930
Brackmann, A., Magdeburg als Hauptstadt des deutschen Ostens im frühen Mittelalter, 1937
Brackmann, A., Gesammelte Aufsätze, 1941
Brackmann, A., Der Römische Erneuerungsgedanke und seine Bedeutung für die Reichspolitik der deutschen Kaiserzeit, in: Gesammelte Aufsätze, 1941
Brackmann, A., Die Anfänge des polnischen Staates, in: Gesammelte Aufsätze, 1941
Braunfels, W./Schramm, P. E. (Hg.), Karl der Große. Lebenswerk und Nachleben, 1967
Brühl, C., Hinkmariana, in: DAEM, 1964
Brühl, C., Fodrum, Histum, Servitium regis, 1968

Brühl, C., Deutschland–Frankreich. Die Geburt zweier Völker, 2. verbesserte A., 1995
Brunner, K., Herzogtümer und Marken. Vom Ungarnsturm bis ins 12. Jahrhundert, 1994
Brüske, W., Untersuchungen zur Geschichte des Lutizenbundes, Deutsch-wendische Beziehungen des 10.–12. Jahrh., 1955
Buggle, F., Denn sie wissen nicht, was sie glauben. Oder warum man redlicherweise nicht mehr Christ sein kann, 1992
Bund, K., Thronsturz und Herrscherabsetzung im Frühmittelalter, 1979
Bünding-Naujoks, M., Das Imperium Christianum und die deutschen Ostkriege vom zehnten bis zum zwölften Jahrhundert, in: Beumann, Heidenmission und Kreuzzugsgedanke, 1963
Burr, V., Anmerkungen zum Konflikt zwischen Methodius und den bayerischen Bischöfen, in: Hellmann/Olesch/Stasiewski/Zagiba, Cyrillo-Methodiana 1964
Büttner, H., Geschichte des Elsaß, 1939
Büttner, H., Die Ungarn, das Reich und Europa bis zur Lechfeldschlacht in: Us. für bayerische Landesgeschichte 19/2, 1956
Büttner, H., Der Weg Ottos des Großen zum Kaisertum, in: Archiv für mittelrheinische Kirchengeschichte 14, 1962
Büttner, H., Heinrichs I. Südwest- und Westpolitik, hg. vom Konstanzer Arbeitskreis für mittelalterliche Geschichte, 1964
Büttner, H., Die christliche Kirche ostwärts der Elbe bis zum Tode Ottos I., in: Fs. von Zahn, 1968
Cartellieri, A., Weltgeschichte als Machtgeschichte. 382–911. Die Zeit der Reichsgründungen I, 1927
Chropovský, B., Das Großmährische Reich, in: Herrmann (Hg.), Welt der Slawen, 1986
Cipolla, C. M./Borchardt, K. (Hg.), Europäische Wirtschaftsgeschichte. Bd. I: Mittelalter. 1983
Classen, P., Karl der Große und die Thronfolge im Frankenreich in: Festschrift Heimpel 3, 1972
Classen/Scheibert (Hg.), Festschrift Percy Ernst Schramm I, 1964
Claude, D., Geschichte der Westgoten, 1970
Claude, D., Geschichte des Erzbistums Magdeburg bis in das 12. Jahrhundert. Die Geschichte der Erzbischöfe bis auf Ruotger (1124) Bd. 1; 1972
Claus/Haarnagel/Raddatz, Studien zur europäischen Vor- und Frühgeschichte, 1968
Coler, C. (Hg.), Ullstein Weltgeschichte, 5 Bde., 1965
Comsa, M., Romanen – Walachen – Rumänen, in: Herrmann (Hg.), Welt der Slawen, 1986
Conrad, H., Deutsche Rechtsgeschichte, Bd. I, Frühzeit und Mittelalter, Ein Lehrbuch, 1954
Cram, K.-G., Judicium belli, Zum Rechtscharakter des Krieges im deutschen Mittelalter, 1955
Dahl, E. (Hg.), Die Lehre des Unheils. Fundamentalkritik am Christentum, 1993
Daniel-Rops, H., Die Kirche im Frühmittelalter, 1953
Dannenbauer, H., Grundlagen der mittelalterlichen Welt, Skizzen und Studien, 1958
Dannenbauer, H., Die Entstehung Europas. Von der Spätantike bis zum Mittel-

alter. 1. Bd. Der Niedergang der alten Welt im Westen, 1959. 2. Bd. Die Anfänge der abendländischen Welt, 1962
Dauch, B., Die Bischofsstadt als Residenz der geistlichen Fürsten, 1913
David, P., The Church in Poland from its Origin to 1250, in: The Cambridge History of Poland, 1950
Dawson, C., Die Gestaltung des Abendlandes. Eine Einführung in die Geschichte der abendländischen Einheit, 2. A. 1950
Deér, J., Papsttum und Normannen. Untersuchungen zu ihren lehnsrechtlichen und kirchenpolitischen Beziehungen, 1972
Deschner, K. (Hg.), Kirche und Krieg, 1970
Deschner, K., Das Kapital der Kirche in der Bundesrepublik, in: G. Szczesny, Club Voltaire IV 1970
Deschner, K., Das Kreuz mit der Kirche. Eine Sexualgeschichte des Christentums, 2. A. 1974
Deschner, K. (Hg.), Warum ich Christ/Atheist/Agnostiker bin, 1977
Deschner, K. (Hg.), Das Christentum im Urteil seiner Gegner, I 1969, II 1971, gek. Neuausgabe 1986
Deschner, K., Opus Diaboli, Fünfzehn unversöhnliche Essays über die Arbeit im Weinberg des Herrn, 1987
Deschner, K., Dornröschenträume und Stallgeruch. Über Franken, die Landschaft meines Lebens, 1989
Deschner, K., Die Politik der Päpste im 20. Jahrhundert. Erweiterte, aktualisierte Neuausgabe von «Ein Jahrhundert Heilsgeschichte» I und II, 1991
Deschner, K., Die unheilvollen Auswirkungen des Christentums, in: Dahl, E. (Hg.), Die Lehre des Unheils, 1993
Deschner, K., Ärgernisse, Aphorismen, 1994
Deschner, K., Was ich denke, 1994
Deschner, K., Bissige Aphorismen, 1996
Deschner, K., Abermals krähte der Hahn. Eine kritische Kirchengeschichte. 1962, jüngste Neuauflage 1996
Deschner, K./Herrmann H., Der Antikatechismus. 200 Gründe gegen die Kirchen und für die Welt, 1991
Deschner, K./Petrović, M., Weltkrieg der Religionen. Der ewige Kreuzzug auf dem Balkan, 1995
Dhondt, J., Das frühe Mittelalter, 1968
Dölger, F. J., Byzanz und die europäische Staatenwelt. Ausgewählte Vorträge und Aufsätze, 1964
Dollinger, H., Schwarzbuch der Weltgeschichte. 5000 Jahre der Mensch des Menschen Feind, 1973
Donnert, E., Studien zur Slawenkunde des deutschen Frühmittelalters vom 7. bis zum beginnenden 11. Jahrhundert, JGU 8, 1964
Dorn, L., St. Ulrich in der Volksüberlieferung des ehemaligen Bistums Konstanz, JAB 1973
Dörries, H., Wort und Stunde. I: Gesammelte Studien zur Kirchengeschichte des vierten Jahrhunderts, 1966. II: Aufsätze zur Geschichte der Kirche im Mittelalter, 1969. III: Beiträge zum Verständnis Luthers, 1970
Dresdner, A., Kultur- und Sittengeschichte der italienischen Geistlichkeit im 10. und 11. Jahrhundert, 1890

Duby, G., Die Zeit der Kathedralen. Kunst und Gesellschaft 980–1420, 2. A. 1984

Dümmler, E., Geschichte des Ostfränkischen Reiches. I: Ludwig der Deutsche bis zum Frieden von Koblenz 860, II: Ludwig der Deutsche vom Koblenzer Frieden bis zu seinem Tode (860–876) 2. A. 1887. III: Die letzten Karolinger. Konrad I. 2. A. 1888. Neudruck 1960

Dvornik, F., The Making of Central and Eastern Europe, 1949

Dvornik, F., The Patriarch Photius in the Light of Recent Research, Berichte zum XI. Internationalen Byzantinistenkongreß, 1958

Ebner, H., Die Burg als Forschungsproblem mittelalterlicher Verfassungsgeschichte, in: Patze (Hg.), Die Burgen im deutschen Sprachraum I 1976

Ehlers, J., Geschichte Frankreichs im Mittelalter, 1987

Ehrhard, A., Die Kirche der Märtyrer, 1932

Eibl, E.-M., Heinrich I. 919–936, in: Engel E./Holtz E. (Hg.), Deutsche Könige und Kaiser des Mittelalters, 1889

Eichmann, E., Die Kaiserkrönung im Abendland. Ein Beitrag zur Geistesgeschichte des Mittelalters. Mit besonderer Berücksichtigung kirchlichen Rechts, der Liturgie und der Kirchenpolitik. 2 Bde. 1942

Eickhoff, E., Seekrieg und Seepolitik zwischen Islam und Abendland. Das Mittelmeer unter byzantinischer und arabischer Hegemonie (650–1040), 1966

Engel, E./Holtz, E. (Hg.), Deutsche Könige und Kaiser des Mittelalters, 1989

Engels, O., Zum päpstlich-fränkischen Bündnis im 8. Jahrhundert, in: Berg/Goetz (Hg.), Ecclesia et regnum, 1989

Ennen, E., Frauen im Mittelalter. Dritte, überarb. A., 1987

Epperlein, S., Fränkische Eroberungspolitik, feudale deutsche Ostexpansion und der Unabhängigkeitskampf der slawischen Stämme bis zum 11. Jahrhundert in: Herrmann, J. (Hg.), Die Slawen in Deutschland, 1970

Erben, W., Kriegsgeschichte des Mittelalters, 1929

Erdélyi, I., Slawen, Awaren, Ungarn, in: Herrmann (Hg.), Welt der Slawen, 1986

Erdmann, C., Der ungesalbte König, DA 2, 1938

Erdmann, C., Forschungen zur politischen Ideenwelt des Frühmittelalters, 1951

Erdmann, C., Der Heidenkrieg in der Liturgie und die Kaiserkrönung Ottos I., in: Beumann, H. (Hg.), Heidenmission und Kreuzzugsgedanke in der deutschen Ostpolitik des Mittelalters, 1963, 2. A. 1973

Erkens, F.-R., Die Frau als Herrscherin in ottonisch-frühsalischer Zeit, in: Euw, A. v./Schreiner P. (Hg.), Kaiserin Theophanu. Begegnungen des Ostens und Westens um die Wende des ersten Jahrtausends, 2 Bde., 1991

Euw, A. v./Schreiner, P. (Hg.), Kaiserin Theophanu. Begegnungen des Ostens und Westens um die Wende des ersten Jahrtausends, 2 Bde., 1991

Ewig, E., Die Merowingerzeit, in: P. Rassow (Hg.), Deutsche Geschichte im Überblick. Ein Handbuch. 2. A. 1962

Falck, L., Mainz im frühen und hohen Mittelalter (Mitte 5. Jahrhundert bis 1244), 1972

Falco, G., Geist des Mittelalters. Kirche, Kultur, Staat, 1958

Falkenstein, L., Karl der Große und die Entstehung des Aachener Marienstiftes, 1981

Faulhaber, R., Der Reichseinheitsgedanke in der Literatur der Karolingerzeit bis zum Vertrag von Verdun, 1931

Feeley-Harnik, G., Herrscherkunst und Herrschaft: Neuere Forschungen zum sakralen Königtum, in: Lüdtke, A. (Hg.), Herrschaft, 1991
Fichtenau, H., Das karolingische Imperium. Soziale und geistige Problematik eines Großreiches, 1949
Fichtenau, H., Zu den Urkundenfälschungen Pilgrims von Passau, in: MOL 1964 u. in Beitr. z. Mediäv. 2, 1972
Fichtenau, H., Lebensordnungen des 10. Jahrhunderts. Studien über Denkart und Existenz im einstigen Karolingerreich, 2. A. 1994
Fichtinger, C., Lexikon der Heiligen und Päpste, 1980
Fine, J., The Early Medieval Balkans, 1983
Fischer, F. M., Politiker um Otto den Großen, 1938
Fischer, J., Königtum, Adel und Kirche im Königreich Italien (774–875), 1965
Fischer, J. A., Bischof Uto von Freising (906–907), BAK 1962
Fischer, J. A., Das Zeitalter des heiligen Ulrich, BAK 1974
Fischer, P., Strafen und sichernde Maßnahmen gegen Tote im germanischen und deutschen Recht, 1936
Fleckenstein, J., Rex Canonicus. Über Entstehung und Bedeutung des mittelalterlichen Königskanonikates, in: Classen/Scheibert (Hg.), Festschrift Percy Ernst Schramm I, 1964
Fleckenstein, J., Grundlagen und Beginn der deutschen Geschichte, 1974
Fleckenstein, J., Die Struktur des Hofes Karls des Großen im Spiegel von Hinkmars De ordine palatii, in: Zeitschrift des Aachener Geschichtsvereins 83, 1976
Fleckenstein, J., Hofkapelle und Kanzlei unter der Kaiserin Theophanu, in: Euw/ Schreiner, Kaiserin Theophanu, 1991
Fleckenstein, J./Bulst-Thiele M. L., Begründung und Aufstieg des deutschen Reiches, 1973
Fleckenstein J./Schmid, K., Adel und Kirche, 1968
Franzen, A., Kleine Kirchengeschichte, 1965
Frenzel, H. A. und E., Daten deutscher Dichtung, 2. A. 1959
Fried, J., Boso von Vienne oder Ludwig der Stammler? Der Kaiserkandidat Johanns VIII., in DA 32, 1976
Fried, J., Otto III. und Boleslaw Chrobry. Das Widmungsbild des Aachener Evangeliars, der «Akt von Gnesen» und das frühe polnische und ungarische Königtum. Eine Bildanalyse und ihre historischen Folgen, 1989
Fried, J., Die Formierung Europas 840–1046, 1991
Fried, J., Der Weg in die Geschichte. Die Ursprünge Deutschlands. Bis 1024, 1994
Friedmann, B., Untersuchungen zur Geschichte des abodritischen Fürstentums bis zum Ende des 10. Jahrhunderts, 1986
Fries, L., Geschichte, Namen, Geschlecht, Leben, Taten und Absterben der Bischöfe von Würzburg und Herzöge zu Franken. Nach zwei der ältesten und vorzüglichsten Handschriften herausgegeben, 1924
Friesinger, H., Alpenslawen und Bayern, in: Herrmann (Hg.), Welt der Slawen, 1986
Fritze, W. H., Beobachtungen zu Entstehung und Wesen des Lutizenbundes, in: Jb. f. d. Geschichte Mittel- und Ostdeutschlands, 1958
Fritze, W. H., Papst und Frankenkönig. Studien zu den päpstlich-fränkischen Rechtsbeziehungen von 754 bis 824, 1973
Fuchs, K./Raab, H. (Hg.), dtv-Wörterbuch zur Geschichte, 2 Bde. 1972

Fuhrmann, H., Die Fälschungen im Mittelalter. Überlegungen zum mittelalterlichen Wahrheitsbegriff, in: HZ Bd. 197, 1963

Fuhrmann, H., Konstantinische Schenkung und abendländisches Kaisertum. Ein Beitrag zur Überlieferungsgeschichte des Constitutum Constantini, DAM, 1966

Fuhrmann, H., Päpstlicher Primat und pseudoisidorische Dekretalen, in QFIAB 49, 1969

Fuhrmann, H., Der angebliche Brief des Erzbischofs Hatto von Mainz an Papst Johannes IX. in MIÖG 1970

Fuhrmann, H., Zur Überlieferung des Pittaciolus Bischof Hinkmars von Laon (869), DAM 1971

Fuhrmann, H., Einfluß und Verbreitung der pseudoisidorischen Fälschungen. Von ihrem Auftauchen bis in die neuere Zeit. Erster Teil, 1972

Fuhrmann, H., Die Synode von Hohenaltheim (916) – quellenkundlich betrachtet DA 43, 1987

Gelhausen, H., Atheismus – ein Stadium der Reife, in: Dahl (Hg.), Die Lehre des Unheils, 1993

Geremek, B., Geschichte der Armut. Elend und Barmherzigkeit in Europa, 1991

Gibson, S./Ward-Perkins, B., The Surviving Remains of the Leonine Wall I/II, Papers of the British School, 1979

Giese, W., Die lancea Domini von Antiochia 1098/99, in: MGH Schriften 33, 1988

Gilsenan, M., Patrimonialismus im Nordlibanon – Willkürherrschaft, Entzauberung und Ästhetik der Gewalt, in: Lüdtke (Hg.), Herrschaft 1991

Glocker, W., Die Verwandten der Ottonen und ihre Bedeutung in der Politik. Studien zur Familienpolitik und zur Genealogie des sächsischen Kaiserhauses, 1989

Godman, P., Poetry of the Carolingian Renaissance, 1985

Gontard, F., Die Päpste. Regenten zwischen Himmel und Hölle, 1959

Goody, E., Warum die Macht rechthaben muß: Bemerkungen zur Herrschaft eines Geschlechts über das andere, in: Lüdtke (Hg.), Herrschaft 1991

Görich, K., Der Gandersheimer Streit zur Zeit Ottos III. Ein Konflikt um die Metropolitanrechte des Erzbischofs Willigis von Mainz, in: ZRG KA 110, 1993

Görich, K., Otto III. Romanus Saxonicus et Italicus. Kaiserliche Rompolitik und sächsische Historiographie, 1993

Goetting, H., Das Bistum Hildesheim. Die Hildesheimer Bischöfe von 815 bis 1221 (1227). Im Auftrage des Max-Planck-Instituts für Geschichte, 1984

Goetz, H.-W., Leben im Mittelalter vom 7. bis zum 13. Jahrhundert, 5. unver. A. 1994

Graf, G., Die weltlichen Widerstände in Reichsitalien gegen die Herrschaft der Ottonen und die beiden ersten Salier 951–1056, 1936

Graus, F., Die Entwicklung der Legenden der sog. Slavenapostel, in: JGO, 1971

Graus, F., St. Adalbert und St. Wenzel. Zur Funktion der mittelalterlichen Heiligenverehrung in Böhmen, in: Grothusen/Zernak, Europa Slavica, 1980

Gregorovius, F., Geschichte der Stadt Rom im Mittelalter. Vom V. bis zum XVI. Jahrhundert, 2. A. 8 Bde. 1869/1874. Fast stets benutzt wurde aber die im dtv vollständig edierte und überarbeitete Ausgabe von W. Kampf, 1978

Grivec, F., Konstantin und Method, Lehrer der Slawen, 1960

Gröne, V., Papst-Geschichte, I, 2. A., 1875

Groskreutz, K. A., Der Schnauzenkuß, Eine Anatomie der Schweine-Menschen. 1995, 2. A. 1996

Grothusen, K.-D./Zernak, K. (Hg.), Europa Slavica – Europa Orientalis, Festschrift für Herbert Ludat zum 70. Geburtstag, 1980
Grotz, H., Erbe wider Willen. Hadrian II. (867–872) und seine Zeit, 1970
Grundmann, H., Betrachtungen zur Kaiserkrönung Ottos I., in: Zimmermann, H. (Hg.), Otto der Große, 1976
Grupp, G., Kulturgeschichte des Mittelalters, 6 Bd., 1907–1925
Gurjewitsch, A. J., Das Weltbild des mittelalterlichen Menschen. Vierte unveränderte A. 1989
Haefele, H. F. (Hg.), Ekkehard IV., St. Galler Klostergeschichten, 3. A. 1991
Haendler, G., Die lateinische Kirche im Zeitalter der Karolinger, 1985
Hahn, A., Das Hludowicianum. Die Urkunde Ludwigs des Frommen für die römische Kirche von 817, in: Archiv für Diplomatik, 21, 1975
Halecki, O., Geschichte Polens, 1963
Haller, J., Das altdeutsche Kaisertum, 1944
Haller, J., Das Papsttum. Idee und Wirklichkeit I–V, 1965
Hallinger, K., Gorze-Kluny. Studien zu den monastischen Lebensformen und Gegensätzen im Hochmittelalter, 2 Bde., 1950/51, Neudruck 1971
Hampe, K., Die Berufung Ottos des Großen nach Rom durch Papst Johann XII., Festschrift K. Zeuner, 1910
Hampe, K., Karl der Große und Widukind, in: Lammers, W. (Hg.), Die Eingliederung der Sachsen, 1970
Handbuch der Bayerischen Geschichte, hg. von F. Spindler, I. Bd. Das alte Bayern. Das Stammesherzogtum bis zum Ausgang des 12. Jahrhunderts, 2. A., 1981
Handbuch der Kirchengeschichte, Die mittelalterliche Kirche. Erster Halbband: Vom kirchlichen Frühmittelalter zur gregorianischen Reform, Bd. III/1, 1985
Handbuch der Europäischen Geschichte I, hg. von Th. Schieder, 3. A., 1992
Häring, B., Das Gesetz Christi. Moraltheologie, 6. A. 3 Bde 1961
Hartmann, C. M., Geschichte Italiens im Mittelalter, 4 Bde., 1897 ff. Neudruck 1969
Hartmann, W., Der rechtliche Zustand der Kirchen auf dem Lande: Die Eigenkirche in der fränkischen Gesetzgebung des 7. bis 9. Jahrhunderts, in: Settimane di studio del centro italiano di studi sull'alto medioevo, 1982
Hartmann, W., Fälschungsverdacht und Fälschungsnachweis im früheren Mittelalter, in: MGH Schriften Bd. 33, Fälschungen im Mittelalter, 1988
Hartmann, W., Die Synoden der Karolingerzeit im Frankenreich und in Italien, 1989
Hartmann, W., Herrscher der Karolingerzeit, in Schnith K. R. (Hg.), Mittelalterliche Herrscher in Lebensbildern, 1990
Hauck, A., Kirchengeschichte Deutschlands, 5 Bde., 1887–1920, Neudruck: 9. unveränderte Aufl. 1958
Hauck, K., Die Ausbreitung des Glaubens in Sachsen und die Verteidigung der römischen Kirche als konkurrierende Herrscheraufgaben Karls des Großen, in: FMSt, 1970
Hauptmann, L., Kroaten, Goten und Sarmaten, in: Germanoslavica, 1935
Haverkamp, A., Einführung, in: Heit, A. (Hg.), Zwischen Gallia und Germania, 1987
Hay, D., Das Reich Christi. Das mittelalterliche Europa nimmt Gestalt an, in: D. T. Rice (Hg.), Morgen des Abendlandes, 1965

Heer, F., Europäische Geistesgeschichte, 2. A. 1953
Heer, F., Mittelalter, 1961
Heer, F., Europa, Mutter der Revolutionen, 1964
Hehl, E.-D., Iuxta canones et instituta sanctorum patrum. Zum Mainzer Einfluß auf Synoden des 10. Jahrhunderts, in: Mordek, H. (Hg.), Papsttum, Kirche und Recht im Mittelalter, 1991
Heimpel, H., Bemerkungen zur Geschichte König Heinrichs I., 1937
Heine, A. (Hg.), Adam von Bremen, Hamburgische Kirchengeschichte. Geschichte der Erzbischöfe von Hamburg, 1986
Heine, A. (Hg.), Helmold, Chronik der Slaven, 2. A. 1990
Heit, A. (Hg.), Zwischen Gallia und Germania, Frankreich und Deutschland. Konstanz und Wandel raumbestimmender Kräfte, 1987
Hellmann, M., Grundfragen slavischer Verfassungsgeschichte des frühen Mittelalters, in: Jahrbuch für Geschichte Osteuropas, 1954
Hellmann, M., Slawisches, insbesonders ostslawisches Herrschertum des Mittelalters, in: Das Königtum, Verträge und Forschungen 3, 1956
Hellmann, M., Die Ostpolitik Kaiser Ottos II., in: Festschrift für H. Aubin, 1956
Hellmann, M., Die Synode von Hohenaltheim. Die Entstehung des Deutschen Reiches (Deutschland um 900), Wege der Forschung 1, WBG, 1956
Hellmann, M., Die politisch-kirchliche Grundlegung der Osthälfte Europas, in: Schieder (Hg.) HEG, Bd. I; 3. A. 1992
Hellmann, M., Neue Kräfte in Osteuropa, in: Schieder (Hg.) HEG, Bd. 1; 3. A., 1992
Hellmann/Olesch/Stasiewski/Zagiba (Hg.), Cyrillo-Methodiana. Zur Frühgeschichte des Christentums bei den Slaven, 863–1963, 1964
Hensel, W., Die Slawen im frühen Mittelalter. Ihre materielle Kultur, 1965
Hensel, W., Polen und der Staat der Piasten, in: Herrmann (Hg.), Welt der Slawen, 1986
Hergenröther, J., Handbuch der Kirchengeschichte, neu bearbeitet von J. P. Kirsch, 2 Bde 1925
Herrmann, E., Slawisch-germanische Beziehungen im südostdeutschen Raum von der Spätantike bis zum Ungarnsturm. Ein Quellenbuch mit Erläuterungen, 1965
Herrmann, H., Kleines Wörterbuch des Kirchenrechts für Studium und Praxis, 1972
Herrmann, H., Die Kirche und unser Geld, 1990
Herrmann, H., Kirchenfürsten. Zwischen Hirtenwort und Schäferstündchen, 1992
Herrmann, H., Die Caritas-Legende. Wie die Kirchen die Nächstenliebe vermarkten, 1993
Herrmann, H., Pecunia non olet, in: Dahl (Hg.), Die Lehre des Unheils, 1993
Herrmann, H., Passion der Grausamkeit. 2000 Jahre Folter im Namen Gottes, 1994
Herrmann, J., Materielle und geistige Kultur, in: Ders. (Hg.), Die Slawen in Deutschland, 1970
Herrmann, J. (Hg.), Die Slawen in Deutschland, Geschichte und Kultur der slawischen Stämme östlich von Oder und Neisse vom 6. bis 12. Jahrh., 1970

Herrmann, J., Urheimat und Herkunft der Slawen, in: Herrmann (Hg.), Welt der Slawen, 1986

Herrmann, J., Wegbereiter einer neuen Welt – der Welt der Staaten und Völker des europäischen Mittelalters, in: Herrmann (Hg.), Welt der Slawen, 1986

Herrmann, J. (Hg.), Welt der Slawen, Geschichte Gesellschaft Kultur, 1986

Herrmann, J./Struve, K. W., Die Nordwestslawen zwischen Germanen und Deutschen, in: Herrmann (Hg.), Welt der Slawen, 1986

Herrmann, R., Thüringische Kirchengeschichte, 2 Bde., 1937/47

Hertling, L., Geschichte der katholischen Kirche, 1949

Heuwieser, M., Geschichte des Bistums Passau, 1. Die Frühgeschichte. Von der Gründung bis zum Ende der Karolingerzeit, 1939

Hiestand, R., Byzanz und das Regnum Italicum im 10. Jahrhundert, 1964

Hilsch, P., Die Bischöfe von Prag in der frühen Stauferzeit. Ihre Stellung zwischen Reichs- und Landesgewalt von Daniel I. (1148–1167) bis Heinrich (1182–1197), 1969

Hilsch, P., Die Stellung des Bischofs von Prag im Mittelalter – ein Gradmesser böhmischer «Souverenität»? in: ZO 1974

Hirsch, H., Der mittelalterliche Kaisergedanke in den liturgischen Gebeten, in: Beumann (Hg.), Heidenmission und Kreuzzugsgedanke, 1963, 2. A., 1973

Hirsch, P., Die Erhebung Berengars I. von Friaul zum König von Italien, 1910

Hlawitschka, E., Franken, Alemannen, Bayern und Burgunder in Oberitalien (774–962). Zum Verständnis der fränkischen Königsherrschaft in Italien (Forsch. z. oberrhein. Landesgesch. 8), 1960

Hlawitschka, E., Lotharingien und das Reich an der Schwelle der deutschen Geschichte, 1968

Hlawitschka, E. (Hg.), Königswahl und Thronfolge in ottonisch-frühdeutscher Zeit, 1971

Hlawitschka, E., Nachfolgeprojekte aus der Spätzeit Kaiser Karls III., in: DA 34, 1978

Hlawitschka, E., Vom Frankenreich zur Formierung der europäischen Staaten- und Völkergemeinschaft 840–1046. Ein Studienbuch zur Zeit der späten Karolinger, der Ottonen und der frühen Salier in der Geschichte Mitteleuropas, 1986

Hlawitschka, E., Kaiser Otto I. (der Große), in: Schnith, K. R. (Hg.), Mittelalterliche Herrscher in Lebensbildern, 1990

Hlawitschka, E., Kaiser Otto II. in: Schnith, K. R. (Hg.), Mittelalterliche Herrscher in Lebensbildern, 1990

Hlawitschka, E., Der König einer Übergangsphase und die Herrscher der frühdeutschen Zeit: Konrad I. und die Liudolfinger/Ottonen, in: Schnith, K. R. (Hg.), Mittelalterliche Herrscher in Lebensbildern, 1990

Hoffmann, U., König, Adel und Reich im Urteil fränkischer und deutscher Historiker des 9.–11. Jahrhunderts, 1968

Höffner, J., Christentum und Menschenwürde, 1947

Holtzmann, R., Aufsätze zur deutschen Geschichte im Mittelelberaum, 1962

Holtzmann, R., Das Laurentius-Kloster zu Calbe, in: Aufsätze zur deutschen Geschichte im Mittelmeerraum, 1962

Holtzmann, R., Geschichte der sächsischen Kaiserzeit, 900–1024, 2 Bde., 1955, 1971

Hóman, B., Geschichte des ungarischen Mittelalters. I. Bd.: Von den ältesten Zeiten bis zum Ende des XII. Jahrhunderts, Bd. 1, 1940, II. Bd. Vom Ende des XII. Jahrhundert bis zu den Anfängen des Hauses Anjou, 1943
Hopfner, W., Wikinger und Christentum, in: Nordische Zeitung, Heft 2 1987
Hörger, H., Die «Ulrichsjubiläen» des 17. bis 19. Jahrhunderts und ihre Auswirkung auf die Volksfrömmigkeit in Ulrichspfarreien, in: Z. f. b. L. 37, 1974
Huber, A. K., Die Metropole Mainz und die böhmischen Länder, in: Archiv für Kirchengeschichte von Böhmen-Mähren-Schlesien III, 1973
Huber, A. K., Das Verhältnis der Bischöfe von Prag und Olmütz zueinander. Ein Überblick, in: Archiv für Kirchengeschichte von Böhmen-Mähren-Schlesien III, 1973
Hunger, H. (Hg.), Byzantinische Geisteswelt. Von Konstantin dem Großen bis zum Fall Konstantinopels, 1958
Illmer, D., Erziehung und Wissensvermittlung im frühen Mittelalter. Ein Beitrag zur Entstehungsgeschichte der Schule, 1979
Janin/Sedov/Petrovič Toločko, Die Ostslawen und die Kiewer Rus, in: Herrmann (Hg.), Welt der Slawen, 1986
Janner, F., Geschichte der Bischöfe von Regensburg, 3 Bde, 1883/1886
Jarnut, J., Die Eroberung Bergamos, in: DA 1974
Jäschke, K.-U., Königskanzlei und imperiales Königtum im 10. Jahrhundert, in: HJB 84, 1964
Jedlicki, S., Die Anfänge des polnischen Staates, in: HZ 152, 1935
Jeggle, U., Alltag, in: Bausinger, H., Grundzüge der Volkskunde, 1978
Jireček, C., Geschichte der Serben I, 1911
Kahl, H. D., Zum Geist der deutschen Slawenmission des Hochmittelalters, in: Beumann (Hg.), Heidenmission, 1963
Kahl, H. D., Karl der Große und die Sachsen. Stufen und Motive einer historischen «Eskalation», in: Ludat/Schwinges (Hg.), Politik, Gesellschaft, Geschichtsschreibung, 1982
Kahl, H. D., Zur Rolle der Iren im östlichen Vorfeld des agilolfingischen und frühkarolingischen Baiern, in: Löwe, H. (Hg.), Die Iren und Europa im früheren Mittelalter, 1982
Kaiser, V., Die Gründung des Bistums Prag, in: Archiv für Kirchengeschichte von Böhmen-Mähren-Schlesien III, 1973
Kalischer, E., Beiträge zur Handelsgeschichte der Klöster zur Zeit der Großgrundherrschaften, 1911
Kallfelz, H. (Hg.), Lebensbeschreibungen einiger Bischöfe des 10.–12. Jahrhunderts, 2. A. 1986
Kämpf, H. (Hg.), Die Entstehung des Deutschen Reiches, 1980
Kampf, W. (Hg.), Geschichte der Stadt Rom im Mittelalter. Vom V. bis zum XVI. Jahrhundert, Bd. I,2 und Bd. II,1 2. A. 1978
Kantzenbach, F. W., Die Geschichte der christlichen Kirche im Mittelalter, 1967
Karpf, E., Herrscherlegitimation und Reichsbegriff in der ottonischen Geschichtsschreibung des 10. Jahrhunderts, 1985
Kasten, B., Adalhard von Corbie. Die Biographie eines karolingischen Politikers und Klostervorstehers, in: Studia humaniora, Düsseldorfer Studien zu Mittelalter und Renaissance, Bd. 3

Kehr, P., Die Kanzlei Ludwigs des Kindes, Abhandlung der Akademie Berlin, 1939
Keller, H., Das Kaisertum Ottos des Großen im Verständnis seiner Zeit, DA 20, 1964
Keller, H., Zur Struktur der Königsherrschaft im karolingischen und nachkarolingischen Italien, QFIAB, 47 1967
Kelly, J. N. D., Reclams Lexikon der Päpste, 1988
Kern, F., Gottesgnadentum und Widerstandsrecht im früheren Mittelalter. Zur Entwicklungsgeschichte der Monarchie, 2. A. 1954, 6. A. 1973
Ketrzyński, S., The Introduction of Christianity and the Early Kings of Poland, in: The Cambridge History of Poland, 1950
Kienast, W., Der Herzogstitel in Frankreich und Deutschland, 1968
Kienast, W., Deutschland und Frankreich in der deutschen Kaiserzeit (900-1270), 2. A. 1974
Kindlers Literatur Lexikon 1968
Klauser, T., Die liturgischen Austauschbeziehungen zwischen der römischen und der fränkisch-deutschen Kirche vom 8. bis 11. Jahrhundert, in HJ 53, 1933
Klebel, E., Herzogtümer und Marken bis 900, in: DA 2, 1938
Klebel, E., Die Ostgrenze des Karolingischen Reiches, in: Wege der Forschung I, 1956
Kliemt, H., Der Glaube als Feind der Aufklärung, in: Dahl (Hg.), Die Lehre des Unheils, 1993
Köhler, O., Die Ottonische Reichskirche. Ein Forschungsbericht, in: Fleckenstein/Schmid, Adel und Kirche, 1968
Kolb, P./Krenig, E.-G. (Hg.), Unterfränkische Geschichte I, 3. A. 1991
Kolmer, L., Christus als beleidigte Majestät. Von der Lex «Quis-quis» (397) bis zur Dekretale «Vergentis» (1199), in: Mordek, H. (Hg.), Papsttum, Kirche und Recht im Mittelalter, 1991
Konecny, S., Die Frauen des karolingischen Königshauses. Die politische Bedeutung der Ehe und die Stellung der Frau in der fränkischen Herrscherfamilie vom 7. bis zum 10. Jahrhundert, 1976
Konecny, S., Eherecht und Ehepolitik unter Ludwig dem Frommen in: MIÖG 85. Bd., 1977
Köpke, R./Dümmler, E., Kaiser Otto der Große. Jahrbücher der deutschen Geschichte, 1876
Kosminski, J. A./Skaskin, S. D., Geschichte des Mittelalters, 1958
Kossman, O., Deutschland und Polen um das Jahr 1000. Gedanken zu einem Buch von Herbert Ludat, in: ZOF 21, 1972
Kötzschke, R./Ebert, W., Geschichte der ostdeutschen Kolonisation, 1937
Kraft, H., Kirchenväter Lexikon, 1966
Krah, A., Absetzungsverfahren als Spiegelbild von Königsmacht. Untersuchungen zum Kräfteverhältnis zwischen Königtum und Adel im Karolingerreich und seinen Nachfolgestaaten, 1987
Kraus, A., Geschichte Bayerns. Von den Anfängen bis zur Gegenwart, 1983
Kühner, H., Lexikon der Päpste von Petrus bis Paul VI., o. J.
Kühner, H., Das Imperium der Päpste. Kirchengeschichte – Weltgeschichte – Zeitgeschichte. Von Petrus bis heute, 1977
Kupisch, K., Kirchengeschichte II. Das christliche Europa. Größe und Verfall des Sacrum Imperium. 2. A. 1984

Lacarra, J. M., Mauren und Christen in Spanien (711–1035), in: Schieder (Hg.) HEG Bd. I. 3. A. 1992
Ladner, G. B., Die Papstbildnisse des Altertums und des Mittelalters, 1984
Lammers, W. (Hg.), Die Eingliederung der Sachsen in das Frankenreich, 1970
Landau, P., Gefälschtes Recht in den Rechtssammlungen bis Gratian, in: MGH Schriften Bd. 33., Fälschungen im Mittelalter, 1988
Lassmann, H., Die Testamente der Bamberger Fürstbischöfe von Albrecht Graf v. Wertheim bis Johann Gottfried v. Aschhausen, in: Historischer Verein Bamberg, 1972
Last, M., Zur Einrichtung geistlicher Konvente in Sachsen während des frühen Mittelalters, in: FMSt 4, 1970
Lautemann, W., Mittelalter, 1970
Levison, W., Aus rheinischer und fränkischer Frühzeit. Ausgewählte Aufsätze, 1948
Lexikon des Mittelalters LMA. Bd. I bis VII, 1980/1995
Leyser, K., The Battle at the Lech, 955. A Study in Tenth-Century Warfare, History 50, 1965
Leyser, K. J., Herrschaft und Konflikt. König und Adel im ottonischen Sachsen, 1984
Lindner, K., Geschichte des deutschen Weidwerks II: Die Jagd im frühen Mittelalter, 1940
Lindner, K., Untersuchungen zur Frühgeschichte des Bistums Würzburg und des Würzburger Raumes. Veröffentlichungen des Max-Planck-Instituts für Geschichte 35, 1972
Lintzel, M., Zu den deutschen Königswahlen der Ottonenzeit, 1948
Lintzel, M., Miszellen zur Geschichte des 10. Jahrhunderts, 1953, und in: Ders., Ausgewählte Schriften, Bd. 2, 1961
Lintzel, M., Zur Designation und Wahl König Heinrichs I. (DA 6), 1943 und in: Hlawitschka, E. (Hg.), Königswahl und Thronfolge in ottonisch-frühdeutscher Zeit, 1971
Lippelt, H., Thietmar von Merseburg. Reichsbischof und Chronist (Mitteldeutsche Forschungen 72), 1973
Lippert, W., Die Aufrichtung der deutschen Herrschaft im Meißner Land, in: W. Lippert (Hg.), Meißnisch-sächsische Forschungen, 1929
Lobbedey, U., Zur archäologischen Erforschung westfälischer Frauenklöster des 9. Jahrhunderts, in: FMSt 4, 1970
Looshorn, J., Geschichte des Bisthums Bamberg, nach den Quellen bearbeitet, 7 Bde. 1886–1910
Lotter, F., Die Vita Brunonis des Ruotger. Ihre historiographische und ideengeschichtliche Stellung. Bonner historische Forschungen 9, 1958
Lotter, F., Das Bild Brunos I. von Köln in der Vita des Ruotger, in: Jb. des Kölner Geschichtsvereins 40, 1966
Lotter, F., Heiliger und Gehenkter. Zur Todesstrafe in hagiographischen Episodenerzählungen des Mittelalters, in: Berg/Goetz (Hg.), Ecclesia et regnum, 1989
Löwe, H., Gozbald von Niederaltaich und Papst Gregor IV, in: Festschrift B. Bischoff, 1971
Löwe, H., Deutschland im fränkischen Reich, 9. neu bearb. Aufl. 1973
Löwe, H. (Hg.), Die Iren und Europa im früheren Mittelalter, 1982

Lubenow, H., Die Slawenkriege der Ottonen und Salier in den Anschauungen ihrer Zeit, 1919
Ludat, H., Piasten und Ottonen, in: L'Europe aux IXe–XIe siècles, 1968
Ludat, H., An Elbe und Oder um das Jahr 1000. Skizzen zur Politik des Ottonenreiches und der slawischen Mächte in Mitteleuropa, 1971, 2. A., 1995
Ludat, H./Schwinges, R. C. (Hg.), Politik, Gesellschaft, Geschichtsschreibung. Gießener Festgabe für František Graus zum 60. Geburtstag, 1982
Lüdtke, A. (Hg.), Herrschaft als soziale Praxis. Historische und sozial-anthropologische Studien, 1991
Lüdtke, F., König Heinrich I., 1936
Lugge, M., ‹Gallia› und ‹Francia› im Mittelalter, 1960
Maier, A., Kirchengeschichte von Kärnten, Heft 2, Mittelalter, 1953
Maier, F. G., Die Verwandlung der Mittelmeerwelt, 1968
Maschke, E., Der Peterspfennig in Polen und dem deutschen Osten, 1933
Mass, J., Bischof Anno von Freising 854/55–875. Cyrillo-Methodiana. Zur Frühgeschichte des Christentums bei den Slaven 863–1963, 1964
Mass, J., Das Bistum Freising in der späten Karolingerzeit. Die Bischöfe Arno (854–875), Arnold (875–883) und Waldo (884–906), 1969
Mayer, T., Staatsauffassung in der Karolingerzeit, HZ 173, 1952
Mayer, Th., Mittelalterliche Studien, 1959
Mayr – Harting, H., The coming of Christianity to Anglo-Saxon England, 1972
McKeon, P. R., Archbishop Ebbo of Rheims, in: Church History, 1974
McKitterick, R., The Frankish kingdoms under the Carolingians, 751–987, 1983
Menzel, W., Geschichte der Deutschen I, 1872
Meyers Taschenlexikon Geschichte, 2. A., 1989
Meyer, O., In der Harmonie von Kirche und Reich, in: Kolb/Krenig (Hg.), Unterfränkische Geschichte. Von der germanischen Landnahme bis zum hohen Mittelalter, Bd. 1, 3. A., 1991
Mitterauer, M., Karolingische Markgrafen im Südosten. Fränkische Reichsaristokratie und bayerischer Stammesadel im österreichischen Raum, 1963
Moehs, T. E., Gregorius V 996–999, A biographical study, 1972
Mohr, W., Die karolingische Reichsidee, 1962
Moia, N., Für die Frauen. Pour les femmes, 1992
Moia, N., Géint d'Pafen, 1994
Montgomery of Alamein, B. L., Weltgeschichte der Schlachten und Kriegszüge, 2 Bde., 1975
Monumenta Germaniae Historica, Schriften Bd. 33. Fälschungen im Mittelalter. Internationaler Kongreß der Monumenta Germaniae Historica, Teil II u. III, 1988
Mordek, H. (Hg.), Papsttum, Kirche und Recht im Mittelalter, Festschrift Horst Fuhrmann zum 65. Geburtstag, 1991
Moser, B. (Hg.), Das Papsttum. Epochen und Gestalten, 1983
Mühlbacher, E., Deutsche Geschichte unter den Karolingern, 2 Bde. Neudruck o. J.
Mulert, H., Gott im Schicksal? 1947
Müller, A. v., Geschichte unter unseren Füßen. Archäologische Forschungen in Europa, 1968
Müller, H., Heribert, Kanzler Ottos III. und Erzbischof von Köln, 1977

Müller-Mertens, E./Huschner, W., Reichsintegration im Spiegel der Herrschaftspraxis Kaiser Konrads II., 1992
Mynarek, H., Eros und Klerus. Vom Elend des Zölibats, 1978
Mynarek, H., Mystik und Vernunft. Zwei Pole einer Entwicklung, 1991
Mynarek, H., Denkverbot. Fundamentalismus in Christentum und Islam, 1992
Mynarek, H., Wie «progressive» Theologen das Christentum «retten», in: Dahl (Hg.), Die Lehre des Unheils, 1993
Naegle, A., Einführung des Christentums in Böhmen. 2 Bde., 1915/1918
Neuss, W., Die Kirche des Mittelalters, 1946
Neuss, W./Oediger, F. W., Das Bistum Köln von den Anfängen bis zum Ende des 12. Jahrhunderts, 1964
Nitschke, A., Der mißhandelte Papst, Folgen ottonischer Italienpolitik, in: Gedenkschrift für J. Leuschner, 1983
Nitzch, F., Geschichte des deutschen Volkes
Noble, Th. F. X., The Revolt of King Bernhard of Italy in 817, in: Studi medievali III, 15, 1974
Nový, R., Die Anfänge des böhmischen Staates, 1969
Nylander, J., Das kirchliche Benefizialwesen Schwedens während des Mittelalters, 1953
Odegaard, Ch. E., The Empress Engelberga, in: Speculum 26, 1951
Oepke, A., Das Neue Gottesvolk, 1950
Oesterle, H. J., Die sogenannte Kopfoperation Karls III. 887, in: AKG 61, 1979
Oexle, O. G., Forschungen zu monastischen und geistlichen Gemeinschaften im Westfränkischen Bereich, 1978
Ostrogorsky, G., Geschichte des byzantinischen Staates, 2. A. 1952, 3. a. 1962
Parisse, M., Lothringen – Geschichte eines Grenzlandes. Deutsche Ausgabe H.-W. Herrmann, 1984
Patschovsky, A., Der Ketzer als Teufelsdiener, in: Mordek (Hg.), Papsttum, Kirche und Recht, 1991
Patze, H. (Hg.), Die Burgen im deutschen Sprachraum I, 1976
Pätzold, B., Otto I. 936–973, in: Engel/Holtz (Hg.), Deutsche Könige und Kaiser des Mittelalters, 1989
Pauler, R., Das Regnum Italiae in ottonischer Zeit. Markgrafen, Grafen und Bischöfe als politische Kräfte, 1982
Penndorf, U., Das Problem der «Reichseinheitsidee» nach der Teilung von Verdun, 1974
Perels, E., Papst Nikolaus I. und Anastasius Bibliothecarius, 1920
Perels, E., Propagandatechnik im 9. Jahrhundert. Ein Originalaktenstück für Erzbischof Gunthar von Köln, in: AUF 15, 1938
Pfeifer, W., Die Bistümer Prag und Meißen. Eine tausendjährige Nachbarschaft, in: Archiv für Kirchengeschichte von Böhmen-Mähren-Schlesien III, 1973
Pfeiffer, G., Die Bamberg-Urkunde Ottos II. für den Herzog von Bayern, in: HVB 1973
Pierer's Universal-Lexikon. Vergangenheit und Gegenwart, 19 Bde. 1857–1865
Pietzcker, F., Die Schlacht bei Fontenoy 841. Rechtsformen im Krieg des frühen Mittelalters, in ZSRGGA 81, 1964
Pitz, E., Wirtschafts- und Sozialgeschichte Deutschlands im Mittelalter, 1979
Pitz, E., Erschleichung und Anfechtung von Herrscher- und Papsturkunden vom

4. bis 10. Jahrhundert, in: MGH Schriften 33, Fälschungen im Mittelalter, 1988

Plötzl, W., Die Anfänge der Ulrichsverehrung im Bistum Augsburg und im Reich, in: Jahrbuch des Vereins für Augsburger Bistumsgeschichte, 1973

Poppe, A., Once again concerning the baptism of Olga, archontissa of Rus', in: DOP 46, 1992

Portmann, M. L., Die Darstellung der Frau in der Geschichtsschreibung des früheren Mittelalters, 1958

Pothmann, A., Altfrid. Ein Charakterbild seiner Persönlichkeit: Das erste Jahrtausend. Textband I, 1964

Prinz, F., Klerus und Krieg im frühen Mittelalter, Untersuchungen zur Rolle der Kirche beim Aufbau der Königsherrschaft, 1971

Prinz, F., Askese und Kultur. Vor- und frühbenediktinisches Mönchtum an der Wiege Europas, 1980

Prinz, F., Die innere Entwicklung: Staat, Gesellschaft, Kirche, Wirtschaft, in: Spindler (Hg.), HBG 2. A. 1981

Prinz, F., Grundlagen und Anfänge. Deutschland bis 1056, 1985

Rahner, Juda und Rom, in: Stimmen der Zeit, 65. Jg. 1934

Ranke-Heinemann, U., Eunuchen für das Himmelreich. Katholische Kirche und Sexualität, 1988

Ranke-Heinemann, U., Nein und Amen. Anleitung zum Glaubenszweifel, 1992

Rassow, P. (Hg.), Deutsche Geschichte im Überblick. Ein Handbuch. 2. A. 1962

Rau, R., Quellen zur karolingischen Reichsgeschichte, Erster Teil, Die Reichsannalen/Einhard Leben Karls des Großen/Zwei «Leben» Ludwigs/Nithard Geschichten, Nachdr. 1987. Zweiter Teil, Jahrbücher von St. Bertin/Jahrbücher von St. Vaast/Xantener Jahrbücher, Nachdr. 1992. Dritter Teil, Jahrbücher von Fulda/Regino Chronik/Notker Taten Karls, Nachdr. 1992

Reindel, K., Herzog Arnulf und das Regnum Bavariae (ZBLG 17), 1953/54. Wiederabdruck in: Die Entstehung des dt. Reiches, Wege der Forschung 1, 1956

Reindel, K., Bayern im Karolingerreich, in: H. Beumann (Hg.), Karl der Große, 1965

Reindel, K., Bayern vom Zeitalter der Karolinger bis zum Ende der Welfenherrschaft (788–1180) in: Spindler (Hg.), HBG, 2. A. 1981

Reindel, K., Grundlegung: das Zeitalter der Agilolfinger (bis 788), in: HBG 1. Bd. M. Spindler (Hg.), 1981

Reindel, K., Königtum und Kaisertum der Liudolfinger und frühen Salier in Deutschland und Italien (919–1056), in: Schieder (Hg.) HEG, Bd. I, 3. A. 1992

Reinhardt, U., Untersuchungen zur Stellung der Geistlichen bei den Königswahlen im Fränkischen und Deutschen Reich, 1975

Rentschler, M., Liudprand von Cremona. Eine Studie zum ost-westlichen Kulturgefälle im Mittelalter, 1981

Rhode, G., Kleine Geschichte Polens, 1965, 3. verb. A. 1980

Riché, P., Die Welt der Karolinger, 1984

Riché, P., Die Karolinger. Eine Familie formt Europa, 3. A. 1995

Rice, D. T. (Hg.), Morgen des Abendlandes, 1965

Rice, D. T., Schmelztiegel der Völker. Osteuropa und der Aufstieg der Slawen, in: Rice, Morgen des Abendlandes, 1965

Ridder, B., Geschichte der katholischen Kirche für Schule und Haus in Überblikken, Bd. II Das Christentum und die abendländische Kultur, 1953

Rosa, P. de, Gottes erste Diener. Die dunkle Seite des Papsttums, 1989
Rösener, W., Bauern im Mittelalter, 4. unver. A. 1991
Schaab, M., Die Blendung als politische Maßnahme im abendländischen Früh- und Hochmittelalter. Diss. Masch, 1955
Scharf, J., Studien zu Smaragdus und Jonas, in: DAEM, 1961
Scheibelreiter, G., Königstöchter im Kloster. Radegund († 587) und der Nonnenaufstand von Poitiers (589), in: MIÖG 87. Bd., 1979
Schieder, T. (Hg.), Handbuch der Europäischen Geschichte, Bd. 1, 3. A., 1992
Schieffer, R., Ludwig ‹der Fromme›. Zur Entstehung eines karolingischen Herrscherbeinamens, in: FMSt. 16. Bd., 1982
Schieffer, R., Kreta, Rom und Laon. Vier Briefe des Papstes Vitalian vom Jahre 668, in: Mordek, H. (Hg.), Papsttum, Kirche und Recht im Mittelalter, 1991
Schieffer, R., Die Karolinger, 1992
Schieffer, T., Voraussetzungen und Grundlagen der Europäischen Geschichte. Die Europäische Welt um 400, in: Schieder (Hg.) HEG, Bd. 1, 3. A., 1992
Schieffer, T., Das Karolingerreich. Der Aufstieg der Karolinger (687–751), in: Schieder (Hg.) HEG Bd. I; 3. A., 1992
Schieffer, T., Das Ostfränkische Reich (887–918), in Schieder (Hg.) HEG Bd. I; 3. A. 1992
Schieffer, T., Burgund (879–1038), in: Schieder (Hg.) HEG Bd. I; 3. A., 1992
Schieffer, T., Nord- und Mittelitalien (888–962), in: Schieder (Hg.) HEG Bd. I; 3. A., 1992
Schlesinger, W., Kaisertum und Reichsteilung. Zur Divisio regnorum von 806, in: Forschungen zu Staat und Verfassung, Festschrift Fritz Hartung, 1958
Schlesinger, W., Kirchengeschichte Sachsens im Mittelalter, I: Von den Anfängen christlicher Verkündigung bis zum Ende des Investiturstreites, 1962
Schlesinger, W., Die Anfänge der deutschen Königswahl, in: Die Entstehung des Deutschen Reiches, 1956 und mit zusätzlichen Anmerkungen in: W. Schlesinger, Beiträge zur deutschen Verfassungsgeschichte des Mittelalters 1, 1963
Schlesinger, W., Karolingische Königswahlen, in: Zur Geschichte und Problematik der Demokratie. Festschrift Hans Herzfeld, 1958 u. in ders. Beiträge zur deutschen Verfassungsgeschichte des Mittelalters 1, 1963
Schlesinger, W., Beobachtungen zur Geschichte und Gestalt der Aachener Pfalz in der Zeit Karls des Großen, in: Claus/Haarnagel/Raddatz, Studien zur europäischen Vor- und Frühgeschichte, 1968
Schlesinger, W., Die mittelalterliche Ostsiedlung im Herrschaftsraum der Wettiner und Askanier, in: Deutsche Ostsiedlung in Mittelalter und Neuzeit, 1971
Schlesinger, W., Die Königserhebung Heinrichs I., der Beginn der deutschen Geschichte und die deutsche Geschichtswissenschaft, in: HZ 1975
Schlesinger, W., Archäologie des Mittelalters in der Sicht des Historikers, 1974, zuletzt in: Ausgewählte Aufsätze, 1987
Schmid, K., Die Thronfolge Ottos des Großen, ZRG GA 81, 1964
Schmid, K., Die Mönchsgemeinschaft von Fulda als sozialgeschichtliches Problem, in: FMSt 4, 1970
Schmid, K., Bemerkungen über Synodalverbrüderungen der Karolingerzeit, in: Festschrift R. Schmidt-Wiegand, 1986
Schmidt, H.-J., Religiöse Mittelpunkte und Verbindungen, in: Heit, A. (Hg.), Zwischen Gallia und Germania, 1986

Schmidt, R., Rethra. Das Heiligtum der Lutizen als Heiden-Metropole, 1974
Schmitt, J.-C., Macht der Toten, Macht der Menschen. Gespenstererscheinungen im hohen Mittelalter, in: Lüdtke (Hg.), Herrschaft 1991
Schmitz, G., Intelligente Schreiber. Beobachtungen aus Ansegis- und Kapitularienhandschriften, in: Mordek, H. (Hg.), Papsttum, Kirche und Recht im Mittelalter, 1991
Schneider, F., Rom und Romgedanke im Mittelalter. Die geistlichen Grundlagen der Renaissance, 1926
Schneider, G., Erzbischof Fulco von Reims (883–900) und das Frankenreich, 1973
Schneider, H., Ademar von Chabannes und Pseudoisidor – der «Mythomane» und der Erzfälscher, in: MGH Schriften Bd. 33, Fälschungen im Mittelalter, 1988
Schneider, H., Eine Freisinger Synodalpredigt aus der Zeit der Ungarneinfälle (Clm 6245) in: Mordek, H. (Hg.), Papsttum, Kirche und Recht im Mittelalter, 1991
Schneider, R., Das Frankenreich, 3. A., 1995
Schneidmüller, B., Karolingische Tradition und frühes französisches Königtum. Untersuchungen zur Herrschaftslegitimation der westfränkisch-französischen Monarchie im 10. Jahrhundert, 1979
Schnith, K. R. (Hg.), Mittelalterliche Herrscher in Lebensbildern. Von den Karolingern zu den Staufern, 1990
Schnürer, G., Kirche und Kultur im Mittelalter, I 3. A. 1936, II 1926, III 1929
Schöffel, J. B., Kirchengeschichte Hamburgs, Erster Band: Die Hamburgische Kirche im Zeichen der Mission und im Glanze der erzbischöflichen Würde, 1929
Schramm, P. E., Herrschaftszeichen und Staatssymbolik, 3 Bde, 1954/1956
Schramm, P. E., Kaiser, Könige und Päpste. Gesammelte Aufsätze zur Geschichte des Mittelalters, I u. II, 1968
Schreiner, K., Gregor VIII., nackt auf einem Esel. Entehrende Entblößung und schandbares Reiten im Spiegel einer Miniatur der «Sächsischen Weltchronik», in: Berg/Goetz (Hg.), Ecclesia et regnum, 1989
Schreiner, P., Byzanz. 2. überarbeitete A. 1994
Schröder, I., Zur Rezeption merowingischer Konzilskanones bei Gratian, in: Mordek (Hg.), Papsttum, Kirche und Recht, 1991
Schrörs, H., Hinkmar, Erzbischof von Reims, 1884
Schubert, H. v., Geschichte der christlichen Kirche im Frühmittelalter, I. 1917, II. 1921
Schulte, A., Der Adel und die deutsche Kirche im Mittelalter, 1910
Schulze, H. K., Vom Reich der Franken zum Land der Deutschen. Merowinger und Karolinger. 1987
Schulze, H. K., Hegemoniales Kaisertum. Ottonen und Salier. 1991
Schünemann, K., Deutsche Kriegsführung im Osten, DA 2, 1938
Schur, J., Königtum und Kirche im ostfränkischen Reich, 1931
Schwarzmaier, H., Ein Brief des Markgrafen Aribo an König Arnulf über die Verhältnisse in Mähren. FS 6, 1972
Seckel, E., Pseudoisidor, in: Realencyclopädie für protest. Theologie und Kirche, 16, 1905
Seibt, F. (Hg.), Bohemia Sacra. Das Christentum in Böhmen 973–1973, 1974

Seidlmayer, M., Geschichte Italiens. Vom Zusammenbruch des Römischen Reiches bis zum Ersten Weltkrieg. Mit einem Beitrag, Italien vom ersten zum zweiten Weltkrieg, von T. Schieder, 1962

Semmler, J., Corvey und Herford in der benediktinischen Reformbewegung des 9. Jahrhunderts, in: FMSt 4, 1970

Semmler, J., Ludwig der Fromme 814–840, in: H. Beumann (Hg.), Kaisergestalten des Mittelalters, 3. A. 1991

Seppelt, F. X., Geschichte des Papsttums. Eine Geschichte der Päpste von den Anfängen bis zum Tod Pius' X., 5 Bde. 1931–1936

Seppelt, F. X./Schwaiger, G., Geschichte der Päpste. Von den Anfängen bis zur Gegenwart, 1964

Simson, B., Jahrbücher des Fränkischen Reichs unter Ludwig dem Frommen, Bd. I: 814–830, Neudruck der 1. Aufl. von 1874, Bd. II: 831–840, Neudruck der 1. Aufl. von 1876, 1969

Singer, P., Befreiung der Tiere. Eine neue Ethik zur Behandlung der Tiere, 1982

Singer, P./Dahl, E., Das gekreuzigte Tier, in: Dahl, E. (Hg.), Die Lehre des Unheils, 1993

Sommerlad, Th., Die wirtschaftliche Tätigkeit der Kirche in Deutschland. I. Bd. 1890; II. Bd. 1905

Spindler, M., Handbuch der Bayerischen Geschichte. Das alte Bayern. Das Stammesherzogtum bis zum Ausgang des 12. Jahrhunderts, 2. A. 1. Bd., 1981

Sprandel, R., Verfassung und Gesellschaft im Mittelalter, 5. überarbeitete Auflage 1994

Sprigade, K., Die Einweisung ins Kloster und in den geistlichen Stand als politische Maßnahme im frühen Mittelalter, Phil. Diss. Heidelberg 1964, in: FMSt 17, 1983

Sprotte, F., Biographie des Abtes Servatus Lupus von Ferrières. Nach den Quellen des neunten Jahrhunderts, 1880

Staber, J., Kirchengeschichte des Bistums Regensburg, 1966

Stachnik, R., Die Bildung des Weltklerus im Frankenreiche von Karl Martell bis auf Ludwig den Frommen. Eine Darstellung ihrer geschichtlichen Entwicklung, 1926

Stadtmüller, G., Geschichte Südosteuropas, 1950

Stamer, L., Kirchengeschichte der Pfalz, 2 Teile, 1936/1949

Staubach, N., Das Herrscherbild Karls des Kahlen. Formen und Funktionen monarchischer Repräsentation im frühen Mittelalter, 1981

Steinbach, F., Das Frankenreich (Brandt/Meyer/Just, Handbuch der deutschen Geschichte 1, 2), 1957

Steinbach, F., Die Ezzonen. Das erste Jahrtausend, 1964

Stern, L./Bartmuss, H. J., Deutschland in der Feudalepoche von der Wende des 5./6. Jh. bis zur Mitte des 11. Jh., 1973

Steuer, H., Historische Phasen der Bewaffnung nach Aussagen der archäologischen Quellen Mittel- und Nordeuropas im ersten Jahrtausend n. Chr., in: FS 4, 1970

Störmer, W., Früher Adel, Studien zur politischen Führungsschicht im fränkisch-deutschen Reich vom 8.–11. Jahrhundert, 1973

Störmer, W., Die Anfänge des karolingischen Pfalzstifts Altötting, in: Berg/Goetz (Hg.), Ecclesia et regnum, 1989

Störmer, W., Im Karolingerreich, in: Kolb/Krenig (Hg.), Unterfränkische Geschichte. Von der germanischen Landnahme bis zum hohen Mittelalter, Bd. 1, 3. A., 1991
Stratmann, F. M., Die Heiligen und der Staat, 4 Bde., 1949–1952
Stratmann, M., Das Recht der Erzbischofsweihe im ostfränkisch-deutschen Reich vom 8. bis 13. Jahrhundert (mit einem Ausblick auf Westfranken und England), in: Mordek, H. (Hg.), Papsttum, Kirche und Recht im Mittelalter, 1991
Stutz, U., Die rheinischen Erzbischöfe und die deutsche Königswahl, in: Fs. H. Brunner, 1910
Taddey, G. (Hg.), Lexikon der Deutschen Geschichte. Personen–Ereignisse–Institutionen. Von der Zeitwende bis zum Ausgang des 2. Weltkrieges, 1979
Tangl, G., Die Teilnehmer an den allgemeinen Konzilien des Mittelalters, 1932
Tellenbach, G., Vom Zusammenleben der abendländischen Völker im Mittelalter, in: Festschrift Gerhard Ritter, 1950
Tellenbach, G., Europa im Zeitalter der Karolinger (Historia mundi 5), 1956
Tellenbach, G., Die Unteilbarkeit des Reiches. Ein Beitrag zur Entstehungsgeschichte Deutschlands und Frankreichs, 1956
Tellenbach, G., Zur Geschichte Kaiser Arnulfs, in: Kämpf, H. (Hg.), Die Entstehung des Deutschen Reiches, 1980
Tellenbach, G., Die westliche Kirche vom 10. bis zum frühen 12. Jahrhundert, 1988
Thrasolt, E., Das Martyrologium Germaniens. Geschichtliche Gebetslesungen zum täglichen Gedächtnis der deutschen Heiligen, 1939
Tomek, E., Kirchengeschichte Österreichs, 2 Bde. 1935/1948
Trillmich, W. (Hg.), Thietmar von Merseburg. Chronik, 7. A. 1992
Trüb, C. L. P., Heilige und Krankheit, 1978
Tüchle, H., Kirchengeschichte Schwabens, I. Bd. Die Kirche Gottes im Lebensraum des schwäbisch-alamanischen Stammes, 1955
Tusculum Lexikon der griechischen und lateinischen Literatur vom Altertum bis zur Neuzeit, 1948
Uhlirz, K., Jahrbücher des Deutschen Reiches unter Otto II. und Otto III., Bd. 1 Otto II. (973–983), 1902; Otto III. (983–1002) bearb. v. M. Uhlirz, 1954
Uhlirz, M., Otto III. und das Papsttum: HZ 162, 1940
Ullmann, W., Die Machtstellung des Papsttums im Mittelalter. Idee und Geschichte, 1960
Umeljić, V., Die Besatzungszeit und das Genozid in Jugoslawien 1941–1945, 1994
Valjavec, F. (Hg.), Frühes Mittelalter, 1956
Vehse, O., Die päpstliche Herrschaft in der Sabina bis zur Mitte des 12. Jahrhunderts, in: QFIAB, 1929/30
Vernadsky, G., Das frühe Slawentum. Das Ostslawentum bis zum Mongolensturm, in F. Valjavec (Hg.), Frühes Mittelalter, 1956
Vogel, P. M., Lebensbeschreibungen der Heiligen Gottes auf alle Tage des Jahres. Mit zur Nachfolge ermunternden Lehrstücken, 1863
Voigt, H. G., Adalbert von Prag, 1898
Voigt, K., Staat und Kirche von Konstantin dem Großen bis zum Ende der Karolingerzeit, 1965
Voltaire, Aphorismen und Gedankenblitze, 1979
Voss, I., Herrschertreffen im frühen und hohen Mittelalter. Untersuchungen zu

den Begegnungen der ostfränkischen und westfränkischen Herrscher im 9. und 10. Jahrhundert sowie der deutschen und französischen Könige vom 11. bis 13. Jahrhundert, 1987
Waitz, G., Jahrbücher des Deutschen Reichs unter König Heinrich I., 3. A., 1885, 4. erg. A., 1963
Waldmüller, L., Salzburg als Zentrum der bairischen Slawenmission des 8. Jahrhunderts, in: Bavaria Christiana, 1973
Walterscheid, J., Deutsche Heilige. Eine Geschichte des Reiches im Leben deutscher Heiliger, 1934
Warnke, C., Ursachen und Voraussetzungen der Schenkung Polens an den heiligen Petrus, in: Grothusen/Zernak (Hg.), Europa Slavica, 1980
Wattenbach, W./Holtzmann R. (Hg.), Deutschlands Geschichtsquellen im Mittelalter. Die Zeit der Sachsen und Salier, Erster Teil: Das Zeitalter des Ottonischen Staates (900–1050), Neuausgabe 1967
Wattenbach/Dümmler/Huf, Deutschlands Geschichtsquellen im Mittelalter. Frühzeit und Karolinger, neu bearbeitet und ergänzt von Franz Huf, hg. von Heine, A., 1991
Weinrich, L., Wala. Graf, Mönch und Rebell. Die Biographie eines Karolingers, 1963
Weinrich, L., Tradition und Individualität in den Quellen zur Lechfeldschlacht 955, in: Deutsches Archiv für Forschung, Geschichte des Mittelalters, 1971
Weitlauff, M., Der heilige Bischof Udalrich von Augsburg (890–4. Juli 973), in: Jb. des Vereins für Augsburger Bistumsgeschichte 7, 1973
Weller, K., Württembergische Kirchengeschichte bis zum Ende der Stauferzeit, 1936
Weller, K., Geschichte des schwäbischen Stammes bis zum Untergang der Staufer, 1944
Wemple, S. F., Women in Frankish Society. Marriage and the Cloister 500 to 900, 1981
Wentz, G./Schwineköper, B., Das Erzbistum Magdeburg, hg. vom Max-Planck-Institut für Geschichte, 1972
Werner, K. F., Die Unruochinger, in: Karl der Große. Lebenswerk und Nachleben, 1965 ff.
Werner, K. F., Die Nachkommen Karls des Großen, in: Karl der Große, hg. v. W. Braunfels, 1967
Werner, K. F., Die Ursprünge Frankreichs bis zum Jahr 1000, 1989
Werner, K. F., Westfranken-Frankreich unter den Spätkarolingern und frühen Kapetingern (888–1060), in: Schieder (Hg.) HEG, Bd. I; 3. A. 1992
Werner, M., Iren und Angelsachsen in Mitteldeutschland. Zur vorbonifatianischen Mission in Hessen und Thüringen, in: Löwe (Hg.), Die Iren und Europa, 1982
Wetzer, H. J./Welte, B., Kirchen-Lexikon oder Encyklopädie der katholischen Theologie und ihrer Hilfswissenschaften I–XI, 1847–1854
Wiegand, F., Agobard von Lyon und die Judenfrage, in: Festschrift für Luitpold von Bayern o. J. I
Wies, E. W., Otto der Große, Kämpfer und Beter, 2. A. 1991
Wilpert, G. v. (Hg.), dtv-Lexikon der Weltliteratur, 1971
Wollasch, J., Das Grabkloster der Kaiserin Adelheid in Selz am Rhein, in: FMSt 2, 1968

Wolter, H., Die Synoden im Reichsgebiet und in Reichsitalien von 916 bis 1056, 1988
Wühr, W., Studien zu Gregor VII. – Kirchenreform und Weltpolitik, 1930
Führer, K., Die Anfänge der nordeuropäischen Monarchien, in: Schieder (Hg.) HEG Bd. I, 3. A. 1992
Zagiba, F., Das abendländische Bildungswesen bei den Slawen im 8./9. Jahrhundert. Jb. für altbayrische Kirchengeschichte, 1962
Zapperi, R., Der schwangere Mann. Männer, Frauen und die Macht, 1984
Zatschek, H., Wie das erste Reich der Deutschen entstand. Staatsführung, Reichsgut und Ostsiedlung im Zeitalter der Karolinger, 1940
Zeissberg, H., Die öffentliche Meinung im 11. Jahrhundert über Deutschlands Politik gegen Polen, in: Beumann, Heidenmission, 1963
Zibermayr, I., St. Wolfgang und die Johanneskirche am Abersee, in: MIÖG, 1952
Ziegler, A. W., Der Konsens der Freisinger Domherren im Streit um Methodius. Ein Beitrag zur kirchlichen Rechtsgeschichte, in: Hellmann/Olesch u. a. Cyrillo-Methodiana, 1964
Zimmermann, H., Papstabsetzungen des Mittelalters, in: MIÖG 69, 1961
Zimmermann, H., Das dunkle Jahrhundert. Ein historisches Portrait, 1971
Zimmermann, H. (Hg.), Otto der Große, 1976
Zimmermann, H., Das Papsttum im Mittelalter. Eine Papstgeschichte im Spiegel der Historiographie, 1981
Zimmermann, H., Gerbert als kaiserlicher Rat, in: Gerberto Scienza, storia e mito, Atti del Gerberti Symposium, Archivum Bobiense, Studia 2, 1985
Zöllner, E., Die politische Stellung der Völker im Frankenreich (Veröffentl. d. Inst. f. österr. Gesch. 13), 1950
Zoepfl, F., Udalrich, Bischof von Augsburg, in: G. v. Pöllnitz, Lebensbilder aus dem bayerischen Schwaben, 1952
Zoepfl, F., Das Bistum Augsburg und seine Bischöfe im Mittelalter, 1955
Zotz, T., Präsenz und Repräsentation. Beobachtungen zur königlichen Herrschaftspraxis im hohen und späten Mittelalter, in: Lüdtke (Hg.), Herrschaft, 1991
Zufferey, M., Der Mauritiuskult im Früh- und Hochmittelalter, in: HJb, 1986

ABKÜRZUNGEN

von Quellen, wissenschaftlichen Zeitschriften und Nachschlagewerken

Adalb. contin. Regin.: Adalbert von Weißenburg/Magdeburg: Continuatio Reginonis
Adam von Bremen, Gesta Hamm.: Gesta Hammaburgensis ecclesiae pontificum
Agobard, Lib. apologet.: Agobard von Lyon: Liber apologeticus
AKG: Archiv für Kulturgeschichte
AmrhKG: Archiv für mittelrheinische Kirchengeschichte
Ann. Alam.: Annales Alamannici
Ann. Altah.: Annales Altahenses maiores
Ann. Bertin.: Annales Bertiniani
Ann. Corb.: Annales Corbeienses
Ann. Einsidl.: Annales Einsidlenses
Ann. Farf.: Annales Farfenses
Ann. Fuld.: Annales Fuldenses
Ann. Hildesh.: Annales Hildesheimenses
Ann. Laub.: Annales Laubienses
Ann. Lob.: Annales Lobienses
Ann. Magdeb.: Annales Magdeburgenses
Ann. Mett.: Annales Mettenses
Ann. Mett. prior.: Annales Mettenses priores
Ann. Quedlinb.: Annales Quedlinburgenses
Ann. reg. Franc.: Annales regni Francorum (Reichsannalen)
Ann. Remens.: Annales Remenses (s. auch Flodoard)
Ann. Sangall.: Annales Sangallenses maiores
Ann. Vedast.: Annales Vedastini
Ann. Weissenb.: Annales Weissenburgenses
Ann. Xant.: Annales Xantenses

Arbeo, Vita Heimhr.: Arbeo von Freising: Vita sancti Haimrhammi
Astron.: Astronomus: Vita Hludowici imperatoris
AUF: Archiv für Urkundenforschung

Bonif. ep.: Bonifatius: Briefe

Chron. Hildesh.: Chronicon Hildesheimense
CIC: Codex juris canonici

DAM: Deutsches Archiv für Geschichte des Mittelalters (1937–1944), ab 1951 (Bd. 8) Deutsches Archiv für Erforschung des Mittelalters
DOP: Dumbarton Oaks Papers, ed. Harvard University 1941 ff.

Einh.: Einhard: Vita Karoli
Ekkeh.: Ekkehard IV. von St. Gallen: Casus sancti Galli
Erchemp.: Erchempert von Montecassino: Ystoriola Langobardorum Beneventi degencium
Ermold. Nig.: Ermoldus Nigellus: In honorem Hludowici Christianissimi Caesaris Augusti

Flod. de Christi triumph.: Flodoard von Reims: De Christi triumphis
Flod. Hist. Remens.: Flodoard von Reims: Historiarum ecclesiae Remensis libri IV
FMSt: Frühmittelalterliche Studien, Berlin 1967 ff.
FrhLG: Forschungen zur oberrheinischen Landesgeschichte

Greg. dial.: Papst Gregor I.: Dialogi de

vita et miraculis patrum Italicorum (4 Bücher)

HBG: Handbuch der bayerischen Geschichte. Erster Band: Das alte Bayern. Das Stammesherzogtum bis zum Ausgang des 12. Jahrhunderts, herausgegeben von Max Spindler, 2. überarbeitete Aufl. 1981

HEG: Handbuch der Europäischen Geschichte. Band 1: Europa im Wandel von der Antike zum Mittelalter, herausgegeben von Theodor Schieder, 3. Aufl. 1992

Helm. Chron. Slav.: Helmold v. Bosau, Chronica Slavorum

HJb: Historisches Jahrbuch

HKG: Handbuch der Kirchengeschichte, herausgegeben von Hubert Jedin. Band III/1: Die mittelalterliche Kirche: Vom Frühmittelalter bis zur gregorianischen Reform. Sonderausgabe 1985

HZ: Historische Zeitschrift, München 1859 ff.

JGO: Jahrbücher für Geschichte Osteuropas, München u. a. 1936–1941. Neue Serie 1953 ff.

JGU: Jahrbuch für Geschichte der UdSSR

Joh. diac.: Johannes Diaconus von Venedig, Chronicon Venetum

JW: P. Jaffé, Regesta pontificum Romanorum ab condita ecclesia ad annum post Christum natum MCXCVIII, 2. Aufl. herausgegeben von G. Wattenbach 1885 ff. Nachdruck 1956

Liutpr. antapod.: Liutprand v. Cremona, Antapodosis

Liutpr. hist. Otton: Historia Ottonis

Liutpr. Legatio: Legatio ad imperatorem Constantinopolitanum Nicephorum Phocam

LMA: Lexikon des Mittelalters I–VII 1980–1995

LP: Liber Pontificalis 2 Bde. ed. von L. Duchesne 1886 ff. 2. Aufl. 1955

LThK: Lexikon für Theologie und Kirche 1. Aufl. 1930 ff. 2. Aufl. 1957 ff. 3. völlig neubearb. Aufl. 1993 ff. (bisher Bde. 1–5)

Mansi: J. D. Mansi (Hg.), Sacrorum Conciliorum nova et amplissima collectio 31 Bde. 1759 ff. Neudruck und Forts., ed. von Petit/Martin, 60 Bde. 1901 ff.

MG: Monumenta Germaniae historica 1826 ff.

MG Capit.: Leges. Capitularia

MG Conc.: Leges. Concilia

MG Const.: Leges. Constitutiones

MG Epp.: Epistolae

MG SS: Scriptores

MIÖG: Mitteilungen des Instituts für Österreichische Geschichtsforschung 1880 ff.

Nith. hist.: Nithardi historiarum libri IV

Notk. Gesta Kar.: Notkeri Gesta Karoli

Pasch. Radb.: Paschasius Radbertus: Vita Walae

Pasch. Radb. Epit. Ars.: Paschasius Radbertus: Epitaphium Arsenii

Petr. Damin. Vita Rom.: Petrus Damiani, Vita beati Romualdi

PL: J.-P. Migne, Patrologiae cursus completus. Series latina

QFIAB: Quellen und Forschungen aus italienischen Archiven und Bibliotheken, Zeitschr. des Preußischen bzw. Deutschen Historischen Instituts in Rom, 1898 ff.

Regin. chron.: Regino von Prüm: Reginonis chronica

Regin. de synod. caus.: Regino von Prüm: De synodalibus causis et disciplinis ecclesiasticis

Richer: Richer von Reims: Richeri historiarum libri IV

Ruotg. Vita Brun.: Ruotger von Köln: Vita Brunonis

Sett. cent. it.: Settimane di studio del centro italiano di studi sull'alto medioevo 1953 ff.

StM: Studi medievali 1904 ff.

Thegan: Thegani vita Hludowici

Thietm.: Thietmar von Merseburg: Chronicon

UG: Unterfränkische Geschichte I

Vita Bernw.: Vita Sancti Bernwardi Episcopi Hildesheimensis

Vita Ouldalr.: Vita Sancti Ouldalrici Episcopi Augustani

Widuk.: Widukind von Corvey: Res Gestae Saxonicae

ZBKG: Zeitschrift für bayerische Kirchengeschichte 1926 ff.

ZBLG: Zeitschrift für bayerische Landesgeschichte 1928 ff.

ZKG: Zeitschrift für Kirchengeschichte 1876 ff.

ZOF: Zeitschrift für Ostforschung 1952 ff.

ZSRG GM: Zeitschrift der Savignystiftung für Rechtsgeschichte Germanische Abteilung 1880 ff.

ZSRG KA: Zeitschrift der Savignystiftung für Rechtsgeschichte Kanonistische Abteilung 1911 ff.

REGISTER

Das folgende Register umfaßt – ausgenommen die gesondert paginierte «Replik» des Vorspanns – alle im vorliegenden Band 5 enthaltenen Namen von Personen, auch von fiktiven, legendären oder gefälschten, sowie die Namen aller mehr oder minder fingierten oder mythischen Gestalten aus alten Literaturen oder anderen Traditionen.

Da sämtliche Zitate buchstabengetreu aus den Quellen übernommen wurden, kommen etliche Namen in verschiedenen Schreibweisen vor.

Zur Erleichterung der Suche wurde in bestimmten Fällen ein und dieselbe Person mit mehreren Namensvarianten in das Register aufgenommen. Auf Querverweise wird weitgehend verzichtet, um dem Benutzer Unbequemlichkeiten zu ersparen.

Vornamen, Titel, Ränge, Verwandtschaftsverhältnisse, Zeitangaben ergänzen pragmatisch, nicht systematisch, das Stichwort, damit der Leser nicht unnötig nachschlägt. In der Regel werden Nebenfiguren genauer charakterisiert als die bekannteren Personen.

Erstellt hat das Register Ralf Lang (M.A.), Düsseldorf.

Abbo, Mönch, gelehrter Abt von Fleury: 281, 567
Abdirahman, Emir von Cordoba (796 bis 822): 45
Abdarrahman II., Emir von Cordoba von 822 bis 852: 15, 55
Abraham von Freising, Bischof (957–993): 126, 521
Abul Kasim, Emir von Sizilien: 538
Abulaz, Sarazenenkönig: 45
Achter I.: 434–435
Adalbero von Augsburg, Bischof, Onkel des Ulrich von Augsburg: 298, 347, 444
Adalbero von Laon, Bischof: 527, 530
Adalbero von Reims, Erzbischof: 527, 545
Adalbero, Bischof von Metz: 418, 423
Adalbert, hl., Sohn des Fürsten Slavnik von Libice: 551, 553, 572
Adalbert, Sohn Berengars II., König von Italien: 494–496, 499, 501–503, 512–513

Adalbert von Evrea, Graf, Empörer gegen Berengar I.: 485
Adalbert von Hamburg-Bremen, Erzbischof: 533, 548
Adalbert von Magdeburg, Erzbischof (968–981), von Otto I. nach Kiew geschickt, «Adalbert für die Russen»: 377, 385, 451, 465, 547, 562
Adalbert von Prag, Bischof, Missionar: 152, 565, 570–571, 573–574
Adalbert von Toscana, Herzog: 240, 251, 270, 335
Adalbert von Babenberg, Graf: 354, 356–357, 361, 369
Adalbert von Passau, Bischof, siegte über die Ungarn: 441
Adaldag, Erzbischof von Hamburg-Bremen: 418–419, 459, 469, 473–475
Adalgar, Graf: 95
Adalhard, Abt von Corbie an der Somme, Stiefvetter Karls «des Großen»: 33, 42–43

Adalhard, Graf: 251
Adalhard von St. Bertin, Abt: 141
Adalhard von Verona, Bischof: 340
Adalhard von Babenberg, Graf: 354–355, 356
Adalward von Verden, Bischof: 364
Adallindis, Kebse Karls «des Großen»: 33
Adalram, Erzbischof von Salzburg: 156, 228
Adam von Bremen, Domherr u. Domscholaster († vor 1085): 533
Adelbert von Bergamo, Bischof: 328
Adelchis, Herzog von Benevent: 180, 217, 237
Adelhard, Priester, befehligte die Feste Formicaria, danach Bischof von Reggio: 493–494
Adelheid, Schwägerin der Judith (Ehefrau Ludwigs «des Frommen»): 34
Adelheid, 2. Frau Ludwigs des Stammlers: 251, 278
Adelheid, Kaiserin, 2. Frau Ottos I.: 427, 494–495, 499, 521, 527, 546–549, 554, 563
Adelheid, Tochter Ottos II., Äbtissin von Quedlinburg, von Heinrich dem Zänker geraubt: 546
Ado, Priester, Verwandter des Anastasius: 211
Ado, Erzbischof: 189
Adventius von Metz, Bischof: 199, 213–214
Aeblus, Graf, fränkischer Heerführer gegen Pamplona: 54
Aerssen, J. van: 406
Agapet II., Papst (946–955): 433, 442, 497
Agapitus, Heiliger: 99
Ageltrude, Frau des Kaisers Wido: 325, 329
Agobard von Lyon, berüchtigter fränkischer Erzbischof: 13, 24, 37, 67, 70, 72, 77, 79–80, 84, 88
Aizo, vornehmer und abtrünniger Westgote unter Ludwig «dem Frommen»: 55–56, 71
Alberich, Graf: 317

Alberich I., Herzog, Antiformosianer, verheiratet mit Marozia: 478, 482, 489, 491, 495
Alberich II., Sohn der Marozia und Alberichs: 491–492, 496–498, 505, 537
Alboin, König der Langobarden: 144
Alboin von Brixen, hl., Bischof: 524
Albrecht von Magdeburg, Bischof: 460
Alexander II., Papst: 478
Alfred «der Große», englischer König: 275
Alkuin, Abt: 33
Alpais, uneheliche Tochter Ludwigs «des Frommen»: 26, 34
Altfried, Diözesanbischof von Hildesheim: 127, 376, 574
Althoff, Gerd, Historiker: 384, 390, 524, 549, 556–557, 560, 567
Amalwin von Bisanz, Erzbischof: 110
Ambrosius von Bergamo, Graf: 328
Anastasios I., byzantinischer Kaiser (491–518): 220
Anastasius Bibliothecarius, Kardinalspriester, später Gegenpapst: 179, 189–191, 193–194, 210–212
Anastasius, Priester und Verräter: 467
Angenendt, Arnold: 366
Angilberga, Frau Kaiser Ludwigs II.: 217–218
Angilbert, Hofkaplan und Abt: 98–99
Angilram von Metz, Erzbischof: 184
Anna, Schwester des Kaisers Basileios II.: 167–168
Anna, Witwe, Konkubine Papst Johanns XII.: 197
Anno II. von Köln, Erzbischof: 548
Anonymus, unbekannter Biograph Ludwigs «des Frommen». S. auch Astronomus: 21, 26, 45, 47, 58
Ansbert (Anspert) von Mailand, Erzbischof: 218, 241, 256–257
Ansbert von Cambrai, Bischof (966–971): 432
Ansegis von Sens, Erzbischof: 260
Anselm von Mailand, Bischof: 40
Ansfried von Löwen, Schwertträger Ottos I.: 499

Ansgar, hl. Bischof von Hamburg-Bremen u. Missionar: 152, 470–471, 531
Ansgard, Frau Ludwigs des Stammlers: 247, 251, 276
Anskar II. von Ivrea, Markgraf von Spoleto-Camerino, Halbbruder Berengars II.: 492–493
Anton von Brescia, Bischof: 218
Antonios Kaulens, Patriarch (893–901): 480
Arbeo von Freising, Bischof: 301
Arderich von Mailand, Erzbischof: 493
Arding von Brescia, Bischof: 340
Arduin von Ivrea, Markgraf: 549
Aribo, Markgraf: 285–286, 303, 310, 347
Aribo II. von Mainz, Erzbischof: 580
Arn von Würzburg, Bischof (855–892): 126, 153, 163, 230, 307–308
Arnold von Mainz, ermordeter Erzbischof: 580
Arnulf von Kärnten, Herzog, ostfränk. König u. Kaiser, Sohn König Karlmanns: 123, 166, 246, 280, 288, 291–300, 302–311, 313–317, 319, 321, 325–332, 336–337, 339–340, 343, 345, 347–348, 351, 366, 442–444
Arnulf «der Böse», Herzog der Bayern: 351, 363–365, 368–369, 378–379, 383–384, 406–407, 414, 421–422, 426, 492
Arnulf von Orleans, Bischof, Kritiker des Papsttums: 508, 567
Arnulf von Toul, Bischof: 213
Arnulf, Graf von Sens, unehelicher Sohn Ludwigs «des Frommen»: 26, 34
Arnulf, Pfalzgraf, Sohn Arnulfs des Bösen: 115, 128
Arnustus von Narbonne, Erzbischof: 316
Arran, Araberführer: 324
Asenarius, Graf: 51
Ascherius, päpstlicher Legat in Ungarn: 574
Arsenius von Orte, Bischof: 189–190, 211
Aspert, Bischof von Regensburg: 298
Astronomus, Geistlicher, unbekannter Biograph Ludwigs «des Frommen»: 17–19, 21, 31–32, 49, 52, 54, 56, 61, 63, 72, 74, 88, 93, 95, 97
Athanasius von Neapel, Bischof: 267
Auer von Reisbach, P. Wilhelm, Kapuzinerordenspriester: 290
Aufhauser, J.B.: 158
Augustin (Augustinus), Bischof, Heiliger u. Kirchenlehrer: 149–150, 183, 508
Aupald von Novara, Bischof: 512
Aurelian, Erzbischof: 255
Avico, Kaplan des christlichen Obodritenfürsten Mistui: 534, 545
Azzo, Kanzleivorstand Johanns XII.: 496, 506

Babl, K.: 302
Balderich, Markgraf von Friaul: 51
Balderich, Bischof von Utrecht: 384, 430
Balduin I., Graf von Flandern: 132
Balduin II., Graf von Flandern: 316
Bardas, byzantinischer Kaiser: 222–223, 226
Bartolomäus von Narbonne, Bischof: 88
Basileios I., byzantinischer Pferdeknecht, später Kaiser: 221–223, 226, 254, 261, 480
Basileios II., Kaiser (976–1025), Bulgarentöter: 466
Bauer, A.: 155
Bäumer, G., Frauenrechtlerin und Schriftstellerin: 545
Bego von Toulouse, Graf von Paris, Schwiegersohn Ludwigs «des Frommen»: 34
Benedikt III., Papst (855–858): 189–191, 211, 270, 477
Benedikt IV., Papst (900–903): 338, 478
Benedikt V., Papst: 417, 470, 477–478, 507
Benedikt VI., Papst: 442–443, 477, 536
Benedikt VII., Papst: 443, 478, 537
Benedikt IX., Papst: 478
Benedikt X., Papst: 477–478
Benedikt, hl.: 553

Benedikt von Aniane (-Witiza, Westgote): 35–37, 42, 71, 92
Benedikt von Nursia: 35–37
Benedikt, Bischof von Albano: 174
Benedikt, Kardinal: 504
Benedikt, Graf der Sabina: 559
Benedikta, Tochter König Zwentibolds: 320
Benediktus Levita, Mainzer Diakon: 184–185
Bentziew, U., Volkskundler: 45
Berengar, Graf: 165
Berengar von Cambrai, Bischof (956–962): 416, 431
Berengar I. von Italien (= Berengar von Friaul), König u. Kaiser: 219, 238, 288, 293, 323–327, 331, 337–340, 478, 480, 484–486, 512
Berengar II., König von Italien, Enkel Berengars I.: 492–496, 498–499, 501–502, 512–513
Berengar von Verdun, Bischof seit 940, gest. 959: 416
Bernain von Verdun, Bischof: 424
Bernar, jüngster Bruder der Gundrada: 33
Bernhard, König von Italien («König der Langobarden»): 40–42, 59
Bernhard, Bruder des Königs Pippin von Aquitanien: 33, 67
Bernhard, Graf von Barcelona und Herzog von Septimanien: 71–74, 76, 87, *136
Bernhard von Vienne, fränkischer Bischof: 13, 77, 88
Bernhard, Sohn Karls des Dicken: 305–306
Bernhard von St. Gallen, Abt: 306
Bernhard I. von Sachsen, Herzog (973–1011), Sohn Hermann Billungs: 532
Berno von Reichenau, Abt: 447
Bernward, hl., sächsischer Kapellan, Erzieher Ottos III., später Bischof von Hildesheim: 547, 550, 559, 576–580
Bertha, vielumschwärmte leibliche Schwester Ludwigs «des Frommen»: 33, 99

Bertha, Tochter Ludwigs des Deutschen, Äbtissin: 128
Bertha, Tochter Lothars II. mit Theutberga: 199
Bertha, Gattin König Hugos: 488
Berthold, Bayernherzog: 348, 384, 403, 405
Berthold von Kärnten, Bruder Arnulfs: 422
Berthold, schwäbischer Onkel Arnulfs «des Bösen»: 363–364, 366–369
Bertmund von Lyon, Graf: 41
Beumann, H., Historiker: 383, 400, 411
Birichtilo (Berthold), Graf vom Breisgau: 557
Biwin, lotharingischer Graf: 253
Blok, Dirk, P.: 284
Blondel, David, Theologe und Historiker: 182
Böhmer, H.: 548, 551, 553, 563, 580
Boleslav I., der «Grausame», der Jüngere von Böhmen: 391, 404–408, 460, 463
Boleslav II., «der Fromme», Sohn Boleslavs I.: 405, 436, 545, 551, 563, 568–573
Boleslav III. Krzywousty (Schiefmund): 572
Boleslaw I. Chobry der Tapfere (992–1025), Polenfürst: 398, 569, 571–573
Bona, Kardinal: 182
Bonifacius, Markgraf von Tuscien, Schutzherr Korsikas: 56–57
Bonifatius, hl., «Apostel der Deutschen»: 149, 378
Bonifatius VI., Papst: 331–332
Bonifaz VII., Papst: 477–478, 536–538, 554
Boris, Sohn Vladimirs von Kiew: 468
Bořivoj I., Herzog († um 894): 404
Borna, Herrscher über Küstenkroatien, besiegte auf fränkischer Seite den aufständischen Ljudevit († 821): 51–52
Boris I. von Bulgarien, Khan: 219, 221, 222–225

Boruth, slawischer dux: 156
Boshof, Egon, Historiker: 24, 41
Bosl, K., Historiker: 350
Boso von Fleury, Abt: 87, 91
Boso, burgundischer Graf: 199, 215
Boso von Vienne, Burgunderkönig: 241, 247–248, 252–255, 257–261, 263, 267, 286, 293, 305, 312, 338
Brackmann, A.: 415, 460, 475
Brigida, Base Thietmars von Merseburg: 396
Brühl, C., Historiker: 388
Brun, Onkel Heinrichs I. (–880): 376
Brun, hl., Sohn Heinrichs I., Erzbischof von Köln: 384, 413, 416, 430–434, 435, 495, 498, 511, 521–522, 526–527
Brun von Querfurt, Missionserzbischof: 529
Brun, Kapellan und Vetter Ottos III., von diesem zum Papst gemacht (Gregor V.): 549, 556
Bruning von Asti, Bischof, Erzkanzler Lothars, Berengars und Ottos I.: 512
Bruno, Sachsenherzog: 276
Bulesu, ungarischer Oberführer, Ottos I. Gegenspieler am Lech: 440
Bullough, D.: 386, 413, 419, 452
Bund, K.: 90
Bünding-Naujoks, M.: 155, 411, 415
Burchard von Rätien, Markgraf: 367
Burchard von Worms, Bischof und Fälscher: 522
Burchard, schwäbischer Herzog, Schwiegervater Berengars I.: 379, 487
Burchard II., Sohn des Burchard: 367–369
Burchard von Halberstadt, Bischof: 532
Büttner, H.: 440, 501

Cäcilia, Tochter König Zwentibolds: 320
Cadolah von Friaul, Markgraf, kämpfte auf fränkischer Seite gegen den aufständischen Ljudevit: 51
Cäsar Baronius, Kirchenhistoriker und Kardinal des 16. Jahrhunderts: 64
Chadolt, Bruder des Liutward von Vercelli: 287
Chlodwig I., Merowingerkönig: 60, 107, 150
Choslus, Aufseher der kaiserlichen Pferde unter Ludwig «dem Frommen», Mörder des Königs Marmanus: 48
Christophorus, Papst: 477–479
Christus: 208–209, 534
Chrodegang von Metz, fränkischer Bischof: 22
Chussal, ungarischer Heerführer: 349
Claude, Dietrich: 94, 562, 565
Columban, Heiliger (um 543–615): 88
Constantin VII. porphyrogenitus (porphyrogennetos), byz. Kaiser: 157
Conwoion, hl.: 135
Crescentius II. Nomentanus, Bruder des Johannes Crescentius: 555–556, 559
Cyriacus, hl.: 452
Czismislaw, König der Sorben: 95

Dago (-Mieszko I), Normanne, soll Polen gegründet haben: 461–462, 569
Dagobert I., Merowingerkönig: 156
Daniel-Rops, H., kath. Kirchenhistoriker: 13, 238, 262, 265, 509
David, König und Prophet: 60, 446
David von Lausanne, Bischof: 315
Dawson, C.: 78, 90, 181
Dedi von Wettin, Graf: 525
de Rosa, englischer Theologe: 59, 482
Dervanus, «Herzog» der Sorben: 155
Desiderius, Langobardenkönig: 75
Dhuoda, Ehefrau Bernhards von Barcelona, Verfasserin des «Liber manualis»: 73
Diepold, Bischof: 443
Dietbald, Bruder des hl. Ulrich: 439, 446
Dietrich I., Bischof von Metz: 416, 418, 522
Dietrich von der Nordmark, Markgraf: 532, 568

Diokletian, römischer Kaiser: 385
Dionysius, Heiliger: 384–385
Dionysius, Bischof von Augsburg: 435
Dobrawa (Dubravka), Tochter Boleslavs I, Frau des Mieszko: 463, 526, 568
Docibilis I. von Gacta, Herzog: 268
Dodilo von Brandenburg: 533–534
Dodilo von Cambrai, Bischof: 313
Döllinger, Ignaz von, Kirchenhistoriker: 186
Domagoj, dalmatischer Fürst: 265
Dominikus, entmannter Priester: 494
Donnert, E.: 151, 452
Dracholf von Freising, Bischof: 364
Dragamosus, Ljudevids Schwiegervater: 51
Drahomir, Frau Vratislavs: 404–406
Drogo von Metz, Erzbischof, Halbbruder Ludwigs «des Frommen»: 33, 42, 89, 98, 110, 118
Drogo von Toul, Bischof: 362
Droysen, Johann Gustav, Historiker: 124, 146
Dubrawka (Dobrawa), Tochter Boleslavs: 405
Duby, Georges: 69
Dumas, Alexandre, Schriftsteller: 509
Dümmler, Ernst: 292, 325, 443
Durandus, Abt von St-Aignan: 48

Eberhard, Sohn Arnulfs: 421–423
Eberhard, Konradiner: 355
Eberhard, Bruder Konrads I., Statthalter in Bayern: 365, 369
Eberhard, Herzog von Franken: 383, 414, 420–423
Ebo (Ebbo) von Reims, Erzbischof: 13, 79–80, 84–85, 90–91, 110, 126, 137, 182, 470
Ebolus von S. Germain-des-Prés, Abt: 281
Ebroin von Poitiers, Abt, Karls des Kahlen Erzkapellan: 95, 136–137
Egbert, Erzbischof von Trier (977–993), Kanzler Ottos II.: 434
Egilo, Graf: 95
Egino, Graf: 285

Eibl, Elfie-Marita, Historikerin: 373, 377, 383
Eichmann, E.: 60, 255
Eickhoff, F.: 265, 484
Einhard, Hofkaplan und Biograph Karls «des Großen»: 26
Ekbert (der Einäugige), Sohn Wichmanns des Älteren: 456
Ekkehard, Vetter Ottos I.: 420
Ekkehard II. von St. Callen, Mönch: 521
Ekkehard IV. von St. Gallen, Mönch: 447
Ekkehard (Eckhard) von Meißen, Markgraf: 559, 561, 564, 569
Ekkehart von Schleswig, Bischof: 578
Eleutherius, Sohn des Bischofs Arsenius: 211–212
Elias von Troyas, Bischof, Anhänger Lothars I.: 88
Elfric von Eynsham, englischer Abt: 109
Embricho von Regensburg, Bischof: 229–230, 301
Emma, Gattin Lothars von Frankreich, Tochter der Kaiserin Adelheid: 527
Emmeram, hl., Bischof und Märtyrer: 300–302, 304, 308, 407, 447
Engelfried, Patriarch in Aquileia: 426
Engelschalk (Engilschalk), Grenzgraf gegen Mähren: 230, 308
Engilschalk II., Sohn Engilschalks: 308
Engilmar von Passau, Bischof: 298
Engizo von Brugnato, Abt: 556
Erben, W.: 439
Erchanbald von Eichstätt, Bischof: 298, 347
Erchanbald, Erzbischof von Mainz: 550
Erchanger, schwäbischer Graf, Kanzler Konrads I.: 289, 363–364, 366–369
Erchenrad, Bischof: 90
Erhardt, H.: 471
Erispoë, Sohn und Nachfolger des Nominoë (851–857): 135
Ermbert vom Isengau, Graf: 303

Ermengard (†818), 1. Frau Ludwigs «des Frommen»: 26, 69
Ermengard, Erbin Kaiser Ludwigs II.: 253–254
Ermenrich, Bischof von Passau (866–872): 224, 229
Ermoldus Nigellus, fränkischer Kleriker, unter König Pippin am Hof von Aquitanien lebend: 17, 28, 31, 53, 59
Ernst, Graf: 125, 129, 163, 165
Erwin von Merseburg, Graf: 380
Eudokia Baiana, Frau Leons VI.: 480
Eugen II. (= Eugen von Santa Sabina), Papst (824–827): 64–66, 173
Everhard, Mörder des Godefried: 273

Faulhaber, Kardinal, angeblicher Widerstandskämpfer gegen den Nationalsozialismus: 578
Felicissimus, Heiliger: 99
Felicitas, Heilige: 99
Felix II., Papst: 187
Ferjančić, Božidar: 265
Fichtenau, Heinrich, Historiker: 13, 20
Ficker, Julius, Historiker: 511
Fischer, J. A.: 449
Flambert, Vasall und Gevatter Berengars I.: 486
Fleckenstein, J., Historiker: 127, 151, 287, 390, 403, 451, 460, 553
Flodoard, Kanonikus in Reims: 403, 424
Florus von Lyon, dichtender Diakon: 121
Folkmar, Bischof von Utrecht: 525, 550
Folkmar I., Bischof von Brandenburg: 534
Folkold, Kapellan, Bischof von Meißen (969–992), Erzieher Ottos II.: 521, 545
Formosus von Portus (Porta), Bischof (864–876): 223–224, 269–270
Formosus, Papst (891–896): 314–315, 322, 326–328, 330, 331–335, 473, 479
Fortunatus von Grado, Patriarch, Unterstützer des aufständischen Kroaten Ljudevit: 50
Franco von Lüttich, Bischof: 213, 319, 361

Franco von Worms, Bischof: 553
Franzen, August, katholischer Kirchenhistoriker: 476
Frechulf von Liseux, Bischof: 91, 133
Frideruna, Äbtissin von Steterburg: 550
Fried, Johannes, Historiker: 28, 107, 124, 129, 145, 254, 297, 373, 379, 390, 454, 511, 543
Friedmann, B.: 534
Friedrich I. Barbarossa: 155, 448
Friedrich von Mainz, Erzbischof, zuvor Hildesheimer Domherr: 423, 424, 428–429, 459
Friedrich, Kardinal, päpstlich-kaiserlicher Legat, Sachse: 578–579
Friedrich, Erzbischof von Salzburg, Onkel Pilgrims von Passau, Gegenfälscher: 441, 443
Fridugis, Abt von St-Martin in Tours: 48
Fulco, Abt, löste Hilduin als Erzkaplan am Hofe Ludwigs «des Frommen» ab: 75
Fulco von Reims, Erzbischof: 311–316, 322

Gaisas von Ungarn, Herzog: 573
Gallus Anonymus, südfranzösischer Benediktiner: 572
Gauzhelm vom Roussillion, Graf: 87
Gauzlin, Abt, Kanzler Karls des Kahlen, später Ludwigs des Stammlers: 245, 259–260, 281
Gauzlin von Tour, Bischof: 424
Gebhard vom Lahngau, Graf: 344
Gebhard, Konradiner, Amtsherzog unter Arnulf: 354–355, 361
Gebhard von Augsburg, Bischof (996–1000): 447
Geilo von Langres, Bischof: 312
Gelasius I., Papst (492–496): 68, 91, 192
Georg, dux von Ravenna: 196
Georg, Erzbischof von Ravenna: 112
Georg von Antiochia, Admiral: 285
Georgius vom Aventin: 270, 322
Gerard, Graf von Paris: 111
Gerberga, Nonne, Schwester des Bernhard von Barcelona: 87

Gerberga, Gattin König Ludwigs IV. von Frankreich: 527–528
Gerberga, Äbtissin von Gandersheim (949–1001), Nichte Ottos «des Großen»: 576–577
Gerbert von Aurillac, Abt, Erzbischof und später Papst (Silvester II.): 523, 547, 549, 551, 553–554, 566–567, 572–573
Geremek, Bronislaw, Historiker: 93
Gerhard (Gerard), Graf von Metz: 318–319, 356, 361
Gerhard, Augsburger Dompropst: 439, 445–447
Gero, Markgraf: 393, 420, 450–453, 455, 457, 462–463, 533
Gerward, Pfalzbibliothekar Ludwigs des Frommen: 99
Géza (Geycha, Gaisa), Großfürst in Gran (972–997): 442
Gezemann von Eichstätt, Bischof: 550
Gezo, iudex von Pavia: 488
Giesebrecht, Wilhelm von, Historiker: 124
Gisela, Tochter Ludwigs des Frommen: 70, 238, 323
Giselbert, Herzog von Lotharingien: 383, 414, 422–423, 425
Giselher von Magdeburg, Erzbischof: 535, 545, 549, 561–562, 564–566, 569
Giselher von Merseburg, Bischof: 521–522, 562
Gisla, leibliche Schwester Ludwigs des Frommen: 33
Gisla, Tochter Lothars II. mit Waldrada: 199, 279, 283–284
Glaser, Hubert: 127
Gleb, Sohn des Heiligen Vladimir: 468
Glocker, Winfrid, Historiker: 530, 548
Gnuba (Gnupa), dänischer König von Südjütland: 398–399, 472
Godehart von Hildesheim, Bischof: 580
Goethe, Johann Wolfgang: 34
Goetting, Hans: 575, 577
Goetz, Hans-Werner, Historiker: 68, 359

Gommon, Gefolgsmann Drahomirs: 405
Goody, Esther: 371
Görich, Knut: 543
Gorm der Alte, nordjütischer und heidnischer König: 399, 472–473
Gormsson, Sohn des Gorm: 473
Gostemysl, König der Obodriten: 130
Gottfried (Gotfried/Godefrid), heidnischer Normannenkönig: 273, 277, 279, 281, 283–284, 304
Gottfried, Graf, Anhänger Lothars I.: 88
Gottfried, Sohn König Hugos: 489
Gottfried von Luni, Bischof: 556
Gozbald, Abt von Niederaltaich und Bischof von Würzburg: 126–127
Gozbert von Maine, Graf: 139
Graus, F., Historiker: 233
Gregor I., «der Große», Papst: 19, 149, 192–193, 237, 256, 471
Gregor IV., Papst (827–844): 66, 75, 77–78, 91, 112, 173
Gregor V., Papst: 188, 549, 556–559, 570
Gregor VI., Papst: 478
Gregor VII., Papst: 66, 188, 194, 237
Gregor X., Papst: 15
Gregor, päpstlicher Zeremonienmeister: 270, 322
Gregorovius, Ferdinand, Historiker: 177, 269, 321, 540
Grill, Pater: 449
Grimald, Abt von Weißenburg und Sankt Gallen: 127
Grimoald von Benevent, Fürst: 53
Grotz, Jesuit: 78, 171, 183, 205
Guaiferius, Herzog: 267
Gunakar, Graf: 165
Gundacar, treuloser ostfränkischer Vasall: 163
Gundlach, Gustav, Jesuit: 386
Gundrada, Schwester Adalhards und Freundin des Alkuin: 33
Guntbald, Mönch: 75
Gunthar von Köln, Erzbischof: 199, 201, 204–205, 207, 212
Günther von Magdeburg, Missionar: 152

Gunther von Merseburg, Markgraf: 525

Günther von Köln, Erzbischof: 471

Hadamar von Fulda, Abt: 498
Hadrad: 41
Hadrian, Kardinalspriester: 189, 191
Hadrian I., Papst (772–795): 16, 65, 184, 480
Hadrian II., Papst (867–872): 188, 210–212, 215–216, 218–219, 224, 227, 237, 269–270
Hadrian III., Papst (885–891): 322
Hadwig, Frau Ottos des Erlauchten: 377
Hadwig, Schwester Ottos I.: 423
Hagen von Bergamo, Bischof: 203
Haller, Johannes, Papsthistoriker: 181, 209, 235, 258, 269, 508
Halphen, Louis: 67, 482
Harald Blauzahn Gormsson: 399, 469, 472–474, 531
Harald Klak, dänischer Wikingerkönig: 29, 116, 470–471
Harald Schönhaar, norwegischer König: 474
Häring, Bernhard, kath. Moraltheologe: 209
Hartmann, Wilfried, Historiker: 22, 81, 91, 210, 258, 291, 357
Hartmann, G. M.: 295, 515, 538
Hatheburg, Erbtochter Erwins von Merseburg: 380–381, 420
Hatto von Fulda, Abt, später Erzbischof von Mainz: 498
Hatto von Verdun, Bischof: 213
Hatto I. von Mainz, Erzbischof: 298, 327, 330, 341, 345–347, 356–359, 363, 380, 548
Hauck, Albert, Theologe/Historiker: 145, 352–353, 383, 387–390, 453, 454, 457, 474, 514, 553
Hauptmann, L.: 451
Hebbel: 19
Heer, Friedrich, Historiker: 28
Heilwig, Mutter der Judith, der Ehefrau Ludwigs «des Frommen»: 34
Heinrich I. von Sachsen, dt. König (†936): 198, 370–371, 373, 375–385, 387–394, 398–400, 402–403, 405–406, 409, 411, 413–414, 420, 430, 454, 457, 460, 472–474, 531, 555
Heinrich II., der Heilige, dt. König u. Kaiser: 448, 460, 476, 524
Heinrich IV. (†1106): 376
Heinrich von Lüttich, fränkischer Bischof: 15
Heinrich der Löwe: 151, 155
Heinrich von Babenberg, ostfränkischer Graf, Bruder Poppos, Mörder Gottfrieds: 273, 281–284, 354
Heinrich I., bayrischer Herzog, Bruder Ottos I.: 348, 413, 421–423, 425–428
Heinrich I. von Augsburg, Bischof: 525, 539
Heinrich I. von Würzburg, Bischof: 549–550
Heinrich II., der Zänker, Bayernherzog: 451, 523–526, 544–546, 563, 568
Heinrich, Sohn Ottos I.: 427
Heinrich III. der Jüngere von Kärnten, Herzog: 525
Heinrich (II.) von Babenberg, Graf: 354, 356
Heinrich von Kadlenburg, Graf: 559
Heinrich von Trier, Erzbischof: 416
Heinrich von Stade, Graf, Großvater Bischof Thielmars: 473
Heinrich von Würzburg, Bischof: 566
Helena, hl.: 206
Helisacher, fränkischer Abt und Priester: 21, 35, 37, 55, 73, 75
Hellmann, Manfred: 171, 188, 368–369
Helmhold, Schreiber einer Slawenchronik: 151
Hemma, Frau Ludwigs II.: 129
Hepo, Magdeburger Dekan: 397
Herebald von Auxerre, Bischof, Anhänger Lothars I.: 88
Heribert, Bruder des Bernhard von Barcelona, von den Gegnern Ludwigs «des Frommen» als Mitverschwörer geblendet: 72, 74
Heribert II., Graf von Vermandois: 423, 489

Heribert, Kapellan, Erzbischof von Köln (999–1021): 549–550
Heriger, Erzbischof von Mainz: 379, 383
Herilandus von Thérouanne, Bischof: 313
Hermann Billung, Markgraf: 420–421, 450, 453, 456–457, 469, 532
Hermann I. von Köln, Erzbischof: 317, 362, 484
Hermann von Schwaben, Herzog: 414, 457–458, 493
Hermold, Abt: 87
Herold, Salzburger Erzbischof: 426, 428–429
Herrmann, J., Historiker: 152
Hertling, L., Jesuit: 508
Hetilo von Noyon, Bischof: 313
Hetti von Trier, Erzbischof: 110, 127
Heuwieser, M.: 351, 441, 443
Hildebald von Köln, Erzbischof: 21, 35, 37
Hildebert, Erzbischof von Mainz: 400, 413
Hildegard, Mutter Ludwigs des Frommen: 98
Hildegard, Tochter Ludwigs des Deutschen und Äbtissin von Schwarzach: 128
Hildibald von Worms, Bischof: 522, 548–549, 565
Hildiward von Halberstadt, Bischof: 526, 535
Hilduin von S. Denis, Abt: 48, 111
Hilduin, Erzkapellan und Leiter der Hofkapelle unter Ludwig «dem Frommen»: 21, 37, 73, 75
Hilduin von Cambrai, Bischof: 207
Hilduin, Bischof von Lüttich, dann Verona, schließlich Mailand: 489
Hiltin, Bischof von Augsburg: 444
Himmler, Heinrich: 388
Hinkmar von Reims, Erzbischof (845–882): 100, 132, 136–137, 139, 141–142, 179, 181–182, 187, 196–197, 200, 203, 205–206, 211, 213–214, 216–217, 245, 251–252, 312
Hinkmar der Jüngere, Bischof von Laon: 182, 252–253

Hiob: 471
Hitler, Adolf: 353, 449
Hlawitschka, Eduard, Historiker: 312, 359, 363, 389, 411, 417, 475, 511, 513, 535, 563
Hoduin, Gegner Ludwigs «des Frommen»: 32
Holtzmann, R., Historiker: 440, 451, 455, 566
Honorat von Beauvais, Bischof: 313
Honorius II., Papst: 478
Hopfner, Wielant: 102
Hored, Suffraganbischof Adaldags: 474
Hörger, H.: 449
Horig I., König: 471
Hormisdas, Papst: 434
Hösch, E.: 467
Hrabanus Maurus, siehe Rhabanus Maurus
Hubert, Pfalzgraf und Markgraf von Tuszien und Spoleto, Sohn König Hugos: 488, 501
Hubert von Parma, Bischof: 512–513
Huebert, Graf und Abt: 198–200, 202, 206, 253
Hughard, Graf: 143
Hugo, Mörder des Kaisers Lambert: 336
Hugo, illegitimer Sohn Karls «des Großen», Onkel und Erzkanzler Karls des Kahlen: 33, 42, 136–137
Hugo, führender Großer des Reiches unter Ludwig «dem Frommen» und Lothar I: 86, 88
Hugo Abbas, Vetter Karls des Kahlen, Erzbischof von Reims: 259–260, 312
Hugo Capet, Herzog u. König: 316, 528, 567
Hugo von Arles und Vienne, Graf und König: 486–494
Hugo von Francion, Robertinerherzog, Vater Hugo Capets, Schwager Ottos I.: 423
Hugo von Tours, Graf, Schwiegervater Ludwigs «des Frommen»: 34
Hugo von Würzburg, Bischof (983–990): 523

Hugo von Zeits, Bischof: 580
Hugo, Sohn Lothars II. mit Theutberga, später geblendet und ins Kloster gesteckt: 199–200, 273, 281, 283–284
Hugo, Abt, Erzbischof von Köln: 205
Hugo, Erzbischof von Mainz: 423
Hugo, außerehelicher Sohn Ludwigs III. des Jüngeren: 275
Hugo, Sohn des Grafen Heribert II., mit 5 Jahren Kirchenhaupt von Reims: 489
Hunald, Herzog: 94

Ignatius von Konstantinopel, Patriarch: 179, 222
Igor von Kiew, Fürst: 464
Ikia, fromme Matrone: 471
Ingoald, Abt des reichen Benediktinerklosters Farfa: 66
Ingram, Graf, Vater der Ermengard, der 1. Frau Ludwigs «des Frommen»: 26
Innocentius, angeblicher Märtyrer der Thebäischen Legion: 460
Innozenz III., Papst: 194
Irmingard, Gemahlin Ludwigs des Frommen: 60
Irmingard, Äbtissin, Tochter Ludwigs des Deutschen: 128
Irmingard, Frau des burgundischen Königs Boso: 338
Irminsul: 422
Irmintrud, Frau Karls des Kahlen: 132–133, 137, 215
Isidor von Sevilla, Erzbischof, Heiliger u. Kirchenlehrer: 183
Ita, Tochter Hermanns I. von Schwaben: 426

Janner, F.: 441
Jarl Hákon, norwegischer Heidenfürst: 531
Jaropolk, Bruder Vladimirs des Heiligen: 466
Jaroslav I. «der Weise»: 468–469
Jedlicki, S.: 572
Jeggle, U. Volkskundler: 154
Jesse von Amiens, Bischof, späterer Gegner Ludwigs «des Frommen» an der Seite Lothars I.: 73, 75, 80, 88
Jesus (Christus): 384, 433–434, 504, 537, 553, 572, 578
Johann, Bruder des Pandulf I.: 502
Johann von Arezzo, Bischof: 242, 244
Johann von Toskanella, Bischof: 242, 244
Johann von Ficolo, Bischof: 204
Johann von Venedig, Priester: 230
Johann VIII., Papst (872–882): 218, 225, 229, 231, 235, 237–239, 241, 246–247, 249–252, 252–253, 255–258, 261, 263–271, 321–324, 326, 331, 458
Johann IX., Papst (808–900): 66, 311, 335–336, 478–479
Johann X., Papst: 368, 477, 481–484, 486–487, 489
Johann XI., Papst: 477, 481–482, 490–491
Johann XII., Papst (955–963): 417, 478, 496–500, 502–507, 509
Johann XIII., Papst: 434, 509, 536
Johann XIV., Papst: 477, 554
Johann XV., Papst: 447, 555–556, 569–570
Johann XVI., Papst: 417, 477–478, 556–558
Johannes XXIII., Papst: 188
Johannes, Diakon, für eine Stunde Papst (Januar 844): 173, 477
Johannes von Pavia, Bischof: 486
Johannes von Ravenna, Erzbischof (850–861): 179, 195–196
Johannes von Rouen, Bischof: 313
Johannes Crescentius, Patricius: 555
Johannes Kurzhose, Priester: 339
Johannes Tzimiskos, General, byzantinischer Kaiser: 516
Johannes (Johann), Kardinaldiakon, Gesandter Johanns XII.: 496, 506
Johannes, Kardinal, verfaßte eine Prunkschrift für Otto I.: 500–501
Johannes Philagathos, griechischer Lehrer Ottos III. u. Gegenpapst: 547, 556–558
Jonas, Bischof von Orléans: 30, 87

Jordan, Bischof von Posen: 463
Joseph, Landgraf von Hessen Darmstadt, Augsburger Bischof: 449
Judas: 504
Judith, zweite Frau Ludwigs «des Frommen»: 21, 34, 69, 72, 74, 76, 79–80, 97, 129, 132
Judith, Tochter Karls des Kahlen, engl. Königin: 132, 137
Judith, Tochter Herzog Arnulfs: 426
Judith, Schwester des Bernward, Äbtissin in Ringelheim: 550
Jugurtha, König von Numidien, 104 v. Chr. in Rom hingerichtet: 239
Justinian, byzantinischer Kaiser: 66, 220, 480, 511

Kämpf, H.: 506
Karl Martell: 364, 440
Karl, Sohn Karls «des Großen» (1811): 15, 31
Karl das Kind, Sohn Karls des Kahlen: 132–133, 137, 139
Karl I. «der Große»: 15–16, 18, 28, 32–33, 35, 38–42, 44, 47, 50, 54–55, 57–58, 61, 65, 71–72, 81, 84, 94, 102, 109–111, 118, 120–121, 126, 134, 136, 147–148, 150, 152–153, 155, 168, 173, 184, 209, 240, 244, 256, 276–277, 290, 345, 350, 375, 377, 381, 387, 393, 403, 406, 411, 414–415, 433, 442, 454, 458, 500, 527–528, 541, 553
Karl II. der Kahle, fränk. König u. Kaiser, Sohn Ludwigs «des Frommen»: 26, 31, 70–74, 76–79, 86, 89, 93–94, 96–97, 100, 105, 107, 110–119, 122–123, 129, 131–143, 165, 167, 181–182, 198, 201, 204–205, 208–209, 213–219, 238–251, 253–256, 259, 265, 275, 339, 361
Karl III. der Dicke, fränk. König u. Kaiser, Sohn Ludwigs des Deutschen: 105, 125, 129, 162, 167–169, 213, 219, 238, 246, 258, 260, 262–264, 273, 278–280, 283, 285–292, 295, 298, 303, 305, 311–313, 322–325, 345, 347, 354, 366, 367
Karl III. der Einfältige, Sohn Ludwigs des Stammlers: 251, 259, 278, 312–315, 318–319, 358, 361–362, 384
Karl IV.: 97
Karl, westfränkischer Karolinger, Herzog von Niederlotharingien, Sohn König Ludwigs IV. von Frankreich: 527–528, 530
Karl von der Provence, Sohn Lothars I.: 123, 140, 180, 198, 203, 217
Karlmann, fränkischer Hausmeier, Bruder Pippins des Jüngeren: 31, 105
Karlmann, Sohn Ludwigs des Deutschen, König von Bayern: 89, 119, 129, 153, 162–167, 213, 218–219, 228–230 238–239, 241, 244, 246, 249–253, 258, 260, 262, 271, 295, 297, 303, 330
Karlmann, Sohn Karls des Kahlen, Abt: 132–133, 259, 278–279
Karlmann, Sohn Ludwigs des Stammlers: 254, 259
Kastor, Heiliger: 119
Keller, Hagen: 384, 390, 451
Kelly, John, Oxforder Kirchenhistoriker u. hoher Geistlicher der anglikanischen Kirche: 62, 424, 497, 555
Klemens, angeblicher Papst: 185
Klopstock: 409
Kocel (Chozilo, Chezilo), Slawenfürst: 227
Koncony, S.: 21
Konrad, Magnat in Alemannien, Bruder der Judith: 34, 72, 74
Konrad, Welfengraf: 142
Konrad der Ältere vom Lahngau, Graf: 334, 356, 361
Konrad I. (der Jüngere), König von Burgund (911–918): 344, 347, 356–359, 364–369, 378–379, 472, 547
Konrad II., Kaiser: 580
Konrad, aus der Familie der Konradiner: 354
Konrad Kurzbold, konradinischer Graf: 423
Konrad der Rote, Schwiegersohn Ottos I., Vater Herzog Ottos von Kärnten: 426–427, 429, 438, 556

Konstans II., oström. Kaiser: 195
Konstantin I. «der Große», hl., röm. Kaiser: 60, 68, 158, 384, 411
Konstantin V. Kopronymos, oström. Kaiser: 220
Konstantin VII. Porphyrogennetos, byzantinischer Kaiser, Sohn Leons mit seiner Maitresse Zoe: 465, 480–481
Konstantin (Kyrill), byzantinischer Diakon, «Slawenapostel»: 226–227, 232
Konstantin II., Papst: 477
Konstantina, Tochter des päpstl. Zeremonienmeisters Gregor: 270
Kornemann: 16, 25
Kosminski, J. A.: 151, 171
Kozel, Fürst, Sohn des Pribinas
Kretschmann: 561
Kriemhild, Protagonistin des Niebelungenliedes: 443
Krum, bulgarischer Khan: 220–221
Kühner, Hans, Papsthistoriker u. Katholik: 171, 184, 186, 237, 447
Kunigunde, Mutter Arnulfs «des Bösen», heiratet Konrad I.: 364, 367
Kupisch, Karl, Historiker: 44, 235

Lambert, führender Großer des Reiches unter Ludwig «dem Frommen» und Lothar I.: 86, 88
Lambert, Neffe des Grafen Warnar: 32
Lambert von Mailand, Erzbischof (921–932), Empörer gegen Berengar I.: 485–488
Lambert von Nantes, Graf: 54
Lambert von Spoleto, Kaiser, Sohn des Wido: 210, 241, 247, 251, 315, 323, 326, 328, 331–332, 335–338, 339, 482, 484
Lambert von Toskana, Markgraf: 493
Lambert, Sohn Reginars III.: 431
Landau, P.: 522
Lando, Papst (913–914): 482
Landulf, Bischof, Begründer einer Fürstendynastie: 266
Landulf von Benevent, Erzbischof: 514–515

Lantpert, Bruder der Uta und Mörder des Emmeram: 300–301
Lantwart von Minden, Bischof: 418
Laurentius, hl.: 438, 440, 535, 561
Lehr, Wlademar: 113
Leo III., heiliggesprochenes Mörderscheusal (–816): 34, 57–59, 63, 84, 173, 176, 256, 368, 403
Leo I., Papst (440–461): 256
Leo IV., Papst (847–855): 171, 176–180, 187, 189–191, 193, 211, 237–238
Leo V., Papst für 30 Tage: 477–478
Leo VI., Papst (928–929): 490
Leo VII., Papst (936–939): 424, 442, 491
Leo VIII., Papst: 478, 505–507, 509
Leo IX., Papst: 290, 478
Leo XIII., Papst (1878–1913): 50
Leo, Nomenclator: 63
Leo, römischer Priester, Vater Papst Johanns XV.: 555
Leo von Pavia, Bischof: 188
Leo von Vercelli, Bischof (998–1026): 549
Leon VI. der Weise, byzantinischer Kaiser (886–912): 480
Leyser, Karl J.: 109
Liafdag, Suffraganbischof Adaldags: 474
Libutius, Mainzer Mönch, später Missionsbischof: 465
Lindner, K.: 230
Liudolf, Sachsengraf (–866): 375–377, 574
Liudolf, Sohn Ottos I.: 426, 429, 495
Liudolf, Sohn Ottos des Erlauchten: 377
Liudolf, Bischof von Osnabrück: 416
Liudolf, Herzog in Schwaben: 426–427
Liutbert von Mainz, Erzbischof (863–889): 127, 153, 163, 166, 230, 291–292
Liutbert von Münster, Bischof: 143
Liutfried, Neffe Erchangers und Bertholds: 369
Liutgart, Frau Ludwigs des Jüngeren: 260, 376
Liutgart, Frau Konrads des Roten: 426, 556

Liuthar, Markgraf von der sächsischen Nordmark, Onkel des Thietmar von Merseburg: 396
Liuthar von Stade: 395
Liuthar von Walbeck: 395
Liutpold, Markgraf: 310, 344, 346, 348–349, 367
Liutprand von Cremona, Bischof: 309, 327, 329, 331, 334, 336–337, 348, 352, 377, 402–403, 457, 482, 484–489, 491–493, 497, 499, 504, 506–507, 515
Liutward von Vercelli, Bischof: 279, 287–288, 291, 295, 337
Liutward, Neffe des Liutward von Vercelli: 287
Liutwind, Kebse Ludwigs des Deutschen, Mutter Karlmanns: 297
Ljudevit Posavski, Herzog von Niederpannonien in Kroatien, Aufrührer gegen Ludwig «den Frommen» (–823): 50–52
Loescher, Valentin Ernst, Theologe: 481
Longinus, Heiliger: 385
Lothar, Sohn Karls des Kahlen: 132–133
Lothar I., fränk. König und Kaiser: 26, 34, 38–40, 56, 62–66, 69–71, 73–80, 84–88, 90–91, 96, 98, 107, 110–114, 116–120, 123, 132, 134–135, 140, 147, 174–176, 179, 198, 217, 240, 242, 246, 284, 318, 422, 514
Lothar II., Sohn Lothars I.: 123, 140–143, 180, 198–206, 208–209, 211–213, 215–217, 247, 253, 279, 283, 316, 493
Lothar, König von Italien, Sohn König Hugos, Urenkel Lothars II.: 493–494, 512–513
Lothar, König von Frankreich (954–986): 527–528, 530, 547
Löwe, H., Historiker: 25, 307
Lubenow, H.: 149, 455
Ludon, Katholik: 69, 183
Ludmilla, Frau von Herzog Bořivoy I.: 404–406
Ludwig I. «der Fromme» (latinisiert: Hludovicus imperator) (814–840): 13, 15–22, 24–25, 28–29, 31–59, 61–64, 67–71, 73–74, 77–100, 104, 107, 109–111, 122–125, 129, 132, 134, 137–138, 184, 198, 200, 208–209, 238, 256, 288, 323, 387, 423, 442, 470, 514
Ludwig II. der Deutsche, ostfränk. König, Sohn Ludwigs «des Frommen» (843–876): 26, 39, 53, 56, 69, 71, 73–77, 79, 85–86, 91, 93–94, 96–97, 99, 105, 107, 110–119, 122–131, 133–135, 138–143, 147–150, 153–154, 157, 159–167, 198, 208, 213, 215–216, 218, 224–225, 227–229, 238–242, 244, 246, 249, 278, 291, 297, 305, 345, 347, 357, 387, 471
Ludwig II., König in Italien und fränk. Kaiser, Sohn Lothars I. (855–875): 110, 123, 174, 178–180, 190–191, 198, 203, 206, 208–211, 213, 217–218, 237–238, 240, 242, 253, 261, 264, 266, 286, 514
Ludwig III. der Jüngere, Sohn Ludwigs II. des Deutschen: 89, 129, 131, 138, 140, 159, 166–167, 213, 241, 244–246, 258–260, 275, 277–278, 291, 303, 376
Ludwig II. der Stammler, Sohn Karls des Kahlen: 132, 135, 241, 247–248, 250–252, 253–254, 259, 278, 312, 314, 358, 361
Ludwig III. von Rheinfranken und Sachsen: 258
Ludwig III. von der Provence, der Blinde, letzter karolingischer Schattenkönig, Sohn Bosos von Vienne, Kaiser: 286, 293, 338–339, 365, 480, 484, 490
Ludwig IV. das Kind, Sohn Kaiser Arnulfs: 316, 319, 341, 343–347, 350, 355–357, 359, 361–363, 366, 379, 423, 435, 444
Ludwig IV., König von Frankreich: 527–528
Lübke, Chr.: 24
Lüdtke, Franz: 146, 369, 385, 392, 394, 400, 409

Luitbert, Abt von Herrieden und Erzbischof von Mainz: 127
Lukas, Evangelist: 431
Lupus von Ferrières, Abt: 136

Magdahelm, Graf, führender Verteidiger der Stadt Châlon sur Saône gegen Lothar I.:
Maginfred, Mailänder Graf: 337
Maincia, Ritter: 422
Majolus von Cluny, Abt: 548
Marcellinus, hl. Leiche: 26
Marcianus, Bischof von Augsburg: 435
Majoros, Ferenc, Jurist und Historiker: 108
Manasse, Erzbischof von Arles u. von Mailand: 489, 493, 495, 495–496
Maria, Gottesmutter: 445
Marinus I., Papst (882–884): 321–323, 326, 332, 334
Marinus II., Papst (942–946): 491
Markward von Hildesheim, Bischof: 276
Marmanus (= Morman), von den Bretonen zum König ernannt, von Ludwig «dem Frommen» besiegt: 47
Marozia, Tochter des Theophylakt: 482, 489–491, 496
Marsilius von Padua, Staatstheoretiker: 182
Mass, J.: 228
Mast: 182
Malernus, Kölner Oberhirte des 4. Jahrhunderts, mehrmals gestorben: 433–434
Matfried, führender Großer des Reiches unter Ludwig «dem Frommen» und Lothar I.: 86, 88
Matfried II., Graf von Metz: 318–319, 356, 361
Mathilde, Frau Heinrichs I: 381, 413, 420, 430, 439, 522
Mathilde, Tochter Ottos I., Äbtissin von Quedlinburg, von ihrem Neffen Otto III. zu dessen Stellvertreterin in Sachsen gemacht: 416, 546, 548
Matmonocus von Landevennec, Abt: 48

Maurikios, Kaiser von Byzanz: 220
Mauritius, Heiliger: 385, 441, 459–460
Medardus, hl. Bekenner, Leichnam: 83
Meginbert von Soben, Bischof: 364
Meginfred von Mailand, Graf: 331
Megingaud vom Mayenfeldgau, Graf: 317
Meichelbeck: 350
Mengingoz: 286
Menzel, Wolfgang, Literaturhistoriker u. Publizist: 315, 560
Methodios, byzantinischer Abt, «Slawenapostel», Erzbischof: 226–229, 231–232, 404
Michael, Erzengel: 402, 416, 439
Michael I., Kaiser von Byzanz: 222
Michael III., Kaiser von Byzanz (812–867): 219, 221, 226, 261
Michael von Regensburg, Bischof: 351, 403, 405, 426, 447
Mieszko I. (= Dago), polnischer Herzog: 405, 461–463, 524, 526, 545, 563–564, 568–569
Milada, Tochter Boleslavs: 405
Militiades, hl., Papst (311–314): 185
Milada, Schwester Boleslavs II., Äbtissin: 524
Milo von Minden, Bischof: 364
Milo, Graf, kaufte das Bistum Verona: 489, 492
Mistui, christlicher Obodritenfürst: 534–535, 545
Möhler, Johann Adam, kath. Theologe: 182
Mojmir I., slawischer Fürst (830–846): 156, 159
Mojmir II., Sohn Swatopluks: 310
Morman = Marmanus: 48, 53
Mühlbacher, Engelbert, Historiker: 66, 103, 112, 130, 214, 298, 346

Naegle, A.: 407
Nakon, Obodritenfürst: 456–457
Neuss, Wilhelm: 183
Nikephoros I., byzantinischer Kaiser: 220–221
Nikephoros II. Phokas, byzantinischer Kaiser (963–969): 514–516

Nikolaos I. Mystikos, Patriarch: 481
Nikolaus I., Papst (858–867): 171, 187–188, 191–197, 203–211, 222–225, 237, 239, 247, 269–270
Nilus, ein in ganz Italien bewunderter Abt: 558
Nithard, Laienschriftsteller des Frühmittelalters: 44, 72, 86–87, 94, 96, 99, 110–113, 115–121, 132
Nitzsch, F.: 344
Nominoë, Bretonenfürst (831–851): 134–135
Notker Balbulus, Mönch von Sankt Gallen: 124, 149
Notker, Lütticher Bischof: 519, 557
Nový, R.: 158
Nylander, J.: 24

Oda, Fränkin, Gattin des Sachsengrafen Lindolf (–913): 375
Oda von Haldensleben, Nonne des Klosters zu Calbe, 2. Frau Mieszkos: 463, 526, 568–569
Odakar, Graf: 318–319
Odelrich, Graf, Empörer gegen Berengar I.: 485
Odilo, Bayernherzog, Schwager Pippins III.: 156
Odilo von Cluny, Abt, Biograph der Kaiserin Adelheid: 548, 551, 557
Odo, Graf von Orleans: 132
Odo, Vetter des Bernhard von Barcelona: 72, 74
Odo von Cluny, hl.: 491
Odo von Paris, Graf, später König (888–898), Sohn Roberts des Tapferen: 281, 293, 312–315, 317, 358
Olga (Helga), die hl., Großfürstin von Kiew (†969): 464–466
Oktavian, Sohn Alberichs: 497
Olderich von Cremona, Bischof: 556
Omurtag, Khan, bulgarischer Herrscher (815–831): 56
Osdag, Bischof von Hildesheim: 575–576
Ota, Frau des Arnulf: 317, 319–320
Otbert, Straßburger Bischof: 316
Othere, Walroßmörder: 28

Otfried von Weißenburg: 150
Otgar von Eichstätt, Bischof: 153, 162–163
Otgar, Erzbischof von Mainz, Kerkermeister Ludwigs «des Frommen»: 84, 94, 97, 110, 118–119, 185
Othrich, sächsischer Domscholaster: 551
Otker (Otger) von Speyer: 418, 506
Otto I., Bischof von Freising: 511, 539
Otto I. «der Große» (–973), König u. Kaiser: 127, 151, 348, 383, 386, 390–393, 411, 413–432, 435–440, 442, 446, 449–451, 453–461, 463, 465, 467, 469, 473–475, 492–496, 498–506, 510–516, 521–523, 526–527, 531–532, 535–536, 544, 546, 548, 550, 555–556, 561
Otto II., Sohn Ottos I., dt. König u. Kaiser (973–983): 416, 418, 420, 431, 434, 442, 498, 511, 515–516, 521–531, 535–539, 544, 546–548, 550, 554, 562, 568
Otto III., Sohn Ottos II., König u. Kaiser: 416–417, 442, 448, 543, 545–560, 563–568, 570–577
Otto der Erlauchte, Sachsenherzog, Vater Heinrichs I., 358, 375–377, 381
Otto von Kärnten, Herzog, Vater des jungen Brun Papst Gregors V.: 556
Otto von Sachsen, Herzog: 361
Otto von Andechs, Graf: 460
Otto, Graf, westfränk. Großer: 143
Ottulf von Troycs, Bischof: 245

Pandulf von Capua und Benevent, «Eisenkopf», langobardischer Fürst (961–981): 502, 514
Parisse, Michel, Historiker: 318
Paschalis I., Papst von 817 bis 824: 61–66, 84, 173, 180, 470, 505
Paschalis, Bischof: 332
Paschasius Radbertus, hl. Abt von Corbie: 13, 44, 73
Pätzold, Barbara: 431
Paul, Priester: 405
Paul, Regensburger Archipresbyter: 406

Pauler, Roland: 513
Paulus, Apostelfürst: 195, 452, 484, 499, 535
Paulus von Populonia, Bischof: 223
Peitz, W.: 443
Perun, vornehmster russischer und polnischer Gott: 468
Petrus, hl., Apostel: 26, 58, 195, 224–225, 382, 433–434, 452, 459, 484, 499, 534
Petrus, römischer Stadtpräfekt: 509
Petrus, Abt des Klosters Farfa: 269
Petrus von Albano, Bischof: 332
Petrus II. von Novara, Bischof: 512
Petrus von Vercelli, Bischof: 538, 549
Petrus, Markgraf, Bruder Papst Johanns X.: 488–490
Pezola, Kebsweib König Hugos: 488
Philipp, römischer Mönch, Papst für einen Tag: 477
Photios, Patriarch: 222–226, 261–262, 321–322, 325, 480
Pilgrim I. von Salzburg, Erzbischof: 346, 364
Pilgrim von Passau, Bischof (971–991), großer Fälscher, im Niebelungenlied verewigt: 353, 441–444, 528.
Pippin II. der Mittlere (†714): 152
Pippin III. der Jüngere (714–768), fränkischer Hausmeier, erster karolingischer König: 35, 41, 47, 61, 134, 156, 184, 192, 240, 500
Pippin (†810), Sohn Karls «des Großen»: 15, 17, 31
Pippin I., König von Aquitanien, Sohn Ludwigs «des Frommen»: 26, 28, 33–34, 39, 49, 53, 55, 69, 71, 73–77, 79, 85–87, 92–96, 98, 111, 114, 117, 123, 137
Pippin II., Sohn Pippins I. und Enkel Ludwig des Frommen: 123, 136, 138–140
Pius IX., Papst: 188
Pius XII., Papst (1939–1958), erlaubte ABC-Krieg: 386, 508
Plinius der Ältere: 144
Poppe, A.: 469
Poppo, Graf der Sorbenmark: 285

Poppo im Grabfeld, Babenberger Graf: 354
Poppo I., Bischof von Würzburg: 416
Poppo II., Bischof von Würzburg: 416
Porphyrogenita Anna: 516
Priapus: 494
Pribina, slawischer Fürst: 156–157, 165, 227
Prinz, Friedrich, Historiker: 157, 365
Pseudoisidor: 182, 195
Ptolemaios: 144

Radbod, Graf, fränk. Grenzkommandant: 158, 163
Radbod von Trier, Erzbischof: 317, 362
Radoald von Porto, Bischof: 204
Radim-Gaudentius, Halbbruder Adalberts von Prag, Erzbischof von Gnesen: 573
Radtke, Chr.: 471
Ragenar von Amiens, Bischof: 136
Rahner, Jesuit: 80
Ramward von Minden, Bischof (996–1002): 366
Ranke, Leopold von, Historiker: 192
Rastislav (Ratislav), mährischer Führer (846–870): 159–163, 165, 167, 221, 225–228, 230
Ratbod von Trier, Erzbischof: 319
Rather von Verona, Bischof: 492
Ratleik, Schreiber Einhards: 26
Ratleik, Abt von Seilgenstadt: 127
Ratold von Verona, Bischof: 330
Ratolf, Markgraf der Sorbenmark: 153
Rau, Reinhold: 243
Regina, Kebse Karls «des Großen»: 33, 137
Reginar I. (Langhals), Graf: 318, 361–362
Reginar III., Graf, von Otto I. militärisch vernichtet: 431
Reginar IV., Graf, Sohn Reginars III.: 432
Reginbald, Neffe des hl. Ulrich: 447
Reginbrand, Suffraganbischof Adaldags: 474
Reginhar, Verschwörer gegen Ludwig «den Frommen»: 41

Reginhard, Kämmerer und Berater Ludwigs «des Frommen» sowie Verschwörer gegen ihn: 41
Regino von Prüm, Abt: 72, 114, 135, 138, 151, 164, 171, 194, 200, 202, 204, 213, 237, 242, 245, 250, 254, 273, 277, 279, 282–283, 284, 289, 292, 299, 303, 314, 319, 337, 341, 352, 355, 357, 399
Reindel, Kurt, Historiker: 129, 307, 357, 390
Reinhardt, U.: 213
Remigius von Reims, Bischof: 434
Rhabanus Maurus (= Hrabanus Maurus), Abt in Fulda u. Erzbischof von Mainz: 64, 79, 86, 124, 126, 160, 229
Richar von Passau, Bischof: 349
Richard von Burgund, Herzog: 315
Richardis, Frau Karls des Dicken: 289–290
Riché, Pierre, Historiker: 17, 46, 100, 103, 107–108, 130, 218, 414
Richer von Reims, Mönchschronist: 528
Richgard, Frau Kaiser Karls III.: 367
Richildis, Konkubine Karls des Kahlen, später Kaiserin: 215, 249
Richobodo von St. Riquier, Abt, Enkel Karls «des Großen»: 136
Richwin, Graf: 318
Riculf von Soissons, Bischof: 313
Ridder, Bernhard, Theologe: 262
Riis, Thomas: 531
Rikdag, Burggraf von Meißen: 545
Rimbert, Erzbischof von Hamburg-Bremen: 168
Rjurik, Wikinger, begründete das russische Reich: 461
Robert der Tapfere, Laienabt, Ahnherr der Capetinger: 141, 312
Robert I., Bruder des Königs Odo: 315–316
Rogneda, Tochter des Jaropolk: 466
Romanos II., byzantinischer Kaiser: 546
Romanus von Bagnorea, Bischof: 190
Romanus, Papst: 334
Romer, Hermann: 419

Rorich, Normannenführer: 215, 273
Rosenberg, Alfred, nationalsozial. Politiker, 1946 in Nürnberg hingerichtet: 388
Roßhirt, katholischer Theologe: 182
Rotfred, kampanischer Graf, kerkerte Johann XIII. ein: 509–510
Rotgard, Äbtissin in Hilwartshausen: 550
Rothad von Soissons, Bischof: 90, 196–197
Rothild von Faremoutier, Äbtissin: 111
Roza, Kebsweib König Hugos: 488
Rozo, Nachfolger Brunings von Asti: 512
Rudolf II., König von Hochburgund: 378–379, 383–384, 413, 485–487, 492
Rudolf von Fulda, Schüler und Nachfolger Rhabanus in der Leitung der Fuldaer Schule; Fälscher mehrerer Urkunden: 229
Rudolf von Rätien, Markgraf: 306
Rudolf, Magnat in Alemannien, Bruder der Judith: 34, 72, 74
Rudolf, welfischer König in Burgund: 293, 489
Rudolf von Würzburg, Bischof: 350, 355–356
Rudolf, Abt von St. Omer u. St. Vaast: 313
Rufin, Kirchenschriftsteller, Schreiber einer ominösen Kirchengeschichte: 68
Ruotbert von Trier, Erzkanzler: 413
Ruotger, Mönch, erster Biograf Bruns: 430
Rutbod von Trier, Erzbischof:
Ruthard von Straßburg, Bischof: 424

Sabinianus, Papst: 193
Sachs, Hans: 409
Salomo, König: 468
Salomo I., Bischof von Konstanz: 127, 366
Salomo II., Bischof von Konstanz: 366
Salomo III. von Konstanz, Bischof:

341, 345–346, 352, 359, 363–364, 366–369
Salomon, Vetter des Erispoë und von diesem ermordet: 135
Salvian, Kirchenschriftsteller: 94
Samo, fränkischer Kaufmann: 155
Samuel, Bulgarenzar: 467
Sanila, Graf, führender Verteidiger der Stadt Châlon sur Saône gegen Lothar I.: 87
Santifaller, L: 429
Schieffer, Rudolf: 131
Schieffer, Theodor, Historiker: 24, 38, 53, 61, 130, 181
Schiller, Friedrich von: 179
Schlesinger, W., Historiker: 400, 536
Schmidt, Alois: 341
Schmidt, Philipp, Augsburger Tabakfabrikant und Sonntagsdichter: 440
Schneider, R., Historiker: 46, 83
Schneidmüller, B.: 252
Schöffel, J. B.: 398
Schott, Clausdieter: 419
Schramm, P. E., Historiker: 449–452, 553, 574
Schulze, Hans K., Historiker: 116, 453
Schur: 129, 167, 287, 341, 344
Schwaiger, Georg, kath. Theologe u. Papsthistoriker: 366
Schwenk, Sigrid: 30
Sclaomir, abtrünniger Slawenfürst: 49
Sebastian, Heiliger, selige Märtyrerleiche: 26, 83
Seckel, Emil, protestantischer Jurist: 181, 522
Sedechias, jüdischer Leibarzt Karlmanns: 250
Seppelt, Franz Xaver, katholischer Papsthistoriker: 59–60, 186, 189, 238, 482–483, 500, 506–507
Sergius II., Papst (844–847): 173–174, 176, 179, 191, 375
Sergius III., Papst und Doppelmörder: 326, 335, 477–482, 490
Sergius II., Stadtherr Neapels: 267
Sergius, magister militium, plündert Kirchenschatz: 210, 270
Sico von Ostin, Kardinal: 505–506

Siegfried, heidnischer Normannenkönig: 277, 279, 282–283, 304
Siegfried, einziger Sohn des Markgrafen Gero: 453
Siegfried von Augsburg, Bischof: 580
Siegmund, Bischof von Halberstadt: 380
Sigehard von Fulda, Abt: 153, 163, 230
Sikko, Graf, kaiserlicher Missus: 536
Silvester I., hl., Papst (314–335): 185, 434
Silvester II., Papst: 523, 553
Silvester III., Papst: 478
Silvester von Porto, Bischof: 332
Simon, Notar König Konrads I. u. König Heinrichs I.: 379
Simson, Bernhard, Historiker: 38, 65
Slavnik von Libice, Fürst: 551, 565
Snelpero, Abt von Kremsmünster: 308
Sobebor, Sohn des Slavnik: 565
Sophie, Tochter der Kaiserin Theophanu, Äbtissin von Gandersheim: 546, 574–578, 580
Spytihnev (889–915): 407
Stadtmüller, G.: 307
Stefan I. von Gran (= Waik), Sohn des Großfürsten Géza: 442, 573–574
Stefania, Frau Papst Hadrians II.: 210–211
Stefan V., Papst (885–891): 231–232, 322–326, 329
Stephan II., Papst: 185, 192
Stephan IV., Papst (816–817): 59–62, 65, 173
Stephan VI., Papst: 332–335, 477
Stephan VII., Papst: 490
Stephan VIII., Papst (939–942): 477, 491
Stephan, Graf: 318–319
Stephan, Priester, erdrosselte Papst Benedikt VI.: 477, 536
Stephana, Konkubine des Alberich: 497
Stephanie, Kebsweib König Hugos: 188
Stephanos, Patriarch, Bruder Leons VI.: 325, 480
Stern, L./Bartmuss, H. J.: 512
Stojgnef, Obodritenfürst: 456–457

Strachkvas (Christian), Sohn Wenzels: 405
Störmer, Wilhelm, Historiker: 130, 295, 305, 308, 350
Struve, Tilman: 377, 415
Sunderhold von Mainz, Erzbischof: 303, 306
Svarozic (Radogost), slawischer Kriegsgott: 532
Sven Estrithson, Dänenkönig: 533
Svjatopolk, Vladimirs Thronerbe, Bruder der Kaiserin Anna: 468
Svjatoslav, Sohn der hl. Olga: 464–465
Swatopluk I. (Svatopluk) (= Zwentibald), Neffe des Rastislav, Großfürst (870–894): 162, 169, 228–231, 286, 302, 306–311, 317, 404
Swatopluk II., Sohn Swatopluks I.: 310
Sybel, Heinrich von, Historiker: 511
Symmachus I., Papst (498–514): 442, 497

Tabacco, Giovanni: 485
Tacitus: 144
Taino, reicher Langobardenfürst, Vater des Papstes Lando: 482
Talarus von Minturno-Gacta, Bischof: 210
Tammo, Bruder des Bischofs Bernward von Hildesheim: 559
Tassilo, bayerischer Herzog: 96
Tedbald, Archidiakon von Mailand, Sohn König Hugos: 488
Tellenbach, Gerd, Historiker: 130, 351
Terfel, Khan: 220
Teutbald (Theutbold) von Langres, Bischof: 313, 315
Teutgaud (Thietgaud) von Trier, Erzbischof: 201, 207
Thankmar, Sohn Ottos des Erlauchten: 377
Thankmar, Sohn Heinrichs I.: 380, 413, 420–423
Thegan, fränkischer Chorbischof: 15–16, 20, 34–35, 40, 46, 48, 54, 60–61, 78, 82, 85, 87–88, 90
Theoderich (Theuderich), Halbbruder Ludwigs «des Frommen»: 33, 42
Theoderich von Minden, Bischof: 276
Theoderich, Erzbischof von Trier (965–977): 434
Theodo, Bayernfürst: 300
Theodor, Primicerius, Nuntius am fränkischen Hof unter Ludwig «dem Frommen»: 63
Theodor II., Papst: 331
Theodora, byzantinische Kaiserwitwe: 222
Theodora d.Ä., Frau des Theophylakt, «schamlose Hure»: 482–483, 490
Theodora d.J., Tochter des Theophylakt: 482
Theodosius II., röm. Kaiser: 186
Theodulf, Bischof von Orléans, Hofpoet, Verschwörer gegen Ludwig «den Frommen»: 32, 40
Theophanu, byzantinische Prinzessin, Frau Ottos II., Kaiserin: 516, 546–548, 551, 557, 561, 563, 574–575
Theophanu, Enkelin der Kaiserin Theophanu, Äbtissin von Essen: 546
Theophylakt, Leiter der päpstlichen Finanzen unter Sergius III.: 481, 483, 489
Theoto von Marmoutier lès Tours, Abt, Kanzler Ludwigs «des Frommen», fiel im Kampf gegen Lothar I.: 87
Theutberga, Frau Lothars II.: 199–204, 206, 208, 212, 253
Thiederich, Graf: 381
Thiedrich von der Nordmark, Markgraf, Vater der Oda (Frau des Mieszko): 463, 532, 534–535
Thietelah von Worms, Bischof: 347
Thietgaud, Erzbischof von Trier: 127
Thietmar von Salzburg, Erzbischof: 166, 298, 346, 350
Thietmar von Merseburg, Bischof: 378, 380–382, 390–391, 394–396, 398, 400, 408, 411, 421, 426, 428–429, 436, 440–441, 447, 451, 452–453, 457, 460, 465, 468–469, 472, 473, 516, 519, 521–522, 525, 529–530, 532, 534–535, 539, 543–544, 546, 548, 559, 561–562, 564–566, 571
Thiota, suspekte Predigerin: 128

REGISTER

Thioto von Würzburg, Bischof: 350
Thomas von Aquin, Heiliger u. Kirchenlehrer: 397
Thorwi, Frau des Gorm: 473
Tomek, E.: 441
Trageboto, königlicher Diener: 355
Treitschke, Historiker, sächsischer Generalssohn: 146
Trillmich, Werner, Historiker: 397
Tugumir, verräterischer Wendenführer: 453, 455
Tullius, Opfer Ludwigs «des Frommen»: 32
Tunna, Gefolgsmann Drahomirs: 405
Tuto von Regensburg, Bischof: 347, 364–365, 407

Udalfried von Eichstätt, Bischof: 364
Udalrich, Graf: 363
Udo, konradinischer Graf: 423
Udo von Freising, Bischof: 350
Udo von Kadlenburg, Graf: 559
Uhlirz, K.: 443, 538, 559, 564
Ullmann, Walter: 171, 188
Ulrich, Heiliger, Bischof von Augsburg (923–973): 382, 429, 436, 439, 440, 444–449, 460, 528, 555
Unger, Bischof von Posen: 463, 573
Unno (Unni), Erzbischof von Hamburg-Bremen: 399, 469, 472–473
Uruoch von Friaul, Markgraf: 288
Uta, bayerische Herzogstochter: 300
Uta, Frau des Kaisers Arnulf: 331, 346
Uto, Graf: 165

Vladimir von Kiew, der Heilige, der «Große und Apostelgleiche», läßt sich 888/889 von östlichen Missionaren taufen: 465–469
Volkmar von Utrecht, Bischof: 544
Voltaire: 397
Voss, Ingrid: 30
Vratislav I. (915–921): 404, 407

Wagner, Richard: 394, 409
Waifar, Sohn des Herzogs Hunold: 94
Waik, Sohn des Herzogs Gaisas von Ungarn: 573

Waitz, Georg, Historiker: 124, 384, 394
Wala, Graf, Abt von Corbie, Vetter Karls «des Großen» sowie dessen Berater: 32, 33, 42–43, 62, 71, 73, 75, 77, 88
Wala (Walo), Bischof von Metz: 277, 282
Walafried Strabo, Gesandter Ludwigs, Kleriker: 124, 229
Waldo, Abt: 165
Waldo von Como, Abt: 496
Waldo von Freising, Bischof: 292, 298, 327, 347
Waldrada, Frau Lothars II.: 199–200, 203, 205, 208, 212, 216, 279, 283
Walpert, Erzbischof von Mailand: 495
Walpert, iudex von Pavia: 488
Walterscheid, Johannes: 470, 576, 578
Walther von Sens, Erzbischof: 312
Warin, Kölner Erzbischof (975–985): 434, 544
Warnar, Graf, Bote Ludwigs «des Frommen»: 32
Weinrich, Lorenz: 74, 352, 438
Weiße, Christian, Dichter: 28
Weitlauff, M.: 415
Welf, Graf: 69
Wendehorst: 308
Wenilo von Sens, Erzbischof: 136, 142
Wenilo von Rouen, Erzbischof: 201
Wenzel (Václav) I. (921–935): 404–409, 460
Werinhar, Sohn Engilschalks: 286
Werner, Karl Ferdinand, Historiker: 108
Wetzer/Welte: 19, 301, 404, 406, 440, 468, 529, 550, 577, 580
Wezzilo, Graf: 286
Wiching, Erzbischof von Neutra: 230–232, 298, 327, 443
Wichmann (der Ältere), Bruder Hermann Billungs: 420–421, 456
Wichmann der Jüngere, Graf, Sohn Wichmanns des Älteren: 456
Wicfrid von Köln, Erzbischof: 473
Wicterb, Bischof von Augsburg († vor 772): 435
Wido von Modena, Bischof: 493, 513

Wido II. von Spoleto, Herzog, später Kaiser: 293, 312–315, 323–329, 339, 484, 487, 496
Wido von Toscana, Markgraf, Gatte der Marozia: 489, 490
Widukind, Widersacher Karls I.: 381
Widukind von Corvey, Chronist: 348, 352, 356, 358, 371, 377–378, 380, 385, 390, 392–394, 399, 402–403, 409, 411, 414–415, 421, 423, 437–439, 452–453, 457, 463, 515–516
Wihomarkus (Wihomarch), aufrührerischer Bretone: 52–54
Wikbert, Graf: 280
Wilderod, Straßburger Bischof: 557
Wilfried von Köln, Erzbischof: 413
Wilhelm, Graf von Toulouse: 71
Wilhelm von Mainz, Erzbischof, unehelicher Sohn Ottos I.: 127, 151, 416, 454, 499, 511, 521
Wilhelm, Bruder der Königin Irmintrud: 133
Wilhelm, Sohn des Markgrafen Bernhard: 136
Wilhelm, Grenzgraf gegen Mähren: 230, 286, 308
Willa, Nichte König Hugos und Frau Berengars II.: 492, 494, 502
William von Malmesbury: 285
Willibert, Erzbischof von Köln: 242, 244, 273, 283, 306

Willigis von Mainz, Erzbischof: 522, 545, 548–550, 566, 575–580
Wingis, fränkischer Herzog, rettet Papst Leo III. gegen Aufständische: 58
Witgar von Augsburg, Bischof: 347
Witiza, Westgote, siehe Benedikt: 35
Wojtyla, Papst: 152
Wolfgang, hl., Bischof von Regensburg auf Betreiben Pilgrims von Passau: 441, 524, 528–529
Wolfker, Bischof: 443
Wolfold von Cremona, Bischof, Verschwörer gegen Ludwig «den Frommen»: 40

Zacharias von Sobon-Brixen, Bischof: 350
Zapperi, Roberto: 208
Zimmermann, Harald, Historiker: 496
Zoc Karbonopsina, Maitresse Leons VI.: 480
Zoepfl, F.: 439
Zöllner, E.: 227
Zosimus, Bischof von Augsburg: 435
Zwentibold, König von Lotharingien, Sohn Arnulfs von Kärnten: 123, 306, 316–320, 327, 345, 358, 361–362
Zwentibolch: 273, 306
Zwentibald, siehe Svatopluk

ÜBER DEN AUTOR

Karl Heinrich Leopold Deschner wurde am 23. Mai 1924 in Bamberg geboren. Sein Vater Karl, Förster und Fischzüchter, katholisch, entstammte ärmsten Verhältnissen. Seine Mutter Margareta Karoline, geb. Reischböck, protestantisch, wuchs in den Schlössern ihres Vaters in Franken und Niederbayern auf. Sie konvertierte später zum Katholizismus.

Karlheinz Deschner, das älteste von drei Kindern, ging zur Grundschule in Trossenfurt (Steigerwald) von 1929 bis 1933, danach in das Franziskanerseminar Dettelbach am Main, wo er zunächst extern bei der Familie seines Tauf- und Firmpaten, des Geistlichen Rats Leopold Baumann, wohnte, dann im Franziskanerkloster. Von 1934 bis 1942 besuchte er in Bamberg das Alte, Neue und Deutsche Gymnasium als Internatsschüler bei Karmelitern und Englischen Fräulein. Im März 1942 bestand er die Reifeprüfung. Wie seine ganze Klasse meldete er sich sofort als Kriegsfreiwilliger und war – mehrmals verwundet – bis zur Kapitulation Soldat, zuletzt Fallschirmjäger.

Zunächst fernimmatrikuliert als Student der Forstwissenschaften an der Universität München, hörte Deschner 1946/47 an der Philosophisch-theologischen Hochschule in Bamberg juristische, theologische, philosophische und psychologische Vorlesungen. Von 1947 bis 1951 studierte er an der Universität Würzburg Neue deutsche Literaturwissenschaft, Philosophie und Geschichte und promovierte 1951 mit einer Arbeit über «Lenaus Lyrik als Ausdruck metaphysischer Verzweiflung» zum Dr. phil. Einer im selben Jahr geschlossenen Ehe mit Elfi Tuch entstammen drei Kinder, Katja (1951), Bärbel (1958) und Thomas (1959 bis 1984).

Von 1924 bis 1964 lebte Deschner auf einem früheren Jagdsitz der Würzburger Fürstbischöfe in Tretzendorf (Steigerwald), dann zwei Jahre im Landhaus eines Freundes in Fischbrunn (Hersbrucker Schweiz). Seitdem wohnt er in Haßfurt am Main.

Karlheinz Deschner hat Romane, Literaturkritik, Essays, Aphorismen, vor allem aber religions- und kirchenkritische Geschichtswerke veröffentlicht. Auf über zweitausend Vortragsveranstaltungen hat Deschner im Laufe der Jahre sein Publikum fasziniert und provoziert.

1971 stand er in Nürnberg «wegen Kirchenbeschimpfung» vor Gericht.

Seit 1970 arbeitet Deschner an seiner großangelegten «Kriminalgeschichte des Christentums». Da es für so unruhige und beunruhigende Geister wie ihn keine Posten, Beamtenstellen, Forschungsstipendien, Ehrensolde, Stiftungsgelder gibt, war ihm die ungeheure Forschungsarbeit und Darstellungsleistung nur möglich dank der selbstlosen Hilfe einiger Freunde und Leser, vor allem dank der Förderung durch seinen großherzigen Freund und Mäzen Alfred Schwarz, der das Erscheinen des ersten Bandes im September 1986 noch mitgefeiert, den zweiten Band aber nicht mehr miterlebt hat, dann des deutschen Unternehmers Herbert Steffen.

Im Sommersemester 1987 führte Deschner an der Universität Münster einen Lehrauftrag aus zum Thema «Kriminalgeschichte des Christentums».

Für sein aufklärerisches Engagement und für sein literarisches Werk wurde Karlheinz Deschner 1988 – nach Koeppen, Wollschläger, Rühmkorf – mit dem Arno-Schmidt-Preis ausgezeichnet, im Juni 1993 – nach Walter Jens, Dieter Hildebrandt, Gerhard Zwerenz, Robert Jungk – mit dem Alternativen Büchnerpreis und im Juli 1993 – nach Sacharow und Dubček als erster Deutscher – mit dem International Humanist Award.

Das für dieses Buch verwendete FSC®-zertifizierte Papier
Creamy liefert Stora Enso, Finnland.